Konrad Bursian

Geschichte der classischen Philologie in Deutschland von den Anfängen bis zur Gegenwart

Konrad Bursian

Geschichte der classischen Philologie in Deutschland von den Anfängen bis zur Gegenwart

ISBN/EAN: 9783741171239

Hergestellt in Europa, USA, Kanada, Australien, Japan

Cover: Foto ©Andreas Hilbeck / pixelio.de

Manufactured and distributed by brebook publishing software (www.brebook.com)

Konrad Bursian

Geschichte der classischen Philologie in Deutschland von den Anfängen bis zur Gegenwart

Geschichte
der
classischen Philologie
in
Deutschland
von den Anfängen bis zur Gegenwart.

Von

Conrad Bursian.

Erste Hälfte.

AUF VERANLASSUNG
UND MIT
UNTERSTÜTZUNG
SEINER MAJESTÄT
DES KÖNIGS VON BAYERN
MAXIMILIAN II.

HERAUSGEGEBEN
DURCH DIE
HISTORISCHE COMMISSION
BEI DER
KÖNIGL. AKADEMIE DER
WISSENSCHAFTEN.

München und Leipzig 1883.
Druck und Verlag von R. Oldenbourg.

Geschichte
der
Wissenschaften in Deutschland.

Neuere Zeit.

Neunzehnter Band.
Erste Hälfte.

Geschichte der classischen Philologie.

AUF VERANLASSUNG
UND MIT
UNTERSTÜTZUNG
SEINER MAJESTÄT
DES KÖNIGS VON BAYERN
MAXIMILIAN II.

HERAUSGEGEBEN
DURCH DIE
HISTORISCHE COMMISSION
BEI DER
KÖNIGL. AKADEMIE DER
WISSENSCHAFTEN.

München und Leipzig 1883.
Druck und Verlag von R. Oldenbourg.

Vorwort.

Dem nachstehenden Werke, der Frucht einer mehr als zehnjährigen Arbeit, glaube ich ein kurzes Vorwort vorausschicken zu müssen, um den ungewöhnlichen und, wie es vielleicht manchem erscheinen dürfte, ungebührlichen Umfang desselben zu entschuldigen und, wie ich hoffe, in den Augen einsichtiger Beurtheiler zu rechtfertigen. Derselbe ist hauptsächlich dadurch veranlaßt worden, daß ich nach reiflicher Erwägung es als durchaus nothwendig erkannt habe, die Geschichte der classisch=philologischen Studien in Deutschland bis zur Gegenwart, d. h. im Großen und Ganzen bis zum Schlusse des Jahres 1882 herabzuführen. Sollte jemand, von der Meinung ausgehend, daß die Geschichte es nur mit abgeschlossenen, der Vergangenheit angehörigen Ereignissen und Zuständen zu thun habe, diese Ausdehnung meiner historischen Darstellung bis auf die Gegenwart zu tadeln geneigt sein, so möchte ich an ihn die Frage richten, ob er irgend einen Zeitpunkt innerhalb der letzten Decennien unseres Jahrhunderts zu bezeichnen im Stande ist, der geeignet gewesen wäre, den Abschluß einer solchen Darstellung zu bilden? Ich wenigstens habe vergeblich nach einem solchen gesucht. Hätte ich aber nur der Leistungen der Verstorbenen gedenken, die der Lebenden mit Stillschweigen übergehen wollen, so hätte ich, abgesehen von der dadurch bedingten Ungerechtigkeit gegen zahlreiche hervorragende Forscher, meinen Lesern nur ein sehr lückenhaftes und unvollständiges Bild der Thätigkeit der Deutschen auf dem Gebiete der classischen Alterthumswissenschaft entwerfen können. Welcher

Leser würde nicht den Kopf geschüttelt haben, wenn er in einer Geschichte der classischen Philologie in Deutschland weder die Funde H. Schliemann's, noch die Ausgrabungen in Olympia, noch die Entdeckung der großartigen Ueberreste der Pergamenischen Kunst erwähnt gefunden hätte?

So möge denn das Werk trotz seines Umfanges nicht nur bei den Fachgenossen, sondern auch bei den Freunden der Studien des classischen Alterthums eine freundliche Aufnahme finden; möge es zugleich als eine brauchbare Vorarbeit anerkannt werden für eine Arbeit, deren Ausführung der Zukunft vorbehalten bleibt: für den sicher fundamentirten und in allen seinen Theilen gleichmäßig ausgeführten Aufbau einer allgemeinen Geschichte der philologischen Studien bei allen Culturvölkern vom Alterthum bis zur Gegenwart.

Tölz (Oberbayern), 6. August 1883.

C. Bursian.

Inhaltsübersicht.

Seite
Einleitung 1

Erstes Buch.
Die classischen Studien in Deutschland vor dem Zeitalter des Humanismus.

1. Kap.: Anfänge und Karolingische Zeit 8
2. Kap.: Die gelehrten Studien im 10. Jahrhundert 40
3. Kap.: Die gelehrten Studien im 11 und 12. Jahrhundert . 55
4. Kap.: Verfall der gelehrten Studien im 13. und 14. Jahrhundert 77

Zweites Buch.
Die classischen Studien in Deutschland im Zeitalter des Humanismus und der Reformation.

1. Kap.: Kindheit und erste Jugendblüthe des deutschen Humanismus . 91
2. Kap.: Der deutsche Humanismus im Kampfe gegen die Kirche . 119
3. Kap.: Der deutsche Humanismus im Dienste der Theologie und der kirchlichen Reform 172
4. Kap.: Das Greisenalter des deutschen Humanismus . . . 219

Drittes Buch.
Die Philologie als Dienerin anderer Wissenschaften und in ihrer allmählichen Entwickelung zur Selbständigkeit.

1. Kap.: Die classischen Studien in Deutschland während des 17. Jahrhunderts 260
2. Kap.: Die classischen Studien in Deutschland im 18. Jahrhundert bis auf Fr. Aug. Wolf 357

Viertes Buch.
Die classische Philologie als Alterthumswissenschaft.

                                                                          Seite

1. Kap.: Fr. Aug. Wolf und seine Zeitgenossen 517
2. Kap.: Die Fortbildung der Alterthumswissenschaft durch G. Hermann und A. Boeckh 665
3. Kap.: Die grammatisch-kritische Richtung der Philologie unter dem Einflusse G. Hermann's 706
4. Kap.: Die Grammatik der classischen Sprachen unter dem Einfluß der vergleichenden Sprachforschung 971
5. Kap.: Die historisch-antiquarischen Studien seit A. Boeckh 1007

Schluß.
Ausblick auf die philologischen Studien außerhalb Deutschlands 1215

Einleitung.

Mit dem Namen **Philologie**, welcher nach seinem Wortlaute wie nach dem Sprachgebrauche der Griechen und Römer das Interesse für wissenschaftliche Forschung und Erkenntniß überhaupt ausdrückt, bezeichnen wir diejenige wissenschaftliche Thätigkeit, welche sich die historische Erkenntniß und Reproduction der gesammten Culturentwickelung eines einzelnen Volkes oder einer eng verbundenen Völkergruppe innerhalb einer in sich abgeschlossenen Lebens- oder Culturperiode zur Aufgabe stellt. Der classischen Philologie oder, wie wir sie zutreffender nennen, der classischen Alterthumswissenschaft fällt also die Aufgabe zu, das Leben der beiden Völker, welche als die gemeinsamen Träger der Cultur des classischen Alterthums erscheinen, der Griechen und Römer, nach allen Richtungen hin, nach seiner theoretischen wie praktischen Seite, nach den Aeußerungen ihrer eigenthümlichen Geistesthätigkeit in Sprache, Religion, Litteratur, Wissenschaft und Kunst im weitesten Sinne, in politischen Einrichtungen, Recht und Sitte, in ihrer historischen Bethätigung nach außen wie in ihrem häuslichen und Privatleben, so vollständig als es die Beschaffenheit der ihr zu Gebote stehenden Quellen, d. h. sämmtlicher uns erhaltener schriftlicher und bildlicher Denkmäler des Alterthums, gestattet, zu erforschen und darzustellen. Der classische, d. h. für alle Völker aller Zeiten mustergültige Charakter der griechisch-römischen Bildung hat der classischen Alterthumswissenschaft von Anfang an neben ihrer theoretischen auch eine praktische Bedeutung gegeben, sie zu einer

Erzieherin der Völker gemacht, denen sie die Früchte der antiken Cultur als die Samenkörner für ihre eigene Culturentwickelung übermittelt hat und in fortwährendem Austausch von Frucht und Samen, in ununterbrochener Reihenfolge von Saat und Ernte noch heutzutage übermittelt. So bildet die Geschichte der classischen Alterthumswissenschaft, d. h. die Darstellung der Entwickelungsstufen, welche die Reproduction der antiken Bildung zu verschiedenen Zeiten durchlaufen hat, einen nicht unbedeutenden Teil der Culturgeschichte der Menschheit überhaupt, wenigstens der Geschichte der Culturentwickelung der westeuropäischen Völker während des Mittelalters und der Neuzeit.

Unter diesen Völkern nun nimmt das deutsche Volk auch in Hinsicht seiner Thätigkeit für die Erforschung des classischen Alterthums und insbesondere der Verwerthung der Resultate dieser Forschungen für die Fortentwickelung seiner eigenen Cultur eine hervorragende Stellung ein. Haben auch in den Jahrhunderten des Mittelalters neben den Byzantinern die romanischen Nationen in weiterem Umfange und mit größerem Eifer als die Deutschen durch Anfertigung von Abschriften für die Erhaltung der Denkmäler der antiken Litteratur Sorge getragen, so finden wir doch auch in den deutschen Landen wenigstens im früheren Mittelalter eine Anzahl Klöster und Klosterschulen, wie Fulda, Corvey, Reichenau, St. Gallen, Einsiedeln, Freising, St. Emmeram in Regensburg, Tegernsee u. a., in welchen die classischen Studien nicht ohne Erfolg gepflegt worden sind; und was Deutschland in den späteren Jahrhunderten des Mittelalters auf diesem Gebiete etwa versäumt hat, das hat es ja reichlich nachgeholt durch die werthvollste Gabe, welche von ihm der Wissenschaft des classischen Alterthums zu Theil geworden ist: durch die Erfindung der Buchdruckerkunst, durch welche die antiken Schriftwerke nicht nur vor fernerem Untergang bewahrt, sondern auch den weitesten Kreisen der Lernbegierigen zugänglich gemacht worden sind. Wenn ferner auch Italiens Söhnen der Ruhm bleibt, daß sie zuerst das classische Alterthum wie ein neues Dornröschen aus Jahr-

hunderte langem Schlummer erweckt und seine Schönheit und
Herrlichkeit mit hoher Begeisterung der erstaunten Welt verkündet
haben, so ist doch andrerseits anzuerkennen, daß die Flamme dieser
Begeisterung in vielen edeln Herzen deutscher Männer ein reineres
und nachhaltigeres Feuer, als das, welches in der Brust der
Mehrzahl der italienischen Humanisten glühte, entzündet hat.
Steht auch der deutsche Humanismus an äußerem Glanz und
Schimmer hinter dem italienischen weit zurück, so übertrifft er
doch sowohl diesen als auch den französischen an sittlichem Ernst,
vor allem aber durch das unabläßige Bemühen, die classische
Bildung zur Grundlage des Jugendunterrichts auf den Mittel=
und Hochschulen und dadurch zum Gemeingut aller Gebildeten
der eigenen Nation, zum wichtigsten Ferment der nationalen
Bildung zu machen. Dieser engen Verbindung des Studiums
des Alterthums, wenigstens der classischen Sprachen, mit dem
Schulunterrichte ist es zu verdanken, daß auch in den trübsten
Zeiten, welche das deutsche Volk durchlebt hat, während des
dreißigjährigen Krieges, der Sturm der Verwilderung, welcher
über ganz Deutschland dahinbrauste, die Saaten der classischen
Bildung nicht mit den Wurzeln auszureißen vermochte, sondern
daß schon einige Jahrzehnte nach dem Abschlusse des Friedens
frische, wenn auch anfangs etwas schwächliche Pflänzchen auf
diesem Felde hervorbrachen. Und endlich war es ein Deutscher,
der gegen Ende des 18. Jahrhunderts die Philologie aus dem
Verhältnisse der Abhängigkeit, ja Dienstbarkeit, in welchem sie bis
dahin von anderen Wissenschaften gehalten worden war, emanci=
pirte, sie aus einem bloßen Aggregat verschiedenartiger Disciplinen,
aus einer rein formalen, handwerksmäßigen Thätigkeit zu einer
selbständigen, einheitlichen Wissenschaft, welche ihr Princip und
ihren Zweck in sich selbst hat, zur A l t e r t h u m s w i s s e n s c h a f t ge=
staltete und so als ebenbürtige Schwester in den Kreis der älteren
Fachwissenschaften einführte, der bald darauf durch den Zutritt einer
Anzahl jüngerer Schwestern, der vergleichenden Sprachwissenschaft,
der germanischen und romanischen Philologie, erweitert werden

1*

sollte. Daß seitdem in Deutschland eine regere und allseitigere
Thätigkeit für die Erforschung des classischen Alterthums herrscht,
als bei irgend einem anderen Volke, das dürfen wir mit freudigem
Stolze anerkennen; nur dürfen wir dabei nicht vergessen, daß der
stolze Bau, dessen Grundplan Fr. A. Wolf entworfen, A. Böckh
und andere Meister verbessert und erweitert haben, von seiner
Vollendung noch weit entfernt ist und voraussichtlich noch vielen
Generationen rüstiger Arbeiter Gelegenheit zu erfolgreicher Thätig=
keit darbieten wird.

Es ist die Aufgabe dieses Buches, das im Vorstehenden
in flüchtigen Umrissen Angedeutete im Einzelnen auszuführen:
im Hinblick auf die allgemeine Entwickelung der classischen Alter=
thumswissenschaft den Antheil darzustellen, welcher den Deutschen
an der Ausbildung derselben zukommt, eine Aufgabe, deren
Lösung bisher nur theils bruchstückweise, theils in ganz all=
gemeinen und flüchtigen, der Belebung durch Detailzeichnung
ermangelnden Umrissen versucht worden ist. Als erster derartiger
Versuch kann das Buch von Jakob Burckhard „De linguae
latinae in Germania per XVII saecula amplius fatis, ab ipso
tempore, quo Romanorum arma et commercia nonnullum eius
usum intulerunt, ad nostram usque aetatem commentarii"
(Hannover 1713) nebst dem Supplement dazu „De linguae latinae
quibus in Germania per XVII saecula amplius usa ea est fatis
novi plane, quibus priores illustrantur partim, partim supplentur commentarii" (Wolfenbüttel 1721) gelten, welche in
mehr breiter und weitschweifiger als tiefer und eingehender Weise
die Geschichte des Gebrauches und des Studiums der lateinischen
Sprache in Deutschland behandeln.

Sodann veröffentlichte der Historiker A. H. L. Heeren eine
„Geschichte des Studiums der classischen Litteratur seit dem
Wiederaufleben der Wissenschaften, mit einer Einleitung, welche die
Geschichte der Werke der Classiker im Mittelalter enthält" (2 Bände,
Göttingen 1797—1801); die zweite Ausgabe, welche den vierten und
fünften Theil der „Historischen Werke" Heeren's (Göttingen 1822)

einnimmt, hat den Titel „Geschichte der classischen Litteratur im Mittelalter" erhalten: sie behandelt im ersteren Theil die Geschichte der classischen Litteratur vom Anfang des Mittelalters bis zum Ende des 14. Jahrhunderts, im zweiten Theil die Geschichte der classischen Litteratur und die Lebensverhältnisse und litterarische Thätigkeit der berühmtesten Humanisten im 15. Jahrhundert in ziemlich oberflächlicher und slizzenhafter, namentlich für Deutschland ungenügender Weise.

Weit reichhaltiger und eingehender ist das Buch von Heinrich August Erhard „Geschichte des Wiederaufblühens wissenschaftlicher Bildung vornehmlich in Teutschland bis zum Anfange der Reformation" (Magdeburg 1827—1832, 3 Bände), das ich für die folgende Darstellung vielfach benutzt habe, wie auch einige Abschnitte aus K. Hagen's Werk „Deutschlands litterarische und religiöse Verhältnisse im Reformationszeitalter" (3 Bände, Erlangen 1841—44). Für die früheren Jahrhunderte des Mittelalters ist mir neben den kirchengeschichtlichen Werken von Fr. W. Rettberg und J. Friedrich, den historischen Werken v. Giesebrecht's, E. Dümmler's u. a. besonders W. Wattenbach's Buch „Deutschlands Geschichtsquellen im Mittelalter" (4. Auflage, 2 Bände, Berlin 1877—78) ein zuverlässiger Führer gewesen. — Die äußerst zahlreichen Monographien, welche ich, soweit sie mir bekannt und zugänglich geworden sind, nach bestem Wissen und Gewissen benutzt habe, werden an den betreffenden Stellen angeführt werden. Daß letzteres — das Zugänglichwerden — fast immer der Fall gewesen ist, das verdanke ich vor allem dem Reichthum der königlichen Hof- und Staatsbibliothek in München und der unvergleichlichen Liberalität ihrer Leitung und Verwaltung; insbesondere ist es mir Herzenssache meinem kurz vor Vollendung dieses Buches, an dem er von Anfang an den lebhaftesten Antheil genommen, dahingeschiedenen Freunde Karl v. Halm einen Dankesgruß für vielfach gewährte Unterstützung ins Grab nachzurufen. — Kurze Andeutungen über den Entwickelungsgang der classischen Philologie überhaupt geben Fr. Haase in dem Artikel

„Philologie" in der Allgemeinen Encyklopädie der Wissenschaften und Künste Sect. III Bd. 23 S. 374 ff. und mit besonderer Rücksicht auf Deutschland Otto Jahn in der akademischen Rede „Bedeutung und Stellung der Alterthumsstudien in Deutschland" (in erweiterter Gestalt gedruckt in „Aus der Alterthumswissenschaft. Populäre Aufsätze von O Jahn", Bonn 1868 S. 1—50); eine dürftige Uebersicht ihrer Geschichte Karl Hirzel in dem (aus der Umarbeitung eines Universitätsprogrammes erwachsenen) Schriftchen „Grundzüge zu einer Geschichte der classischen Philologie" (zweite Auflage, Tübingen 1873); biographische und bibliographische Notizen über die namhafteren Philologen Gottfried Bernhardy in seinen „Grundlinien zur Encyklopädie der Philologie" (Halle 1832) im Abschnitt „die Litteraturgeschichte der Philologie" (S. 395 ff.) und Emil Hübner im „Grundriß zu Vorlesungen über die Geschichte und Encyklopädie der classischen Philologie" (Berlin 1876). Ein sehr reichhaltiges biographisches Material für die Gelehrten aller Länder, welche seit der Renaissance bis zur Gegenwart auf dem Gebiete der Alterthumswissenschaft schriftstellerisch thätig gewesen sind, enthält der alphabetisch geordnete „Nomenclator Philologorum" von Friedr. August Eckstein (Leipzig 1871), den auch wir vielfach benutzt haben. Dem durch die Rücksicht auf den Umfang dieses Buches gebotenen Mangel der Beschränkung auf das biographische und des Ausschlusses des bibliographischen Elements hat neuerdings W. Pökel abzuhelfen gesucht durch das von ihm herausgegebene „Philologische Schriftsteller=Lexicon" (vier Lieferungen, Leipzig 1881—82), welches neben ganz knappen, vielfach aus dem „Nomenclator" entlehnten biographischen Daten die wichtigeren litterarischen Arbeiten jedes einzelnen Philologen aufzählt, aber weder an Vollständigkeit — die Historiker und Archäologen hat der Verfasser principiell ausgeschlossen — noch an Zuverlässigkeit dem „Nomenclator" zur Seite gestellt werden kann. — Eine sehr eingehende und sachkundige Darstellung endlich hat die Geschichte einer einzelnen Disciplin der classischen Alterthumswissenschaft, der

Archäologie der Kunst, erhalten durch Karl Bernhard Stark's „Systematik und Geschichte der Archäologie der Kunst" (Leipzig 1880, a. u. d. T. „Handbuch der Archäologie der Kunst". Erste Abtheilung¹).

Was die geographische Ausdehnung unserer historischen Darstellung betrifft, so werden wir uns bei derselben im Ganzen an die politischen Grenzen des Deutschen Reiches, wie sie durch die siegreichen Kämpfe des Jahres 1870 wieder hergestellt sind, halten, also auch den elsässischen Gelehrten den ihnen gebührenden Platz anweisen, werden jedoch diese Grenzen nach zwei Richtungen hin überschreiten: gegen Südosten zu Gunsten der Deutschösterreicher, von denen namentlich einer, Joseph Eckhel, der Begründer der wissenschaftlichen antiken Numismatik, eine hervorragende Stellung in der Entwickelung der classischen Alterthumswissenschaft in der Neuzeit einnimmt, und gegen Südwesten zu Gunsten der deutschen Schweizer, deren gesammte Culturentwickelung ja auch nach ihrer Trennung vom Deutschen Reich zu ihrem eigenen Heil durch tausend Fäden aufs engste mit der Culturentwickelung Deutschland's verknüpft ist. Dem Plane der Sammlung, zu welcher unser Buch gehört, gemäß, haben wir die Leistungen der Deutschen auf diesem Gebiete in der neueren Zeit, d. h. vom Abschluß des Reformationszeitalters an, mit eingehender Ausführlichkeit darzustellen, können aber schon mit Rücksicht auf die Verständlichkeit dieser Darstellung nicht unterlassen, derselben einen kürzer gehaltenen Ueberblick über die Entwickelung der classischen Studien in Deutschland während des Mittelalters und des Reformationszeitalters vorauszuschicken.

---

¹) Berichtigungen und Nachträge zu diesem Werke habe ich gegeben im Jahresbericht über die Fortschritte der classischen Alterthumswissenschaft für 1879 Abth. 3 (Bd. 19) S. 536 ff. und für 1882 Abth. 3 (Bd. 32) S. 155 ff.

Erstes Buch.
Die classischen Studien in Deutschland vor dem Zeitalter des Humanismus.

Erstes Kapitel.
Anfänge und Karolingische Zeit.

Griechisch-römische Bildung ist schon in den ersten Jahrhunderten unserer Zeitrechnung nach den deutschen Landen verpflanzt und daselbst gepflegt worden in den zahlreichen, theils städtischen, theils dorfartigen Ansiedelungen (coloniae, civitates, castella, vici) und stattlichen einzelnen Landhäusern (villae), welche die Römer sowohl in von germanischen Völkerschaften bewohnten Gegenden, hauptsächlich an den beiden Ufern des Rheins vom Bodensee (Lacus Brigantinus) bis zum Zuyderzee (Flevo lacus) und in den Thälern seiner wichtigsten Nebenflüsse, namentlich der Mosel, als auch in den damals noch von keltischen Stämmen besetzten Donaugegenden errichtet hatten. Daß die Bewohner dieser Ansiedelungen in Sprache und Sitte bald ebenso romanisirt waren wie ihre gallischen Nachbarn, daß sie anstatt der alteinheimischen Gottheiten die römischen Götter und Göttinnen, wenn auch nicht selten mit keltischen oder germanischen, vom römischen Standpunkte aus barbarischen Beinamen, verehrten, dafür legt die Fülle der in diesen Gegenden gefundenen und noch immer sich findenden römischen Inschriften, Bildwerke und Geräthschaften aller Art ein unzweifelhaftes Zeugniß ab:

> Könnte die Geschichte davon schweigen,
> Tausend Steine würden redend zeugen,
> Die man aus dem Schooß der Erde gräbt.

Diese Ueberreste lehren uns, daß in jenen römischen Niederlassungen vom ersten bis zum fünften Jahrhundert n. Chr. eine rege Thätigkeit in den verschiedenen Zweigen des Kunsthandwerkes herrschte: Baumeister, Steinmetzen, Erzarbeiter, Mosaikarbeiter und Töpfer arbeiteten nach aus Rom selbst oder doch aus Italien eingeführten Mustern und Vorlagen für die Bedürfnisse der römischen und der romanisirten einheimischen Bevölkerung; nur die Reichsten und Ueppigsten bezogen die Statuen in Marmor und Erz, womit sie die Heiligthümer und öffentlichen Gebäude, sowie ihre prächtigen Landhäuser schmückten, die kostbaren und kunstreich gearbeiteten Geschirre und Geräthschaften, welche auf ihren Tafeln und Schenktischen prangten, aus den Künstlerwerkstätten und Fabriken der Hauptstadt. Neben dieser Sorge für die Behaglichkeit und den Glanz der äußeren Existenz wurde auch den Interessen höherer geistiger Bildung Rechnung getragen: in der Hauptstadt der Treverer, dem jetzigen Trier (der Colonia Augusta Treverorum der Römer, der Residenz der gallischen Kaiser, die allerdings damals nicht zu Germanien, sondern zu der ungefähr dem späteren Lothringen entsprechenden Provinz Belgica prima gehörte) bestand im 4. Jahrhundert eine höhere Lehranstalt, an welcher öffentlich angestellte Lehrer für Redekunst, lateinische und griechische Sprache und Litteratur wirkten[1]).

Freilich erstreckte sich diese Wirksamkeit, wie überhaupt die

---

[1]) Dies beweist das Rescript der Kaiser Valens und Gratians vom Jahre 376 im Codex Theodosianus XIII, 3. 11: „Trevirorum vel clarissimae civitati uberius aliquid putavimus deferendum, rhetori ut XXX, item XX grammatico latino, graeco etiam, si qui dignus reperiri potuit. XII praebeantur annonae". Damit vergleiche man das von Ausonius (Mosella V. 383) der Mosel gespendete Lob: „Aemula te Latiae decorat facundia linguae". Die Namen zweier an dieser Lehranstalt wirkender Grammatiker, des Harmonius und des Ursulus, kennen wir durch Ausonius Epist. XVIII, 25, einen Grammaticus graecus Aemilius Epictetus sive Hedonius durch eine in Trier gefundene Grabschrift (Corpus inscriptionum Rhenanarum... ed. Guil. Brambach, Elberfeld 1867, p. 163 nr. 801). Von der Blüthe der Redekunst legen auch verschiedene in Trier gehaltene Lobreden auf römische Kaiser (Panegyrici) Zeugniß ab.

Bekanntschaft mit römischer Litteratur und Kunst, wohl nur wenig über die Mauern der römischen Niederlassungen hinaus: die ländliche Bevölkerung hatte sich (die völlig romanisirten Ubier in der Gegend von Köln, sowie die aus Gallien herübergezogenen Einwanderer abgerechnet) auch in den unter römischer Oberhoheit stehenden, von den Römern als Ober= und Niedergermanien, Germania superior und inferior, nach der späteren Provinzialeintheilung als Germania prima und Germania secunda bezeichneten Gegenden — den beiden Ufern des Rheins und dem sog. Zehentlande, dem Winkel zwischen Rhein und Donau, welcher durch den römischen Grenzwall (Limes), eine aus der Gegend von Kelheim an der Donau bis an den Rhein in der Nähe von Neuwied gezogene Diagonale gegen Nordosten begrenzt wird — ihre germanische Nationalität bewahrt und begnügte sich jedenfalls mit einer den Anforderungen des Verkehrs mit den unter ihr angesiedelten Römern entsprechenden Kenntnis der römischen Sprache und rohen Nachbildungen der Fabricate römischer Erzarbeiter und Töpfer. Von den Bewohnern des freien Germaniens aber (der Germania magna der Römer) verstanden gewiß nur die wenigsten — etwa die Fürsten und Heerführer oder solche, die eine Zeitlang im römischen Heere gedient oder in römischer Gefangenschaft gelebt hatten — überhaupt etwas Latein; ihre Bekanntschaft mit römischer Kunst beschränkte sich auf den Besitz einer Anzahl kunstreich gearbeiteter silberner Gefäße und Geräthschaften und Schmucksachen von Gold, welche einzelne vornehme Germanen entweder von Rom aus zum Geschenk erhalten oder als Kriegsbeute römischen Feldherrn und Offizieren abgenommen hatten[1].

---

[1] Vgl. Tacit. German. 5: „Est videre apud illos argentea vasa legatis et principibus eorum muneri data non in alia vilitate quam quae humo finguntur." Den glänzendsten Beweis für das Vorhandensein kostbarer aus römischen Fabriken stammender Geräthe im freien Germanien liefert die unter dem Namen des Hildesheimer Silberfundes bekannte Sammlung römischer Tafel= und Trinkgeschirre: s. Fr. Wieseler, Der Hildesheimer Silberfund. Erste

Die römischen Niederlassungen in Germanien zu beiden Seiten des Rheines wurden seit dem 3. Jahrhundert n. Chr. wiederholt durch Einfälle freier germanischer Volksstämme oder richtiger Völkerbünde, wie der Franken und Alemannen, welche den Grenzwall durchbrachen und das römische Germanien wie das benachbarte Gallien überflutheten, heimgesucht und zerstört, aber sie erhoben sich immer von neuem aus ihren Trümmern, so oft es tapferen und energischen Kaisern gelang, die räuberischen Schaaren zurückzudrängen und zur Ruhe zu zwingen. Das Gebiet zwischen dem Rhein, der Donau und dem Grenzwall wurde seit dem Ende des 3. Jahrhunderts dauernd von den Alemannen in Besitz genommen, welche gewiß bald die innerhalb dieses Gebietes ohnehin ziemlich spärlichen Pflanzungen römischer Cultur mit den Wurzeln ausrotteten. Auf dem linken Rheinufer und dem rechten Donauufer behauptete sich die römische Herrschaft noch ein Jahrhundert länger; aber nach dem Tode des Kaisers Theodosius des Großen drangen die mit den Sueven verbündeten Alemannen unaufhaltsam über die Donau und über den Rhein vor, ebenso am Niederrhein die Franken, und machten auch in diesen Gegenden der römischen Sprache und Bildung, die, wenn auch intensiver als in den Ländern östlich des Rheins, doch noch nicht so erstarkt war, um, wie in Gallien, Italien und Hispanien die germanischen Stämme sich zu unterwerfen und so allmählich ihrer germanischen Nationalität zu entkleiden, ein Ende. Die definitive Einnahme von Köln (vor 439) und Trier (um 463) durch die Franken kann als der Endpunkt der römischen Herrschaft und des römischen Culturlebens im Rheinlande betrachtet werden: aus den Donauländern zogen die Römer und romanisirten Kelten, welche dem Andrängen der Alemannen, Rugier und Gothen noch Stand gehalten hatten, im Jahre 488 auf Odo-

---

Abtheilung (Bonn 1868); H. Holzer, Der Hildesheimer antike Silberfund, seine archäologische und artistische Bedeutung (Hildesheim 1870). Für Goldschmuck vgl. F. Hahn, Der Fund von Lengerich. Goldschmuck und römische Münzen (Hannover 1854).

vakars Geheiß gänzlich ab. Am Beginn des 6. Jahrhunderts war ganz Germanien wieder was es zu den Zeiten des Cäsar gewesen war, ein barbarisches, d. h. der römischen Cultur gänzlich entfremdetes Land. Die festen Städte und Castelle, die stattlichen Villen der Römer waren gebrochen und verwüstet, die römischen Bildwerke und Inschriftsteine zerschlagen oder unter den Trümmerhaufen begraben, auf und neben welchen ein anderes, roheres, aber kräftigeres Geschlecht ein neues staatliches Leben begründete.

Aufs neue wurde die Kenntniß wenigstens der lateinischen Sprache nach Deutschland verpflanzt mit der Ausbreitung des Christenthums, das den germanischen Völkern, abgesehen von den außerhalb der Grenzen unserer Darstellung liegenden Gothen, durchaus in lateinischem Gewande zugekommen ist[1]). Die lateinische Sprache, in welche die Urkunden des Christenthums schon frühzeitig in Italien, in Afrika und wohl auch in anderen Provinzen des römischen Reiches übertragen worden waren, hat während des ganzen Mittelalters in der christlichen Kirche und unter ihren Dienern nicht als eine abgestorbene, todte, sondern als eine lebendige, in fortdauernder Entwickelung, die ihr freilich ihren classischen Charakter mehr und mehr abstreifte, begriffene fortbestanden: als die Sprache des Klerus, der vermöge der Kenntniß derselben im Stande war, den nur der Volkssprache kundigen Laien die Lehren und die sonstigen Wohlthaten der Kirche zu Theil werden zu lassen. Es ist eine in der legendarischen Ueberlieferung allerdings durch zahlreiche sagenhafte Zusätze und Ausschmückungen erweiterte Thatsache, daß das Christenthum schon in den ersten Jahrhunderten unserer Zeitrechnung einzelne Bekenner, seit dem 4. Jahrhunderte zahl-

---

[1]) Man vergleiche zu dem Folgenden R. v. Raumer, Die Einwirkung des Christenthums auf die Althochdeutsche Sprache. Ein Beitrag zur Geschichte der Deutschen Kirche (Stuttgart 1845), besonders S. 174 ff.; ferner Fr. W. Rettberg, Kirchengeschichte Deutschlands Bd. 1 (Göttingen 1846) und Bd. 2 (ebd. 1848); sowie J. Friedrich, Kirchengeschichte Deutschlands Bd. 1 Thl. I: Die Römerzeit (Bamberg 1867) und Bd. 2 Thl. II 1. Hälfte: Die Merovingerzeit (ebd. 1869).

reiche Gemeinden auf deutschem Boden, in den Rhein- und
Donauländern, zählte, denen es auf den Wegen des großen
Verkehrs durch römische Soldaten, Handwerker und Händler
aller Art von Italien, seit dem 3. Jahrhunderte auch vom südlichen Gallien her zugekommen war; allein dieselben gehörten
doch zum größten Theil, wenn nicht ausschließlich, den national-
römischen oder romanisirten Elementen der Bevölkerung an. Die
Folge davon war, daß beim Sturz der römischen Herrschaft über
diese Gegenden durch die gegen Westen und Süden vordringenden
freien germanischen Völkerschaften mit der römischen Cultur auch
das Christenthum zurückgedrängt und bis auf schwache Ueberreste
ausgerottet wurde. Nur an einigen Hauptorten wie Trier, Köln
(Colonia Claudia Agrippinensis), Augsburg (Municipium Aelium
Augustum) u. a. erhielten sich Ueberbleibsel der alten Bevölkerung
unter romanischen Geistlichen (auch bei den später bekehrten germanischen Völkern waren wenigstens die höheren Kleriker, insbesondere die Bischöfe, bis zum Beginn des 7. Jahrhunderts fast
ausschließlich Romanen) als Träger römischer Cultur und christlichen Lebens, das freilich von der allgemeinen Corruption des
absterbenden Römerthums nicht verschont geblieben war. Von
germanischen Völkern haben auf deutschem Boden die allerdings
bereits seit längerer Zeit mit römischem Wesen bekannt gewordenen
Burgunder schon kurz nach dem Beginn des 5. Jahrhunderts,
als noch Worms die Hauptstadt ihres Reiches war, das Christenthum von ihren westlichen gallischen Nachbarn angenommen;
aber bald darauf zogen sie südwestwärts nach dem Gebiete des
Jura und räumten ihre Wohnsitze am Rhein den damals noch
heidnischen Franken. Unter diesen finden wir im 5. Jahrhunderte
nur einzelne Männer, welche mit der römischen Bildung das
Christenthum angenommen hatten, wie den um 472 in Trier
commandirenden Comes Arbogast, welchen Sidonius Apollinaris
(Epistol. IV, 17) als einen Freund und Kenner der römischen
Litteratur, als einen Vertreter echt römischer Beredtsamkeit rühmt.
Als König Chlodowech zu Weihnacht des Jahres 496 zu Rheims

sich taufen ließ, folgten zwar zahlreiche Edle und der größte Theil seines Gefolges seinem Beispiele und unter den westlichen (salischen) Franken, im Lande Neustrien, wurde das Heidenthum bereits um die Mitte des 6. Jahrhunderts durch eine ausdrückliche Verordnung König Childebert's I. abgeschafft¹); aber unter den auf germanischem Boden seßhaften, nicht mit Galliern gemischten östlichen (ripuarischen) Franken, im Lande Austrasien, gewann das Christenthum, wenn auch bald als Staatsreligion anerkannt, beim Volke nur langsam Boden und noch im 7. und 8. Jahrhundert hatten die von der Staatsgewalt unterstützten Prediger desselben, ein Amandus, Lambert, Willebrord, vielfach mit dem Heidenthum zu kämpfen, das theils unverhüllt, theils unter der äußeren Hülle des Christenthums noch kräftig fortlebte. Noch langsamer waren die Fortschritte bei den Alemannen und Bayern, unter welchen hauptsächlich seit dem Beginn des 7. Jahrhunderts begeisterte Glaubensboten, die theils aus Irland, wie Columba und Gallus, theils aus dem westlichen Frankenreiche, wie Emmeram, Ruodpert, Corbinian und Pirmin, gekommen waren, durch Predigt und Stiftung von Kirchen und Klöstern dem Christenthume zahlreiche Anhänger gewannen und Ausgangspunkte für die weitere Verbreitung desselben schufen, die zugleich die ersten Pflanzstätten der Elemente classischer Bildung in Deutschland wurden.

Von der größten Bedeutung war für die Ausbreitung und Befestigung des Christenthums und die Organisation der christlichen Kirche in Deutschland die Thätigkeit des Angelsachsen Wynfreth oder, wie er mit seinem Klosternamen hieß, Bonifatius (geboren um das Jahr 680, von heidnischen Friesen erschlagen am 5. Juni 755). Es ist nicht unsere Aufgabe, über den persönlichen Charakter sowie über die kirchenpolitischen Anschauungen und Maßregeln des „Apostels der Deutschen", wie ihn die dankbare Nachwelt genannt hat, ein Urtheil zu fällen: wir

---

¹) Vgl. Friedrich, Kirchengeschichte Deutschlands II Bd. 1 S. 88 ff.

haben es nur mit seiner Stellung zur antiken Bildung und
seinen Verdiensten um die Verbreitung derselben unter dem
deutschen Klerus zu thun, für deren Beurtheilung uns, abgesehen
von zwei von Bonifatius vielleicht schon während seiner Lehr=
thätigkeit im Kloster Nhutscelle (Nutshalling oder Nursling in Sout=
hamptonshire in der Diöcese Winchester) verfaßten Compendien der
lateinischen Grammatik und Metrik — bloßen Compilationen aus
den grammatischen Lehrbüchern des Donatus, Charisius, Diomedes
und Audax und aus den Orgines des Isidorus[1]) — einige lateini=
sche Dichtungen des Bonifatius und der reichhaltige durchgängig in
lateinischer Sprache geführte Briefwechsel desselben[2]) ausreichendes
Material darbieten. Wir sehen daraus, daß die classische Bildung
des Bonifatius sich auf eine gewandte, aber vom antik=römischen
Standpunkte aus betrachtet weder geschmackvolle noch durchaus
correcte Handhabung der lateinischen Sprache in Prosa und
Poesie beschränkt. Von Interesse für die antike Profanlitteratur
sowie von irgend bedeutender Kenntniß derselben findet sich in
den Briefen keine Spur: die zahlreich eingestreuten Citate sind,
abgesehen von einigen Reminiscenzen aus Schriften des Augustinus
und Hieronymus, nur der heiligen Schrift entnommen, wie sich
auch die öfter wiederkehrenden Bitten an englische Freunde um
Zusendung von Büchern durchaus nur auf kirchliche Schriften
(besonders des Presbyter Beda, eines älteren Zeitgenossen des
Bonifatius, von dessen schriftstellerischer Thätigkeit derselbe aber,
wie Epist. 61 p. 180 ed. Jaffé beweist, erst während seines
Aufenthalts in Deutschland mehrere Jahre nach Beda's Tode

---

[1]) Vgl. meine „Beiträge zur Geschichte der classischen Studien im Mittelalter"
in den Sitzungsberichten der k. bayer. Akad. d. W. philos.-philol. Cl. 1873 S. 457 ff.
und über den Grammatiker Audax als Quelle der Schrift H. Keil Quaestionum grammaticarum p. IV im Index schol. univ. Halensis 1875 p III ss.
über Bonifatius als Dichter E. Dümmler im Neuen Archiv der Gesellschaft
für ältere deutsche Geschichtskunde Bd. 4 S. 98 ff.; denselben Poetae latini aevi
Carolini t. I p. 1 ss. (Berlin 1881).

[2]) Kritisch berichtigt und chronologisch neu geordnet herausgegeben von
Ph. Jaffé in den Monumenta Moguntina (Bibliotheca rerum Germanicarum t. III), Berlin 1866, p. 8—315: „S. Bonifatii et Lulli epistolae".

Kenntniß erhalten hat) beziehen. In der Erlernung der griechischen Sprache, deren Kenntniß unter den angelsächsischen Klerikern, damals den treuesten Pflegern der Tradition antiker Bildung, besonders durch den in Athen gebildeten Theodorus von Tarsos (Erzbischof von Canterbury seit 682) verbreitet worden war[1]), scheint Bonifatius kaum über die ersten Anfangsgründe hinausgekommen zu sein[2]). Können wir demnach dem Bonifatius in Hinsicht auf Gelehrsamkeit keine hervorragende Stelle unter seinen Zeitgenossen einräumen, so müssen wir andrerseits seinen Verdiensten um die Bildung des deutschen Klerus, den er wie in sittlicher, so auch in intellectueller Hinsicht arg verwildert vorfand[3]), volle Anerkennung zollen. Unterstützt von zahlreichen Mitarbeitern und Mitarbeiterinnen, welche aus England zu seinem Beistande herübergekommen waren, widmete er sich mit Eifer dem Unterricht von Kindern, Knaben und Mädchen, wie Erwachsenen, welche für den geistlichen Stand bestimmt waren; die von ihm nach der Regel des heiligen Benedictus von Nursia gegründeten Klöster, wie Amöneburg, Fritzlar, Ohrdruf, Fulda, welche als Bollwerke christlichen Lebens gegen das immer noch nicht ganz besiegte

---

[1]) Derselbe wird in einem Briefe des Papstes Zacharias an Bonifatius (S. Bonifatii et Lulli epistolae ep. 66 p. 185 ed. Jaffé) als „Greco Latinus ante philosophus et Athenis eruditus" bezeichnet. Vgl. die von Bethmann im Archiv der Gesellschaft für ältere deutsche Geschichtskunde Bd. 10 S. 333 ff. mitgetheilte Notiz.

[2]) Die einzige Spur von Kenntniß des Griechischen bei Bonifatius ist die in einem 716 oder 717 geschriebenen Briefe an seinen Freund Nithard gebrauchte Phrase „apo ton grammaton agiis" ($\dot{\alpha}\pi\dot{o}$ $\tau\tilde{\omega}\nu$ $\gamma\rho\alpha\mu\mu\dot{\alpha}\tau\omega\nu$ $\dot{\alpha}\gamma\iota o\iota\varsigma$) als Uebersetzung des lateinischen „a litterarum sacris" oder „sanctuariis" (Epist. 9 p. 51). Classische Anwandelungen sind in demselben Briefe die Bezeichnung des Todes als „exactrix invisi Plutonis" und der Hölle als „claustra Erebia" und in dem dem Briefe angehängten Gedichte die Ausdrücke iconisma für species und cosmi statt mundi.

[3]) Ein schlagendes Beispiel dafür liefert ein Brief des Papstes Zacharias an Bonifatius (Epist. 58 p. 167 s.), in welchem ein des Latein völlig unkundiger bayerischer Priester erwähnt wird, der die christliche Taufformel (Baptizo te in nomine patris et filii et spiritus sancti) in „Baptizo te in nomine patria et filia et spiritus sancti" verunstaltet hatte.

Heidenthum dienen sollten, mußten, um diesen Zweck zu erreichen, vor allem den Unterricht der künftigen Geistlichen ins Auge fassen; die Grundlage dieses Unterrichts aber bildete, wie damals allgemein, die Kenntniß der lateinischen Sprache und Metrik[1]). So ist die Thätigkeit des Bonifatius und seiner Genossen, obgleich ausschließlich auf die Ausbreitung und Befestigung des Christenthums und der Herrschaft des päpstlichen Stuhles in Deutschland gerichtet, doch auch der Verbreitung classischer Bildung in diesem Lande zu Gute gekommen: sie hat die ersten Fundamente gelegt, auf welchen dann Karl der Große, der eigentliche Begründer eines geregelten classischen Unterrichts nicht nur in Deutschland sondern im ganzen fränkischen Reiche, fortbauen konnte. Den Ausgangspunkt dieser Bestrebungen Karl's bildete die sog. Hofschule (schola Palatina), welche derselbe in seiner Residenz Aachen zu dem Zwecke begründete, sich selbst und seine Kinder (Söhne wie Töchter) sowie alle zu seiner Hofhaltung im engeren Sinne gehörigen Personen in der Grammatik der lateinischen und der griechischen Sprache (wenigstens den Elementen der letzteren), in der kunstfertigen Handhabung des Latein in Prosa und in Poesie (Rhetorik und Metrik), in der Musik, Arithmetik, Geometrie und Astronomie zu unterrichten. Unter den Männern, welche er zur Ertheilung dieses Unterrichts an seinen Hof berief, nimmt sowohl in Hinsicht auf Gelehrsamkeit als durch seinen

---

[1]) Vgl. Ep. 64 (p. 183), wo Bonifatius für die Mönche des Klosters zu Fritzlar als Regel aufstellt „et magistri sint infantum", Ep. 84 (p. 231 s.), wo „infantes ad legendas litteras ordinati" erwähnt werden, Ep. 93 (p. 240), worin Bonifatius der Leobgytha, Aebtissin von Bischofsheim, gestattet, den Unterricht eines Mädchens zu übernehmen, Ep. 95 (p. 243), worin ein Ungenannter sich als Schüler des Bonifatius in der Metrik bezeichnet, Ep. 99 (p. 217), worin ein Ungenannter den Bonifatius als seinen Lehrer bittet ihm zu gestatten, daß er um seiner Studien willen noch länger in Thüringen bleibe, und ihm eine Anzahl lateinischer Hexameter zur Correctur vorlegt. Ein Schüler des Bonifatius, dessen Name in dem Briefwechsel desselben nicht vorkommt, der Priester Domberchrt, wird in seiner in eleganten Hexametern abgefaßten lateinischen Grabschrift (Poetae latini aevi Carolini rec. E. Duemmler t. I p 19 s. N. VII) als „eloquio fulgens", „mundi clara lucerna", „grammaticae studio, metrorum legibus aptus" bezeichnet.

persönlichen Einfluß den ersten Rang ein Alcuin (oder wie er sich mit Latinisirung seines Namens nannte Albinus) von York, einer der hervorragendsten Vertreter der angelsächsischen gelehrten Bildung (geboren um das Jahr 735, gestorben zu Tours am 19. Mai 804), der auch als Schriftsteller eine umfassende Thätigkeit entwickelte; abgesehen von seinem sehr ausgedehnten Briefwechsel, von welchem uns noch beträchtliche Ueberreste erhalten sind, hat er verschiedene theologische Werke, ferner ein größeres Gedicht über die Geschichte des Erzbisthums York in Hexametern (De patribus, regibus et sanctis Euboricensis ecclesiae), zahlreiche kleinere Dichtungen historischen, moralischen und sonstigen Inhalts — meist Gelegenheitsgedichte — sowie Epigramme, Räthsel und poetische Episteln theils in Hexametern theils in Distichen (auch ein Gedicht religiösen Inhalts in sapphischen Strophen), endlich einige grammatische, rhetorische und dialektische Schriften verfaßt[1]). Neben Alcuin wirkte als Lehrer des Kaisers selbst an der Hofschule Petrus von Pisa, einer der angesehensten Grammatiker seiner Zeit[2]), dessen Unterweisung in der lateinischen und griechischen Sprache Karl es hauptsächlich verdankte, daß er das Lateinische fast mit der gleichen Gewandtheit sprach wie seine Muttersprache und das Griechische wenigstens einigermaßen verstand. Den Unterricht der Hofleute im Griechischen leitete mehrere Jahre hindurch (782—786) der Langobarde Paul, Sohn des Warnefried aus Friaul, Mönch

---

[1]) Vgl. über ihn E. Dümmler's Artikel „Alcuin" in der Allgemeinen deutschen Biographie Bd. 1 S. 343 ff. und A. Ebert, Allgemeine Geschichte der Litteratur des Mittelalters im Abendlande Bd. 2 (Leipzig 1880) S. 12 ff. Eine Gesammtausgabe der Werke Alcuin's hat der Abt Frobenius Forster zu St. Emmeram in Regensburg besorgt (Regensburg 1777, 2 Bde. Fol., wiederholt bei Migne, Patrologiae cursus completus T. 100, 101. Paris 1851); seine Dichtungen sind jetzt vollständig gedruckt in den Poetae latini aevi Carolini rec. E. Duemmler t. I p. 160 ss.

[2]) Aus einem von ihm verfaßten grammatischen Werke stammen wahrscheinlich die von H. Hagen in seinen „Anecdota Helvetica quae ad grammaticam latinam spectant" (Grammatici latini ex rec. H. Keilii. Supplementum) p. 159—171 veröffentlichten „Petri grammatici excerpta".

aus dem Benedictinerkloster Monte Cassino, bekannt unter dem Namen **Paulus Diaconus**, ein Mann von umfassender Bildung, der ebensowohl als Dichter — unter seinen Dichtungen sind die poetischen Episteln an Karl wie an Petrus von Pisa, verschiedene Epitaphien und einige Fabeln hervorzuheben [1]) — wie als Geschichtsschreiber — namentlich durch seine „Historia romana", eine Revision und Fortsetzung des Geschichtswerks des Eutropius bis zur Mitte des 6. Jahrhunderts, und durch seine Geschichte der Langobarden — sich ein hohes Ansehen bei der Mit- und Nachwelt erworben hat. Auch grammatische Studien waren ihm nicht fremd, wie ein unter seinem Namen erhaltener Commentar zu dem grammatischen Lehrbuche des Donatus beweist [2]); daher auch die Annahme, daß der uns erhaltene, freilich mit wenig Verständniß und Urtheil gemachte Auszug aus des römischen Grammatikers Sextus Pompeius Festus Werk „de verborum significatione", dessen Verfasser sich selbst in einem seiner Arbeit vorausgeschickten, ganz das Gepräge ähnlicher Schriften des Paulus Diaconus tragenden Briefe „ad Carolum regem" **Paulus** nennt, von dem Langobarden verfaßt sei, ziemliche Wahrscheinlichkeit hat [3]).

Dem Kreise der Hofschule oder Hofakademie Karl's gehörte auch eine Zeitlang, jedenfalls vor seiner vor dem Jahre 798 erfolgten Ernennung zum Bischof von Orleans, der wahrscheinlich

---

[1]) Pauli et Petri diaconorum carmina in Poetae latini aevi Carolini rec E. Duemmler, t. I p. 27 ss

[2]) Im Cod. Vatic.-Palat 1746 membr. saec. IX steht fol. 27ʳ bis fol. 30ʳ eine „Ars Donati quam Paulus Diaconus exposuit": s. Rhein. Mus. n. F. Bd. 26 S. 397.

[3]) Vgl. Bethmann, Paulus Diaconus Leben und Schriften, im Archiv der Gesellschaft für ältere deutsche Geschichtskunde Bd. 10 S. 5 247 ff.; F. Dahn, Paulus Diaconus. I. Abtheilung: Des Paulus Diaconus Leben und Schriften (Leipzig 1876); A. Ebert, Allgemeine Geschichte der Litteratur des Mittelalters im Abendlande Bd. 2 S. 36 ff.; für die Frage der Autorschaft der Epitome aus Festus G. Waitz in der Anzeige des Dahn'schen Buches in den Göttinger Gelehrten Anzeigen 1876, Stück 48, S. 1513 ff. und E. Dümmler Poetae latini aevi Carolini t. I p. 64 n. 1.

aus Spanien gebürtige Gothe Theodulf (geboren um 760, gestorben 821) an, dessen von classischen Mustern am häufigsten an Virgil und Ovid, hauptsächlich aber an die Vorbilder der christlichen Dichter Prudentius und Venantius Fortunatus sich anlehnenden, zum größten Theil im elegischen Versmaße verfaßten lateinischen Gedichte unter den poetischen Erzeugnissen des Karolingischen Zeitalters wenigstens in formaler Beziehung wohl den ersten Rang einnehmen [1]).

Unter den Zöglingen der Hofschule treten durch ihre schriftstellerischen Leistungen wie durch ihr nahes Verhältniß zum Kaiser selbst besonders hervor Angilbert, der Sprößling eines vornehmen fränkischen Geschlechts (gestorben als Abt des Klosters St. Riquier in der Picardie 18. Februar 814), von frühester Jugend an am Hofe erzogen, ein anmuthiger und gewandter Dichter, dem man auch, freilich ohne genügende Gewähr, ein uns wohl nur fragmentarisch erhaltenes größeres episches Gedicht auf Karl (gewöhnlich „Carmen de Karolo" oder „Karolus Magnus et Leo Papa betitelt) beigelegt hat, welches in seiner Anlage der metrischen Bearbeitung des Vita Martini durch Venantius Fortunatus, in den die Glanzpunkte des Ganzen ausmachenden Schilderungen der Bauten und Jagden Karl's und der anmuthigen Erscheinung seiner Töchter hauptsächlich dem Virgil nachgebildet ist[2]); und der durch Vermittlung des Abts Baugulf von Fulda an den Hof gezogene Ostfranke Einhard (geboren um 770, gestorben 14. März 840), im höfischen Dichterkreise bisweilen Nardus oder mit Anspielung auf die Kleinheit seiner Gestalt Nardulus genannt, der Begründer der kunstvollen, in formaler Hinsicht eng an classische Muster (von denen Einhard in seiner Biographie

---

[1]) Vgl. Ebert, Allg. Gesch. d. Lit. d. Mittel. im Abendlande Bd. 2 S. 70 ff. und Dümmler, Poetae lat. a. C. t. I p. 437 ss.

[2]) Vgl. B. Simson in den Forschungen zur deutschen Geschichte, herausgegeben von der historischen Commission bei der k. bayer. Akad. d. W. Bd. 12. S. 567 ff.; W. Wattenbach, Deutschlands Geschichtsquellen im Mittelalter Bd. I S. 145 f.; Ebert, Allg. Gesch. d. Lit. d. Mittel. im Abendlande Bd. 2 S. 58 ff.; Dümmler, Poetae lat. a. C. t. I p. 355 ss.

Karl's speciell den Suetonius nachahmt) sich anschließenden Geschichtschreibung des Karolingischen Zeitalters, zugleich ein tüchtiger durch das Studium des Vitruvius (dessen Werk über die Architektur durch ihn in Deutschland bekannt geworden und vor dem Untergange gerettet worden ist) und antiker Denkmäler gebildeter Baukünstler [1]).

Für das rege Interesse, mit welchem in diesem Kreise neben dem allerdings im Vordergrunde stehenden Studium der heiligen Schrift in der lateinischen Uebersetzung (sog. Vulgata), an welche sich die Anfänge nicht nur der exegetischen, sondern auch der textkritischen Thätigkeit knüpfen — sowohl Alcuin als auch Theodulf haben sich mit der Kritik des Textes der Vulgata beschäftigt — die classischen Studien betrieben wurden, zeugen neben den litterarischen Productionen besonders auch die Beinamen, mit welchen die Mitglieder des Kreises sich in ihrer poetischen und prosaischen Correspondenz bezeichneten, Beinamen, die theils dem jüdischen, theils dem classischen Alterthum entlehnt sind, während Karl selbst den Namen des Königs David, Einhard den des Künstlers Beseleel (Exodus c. 31, 1 ss.; c. 35, 30 ss.) führte, wurden Alcuin und Angilbert in freilich überschwänglicher Anerkennung ihrer dichterischen Leistungen Flaccus und Homerus, der Verfasser einer nach dem Muster des Virgilius und Calpurnius gedichteten „Ecloga" zum Preise Karl's, dessen wahrer Name Modoinus (Muadwine) gewesen zu sein scheint, Naso[2], der Erzbischof Ricul von Mainz, der Seneschalt Audulf und

---

[1]) Vgl. Wattenbach, Deutschlands Geschichtsquellen Bd. 1 S. 147 ff.; Ebert, Allg. G. d. L. d. M. Bd. 2 S. 92 ff.; Fr. Schmidt, De Einhardo Suetonii imitatore, Progr. der k. bayer. Studienanstalt Bayreuth 1880; M. Manitius, Einhart's Werke und ihr Stil, im Neuen Archiv der Gesellschaft für ältere deutsche Geschichtskunde Bd. 7 S. 517 ff.; Vitruvii de architectura libri X edd. Val. Rose et H. Müller-Strübing (Leipzig 1867) p. 3 s.

[2]) Vgl. Ebert, Zeitschrift für deutsches Alterthum n. F. Bd. 10 S. 328 ff. u. Allg. Gesch. d. Lit. d. M. Bd 2 S. 64 ff. (der den Naso mit dem Schüler Alcuin's Dodo indentificiren will); Dümmler, P. l a. C. t. 1 p. 382 ss.

der Kämmerer Meginfried mit den aus Virgil's Eklogen entlehnten Hirtennamen Damoetas, Menalcas und Thyrsis benannt.

Aber nicht nur sich selbst, seine Angehörigen und Hofleute, auch den gesammten Klerus seines ganzen Reiches wollte Karl der Wohlthat eines geregelten Unterrichts in der heiligen Schrift, der lateinischen Sprache und den übrigen nach damaliger Anschauung zu höherer Bildung überhaupt nothwendigen Disciplinen (den sog. sieben freien Künsten) theilhaftig machen; ja seine große Seele faßte sogar schon den Plan eines vom Staate organisirten und beaufsichtigten allgemeinen Volksunterrichts unter der Leitung der Geistlichen[1]).

Als Pflanzstätte zur Heranbildung tüchtiger Lehrer für die an allen Bischofssitzen und in zahlreichen Klöstern theils schon bestehenden, theils neu errichteten Schulen (Kathedralschulen und Klosterschulen), in welchen bis zum Jahre 817 Mönche, Weltgeistliche und Laien gemeinsamen Unterricht genossen, während seitdem nach einem Beschluß der Synode von Aachen die von den für den Mönchsstand bestimmten Schülern besuchten Scholae interiores von den von den übrigen Schülern frequentirten Scholae exteriores getrennt wurden, diente besonders die Schule der Abtei St. Martin zu Tours, welche Karl im Jahre 796 seinem aus dem Drange geschäftlicher Verpflichtungen nach einer ehrenvollen Zurückgezogenheit verlangenden Alcuin verliehen hatte. Aus dieser noch 8 Jahre lang von Alcuin selbst geleiteten Schule ging der Mann hervor, welcher unter allen Deutschen des 9. Jahrhunderts ohne Zweifel die umfassendste Gelehrsamkeit besaß, der Franke Hraban (Magnentius Hrabanus), der um das Jahr 776 geboren und von seinen Angehörigen schon als Knabe dem Kloster Fulda übergeben, von dessen Abt Ratgar bald nach dem Beginn des 9. Jahrhunderts nach Tours zu Alcuin geschickt worden war, von welchem er den Beinamen

---

[1]) Vgl. Rettberg's Kirchengeschichte Deutschlands Bd. 2 S. 795 ff. und M. Büdinger's Festrede „Von den Anfängen des Schulzwanges" (Zürich 1865), besonders S. 6 ff.

Maurus (nach dem Lieblingsschüler des heiligen Benedictus) erhielt. Nach kaum zweijährigem Aufenthalt in Tours nach Fulda zurückgekehrt, übernahm er die Leitung der dortigen Schule, welcher er auch nach seiner Erwählung zum Abt des Klosters im Jahre 822 bis zu seinem Weggange von Fulda (842) das regste Interesse widmete und die er, unterstützt durch tüchtige Collegen, Männer wie Brunn (Candidus), Rudolf und andere, zu einem Sammelplatz der nach höherer Bildung strebenden Kleriker aus dem ganzen Frankenreiche erhob. Hat doch unter anderen auch der durch sein lebhaftes Interesse für die classischen Studien und durch seinen Eifer im Sammeln von Handschriften der Werke der römischen Classiker unter seinen Zeitgenossen hervorragende spätere Abt von Ferrières, Servatus Lupus, hier seine letzte Ausbildung genossen.

Zu ähnlicher Bedeutung gelangte die Schule des Klosters Reichenau im Bisthum Constanz, an welcher schon seit dem Beginn des 9. Jahrhunderts tüchtige Lehrer wie Erlebald, Wettin, Tatto und der später zum Erzcaplan Ludwig's des Deutschen erhobene Grimald gewirkt hatten, unter der Leitung eines Schülers dieser Männer und des Hraban, des Alemannen Walahfrid, der sich selbst nach einem schielenden Auge Strabus zubenannte[1]) (geboren um das Jahr 809, gestorben 18. August 849): eines Mannes von nicht unbedeutender Begabung, dessen von warmer Empfindung und feinem Naturgefühl durchdrungenen Dichtungen in formaler Hinsicht kaum irgendwo einen Einfluß des Studiums antiker römischer Dichter, sondern nur des Prudentius erkennen lassen[2]). Auch die Schule des Klosters des heiligen Gallus zu St. Gallen nahm seit der Mitte des 9. Jahrhunderts unter der Leitung von Männern wie Iso, dem Schotten Moengal (mit

---

[1]) Strabus, nicht Strabo, wollte W. nach seiner ausdrücklichen Erklärung benannt sein; s. meine Bemerkung im Jahresbericht über die Fortschritte der class. Alterthumswissenschaft für 1879 Abth. 3 S. 550 Anm. 13.

[2]) Vgl. A. Ebert, Berichte der k. sächs. Gesellschaft d. W. phil.-hist. Cl. 1878 S. 100 ff.; Allg. Gesch. d. Lit. d. M. Bd. 2 S. 145 ff.

seinem Klosternamen Marcellus), Tuotilo, Notker Balbulus, Ratpert, Hartmann, einen hervorragenden Platz unter den Bildungsstätten Deutschlands ein. Endlich hat sich auch Haymo, ein Schüler Alcuin's und Freund Hraban's, zuerst als Lehrer an den Klosterschulen zu Fulda und Hersfeld, dann als Bischof von Halberstadt (840—53) durch die Oberleitung der dortigen Kathedralschule um die Hebung des deutschen Schulwesens verdient gemacht.

Werfen wir nun einen Blick auf den Umfang und die Methode des Unterrichts, welcher in diesen Schulen den angehenden Geistlichen zur Vorbereitung auf das specifische theologische Studium und den gewiß nicht zahlreichen Laien, welche nach höherer Bildung verlangten, ertheilt wurde[1]). Im Allgemeinen trägt derselbe, wie die Wissenschaft des christlichen Mittelalters überhaupt, ein durchaus theologisches Gepräge: die einzelnen Disciplinen, welche Gegenstände des Unterrichts bilden, werden nicht um ihrer selbst willen noch mit Rücksicht auf eine möglichst allseitige Ausbildung des Geistes der Schüler, sondern ausschließlich wegen des Nutzens, welchen sie für die Theologie und Religion gewähren, gelehrt und gelernt: die Grammatik der classischen Sprachen, insbesondere des Lateinischen, als Hauptschlüssel für die Lectüre und das Verständniß der heiligen Schrift; die Metrik, Rhetorik und Dialektik, um den künftigen Geistlichen Fertigkeit in dichterischer Behandlung religiöser Stoffe, Beredtsamkeit beim Predigen und Schlagfertigkeit beim Disputiren über theologische Gegenstände zu gewähren; ja selbst Musik, Geometrie, Arithmetrik und Astronomie hatten nur in Rücksicht auf ihre Verwendbarkeit zu liturgischen Zwecken als Schmuck des Gottesdienstes, zum Bau von Gotteshäusern, zur

---

[1]) Eine Hauptquelle unserer Kenntniß davon ist des Hrabanus Maurus Schrift „De institutione clericorum" (in Hrabani Mauri opera quae reperiri potuerunt omnia in sex tomos distincta studio et opera Georgii Colvenerii. Köln 1627, t. VI p. 1 ss.), besonders das 3. Buch derselben; vgl. dazu Ernst Köhler, Hrabanus Maurus und die Schule zu Fulda, Programm der Realschule zu Chemnitz 1870. Ueber die beim Unterricht benutzten Bücher geben die älteren Kataloge deutscher Klosterbibliotheken Aufschluß.

Berechnung der kirchlichen Feste, Werth und Bedeutung. Daß bei einem solchen Charakter des Unterrichts von einer Anleitung zum selbständigen Studium der alten Classiker, von einem wirklichen Verständniß ihrer Werke, von einem Eindringen in den Geist des classischen Alterthums überhaupt nicht die Rede sein konnte, ist selbstverständlich: dazu fehlte nicht nur dem 9. Jahrhundert, sondern dem ganzen Mittelalter die Grundbedingung, der historische Sinn, d. h. die Unbefangenheit einer anderen Weltanschauung gegenüber, die Fähigkeit, sich in die Vorstellungen und Empfindungen einer fremden, in sich abgeschlossenen Culturperiode zu versetzen. Man begnügte sich also mit einer gewissen Gewandtheit in der Handhabung der nach den Bedürfnissen und Anschauungen der Zeit mannigfach umgewandelten lateinischen Sprache in Versen (von antiken Versmaßen waren hauptsächlich Hexameter und Distichen, daneben auch jambische und trochäische Dimeter, Hendekasyllaben und sapphische, alkäische und archilochische Strophen in Gebrauch) und in Prosa und mit einem rein äußerlichen Verständniß der antiken Schriftwerke, wobei abenteuerliche Etymologien, von denen schon das spätere Alterthum einen reichen Vorrath lieferte, und die Beobachtung der sog. Figuren und Tropen die Hauptrolle spielten; die höchste Stufe der Exegese, welche nach dem Vorgange von Schriftstellern des späteren Alterthums, wie Macrobius und Fulgentius, namentlich bei der Erklärung der Werke römischer Dichter, des Virgilius, Ovidius, Lucanus und Statius, angewandt wurde, war die allegorische oder mystische Interpretation, welche ohne alles Verständniß für das Wesen des Mythos die von den Dichtern behandelten oder gelegentlich berührten Mythen als von diesen willkürlich erfundene Einkleidungen abstracter, besonders ethischer Begriffe auffaßte [1]). Neben dieser allegorischen Auffassung spielte

---

[1]) Als ein Beispiel von vielen mag das Gedicht des Theodulus „de libris quos legere solebam et qualiter fabulae poetarum a philosophis mystice pertractentur" (Poetae lat. a. Car. ed. Duemmler t. I p. 543 ss.) hervorgehoben werden.

auch die sog. euhemeristische Deutung der Mythen eine nicht geringe
Rolle, welche den antiken Göttern eine wirkliche Existenz zuschrieb,
sei es als mächtigen oder bösen Menschen einer grauen Vorzeit,
sei es — eine Auffassung, die bald die allgemein herrschende
wurde — als bösen Dämonen[1]). Der das ganze Mittelalter
durchdringende Respect vor der Ueberlieferung machte sowohl eine
kritische Behandlung der Texte der alten Schriftsteller, als auch
eine unbefangene Untersuchung historischer und litterarhistorischer
Fragen unmöglich: die wenigen Körnchen echter Tradition, welche
sich auf diesen Gebieten erhalten hatten, verschwanden fast unter
der Masse von Spreu, mit welcher die echt mittelalterliche Lust
am Fabuliren sie vermischt hatte. Einzelne hervorragende Gestalten des Alterthums, wie Alexander der Große und der
römische Dichter Virgilius, waren zu Mittelpunkten besonderer
Sagenkreise geworden, die von jenen historischen Persönlichkeiten
wenig mehr als die Namen bewahrt hatten.

Was den Gang des Unterrichts anlangt, so begann derselbe,
nachdem die Knaben die Elemente des Lesens und Schreibens
gelernt hatten, mit der lateinischen Grammatik, welche meist nach
dem Lehrbuche des Donatus oder nach dem in dialogischer Form
abgefaßten des Alcuin, in manchen Schulen, wie namentlich
wohl in Fulda, auch nach dem von Hrabanus Maurus gemachten Auszuge aus dem grammatischen Werke des Priscianus
(Excerptio de arte grammatica Prisciani) gelehrt wurde: außerdem mögen auch noch manche ähnliche Abrisse, wie solche von verschiedenen Grammatikern des 9. Jahrhunderts (den Iren Clemens,
Cruindmelus und Maljachanus; dem Abte des Klosters zu
St. Mihiel an der Maas in der Diöcese von Verdun, Sma-

---

[1]) Vgl. die Worte des Ermenrich von Ellwangen in seiner epistola ad
Grimoldum abbatem (ex codice St. Galli ed. ab E. Duemmler. Halle
1873) p. 34: „Et cur non memoriae tradimus facta virorum cum Christo
viventium, si tanto studio legimus diffamari facta hominum iniquorum
mortuorum et cum diabolo in inferno sepultorum? quid enim Jup-
piter vel Mavors nisi homines pessimi, et quid contra sanctus
Columbanus et sanctus Gallus nisi homines optimi fuerunt?"

ragdus und andern) verfaßt worden sind, im Gebrauche gewesen sein; seit dem Beginn des 10. Jahrhunderts kam besonders der Commentar zum Donat des Remigius von Auxerre, Lehrers an den Klosterschulen zu Auxerre und zu Rheims und an der öffentlichen Schule zu Paris (gestorben um 908), in Aufnahme [1]. Diese Lehrbücher behandeln die Formenlehre verbunden mit einigen syntaktischen Regeln nach den acht Redetheilen (Nomen, Pronomen, Verbum, Adverbium, Participium, Conjunctio, Praepositio und Interjectio), sowie die Elemente der Prosodie und Metrik. Die Schüler mußten die Regeln auswendig lernen und sich in der Anwendung derselben üben durch regelmäßige Versuche im lateinisch Schreiben und lateinisch Sprechen, die fortgeschritteneren auch im Anfertigen lateinischer Verse, die nicht selten in geschmacklose künstliche Spielereien ausarteten, wovon des Hrabanus Maurus einst vielbewunderte Gedichte zum Lobe des heiligen Kreuzes (de laudibus sanctae Crucis) ein wenig erfreuliches Beispiel geben. Daneben ging die Lectüre der heiligen Schrift (natürlich in der lateinischen Uebersetzung des Hieronymus) und christlicher und heidnischer Schriftsteller und Dichter her. Unter den römischen Dichtern wurde weitaus am häufigsten und eifrigsten Virgilius gelesen, der im ganzen Mittelalter nach einem bis in das christliche Alterthum zurückgehenden Mißverständnisse einiger Verse seiner vierten Ekloge als Verkündiger der Erscheinung Christi betrachtet und daher mit besonderer, an die den Heiligen der christlichen Kirche gezollte Verehrung nahe hinanreichender Ehrfurcht behandelt wurde; als Hülfsmittel für das Verständniß seiner Gedichte wurden besonders die Commentare des Servius

---

[1] Vgl. über jene Grammatiker und ihre Schriften H. Keil „De grammaticis quibusdam latinis infimae aetatis commentatio" (Erlangen 1868) p. 9 ss. und Ch. Thurot in den Notices et extraits des manuscrits de la bibliothèque impériale t. XXII part. II (Paris 1868) p. 4; über Remigius auch Joh. Hümer, Ueber ein Glossenwerk zum Dichter Sedulius. Zugleich ein Beitrag zu den grammatischen Schriften des Remigius von Auxerre, in den Sitzungsberichten der phil.-hist. Cl. d. kais. Akademie d. W. in Wien Bd. 96 (1880) S. 105 ff.

benutzt. Neben Virgil wurden, abgesehen von den kaum den
Erzeugnissen des classischen Alterthums beizuzählenden Distichen
des sog. Cato, welche auf die Litteratur des ganzen Mittelalters
einen sehr bedeutenden Einfluß ausgeübt haben, besonders Ovidius
(namentlich die Metamorphosen und Tristien; die speciell erotischen
Dichtungen, wie die Ars amatoria und die Amores, waren natür=
lich von den Schulen ausgeschlossen, wurden aber deshalb nicht
weniger eifrig gelesen und abgeschrieben), Lucanus, Statius'
Thebais, Horatius und die Satiren des Persius und des Juve=
nalis (letztere wegen der zahlreichen moralischen Sentenzen,
die dem an und für sich keineswegs moralischen Juvenal im
Mittelalter den Beinamen ethicus verschafft haben), seltener
die älteren Dichter Lucretius, Terentius und Plautus studirt.
Von den römischen Prosaikern wurde beim grammatischen Unter=
richt, abgesehen von den Grammatikern, wohl am häufigsten
Sallustius, Florus, einzelne Decaden des Livius, Seneca (der
wegen seines untergeschobenen, aber im Mittelalters nicht an=
gezweifelten Briefwechsels mit dem Apostol Paulus für einen
Christen angesehen wurde) und Cicero (die philosophischen Schriften
und die Briefe) benutzt. Unterricht in der griechischen Grammatik
wurde während des 9. Jahrhunders in Deutschland nur in wenigen
Schulen, wie z. B. in St. Gallen, und auch da nur an be=
sonders strebsame und begabte Schüler ertheilt [1]; als Hülfsmittel

---

[1] Die Unechtheit eines angeblichen Diploms Karl's des Großen (datirt
Aachen den 19. December 804), in welchem von der Errichtung von Schulen
für die lateinische und griechische Sprache in Osnabrück die Rede ist, ist von
Rettberg (Kirchengeschichte Deutschlands Bd. 2 S. 435 f.) u. a. erwiesen worden
(vgl. Wattenbach, Deutschlands Geschichtsquellen Bd. 1 S. 130, Anm. 1).
Die allerdings nicht sicher zu entscheidende Frage nach den griechischen Kenntnissen
des Hrabanus Maurus und der Ertheilung griechischen Unterrichts in der Schule
zu Fulda behandelt vorsichtig E. Köhler, Hrabanus Maurus und die Schule
zu Fulda S. 13 f. Ueber die griechischen Studien in St. Gallen im 9. Jahr=
hundert vgl. Cramer, De graecis medii aevi studiis part. II (Programm
des Gymnasiums zu Stralsund 1853) p. 16 s.; Dümmler, St. Gallische
Denkmale aus der Karolingischen Zeit S. 258 f.; Bursian, Jahresbericht
über die Fortschritte der class. Alterthumswissenschaft für 1873 Hft. 1 S. 13 f.

wurde dabei jedenfalls die Grammatik des Dositheus (ein Abriß der Formenlehre mit griechisch-lateinischen Wörterverzeichnissen und Uebungsstücken zum Uebersetzen aus dem Griechischen ins Lateinische und umgekehrt) gebraucht; statt dessen benutzte man auch wohl hie und da ganz knappe Elementarbücher, welche durch ihre Dürftigkeit und die groben Fehler, welche darin unterlaufen, sich als Producte des abendländischen Mittelalters verrathen [1]). Der Unterricht beschränkte sich in der Regel auf die Kenntniß der griechischen Buchstaben und die Elemente der Formenlehre; zur Uebung wurden wörtliche Uebersetzungen (sog. Interlinear- versionen, weil man die Uebersetzung zwischen die Zeilen des Originals schrieb) griechischer Lesestücke ins Lateinische und um- gekehrt angefertigt. Daß ein Schüler bis zur Lectüre eines griechischen Classikers wie des Homer vordrang, war gewiß eine äußerst seltene Ausnahme; auch waren griechische Handschriften damals in deutschen Bibliotheken nur selten zu finden. Auf den Unterricht in der lateinischen Grammatik folgte der in der Rhe- torik, welcher ebenso wie jener ganz von der freilich vielfach ver- kümmerten antiken Tradition beherrscht wurde: als Hülfsmittel dabei wurden in der Regel die die Redekunst behandelnden Ab- schnitte der großen encyklopädischen Werke des spätesten Alterthums, eines Marcianus Capella, Cassiodorius und Isidorus benutzt, da- neben auch Alcuin's in dialogischer Form abgefaßter Tractat über

---

[1]) Ein interessantes Exemplar eines solchen griechischen Elementarbuches aus dem Mittelalter hat F. A. Eckstein in seinen Analekten zur Geschichte der Pädagogik (im Programm der lateinischen Hauptschule in Halle 1861) S. 1—11 aus einem Codex des 9. oder 10. Jahrhunderts der Stadtbibliothek zu Laon (Nr. 444) veröffentlicht. Darin wird (S. 4) das Wort γυνή als Beispiel der regelmäßigen Declination der Feminina auf -η (nach der sog. ersten Declination: γυνή, γυνή, γυνήν) benutzt und dann beigefügt: γύναις (γυνής cod.) i. e. mulier aliter tamen declinatur: γυναικός mulieris γυναικί, γύναικα, γύναιξ. δυϊκῶς i. e. dualiter: γύναικε γύναικοιν, πληθυντικῶς i. e. pluraliter: γύναικες γυναικῶν γυναιξίν γυναῖκας. Vgl. auch den von H. Keil, Quaestionum grammaticarum p. IV (Index schol. univ. Halensis 1875) p. V s. aus einem Cod. Monacensis saec. X vel XI veröffentlichten Tractat über die griechischen Conjugationen.

die Rhetorik und über die Tugenden (Disputatio de rethorica et de virtutibus sapientissimi regis Karoli et Albini magistri, in C. Halm's Rhetores latini minores p. 523—550); zur weiteren Fortbildung diente die Lectüre der rhetorischen Schriften des Cicero (besonders der Bücher de inventione und der im Mittelalter allgemein dem Cicero zugeschriebenen Rhetorica ad Herennium) und des Quintilianus.

Das eben über den Unterricht in der Rhetorik Bemerkte gilt im Wesentlichen auch in Bezug auf den die niedere Stufe des Unterrichts, das sog. Trivium, abschließenden Unterricht in der Dialektik (der damals die Stelle des Unterrichts in der Logik und in der Philosophie überhaupt vertrat) sowie auf die Lehrgegenstände der höheren Stufe, des sog. Quadrivium: Arithmetik, Geometrie, Musik und Astronomie: auch hier zehrte man ausschließlich von den durch die späteren Encyklopädisten, besonders Cassiodor, Isidor und Boethius (einen der im Mittelalter am eifrigsten gelesenen antiken Schriftsteller) aufbewahrten, durch spätere Verfasser kurzer Lehrbücher wie Beda und Alcuin für die Schüler noch mundrechter gemachten Resten von der reich besetzten Tafel des classischen Alterthums.

Was endlich das Studium anderer, außerhalb des Kreises der sog. sieben freien Künste stehender weltlicher Wissenschaften, wie Geographie und Geschichte (für welche, soweit sie mit der Bibel im Zusammenhange stehen, außer dieser die Schriften des Josephus in lateinischer Uebersetzung oder Paraphrase als wichtigste Quellen benutzt wurden), Naturwissenschaften und Medicin anbetrifft, so begnügte man sich auch hier im Wesentlichen mit dem, was man bei späteren Excerptoren und Compilatoren, wie bei Orosius, Hieronymus und Beda, bei Solinus, Isidorus und Cassiodorus vorfand; wer nach tieferen naturwissenschaftlichen und medicinischen Kenntnissen strebte, der wagte sich wohl an die Lectüre der betreffenden Abschnitte des großen Werkes eines Compilators der älteren Zeit, der Naturalis historia des Plinius. Wie wenig man im Stande war, zwischen Sage und Geschichte zu scheiden, beweist besonders das Interesse, welches man für die historischen Romane des späteren Alterthums, wie die Geschichte Alexander's des Großen von dem sog. Pseudo-Kallisthenes (in der lateinischen Uebersetzung des Julius Valerius) und die Erzählungen vom troischen Kriege des sog. Dictys Cretensis und des sog. Dares Phrygius hegte. Selbst für die Kunst der Kriegführung griff man auf das römische Alterthum zurück: das diesen Gegenstand behandelnde Werk des Flavius Vegetius Renatus wurde, wie die zahlreichen uns erhaltenen alten Handschriften zeigen, eifrig gelesen, auch von Hraban für Lothar II. ein Auszug daraus angefertigt [1]).

Dasselbe Gepräge, wie der Unterricht, trug auch die schriftstellerische Thätigkeit des Karolingischen Zeitalters, soweit sie sich auf das classische Alterthum bezog: sowohl die für die Bedürfnisse der Schulen berechneten Lehrbücher der Grammatik, Rhetorik und Dialektik als größere encyklopädische Werke, wie des Hrabanus Maurus 22 Bücher vom Weltall (de universo), in welchen neben dem kirchlichen Glaubenssystem die ganze Hinterlassenschaft des Alterthums an wissenschaftlicher Erkenntniß nach theologischen Gesichtspunkten bearbeitet den Zeitgenossen dargeboten wird, sind nur magere Auszüge aus Isidor's Origines und anderen Werken späterer römischer Schriftsteller.

Weit bedeutsamer als die schriftstellerischen Arbeiten der Gelehrten war für die Erhaltung der Denkmäler der antiken Litteratur die anspruchslosere Thätigkeit der S c h r e i b e r, die wie im Abendlande überhaupt, so insbesondere in Deutschland im 9. wie noch in den folgenden Jahrhunderten fast ausschließlich Mönche waren. Schon die in fast allen Klöstern geltende Regel des heiligen Benedictus von Nursia setzt die Existenz einer Bibliothek in jedem Kloster voraus, indem sie vorschreibt, daß alle Mönche Bücher aus derselben entnehmen und diese fleißig studiren sollen, wobei natürlich nur an kirchliche Schriften zu denken ist. Als nun mit den Klöstern Schulen verbunden wurden, in welchen auch

---

[1]) S. Dümmler in d. Ztschr. f. deutsches Alterthum n. F. Bd. 3 S. 443 ff.

die römische Profanlitteratur in der oben geschilderten Weise in den Kreis des Unterrichtes gezogen ward, stellte sich für jede Klosterbibliothek das Bedürfniß heraus, eine Anzahl Exemplare der beim Unterricht gebrauchten Lehrbücher sowie einiger Schriften römischer Dichter und Prosaiker zu besitzen; es wurden daher in den Klöstern besondere Schreibstuben (scriptoria) eingerichtet, in welchen theils diejenigen Mönche, welche durch ihre Kunstfertigkeit im Schreiben dazu besonders geeignet waren, theils solche, welchen der Abt des Klosters diese Beschäftigung, sei es weil sie zu anderen Handarbeiten ungeeignet waren, sei es als Strafe für Vergehen gegen die Klosterzucht zuwies, kirchliche sowohl als profane Schriften abschrieben. Diese Abschreiber mußten, da die ihnen vorliegenden älteren Handschriften in der Regel ohne Worttrennung und ohne Interpunction, häufig auch in sehr verwilderter Orthographie geschrieben waren, schon ein wenn auch bescheidenes Maß von Textkritik üben, wobei freilich manche willkürliche Aenderungen der von den Abschreibern nicht verstandenen Stellen der Originale vorkamen: doch gibt es besonders aus dem 9. und 10. Jahrhunderte zahlreiche Handschriften lateinischer Classiker, in welchen die völlig sinnlose Worttrennung und gänzlich verkehrte Anwendung der Interpunction davon Zeugniß ablegen, daß die Schreiber die ihnen vorliegenden Originale ohne alles Verständniß des Sinnes, rein mechanisch, dafür aber um so getreuer, d. h. ohne willkürliche Abänderungen, wenn auch mit zahlreichen aus Flüchtigkeit und Nachläßigkeit hervorgegangenen Fehlern copirt haben. Solche unverständliche und daher für den Gebrauch in den Schulen nutzlose Abschriften wurden häufig von einem anderen etwas gelehrteren Mönche durchcorrigirt, sei es unter nochmaliger Vergleichung des Originals oder einer anderen Abschrift, sei es nach eigenem Ermessen[1]).

---

[1]) Vgl. dazu W. Wattenbach „Das Schriftwesen im Mittelalter" (2. Aufl. Leipzig 1875) besonders S. 264 ff. und S. 359 ff. Fr. Haase, De latinorum codicum manuscriptorum subscriptionibus commentatio, im Index scholarum der Universität Breslau für den Winter 1860; A. Reifferscheid,

In den Klöstern Deutschlands ist die Kunstfertigkeit des Abschreibens (mit welcher häufig, besonders bei der Herstellung der für kirchliche Zwecke bestimmten Bücher, die Malerkunst in der Anbringung kunstreicher Initialen Hand in Hand ging) hauptsächlich durch die aus Irland eingewanderten Schottenmönche eingeführt und gepflegt worden. Einen neuen Impuls gab dieser Thätigkeit die Einrichtung der Klosterschulen durch Karl den Großen, welche durch die Hebung der Bildung der Mönche sowohl die Lust am Abschreiben, namentlich auch classischer Werke, als die Fähigkeit zur Herstellung correcter lesbarer Abschriften beförderte. In eben jenen Klöstern, in welchen die Schulen im 9 Jahrhundert in besonderer Blüte standen, finden wir auch den größten Eifer für die Vermehrung der Bibliotheken, wovon theils die Jahrbücher dieser Klöster, theils einige uns erhaltene ältere Bibliothekscataloge, theils und hauptsächlich die aus jenen Bibliotheken stammenden Handschriften selbst Zeugniß geben. So wird von Hraban gemeldet, daß er im Kloster Fulda eine Bibliothek stiftete und mit einer fast zahllosen Menge von Büchern ausstattete[1]; von dem Kloster St. Gallen, das schon im 8: Jahrhundert an Waldo (Abt 783—84) einen trefflichen Schreiber besaß, wird berichtet, daß der Abt Gozpert (816—837) eine große Zahl von Büchern, woran das Kloster bis dahin empfindlichen Mangel gelitten hatte, erwarb, welche besonders durch Hartmuot, sowohl unter der Regierung des Abtes Grimold (841—872) als auch während er selbst dem Kloster als Abt vorstand (872—883), bedeutend vermehrt wurde[2]. Als fleißige und kunst-

---

De latinorum codicum subscriptionibus commentariolum, im Index scholarum der Universität Breslau für den Winter 1872.

[1] S. E. Dümmler, Geschichte des ostfränkischen Reiches Bd. 2 S. 652 Anm. 13.

[2] S. Ratperti Casus S. Galli (in Pertz Monumenta SS. II p. 61 ss). c. 4 (p 64), c. 6 (p. 66), c. 9 (p. 70 u. 72). Unter den Büchern, die Hartmuot schrieb oder schreiben ließ, gehören der Profanlitteratur an: Isidori Etymologiae, Josephus de antiquitate Judaica und de bello Judaico (natürlich lateinisch). Excerpta de Pompeio (d. i. Justin). Gesta

fertige Schreiber werden unter dem Abt Hartmuot Folchard, unter dem Abt Salomon (890—919) Sintramm genannt [1]). Der gefeierte Lehrer Notker der Stammler (Balbulus, gestorben 6. April 912) schrieb mit eigener Hand unter vielem Schweiß eine vom Bischof Liutward von Vercelli geliehene griechische Handschrift der kanonischen Briefe ab [2]). Das Kloster Reichenau besaß schon im Jahr 821 eine stattliche Sammlung von Büchern, welche von dem damaligen Vorsteher der Bibliothek, Reginbert (gestorben 9. März 846), der auch einen Katalog der ihm anvertrauten Schätze abgefaßt hat, noch beträchtlich vermehrt worden ist [3]). Noch weit reichhaltiger, insbesondere auch an Handschriften römischer Classiker, war die Bibliothek des Klosters des heiligen Nazarius zu Lorsch (Laurissa oder Lauresham), wie ein im 10. Jahrhundert geschriebener Katalog derselben lehrt, in welchem wir, abgesehen von den lateinischen Grammatikern und späteren Historikern, folgende Werke römischer Classiker verzeichnet finden: Virgilius, Horatius, Lucanus, Juvenalis, Martialis. Cicero's

---

Alexandri. Grammatica Prisciani. Solini Polihystor (sic). Medicinalis liber unus. Orosius. Martianus Capella. Boethius de consolatione philosophiae; endlich eine Weltkarte (mappa mundi).

[1]) Casuum S. Galli continuatio I auctore Ekkebardo IV (bei Pertz, Monumenta a. a. O. p. 75 ss.) p. 89; vgl. P. T. Neugart Episcopatus Constantiensis Alemannicus I, 1 (1803) p. 162 s.

[2]) Monumenta a. a. O. p. 101.

[3]) S. Neugart, Episcopatus Constantiensis p. 536 ss.: „Brevis librorum qui sunt in coenobio Sindleozes-Auua facta anno VIII Hludovici Imperatoris", dazu als Fortsetzung p. 547 ss.: „Incipit brevis librorum quos ego Reginbertus indignus monachus atque scriba in insula coenobii vocabulo Sindleozes-Auua sub dominatu Waldonis, Heitonis, Erelebaldi et Ruadhelmi abbatum eorum permissu de meo gradu scripsi aut scribere feci vel donatione amicorum suscepi". In diesen Verzeichnissen finden wir von Profanschriftstellern unter anderen folgende: Virgilius, Publii Vegetii Renati mulomedicinae libri IV, Vitruvii de architectura libri X, Hygini astrologia, Liber astrologiae Arati (jedenfalls die Aratea des Cäsar Germanicus), Aviani (cod. Aniani) fabulae, Symphosii aenigmata, Plinii Secundi de natura rerum; außerdem natürlich Priscian, Donat und andere lateinische Grammatiker, Isidorus, Orosius, Josephus.

Reden pro Cluentio, pro Milone, in Pisonem, pro Cornelio, Cicero de officiis, epistolarum libri XVI und libri IV, Seneca de beneficiis, de clementia und epistolae, Plinius de natura rerum, Plinii epistolae, Pompei Trogi epitoma, Annaei Flori epitoma Livii, Solini Polyhistor, Frontinus, Flavius Vegetius Renatus, Lateinische Uebersetzung des Platonischen Timäus [1]).

Nicht minder sorgten schon im 9. Jahrhundert die Bischöfe Arno von Salzburg, Baturich von Regensburg, Hitto von Freising, Erchambald von Eichstädt und andere eifrig für das Abschreiben von Handschriften [2]).

Besondere Anerkennung verdient es, daß die Thätigkeit dieser Abschreiber sich nicht auf die damals in den Schulen gebrauchten Autoren beschränkte, daß sie vielmehr auch, freilich vereinzelt und wohl mehr durch Zufall als in bestimmter Absicht, Werke copirten, welche ganz außerhalb des Kreises des Unterrichts und der gelehrten Studien jener Zeit standen, und diese dadurch vor dem gänzlichen Untergange retteten. Solche Handschriften lagen, von Niemand beachtet, Jahrhunderte lang in staubigen Klosterbibliotheken verborgen, bis sie theils im 15. Jahrhundert von italienischen Humanisten, wie namentlich von Poggio Bracciolini, aufgestöbert und durch Abschriften vervielfältigt, theils im Anfang des 16. Jahrhunderts von deutschen Gelehrten mit Hülfe der Buchdruckerkunst weiteren Kreisen zugänglich gemacht wurden.

---

[1]) Der Katalog ist publicirt von A. Mai im Spicilegium Romanum Vol. V p. 161 ss. und genauer von Wilmanns im Rheinischen Museum Bd. 32 S. 385 ff. Wilmanns fügt dazu (S. 408 f.) ein um ein Jahrhundert jüngeres kurzes Verzeichniß der Bibliothek eines unbekannten Klosters des Bisthums Minden, worin folgende classische Handschriften erwähnt sind: Terentius, Virgilius, Ovid's Metamorphosen, Tristien und (ars) amatoria, Lucanus, Juvenalis, zwei Salluste, Rhetorica de inventione. Eine Zusammenstellung der bisher bekannten derartigen Handschriftenverzeichnisse gibt R. Förster im Rhein. Museum n. F. Bd. 37 S. 486 f. Anm. 1.

[2]) Vgl. E. Dümmler, Geschichte des ostfränkischen Reiches Bd. 2 S. 658 und 692 f.; Wattenbach, Deutschlands Geschichtsquellen Bd. 2 S. 129 und 235 ff.

So sind uns, um nur einige Beispiele anzuführen, nur durch vereinzelte, von deutschen Mönchen des 9. und 10. Jahrhunderts angefertigte Abschriften erhalten worden die sechs ersten Bücher der Annalen des Tacitus, die noch der Abt Rudolf von Fulda, ein Schüler Hraban's, bald nach der Mitte des 9. Jahrhunderts las [1]), die aber von da an gänzlich verschollen sind, bis um den Beginn des 16. Jahrhunderts der von einem deutschen Mönche im 10. oder am Anfang des 11. Jahrhunderts geschriebene, jetzt in der Laurenzianischen Bibliothek in Florenz befindliche Codex Mediceus auftaucht, der sicher aus einem Kloster des nördlichen Deutschlands — nach einer gut beglaubigten Ueberlieferung aus Korvei — nach Italien entführt worden ist [2]). Auch die Erhaltung des zweiten Theiles des Geschichtswerkes des Ammianus Marcellinus — die ersten dreizehn Bücher desselben sind bekanntlich gänzlich verloren — verdanken wir einer im 9. Jahrhundert im Kloster Fulda oder für dessen Bibliothek angefertigten Abschrift, die durch Poggio's Vermittelung nach Italien gebracht sich jetzt in der vaticanischen Bibliothek befindet, und einer zweiten dem Kloster Hersfeld gehörigen, jetzt verschwundenen, welche Sigmund Gelenius für seine im Jahre 1533 erschienene Ausgabe benutzt hat [3]). Ferner sind die während des ganzen Mittelalters völlig verschollenen „Punica" des Silius Italicus und die „Silvae" des Statius nur durch je eine bei Gelegenheit des Konstanzer Concils durch Poggio und Bartolomeo da Monte-

---

[1]) S. Annales Fuldenses ad ann. 852 (Monumenta Germaniae SS. I p. 368): „Igitur in loco qui appellatur Mimida super amnem quem Cornelius Tacitus, scriptor rerum a Romanis in ea gente gestarum, Visurgim, moderni vero Wisaraha vocant, habito generali conventu"; vgl. Tac. ann. II, 9, 11, 16, 17.

[2]) Vgl. G. Voigt, Die Wiederbelebung des classischen Alterthums oder das erste Jahrhundert des Humanismus, 2. Aufl. (Berlin 1880) Bd. 1 S. 253 ff.; dagegen A. Viertel, Zur Geschichte der handschriftlichen Ueberlieferung des Tacitus, in den Jahrbüchern f. class. Philologie Bd. 123 (1881) S. 423 ff.

[3]) Vgl. V. Gardthausen in den Jahrb. f. class. Phil. Bd. 103 (1871) S. 829 ff. und A. Kießling ebend. S. 481 ff.

pulciano auf deutschem Boden aufgefundene Handschrift vor dem völligen Untergange bewahrt worden. Von des Lucretius Gedicht „de rerum natura" scheint im früheren Mittelalter eine einzige, dem 4. oder 5. Jahrhundert angehörige Handschrift existirt zu haben, von welcher im 9. und 10. Jahrhundert in deutschen Klöstern einige Abschriften gemacht worden sind. Endlich sind uns die sog. „Fabulae" des Hyginus durch eine einzige, wahrscheinlich gleichfalls im 9. oder 10. Jahrhundert geschriebene, jetzt bis auf geringe Bruchstücke verschwundene Handschrift der Bibliothek des Klosters Freising[1]), aus welcher sie Jakob Micyllus zuerst im Jahre 1535 im Druck veröffentlicht hat, erhalten geblieben.

Aber nicht bloß die handschriftlich überlieferten Schätze der römischen Litteratur, nein, auch die in Stein eingegrabenen Aufzeichnungen der alten Römer fanden bei den Deutschen der Karolingerzeit, wenn auch nur bei einzelnen oder in sehr engen Kreisen, Beachtung und Verständniß. Ein schweizerischer oder schwäbischer Mönch, dessen Namen wir nicht kennen, besuchte in der zweiten Hälfte des 8. oder in der ersten Hälfte des 9. Jahrhunderts Rom und schrieb theils dort, theils auf der Rückreise in Pavia eine beträchtliche Anzahl von Inschriften (darunter auch zwei griechische) antiker Denkmäler, besonders Aufschriften antiker Bauwerke, die damals noch aufrecht standen, ferner einige Verordnungen von Magistraten, Ehrentitel und Grabschriften, außerdem natürlich eine nicht geringe Anzahl christlicher Inschriften, mit großer Sorgfalt und nicht ohne Verständniß ab; zugleich entwarf er, jedenfalls mit Hülfe eines ihm vorliegenden Planes, eine Beschreibung der Hauptrouten durch die Stadt Rom, mit Einschluß der Begräbnißstätten vor den Thoren, und der Stadtmauer, worin die wichtigeren damals noch erhaltenen antiken Bauwerke und einige größere Bildwerke erwähnt werden. Eine

---

[1] Vgl. K. Halm in den Sitzungsberichten der k. bayer. Akad. d. Wiss. 1870 Bd. 1 S. 317 ff.

von einem Schreiber des 10. Jahrhunderts angefertigte Abschrift dieser Inschriftensammlung und des mit ihr verbundenen Itinerars ist uns in einer früher dem Kloster Pfäfers bei Ragaz gehörigen Handschrift der Bibliothek des Stifts Einsiedeln erhalten [1]).

Daß auch die Denkmäler der antiken Kunst, wenigstens der Architektur, im 9. Jahrhundert in Deutschland beachtet und als Vorbilder für das eigene künstlerische Schaffen, wenn auch nur in Hinsicht auf die Ornamentik, benutzt wurden, beweisen zahlreiche deutsche Kirchenbauten dieser Zeit, in welchen wir Säulen finden, deren Capitäle mühsame Nachahmung antiker Formen, namentlich des korinthischen und ionischen Styls, zeigen. Auch hierin ging Karl der Große selbst voran, der für seine in den Jahren 796—804 unter der Oberleitung des Abts Ansigis von St. Vandville bei Rouen erbaute Palastcapelle in Aachen Säulen sowie andere Baustücke und Mosaiken zum großen Theile von antiken Bauwerken aus Rom, Ravenna, Trier und anderen Orten herbeischaffen ließ und vor seiner Hofburg in Aachen die eherne vergoldete Reiterstatue des Königs Theodorich, welche bis dahin vor dem Palaste dieses Herrschers in Ravenna stand, aufstellen ließ [2]). Der baulustige Eigil, Hraban's Vorgänger als Abt zu Fulda, verschaffte sich Modelle antiker Säulen, die sein Freund Einhard bei seinen Bauten benutzte.

Die rege Theilnahme, welche unter Karl's des Großen Regierung durch das Beispiel des Herrschers veranlaßt, der ge-

---

[1]) Vgl. über den sog. Anonymus Einsiedlensis Mommsen in den Berichten der sächs. Ges. d. Wiss. 1850, S 287 ff. und H. Jordan, Topographie der Stadt Rom im Alterthum Bd. 2 S. 329 ff.

[2]) Man vgl. darüber den Bericht des ravennatischen Kanonikers Agnellus bei Muratori Rerum Italicarum Scriptores t. II p. 1 p. 123 und das an die Statue anknüpfende Gedicht des Walafrid Strabus (herausgegeben von Dümmler in Haupt's Zeitschrift für deutsches Alterthum Bd. 12 S. 461 ff.); dazu H. Grimm „Das Reiterstandbild des Theodorich zu Aachen und das Gedicht des Walafried darauf" (Berlin 1869) und C. P. Bock in den Jahrbüchern des Vereins von Alterthumsfreunden im Rheinlande, Heft 50 u. 51, S. 1 ff.

sammte Hof und viele Große des Reiches den gelehrten Studien gewidmet hatten, nahm schon unter dem ausschließlich von kirchlichen Interessen beherrschten Ludwig dem Frommen und dessen vielfach an wissenschaftlichen Dingen Antheil nehmenden, aber durch ihre politischen Kämpfe allzu sehr in Anspruch genommenen Söhnen allmählich ab und beschränkte sich unter den Nachfolgern Ludwig's des Deutschen bald ganz auf die Geistlichkeit, in deren Bildungsgrad selbst aber sich ein bedenkliches Herabsinken bemerkbar macht. Die von Karl begründete Hofschule bestand auch unter Ludwig dem Frommen, wo als Lehrer der lateinischen Grammatik an ihr der schon oben S. 26 genannte Ire Clemens (Clemens Scottus), der Verfasser einer dem Sohne Ludwig's, dem späteren Kaiser Lothar, gewidmeten grammatischen Schrift wirkte, und unter Ludwig dem Deutschen fort, aber sie war nicht mehr, wie zur Zeit Karl's, der Mittelpunkt aller litterarischen Bestrebungen und ging allmählich ganz ein. Unter den Klosterschulen erhält sich nur die von St. Gallen in gleichmäßiger Blüte: Alcuin's Stiftung in Tours verschwindet ganz; aus Fulda ist uns nach dem Tode Rudolf's, eines Schülers Hraban's, dessen historische Schriften sich durch Reinheit der Sprache und Klarheit der Darstellungen auszeichnen (er starb am 8. März 865), kein namhafter Lehrer und Schriftsteller mehr bekannt, und auch in dem besonders von Karl III. (dem Dicken) begünstigten Kloster Reichenau fing nach dem Tode des Walafried Strabus (18. August 849) der Eifer für die gelehrten Studien an zu erkalten. Am eifrigsten wurde noch, freilich in mehr künstlicher als geschmackvoller Weise, die lateinische Dichtung gepflegt, auf welchem Felde besonders der vom König Arnulf im Jahre 890 zum Abt von St. Gallen und Bischof von Constanz erhobene Salomo III., ein hochbegabter und allseitig gebildeter Mann, bei seinen Zeitgenossen große Anerkennung fand[1]). Unter den ziemlich zahl-

---

[1] Vgl. zu dem Obigen Dümmler, Geschichte des ostfränkischen Reiches Bd. 2 S. 647 ff.; über den Bischof Salomo III. von Constanz, dessen Gedichte und die um das Jahr 890 von ihm veranstaltete Mustersammlung von Urkundenformeln

reichen Erzeugnissen der historischen Litteratur verdient als einer der frühesten Versuche einer übersichtlichen und dabei ziemlich ausführlichen Darstellung der Weltgeschichte Erwähnung des Regino (Abtes im Kloster Prüm in den Ardennen 892—899) Chronik von Christi Geburt bis zum Jahre 906, die freilich in ihrem früheren Theile, der Darstellung der Begebenheiten bis nach dem Beginn des 9. Jahrhunderts, ganz von ihren Quellen — für die ältere Geschichte hauptsächlich Beda's Chronica de sex aetatibus mundi — abhängig und in Hinsicht der Chronologie reich an Irrthümern ist. Für uns ist das Werk besonders dadurch interessant, daß der Verfasser in einer Partie desselben (zum Jahre 889, S. 599 ff.) den nicht zu den eigentlichen Schulschriftstellern des Mittelalters gehörigen Justin ausgeschrieben und überhaupt den Stil desselben sich zum Muster genommen hat [1]).

Zweites Kapitel.
Die gelehrten Studien im 10. Jahrhundert.

Einen neuen Aufschwung nahmen die gelehrten, d. h. speciell die classischen Studien in Deutschland erst wieder unter dem zweiten Herrscher aus dem sächsischen Hause der Liudolfinger, unter Kaiser Otto I. War auch die Regierung dieses großen Herrschers fast ganz

und Briefen (die Formulae Salomonis) denj. St. Gallische Denkmale aus der Karolingischen Zeit (Mittheilungen der antiquar. Gesellschaft in Zürich Bd. 12 H. 6) S. 261 ff. und „Das Formelbuch des Bischofs Salomo III." (Leipzig 1857).

[1]) Reginonis chronicon ed. Pertz in den Monum. Germ. SS. I p. 537 ss.; vgl. dazu Wattenbach, Deutschlands Geschichtsquellen Bd. 2 S. 221 ff. und wegen Justin Fr. Rühl, Die Verbreitung des Justinus im Mittelalter (Leipzig 1871) S. 12 f. Ueber das Verhältniß zu seinen Quellen spricht sich Regino selbst p. 566 folgendermaßen aus: "Haec quae supra expressa sunt in quodam libello reperi plebeio et rusticano sermone composita, quae ex parte ad latinam regulam correxi, quaedam etiam addidi quae ex narratione seniorum audivi. Caetera quae sequuntur meae parvitatis studio descripta sunt prout in chronicorum libris adnotata inveni aut ex relatione patrum auditu percipere potui."

durch Kämpfe gegen aufrührerische Fürsten und auswärtige Völker zur Befestigung des kaiserlichen Ansehens und Wiederherstellung der Ordnung im Innern, zur Sicherung und Erweiterung der Grenzen des Reiches nach Außen in Anspruch genommen, so schuf er doch durch die Wiederherstellung der durch die kriegerischen Wirren eines halben Jahrhunderts zerstörten Klöster und durch Gründung neuer wiederum sichere und ruhige Stätten für gelehrte Studien; war er auch persönlich ohne alle gelehrte Bildung — erst im reiferen Mannesalter lernte er lateinische Bücher lesen —, so sammelte er doch, auch darin dem großen Karl nacheifernd, an seinem Hofe einen Kreis von gelehrten Männern, welchen die Schulen des Reiches mannigfache Anregung und Förderung verdankten. Der Mittelpunkt dieses Kreises, das belebende und treibende Element für alle wissenschaftlichen Bestrebungen seiner Zeit war der jüngste Bruder des Kaisers, Brun (Bruno), der um das Jahr 925 geboren, im Alter von vier Jahren der Schule des Bischofs Balderich von Utrecht übergeben, an der Schwelle des Jünglingsalters aber von seinem Bruder an den Hof berufen und bald zum Kanzler und Vorstand der königlichen Capelle, d. h. der Gesammtheit aller im Dienste des Hofes stehender Geistlichen ernannt worden war. Hier setzte er hauptsächlich unter der Leitung eines aus Irland stammenden Geistlichen, des Israel (nach seiner Heimath Scotigena genannt) seine Studien fort und erwarb sich auch mit Hülfe einiger am Hofe verweilender Griechen einige Kenntniß der griechischen Sprache. Der Ruhm seiner Gelehrsamkeit zog bald eine Anzahl junger Männer aus vornehmen Familien an den Hof, die sich unter seiner Leitung für den Dienst des Staates oder der Kirche ausbilden wollten, so daß, wenn auch nicht eine geschlossene Schule wie die Hofschule Karl's des Großen, doch eine freie Vereinigung von Lehrenden und Lernenden entstand, welche für die Hebung der Bildung im ganzen Reiche segensreich ward. Da wirkte als Lehrer, freilich nur kurze Zeit (952—53), der ebenso durch seine Gelehrsamkeit als durch seine wechselvollen Schicksale, die ihn zwischen hohen geistlichen Würden (er war zu wiederholten Malen in den Jahren 931—34, 946—48 und 961—968 Bischof von Verona und 953—955 Bischof von Lüttich) und mönchischer Zurückgezogenheit in den Klöstern Lobach und Alna bei Lüttich (im Hennegau) hin und her warfen, bekannte Lothringer Rather, der außer zahlreichen theologischen und kirchenpolitischen Schriften, deren überaus gekünstelte, dunkle Schreibweise ein Spiegelbild seines unsteten, nie zu ruhiger Klarheit durchgebildeten Geistes und seiner trüben, asketisch gefärbten Weltanschauung ist, eine (uns nicht erhaltene) lateinische Grammatik verfaßte, welcher er den scherzhaften Titel „Sparadorsum" (ein halb deutsches, halb lateinisches Wort, „Spar den Rücken") gab[1]). Ungefähr gleichzeitig mit Rather kam der gelehrte Diacon Gunzo von Novara, den Otto selbst bei seinem ersten Zuge nach Italien kennen gelernt und zur Uebersiedelung nach Deutschland bewogen hatte, an den Hof und brachte nahe an 100 lateinische Handschriften, darunter auch Uebersetzungen einiger Werke des Platon und Aristoteles (Platon's Timäos, Aristoteles' Topica und περὶ ἑρμηνείας) mit. Von diesem Manne, der später an verschiedenen Schulen als Lehrer thätig gewesen zu sein scheint, ist uns ein interessantes Document einerseits seiner Belesenheit, besonders in den römischen Dichtern (von denen Persius und Juvenalis seine Lieblinge gewesen zu sein scheinen), andrerseits einer sehr mangelhaften, rein äußerlichen Auffassung grammatischer Erscheinungen, wie sie freilich dem ganzen Mittelalter eigen war, erhalten in einem längeren an die Mönche von Reichenau gerichteten Briefe, worin er berichtet, wie ihm, als er auf der Fahrt von Italien nach Deutschland im Kloster zu St. Gallen eingekehrt, im lateinischen

---

[1]) Vgl A. Vogel, Ratherius von Verona und das 10. Jahrhundert (Jena 1854 Bd. 2); über R.'s classische Studien besonders Bd. 1 S. 23 ff.; über das „Sparadorsum" Bd. 1 S. 101, Bd. 2 S. 146 u. 193 f.; über seinen Aufenthalt am Hofe Otto's 1. Bd. 1 S. 178 f. Von römischen Dichtern hat R. außer den damals allgemein gelesenen auch den Plautus, den Phädrus und den Catullus gelesen; vgl. Catulli Veronensis liber rec. R. Ellis (Oxford 1867) p. VII ss.; Catulli Veronensis liber rec. Aem. Bährens (Leipzig 1876) p. V s.

Gespräch mit den Mönchen dort das Versehen passirt, daß er statt des Ablativs den Accusativus setzte, worauf ihn ein junger Mönch, dessen Namen Eckehard er durch den biblischen Namen Achar nur leicht verhüllt, durch ein lateinisches Spottgedicht verhöhnte: in seinem Briefe versucht er nun nachzuweisen, daß die besten römischen Dichter und Prosaiker bisweilen einen Cajus statt des anderen gesetzt hätten, und bemüht sich, den Reichenauer Mönchen sich als einen in allen sieben freien Künsten wohlbewanderten Mann zu zeigen [1].

Aus diesem Kreise, dem später auch der als Diplomat und Historiker bekannte, an Kenntniß der griechischen Sprache und des griechischen Lebens, welches er als Gesandter am byzantinischen Hofe zu beobachten Gelegenheit hatte, seine abendländischen Zeitgenossen überragende Langobarde Liutprant (seit dem Jahre 962 Bischof von Cremona) und der Mönch Eckehard von St. Gallen, von seinen Klosterbrüdern „der Höfling" (Palatinus) genannt,

---

[1] „Epistola Gunzonis ad Augienses fratres" in Edm. Martène und Urs. Durand Veterum scriptorum et monumentorum historicorum, dogmaticorum, moralium amplissima collectio t. I (Paris 1724) col. 294—314; vgl. dazu Joh. Christoph Gatterer's Commentatio de Gunzone Italo qui saeculo X obscuro in Germania pariter atque in Italia eruditionis laude floruit (Nürnberg 1756). Zu dem Briefe werden von römischen Dichtern citirt Terentius, Virgilius, Horatius, Ovidius, Lucanus, Statius (Thebais), Persius, Juvenalis; von Prosaikern Sallustius und Cicero. Daß G. die homerischen Gedichte nicht besaß noch las, zeigt das einzige in seinem Briefe (col. 297) vorkommende Citat aus Homer „ecrousen Achille ton poda id est percussit Achillem pedem", welches nur einem Mißverständniß einer Stelle des Servius (zu Virgil. Aeneid. X, 698: „Latagum occupat os; pro Latagi os occupatur, et est graeca figura in Homero frequens, ut si dicas ἔκρουσεν Ἀχιλλεὺς τὸν πόδα id est Achillem percussit pedem pro percussit Achillis pedem") seinen Ursprung verdankt. Auch die Notiz über des Helvius Cinna Gedicht Smyrna (col. 297 „si quidem Cinna librum suum Smyrnam X annis elimavit") ist aus Servius entnommen (zu Virgil's Ecloga IX, 35: „etiam Cinna poeta optimus fuit qui scripsit Smyrnam, quem libellum decem annis elimavit"). Ein hübsches Pröbchen der etymologischen Kunststücke jener Zeit gibt der Brief col. 299: „ut in nomine verna quod aiunt ex tribus corruptis compositum quae sunt bonus, hereditarius, natus... Ueber die von G. aus Italien mitgebrachten Handschriften s. col. 304.

einer der Lehrer Otto's II., angehörten, schied Brun selbst zwar schon im Jahre 953 aus, wo er zum Erzbischof von Köln erwählt und zugleich von seinem Bruder mit der Verwaltung des Herzogthums Lothringen betraut wurde; aber er behielt die Oberleitung der königlichen Capelle, die durch ihn zu einer Pflanzstätte hervorragender Geistlicher geworden war, und wandte insbesondere der Hebung der Schulen und der Herstellung der Klosterzucht in dem seiner Regierung anvertrauten Lande die eifrigste Sorgfalt zu: in Köln sammelte er ebenso wie früher am Hofe seines Bruders um sich einen Kreis strebsamer junger Männer, die er persönlich in theologischen und philosophischen Dingen unterrichtete und zu gelehrter Thätigkeit anregte. Brun's Einfluß ist es hauptsächlich zuzuschreiben, daß der Unterricht in den Klosterschulen einen neuen Aufschwung nahm, daß man in den deutschen Klöstern im 10. Jahrhunderte eifriger und sorgfältiger als zuvor und als später die Handschriften der römischen Classiker abschrieb, daß man endlich in denselben Klöstern diese Classiker sich zum Vorbilde eigenen litterarischen Schaffens bei der Behandlung nicht nur kirchlicher, sondern auch nationaler, theils der deutschen Heldensage, theils der Thiersage, theils der Zeitgeschichte angehöriger Stoffe in Poesie und Prosa wählte[1]). So entwickelte sich eine der Karolinger Zeit mindestens ebenbürtige nationale Geschichtschreibung, deren bedeutendstes Denkmal wir in Widukind's, eines Mönches des an Bildung wie an Besitz im Sachsenlande den ersten Platz einnehmenden Klosters Korvei, im Jahre 967 begonnenen, später wiederholt umgearbeiteten und erweiterten „sächsischen Geschichten" (Res gestae saxonicae) be-

---

[1]) Ueber Brun s. Ruotgeri Vita Brunonis in den Monum. Germ. SS. IV p. 254 ss., besonders c. 5—8; dazu Giesebrecht, Geschichte der deutschen Kaiserzeit Bd. 1, 5te Aufl., S. 321 ff. u. S. 431 ff.: Frid. Schulze, De Brunonis I archiepiscopi Coloniensis ortu et studiis praecipuisque rebus ab eo gestis (Halle 1867); Ern. Meyer, De Brunone I archiepiscopo Coloniensi, Lotharingiae duce quaestiones VII (Berlin 1867); O. Zimmermann, Brun I Erzbischof von Köln und die in den Schulen seiner Zeit gepflegte Wissenschaft (Leipzig o. J.).

sitzen, einem Werke, das, in der Form dem Sallustius nachgebildet, in seinem Inhalte die sächsische Stammsage mit der Geschichte der Gegenwart in Verbindung setzt¹). Einen Theil desselben Stoffes, die Geschichte Otto's des Großen bis zum Jahre 968, behandelte zu gleicher Zeit im Kloster Gandersheim, der ältesten Familienstiftung des sächsischen Herzogshauses, die durch den Unterricht der Lehrerin Rikkardis und näheren Verkehr mit der Aebtissin Gerberg, einer Tochter Herzog Heinrich's von Bayern, eines Bruders Otto I., gebildete Nonne Hrotsuit (Roswitha), in einem panegyrischen Epos, den „Gesta Oddonis", welches in der mittelalterlichen Versform der sog. leoninischen Hexameter, d. h. solcher deren Schlußsilbe mit der unmittelbar vor der Haupt=
cäsur stehenden Silbe durch Reim oder wenigstens Assonanz verbunden ist (woneben anderwärts auch Endreim und Alliteration ziemlich häufig erscheinen²), in zwar nicht durchaus correcter, aber verhältnißmäßig reiner und gewandter, überall die eifrige Lectüre lateinischer Dichter, besonders des Virgilius, Prudentius und Sedulius bekundender Sprache abgefaßt ist. Ganz dasselbe Gepräge tragen einige frühere Dichtungen der Hrotsuit, welche kirchliche Stoffe behandeln: die Geschichte von der Geburt der Maria und Christi nach dem apokryphen Evangelium des Pseudo=
Matthäus (Historia nativitatis laudabilisque conversationis in-
tactae deae genetricis) und von der Himmelfahrt Christi (De ascen-
sione domini); die Legenden vom heiligen Gongolf (in Distichen ab=
gefaßt); vom heiligen Pelagius; vom Vicedominus Theophilus; von der Bekehrung eines Jünglings, der sich aus Liebe zur Tochter seines Herrn, des Proterius von Cäsarea, dem Teufel verschrieben hatte, durch den heiligen Basilius; vom heiligen Dionysius; von der heili=

---

¹) Vgl. R. Köpke, Widukind von Korvei. Ein Beitrag zur Kritik der Geschichtschreiber des 10. Jahrhunderts Berlin 1867 ; über W.'s Stil besonders S. 48 ff.; Wattenbach, Deutschlands Geschichtsquellen Bd. 1 S. 267 ff.

²) Vgl. über die verschiedenen Arten der mittelalterlichen gereimten Hexameter die Bemerkungen von W. Meyer in den Sitzungsber. der philos.
philol. u. histor. Cl. der k. bayer. Akademie 1873, S. 70 ff.

gen Agnes; desgleichen ihr letztes, wahrscheinlich zwischen 973—983 abgefaßtes Gedicht über die Gründung und ältere Geschichte des Klosters Gandersheim (Primordia coenobii Gandersheimensis). Eine ganz vereinzelte Erscheinung aber in der Litteratur nicht nur des 10. Jahrhunderts sondern des Mittelalters überhaupt bilden die sechs Dramen der Hrotsuit (Gallicanus, Dulcitius, Calimachus, Abraham, Pafnutius, Sapientia), welche sich sowohl ihrem Inhalte — die Stoffe sind größtentheils den Acta Sanctorum entlehnt, nur für den Calimachus hat die lateinische Bearbeitung der apokryphen Acta Apostolorum durch den sog. Julius Africanus als Quelle gedient — als der Zeit ihrer Abfassung nach zunächst an die Legenden anschließen. Die Dichterin hat, wie sie selbst in einem kurzen Vorwort berichtet, diese Dramen in Nachahmung des Terentius verfaßt, um die für christliche Leser anstößigen Stücke jenes damals eifrig gelesenen heidnischen Dichters, in welchen die Liederlichkeit üppiger Weiber geschildert wird, durch solche zu ersetzen, in welchen die Keuschheit gottgeweihter Jungfrauen verherrlicht wird [1]: eine Absicht, die sie freilich nicht erreicht hat, wie man daraus schließen darf, daß von ihren Dramen wie von ihren Dichtungen überhaupt nur eine einzige Handschrift sich erhalten hat, die Komödien des Terentius dagegen auch nach ihrer Zeit in deutschen Klöstern viel gelesen und häufig abgeschrieben worden sind. Die Nachahmung ihres classischen Vorbildes ist im Wesentlichen eine äußerliche: sie betrifft hauptsächlich die Form des sprachlichen Ausdrucks, die Phraseologie, welche zahlreiche terentianische Reminiscenzen erkennen läßt. Von der metrischen

---

[1] „Sunt etiam alii sacris inhaerentes paginis qui licet alia gentilium spernant Terentii tamen figmenta frequentius lectitant et dum dulcedine sermonis delectantur, nefandarum notitia rerum inmaculantur. Vnde ego clamor ualidus (Uebersetzung des Namens Hrotsuit) Gandeshemensis non recusaui illum imitari dictando dum alii colunt legendo, quo eodem dictationis genere quo turpia lasciuarum incesta feminarum recitabantur. laudabilis sacrarum castimonia uirginum iuxta mei facultatem ingenioli celebraretur." S. „Die Werke der Hrotsvitha", herausgegeben von Dr. K. A. Barack (Nürnberg 1858) S. 137 f.

Form der Komödien des Terentius (für die Annahme, daß sie auch die des Plautus gekannt habe, fehlt es an jedem sicheren Anhalte)[1]) hatte unsere Dichterin ebensowenig als das ganze Mittelalter eine Ahnung: sie las dieselben ohne Versabtheilung, in fortlaufenden Zeilen als Prosa geschrieben und verfaßte daher auch ihre Dramen in Prosa, die nur an manchen Stellen eine vielmehr unwillkürliche als von der Verfasserin beabsichtigte rythmische Gliederung, bisweilen auch durch Eintreten von Reimen eine strophenartige Gestalt annimmt. Auf das Vorbild des Terentius ist auch die Sechszahl der Dramen und die mehrfache Erwähnung von meretrices, leno, lupanar zurückzuführen. Nicht entfernt aber erreicht die Dichterin ihr Vorbild in Hinsicht der dramatischen Anlage ihrer in Vergleich mit denen des Terentius durchgängig sehr kurzen Stücke. Die Handlung schreitet bald sprungweise vor, über weite Zwischenräume von Ort und Zeit hinweg, bald wird sie durch gar nicht zur Sache gehörige Erörterungen, in welchen die Dichterin ihre hauptsächlich aus Boethius geschöpfte Gelehrsamkeit entfaltet, ungebührlich aufgehalten: eine bestimmte Charakterzeichnung der auftretenden Personen, eine künstlerische Motivirung ihrer Handlungen oder der Situationen, in welchen sie uns vorgeführt werden, mit einem Worte, die dichterische Wahrheit vermißt man, abgesehen von einigen Scenen der Stücke Abraham und Calimachus, durchaus. Die Stücke sind nur zur erbaulichen Lectüre, nicht zur dramatischen Aufführung bestimmt und geeignet. Können wir demnach auch den Enthusiasmus nicht theilen, mit welchem die deutschen Humanisten am Ende des 15. Jahrhunderts die neu entdeckten Dichtungen der Nonne von Gandersheim begrüßten, so haben wir denselben doch einen Ehrenplatz in der Geschichte der an classische Vorbilder sich anlehnenden lateinischen Dichtung in Deutschland zuzuerkennen: ihr Versuch eine dem christlichen Abendlande bis dahin völlig fremde Kunstform in die dem Dienste des Christenthums geweihte Litteratur einzuführen ist, wenn auch

---

[1]) Vgl. M. Hauptii Opuscula Vol. III p. 587.

mißglückt, doch der Ausfluß eines schöpferischen Gedankens, der Keim einer erst Jahrhunderte später ans Licht tretenden Entwickelung ¹).

Mehr Anklang als dieser Versuch einer Wiederbelebung des antiken Drama fand die Verwendung der Form des lateinischen Epos für Stoffe der deutschen Heldensage. Unter den Dichtungen dieser Art nimmt nach Form und Inhalt den ersten Platz ein die von dem Heldenjüngling Walther von Aquitanien, der vom Hofe des Hunnenkönigs Attila, an welchem er als Geisel, aber vom König hochgeschätzt wegen seiner Tapferkeit lebt, mit Hiltgund, der Tochter des Königs Heinrich von Burgund, die gleichfalls als Geisel am hunnischen Hofe weilt, entflieht und unterwegs allein gegen 12 Recken des Frankenkönigs Gunthari, darunter seinen alten Kameraden Hagano von Troja, und gegen den König selbst siegreich, wenn auch mit Verlust der rechten Hand, die ihm Hagano abschlägt, kämpft. Das Gedicht wird von Ekkehard IV in seiner Fortsetzung der Klosterchronik von St. Gallen (Casus S. Galli c. 9 in den Monumenta Germ. Scriptores t. II p. 118) als eine Jugendarbeit des St. Galler Mönches Ekkehardt I (gestorben 14. Januar 973) bezeichnet ²), welche er, Ekkehard IV, in seinen

---

¹) Die Dichtungen der Hrotsuit, mit Ausnahme der erst später zum Vorschein gekommenen Primordia, sind zuerst von Conrad Celtis aus einem jetzt in München befindlichen, aus der Bibliothek zu St. Emmeram in Regensburg stammenden Codex des 10. oder angehenden 11. Jahrh. veröffentlicht worden u. d. T.: Opera Hrosvite illustris virginis et monialis Germane gente Saxonica orte nuper a Conrado Celte inuenta" (Nürnberg 1501). Eine neue vollständige Ausgabe der Werke nach neuer Vergleichung der Handschrift gab Barack, Nürnberg 1858. Vgl. dazu das treffliche Buch von R. Köpke, Hrotsuit von Gandersheim (auch unter dem Titel: Ottonische Studien zur deutschen Geschichte im 10. Jahrhundert, Bd. 2) Berlin 1869, worin auch Aschbach's Hypothese, daß die Dichtungen der Hrotsuit ein Machwerk aus dem humanistischen Zeitalter seien, gebührend gewürdigt ist: Aschbach's Widerspruch dagegen (Die Wiener Universität und ihre Humanisten im Zeitalter Kaiser Maximilian's I., Wien 1877, S. 243 f.) verdient keine Beachtung.

²) Damit stimmen die Schlußverse des Gedichts v. 1453 ss.:
    Haec quicumque leges stridenti ignosce cicadae,
    Raucellam nec adhuc vocem perpende, sed aevum,
    Utpote quae nidis nondum petit alta relictis.

späteren Jahren, während er der Schule in Mainz als Lehrer vorstand, auf Geheiß des Erzbischofs Aribo (1020—1031) verbessert habe. Schon früher aber hatte ein anderer St. Galler Mönch, Gerald, das auf seine Veranlassung entstandene Werk seines jugendlichen Collegen und wahrscheinlich Schülers corrigirt und eine Abschrift davon mit einem in leoninischen Hexametern verfaßten Prolog an den Bischof Erchenbald von Straßburg (965—991) gesandt [1]). Das Gedicht erweist sich durch seine Form deutlich als eine Frucht eifrigen und verständigen Studiums des in den Schulen des Mittelalters am fleißigsten gelesenen römischen Epos, der Aeneide des Virgilius, welcher nicht nur der Versbau (abgesehen von einigen Freiheiten im Gebrauche des Hiatus und einigen prosodischen Licenzen) und die ganze Färbung des Ausdrucks nachgebildet, sondern auch mehrfach ganze Verse ohne oder mit ganz leichter Veränderung entlehnt sind. Daneben ist besonders die Psychomachia des Prudentius benutzt. Der Inhalt aber ist durchaus deutsch und auch einzelne Ausdrücke und Wendungen (besonders der unlateinische Gebrauch der Tempora) verrathen den deutschen und mittelalterlichen Ursprung des Gedichts.

Ein allerdings an dichterischem Werthe tief unter dem Waltharius stehendes Product eifrigen Lesens und Abschreibens der Dichtungen des Horatius, besonders der Sermones. Epistulae und Ars poetica desselben, ist das wahrscheinlich bald nach 936 von einem Mönch des Klosters des heil. Aper zu Toul in Lothringen in leoninischen Hexametern und sehr verwilderter, dunkler Sprache verfaßte Gedicht „Ecbasis cuiusdam captivi per tropologiam", in welchem zwei nur ganz äußerlich untereinander verknüpfte Thiergeschichten — von einem aus seinem Stalle entschlüpften Kalbe, das im Walde vom Wolf erreicht, nach seiner Höhle

---

[1]) Vgl. Lateinische Gedichte des 10. u 11. Jahrhunderts, herausgegeben von J. Grimm u. A. Schmeller Göttingen 1838; Ekkehardi primj Waltharius ed. R. Peiper Berlin 1873); W. Meyer, Philologische Bemerkungen zum Waltharius, in den Sitzungsber. der k. bayer. Akademie d. Wiss., philos. philol. Cl. 1873 S. 358 ff.

geführt und mit dem Tode bedroht, aber schließlich befreit wird, und von der Heilung des kranken Löwen, des Königs der Thiere, durch den Fuchs auf Kosten des Wolfes — mit fortwährenden aber durchgängig räthselhaften Beziehungen auf die Zeitgeschichte erzählt werden. Ungefähr den achten Theil des Ganzen bilden Horazische Verse oder Versbruchstücke, welche der lothringische Mönch theils ganz unverändert, theils mit leichten Veränderungen für seine Dichtung, die dadurch fast das Aussehen eines Cento erhält, verwerthet hat; außerdem sind mehrfache Reminiscenzen aus anderen classischen Dichtern, wie aus Ovid's Metamorphosen und Virgil's Eklogen, und zahlreiche Verse christlicher Dichter, wie des Prudentius, des Juvencus und des Venantius Fortunatus eingewebt[1]). Unter den Schulen, welche zu dieser für die eigene litterarische Thätigkeit fruchtbaren Beschäftigung mit den römischen Classikern Anregung und Anleitung gaben, sind außer den alt= berühmten zu St. Gallen und Reichenau hervorzuheben die zu Würzburg, an welcher ein vom Bischof Poppo (911—961) be= rufener gelehrter Italiener, Stephanus aus Novara, wirkte, der durch den Ruf seiner Vorträge über Marcianus Capella auch auswärtige Schüler herbeizog[2]); ferner die Domschule zu St. Moritz in Magdeburg unter der Leitung des vom Erzbischof Adalbert (968—981) zu ihrem Vorsteher ernannten Ohtric (Otrich), der von einem jüngeren Zeitgenossen als der beredteste Mann seiner Zeit, als ein wahrer Cicero bezeichnet wird: derselbe wurde später (wahrscheinlich im Jahre 979) von dem hochgebildeten, die gelehrten Studien eifrig fördernden Kaiser Otto II. als Mitglied seiner Kapelle an den Hof gezogen, folgte demselben im December 980 nach Italien, hielt um Weihnacht dieses Jahres in Ravenna unter den Augen des Kaisers mit dem vielseitigsten Gelehrten jener

---

[1]) Ecbasis captiui, das älteste Thierepos des Mittelalters, herausgegeben von Ernst Voigt (A. d. Quellen und Forschungen Bd. 8, Straßburg 1875); vgl. E. Grosse in den Königsberger Wissenschaftlichen Monatsblättern 1875 N. 7 S. 102 ff.

[2]) S. Wattenbach, Deutschlands Geschichtsquellen Bd. 1 S. 256 f.

Zeit, dem damals am Hofe verweilenden Vorsteher der Schule
zu Rheims Gerbert von Aurillac, der im Jahre 999 unter dem
Namen Sylvester II. den päpstlichen Stuhl bestieg, eine Disputation
über die Eintheilung der Philosophie ab, welcher nur der herein-
brechende Abend und die Ermüdung der Zuhörer ein Ende machte,
und starb in Benevent am 7. Oct. 981. Nach seinem Weggange
von Magdeburg verließen zwar die Fremden, welche sein Ruf
herbeigezogen hatte, die Schule; doch stand dieselbe auch fernerhin
unter der Leitung der Scholaster Geddo und Ekkehard des Rothen
und namentlich im 11. Jahrhundert unter der Leitung Meginfrid's
in Ansehen [1]).

Gegen Ende des 10. Jahrhunderts gelangte die Schule zu
Hildesheim, welche durch den Bischof Otwin (954—984) mit
einer aus Italien mitgebrachten reichen Sammlung von Büchern
beschenkt worden war, unter der Leitung Thangmar's zu hoher
Blüthe, welche sie besonders der Fürsorge des Bischofs Bernward
(992—1022), eines Schülers des Thangmar, Lehrers und Vertrauten Otto's III. verdankte, eines der in jener Zeit seltenen
Männer, welche nicht nur für die Litteratur, sondern auch für
die Kunst des Alterthums Sinn und Verständniß hatten, wofür
die in seinem Auftrag und wahrscheinlich unter seiner eigenen
Leitung (denn er war auch in der Bildhauerkunst, Malerei und
Baukunst wohl erfahren) für die St. Michaeliskirche zu Hildesheim
angefertigte eherne Säule mit spiralförmig um den Schaft sich
herumziehenden Reliefs, welche die Geschichte Christi von der
Taufe bis zum Einzug in Jerusalem darstellen, offenbar eine
verkleinerte Nachbildung der Trajanssäule, welche Bernward in
Rom gesehen hatte, ein deutliches Zeugniß ablegt [2]).

In Speier begründete Bischof Balderich (970—987),
ein Zögling der Schule von St. Gallen, nach dem Muster dieser

---

[1]) Vgl. M. Büdinger „Ueber Gerbert's wissenschaftliche und politische
Stellung" (Kassel 1851) S. 54 ff.; Wattenbach a. a. O. Bd. 1 S. 285 f.

[2]) Vgl. Wattenbach a. a. O. Bd. 1 S. 281 ff. und für die Säule
Lübke, Geschichte der Plastik Bd. 1² S. 354.

eine bald zu hoher Blüthe gelangte Lehranstalt; ein Zögling derselben, **Walther von Speier**, verfaßte als Subdiacon im Jahre 983 im Auftrage seines Bischofs eine „Vita et passio Sancti Christophori Martyris" in kürzerer prosaischer (29 Capitel) und ausführlicherer poetischer Fassung (6 Bücher in Hexametern); das erste Buch des letzteren, in ziemlich reiner Sprache, aber, dem Geschmack der Zeit entsprechend, mit Einflechtung zahlreicher griechischer Worte abgefaßten Gedichtes, vom Verfasser als „primus libellus de studio poetae qui et scolasticus" betitelt, ist besonders durch die Aufzählung der von ihm beim Unterricht gelesenen lateinischen Dichter und der sonstigen Unterrichtsgegenstände (V. 91—223) von großem Interesse [1]).

Im eifrigen Abschreiben von Handschriften, die man, wenn die eigenen Vorlagen nicht ausreichten, von benachbarten und befreundeten Klöstern entlieh, that es das Kloster **Tegernsee** unter dem Abt **Gozpert** (seit 982) fast allen anderen zuvor, woran das Hauptverdienst wohl dem Scholaster **Froumund** gebührt, von welchem wir noch eine Anzahl kleinerer, theils in Hexametern, theils in Distichen abgefaßter lateinischer Dichtungen (meist Gelegenheitsgedichte, einige religiösen Inhalts) und eine Sammlung theils von ihm geschriebener, theils an ihn gerichteter Briefe von mehr künstlicher und gezierter als geschmackvoller Form besitzen [2]).

---

[1]) S. W. **Harster**, Walther von Speier, ein Dichter des 10. Jahrhunderts (Beigabe zum Jahresbericht der k. Studienanstalt Speier 1877), und Vualtheri Spirensis Vita et passio sancti Christophori martyris. Von W. **Harster** (desgl. 1878) München 1878.

[2]) S. B. **Pez** u. Philibert **Hueber**, Codex diplomatico-historicoepistolaris. Angsburg 1729 (Thesaurus anecdotorum novissimus Vol. VI). t. I, col. 158 ss.: „Epistolae Froumundi coenobitae Tegernseensis": ebendf. c. 167 ss.: „Froumundi coenobitae Tegernseensis poematica". Aus Ep. 9 ersieht man, daß damals in Tegernsee kein vollständiges Exemplar des Horatius vorhanden war, da Fr. einen auswärtigen Kleriker bittet, ihm ein solches zu leihen, damit er die ihnen fehlende Partie daraus abschreiben könne. Ep. 16 ist von Handschriften des Boethius, des Juvenalis und Persius und der Invectivae Tullii Ciceronis in Salustium die Rede. Vgl. über Fr. auch

Bei diesem regen Eifer, mit welchem die Werke römischer Dichter und Prosaiker abgeschrieben, gelesen und nachgebildet wurden, muß es auffällig erscheinen, daß für die griechische Litteratur auch im 10. Jahrhundert so gut wie gar kein Interesse und Verständniß in Deutschland vorhanden war, um so mehr als damals vielfache und enge Beziehungen zwischen dem deutschen und dem byzantinischen Kaiserhofe bestanden. Die Herzogin Hedwig von Schwaben, Gemahlin Herzog Burchard's II., Tochter des Herzogs Heinrich von Bayern, des Bruders Otto's I., war in früher Jugend mit einem griechischen Prinzen Konstantin verlobt gewesen und deshalb durch eigens von diesem gesandte Eunuchen in der griechischen Sprache unterrichtet worden, hatte es auch darin so weit gebracht, daß sie in ihrem Wittwenstande den späteren Abt Burchard von St. Gallen darin unterrichten konnte. Otto I. sandte im Jahre 968 den gelehrten, auch des Griechischen kundigen Bischof Liutprand von Cremona, der schon im Jahre 949 als Secretär des Königs Berengar von Italien einige Zeit am byzantinischen Hofe verweilt hatte, nach Byzanz, damit er für Otto II. um die Hand der Prinzessin Theophano werbe, und als diese nach längeren Verhandlungen im Jahre 971 nach Deutschland kam, brachte sie nicht nur ein zahlreiches griechisches Gefolge, sondern auch griechische Hofsitte und griechischen Geschmack auf verschiedenen Gebieten des Kunstgewerbes, in Weberei und Stickerei, Elfenbeinschnitzerei und kunstreicher Metallarbeit, mit sich; ihr Sohn, Otto III., betrachtete sich selbst als gebornen Griechen und erhielt seinen ersten Unterricht von einem Manne griechischer Nationalität, dem Calabresen Johannes. Trotz alledem blieb die altgriechische Litteratur in Deutschland nach wie vor unbekannt;

A Schmeller in „Lateinische Gedichte des 10. u. 11 Jahrhunderts, herausgegeben von J. Grimm und A. Schmeller" S. 225 f. und Wattenbach Deutschlands Geschichtsquellen, Bd. 1 S. 323 f. — Ungefähr ein Jahrhundert später, unter dem Abt Eberhard (1058—1091), schenkt ein gewisser Reginfried dem Kloster Tegernsee eine reiche Sammlung von Handschriften, deren Verzeichniß bei Max. Freiherrn von Freiberg, Aelteste Geschichte von Tegernsee aus den Quellen bearbeitet (München 1822, S. 178 abgedruckt ist.

abgesehen von denjenigen, welche sich zu praktischen Zwecken mit
der damaligen byzantinischen Hof- und Geschäftssprache bekannt
machten, beschränkten sich die griechischen Studien auch der ge-
lehrtesten Männer auf die Kenntniß der Elemente der Grammatik
und die Aneignung eines sehr beschränkten Vorrathes griechischer
Wörter, die man mit einer gewissen Ostentation und häufig ohne
richtiges Verständniß als Schmuck des lateinischen Stils anbrachte.
Die Hauptursache dieser auf den ersten Blick befremdlichen Erscheinung ist die tiefe Kluft, welche schon damals die abend-
ländische Kirche von der morgenländischen trennte, eine Kluft,
welche bei der damaligen Macht der Kirche über die Gemüther
durch keine persönliche oder staatliche Verbindung überbrückt werden
konnte. Daher wurde alles, was von Byzanz kam, mit einem
gewissen Mißtrauen betrachtet; der Verdacht der Ketzerei, welcher
an den theologischen Schriften der Byzantiner haftete, wurde
unwillkürlich auf alle Erzeugnisse der griechischen Litteratur, auch
die des heidnischen Griechenthums, ausgedehnt. Ueberhaupt hatte
im Abendlande bis zum Auftreten der Humanisten kaum Jemand
eine Ahnung von dem hohen Werthe und der Bedeutung der
altgriechischen Litteratur im Verhältniß zu der einseitig überschätzten
römischen; in dieser glaubte man vollen Ersatz für jene zu finden
und tröstete sich selbst über die Unbekanntschaft mit den Gedichten
Homer's leicht durch den seit dem 12. und 13. Jahrhundert vielfach
in den Schulen gelesenen „Homerus latinus" (den versificirten
lateinischen Auszug der Ilias des sog. Pindarus Thebanus).
„Graeca sunt, non leguntur": dieser Satz galt bis zum Auftreten des Humanismus in Deutschland ebensowohl als in den
anderen Ländern des westlichen Europa.

Drittes Kapitel.
Die gelehrten Studien im 11. und 12. Jahrhundert.

Der Aufschwung, welchen die gelehrten Studien in Deutschland im 10. Jahrhundert genommen hatten, wirkte zunächst auch im 11. Jahrhundert nach, sowohl in den Schulen, die so oft von ausländischen, z. B. von Mailänder Klerikern besucht wurden[1]), als auch in der litterarischen Thätigkeit der Kleriker: denn diese waren in noch höherem Maße als in den früheren Jahrhunderten jetzt in ausschließlichem Besitz gelehrter Bildung, der sich die Laien immer mehr entfremdeten. Noch blieb die königliche Kapelle, wenn auch der wissenschaftliche Geist, den Brun ihr eingehaucht hatte, mehr und mehr entschwand, die Pflanzstätte für die Bildung junger Kleriker aus den ersten Familien des Reiches, denen dann die bedeutenderen Bisthümer übertragen wurden. Neue Studiensitze wurden geschaffen und hoben sich schnell zu hoher Blüthe, wie die Schule des von Heinrich II. im Jahre 1017 gestifteten und mit einer reichen Bibliothek ausgestatteten Bisthums Bamberg[2]): ältere bisher unbedeutendere gelangten unter der Leitung einsichtiger Bischöfe und tüchtiger Lehrer zu bedeutendem Ansehen, wie die Schule zu Paderborn unter dem zwar nicht eben gelehrten, wenigstens im Latein keineswegs festen, aber sehr geschäftsgewandten und thatkräftigen Bischof Meinwerk (1009—1036) und mehr noch unter dessen Schwestersohn Bischof Imad oder Immed (1052—1076)[3]).

---

[1]) Vgl. Wattenbach, Deutschlands Geschichtsquellen Bd. 2 S. 4 Anm. 1.

[2]) Vgl. v. Giesebrecht, Geschichte der deutschen Kaiserzeit Bd. 2 S. 64 f. u. S. 600 f. d. 4. Aufl.

[3]) S. Vita Meinwerci episcopi Patherbrunnensis (Monum. Germ. hist. SS. XI, p. 104 ss.) c. 160 (p. 140): „Studiorum multiplicia sub eo floruerunt exercitia; et bonae indolis iuvenes et pueri strenue institnebantur norma regulari proficientes haud segniter in claustrali disciplina omniumque litterarum doctrina. Claruit hoc sub ipsius sororio Imado episcopo sub quo in Patherbrunnensi ecclesia publica floruerunt studia, quando ibi musici fuerunt et dialectici, enituerunt rhetorici clarique grammatici; quando magistri artium exercebant trivium, quibus omne studium erat circa quadrivium; ubi mathematici claruerunt et astronomici, habebantur phisici atque geometrici; viguit Oratius magnus et Virgilius Crispus ac

Im Anfang des Jahrhunderts glänzte als Lehrer in St. Gallen Notker mit der großen Lippe (Labeo), gestorben 29. Juni 1022, auch der „Deutsche" genannt, weil er nicht nur einzelne Stücke der Bibel (namentlich die Psalmen), sondern auch verschiedene Werke der Profanlitteratur (Terenz' Andria, Virgil's Bucolica, den sog. Cato de moribus, Marcianus Capella, mehrere Schriften des Boethius, die Kategorien und die Hermeneutik des Aristoteles) aus dem Lateinischen ins Deutsche übersetzte[1]), ein Mann von einem für seine Zeit ungewöhnlichen Umfang des Wissens, wohl bewandert in Theologie, Mathematik, Astronomie und Musik, auch des Griechischen in dem Maße, in welchem dies, wie wir eben sahen, damals im westlichen Europa der Fall war, kundig. Ihm war als Lehrer sowohl wie als Gelehrter ebenbürtig der Reichenauer Mönch Hermann aus dem schwäbischen Grafengeschlechte von Veringen, der, weil er von Jugend auf an beiden Füßen gelähmt war, den Beinamen „der Gelähmte" (Contractus) führt (geboren 18. Juli 1013, gestorben 24. September 1054). Seine sehr ausgedehnte schriftstellerische Thätigkeit bezog sich auf theologische Gegenstände (Hymnen und andere religiöse Dichtungen, Heiligenleben), Astronomie, Arithmetik, Geometrie, Musik und Chronologie: in seinem Hauptwerke auf diesem Gebiete, dem Chronikon, gibt er eine nach den Jahren der christlichen Zeitrechnung geordnete kurze und übersichtliche Darstellung der allgemeinen Weltgeschichte von Christi Geburt bis zu seinem eigenen Todesjahre (1054), meist mit den eigenen Worten der sehr zahlreichen Quellenschriften, die er benutzt hat. Für die Darstellung

---

Salustius et urbanus Statius ludusque fuit omnibus insudare versibus et dictaminibus iocundisque cantibus" etc. Für Weinverk's mangelhafte Kenntniß des Latein vgl. die c. 186 (p. 150) erzählte Anekdote, besonders die Aeußerung: „Sciens autem imperator episcopum saecularibus negotiis multipliciter occupatum tam in latinitatis locutione quam in lectione barbarismi vitia non semel incurrere.". Vgl. auch Wattenbach, Deutschlands Geschichtsquellen Bd. 2 S. 29 ff.

[1]) Vgl. K. v. Raumer, Die Einwirkung des Christenthums auf die althochdeutsche Sprache S. 38 f.

der alten Geschichte hat er des Hieronymus Uebersetzung der Chronik des Eusebius und des Beda Abriß der Weltgeschichte (Chronicon sive de sex aetatibus mundi) zu Grunde gelegt, da neben auch die Chroniken des Cassiodorus und Isidorus und des Eusebius Kirchengeschichte (in der lateinischen Bearbeitung des Rufinus) benutzt [1]). Ein durch stilistische Vorzüge ausgezeichnetes Werk von ähnlichem Inhalt aber umfassenderem Plan sind die Annalen des Lambert, eines Mannes von unbekannter Herkunft, der, um 1028 geboren, im Jahre 1058 als Mönch in das Kloster Hersfeld, das damals unter dem Abt Meginher einen hervorragenden Platz unter den Bildungsstätten Deutschlands einnahm, eintrat. Das Werk, welches nach einem vorausgeschickten chronologischen Abriß der Weltgeschichte von Erschaffung der Welt an die Geschichte der Jahre 1040 bis 1077 in Jahrbuchform erzählt, ist in einer zwar nicht ganz von unclassischen, mittelalterlichen Worten und Wendungen freien, aber doch für jene Zeit ungewöhnlich einfachen, klaren und eleganten Sprache abgefaßt, welche von eifriger Lektüre des Sallustius und Livius, des Terentius, Virgilius und Horatius Zeugniß gibt [2]). Als ein durch fleißiges Studium der christlichen sowie der heidnischen römischen Schriftsteller und Dichter (von letzteren namentlich des Horatius) gebildeter Mann erweist sich auch der Belgier Sigebert (geboren um 1030, gebildet im Kloster zu Gembloux, Vorsteher der Schule im Kloster des heil. Vincenz zu Metz, seit 1071 der Schule zu Gembloux, gestorben 5. Oct. 1112) sowohl in seinen Dichtungen als in seinen in die Form von Briefen eingekleideten Abhandlungen über kirchliche Gegenstände und in seinen historischen Werken, besonders der

---

[1]) S. Pertz, Monumenta Germ. hist. SS. V p. 67 ss.; Wattenbach, Deutschlands Geschichtsquellen Bd. 2 S. 36 ff. Die Vermuthung von K. Bartsch, Albrecht von Halberstadt u. Ovid im Mittelalter (Quedlinburg u. Leipzig 1861) Einleitung S. VIII. Hermannus Contractus sei der Verfasser des im Mittelalter gewöhnlich unter dem Namen des Ovidius gehenden Gedichts de vetula, hat nicht die geringste Wahrscheinlichkeit.

[2]) S. Hesse in Monum. Germ. hist. SS. V, p. 134 ss.; Wattenbach a. a. O. Bd. 2 S. 70 ff.

im Anschluß an die Chronik des Eusebius-Hieronymus mit dem
Jahre 381 beginnenden, in der ersten Ausgabe bis zum Jahre
1105, in der zweiten bis 1111 fortgeführten Chronik. In diesem
Werke und in seinem an die von Hieronymus und Gennadius
unter dem gleichen Titel verfaßten Schriften sich anschließenden
Büchlein „de viris illustribus" ist auch die sprachliche Darstellung
einfach, klar und schmucklos, während seine früheren Schriften
jenen mit seltenen Worten, Antithesen, Vergleichungen, Metaphern
und ähnlichem Schmuck überladenen, durch rhythmische Gliederung
und Gleichklang der Schlußsilben der einzelnen Satzglieder poetisch
gefärbten Styl zeigen, der im 11. und der ersten Hälfte des
12. Jahrhunderts sehr beliebt und verbreitet war[1]. Von unge=
wöhnlicher Belesenheit, besonders in den Schriften des Sallustius
und in den Dichtungen des Virgilius, Horatius und Lucanus,
zeugt endlich auch die um das Jahr 1075 verfaßte „Hamburgische
Kirchengeschichte" (Gesta pontificum Hammenburgensium) des
Bremischen Domherrn und Domscholasters Adam, die zugleich
unsere wichtigste Quelle für die ältere Geschichte des deutschen
und skandinavischen Nordens bildet[2].

Auch die poetische Litteratur jener Zeit, wenigstens soweit
sie sich antiker Formen bedient, gibt von dem nachhaltigen Ein=
flusse Zeugniß, welchen die Lectüre der antiken römischen Dichter
in den Schulen und die daran sich knüpfenden Uebungen in
lateinischer Versification auf die ganze Bildung jener dichtenden
Kleriker, die ihrer äußeren Stellung nach in der Mehrzahl dem
Hofklerus, besonders der königlichen Kapelle angehörten, ausgeübt
hat. Sind auch die Hexameter und Distichen kaum eines dieser
Dichter ganz frei von Verstößen gegen die Gesetze der antiken

---

[1] S. Bethmann in den Monum. Germ. hist. SS. VI p. 268 ss.:
(über Sigebert's Styl besonders p. 277); vgl. Wattenbach a. a. O.
Bd. 2 S. 120 ff. Ueber Sigebert's Dichtungen s. unten.

[2] S. Lappenberg in Monum. Germ. hist. SS. VII p. 267 ss.; der=
selbe „von den Quellen, Handschriften und Bearbeitungen des Adam von
Bremen" im Archiv der Gesellschaft für ältere deutsche Geschichtskunde Bd. 6.
S. 766 ff.; Wattenbach a. a O. Bd. 2 S. 64 ff.

Prosodie und Metrik, muthet auch der beliebte Schmuck des Reimes der Cäsursilbe mit der Endsilbe unser Ohr recht unantik an, steht endlich auch der sprachliche Ausdruck mit der Vorliebe für künstliche Composita (besonders Adjectiva), Diminutive und andere Schnörkeleien der sog. afrikanischen Latinität eines Apulejus und Fulgentius näher als der Anmuth mit Würde, Einfachheit mit Mannigfaltigkeit vereinigenden Dichtersprache eines Virgilius und Horatius oder auch dem rhetorischen Pathos eines Lucanus und Statius, eines Juvenalis und Persius: überall klingt doch als Grundton die Nachahmung dieser classischen Muster durch. Wenn wir von diesem Gesichtspunkte aus die im 11. Jahrhundert in Deutschland entstandenen lateinischen Dichtungen betrachten, so verdient wohl den ersten Platz die von einem unbekannten zeitgenössischen Dichter kurz nach dem entscheidenden Siege bei Hohenburg (am 9. Juni 1075) verfaßte, besonders an Virgil'schen Reminiscenzen reiche Darstellung der Kämpfe Heinrich's IV. gegen die Sachsen („Gesta Heinrici imperatoris")[1]. Ferner verdienen Erwähnung die Gedichte des Wipo, Kaplans Konrad's II. und Heinrich's III., besonders sein im Jahre 1041 in leoninischen Hexametern verfaßter „Tetralogus", worin nach einigen einleitenden Versen des Dichters an die Musen zunächst diese, dann „das Gesetz" (Lex), endlich die Gratia das Lob König Heinrich's III. verkünden[2]); die im Jahre 1044 am Hofe desselben Herrschers verfaßten, durch ihren Titel an Horatius erinnernden vier Bücher „Sermones" eines schweizerischen (wohl eher aus kurrätischen als aus zürcherischen Landen stammenden) Dichters, welcher sich selbst mit den hochklingenden Namen „Sextus Amarcius Gallus Piosistratus", den Adressaten, welchem er in einer in Distichen verfaßten

---

[1] Das Carmen de bello Saxonico oder Gesta Heinrici IV., neu herausgegeben von G. Waitz, Abhandlungen der kgl. Gesellschaft der Wissenschaften zu Göttingen, hist.-philol. Cl. Bd. 15 (1870) S. 1 ff.; vgl. Wattenbach, Deutschlands Geschichtsquellen Bd. 2 S. 65 f.

[2] S. Monum. Germ. hist. SS. XI p. 243 ss; Wattenbach a. a. O. Bd. 2 S. 10 f.

Dedicationsepistel sein Gedicht widmet, als „Candidus Theopystius Alchimus" bezeichnet[1]); des Williram, eines Zöglings der Schule zu Fulda, dann Vorstehers der Schule an dem Kloster St. Michael zu Bamberg, seit 1042 Abts zu Ebersberg in Bayern (gestorben 5. Januar 1085) Paraphrase des hohen Liedes[2]; das durch eine unglaubwürdige Ueberlieferung dem Hermannus Contractus beigelegte, wie es scheint vielmehr in Flandern verfaßte Gedicht vom Wettstreit zwischen dem Schafe und dem Flachse („Conflictus ovis et lini")[3]; endlich die versificirten Legenden des schon oben erwähnten Sigebert von Gembloux, besonders seine in Hexametern (nur die Prologe der einzelnen Bücher in Distichen) verfaßten drei Bücher vom Märtyrertode der thebanischen Legion[4]).

---

[1] S. M. Haupt, Monatsberichte der Berliner Akademie 1854 S. 159 ff.; M. Büdinger, Aelteste Denkmale der Züricher Litteratur (Zürich 1866) S. 1 ff.; derselbe im Anzeiger für schweizerische Geschichte und Alterthumskunde 1868, N. 1. Unter den von Büdinger in den „Aeltesten Denkmalen" als Anhang mitgetheilten Stücken erinnert N. 3 (S. 26 ff.) mehrfach an das erste Buch der Metamorphosen des Ovidius; vgl. besonders den Vers „Cetera cum prono terrena animalia collo Despectent" mit Ovid's Met. B. 1 V. 84.

[2] Ueber Williram, sein Leben und seine Dichtungen vgl. W. Scherer, „Leben Williram's, Abtes von Ebersberg in Baiern. Beitrag zur Geschichte des 11 Jahrhunderts", in den Sitzungsberichten der philol.-histor. Classe der kais. Akad. d. Wiss. in Wien Bd 53 S. 197 ff, bes. S. 249 ff. u. S. 258 ff.

[3] Gedruckt in Haupt's Zeitschrift für deutsches Alterthum Bd. 11 S. 215 ff.; vgl. Wattenbach, Deutschlands Geschichtsquellen Bd. 2 S. 37 f.

[4] S. Pertz „Ueber Sigebert's drei Bücher de passione sanctorum Thebaeorum" im Archiv der Gesellschaft für ältere deutsche Geschichtskunde Bd 11 S 1 ff. Zur Charakteristik des Dichters bemerkt derselbe S. 15 unter anderem Folgendes: „Die Ausführung zeigt den in der Schule der kirchlichen und classischen, der griechischen [? Sigebert's griechische Kenntnisse gingen schwerlich über das Verständniß einzelner griechischer Wörter hinaus] und lateinischen Litteratur gereisten Dichter und Geschichtsschreiber wie den Beobachter der Natur, dessen Seele sich in seinem weiten Gesichtskreise, von der Trägheit der Schnecke bis zu dem freudigen Märtyrertode der Thebäer mit Sicherheit und Leichtigkeit bewegt und die ihren Flug selbst hinauf zu den Triumphen der Seligen nimmt. — Die ältere Mythologie und die Geschichte bis auf seine Zeit ist ihm geläufig; daneben macht sich eine Neigung zu etymologischen wie zu mystischen Auslegungen bemerklich. — Seine Darstellung der Kriegsübungen der Legion beruht auf dem Studium des Vegetius,

Gegen Ende des 11. Jahrhunderts beginnt in Deutschland der Eifer für die classischen Studien zu erkalten, die Blüthe der Schulen zurückzugehen, so daß, während früher zahlreiche ausländische Schüler die Hauptsitze der Studien in Deutschland besuchten, jetzt umgekehrt deutsche Kleriker ins Ausland, nach Frankreich und Italien wanderten, um dort ihre Studien zu machen. Schon Williram klagt in der Vorrede zu seiner Paraphrase des hohen Liedes über den Verfall der wissenschaftlichen Bestrebungen. Diejenigen, sagt er, welche sich mit Grammatik und Dialektik beschäftigen, vernachlässigen darüber die theologischen Studien, während die in theologischen Dingen tüchtigen Männer das ihnen anvertraute Pfund in der Erde vergraben, statt durch Unterricht oder durch Verbesserung der fehlerhaft geschriebenen Bücher für die Bedürfnisse der Schwächeren Sorge zu tragen. Nur in Frankreich sei ein Mann, Lanfrancus mit Namen [geboren zu Pavia um 1005, seit 1042 Mönch im Kloster Bec in der Normandie, 1070—1089 Erzbischof von Canterbury], der seine früher erworbene Meisterschaft in der Dialektik jetzt durch scharfsinnige Erklärung von Schriften des alten und neuen Testaments fruchtbar mache [1]). Fragen wir nach den Ursachen dieses Verfalls, so

aus dem er auch in einer Glosse eine Stelle citirt, nämlich „Tessera, ut Renatus dicit. est principis" (vgl. Vegetius De re militari II. c. 7 ; in andern Stellen beruft er sich auch auf den Lucretius und Aulus Gellius (nach der damals gebräuchlichen Namensform Agellius)."

[1] Praefatio Willirami Babinbergensis scholastici Fuldensis monachi in cantica canticorum, in „Francisci Junii Observationes in Willirami abbatis Francicam paraphrasin cantici canticorum" Amsterdam 1655) p. 2 s.: „cum maiorum studia intueor quibus in divina pagina nobiliter floruere, cogor huius temporis faeces deflere, cum iam fere omne litterale defecit studium solumque avaritiae, invidiae et contentionis remansit exercitium. Nam et si qui sunt qui sub scholari ferula grammaticae et dialecticae studiis imbuuntur, hace orbi sufficere arbitrantes divinae paginae omnino obliviscuntur, cum ob hoc solum Christianis liceat gentiles libros legere, ut ex his quanta distantia sit lucis ac tenebrarum, veritatis et erroris, possint discernere. Alii vero cum in divinis dogmatibus sint valentes, tamen creditum sibi talentum in terra abscondentes caeteros qui in lectionibus et canticis peccant derident nec imbecillitati

werden wir einen wesentlichen Antheil daran der kirchlichen Reform=
bewegung zuzuschreiben haben, welche, von dem französischen
Kloster Cluny ausgegangen, sich zunächst nach Lothringen und
Flandern, von da nach dem westlichen Deutschland verbreitete,
wo besonders das Kloster Hirschau der Ausgangspunkt der
gleichen Bestrebungen für die Klöster des übrigen Deutsch=
lands wurde. Die Waffen, mit welchen die Cluniacenser
die Verweltlichung des Klerus und der Kirche bekämpften, waren
eine strenge, finstere Askese und ein schwärmerischer Mysticismus,
welche auf Verachtung, ja Vernichtung des Irdischen und unmittelbare Anschauung des Himmlischen abzielten, Bestrebungen,
denen das sich Vertiefen in gelehrte Studien, insbesondere
die Beschäftigung mit der Profanlitteratur, nicht nur als
nutzlos, sondern geradezu als schädlich und sündhaft erscheinen
mußte. In politischer Hinsicht war das Ziel der Cluniacenser
die unbedingte Unterordnung der weltlichen unter die geistliche
Macht, d. h. die Herrschaft des Papstthums über das Kaiserthum.
Eine unerläßliche Vorbedingung zur Erreichung dieses Zieles
war die Wiederherstellung des durch unwürdige Päpste, wie besonders den mit Lastern und Verbrechen aller Art befleckten
Benedikt IX., schwer geschädigten Ansehens des Papstthums. Als
nun diese Vorbedingung mit Hülfe des weltlichen Armes, durch
den Einfluß des deutschen Kaisers Heinrich III., erfüllt, als der
Glanz der päpstlichen Würde durch Männer wie Clemens II.,
Leo IX. und Victor II. erneut worden war, als statt eines hoch=
strebenden und thatkräftigen Mannes wie Heinrich III., dessen
Absicht gewesen war, vermittels der Kirche das ganze Abendland
zu beherrschen, ein unmündiger Knabe, Heinrich IV., auf dem
deutschen Throne saß, da trat die Partei der Cluniacenser offen
mit ihren Plänen hervor. Und sie hatte in der Person Hildebrand's

eorum vel instructione vel librorum emendatione quicquam consulti ex-
hibent. Unum in Francia comperi Lantfrancum nomine, antea maxime
valentem in dialectica, nunc ad ecclesiastica se contulisse studia atque in
epistolis Pauli et psalterio multorum sua subtilitate exacuisse ingenia" etc.

einen Vertreter gefunden der zuerst als vertrauter Rathgeber der Päpste Nicolaus' II. und Alexander's II., dann selbst als Papst unter dem Namen Gregor VII. mit gewaltiger Geisteskraft und unbeugsamer Energie die Ansprüche der geistlichen Gewalt gegenüber der weltlichen zur Geltung zu bringen wußte. Dieser Kampf zwischen Papstthum und Kaiserthum war für Deutschland von unheilvollen Folgen. Der deutsche Klerus wurde dadurch in zwei feindliche Heerlager, eine päpstliche und eine kaiserliche Partei, gespalten, die sich nicht nur mit geistigen, sondern auch mit materiellen Waffen aufs heftigste befehdeten: durch diese Fehden wurde nicht nur das materielle Gedeihen der deutschen Bildungsstätten geschädigt, sondern es ging auch über den politisch-kirchlichen Interessen das Interesse für wissenschaftliche Studien mehr und mehr verloren. Abgesehen von zahlreichen Streitschriften, welche beide Parteien gegen einander schleuderten, macht sich im Anfang des 12. Jahrhunderts in Deutschland nur noch auf dem Gebiete der Geschichtschreibung eine regere litterarische Thätigkeit bemerklich, unter deren Producten sich die von Ekkehard, dem ersten Abt des im Jahre 1108 gestifteten Klosters Aura an der fränkischen Saale, verfaßte Weltchronik (nach der letzten Redaction in 5 Büchern die Geschichte von der Schöpfung bis zum Jahre 1125 behandelnd) eben so sehr durch den unermüdlichen Fleiß des Verfassers in der Benutzung zahlreicher Quellen, als durch die Klarheit und Uebersichtlichkeit der Darstellung und durch die Einfachheit und Reinheit der Sprache auszeichnet [1]). Für die Darstellung der Geschichte der alten Welt hat er außer der heiligen Schrift benutzt die Chroniken des Eusebius-Hieronymus, des Prosper, des Jordanes, des Isidorus und des Beda, die Geschichtswerke des Orosius und des Aurelius Victor [2]),

---

[1]) Ekkehardi Uraugiensis Chronica ed. Waitz in den Monum. Germ. hist. SS. VI p. 1 ss.; vgl. Wattenbach a. a. O. Bd. 2 S. 145 ff.

[2]) Aus Aurelius Victor de viris illustribus c. 35 stammt auch das angeblich dem Pyrrhus ertheilte Orakel „Aio te, Aeacida, Romanos vincere posse" (p. 77), welches Waitz (p. 5) aus Cic. de divin. II, 56 entnommen glaubt.

die Historia Romana des Paulus Diaconus und die sog. Historia miscella, des Josephus Jüdische Alterthümer und Geschichte des jüdischen Krieges (in lateinischen Uebersetzungen), des Eusebius Kirchengeschichte (in der lateinischen Bearbeitung des Rufinus), die Schriften des Augustinus, Hieronymus und des Tertullianus. Die Geschichte Alexander's des Großen erzählt er nach einer der Epitome des Julius Valerius nahe verwandten von einem neapolitanischen Archipresbyter Leo (in der zweiten Hälfte des 10. Jahrhunderts) verfaßten lateinischen Bearbeitung des sog. Pseudo-Kallisthenes [1]).

Auf allen andern Gebieten des Wissens und der litterarischen Production aber standen damals die Deutschen hinter den Romanen, die auch in politischer Beziehung einen bedeutenden Aufschwung nahmen, zurück. In Italien, wo sich auch bei der Laienwelt seit dem Alterthum eine wenn auch mangelhafte und beschränkte Kenntniß der lateinischen Grammatik und Verskunst in ununterbrochener Tradition durch öffentliche und Privat-Lehranstalten erhalten hatte [2]), gelangte das nie ganz eingegangene Studium des römischen Rechts durch Irnerius, den berühmten Lehrer der Rechtsschule zu Bologna, den seine Zeitgenossen bewundernd „das Licht der Gesetze" (Lumen legum) oder „die Leuchte des Rechts" (Lucerna iuris) nannten, zu hoher Blüthe und zu einer weit über die Grenzen Italiens hinausreichenden Bedeutung; ihm stand das ebenfalls an das Alterthum, vielfach durch Vermittlung der Araber, anknüpfende Studium der Medicin, das, von der Schule zu Salerno ausgehend, sich schnell über ganz Italien und Deutschland verbreitete, ebenbürtig zur Seite.

---

[1] S. über den Codex Bambergensis E. III, 14 saec. XI. in welchem (fol. 192 ss.) die von Ekkehard benutzte Schrift enthalten ist, Waitz im Archiv der Gesellschaft für ältere deutsche Geschichtskunde Bd. 9 S. 691 ff.; vgl. „Iulii Valerii Epitome. Zum ersten Mal herausgegeben von J. Zacher", Halle 1867) S. IV f.

[2] Vgl. W. Giesebrecht, De litterarum studiis apud Italos primis medii aevi saeculis Berlin 1845).

Von der Regsamkeit der grammatischen Studien giebt unter anderem das nach zehnjähriger Arbeit im Jahre 1053 vollendete Glossar des Lombarden Papias („Elementarium doctrinae rudimentum", gewöhnlich „Vocabularium" und darnach der Verfasser „Vocabulista" genannt) Zeugniß, das bis ins 16. Jahrhundert viel gebraucht und daher in zahlreichen Handschriften und alten Drucken verbreitet ist[1]). Mit welchem Eifer und mit welchem Erfolg die lateinische Poesie gepflegt wurde, beweisen vornehmlich die Dichtungen des Alfanus, Mönches zu Montecassino, von März 1058 bis zu seinem am 9. October 1085 erfolgten Tode Erzbischofs zu Salerno, welche, theils theologischen Inhalts (Hymnen, Heiligenleben u. a.), theils die politischen und kirchenpolitischen Kämpfe seiner Zeit berührend, in der Nachbildung der antiken Formen (Hexameter, Distichen, lyrische Maße nach dem Muster des Horatius und Boethius) eine ungewöhnliche Vollendung zeigen[2]).

Frankreich war durch Männer wie Berengar von Tours, den Vertreter einer freieren Auffassung der kirchlichen Abendmahlslehre und überhaupt kühnen Widersacher jeder Autorität, auch auf grammatischem und logischem Gebiete, dessen heftigsten Gegner, den schon genannten Lanfranc, und dessen Schüler und Nachfolger wie auf dem Lehrstuhle im Kloster Bec so auch auf dem erzbischöflichen Stuhle zu Canterbury, Anselm, welche durch ihre Verwerthung der Künste der Dialektik zur Vertheidigung der kirchlichen Dogmen die Hauptbegründer des sog. Scholasticismus wurden[3]), zum Mittelpunkte der theologischen und philosophischen Studien für das ganze Abendland geworden: seit dem Anfang des 12. Jahrhunderts galt Paris, wo die Vereinigung zahlreicher

---

[1] Vgl. Eckstein in der Allgem. Encycl. d. Wiss. u. Künste Sect. III, Th. XI S. 74; Fr. Haase De medii aevi studiis philologicis p. 32.

[2] Vgl. Giesebrecht a. a. O. p. 30 s. u. p. 37 ss.; Michelangelo Schipa, Alfano I arcivescovo di Salerno. Salerno 1880 (aus der Chronik des kgl. Lyceums zu Salerno für 1878—79).

[3] Vgl. C. Prantl, Geschichte der Logik im Abendlande Bd. 2 (Leipzig 1861) S. 73 ff. u. S. 85 ff.

Schüler um gefeierte Lehrer wie vor allen Peter Abälard[1]) den Ausgangspunkt der Universität bildete, als die wichtigste Bildungsstätte für alle Kleriker, die nach höherer Bildung strebten. Auch das Mönchsleben erhielt von Frankreich aus frische Kräfte durch die Stiftung neuer geistlicher Orden, der Kartäuser (vom Kloster La Chartreuse bei Grenoble, gestiftet 1086), der Cistercienser (vom Kloster Citeaux bei Dijon, gestiftet 1098) und der Prämonstratenser (vom Kloster Prémontré bei Coucy im Sprengel von Laon, gestiftet 1119 durch einen deutschen Weltgeistlichen Norbert von Xanten), von denen die beiden letzteren Orden sich rasch über Deutschland verbreiteten.

Das Studium der Grammatik und der classischen Schriftsteller wurde zwar durch das Ueberwiegen der Dialektik und der Theologie einigermaßen in den Hintergrund gedrängt, beziehungsweise der Grammatik durch das Ueberwiegen des dialektischen Elementes ein von der früheren eng an die antike Tradition sich anschließenden wesentlich verschiedenes Gepräge aufgedrückt[2]); aber auch auf diesem Gebiete stand Frankreich damals wirklich „an der Spitze der Civilisation" und gab wenigstens dem ganzen nördlichen Europa Gesetze. Besonders angesehen wegen der Methode der Erklärung der alten Schriftsteller und der Anleitung zur lateinischen Composition in Prosa und Poesie war die von Bernhard Silvester geleitete Schule zu Chartres, an welcher, wie es scheint, Wilhelm von Conches, der Verfasser mehrerer philosophischer Werke, als Lehrer der Grammatik wirkte[3]). Ein Schüler Abälard's und Wilhelm's war Johann von Salisbury (Johannes Saresberiensis), der wegen seiner ausgebreiteten Belesenheit in den lateinischen Schriftstellern, soweit sie jener Zeit zugänglich waren — griechische Werke wie das Organon des Aristoteles und den Timäos des Platon las er nur in lateinischen Uebersetzungen — sowie wegen seines unge-

---

[1]) Vgl. Prantl a. a. O. S. 160 ff.
[2]) Vgl. Ch. Thurot in den Notices et extraits t. XXII. p. II p. 93 ss.
[3]) Ueber ein am Schlusse seiner Schrift „de philosophia mundi" von ihm in Aussicht gestelltes grammatisches Werk vgl. Thurot a. a. O. p. 17 s.

wöhnlichen Verständnisses für Inhalt und Form der classischen Litteratur und der Verwerthung derselben als Quelle und Vorbild für sein eigenes litterarisches Schaffen als Vorläufer der Humanisten bezeichnet werden kann¹).

Endlich erfreute sich neben der frisch aufblühenden nationalen Dichtung, die auch antiker Stoffe wie der Sagen vom trojanischen Kriege und von Aeneas' Wanderungen und der sagenhaft ausgeschmückten Geschichte Alexander's des Großen sich bemächtigte, auch die lateinische Poesie während des 12. Jahrhunderts in Frankreich und in dem in Folge der normännischen Eroberung von der französischen Cultur so vielfach beeinflußten England der eifrigsten Pflege. Als Beispiele, welche zugleich von der Mannigfaltigkeit der Interessen, welche jene Dichter beschäftigten, Zeugniß geben, mögen erwähnt werden des Hildebert Erzbischofs von Tours (1125—1131) theils religiöse theils historische Stoffe (wie das Gedicht „de urbis Romae ruina") behandelnde Dichtungen; des Petrus de Riga (gestorben als Chorherr zu St. Denys 1209) umfangreiches Gedicht „Aurora", eine metrische Paraphrase der Bücher des alten und neuen Testamentes; des Aegidius von Corbeil, Leibarztes des Königs Philipp August, medicinische Dichtungen (de pulsibus; de urinis; de virtutibus et laudibus compositorum medicaminum); des Marbod, Bischofs von Rennes, (1096—1123) Gedicht „de lapidibus et gemmis"; des Johannes Serlo, genannt Grammaticus (Canonicus zu York, später Cisterciensermönch zu Fontenay, um 1160), Gedichte, theils grammatischen Inhalts (de differentiis verborum; de dictionibus dissyllabis; de dictionibus univocis; de dictionibus aequivocis), theils Satiren gegen die Mönche; endlich des Walter von Lille (geboren um 1140, gewöhnlich nach dem Städtchen Châtillon sur Marne, wo er eine Zeit lang als Lehrer wirkte, Gualterus de Castellione oder auch nach seiner Heimath Gualterus

---

¹) Vgl. zu dem Obigen Dr. C. Schaarschmidt Johannes Saresberiensis nach Leben und Studien, Schriften und Philosophie (Leipzig 1862).

ab Insulis genannt) Alexandreis, ein im spätern Mittelalter vielfach auch in den Schulen gelesenes Heldengedicht in 10 Büchern, welches das Leben und die Thaten Alexander's des Großen im Wesentlichen nach dem Geschichtswerk des Curtius, hie und da jedoch auch mit Anklängen an Pseudo-Kallisthenes behandelt [1]).

Wenden wir von dieser Umschau in den romanischen Ländern unsern Blick nach Deutschland zurück, so finden wir hier im 12. Jahrhundert die Anfänge des Verfalls der gelehrten Bildung der Kleriker, welcher dann im 13. Jahrhundert besonders durch den Einfluß der Bettelorden rasch zunimmt. Wunderglaube und Fanatismus, genährt durch die Kreuzzüge und durch die Macht der Hierarchie, nehmen überhand; der Sinn für historische Forschung, die Freude an gelehrten Studien, der Eifer für litterarische Thätigkeit verschwinden mehr und mehr unter der deutschen Geistlichkeit; das geringe wissenschaftliche Interesse, das sie sich bewahrt, concentrirt sich allmählich ganz auf die von Frankreich besonders durch Otto von Freising nach Deutschland verpflanzte scholastische Philosophie, die, wenn auch vom Alterthum — dem Studium der logischen Schriften des Aristoteles — ausgegangen, doch in ihrer weiteren Entwickelung, in ihrer zu einem inhaltsleeren Formalismus führenden Beschränkung auf die dialektische Seite der Philosophie und ihrer unbedingten Hingabe für die Interessen der Theologie allen Zusammenhang mit dem classischen Alterthum verlor und den classischen Studien nicht nur keine Förderung gewährte, sondern Hemmnisse aller Art in den Weg legte; durch sie hauptsächlich wurde nach dem Grundsatz, daß einer je besserer Grammatiker, desto schlechterer Theolog sei („quanto melior grammaticus tanto peior theologus"), jenes unsäglich barbarische Latein eingeführt, das die Lectüre theologischer und philosophischer Schriften des

---

[1]) M. Philippi Gualtheri ab insulis dicti de Castellione Alexandreis ad fidem librorum mss. et impress. rec. F. A. W. Mueldener (Leipzig 1863); vgl. R. Peiper, Walter von Chatillon, im Programm des Gymnasiums zu St. Maria Magdalena in Breslau 1869; Kuno Francke, Zur Geschichte der lateinischen Schulpoesie des 12. u. 13. Jahrhunderts (München 1879) S. 89 ff.

13. und 14. Jahrhunderts zu einer so unerquicklichen Aufgabe macht. In demselben Maße wie die gelehrte Thätigkeit der Geistlichen zurückging, erhob sich die nationale, insbesondere die höfische Dichtung, deren Vertreter zum weitaus größten Theile dem Laienstande angehörten. Mit dem classischen Alterthum hat dieselbe fast gar keinen directen Zusammenhang: denn auch wo diese Dichter antike Stoffe behandelten, wie die Sagen vom trojanischen Krieg und von den Wanderungen des Aeneas und die sagenhaft ausgeschmückte Geschichte Alexander's des Großen, dienten ihnen meist französische Dichtungen als unmittelbare Vorbilder; wenn sie daneben lateinische Romane aus dem späteren Alterthum wie Dictys, Dares, und den latinisirten Pseudo-Kallisthenes, benutzten, so ließen sie sich diese Bücher wohl meist durch Kleriker oder auch durch Frauen, unter denen die Kenntniß der lateinischen Sprache weit mehr verbreitet war als unter den Männern des Laienstandes, vorlesen und verdolmetschen. Ein vereinzeltes Beispiel einer directen Uebertragung eines classischen Dichtwerks ins Deutsche ist die von Albrecht von Halberstadt, Scholasticus zu Jechaburg in Thüringen, im Jahre 1210 auf Anregung des Landgrafen Hermann von Thüringen angefertigte Uebersetzung der Metamorphosen des Ovidius in deutschen Versen, welche uns, abgesehen vom Prolog und einem Bruchstück von 279 Reimzeilen aus dem 11. Buche (V. 156—290), nur in einer Umarbeitung von Jörg Wickram aus Colmar (gedruckt zu Mainz bei Ivo Schöffer 1545 u. ö.) erhalten ist. Auch Konrad von Würzburg hat in sein großes Gedicht vom trojanischen Kriege Uebersetzungen einzelner Partien aus Ovid's Heroiden und Metamorphosen eingeflochten[1]).

Für die Beurtheilung des Umfangs und der Methode des classisch-grammatischen Unterrichts in den Schulen des 12. Jahr-

---

[1]) Vgl. K. Bartsch, Albrecht von Halberstadt und Ovid im Mittelalter (Quedlinburg und Leipzig 1861), der in der Einleitung ausführlich die Benutzung der Gedichte des Ovidius durch deutsche, französische, provençalische, italienische und englische Dichter des Mittelalters behandelt. Ueber Konrad vgl. S. XXVI ff., S. XCI ff. u. S. CVIII ff.

hunderts gibt uns einigen Anhalt das schwülstige und dunkle, weder in sprachlicher noch in metrischer Hinsicht correcte Gedicht eines Trierer Schulmeisters Winrich, worin dieser sich beklagt, daß das Interesse an den Studien ganz von dem Interesse an gutem Essen in den Hintergrund gedrängt, daß Lehrer und Schüler genöthigt werden, den Unterricht zu unterbrechen, um in der Küche Dienste zu leisten [1]). Von classischen Schriftstellern werden da (V. 85 ff.) als Objecte des Studiums genannt Cicero, Boethius, Virgilius, Lucanus, Statius, Salustius, Terentius; der grammatische Unterricht beschränkte sich, wie man aus V. 434 ff. schließen kann, auf die Einübung der Formenlehre und einiger Regeln der Satzbildung.

Mit welcher Oberflächlichkeit, mit wie geringem Verständniß für Form und Inhalt im Allgemeinen in den Schulen Deutschlands (freilich nicht nur dieses Landes) im 12. und 13. Jahrhundert die classischen Schriftsteller behandelt werden, davon geben zahlreiche, damals geschriebene Handschriften Zeugniß sowohl durch die willkürlichen, nicht selten sprachwidrigen und sinnwidrigen Aenderungen, durch welche die Abschreiber wirkliche oder erträumte Schwierigkeiten zu heben suchten, als auch durch die bald an den Rand der Texte, bald getrennt von diesen geschriebenen Commentare, welche Spreuhaufen gleichen, in denen kaum ein und das andere brauchbare Korn zurück geblieben ist [2]).

---

[1]) Das Gedicht ist aus einem Brüsseler Codex publicirt von Dr. Franz Xaver Kraus in den Jahrbüchern des Vereins von Alterthumsfreunden im Rheinlande, Heft 50 und 51, S. 231 ff.

[2]) Ein paar Beispiele solcher Commentare (zu Horatius' Episteln und zu Ovid's Fasten und Remedia Amoris) habe ich in meinem Programm über Vibius Sequester (Zürich 1867) S. VII N. I aufgeführt. Einen ähnlichen Commentar zu Ovid's Metamorphosen saec. XII erwähnt Haupt Hermes Bd. 7 S. 190 f. (= Opuscula III, p. 588 s.), worin Erklärungen eines „Manogaldus" (nach Haupt's Vermuthung eher des als Lehrer gegen Ende des 11. Jahrhunderts berühmten Mangold von Lautenbach bei Gebweiler im Elsaß als des Paderborner Scholasticus Mangold aus dem 12. Jahrhundert, von welchem ein Brief an den Abt Wibald von Korvei nebst Wibald's Antwortschreiben gedruckt ist bei Jaffé Monumenta Corbeiensia p. 275 ss.) angeführt werden.

Daß jedoch Sinn und Verständniß für die Kunst lateinischer Composition in Prosa und Poesie den deutschen Klerikern des 12. Jahrhunderts noch nicht ganz abhanden gekommen war, beweisen einige litterarische Erzeugnisse jener Zeit. So verdienen auf dem Felde der lateinischen Poesie die von dem Tegernseer Mönch Metellus zu Ehren des heiligen Quirinus gedichteten, um die Mitte des 12. Jahrhunderts abgeschlossenen „Quirinalia" Erwähnung wegen der Mannigfaltigkeit der darin angewandten lyrischen Versmaße (deren Kenntniß der Verfasser theils aus den Gedichten des Horatius, Boethius und Prudentius, theils aus den metrischen Handbüchern des späteren Alterthums wie aus Marius Victorinus und dem sog. Centimetrum des Servius schöpfte), wegen der Gewandtheit in der Handhabung derselben und wegen der ziemlich correcten, wenn auch häufig überzierlichen Ausdrucksweise. Dieselben bestehen, soweit sie bisher veröffentlicht sind, aus 2 größeren Abtheilungen: den „Odae Quirinales" und den „Bucolica Quirinalia". Die erstere ist eine Sammlung von 60 (68) Gedichten in wechselnden bald stichisch, bald epodisch behandelten, bald in Strophen von verschiedenem Umfang (von 3 bis zu 7 Versen) gegliederten, lyrischen Maßen, welche die Schicksale des heiligen Quirinus von seiner Geburt bis zu seinem Märtyrertode, die Uebertragung seines Leichnams von Rom nach Bayern und zahlreiche durch denselben bewirkte Wunder behandeln; und zwar schließen sich die neunzehn ersten von diesen Gedichten an einzelne Oden und Epoden des Horatius nicht nur in Hinsicht des Versmaßes, sondern auch der Worte und Phrasen so eng an, daß man einige derselben fast als Parodien (wenn dieser Ausdruck für Dichtungen ernsten Inhalts gestattet ist) der betreffenden Horazischen Gedichte bezeichnen kann. Die den spätesten Lebensjahren des Dichters angehörigen, in leoninischen Hexametern abgefaßten „Bucolica" schließen sich in ähnlicher Weise an die Virgil'schen Bucolica an; sie enthalten außer einem Prolog zehn Eclogen, die, den Virgil'schen

Stück für Stück, zum Theil Vers für Vers entsprechend, lauter auf Rinder bezügliche Wunderthaten des Quirinus erzählen ¹).

Die Dichtungen des Metellus überragt sowohl an Formvollendung als an ächt dichterischem Geist weit das im Jahre 1187 zur Verherrlichung des Kaisers Friedrich I. verfaßte lateinische Epos „Ligurinus" (so benannt nach den Kämpfen des Kaisers um das im Gebiet der alten Ligurer gelegene Mailand), dessen Dichter, ein deutscher Mönch, welchem die keineswegs sicher beglaubigte Tradition den Namen Gunther beilegt, schon früher ein leider bis auf ein geringes Bruchstück verlorenes Epos über den ersten Kreuzzug unter dem Titel „Solimarius" (von Solima = Hierosolyma, d. i. Jerusalem) gedichtet hatte. Das erhaltene, in 10 Büchern 6576 größtentheils nach antiker Weise gebaute Hexameter (nur hie und da laufen einige leoninische Verse mit unter) umfassende Gedicht zeigt eine für das Mittelalter so ungewöhnliche Vertrautheit mit den Regeln der lateinischen Grammatik und Metrik und eine so ausgebreitete Belesenheit in den classischen lateinischen Dichtern, die der Verfasser nachahmt, ohne daß deshalb sein Gedicht, wie so manche andere Producte mittelalterlicher Dichter, als ein aus von jenen gestohlenen Lappen zusammengeflickter Cento erscheint, daß manche neuere Gelehrte es nicht als ein Werk des Mittelalters, sondern der ersten Humanistenzeit, als seinen Verfasser den Conrad Celtis, welcher um das Jahr 1500 eine alte Handschrift des Gedichts im Kloster Ebrach im Steigerwalde in Franken aufgefunden und einigen seiner Freunde zur Veröffentlichung übergeben hat (die editio princeps erschien zu Augsburg im Jahre 1507), oder einen süddeutschen Gelehrten der humanistischen Schule zu Ende des 15. Jahrhunderts betrachtet haben; doch ist die Aechtheit des Gedichtes neuerdings sowohl

---

¹) Vgl. darüber meine „Beiträge zur Geschichte der classischen Studien im Mittelalter" in den Sitzungsberichten der kgl. bayer. Akad. d. W. philos.-philol. Cl. (1873) S. 473 ff.

durch innere als durch äußere Gründe in überzeugender Weise festgestellt worden¹).

Dem Ligurinus können wir ein litterarisches Product des standinavischen Nordens, welchem die Kenntniß der antiken Litteratur hauptsächlich von Bremen aus zugekommen war, zur Seite stellen: die 16 Bücher dänischer Geschichte von den ältesten Zeiten bis zum Jahre 1185 des um 1150 geborenen seeländischen Klerikers Saxo, welcher wegen seiner Gelehrsamkeit den Beinamen Grammaticus erhalten hat, ein Werk, das sich nach der ganzen Anlage, wenigstens seiner ersten Hälfte, der Einfügung zahlreicher bald in Hexametern, bald in Distichen, bald in lyrischen Maßen verfaßter Gedichte in die ersten 8 Bücher (mit Ausnahme des 3. und 4. Buches, welche keine poetischen Stücke enthalten), zunächst an das Vorbild des Martianus Capella (de nuptiis Philologiae et Mercurii) anschließt, von dem der Verfasser auch zahlreiche

---

¹ Vgl. A. Pannenborg „Ueber den Ligurinus" in den Forschungen zur deutschen Geschichte, Bd. 11 S. 161 ff. und Gaston Paris Dissertation critique sur le poëme latin du Ligurinus attribué à Gunther (Paris 1872. Weniger überzeugend sind die Ausführungen Pannenborg's in seinem späteren Aufsatze „Magister Guntherus und seine Schriften" in den Forschungen zur deutschen Geschichte Bd. 13 S. 225 ff., worin er nachzuweisen sucht, daß der Verfasser des Solimarius und des Ligurinus Gunther Mönch im Cistercierserkloster Paris (ob. Pâris) bei Sigoltsheim im Elsaß gewesen und außerdem zwei uns noch erhaltene prosaische Schriften über den Kreuzzug Kaiser Friedrich's I. („Historia Peregrinorum") und über den Kreuzzug des Jahres 1204 („Historia Constantinopolitana") sowie ein größeres theologisches Werk „de oratione, ieiunio et elemosyna" in 13 Büchern verfaßt habe; vgl. G. Paris in der Revue critique d'histoire et de littérature 1873, N. 28 p. 32 und Wattenbach, Deutschlands Geschichtsquellen Bd. 2 S. 218 ff. Endlich hat Pannenborg seine Ansicht, wenn auch mit einigen Modificationen (die „historia Peregrinorum" will er dem Guntherus nicht mehr beilegen, nochmals vertheidigt u. d. T. „Noch einmal Magister Guntherus" in den Forschungen zur deutschen Geschichte, Bd. 14 S. 185 ff. — Das von W. Wattenbach im Jahre 1876 in der Kölner Gymnasialbibliothek entdeckte Bruchstück des Solimarius (240 Hexameter) ist von demselben herausgegeben worden u. d. T. „Guntherus Parisiensis Solimarius" Gênes 1881 (Separatabdruck aus den Archives de l'orient latin publiées sous le patronage de la société de l'orient latin, t. I p. 551 ss.).

Worte und Redewendungen entlehnt hat; seine Hauptmuster aber für die prosaische Darstellung sind Valerius Maximus und Justinus¹).

Verbindung von Prosa und Poesie finden wir auch in dem „Hortus deliciarum" betitelten durch den Untergang der einzigen Handschrift beim Brande der Straßburger Bibliothek jetzt verlornen Werke der Herrad von Landsberg, Aebtissin des Klosters zu St. Odilien im Elsaß (1167—1195), einer Sammlung von Excerpten über theologische Gegenstände, gelegentlich auch über Philosophie, Astronomie, Geographie, alte Geschichte und Mythologie, welche Herrad zur Belehrung und Unterhaltung ihrer Klosterfrauen aus zahlreichen, wie es scheint ausschließlich christlichen Schriftstellern des späten Alterthums und des Mittelalters zusammengetragen und mit vielen Bildern geschmückt hatte. Einen andern Schmuck des Werkes bilden zahlreiche Gedichte, die aber durchaus keinen Einfluß classischer Muster verrathen: einige sind in leoninischen Hexametern oder Distichen verfaßt, die Mehrzahl aber, welche die Dichterin selbst mit Musikbegleitung versehen hat, in gereimten Versen von vorherrschend trochäischem Rhythmus, welche ohne Rücksicht auf die Quantität der Silben nur durch den Wechsel von Hebung und Senkung beherrscht werden, Erzeugnisse der sog. rhythmischen Dichtung, welche frühzeitig von Geistlichen im Dienste der Kirche gepflegt, im 12. Jahrhundert durch die von Land zu Land umherziehenden Schüler (die sog.

---

¹) Vgl. Stephani Johannis Stephanii Notae uberiores in historiam Danicam Saxonis Grammatici (Sorae 1645) p. 25 ss. u. ö.; F. Rühl, Die Verbreitung des Justinus im Mittelalter S. 47. Die neueste und beste Ausgabe des Werkes ist folgende: Saxonis grammatici historia Danica. Recensuit et commentariis illustravit Dr. P. E. Müller. Opus morte Mülleri interruptum absolvit M. I. M. Velschow. 2 Theile in 3 Bänden (Kopenhagen 1839—1858). Eine vollständige Handschrift des Werkes scheint jetzt nicht mehr vorhanden zu sein: doch sind Bruchstücke solcher in Kopenhagen und in Angers gefunden worden. (Wattenbach, Deutschlands Geschichtsquellen Bd. 2 S. 414.)

Die gelehrten Studien im 11. und 12. Jahrhundert. 75

Baganten oder Goliarden) auch für Gedichte weltlichen, oft sehr lockeren Inhalts verwendet wurde¹).

Einer der eifrigsten Förderer classischer Studien in Deutschland während des 12. Jahrhunderts war **Wibold**, Abt zu Stablo (seit 1130) und zugleich zu Korvei (seit 1146), dessen Briefsammlung sowohl von seiner Belesenheit in zahlreichen lateinischen Autoren (Cicero, Quintilian, Valerius Maximus, Gellius, Seneca, Macrobius, Horatius, Terentius und Virgilius werden citirt) als von seiner Sorge für die Herstellung von Handschriften classischer Schriftsteller (so ließ er alle Werke des Cicero, deren er habhaft werden konnte, in einen Band zusammenschreiben) Zeugniß ablegt²).

Endlich muß noch der schon genannte **Otto Bischof von Freising** (1137—1157) erwähnt werden, theils als Begründer des Studiums der Werke des Aristoteles, soweit sie damals durch freilich zum Theil sehr ungenügende Uebersetzungen zugänglich waren (von denen er die Topik, die Analytik und die Elenchen

---

¹) S. Chr. M. Engelhardt, Herrad von Landsperg, Aebtissin zu Hohenburg oder St. Odilien im Elsaß im 12. Jahrhundert und ihr Werk Hortus Deliciarum (Stuttgart und Tübingen 1818). Die Behauptung von L. G. Th. Grässe (Lehrbuch einer allgemeinen Litteraturgeschichte aller bekannten Völker der Welt von der ältesten bis auf die neueste Zeit II, 3 S. 933 f.), Herrad müsse den Homer gekannt haben, weil sie von Ulysses und den Sirenen und zwar nicht auf eine so verkehrte Weise, wie dies anderwärts, z. B. in den Gesta Romanorum der Fall sei, rede (vgl. Engelhardt a. a. O. S. 45 f.), bedarf keiner Widerlegung. — Ueber die Lieder der Baganten vgl. Wattenbach, Deutschlands Geschichtsquellen Bd. 2 S. 366 ff.; über die rythmische lateinische Poesie und ihre Gesetze W. Meyer, „Der Ludus de Antichristo und Bemerkungen über die lateinischen Rhythmen des 12. Jahrhunderts" in den Sitzungsberichten der kgl. bayer. Akad. d. Wiss. philos.-philol. u. histor. Classe 1882, S. 1 ff., besonders S. 41 ff.

²) Wibaldi Epistolae in Philipp Jaffé's Monumenta Corbeiensia (Bibliotheca rerum Germanicarum t. I) p. 76 ff., vgl. besonders Epist. 153 (p. 258), Epist. 167 (p. 276 ff.), Epist. 207 u. 208 (p. 326 f.) Vgl. Wattenbach, Deutschlands Geschichtsquellen Bd. 2 S. 205. Ueber die Bibliothek von Korvei vgl. auch Wigand im Archiv der Gesellschaft für ältere deutsche Geschichtskunde Bd. 4 S. 342 ff.

zuerst in Deutschland bekannt machte), und dadurch der scholastischen Philosophie in Deutschland, theils wegen seines Werkes „de duabus civitatibus" (von den beiden Staaten, dem irdischen und dem himmlischen), einer Darstellung der Weltgeschichte von philosophisch-theologischem Standpunkte, welche sich sowohl in der Auffassung wie in der Form der Darstellung eng an Orosius' „Historiae adversus paganos" und an Augustinus' Werk „de civitate dei" anschließt [1]). Einen noch engeren Anschluß an antike Muster zeigt die von einem Schüler Otto's, dem späteren Probst zu St. Veit in Freising Ragewin, oder Radewin, im Jahre 1160 verfaßte Fortsetzung von dessen Werk über die Thaten Friedrich Barbarossa's (Gesta Friderici imperatoris), in welcher nicht nur zahlreiche Phrasen aus Sallustius entlehnt, sondern ganze größere Partien beinahe wörtlich aus des Rufinus lateinischer Uebersetzung der Geschichte des jüdischen Krieges von Josephus abgeschrieben sind. Auch Ragewin's dichterische Behandlung der im Mittelalter sehr verbreiteten Sage von Theophilus, seinem Pact mit dem Teufel und seiner Versöhnung mit Gott, in theils gereimten, theils reimlosen Hexametern (Versus de vita Theophili) zeugt von fleißiger Lectüre der classischen römischen Schriftsteller [2]).

---

[1]) Vgl. M. Büdinger in H. von Sybel's Historischer Zeitschrift Bd. 7 S. 117 f.; Wattenbach, Deutschlands Geschichtsquellen Bd. 2 S. 206 ff.

[2]) S. H. Prutz Radewin's Fortsetzung der Gesta Friderici imperatoris des Otto von Freising, ihre Zusammensetzung und ihr Werth (Danzig 1873); Wattenbach, Deutschlands Geschichtsquellen Bd. 2 S. 212 ff. Ragewin's Gedicht über Theophilus ist besprochen und herausgegeben von W. Meyer in den Sitzungsberichten der philos.-philol. Classe der kgl. bayer. Akademie 1873, Bd. 1 S. 49 ff. Ueber andere wahrscheinlich von R. herrührende lateinische Gedichte s. Wattenbach in denselben Berichten S. 685 ff.

Viertes Kapitel.
Verfall der gelehrten Studien im 13. und 14. Jahrhundert.

Schon in der ersten Hälfte des 13. Jahrhunderts breitete sich der im Jahre 1215 zu Toulouse von dem Spanier Domingo de Guzman gestiftete Orden der Dominicaner oder Predigermönche über Deutschland aus und die von ihnen errichteten höheren Lehranstalten, insbesondere das „Studium generale" für die Ordensprovinz Deutschland, die Hochschule zu Köln, an welcher Albert von Bollstädt, den seine Zeitgenossen „den Großen" (Albertus Magnus) nannten (geboren zu Lauingen in Schwaben 1193, gestorben zu Köln 1280), als Lehrer wirkte[1]), erfreuten sich sehr zahlreichen Besuches. Für die classischen Studien war diese Lehrthätigkeit der Dominicaner nicht nur ohne Frucht, sondern geradezu schädlich. Denn nach ihrem Grundsatze, daß die **utilitas**, d. h. das für die Theologie, insbesondere für das Predigtamt Nützliche, der **curiositas** d. h. allem dem, was nur wissenschaftliches Interesse darbietet, vorzuziehen sei, wurde das Studium der Grammatik, wenn auch nicht ganz verbannt, so doch auf das Nothdürftigste beschränkt[2]). Die Folgen davon, sowie des mangelnden Studiums classischer Vorbilder liegen klar zu Tage in dem durchaus unclassischen, oft geradezu barbarischen Latein, in welchem die Schriften der Dominicaner verfaßt sind, das in den zum Theil wirklich ungeheuerlichen Wortbildungen für die Terminologie der Scholastiker seinen Höhepunkt erreicht. Der einzige classische Schriftsteller, der mit immer wachsendem Eifer gelesen, studirt und commentirt, wenn auch freilich nicht verstanden wurde,

---
[1]) Vgl. Prantl, Geschichte der Logik im Abendlande, Bd. 3 (1867) S. 89 ff.; G. v. Hertling in der Allgemeinen deutschen Biographie Bd. 1 S. 186 ff.; derselbe, Albertus Magnus. Beiträge zu seiner Würdigung (Köln 1880); J. Bach, Des Albertus Magnus Verhältniß zu der Erkenntnißlehre der Griechen, Lateiner, Araber und Juden (Wien 1881).

[2]) Vgl. L. Oelsner, Ueber die Pflege der Studien bei den Dominicanern im 1. Jahrhundert seit der Ordensstiftung, in v. Sybel's Historischer Zeitschrift Bd. 3 S. 410 ff.

war Aristoteles, der von den Scholastikern „der Philosoph" schlechtweg genannt und als der Grund- und Eckstein alles philosophischen Denkens, ja als der Hauptvertreter aller weltlichen Wissenschaft überhaupt betrachtet wurde. In Deutschland ist der bedeutendste Vertreter dieses Studiums des Aristoteles der schon erwähnte Albertus Magnus, der nach dem Vorbilde des arabischen Arztes und Philosophen Avicenna (Ibn-Sina) die einzelnen Werke des Aristoteles, welche ihm in lateinischen, theils nach dem griechischen Original, theils nach arabischen Bearbeitungen desselben gefertigten Uebersetzungen vorlagen, in ebensovielen eigenen Schriften bearbeitete, worin er eine Paraphrase des Textes des Philosophen mit eigenen, d. h. von ihm aus den Schriften Anderer compilirten, jederzeit durch den Titel „digressio" gekennzeichneten Zusätzen gab [1]).

---

[1]) Abgesehen von den logischen Schriften des Aristoteles (dem sog Organon) hat Albert folgende aristotelische, beziehendlich pseudo-aristotelische Schriften paraphrasirt: De physico auditu (Ἀκρόασις φυσική); zwischen das 6. u. 7. Buch dieses Werkes hat Albert die kleine aristotelische Schrift „de lineis indivisibilibus" (περὶ ἀτόμων γραμμῶν) eingefügt. De caelo et mundo (περὶ οὐρανοῦ). De natura locorum (Original unbekannt). De proprietatibus elementorum (desgleichen). De generatione et corruptione (περὶ γενέσεως καὶ φθορᾶς). Libri meteorum (Μετεωρολογικά). Libri mineralium (hierfür lagen Albert nach seiner eigenen Angabe nur einige Excerpte aus dem verlorenen aristotelischen Werke vor). De anima (περὶ ψυχῆς). De nutrimento et nutribili (Original unbekannt). De sensu et sensato (περὶ αἰσθήσεως καὶ αἰσθητῶν). De memoria et reminiscentia (περὶ μνήμης καὶ ἀναμνήσεως). De intellectu et intelligibili (ohne aristotelisches Original). De somno et vigilia; de insomniis; de divinatione per somnum (περὶ ὕπνου καὶ ἐγρηγόρσεως; περὶ ἐνυπνίων; περὶ τῆς καθ᾽ ὕπνον μαντικῆς). De iuventute et senectute; de morte et vita; de spiritu et spiratione (περὶ νεότητος καὶ γήρως; περὶ ζωῆς καὶ θανάτου; περὶ ἀναπνοῆς). De motibus animalium et de principiis motus processivi (ersterer Tractat ohne aristotelisches Original, letzterer nach der Schrift περὶ ζώων κινήσεως). De vegetabilibus et plantis (περὶ φυτῶν). Historiae animalium (περὶ ζώων ἱστορία, περὶ ζώων μορίων und περὶ ζώων γενέσεως). Ethica (Ἠθικὰ Νικομάχεια: Albert kannte auch die Ἠθικὰ Εὐδήμεια und die Ἠθικὰ μεγάλα). Politica (Πολιτικά). Metaphysica (Τὰ μετὰ τὰ φυσικά). Vgl. Recherches critiques sur l'âge et l'origine des traductions latines d'Aristote et sur des

Wichtiger als die Paraphrasen Albert's sind für die Geschichte und Kritik des Textes des Aristoteles die Uebersetzungen einiger Schriften desselben, welche ein anderer Dominicaner germanischen Stammes, Wilhelm aus Moerbeka (Meerbeke), einem Städtchen auf der Grenze von Flandern und Brabant, nach dem griechischen Original, in engem, fast sklavischem Anschluß an die Worte desselben, die er freilich nicht selten mißverstand, angefertigt hat. Die dazu nöthigen Kenntnisse des Griechischen hatte er sich in Griechenland selbst erworben, wohin er von dem Generalkapitel seines Ordens gesandt worden war; nach seiner Rückkehr von da (um 1268) lebte er längere Zeit in Italien, wurde im Jahre 1277 zum Bischof von Korinth ernannt und trat dieses Amt im Jahre 1280 an; in Korinth ist er, wahrscheinlich im Jahre 1281, gestorben. Der Umfang seiner Uebersetzerthätigkeit ist noch nicht sicher festgestellt: von Werken des Aristoteles hat er jedenfalls die Rhetorik und die Politik, vielleicht auch das Organon, die Physik und die Thiergeschichte, ferner des Simplicius Commentar zu Aristoteles' Schrift vom Himmel, einige Tractate des Platonikers Proclus, des Hippokrates und des Galenos übersetzt[1]). Eine lateinische Uebersetzung der Nikomachischen Ethik des Aristoteles lieferte auf Wunsch des Thomas von Aquino in dessen letzten Lebensjahren der Dominicaner Heinrich Kosbein aus Brabant[2]). Ein in Spanien niedergelassener Deutscher, Hermann, nach seiner Abstammung Alemannus genannt, übertrug um die Mitte des 13. Jahrhunderts im Auftrag des Bischofs Johann von Burgos arabische Bearbeitungen einiger Werke des Aristoteles (der Niko-

---

commentaires grecs ou arabes employés par les docteurs scholastiques, par Amable Jourdain. Nouvelle édition revue et augmentée par Charles Jourdain Paris 1843) p. 32 ss. u. p. 300 ss.

[1]) Vgl. J. G. Schneider, Aristotelis de animalibus historiae libri X t. IV (II), Epimetrum IV, p. CXXVI ss.; Jourdain, Recherches critiques sur l'âge et sur l'origine des traductions d'Aristote p. 67 ss.

[2]) S. Ch. Gidel, Nouvelles études sur la littérature grecque moderne (Paris 1878) p. 264 s.

machischen Ethik, der Rhetorik und der Poetik) ins Lateinische [1]). Auch Kaiser Friedrich II., dessen reger Eifer für die Wissenschaften überhaupt freilich fast ausschließlich Italien zu Gute kam — er war der erste Fürst, welcher den Gedanken faßte, die sich frei bildenden und unabhängig regierenden, aber auch beständigem Wechsel unterworfenen Schulkörperschaften des 11. und 12. Jahrhunderts durch staatliche Anstalten zu ersetzen, ein Gedanke, welcher durch die im Juli 1224 erfolgte Gründung der ersten vom Staate unterhaltenen und geleiteten Hochschule zu Neapel für das Königreich Sicilien verwirklicht wurde — ließ durch mehrere des Griechischen und des Arabischen kundige Männer lateinische Uebersetzungen der logischen und mathematischen Schriften des Aristoteles und anderer griechischer Philosophen anfertigen und Abschriften davon an die Lehrer der Universität Bologna und anderer Hochschulen übersenden [2]).

Außer ihrer auf Aristoteles basirten philosophisch-theologischen Schriftstellerei beschäftigten sich die Dominicaner auch mit der Abfassung umfangreicher Encyklopädien, wovon der große „Spiegel" (Speculum) des französischen Dominicaners Vincenz von Beauvais das bedeutendste Beispiel ist [3]), und compendiöser Darstellungen der Weltgeschichte zum Gebrauche für Theologen und Kanonisten; ein Werk dieser Art ist die Chronik des aus Troppau in Mähren gebürtigen Dominicaners Martin, der von Papst Nikolaus III. im Jahre 1278 zum Erzbischof von Gnesen ernannt wurde (daher er gewöhnlich Martinus Polonus genannt wird), aber vor Antritt dieses Amtes auf der Reise nach seinem Bisthum starb: eine ganz oberflächliche Compilation, in der alten Geschichte gänzlich von

---

[1]) Vgl. über diesen früher mit Hermannus Contractus verwechselten Uebersetzer Jourdain a. a. O. S. 135 ff.

[2]) Vgl. Jourdain a. a. O. S. 152 ff.; und über Friedrich's II. Gründung Ed. Winkelmann, Ueber die ersten Staatsuniversitäten (Progr. d. Univ. Heidelberg 1880).

[3]) Vgl. Freiherr R. v. Liliencron, Ueber den Inhalt der allgemeinen Bildung in der Zeit der Scholastik (München 1876) (Festrede in der kgl. bayer. Acad. d. Wiss.).

Orosius abhängig, in der Chronologie durchaus unzuverlässig, reich an Fabeleien aller Art, aber bald in den weitesten Kreisen verbreitet und als Vorbild und Grundlage für Fortsetzungen benutzt¹).

Noch weniger als der Orden der Dominicaner hat im Allgemeinen der vom heiligen Franz von Assisi im Jahre 1208 gestiftete Orden der Franciscaner oder Minoriten (fratres minores) für die Erkenntniß des classischen Alterthums und die Erhaltung seiner Denkmäler geleistet, wenn er auch den hervorragendsten Geist und selbständigsten Denker des 13. Jahrhunderts, den Engländer Roger Bacon, und einige der namhaftesten Vertreter der scholastischen Philosophie, wie den Italiener Bonaventura, den Schotten Johannes Duns (Duns Scotus) und den Engländer Wilhelm Occam unter seinen Mitgliedern zählt. Jedenfalls haben sich die Angehörigen dieses Ordens in Deutschland um die Förderung wissenschaftlicher Bildung überhaupt keine irgend erwähnenswerthen Verdienste erworben..

Die Eroberung Konstantinopel's durch die Kreuzfahrer, die Stiftung eines lateinischen Kaiserthums daselbst und die Gründung „fränkischer" Baronien und Herzogthümer auf dem Boden des europäischen Griechenlands, besonders im Peloponnes und auf den Inseln des Archipel, förderten nicht nur die Handelsbeziehungen zwischen dem Westen Europa's und dem griechischen Orient, sondern trugen auch zur Verbreitung der Kenntniß der griechischen Sprache im Abendlande einiges bei. In Paris wurde durch Philipp August ein „Collegium Constantinopolitanum" gegründet, worin griechische Knaben und Jünglinge in der griechischen Sprache unterrichtet werden sollten, offenbar in der Absicht, dadurch eine Annäherung der griechischen Kirche an die römische herbeizuführen. In England wurde durch einen Geistlichen, Johann von Basing-

---

¹ S. Wattenbach, Deutschlands Geschichtsquellen Bd. 2 S. 358 ff. In der Einleitung zur 2. Ausgabe seiner Weltchronik hat Martin die unter dem Titel „Graphia" bekannte mittelalterliche Beschreibung der Stadt Rom excerpirt; siehe Jordan, Topographie der Stadt Rom im Alterthum Bd. 2 S. 387 f.

stofe (gestorben im Jahre 1252 als Archidiaconus von Leicester), der sich eine Zeitlang in Athen aufgehalten hatte, die Beschäftigung mit der griechischen Sprache wieder angeregt und ungefähr eine Generation hindurch an der Universität Oxford, hauptsächlich durch den Einfluß des Kanzlers derselben, Robert Grosseteste (latinisirt Capito), Bischofs von Lincoln (1235—1253) eifrig gepflegt [1]). Auf Deutschland haben sich diese Anregungen, die überhaupt keine nachhaltigen Wirkungen hinterlassen haben, gar nicht erstreckt; wenigstens ist es mir nicht gelungen, sichere Spuren von Beschäftigung mit der griechischen Sprache in Deutschland während des 13. Jahrhunderts zu entdecken.

Eine Uebersicht über die zu seiner Zeit in den Schulen gelesenen lateinischen Dichter gibt Hugo von Trimberg, Schulmeister zu St. Gangolph in Bamberg, in seinem im Jahre 1280 in sehr unclassischen lateinischen Versen verfaßten „Registrum multorum auctorum". Darin werden außer zahlreichen lateinischen Dichtungen des Mittelalters aufgeführt Virgilius, Horatius (von welchem die Satiren, Episteln und Ars poetica als „libri principales", die Epoden und Oden als „minus usuales, quos nostris temporibus credo valere parum" bezeichnet werden), Ovidius (von welchem alle Gedichte mit Ausnahme der medicamina faciei und der halieutica erwähnt werden), Juvenalis, Persius, Statius (Thebais und Achilleis), Homerus latinus („quem Pindarus philosophus fertur transtulisse"; vom griechischen Homer heißt es „sed apud Graecos remanens nondum est translatus"), Priscian's Periegesis, Boethius de consolatione, Claudianus de raptu Proserpinae; die geistlichen Dichter Sedulius, Juvencus, Arator, Prosper, Prudentius; Cato de moribus, Avianus, Maximianus [2]). Auch in seinem „Renner", einem

---

[1]) Vgl. Jourdain, Recherches etc. p. 59 ss.; R. Pauli, Bischof Grosseteste und Adam von Marsh, ein Beitrag zur älteren Geschichte der Universität Oxford (Programm der Universität Tübingen 1864), bes. S. 40 ff.

[2]) Vgl. M. Haupt, Berichte der Berliner Akademie der Wissenschaften 1854 S. 142 ff.

Verfall der gelehrten Studien im 13. und 14. Jahrhundert.

in höherem Alter verfaßten sehr umfänglichen deutschen Gedichte, zeigt Hugo in den Fabeln, Geschichten und Anekdoten, welche er auf den Faden einer Strafpredigt gegen die Sittenverderbniß seines Zeitalters aufgereiht hat, eine anerkennungswerthe Belesenheit in den alten Schriftstellern.

Eine ähnliche Uebersicht finden wir in einem in den Jahren 1281—1283 in Erfurt, dessen Schulen damals sich eines sehr zahlreichen Besuches erfreuten, in leoninischen Hexametern verfaßten satirischen Gedichte, dessen Verfasser, ohne Zweifel ein Erfurter Kleriker, sich unter dem Namen „Occultus" (s. V. 2216) verbirgt. Hier werden V. 33—44 als Schriftsteller, die von den jungen Leuten, welche sich den Studien widmeten, gelesen wurden, genannt die Grammatiker Donatus und Priscianus, die Dichter Ovidius, Juvenalis, Terentius, Horatius, Persius, Plautus, Virgilius, Lucanus und Maximianus, endlich des Boethius Schrift „de consolatione philosophiae". Der Dichter selbst, der der lateinischen Grammatik und Metrik häufig Gewalt anthut, zeigt einige Bekanntschaft mit der classischen Mythologie und dem römischen Recht [1]). Ein nach Stoff und Form im classischen Alterthum

---

[1]) Vgl. Nicolai de Bibera Occulti Erfordensis carmen satiricum. Eine Quelle des 13. Jahrhunderts neu herausgegeben und erläutert von Theob. Fischer, Dr. phil. (Abgedruckt aus: Geschichtsquellen der Provinz Sachsen, herausgegeben von den geschichtlichen Vereinen der Provinz. 1. Bd.: Erfurter Denkmäler, Halle 1870). Den Verfasser des Gedichts nennen einige Handschriften Conradus de Gyten oder de Githena (Geithain im Königreich Sachsen) nach V. 2426 ff. („Tu de Gytene etc.), welche Verse von alten Glossatoren des Gedichtes als „Verba Musae ad auctorem" bezeichnet werden: allein gegen diese Auffassung erheben sich mehrfache Bedenken und überhaupt ist es mir zweifelhaft, ob die ganze Schlußpartie von V. 2226 an, von dem Verfasser des Gedichts selbst herrührt oder ein späterer Zusatz von fremder Hand ist. Ich kann daher nur die Ansicht des Herausgebers billigen, welcher nach Tritheim, der den Dichter „Nicolaus de Bibera" nennt, einen Nicolaus Decan der Kirche zu Bibra (am Saubach unweit der Unstrut) als den Verfasser des Gedichts betrachtet. — Von den Erfurter Schülern, deren Zahl er mit einer ihm geläufigen Hyperbel auf 1000 angibt, spricht der Dichter V. 1566 ff. — Nach freundlicher Mittheilung des Herrn Dr. W. Meyer ist das Gedicht auch enthalten im Cod. lat. Monacensis 17619.

wurzelndes Gedicht ist der von dem Abte des Marienklosters zu Stade Albert von Ramslo (gewöhnlich Albertus Stadensis genannt) im Jahre 1249 gedichtete Troilus, welcher in 6 Büchern lateinischer Distichen die Sage vom trojanischen Kriege (mit Einschluß der Sage von der früheren Zerstörung Troja's durch Herakles) in engem Anschluß an den historischen Roman des sog. Dares Phrygius behandelt[1]).

Als Verfasser einiger versifizirter Lehrbücher für den Unterricht in der Grammatik und Mythologie sowie mehrerer sehr gekünstelter und geschmackloser lateinischer Gedichte ist zu erwähnen der Cantor und Lehrer an der „Schola Carolina" zu Zürich, Conrad von Mure (gestorben den 29. März 1281). Sein „novus Graecismus" (novus genannt im Gegensatz zu älteren Werken dieser Art, wie dem „liber derivationum" des Hugutio von Pisa, Bischofs von Ferrara, und dem im Anfang des 13. Jahrhunderts verfaßten „Graecismus" des Eberhard von Bethune)[2]) enthält zunächst einen Abriß der lateinischen Grammatik (Formenlehre, Etymologie und Wortbildung, Syntax), dann eine Art encyklopädischer Uebersicht von Realkenntnissen aus verschiedenen Gebieten (Naturlehre, Anthropologie, Theologie u. a. m.), welche man damals als für die Schüler nothwendig ansah, alles mit einer Nüchternheit und Trockenheit, die zu der poetischen Form einen sehr unerfreulichen Contrast bildet. Der „Fabularius" desselben Verfassers gibt zuerst eine synchronistische Uebersicht der Ueberlieferungen des alten Testaments und der griechischen Mythen (worin z. B. die Bildung der Menschen durch Prometheus als gleichzeitig mit dem Tode Isaak's angesetzt wird), dann eine versifizirte Erzählung der einzelnen Mythen in alphabetischer Reihenfolge, wobei auch einige mittelalterliche Sagen, wie die vom Zauberer Merlin und vom Tode

---

[1]) S. Troilus Alberti Stadensis primum ex unico Guelferbytano codice editus a Dr. Th. Merzdorf (Leipzig 1875).

[2]) Vgl. über dieses schon seit dem Ende des 13. Jahrhunderts als Lehrbuch überall verbreitete Werk Ch. Thurot in den Notices et extraits t. XXII, p. II, p. 100 ss.

des Pilatus, eingeflochten sind. Benutzt hat der Verfasser von antiken Schriftstellern hauptsächlich die Gedichte des Ovidius; außerdem kennt er die gewöhnlichen Schulautoren, wie Terentius, Virgilius, Horatius, Statius, Juvenalis und Martianus Capella. Seine mehrfachen Erwähnungen griechischer Schriftsteller sind jedenfalls nur aus abgeleiteten Quellen, nicht aus unmittelbarer Kenntniß der Originale geschöpft; als Beleg dafür, wie dunkel seine Vorstellungen vom Griechischen überhaupt waren, mag die in der Vorrede zum Fabularius ausgesprochene Behauptung dienen, daß Plato die „Idea" als eine sehr scharfsinnige Sophistin bezeichnet habe. Außerdem hat Conrad, abgesehen von zahlreichen verlornen Schriften (unter denen auch ein Verzeichniß von Eigennamen von Flüssen und Bergen in 1500 Versen war), mehrere Gedichte zur Feier der Krönung seines Gönners Rudolf's von Habsburg verfaßt, welche den Mangel an poetischen Inhalt durch künstliche Spielereien, besonders durch die damals sehr beliebten Akrostichen, zu ersetzen suchen [1]).

Daß überhaupt eine gewisse Gewandtheit in der lateinischen Versification in Deutschland während des 13. Jahrhunderts noch in weiteren Kreisen verbreitet war, beweisen endlich auch einige lateinische Dichtungen historischen Inhalts, wie das dem Bischof von Paderborn Simon I zur Lippe (1247—1277) gewidmete, in Distichen, hauptsächlich nach dem Muster des Ovidius, mit sorgfältiger Vermeidung des Hiatus und der Elision verfaßte „Lippiflorium" des Magister Justinus, Rectors der Schule zu Lippstadt, welches das wechselvolle Leben und die Thaten des Herrn Bernhard II zur Lippe (ungefähr 1140—1224) als Ritter, Mönch und Bischof in gewandter und anschaulicher Darstellung, allerdings mit stark panegyristischer Färbung behandelt [2]), und des Heinrich Rosla von Nienburg „Her-

---

[1]) Vgl. P. G. Morel im Neuen Schweizerischen Museum V (1865) S. 29 ff.
[2]) Magistri Justini Lippiflorium herausgegeben von Dr. G. Laubmann, als Anhang zu Scheffer-Boichorst, „Herr Bernhard zur Lippe", (Detmold 1872,; vgl. Wattenbach, Deutschlands Geschichtsquellen Bd. 2 S. 279.

lingsberga", eine Schilderung des Kampfes des Herzogs Heinrich von Braunschweig-Lüneburg mit den verbündeten sächsischen Herren um die Burg Herlingsberg im Jahre 1287 [1]).

Das 14. und die erste Hälfte des 15. Jahrhunderts sind die Epoche des tiefsten Verfalls der classischen Studien in Deutschland. Während in Italien schon Männer wie Francesco Petrarca, Giovanni Boccaccio und Giovanni de' Malpaghini (Johannes Ravennas) das Evangelium von der Auferstehung des classischen Alterthums verkündigten und unter den Geistlichen und den Staatsmännern begeisterte Anhänger und Nachfolger fanden, welche die classischen Schriftwerke nach Form und Inhalt zu würdigen und als Muster für eigenes Schaffen auf fast allen Gebieten des geistigen Lebens zu verwerthen wußten, lagen in Deutschland die Schriften der römischen Classiker noch in dunkelm Moder der Klosterbibliotheken begraben, aus dem nur ab und zu eine oder die andere Schrift, etwa des Virgilius, Ovidius, Horatius oder des Sallustius u. a., von einem mönchischen Schreiber, der eben nichts besseres zu thun wußte, hervorgeholt und in nachlässiger Weise, ohne Verständniß des Inhalts, in mehr und mehr verschnörkelten Schriftzügen copirt wurde. In nicht wenigen Klöstern schrieben die Mönche gar nicht mehr selbst, sondern ließen durch Lohnschreiber, welche aus dem Bücherschreiben ein Geschäft machten, dem auf kirchliche Schriften und theologisch-philosophische Compilationen sich beschränkenden Bedürfniß ihrer Bibliotheken genügen. Manche werthvolle Handschrift wurde, wie schon früher bemerkt, von italienischen Humanisten, welche im 15. Jahrhundert die Klosterbibliotheken Deutschlands, der Schweiz und Frankreichs, ja auch Englands, Scandinaviens und Polens nach seltenen Codices römischer Autoren durchstöberten, wie von Poggio Bracciolini, Bartolommeo da Montepulciano und Enoche d'Ascoli (Henoch Asculanus), aus jenen Bibliotheken, deren Hüter keine Ahnung von dem Werthe solcher

---

[1]) Gedruckt in H. Meibom's Scriptores rerum Germanicarum t. I, (Helmstadt 1688) p. 775 ss.

Verfall der gelehrten Studien im 13. und 14. Jahrhundert.

Schätze hatten, hervorgezogen und Deutschland für immer entfremdet [1]).

Allerdings wurden schon seit der Mitte des 14. Jahrhunderts in verschiedenen Gegenden Deutschlands durch die Gründung von Universitäten (oder, wie man sie damals nannte, Studia generalia) nach dem Muster der italienischen und besonders der Pariser Universität neue Bildungsstätten und Mittelpunkte der wissenschaftlichen Thätigkeit geschaffen. Noch dem 14. Jahrhundert gehört an die Gründung der Universitäten Prag (1348), Wien (1365), Heidelberg (1386), Köln (1388) und Erfurt (1392), zu denen in der ersten Hälfte des 15. Jahrhunderts noch die Universitäten Leipzig (1409) und Rostock (1419) hinzukamen; auch die im Jahre 1364 gegründete, im Jahre 1400 erneuerte Universität Krakau wurde im 15. Jahrhundert vielfach von Deutschen besucht. Aber für die Studien des classischen Alterthums brachten diese Anstalten zunächst die geringste Frucht, weil sie alle ohne Ausnahme unter dem Banne der Scholastik standen und, wie ihre Leiter (Kanzler) durchgängig Geistliche waren, so überhaupt ein wesentlich kirchliches Gepräge trugen. Der philosophischen oder nach damaligem Sprachgebrauche der Artisten-Facultät (facultas artium) waren die sieben artes liberales als Lehrgegenstände zugewiesen: bei der Behandlung derselben hielt man sich streng an bestimmte, mit kanonischem Ansehen ausgestattete Lehrbücher, deren Text der Lehrer mit seinen Erklärungen und Zusätzen den Zuhörern in die Feder dictirte. Den ersten Rang darunter nahmen die Schriften des Aristoteles ein, die natürlich nicht im Urtext, sondern in lateinischen Uebersetzungen den Vorlesungen über Rhetorik, Dialektik, Ethik, Politik, Metaphysik, Physik und Naturwissenschaften zu Grunde gelegt wurden; in ähnlicher Weise bildeten für Geometrie das Lehrbuch des Euklides (die ersten 6 Bücher der „Elementa" in einer

---

[1]) Nachweisungen darüber s. bei G. Voigt, Die Wiederbelebung des classischen Alterthums oder das 1. Jahrhundert des Humanismus, 2. Aufl. (Berlin 1880—81 Bd. 1 S. 236 ff. u. Bd. 2 S. 200 ff.

lateinischen aus dem Arabischen stammenden Uebersetzung), für Astronomie der Almagest des Ptolemäos (ebenfalls in lateinischer Uebersetzung der arabischen Bearbeitung), für die lateinische Grammatik (für das Griechische war selbstverständlich auf den damaligen Universitäten kein Platz) die Werke des Priscian und Donatus die Grundlage. Daneben oder auch anstatt derselben wurden noch verschiedene mittelalterliche Lehrbücher — für Grammatik hauptsächlich der schon erwähnte Gräcismus des Eberhardus Bethuniensis und das gleichfalls im Anfang des 13. Jahrhunderts in leoninischen Hexametern von dem Pariser Minoriten Alexander de villa Dei verfaßte Doctrinale [1]) — benutzt. Außerdem finden wir noch Vorlesungen über des Boethius Schrift „De consolatione philosophiae", dagegen von Erklärung römischer Dichter oder Geschichtsschreiber, von Vorlesungen über alte Geschichte, Litteraturgeschichte und ähnliche Disciplinen keine Spur [2]). Wenn trotzdem einzelne Universitätslehrer Handschriften römischer Classiker sammelten, wie z. B. Amplonius Rating de Fago aus Rheinbergen, der Stifter des Collegium Amplonianum in Erfurt (1412), der seine Bibliothek dieser seiner Stiftung schenkte [3]), so können solche Fälle nur als Ausnahmen betrachtet werden.

Bessere Früchte als die ersten deutschen Universitäten brachten für die classischen Studien, wenn auch nicht unmittelbar sondern

---

[1]) Vgl. über Alexandre de Ville Dieu und seine Werke Ch. Thurot in den Notices et extraits t. XXII. p. II, p. 28 ss. u. p. 98 ss.

[2]) Vgl. die Zusammenstellung der Lectionsverzeichnisse der Artistenfacultäten auf den Universitäten Prag (von 1366), Erfurt (von 1449), Ingolstadt (von 1472) und Wien (von 1389) bei K. v. Raumer, Die deutschen Universitäten (Geschichte der Pädagogik 4. Theil) S. 274 f.; dazu W. Vischer, Geschichte der Universität Basel von der Gründung 1460 bis zur Reformation 1529 (Basel 1860) S. 153 f. u. S. 178 ff.; C. Prantl, Geschichte der Ludwig-Maximilians Universität in Ingolstadt, Landshut, München (München 1872) Bd. 1 S. 57 ff. u. S. 83; L. F. Hautz, Geschichte der Universität Heidelberg (Mannheim 1862 f.) Bd. 2 S. 353 ff.; R. Kink, Geschichte der kaiserlichen Universität zu Wien (Wien 1854) Bd. I, 1, S. 85 ff.; 2, S. 10 ff.

[3]) Vgl. Fr. Kritz, De codicibus bibliothecae Amplonianae Erfurtensis potioribus (Erfurt 1850).

nur mittelbar, die von den Hieronymianern oder Brüdern des gemeinsamen Lebens (clerici de vita communi oder fratres vitae communis, auch fratres bonae voluntatis genannt) gegründeten Schulen. Diese von den Niederländern Geert Groote (Gerhardus Magnus, geboren 1340, gestorben 1384) und Florentius Radewyns (geboren 1350, gestorben 1400) gestiftete Brüderschaft, deren Glieder anstatt durch Einsammeln milder Gaben, wie die Bettelmönche, durch genossenschaftlich organisirte Arbeit, besonders durch Abschreiben von Büchern und durch Unterricht ihren Lebensunterhalt erwarben, gründete während des 14. und 15. Jahrhunderts eine große Anzahl von Bruderhäusern in den Niederlanden und im nördlichen Deutschland, von der Schelde bis zur Weichsel, mit welchen in der Regel auch Schulen verbunden waren: theils niedere, in denen Knaben und Mädchen im Lesen der heiligen Schrift und erbaulicher Bücher in ihrer Muttersprache unterrichtet wurden, theils höhere, in welchen das Latein die Basis des auf Erziehung zur Frömmigkeit und Sittlichkeit hinzielenden Unterrichts bildete. Allerdings war dieses Latein, wie es sich in den Schriften der Brüder, besonders des Thomas Hamerken aus Kempen (Thomas a Kempis) wiederspiegelt, nicht besser als das auf den Universitäten jener Zeit von Lehrern und Schülern gesprochene und geschriebene; aber die Methode des Unterrichts überhaupt war eine bessere, indem die Brüder sich vom Banne des Scholasticismus mit seinen unnützen Subtilitäten und seinem Scheinwissen emancipirten und auf Bildung des Geistes und Herzens ihrer Schüler, besonders durch Lectüre der Bibel und der lateinischen Kirchenväter, hinarbeiteten. So ist durch die Schulen der Brüder vom gemeinsamen Leben der Boden bereitet worden, auf welchem der Same des Humanismus in Deutschland aufgehen und besonders für den Jugendunterricht reiche Frucht tragen konnte [1]).

---

[1]) Vgl. K. v. Raumer, Geschichte der Pädagogik vom Wiederaufblühen classischer Studien bis auf unsere Zeit, 4. Aufl. Bd. 1 S. 54 ff.; über die Thätigkeit der Brüder als Schreiber auch Wattenbach, Das Schriftwesen im Mittelalter S. 382 ff.

Aus diesen Schulen sind zunächst zwei Männer hervorgegangen, die, wenn sie auch keineswegs den Humanisten zugezählt werden können, da sie die classischen Studien durchaus nur zu theologischen Zwecken und im Dienste der Kirche betrieben, doch wegen ihrer Belesenheit in den classischen Schriftstellern und ihrer Opposition gegen den Scholasticismus als Vorläufer des Humanismus, wegen ihrer Neigung zu mystischen Speculationen und ihres Bestrebens, die Schäden des kirchlichen und religiösen Lebens ihrer Zeit zu heilen, als Vorläufer der Reformation bezeichnet werden können. Der eine derselben, Nikolaus Chrypffs (Krebs) aus Cues an der Mosel, daher gewöhnlich Nicolaus Cusanus genannt (geb. 1401, 1448 vom Papst Nicolaus V. zum Cardinal erhoben, gestorben zu Todi 1464) verdient wegen seiner besonders auch an Handschriften römischer Classiker reichen Bibliothek, welche er dem von ihm gestifteten und reich dotirten Hospital zu Cues vermachte[1]), der andere, Johann Wessel Ganzevoort (geb. in Groningen 1420, gestorben daselbst 1489), der angesehenste Theolog und Philosoph seiner Zeit, von seinen Zeitgenossen „lux mundi" und „magister controversiarum" genannt, wegen seiner im Verkehr mit gelehrten Griechen in Italien erworbenen Kenntniß der griechischen Sprache sowie wegen seiner sehr anregenden Lehrthätigkeit besonders an der Universität Paris, wo unter anderen Rudolf Agricola und Johann Reuchlin zu seinen Füßen saßen, hier eine kurze Erwähnung.

---

[1]) Vgl. Jos. Klein, im Serapeum Bd. 25 (1864) S. 353 ff.; derselbe „Ueber eine Handschrift des Nicolaus von Cues" (Berlin 1866).

Zweites Buch.

Die classischen Studien in Deutschland im Zeitalter des Humanismus und der Reformation.

Erstes Kapitel.
Kindheit und erste Jugendblüthe des deutschen Humanismus.

Die erste Gelegenheit, mit dem italienischen Humanismus und seinen Vertretern Bekanntschaft zu machen, boten den Deutschen die beiden in der ersten Hälfte des 15. Jahrhunderts auf deutschem Boden abgehaltenen Kirchenversammlungen dar. Auf dem Concil zu Costnitz oder Constanz (1414—18) waren unter den Secretären der päpstlichen Curie der gelehrte Grieche Manuel Chrysoloras, der schon bald nach seiner Ankunft daselbst starb (15. April 1415), der Aretiner Leonardo Bruni, der aber nur kurze Zeit am Concil verweilte, und der Florentiner Poggio Bracciolini, der seinen längeren Aufenthalt daselbst benutzte, um die Klöster der Umgegend, wie Reichenau, St. Gallen u. a. nach Handschriften römischer Classiker zu durchstöbern, die er dann theils in Abschriften, theils im Original mit sich nahm: in den an seine italienischen Freunde gesandten Berichten über seine Entdeckungen wird die Unwissenheit der deutschen Kleriker, die Unmäßigkeit im Essen und Trinken, der Mangel an feinerer Bildung

in allen Classen der Gesellschaft überhaupt in starken Farben
geschildert [1]), Schilderungen, aus denen man mit Sicherheit schließen
kann, daß Poggio es nicht als der Mühe werth erachtet hat, den
deutschen „Barbaren" die Wohlthaten des Humanismus zu Theil
werden zu lassen, die er nach dem Schluße des Concils als Begleiter des Cardinals Henry Beaufort den Engländern, von denen
er ein durchaus nicht schmeichelhafteres Bild entwirft als von den
Deutschen, vergeblich zu spenden versuchte. Ein paar andere
Humanisten kamen als Begleiter italienischer Kirchenfürsten nach
Costnitz: so der Dichter Benedictus de Pileo (aus Piglio,
einem zwischen Subiaco und Anagni gelegenen Flecken) mit dem
Cardinal von St. Angelo, Petrus Stephanescus de Hannibaldis,
und der humanistisch gebildete Jurist Pier-Paolo Vergerio aus
Capo d'Istria im Venezianischen, ein Schüler des Manuel Chrysoloras, mit dem Cardinal Zabarella: letzterer trat nach dem Tode
des Cardinals in die Dienste des römischen Königs Sigismund,
nach Karl IV., der zu wiederholten Malen Petrarca zum bleibenden Aufenthalt an seinem Hofe dringend eingeladen hatte, des ersten
deutschen Fürsten, welcher einiges Interesse für die humanistischen
Studien hegte. Vergerio widmete dem König eine in schlichtem
und klarem Latein abgefaßte Uebersetzung von Arrian's Werk über
die Feldzüge Alexanders des Großen (wie auch Benedict von
Costnitz aus ein Gedicht in elegischen Versen über den Verlauf
des Concils an den König gerichtet hatte), die später durch Enea
Silvio de' Piccolomini dem König Alfonso von Neapel zum Ge-
schenk gemacht und durch dessen Hofhistoriographen Bartolomeo
Fazio in elegantere Form umgegossen wurde. Seine späteren
Lebensjahre hat Vergerio in Ungarn verlebt, wo er in hohem
Alter, wahrscheinlich bald nach 1445 gestorben ist: daß er dort

---

[1]) Vgl. Jo. C. Orelli, „Symbolae nonnullae ad historiam philologiae adiectis duabus Poggii epistolis" im Index lectionum univ.
Turicensis 1835; G. Voigt, Die Wiederbelebung des classischen Alterthums Bd. 1 S. 237 ff.

für den Humanismus Propaganda gemacht hätte, davon ist nichts bekannt¹).

Eine bedeutendere Rolle als in Costnitz spielte der Humanismus schon auf dem Concil zu Basel (1431—50), wo unter anderen im Jahre 1433 der berühmte Entdecker zahlreicher griechischer Handschriften, Johannes Aurispa aus Sicilien, anwesend war, der bei einer von dort Rheinabwärts unternommenen Reise in Mainz eine Handschrift der römischen Panegyriker und eine andere des Commentars des Donatus zu Terentius auffand²). Namentlich aber war unter den Theilnehmern am Concil einer, den man als den ersten Apostel des Humanismus in Deutschland bezeichnen kann: Enea Silvio de' Piccolomini (geb. zu Corsignano bei Siena am 18. October 1405, gestorben als Papst Pius II. in Ancona 14. August 1464). Nachdem dieser mehreren beim Concil anwesenden kirchlichen Würdenträgern als Secretär gedient, dann als Schreiber beim Concil selbst fungirt und verschiedene diplomatische Missionen für dasselbe versehen hatte, trat er im Jahre 1442 als Secretär der deutschen Reichscanzlei in die Dienste König Friedrich's III. ein, von welchem er im Juli 1442 zu Frankfurt öffentlich mit dem Lorbeerkranze als Dichter gekrönt worden war. In dieser Stellung, welche er auch nach seiner Ernennung zum Bischof von Triest (im April 1447) noch zwei Jahre lang bekleidete, sowie in der höheren eines königlichen Rathes, welche ihm im Jahre 1450, nachdem er das Triestiner Bisthum mit dem von Siena vertauscht hatte (Oktober 1449), angewiesen worden war, hat er durch Wort und Schrift eifrig

---

¹ Vgl. über Benedict W. Wattenbach in der „Festschrift zur Begrüssung der 24. Versammlung deutscher Philologen und Schulmänner, veröffentlicht von dem historisch-philosophischen Vereine zu Heidelberg" (Leipzig 1865) S. 97 ff. und im Anzeiger für Kunde der deutschen Vorzeit Bd. 26 (1879), N. 8 S. 225 ff.; über PP. Vergerio C. A. Combi Di Pierpaolo Vergerio il seniore da Capodistria e del suo epistolario (Venedig 1880, und G. Voigt, Die Wiederbelebung des classischen Alterthums Bd. 2 S. 275 ff.

² S. Joannis Aurispae epistula edita ab Henrico Keilio, im Index schol. univ. Halensis 1870.

für Erweckung und Verbreitung des Geschmacks für eine reine und zierliche Latinität, wie sie die italienischen Humanisten in Prosa und Vers handhabten, unter den Staatsmännern und Gelehrten Deutschlands gewirkt. Freilich war er kein Gelehrter in strengerem Sinne des Wortes, wie ihm denn die Kenntniß der griechischen Sprache ganz abging, seine Belesenheit in den antiken Schriftstellern bei weitem nicht an die eines Franciscus Philelphus hinanreichte und auch die Feinheiten der lateinischen Grammatik und Stylistik, wie sie ein Laurentius Valla erforschte, ihm fremd waren; aber diesseits der Alpen fand sich damals noch Niemand, der sich an Wohlredenheit und an Gewandtheit in Fertigung lateinischer Verse auch nur entfernt mit ihm messen konnte; daher wurden seine Staats- und Prunkreden, seine politischen, rhetorischen und philosophischen Abhandlungen, seine Briefe und Gedichte bald in Abschriften unter seinen Collegen aus der Reichskanzlei und anderen meist jüngeren Leuten — von denen einige, wie Johann Tröster und Johann Rhode (oder Roth), der dann seine humanistischen Studien in Rom unter Laurentius Valla fortsetzte, und der Schweizer Niclas von Wyl (Weil) Stadtschreiber in Eßlingen, zuletzt Kanzler in Stuttgart, in ein directes Verhältniß als Schüler zu ihm traten — verbreitet und als Vorbilder benutzt; besonders seine erotischen Schriften, die durch ihren frivolen Ton manchen wackern deutschen Mann zur Opposition gegen den Humanismus herausforderten, wurden in diesen Kreisen mit Vorliebe gelesen und nachgeahmt. Bei den einflußreichsten Classen der Gesellschaft jedoch, den deutschen Fürsten, den Mitgliedern des hohen Adels und der hohen Geistlichkeit, den Professoren der deutschen Hochschulen, waren alle Bemühungen Enea's, sie für die humanistischen Studien zu interessiren, vergeblich; selbst aus der deutschen Reichskanzlei vermochte er nicht den alten schwerfälligen und barbarischen Kanzleistil zu verbannen. Der einzige hervorragende deutsche Jurist jener Zeit, der sich in jüngeren Jahren, wesentlich als Autodidact, einen gewissen Grad humanistischer Bildung erworben hatte, Gregor Heimburg aus Schweinfurt, war aus politischen und persönlichen Gründen ein entschiedener Gegner Enea's und übertrug seinen Haß gegen dessen Person dann auf den italienischen Humanismus überhaupt ¹).

Ein anderer italienischer Humanist, Arriginus mit Namen, lebte in den Jahren 1456 und 1457 einige Zeit auf der dem Markgrafen Johannes von Brandenburg, genannt der Alchymist, gehörigen Feste Plassenburg oberhalb Kulmbach und unterwies außer dem Markgrafen selbst einige jüngere Männer in der Kunst des lateinischen Stils, scheint aber bald wieder nach Italien zurückgekehrt zu sein ²).

Nachhaltiger und in weiteren Kreisen als die Anregungen dieser Italiener wirkten für die Wiederbelebung der Studien des classischen Alterthums in Deutschland die Bestrebungen einiger deutscher Männer, welche von Begeisterung für das classische Alterthum erfüllt über die Alpen zogen, in Italien zu den Füßen namhafter Lehrer saßen und ihre dort erworbenen Kenntnisse als Lehrer an deutschen Universitäten und Schulen, die bedeutenderen insbesondere als Vorkämpfer für die Verbesserung des Unterrichts und der Erziehung der Jugend, ohne jede aggressive Tendenz gegen die Kirche und ihre Lehre, zum Theil mit stark ausgeprägter moralisirender Richtung, verwertheten. Der erste dieser älteren deutschen Humanisten war Peter Luder, gebürtig aus Kislau in der Nähe von Heidelberg, der, nachdem er in Heidelberg (wo er 1431 immatriculirt wurde) studirt hatte, Italien, wo er Schüler des damals in Ferrara lehrenden Guarino von Verona war, durchzog, von Venedig aus zu Schiff sogar die Küsten Griechenlands bis nach Macedonien hinauf besuchte und nach seiner Rückkehr nach Deutschland im Jahre 1456 durch den Pfalzgrafen Friedrich nach Heidelberg berufen wurde,

---

¹) Vgl. G. Voigt, Enea Silvio de' Piccolomini als Papst Pius II. und sein Zeitalter, 3 Bände (Berlin 1856—63); insbesondere Bd. 2 S. 248 ff. Derselbe, Die Wiederbelebung des classischen Alterthums Bd. 2 S. 279 ff.

²) S. Wattenbach in den Verhandlungen der 26. Philologenversammlung zu Würzburg 1868, S. 71 ff. und in der Zeitschrift für die Geschichte des Oberrheins Bd. 22 S. 35 ff.

um dort Vorlesungen über lateinische Dichter, Redner und Historiker zu halten; nachdem er dies vier Jahre lang, allerdings ohne glänzende Erfolge unter den Studirenden, gethan hatte, siedelte er nach Erfurt über, von da 1462 nach Leipzig, aber noch in demselben Jahre finden wir ihn in Padua, wo er das schon bei seinem ersten Aufenthalte in Italien begonnene Studium der Medicin wieder aufnahm, 1464 und 1465 in Basel (wo 1460 eine Universität begründet worden war) als Lehrer der Medicin und zugleich der humanistischen Studien, in den Jahren 1469 und 1470 als Diplomaten im Dienste des Herzogs Sigismund von Oesterreich, endlich 1474 wieder in Basel[1]). Ein ähnlicher litterarischer Vagant, aber in Hinsicht seiner Kenntniß des classischen Latein dem Luder durchaus nicht ebenbürtig, war Samuel Karoch aus Lichtenberg (in Franken), der nach seiner Rückkehr aus Italien, wo er sich vier Jahre lang aufgehalten hatte, an verschiedenen deutschen Universitäten umherzog und Vorlesungen über des Sienesers Augustinus Datus Anleitung zum lateinischen Briefstil sowie über seine eigenen in lateinischen Reimversen abgefaßten Gedichte ankündigte: so finden wir ihn 1466 in Leipzig, dann in Erfurt, bei der Gründung der Universität Ingolstadt im Jahre 1472 war er Mitglied der dortigen Artistenfacultät, zuletzt taucht er (nach dem Jahre 1476) in Heidelberg auf[2]). Den fruchtbarsten Boden scheint die Lehrthätigkeit dieser Männer an der Universität Erfurt gefunden zu haben, an welcher seit der Mitte des 15. Jahrhunderts eine freiere geistige Richtung, eine entschiedene Opposition gegen die bestehenden Zustände im

---

[1]) Vgl. W. Wattenbach, „Peter Luder, der erste humanistische Lehrer in Heidelberg", in der Zeitschrift für die Geschichte des Oberrheins Bd. 22 (Karlsruhe 1869) S. 33 ff; G. Voigt, Die Wiederbelebung des classischen Alterthums Bd. 2 S. 297 ff.

[2]) Vgl. W. Wattenbach in der Zeitschrift für die Geschichte des Oberrheins Bd. 28 S. 1 ff. und im Anzeiger für Kunde der deutschen Vorzeit Bd. 26 (1879) N. 2 S. 47; Bd. 27 (1880) N. 6 S. 184 ff.; ebendas. N. 9 S. 283 ff.; Bd. 28 (1881) N. 4 S. 93 ff.; G. Voigt, Die Wiederbelebung des classischen Alterthums Bd. 2 S. 304 ff.

Kirchen- und Schulwesen sich geltend machte: hier trat bald nach dem Weggange Luder's, seit 1466, ein Italiener, Jakob Publicius Rufus aus Florenz, als Lehrer der lateinischen Grammatik und Metrik, des Briefstils (der „ars epistolandi") und der Beredtsamkeit, wahrscheinlich auch als Erklärer römischer Classiker auf und bildete mehrere Schüler, von denen besonders Johannes Knäß (Rector des Collegium Amplonianum seit 1480) die Pflege dieser Studien in Erfurt gefördert hat[1]). Selbst die Männer, welche im Wesentlichen noch an den überlieferten Systemen mit der herkömmlichen Lehrweise festhielten, wie der Jurist Henning Göde aus Werben und die Theologen und Philosophen Jodocus Trutvetter aus Eisenach und Bartholomäus Arnoldi von Usingen, konnten sich dem Einflusse der neuen Richtung nicht ganz entziehen, sondern brachten derselben wenigstens durch äußerliche Anerkennung der Bedeutung der classischen Studien ihren Tribut dar. Seit dem Jahre 1494 wirkte in der philosophischen Facultät als Lehrer sehr anregend Maternus Pistorius (auch Pistoris und Pistoriensis genannt) aus Ingweiler im Elsaß, um den sich bald ein Kreis strebsamer, für das Alterthum begeisterter junger Leute sammelte, die sich, da von den Humanisten das größte Gewicht auf die Verfertigung lateinischer Verse gelegt wurde, als „Poeten" bezeichneten. Neben ihm lehrte, allerdings nur kurze Zeit (bis zum Jahre 1502, wo er nach der neu gegründeten Universität Wittenberg übersiedelte), Nicolaus Marschalk aus Roßla in Thüringen (geboren um 1470, gestorben als fürstlich mecklenburgischer Rath und Professor zu Rostock 12. Juli 1525), ein Mann von umfassenden Kenntnissen auf den Gebieten der Philologie, der Geschichte, des Rechts und der Naturkunde, einer der ersten Begründer des Studiums der

---

[1]) Vgl. F. W. Kampschulte, Die Universität Erfurt in ihrem Verhältnisse zu dem Humanismus und der Reformation (Trier 1858—60) Bd. 1 S. 30 ff. Publicius erscheint im Wintersemester 1470 in Basel, wohin auch Knäß seit Sommer 1489 übersiedelte; vgl. W. Vischer, Geschichte der Universität Basel S. 187.

griechischen Sprache in Deutschland: auf seine Veranlassung ging im Jahre 1501 aus der Druckerei des Erfurter Buchdruckers Wolfgang Schenck (Lupambulus Ganymedes) das erste Buch, in welchem in Deutschland griechische Typen angewandt wurden (Prisciani Caesariensis, Grammaticorum facile Principis περὶ συνταξεως h. e. de Constructione libri graecanica scriptura etc.), hervor [1]). Bei demselben Drucker erschien im gleichen Jahre Marschalk's „Orthographia", worin dieser von den lateinischen und griechischen Buchstaben, von den griechischen Accenten, von der Rechtschreibung einiger Eigennamen handelt und das Vaterunser sowie den englischen Gruß in griechischer Sprache als Lesestücke mittheilt. Im Jahre 1502 ließ Marschalk in einer in seinem eigenen Hause angelegten Druckerei, die er bei seinem Weggange von Erfurt nach Wittenberg und später nach Rostock mitnahm, eine Sammlung von Gedichten verschiedener lateinischer Dichter (Enchiridion Poetarum clarissimorum Nicolai Marscalci Thurii) drucken [2]).

Mit Erfurt theilt den Ruhm der Begründung humanistischer Studien in Deutschland Münster in Westfalen, und hier besonders sind die ersten Früchte des Humanismus der Verbesserung des Jugendunterrichts (Gymnasialunterrichts) zu Gute gekommen, für welche die neue Organisation der Münsterischen Domschule als Epoche machend bezeichnet werden kann. Das Hauptverdienst um diese Reform gebührt dem Domherrn Rudolph von Langen (geboren 1438 in Everswinkel bei Münster, gestorben 1519) [3]),

---

[1]) Bei demselben Drucker ist auch in dem gleichen Jahre das erste, freilich noch sehr unvollkommene griechische Elementarbuch in Deutschland erschienen, das „Elementale Introductorium in ideoma graecanicum eines anonymen Verfassers.

[2]) Vgl. Kampschulte a. a. O. S. 42 ff.: H. A. Erhard, Geschichte des Wiederaufblühens wissenschaftlicher Bildung vornehmlich in Teutschland bis zum Anfange der Reformation (Magdeburg 1827—32) Bd. 3 S. 273 ff., S. 285 ff. und 411 ff.; O. Krabbe, Die Universität Rostock im 15. und 16. Jahrhundert (Rostock 1854) Bd. 1 S. 273 ff.

[3]) Vgl. A. Parmet, Rudolph von Langen. Leben und gesammelte Gedichte des ersten Münsterischen Humanisten (Münster 1869). Nachträge dazu, hauptsächlich bibliographischen Inhalts, gibt Dr. J. B. Nordhoff,

Kindheit und erste Jugendblüthe des deutschen Humanismus.

der theils auf der Universität Erfurt, wo er 1458 Baccalaureus, 1460 Magister wurde, theils durch einen mehrjährigen Aufenthalt in Italien sich jene Gewandtheit in der Handhabung der lateinischen Sprache und Vertrautheit mit den Werken der alten Classiker, wovon seine theils in Hexametern, theils in Distichen, theils in lyrischen Versmaßen verfaßten Dichtungen sowie sein prosaisches Werk „über den Ursprung und die Zerstörung der Stadt Jerusalem und des dortigen Tempels"[1] Zeugniß geben, erworben und eine reichhaltige Bibliothek, welche er nach seiner Heimkehr mit der größten Liberalität seinen Freunden zu Gebote stellte, gesammelt hatte. Auf seinen Antrieb und unter seiner Leitung wurde, trotz des Widerspruchs der dem Humanismus feindlich gesinnten Professoren der Kölner Hochschule, um das Jahr 1498 die Münsterische Domschule, welche bis dahin nur eine Art Vorschule gewesen war[2], reorganisirt und in sechs Classen eingetheilt, in welchen von humanistisch gebildeten Lehrern lateinische und griechische Sprache, Philosophie, Poetik, Rhetorik und Dialektik unter Zugrundlegung neuer oder doch wesentlich verbesserter Lehr- und Hülfsbücher gelehrt wurde. Für die Leitung der reorganisirten Anstalt suchte Langen zuerst den damaligen Rector der Kapitelschule zu Deventer, Alexander Hegius (geboren auf dem Schulzenhofe Heek bei Ahaus im Münsterschen 1433, gestorben im December 1498), einen der angesehensten Schulmänner jener Zeit, der, wenn auch selbst nicht eigentlich zu den Humanisten gehörig, doch die Bedeutung der classischen Studien

---

Denkwürdigkeiten aus dem Münsterischen Humanismus (Münster 1874) S. 2 ff.; vgl. auch Epistulae Rudolfi Langii sex, edidit W. Crecelius im Programm des Gymnasiums zu Elberfeld 1876.

[1] „Urbis Hierosolymae templique in ea origo et horum rursus excidium profanatio aliaeque variae fortunae, per Rudolphum Langium canonicum Monasteriensem fidelissime ex optimis quibusque autoribus tam ecclesiasticis quam ethnicis collecta", zuerst gedruckt im Jahre 1476, wiederholt Köln 1517; vgl. F. Winiewski im Index lectionum der Academie zu Münster für Winter 1868/69.

[2] Vgl. Nordhoff, Denkwürdigkeiten S. 73 ff.

für den Jugendunterricht zu würdigen und ihre Resultate dafür zu verwerthen wußte[1]), zu gewinnen; da aber dieser ablehnte, übertrug er sie auf dessen Empfehlung an Timann Kemener aus Werne in Westfalen, der 30 Jahre lang (1500—1530) der Schule als Rector vorstand und für den Gebrauch derselben kurze Lehrbücher der lateinischen Grammatik und der Philosophie verfaßte. Neben ihm wirkten als Lehrer Johann Pering aus Büderich bei Wesel (Herausgeber einiger Komödien des Terenz), Ludolf Bavink aus Metelen und Johannes Murmellius (geboren zu Rörmonde in Geldern 1480)[2]), ein Schüler des Alexander Hegius, an Begabung und Gelehrsamkeit der bedeutendste unter den Münsterischen Humanisten, der sowohl durch seine Lehrthätigkeit (bis um 1508 an der Domschule, dann, in Folge eines Zwistes mit dem Rector Kemener, an der Schule zu St. Ludger in Münster, 1513—1517 an der Schule zu Alkmaar), wie auch als Verfasser zahlreicher didaktischer Schriften (von denen besonders seine Tabellen zur Anleitung zur lateinischen Verskunst und sein „Pappa puerorum" betiteltes lateinisches Elementarbuch sehr große Verbreitung erlangten)[3]), und als Herausgeber verschiedener lateinischer Schriftwerke für den Schul-

---

[1]) Vgl. Erhard, Geschichte des Wiederaufblühens wissenschaftlicher Bildung Bd. 1 S. 416 ff.; Dillenburger in der Zeitschrift für Gymnasialwesen Bd. 24 (1870) S. 481 ff.; C. Krafft und W. Crecelius, Beiträge zur Geschichte des Humanismus am Niederrhein und in Westfalen Heft 1 (Elberfeld 1870) S. 7 ff., Heft 2 (ebd. 1875) S. 1 ff.; D. Reichling in R. Pick's Monatsschrift für rheinisch-westfälische Geschichtsforschung und Alterthumskunde, 3. Jahrgang (1877) S. 286 ff.

[2]) Vgl. Erhard, Geschichte u. s. w. Bd. 3 S. 109 ff.; D. Reichling, Johannes Murmellius, sein Leben und seine Werke (Freiburg i. Br. 1880); Kl. Bäumker, Beiträge zur Bibliographie des Münsterischen Humanisten Murmellius, in der Zeitschrift für Geschichte und Alterthumskunde Westphalens Bd. 39 S. 113 ff.; Ausgewählte Gedichte von Johannes Murmellius. Urtext und metrische Uebersetzung. Herausgegeben und mit Anmerkungen versehen von Dr. D. Reichling (Freiburg i. Br. 1881).

[3]) Tabulae in artis componendorum versuum rudimenta, Deventer s. a. (c. 1515) 4°. Die „Pappa" erschien zuerst in Köln 1513, 4°: beide Werke wurden während des 16. Jahrhunderts sehr häufig wieder gedruckt. —

gebrauch (ausgewählter Briefe und des Cato maior des Cicero;
des Boethius de consolatione philosophiae; der Satiren des
Persius; dreier Satiren des Juvenalis; einer Chrestomathie
aus den Elegien des Tibullus, Propertius und Ovidius),
endlich durch seine formgewandten und inhaltreichen lateinischen
Dichtungen sich hohes Ansehen unter seinen Zeitgenossen und
hervorragende Verdienste um die Hebung des gelehrten Unterrichts
erworben, insbesondere zur Förderung des Ansehens der Münsterischen Schulen, das bald nach seinem Abgang wieder zu sinken
anfing, beigetragen hat. An der Domschule wirkte auch im
Jahre 1512 eine Zeit lang als Lehrer der griechischen Sprache
der in Köln, Paris und Bologna gebildete Johannes Cäsarius
aus Jülich (geboren um 1468, gestorben in Köln 1550), an
dessen Unterricht neben den Schülern auch die Lehrer der Anstalt
theilnahmen; als dieser nach Köln zurückkehrte, wo er schon
früher gelehrt hatte und dann noch eine lange Reihe von Jahren
als Lehrer der classischen Litteratur wirkte, auch die Episteln des
Horatius, die Naturalis historia des Plinius, den Boethius de
consolatione philosophiae und den Celsus de medicina herausgab und viel gebrauchte Lehrbücher der Dialektik und Rhetorik
verfaßte[1], übernahm Johannes Hagemann den griechischen
Unterricht.

Eine ähnliche Stellung wie Rudolf von Langen nimmt als
Vertreter des Humanismus im westlichen Deutschland Rudolf
Agricola (Roelof Huysman) ein. Geboren zu Baffto bei Gro-
ningen im Jahre 1442 oder 1443 studirte er auf der Universität
Löwen, verweilte einige Zeit in Frankreich und begab sich um

Ihrem Inhalte nach von größerer Bedeutung sind des M. im engeren Sinne
des Wortes didaktischen Schriften, wie das „Enchiridion scholasticorum"
(vgl. Reichling, J. Murmellius S. 55 ff.) und der „Scoparius in bar-
bariei propugnatores et osores humanitatis ex diversis illustrium virorum
scriptis ad iuvanda politioris literaturae studia comparatus (ebd. S. 107 ff.)."

[1] Vgl. Erhard, Geschichte u. s. w. Bd. 3 S. 292 ff.; E. Böcking,
Vlrichi Hutteni Equitis operum supplementum t. II p. 333 s.; Eckstein
in der Allgemeinen deutschen Biographie Bd. 3 S. 689 ff.

1473 nach Italien, wo er sich während eines siebenjährigen Aufenthalts (zwei Jahre hindurch), 1476 und 1477, verweilte er in Ferrara) eine Vertrautheit mit den classischen Sprachen und der alten Philosophie, besonders der des Aristoteles, erwarb, wie sie kein Nordländer vor ihm besessen hatte. In seine Heimath zurückgekehrt beschloß er ganz seinen Studien und der Verbreitung derselben durch Briefwechsel und persönlichen Verkehr mit gleichgesinnten und einflußreichen Männern zu leben. Im Jahre 1483 zog er auf den Wunsch Johann's von Dalberg, Bischofs zu Worms und Curators der Universität Heidelberg, der im Verein mit seinem Freunde, dem Kanzler Dietrich von Plenningen (welcher selbst die Werke des Sallustius und den Panegyricus des jüngeren Plinius ins Deutsche übersetzt hat) für die Pflege der humanistischen Studien in der Pfalz in hervorragender Weise thätig war, nach Heidelberg, wo er bald der Mittelpunkt eines Kreises begeisterter Freunde und Schüler wurde, die er mehr im persönlichen Umgang als in Vorlesungen (von Natur der öffentlichen Lehrthätigkeit abgeneigt, las er nur bisweilen über griechische Schriftsteller, besonders über Aristoteles) durch die Fülle seines Wissens und seinen Reichthum an Ideen anregte und förderte. Im Sommer 1485 begleitete er Dalberg nach Rom und starb kurz nach der Rückkehr von dieser Reise am 28. October 1485 zu Heidelberg; seine nicht zahlreichen hinterlassenen Schriften, unter denen die drei Bücher über die Kunst des Denkens und des Ausdrucks (De inventione dialectica libri III), der im Jahre 1484 verfaßte Brief an Jakob Barbirianus in Antwerpen über die Einrichtung des Studiums (de formando studio) und einige lateinische Uebersetzungen griechischer Werke hervorzuheben sind, scheinen erst längere Zeit nach seinem Tode (am vollständigsten von Alard von Amsterdam, Köln 1539, 2 Bände, 4°) durch den Druck veröffentlicht worden zu sein.[1]).

---

[1]) Vgl. Erhard, a. a. O. Bd. 1 S. 374 ff.; Häusser, Die Anfänge der classischen Studien zu Heidelberg (Heidelberg 1844) S. 18 ff.; T. P. Tresling, Vita et merita Rudolphi Agricolae (Groningen 1830); Geiger in

Kindheit und erste Jugendblüthe des deutschen Humanismus.

Mehr als Privatlehrer und Erzieher einzelner angesehener Jünglinge und durch seine auf Verbesserung des gelehrten Unterrichts abzielenden Schriften als durch seine öffentliche Lehrthätigkeit wirkte auch theils in Heidelberg, theils in anderen Städten des südwestlichen Deutschlands Jakob Wimpheling aus Schlettstadt im Elsaß (geboren 25. Juli 1450). Nachdem er die von dem Westfalen Ludwig Dringenberg geleitete Schule seiner Vaterstadt, die bis in die Mitte des 16. Jahrhunderts zu den blühendsten und angesehensten Schulanstalten Deutschlands gehörte, und die Universitäten Freiburg (gegründet 1455, eröffnet 26. April 1460), Erfurt und Heidelberg besucht und an letzterer 1471 die Würde eines Magisters der freien Künste erlangt hatte, wozu noch später (1483) die eines Licentiaten der Theologie hinzukam, trat er daselbst in der philosophischen Facultät als Lehrer auf, nahm aber 1484 ein Amt als Geistlicher an der Domkirche zu Speyer an. Nachdem er dies im Jahre 1498 niedergelegt, kehrte er nach Heidelberg zurück, wo er Vorlesungen über die Werke des Hieronymus und anderer Kirchenväter hielt. 1501 siedelte er nach Straßburg über, lebte abwechselnd bald hier, bald in Basel und Freiburg meist unter heftigen Streitigkeiten einerseits mit den Mönchen, andrerseits mit den entschiedeneren Vertretern der humanistischen Richtung, den sog. "Poeten", und zog sich endlich um 1520 nach Schlettstadt zurück, wo er am 17. November 1528 starb. Sowohl hier als in Straßburg hatte er nach dem Muster der von Conrad Celtis begründeten litterarischen Sodalitäten eine gelehrte Gesellschaft gestiftet, deren Mitglieder theils unter sich, theils mit auswärtigen Humanisten, besonders mit Erasmus, über litterarische und theologische Gegenstände verhandelten. Obgleich mehr Theolog als Humanist, eine durchaus pedantische, weder

---

der Allgemeinen deutschen Biographie Bd. 1 S. 151 ff. Die Dissertation Jo. Fr. Schöpperlin's, "De Rudolphi Agricolae in elegantiores litteras promeritis" (Jena 1753) ist ganz unbedeutend. Ob die von Tresling p. 83 angeführte (aber nicht gesehene) Ausgabe „R. Agricolae Opuscula, Antverpiae a. 1476" wirklich existirt, kann ich nicht entscheiden.

für die Formvollendung noch für den Geist des classischen Alterthums empfängliche Natur, verdient er doch in der Geschichte der classischen Studien in Deutschland eine ehrenvolle Stelle wegen seiner methodisch-didaktischen Schriften, wie der Anleitung zum Unterricht der Jugend, besonders in der lateinischen Sprache, welche er mit einem allerdings barbarischen aus den griechischen Worten εἴσοδος und νέος gebildeten Worte „Isidoneus germanicus" betitelte (Straßburg 1497 u. ö.)[1]), und der seinem Zögling, dem Grafen Wolfgang von Löwenstein, gewidmeten „Adolescentia" (Straßburg 1499 u. ö.), einer durch Aussprüche der Bibel, der Classiker, Kirchenväter und neuerer Schriftsteller belegten Darstellung der Grundsätze der Jugendbildung, insbesondere der moralischen Erziehung, für Jünglinge und Lehrer, sowie wegen seines in zahlreichen Ausgaben verbreiteten stilistisch-rhetorischen Lehrbuches „Elegantiarum medulla" oder, wie es in den späteren Bearbeitungen heißt, „Elegantiae maiores". Auch seine von edler Begeisterung für den Ruhm und die Größe des deutschen Volkes erfüllte „Epitoma rerum Germanicarum usque ad nostra tempora" (Straßburg 1505) mag als erster Versuch einer allgemeinen Geschichte der deutschen Nation erwähnt werden[2]).

Endlich verdient unter den humanistisch gebildeten Lehrern dieser Zeit noch Erwähnung Hermann van der Beete (Torrentius) aus Zwolle, Lehrer in Groningen und in seiner Vaterstadt (wo er 1520 starb), der Virgil's Bucolica und Ge-

---

[1]) Cap. XXV (Bl. XXI) betitelt „De studio litterarum graecarum" beginnt: „De graecis iudicium censuramque ferre non possum, quod earum in florida iuventa non habui praeceptorem". Cap. XXVIII (Bl. XXII v.) betitelt de antiquitatibus gibt kurze Notizen für Lehrer über den Unterricht in den Alterthümern.

[2]) Vgl. Erhard a. a. O. Bd. 1 S. 428 ff.; P. v. Wiskowatoff, Jakob Wimpheling. Sein Leben und seine Schriften. Ein Beitrag zur Geschichte der Humanisten (Berlin 1867); C. Hense, „Jakob Wimpheling. Eine Charakteristik" im Archiv für Litteraturgeschichte herausgegeben von Dr. R. Gosche, Bd. 2 (Leipzig 1872) S. 321 ff.; B. Schwarz, Jakob Wimpheling, der Altvater des deutschen Schulwesens (Gotha 1875).

orgica mit Commentar herausgab (Deventer 1502) und ein Reallexicon als Hülfsmittel zum Verständniß der römischen Classiker (Elucidarius carminum et historiarum vel Vocabularius poeticus, continens fabulas, historias, provincias, urbes, insulas, fluvios et montes illustres etc., Deventer 1498 u. ö.) verfaßte; auch gab er das verbreitetſte grammatiſche Lehrbuch des Mittelalters, das Doctrinale des Alexander de Villa Dei, mit zeitgemäßen Verbeſſerungen und Erläuterungen heraus, eine Neuerung, die ihm mehrfache Anfeindungen von Seiten der Anhänger der alten Richtung zuzog [1]).

Durch die Thätigkeit dieſer Männer und zahlreicher weniger bedeutender oder doch weniger bekannter Genoſſen derſelben, wie Sebaſtian Murrho aus Colmar, war die neue vom Geiſte des Humanismus durchdrungene Richtung der Studien, welche auf alle Gebiete menſchlicher Wiſſenſchaft, auf Theologie und Philoſophie, auf Jurisprudenz und Geſchichtſchreibung, auf Medicin, Naturwiſſenſchaften und Mathematik einen reinigenden und fördernden Einfluß ausübte, ſchon vor dem Ende des 15. Jahrhunderts über den größten Theil des weſtlichen Deutſchlands, beſonders der Rheinlande, verbreitet. Die eifrigſte Pflege fand ſie in den neu gegründeten oder reorganiſirten Mittelſchulen (Gymnaſien); aber auch an den Univerſitäten wurde ſie, wenn auch unter vielfachem Widerſpruch von Seiten der immer noch mächtigen Anhänger der alten Scholaſtik, vertreten, an den Höfen der Fürſten und in den Kreiſen der höheren Geiſtlichkeit begünſtigt, ja ſie fand ſelbſt in die feſteſten Burgen des mittelalterlichen Geiſtes, in die Klöſter Eingang. Ein Beiſpiel dafür gibt der durch zahlreiche hiſtoriſche und theologiſche Schriften bekannte Abt des Benedictinerkloſters Sponheim bei Kreuznach Johannes Trithemius (geboren zu Trittenheim, einem Dorfe im Trier'ſchen, 1. Februar 1462, geſtorben als Abt des Schottenkloſters St. Jakob zu Würzburg 13. Dezember 1516). Obgleich ſeine

---

[1]) Vgl. Erhard a. a. O. Bd. 3 S. 304 ff.

mehr umfassende als gründliche Gelehrsamkeit noch ein wesentlich scholastisches Gepräge hat, obgleich seine rein compilirende, nicht nur unkritische, sondern selbst vor Fälschung nicht zurückschreckende Schriftstellerei noch ganz auf dem Boden der mittelalterlichen Ueberlieferung steht, kann er sich doch dem Einfluß der neuen Richtung nicht entziehen; mit hervorragenden Vertretern derselben steht er in persönlichem Verkehr und in Briefwechsel, gehört zu den eifrigsten Mitgliedern der durch Celtis begründeten rheinischen litterarischen Gesellschaft, widmet dem Johann von Dalberg sein Buch „de scriptoribus ecclesiaticis" (eine Aufzählung nicht nur derer, welche über kirchliche und verwandte Gegenstände geschrieben haben, sondern auch aller Schriftsteller geistlichen Standes, welche ihm bekannt geworden sind) und dem Jakob Wimpheling seinen „Catalogus illustrium virorum Germaniam suis ingeniis et lucubrationibus omnifariam exornantium"; in seinem Kloster Sponheim bringt er mit vieler Mühe und großen Kosten eine reichhaltige Sammlung von Handschriften lateinischer, griechischer und sogar hebräischer Werke zusammen, versucht selbst noch als Abt mit Hülfe von Celtis und Reuchlin Griechisch und Hebräisch zu lernen und verlangt von den Geistlichen Fertigkeit im Schreiben und Reden der lateinischen Sprache und überhaupt eine tüchtige Vorbildung in den weltlichen Wissenschaften [1]).

[1]) Vgl. Silbernagel, Johannes Trithemius. Eine Monographie (Landshut 1868); M. Marcuse, Ueber den Abt Johannes Trithemius (Halle 1874). — Als „studiosissimus graecarum litterarum" wird Tr. bezeichnet von Wimpheling im Isidoneus C. XXV (Bl. XXI); seine Kenntnisse im Lateinischen, Griechischen und Hebräischen rühmt, jedenfalls mit etwas poetischer Uebertreibung, Celtis in einem Gedicht „Ad Joannem Tritemium druidam abbatem in Sponheim" (Odae III, c. 28) v. 13 ss.:
»Tres ille linguas ingenuus sonat,
Graiam et latinam, deinde veterrimam
Et quicquid arcanum vetustis
Carmina concinuere libris«.
Vgl. auch einige Epigramme des Celtis an Trithemius bei K. Hartfelder, Fünf Bücher Epigramme von Konrad Celtis (Berlin 1881) B. 2 Nr. 27, 28, 30; sowie die Epigramme des Werner von Themar an denselben bei K. Hartfelder, Werner von Themar ein Heidelberger Humanist (Karlsruhe 1880) S. 53 f. N. 51—56.

Auch im mittleren und östlichen Deutschland finden wir, auch außerhalb des schon erwähnten Erfurter Kreises, bereits in der zweiten Hälfte des 15. Jahrhunderts in den verschiedensten Lebensstellungen und Berufszweigen Anhänger und Förderer der neuen Richtung. Einer der ersten und hervorragendsten unter diesen ist Johannes Müller, gewöhnlich nach seinem Geburtsorte Königsberg in Franken (wo er am 6. Juni 1436 geboren wurde) Regiomontanus oder de monte regio benannt. Nachdem er vom Jahre 1450 an in Wien unter der Leitung Georg Peurbach's mit großem Eifer und bedeutendem Erfolg mathematische und astronomische sowie humanistische Studien (Peurbach las unter anderem über Virgil's Aeneide, über Horatius und über Juvenal) betrieben, auch von 1458 an Vorträge über die „perspectiva communis" (Optik), über Euklid und über Virgil's Bucolica gehalten hatte, begleitete er im Herbst 1461 den Cardinal Bessarion nach Italien, wo er sich mit philologischen und mathematischen Studien, insbesondere mit Sammeln und Abschreiben von Handschriften der griechischen und römischen Mathematiker und Astronomen, daneben auch anderer classischer Schriftsteller (so schrieb er z. B. die Tragödien des Seneca eigenhändig ab)[1] beschäftigte, auch an mehreren Orten mathematische und astronomische Vorlesungen hielt. Im Jahre 1467 nach Wien zurückgekehrt, wurde er alsbald von dem Könige von Ungarn Matthias Corvinus, der besonders unter dem Einflusse seines Kanzlers Johannes Vitéz von Zredna (Erzbischofs von Gran seit 1465) und dessen unter der Leitung Guarino's in Ferrara gebildeten, unter dem Namen Janus Pannonius als lateinischer Dichter bekannten Neffen Johannes von Csezmicze (geboren 29. August 1434, seit 1460 Bischof von Fünfkirchen, gestorben 1472)[2] die humanistischen Studien begünstigte und in Ofen eine an meist

---

[1] S. L. Annaei Senecae tragoediae recensuerunt R. Peiper et G. Richter Praefatio p. XL ss.
[2] Vgl. über Janus Pannonius G. Voigt, Die Wiederbelebung des classischen Alterthums Bd. 2 S. 321 ff.

von italienischen Kalligraphen geschriebenen und kostbar eingebundenen Handschriften classischer Schriftsteller reiche Bibliothek anlegte, nach Ungarn berufen, verließ aber dies Land schon im Jahre 1471 wieder und ließ sich in Nürnberg nieder, wo er ganz seiner schriftstellerischen Thätigkeit und der Anfertigung astronomischer Instrumente lebte, auch mit Hülfe seines wohlhabenden Freundes Bernhard Walther eine Druckerei anlegte, aus der unter anderen die erste Ausgabe des astronomischen Gedichts des sog. Manilius (in 4° wahrscheinlich im Jahre 1472) hervorging. Im Juli 1475 reiste er, einer Einladung des Papstes Sixtus IV. folgend, wieder nach Rom, wo er am 6. Juli 1476 starb[1]). Ein anderer Franke, der Nürnberger Hartmann Schedel (geboren 13. Februar 1440, gestorben als Physicus zu Nürnberg 1514), gewann schon während seiner Studienzeit in Leipzig (1455/56—63), hauptsächlich durch Peter Luder's Einfluß, sodann während der drei Jahre, welche er in Italien, größtentheils in Padua, mit dem Studium der Medicin beschäftigt zubrachte (1463—66), Interesse für die classische Litteratur, insbesondere auch für die monumentalen und inschriftlichen Denkmäler des Alterthums. Die von ihm hinterlassene stattliche Sammlung von Handschriften, von denen er einen beträchtlichen Theil mit eigener Hand geschrieben hat, umfaßt nicht nur Schriften medicinischen und historischen Inhalts, sondern auch Werke römischer Classiker, mittelalterlicher Dichter und italienischer wie deutscher Humanisten. Eine der von ihm selbst geschriebenen Handschriften (Cod. Monacensis lat. N. 716) enthält eine sehr reiche Sammlung von Materialien zu einem großen Werke über die Merkwürdigkeiten und Alterthümer Italiens, namentlich Roms und Padua's, und Deutschlands, mit besonderer Berücksichtigung der Inschriften (Liber antiquitatum cum epigrammatibus), darunter ein in Padua von

---

[1]) Vgl. Erhard, a. a. O. Bd. 3 S. 497 ff.: A. Ziegler, Regiomontanus (Joh. Müller aus Königsberg in Franken), ein geistiger Vorläufer des Columbus (Dresden 1874).

ihm abgeschriebenes Fragment aus dem Reisetagebuch des italienischen Reisenden Kiriakus de' Pizzicolle (Cyriacus Anconitanus) über bildliche Denkmäler und Inschriften der Inseln Mykonos, Delos, Naxos, Paros und einiger anderer Theile Griechenlands, ferner die Abschrift einer von einem Deutschen Lorenz Beheim (Behem oder Pehem), der 22 Jahre lang am Hofe des Cardinals Roderich Borgia (später Papst Alexander VI.) gelebt hatte, veranstalteten Sammlung alter lateinischer Inschriften aus Rom und Tivoli [1]). Ein wirkliches Verständniß der antiken Denkmäler vermißt man freilich ebenso sehr in dieser Sammlung, als eine kritische Behandlung der Ueberlieferung in Schedel's historischen Arbeiten, besonders seiner nach dem ersten Druckorte (Nürnberg, Koberger, 1493 Fol.) gewöhnlich als „Chronicon Norimbergense" bezeichneten Weltchronik von der Schöpfung der Welt bis 1492.

Wesentliche Förderung verdanken die humanistischen Studien in fast allen Theilen Deutschlands der Thätigkeit des unermüdlichen Reisepredigers des Humanismus, des Conrad Celtis [2]). Geboren

---

[1]) Vgl. Bullettino dell' instituto di corrispondenza archeologica 1861, N. VIII p. 180 ss.; O. Jahn, Aus der Alterthumswissenschaft S. 348 ff.; G. B. de Rossi in Nuove Memorie dell' Instituto t. II (1865) p. 501 ss.; C. Halm und G. Laubmann, Catalogus codicum latinorum bibliothecae regiae Monacensis t. I p 1, p. 137 s. n. 716; W. Wattenbach, Hartmann Schedel als Humanist, in den Forschungen zur deutschen Geschichte Bd. 11 S. 349 ff.

[2]) Dieser Name, wodurch C. seinen Familiennamen Pickel gräcisirte, scheint eine freilich unrichtige nur auf einer falschen Lesart in einer Stelle der Vulgata (Job c. 19, 24) beruhende Substantivbildung von $\varkappa\acute{\epsilon}\lambda\lambda\omega$ ($\varkappa\acute{\epsilon}\lambda\eta\varsigma$) zu sein; der Beiname Protucius, den er später annahm, eine ähnliche Bildung von $\pi\varrho\acute{o}$ und $\tau\acute{\upsilon}\varkappa o\varsigma$ oder $\tau\acute{\upsilon}\varkappa\omega$ ($\tau\epsilon\acute{\iota}\chi\omega$). — Vgl. über Celtis Engelbert Klüpfel, De vita et scriptis Conradi Celtis praecipui renascentium litterarum in Germania restauratoris, herausgegeben von Jo. Casp. Ruef und Carl Zell, Particula I—XI, in 12 Programmen der Universität Freiburg 1813—1827; J. Aschbach, „Die früheren Wanderjahre des Conrad Celtis und die Anfänge der von ihm errichteten gelehrten Sodalitäten" in den Sitzungsberichten der philol.-hist. Classe der Wiener Akademie Bd. 60 S. 75 ff.; Derselbe, Die Wiener Universität und ihre Humanisten im Zeitalter Maximilian's I. (Wien 1877) S. 189 ff.; Joh. Hümer in der Allgemeinen deutschen Biographie Bd. 4 S. 82 ff.

am 1. Februar 1459 in dem fränkischen Dorfe Wipfeld zwischen
Schweinfurt und Würzburg, entfloh er als Jüngling von 18
Jahren aus dem Hause seines Vaters, der ihn zum Weinbauer
bestimmte, nach Köln, wo er am 9. October 1477 als Student
eingeschrieben wurde. Obgleich hier, wie er selbst in einem späteren
Gedichte (Odarum libri III, c. 21) schildert, die scholastische
Philosophie entschieden dominirte, das Studium der lateinischen
Grammatik, der Rhetorik und der classischen Dichter ebenso wie
das der Mathematik und Astronomie gänzlich vernachläßigt wurde,
blieb er doch volle 7 Jahre daselbst, hauptsächlich wohl durch
äußere Gründe bewogen; erst gegen Ende des Jahres 1484
siedelte er nach Heidelberg über, wo er in Johann von Dalberg
und Rudolf Agricola freundliche Gönner, in dem letzteren auch
einen Lehrer der griechischen Sprache und der Elemente des Hebräischen fand. Nach dessen Tode verließ er, gegen Ende des
Jahres 1485, Heidelberg, um an verschiedenen Universitäten, in
Erfurt, Rostock und Leipzig, Vorträge über Poetik und Rhetorik
im Anschluß an die Erklärung römischer Dichter und Redner zu
halten, die bald seinen Namen in weiten Kreisen bekannt machten.
In Leipzig veröffentlichte er im Sommer 1486 sein erstes größeres
Werk, die „Ars versificandi et carminum", ein theils in meist
leoninischen Hexametern, theils in Prosa abgefaßtes Lehrbuch der
Metrik und Prosodie, worin der Verfasser allerdings im Wesentlichen noch auf dem Standpunkte des Mittelalters steht, mit einigen
theils von ihm selbst, theils von einem ihm befreundeten Italiener,
Fridianus Pighinucius aus Lucca[1]), der damals im Dienste des
Erzbischofs von Magdeburg, Ernst Herzogs zu Sachsen stand,
verfaßten lateinischen Gedichten[2]). Bald darauf unternahm er,

---

[1]) Derselbe hat das Geschichtswerk des Florus im Jahre 1487 bei Conradus Galliens in Leipzig herausgegeben.

[2]) Da die Inhaltsangaben dieser Schrift bei Klüpfel l. l. lib. II, c. 1
(part. VIII p. 3 ss.) und bei Aschbach (die Wiener Universität S. 230 f.)
gerade die eigentliche „Ars" nur ganz kurz berühren, so dürften einige genauere Notizen darüber bei der Seltenheit der Schrift nicht unerwünscht sein.

jedenfalls zum Behuf von akademischen Vorlesungen, eine Ausgabe der Tragödien des Seneca, von welcher nur zwei Stücke, der Hercules furens und der Thyestes (oder, wie er das Stück be= titelt, die coena Thyestis) erschienen sind: bloßer Text mit je einer vorausgeschickten poetischen Inhaltsangabe, vor dem Hercules in Distichen, vor dem Thyestes in sapphischen Strophen. Die durch seine Lehrthätigkeit erworbenen Mittel verwandte er zu einer Reise nach Italien, die ihm freilich bei ihrer kurzen Dauer (etwa 6 Monate) nur einen kurzen Aufenthalt in einigen Hauptstädten

---

Die mir vorliegende erste Ausgabe, 24 nicht nummerirte Blätter in 4⁰, ohne Ort und Jahr, in gothischen Lettern gedruckt, hat auf Bl. 1ʳ den Titel „Ars versificandi et carminum"; Bl. 1ᵛ Conradus Celtis Protucius Frederico Illustrissimo Saxonie duci S. P. D." etc. und „Ad lectorem" (6 Distichen); Bl. 2 und 3ʳ „Poema quod pro tempore caniculari ad Fridericum in- clitum Saxonie ducem in artem carminum lusimus"; am Schluß: „Finis carminis. Sequitur ars"; Bl. 3ᵛ: „De pedibus et de eorum sillabis. Vnde pedes dicti quibus extant qua vice scripti Indocte quamvis liceat depromere paucis" u. s. w. in leoninischen Hexametern. Bl. 4ᵛ p. m. „De speciebus carminum et locis pedum", Aufzählung der einzelnen Metra (Hexametrum heroicum, Elegiacum pentametrum, Gliconicum trimetrum, Asclepiadeum tetrametrum, Saphicon endicasillabon, Adonicum dimetrum, Pheregratium trimetron, Phaleucicum, Anacreonticum, Phaliscum, Bucco- licum ebdametrum, Archilogicum primum, Trimeter Archilogicus, Dimiter Archilogicus, Trochaicum, Achademicum, Pindaricum, Parthenicum, Bachia, Epitritum) mit Angabe ihrer Bestandtheile und Beispielen aus Horatius und Boethius; die Belehrung über jedes Versmaß ist ebenfalls in leoninischen Hexa- metern abgefaßt. Bl. 7ʳ: „Et tantum de carminibus communibus. Sequitur de compositione". (Von hier an in Prosa). Die einzelnen Abschnitte sind be= titelt: De compositione materiali carminum. De litteris lingue latine et earum divisione. De litterarum divisionibus. De sillabis et earum in generali quantitatibus (hier sind die einzelnen Regeln in leoninischen Hexa= metern gegeben mit Erklärungen in Prosa). Bl. 9ᵛ sub finem: „De regulis specialibus": diese bis Bl. 15ʳ p. m. sich erstreckenden Regeln sind in reinen d. h. nicht leoninischen Hexametern abgefaßt; dann folgen wieder prosaische Abschnitte: „Quare et qui poete a nobilibus legi debeant. De praeceptis artis in generali. De his que accidunt carmini. De posicione. De cautelis versus heroici. Quae caveri debeant in pentametro. De prima sillaba tercii pedis. De scansione pedum." Darauf „Hec cavebis in carmine" (6 Hexameter), am Schluß (Bl. 19ᵛ m.) „Finis Artis"; es folgen dann noch Gedichte von Celtis und Fridianus Pighinucius bis Bl. 24ʳ.

und flüchtigen Verkehr mit einigen angesehenen Humanisten ge=
stattete: am längsten scheint er in Ferrara mit Giovanni Battista
Guarini (dem Jüngeren) und in Padua mit Giovanni Calfurnio
(Calphurnius) aus Brescia und mit dem Kreter Marcus Musurus
verkehrt und von diesen in der Kenntniß der classischen Sprachen
gefördert worden zu sein. Bald nach seiner Rückkehr nach Deutsch=
land, am 18. April 1487, wurde er, der erste Deutsche dem diese
Ehre zu Theil ward, vom Kaiser Friedrich III. in Nürnberg
feierlich zum Dichter gekrönt. Ende 1487 oder Anfang 1488
bezog er die Universität Krakau, um sich den bisher von ihm
vernachläßigten Studien der Mathematik und Astronomie, die
dort in Albert von Brudzewo (Brudzewski) einen ausgezeichneten
Vertreter hatten, zu widmen; daneben ertheilte er privatim an
einzelne strebsame junge Männer wie an Lorenz Rab aus
Neumark in Schlesien (Laurentius Corvinus)[1] und an Johann
Rack aus Sommerfeld in der Lausitz (Rhagius Aesti=
campianus)[2] Unterricht in Rhetorik und Poetik. Hier schloß
er sich eng an Philippo Buonaccorsi aus Florenz an, der unter
dem Namen Callimachus Experiens eines der angesehensten Mit=
glieder der von Pomponius Lätus gegründeten, vom Papst Paul II.

---

[1] Geboren um 1465, gestorben in Breslau 1527. Von seinen Schriften
sind sein lateinisches Elementarbuch „Latinum idioma", seine „Structura
carminum sive Compendiosa carminum structura" und sein „Hortulus
elegantiarum" wiederholt gedruckt worden. Vgl. E. Böcking, Vlrichi
Hutteni Equitis operum supplementum t. II p. 351 ss.

[2] Geboren um 1460, gestorben als Professor „Plinianae eruditionis"
zu Wittenberg 31. Mai 1520, nachdem er früher (seit 1501) an den Universitäten
Basel, Krakau, Frankfurt a. d. Oder, Leipzig und Köln sowie an der lateinischen
Schule zu Freiberg in Sachsen gelehrt hatte. Von seinen gelehrten Arbeiten sind
zu erwähnen seine Ausgaben der „Tabula" des Kebes, einiger Briefe des
Libanius in der lateinischen Uebersetzung (oder Fälschung) des Fr. Zambeccari,
der Grammatik und Rhetorik des Martianus Capella. Der Text der Aus=
gabe von Cicero de oratore, zu welcher er eine Vorrede geschrieben hat (Lipsiae 1515 fol. ap. Melchior. Lotther.) ist nicht von Rhagius, sondern von
Veit Werler aus Sulzfeld corrigirt. — Vgl. Erhard, Geschichte u. s. w.
Bd. 3 S. 287 ff.; Böcking a. a. O. S. 293 ff.; Geiger in der Allgemeinen
deutschen Biographie Bd. 1 S. 133 f.

wegen angeblicher staats- und religionsgefährlicher Tendenzen aufgelösten römischen Akademie gewesen war und sich den Verfolgungen des Papstes durch die Flucht erst nach Griechenland, dann nach Polen, wo er beim König Kasimir ehrenvolle Aufnahme fand, entzogen hatte. Durch den Verkehr mit diesem wurde wahrscheinlich in Celtis der Gedanke angeregt, in Deutschland und den Nachbarländern gelehrte Gesellschaften zur Ausbreitung des Humanismus nach Art jener römischen Akademie zu stiften. Noch während seines Aufenthalts in Polen, der bis zum Anfang des Jahres 1490 währte, betrieb er die Stiftung einer **Sodalitas litteraria Vistulana** (litterarische Gesellschaft der Weichselgegenden) und pilgerte dann 1490 durch Schlesien, Böhmen und Mähren nach Ungarn, in dessen Hauptstadt er eine ungarische gelehrte Gesellschaft zusammenbrachte (**Sodalitas litteraria Hungarorum**), welche einige Jahre später den Namen der Donaugesellschaft (**Sodalitas litteraria Danubiana**) annahm. Während die erstere dieser beiden Gesellschaften aus Mangel an Theilnahme von Seiten der einheimischen Mitglieder nur eine kümmerliche Existenz fristete, die andere erst seit Celtis' Berufung nach Wien ein regeres Leben entfaltete[1]), gelangte die **Sodalitas litteraria Rhenana**, welche Celtis auf einer gegen Ende des Jahres 1490, nachdem er sich einige Zeit in seiner Heimath, besonders in Regensburg und Nürnberg aufgehalten, unternommenen Reise nach dem südwestlichen Deutschland im Verein mit den Heidelberger Humanisten begründet hatte, schnell zur Blüthe und Ansehen. An die Spitze der am 1. Februar 1491 zu Mainz feierlich eröffneten Gesellschaft, deren Zweck die Förderung und Verbreitung der humanistischen Studien, deren Seele Celtis war, trat als Präsident der schon öfter erwähnte Gönner des Humanismus Johann von Dalberg, Bischof von Worms; Mitglieder derselben waren nicht nur die Vertreter und Freunde

---

[1]) Vgl. W. Saliger, Die gelehrte Donaugesellschaft und die Anfänge des Humanismus in Oesterreich, im Programm des deutschen Staats-Obergymnasiums in Olmütz 1876; Aschbach, a. a. O. S. 73 ff. und S. 421 ff.

der humanistischen Bestrebungen in den Rhein- und Neckargegenden, sondern auch angesehene Männer in anderen Theilen Deutschlands, welche von gleichen Interessen beseelt waren, wie der Nürnberger Patricier Wilibald Pirckheimer, der als Mathematiker und Dichter bekannte Regensburger Domherr Johann Dolhopf (Janus Tolophus), Martin Pollich aus Mellerstadt in Franken, Leibarzt des Kurfürsten Friedrich's des Weisen von Sachsen, später (seit 1502) Professor der Theologie und erster Rector der Universität Wittenberg, der sächsische Ritter Heinrich von Bünau, der im Dienste des Kurfürsten Johann Cicero und dessen Nachfolgers Joachim I. von Brandenburg stehende, vom Kaiser Maximilian I. als Dichter gekrönte schwäbische Edelmann Eitelwolf vom Stein, und andere mehr. Eine ähnliche Gesellschaft zur Verbreitung des Humanismus im nördlichen Deutschland, welche den Namen „Sodalitas Albina" oder „Baltica" oder „Codanea" führen sollte, versuchte Celtis auch auf einer Wanderung durch Niedersachsen bis zur Nord- und Ostsee im Sommer 1491 zu begründen; aber der Mangel an Interesse für die humanistischen Bestrebungen in jenen Gegenden verhinderte die Verwirklichung dieses Planes. Nachdem Celtis sich einige Monate lang in Nürnberg im Kreise gleichgesinnter Freunde von seinen humanistischen Missionsreisen ausgeruht hatte, erhielt er einen Ruf als Lehrer der Poesie und Beredtsamkeit an die Universität Ingolstadt, hauptsächlich auf Betrieb des den humanistischen Studien zugeneigten Professors der Rechte Sixtus Tucher aus Nürnberg. Er trat dieses Amt, welches ihm zunächst nur auf ein Jahr übertragen worden war, im Sommer 1492 an und hielt Vorlesungen über die Redekunst (im Anschluß an Cicero's rhetorische Schriften), über die Kunst des Gedächtnisses und über die Kunst Briefe zu schreiben [1]). Nach Ablauf des Jahres verließ er Ingolstadt und

---

[1]) Zum Gebrauch bei diesen Vorlesungen veröffentlichte er folgende Schrift: „Epitoma in utramque Ciceronis Rhetoricam cum arte memorativa et modo epistolandi utilissimo." S. l. e. a. (Die Dedication an Kaiser Maximilian ist datirt: Ingolstadt V Kal. April. MCCCCXCII.)

begab sich nach Regensburg, kehrte aber schon 1494 nach Ingolstadt zurück und lehrte dort, allerdings mit mannigfachen Unterbrechungen, bis in das Jahr 1497, wo er als ordentlicher Professor an die Universität Wien berufen, dort ihm auch die Aufsicht über die kaiserliche Bibliothek, sowie später die Leitung des vom Kaiser Maximilian zur Förderung des Studiums der Poesie und Beredtsamkeit sowie der Mathematik gestifteten, am 1. Februar 1502 eröffneten „Collegium poetarum et mathematicorum" übertragen wurde. Seine nur noch durch kürzere Reisen (besonders im Jahre 1502 nach Nürnberg, wo er mehrere seiner Werke zum Druck beförderte) unterbrochene Lehrthätigkeit erstreckte sich außer auf Poesie (besonders Horatius und Terentius) und Beredtsamkeit (Cicero) auf Philosophie, wobei er des Apuleius Schrift de mundo, von der er selbst eine Ausgabe veranstaltete[1]), als Leitfaden zu Grunde legte, auf Geographie nach Anleitung des Ptolemäus und auf allgemeine Weltgeschichte. Der Tod setzte seiner Thätigkeit ein Ziel am 4. Februar 1508. Unter seinen litterarischen Leistungen sind die bedeutendsten seine lateinischen Dichtungen, von denen er selbst drei Sammlungen veranstaltet hat: „Amorum libri IV secundum quatuor latera Germaniae", hauptsächlich Schilderungen seiner Reisen nach den vier Himmelsgegenden Deutschlands, angeknüpft an theils wirkliche, theils fingirte Liebesverhältnisse des Dichters, in elegischem Versmaße mit Ausnahme zweier in Hexametern abgefaßter Gedichte des ersten Buches (gedruckt in Nürnberg 1502, 4°); „Odarum libri IV" mit einem „Liber Epodon" und einem „Carmen saeculare", Gelegenheitsgedichte mannigfachen Inhalts (panegyrische, religiöse, paränetische, erotische, satirische, beschreibende u. s. w.) in verschiedenen Metren nach dem Muster der Oden und Epoden des Horatius (nach des Dichters Tode gedruckt in Straßburg 1513) und „Epigrammatum libri V" in Distichen

---

[1]) L. Apuleii Platonici et Aristotelici philosophi Epitoma divinum de mundo seu cosmographia ductu Conradi Celtis impressum Viennae (1497). Vgl. E. Klüpfel, l. l. part. IX (lib. II c. 10) p. 50 ss.

(unvollendet, erst vor Kurzem im Druck veröffentlicht von Dr. Karl Hartfelder: Fünf Bücher Epigramme von Konrad Celtes. Berlin 1881). Ferner hat er zu Ehren Kaiser Maximilian's zwei dramatische Gedichte (Singspiele) verfaßt: den „Ludus Dyanae", worin außer Mercurius, der den Prolog spricht, Diana mit ihren Nymphen und Bacchus mit seinem ganzen Thiasos auftreten (aufgeführt durch die Sodalitas litteraria Danubiana in Linz am 1. März 1501), und eine „Rhapsodia" zur Verherrlichung eines Sieges Maximilian's über König Ladislaus von Böhmen, worin Apollo und die Musen, Mercurius und Bacchus mit Gefolge von Satyrn und Faunen auftreten (aufgeführt durch das Collegium poetarum in Wien 1504). In allen diesen Gedichten zeigt sich nicht nur eine große Gewandtheit in der Behandlung der lateinischen Sprache und Metrik (die freilich einzelne Verstöße gegen die Regeln der Grammatik und der Prosodie nicht ausschließt), sondern auch eine im Wesentlichen der antiken verwandte Weltanschauung, ein Zug, durch welchen Celtis sich von den früher erwähnten Gruppen der Münster'schen und Heidelberger Humanisten, welche eine nicht nur moralische, sondern specifisch christliche Tendenz verfolgen, bestimmt unterscheidet und den italienischen Humanisten, welche gegen das Christenthum und gegen die Erziehung der Jugend zur Sittlichkeit sich gleichgültig verhalten, nahe steht. Dagegen empfand er ein lebhaftes Interesse für sein deutsches Vaterland, die Geographie und die Geschichte der Vorzeit desselben, wovon seine von einem Gedichte über Deutschland begleitete Ausgabe der Germania des Tacitus, seine Schrift über die Geschichte der Stadt Nürnberg (Liber de situ et moribus Norinbergae et magnitudine Herciniae silvae), welche nur der Vorläufer eines großen nicht vollendeten Werkes, einer „Germania illustrata" sein sollte, sowie seine Veröffentlichung der Dichtungen der Nonne Roswitha von Gandersheim und des Ligurinus des sog. Guntherus, welche ihm neuerdings mehrfach ungerechtfertigte Verdächtigungen zugezogen hat (vgl. oben S. 46 ff. und S. 72 f.), Zeugniß geben. Endlich hat er sich um die

Erforschung der antiken Geographie ein nicht geringes Verdienst erworben durch die Entdeckung der jetzt in der Wiener Bibliothek befindlichen sog. Tabula Peutingeriana, einer im 13. Jahrhundert auf 12 Pergamentblätter (von denen eins verloren gegangen ist) gezeichneten Copie einer wahrscheinlich im 3. Jahrhundert n. Chr. an gefertigten römischen Routenkarte, welche er kurz vor seinem Tode erwarb und testamentarisch dem eifrig mit dem Studium der Geschichte und der Alterthümer beschäftigten Augsburger Patricier Conrad Peutinger hinterließ, aus dessen Nachlaß sie von dem Augsburger Rathsherrn Marcus Welser zuerst bruchstückweise in Venedig 1591 bei Aldus, dann vollständig bei Johannes Morettus in Antwerpen 1598 veröffentlicht wurde [1]).

Celtis' Nachfolger auf dem Lehrstuhl der Poesie und Beredtsamkeit zu Ingolstadt war (seit 1498) Jacob Locher aus Ehingen in Schwaben (geboren 1471, studirte 1487—88 in Basel, wo ihn besonders Sebastian Brant, der Dichter des Narrenschiffs, das von Locher frei ins Lateinische übersetzt worden ist, für die humanistischen Studien begeisterte, dann in Freiburg und Ingolstadt), der sich wahrscheinlich während seines Aufenthaltes in Italien, wo er besonders in Bologna unter Philippus Beroaldus und in Padua unter Marcus Musurus und Johannes Calphurnius sich dem Studium der lateinischen und griechischen Sprache widmete, den Beinamen „Philomusus" beigelegt hatte, welchem er sowohl durch seine formgewandten lateinischen Gedichte (zu denen wir auch verschiedene theils in Versen theils in Prosa ausgeführte dramatische Versuche rechnen), Reden und Dialoge, als auch durch Ausgaben verschiedener lateinischer Schriftsteller (des Horatius, des Claudianus de raptu Proserpinae, des Orator und zweier Reden des Cicero, des Panegyricus des jüngeren Plinius, der Vorrede zur Naturalis historia des älteren Plinius und der Mythologiarum libri III des Fulgentius), seine Ueber-

---

[1]) Vgl. über C. schriftstellerische Thätigkeit C. Klüpfel, l. l. lib. II; Aschbach, a. a. O. S. 230—270.

setzung des Pseudophokylideischen Lehrgedichts in lateinische Distichen und seine Compendien der Rhetorik und der lateinischen Grammatik Ehre gemacht hat. Auch als akademischer Lehrer wirkte er, zunächst in Freiburg (seit 1495), dann in Ingolstadt sehr anregend, bis seine Lehrthätigkeit im Jahre 1503 durch einen von seiner Seite mit maßloser Heftigkeit geführten Streit zwischen ihm und der theologischen Facultät unterbrochen wurde, welcher ihn nöthigte Ingolstadt zu verlassen. Die äußere Veranlassung zu dem Streite, der im Grunde auf dem unversöhnlichen Gegensatz zwischen der neueren Weltanschauung des Humanismus und der in den Bahnen des Scholasticismus fortwandelnden Theologie beruhte, gaben mißfällige Aeußerungen des ersten Professors der theologischen Facultät, Georg Zingel, über die „Poeten", welche er als heidnisch gesinnt verdächtigte, überhaupt und über Locher's Lehre und Leben insbesondere, Angriffe, welche Locher in drei nach seinem Weggange von Ingolstadt, bzw. nach seiner Rückkehr dorthin veröffentlichten Streitschriften, in denen er übrigens wiederholt seine Ehrfurcht gegen die ächte Theologie und seine Treue gegen die Lehren der Kirche betont, durch die gröbsten Beschimpfungen und Verhöhnungen gegen Zingel und die scholastischen Theologen überhaupt erwiederte. In Freiburg, wohin er von Ingolstadt sich gewandt hatte und wo ihm die Professur der Poesie, welche nach seinem Weggange durch den humanistisch gebildeten Juristen Ulrich Zasius (Zäsi), den ersten Reformator des Rechtsstudiums in Deutschland [1]), versehen worden, zunächst auf 3—5 Jahre wieder übertragen worden war, gerieth er schon 1505, jedenfalls nicht ohne eigene Schuld — wie er denn ein Mann von streitsüchtigem Charakter war und auch durch seinen

---

[1]) Vgl. über diesen R. Stintzing, Ulrich Zasius. Ein Beitrag zur Geschichte der Rechtswissenschaft im Zeitalter der Reformation (Basel 1857). Unter Zasius' Schriften findet sich auch wenigstens eine philologische, die im Jahre 1537, nach seinem Tode, in Basel gedruckte „Enarratio in M. T. Ciceronis Rhetoricam ad Herennium" nach rhetorischen Vorlesungen, welche Z. in späteren Jahren gehalten hat; s. Stintzing S. 351.

Lebenswandel manchen Anstoß gab — in neue Fehden sowohl mit dem früher ihm eng befreundeten eben erwähnten U. Zasius als auch mit Jakob Wimpheling, die beide trotz ihrer humanistischen Neigungen ähnliche theologisch=moralische Bedenken gegen die Lectüre der heidnischen Dichter hegten, wie sie Zingel geäußert hatte. In Folge dieser Zänkereien mußte Locher schon Ende März 1506 seine Stellung in Freiburg wieder aufgeben: er kehrte nach Ingolstadt zurück, wo er die Professur der Poesie aufs Neue übernahm und bis zu seinem Tode (4. December 1528) mit Ehren bekleidete [1]).

Zweites Kapitel.

Der deutsche Humanismus im Kampfe gegen die Kirche.

Die Locher'schen Händel waren eine Art Vorspiel zu dem von einer ähnlichen an sich geringfügigen Veranlassung ausge= gangenen Streite, welcher wenige Jahre später die Freunde wie die Gegner der humanistischen Bestrebungen in den weitesten Kreisen aufregte und der deutschen Nation gewissermaßen einen Vorgeschmack gab der noch weit ernsteren und schwereren Kämpfe, welche die Reformation ihr bringen sollte: wir meinen den Streit Reuchlin's und seiner Freunde gegen die Kölner Dominicaner über die jüdi= schen Bücher, mit welchem die ältere Periode des deutschen Hu= manismus abschließt und die jüngere anhebt, in welcher derselbe mit voller Entschiedenheit und rücksichtsloser Kühnheit, einer Kühn= heit, die manche ängstliche Naturen unter den Humanisten selbst

---

[1]) Vgl. „Der schwäbische Humanist Jakob Locher Philomusus (1471—1528), eine cultur= und litterar=historische Skizze, von Professor Dr. Hehle". 1. und 2. Theil, 2 Programme des kgl. Gymnasiums in Ehingen 1873 und 1874; Nachträge dazu im Programm derselben Anstalt von 1875.

zurückschreckte und zum Stillestehen oder zur Umkehr auf der eingeschlagenen Bahn veranlaßte, den Scholasticismus und Dogmatismus und die damit zusammenhängenden Einrichtungen in der Kirche so gut wie in der Schule bekämpfte und zu beseitigen trachtete. Eine Darstellung der Veranlassung und Entwickelung dieses Streites, welche theils einer Culturgeschichte Deutschlands, theils einer Geschichte des Studiums der hebräischen Sprache und Litteratur angehört, liegt außerhalb der Grenzen unserer Aufgabe; wohl aber liegt es uns ob, den Mann, welchem in diesem Streite die Rolle des Feldherrn der deutschen Humanistenschaar zufiel, nach seiner Bedeutung für die Förderung der classischen Studien zu würdigen und über die hervorragenderen Mitglieder der von ihm geführten Schaar Heerschau zu halten.

Johann Reuchlin oder, wie der Venezianer Hermolaus Barbarus den Namen gräcisirte, Capnion (von καπνός, „Rauch"), ein von Natur nichts weniger als streitsüchtiger, vielmehr sanfter und friedfertiger, ja geradezu ängstlicher Charakter, war am 22. Februar 1455 zu Pforzheim in Baden geboren[1]). Nachdem er vom 19. Mai 1470 an auf der Universität Freiburg studirt hatte, ging er 1473 als Begleiter des für den geistlichen Stand bestimmten Prinzen Friedrich von Baden nach Paris, damals noch dem Hauptsitze der Scholastik, insbesondere der mit dem Namen des Realismus (oder auch des „alten Weges") bezeichneten Richtung derselben, als deren angesehenster Vertreter daselbst ein Deutscher, Johannes Heynlin vom Stein (gewöhnlich Johannes a Lapide genannt), ein auch für die humanistischen Studien begeisterter Mann, der im Jahre 1470 die ersten Buchdrucker, die sog. Alamanischen Brüder, aus Deutschland nach Paris berufen hatte, wirkte, mit welchem Reuchlin in ein näheres persönliches Verhältniß trat.

---

[1]) Vgl. zu dem Folgenden Dr. L. Geiger, „Johann Reuchlin, sein Leben und seine Werke" (Leipzig 1871), und „Johann Reuchlin's Briefwechsel gesammelt und herausgegeben von L. Geiger" (Bibliothek des litterarischen Vereins in Stuttgart CXXVI Tübingen 1875).

Außer lateinischer Grammatik und Rhetorik studirte er hier die Anfangsgründe des Griechischen, ein Studium, das er seit dem Jahre 1474 in Basel mit Hülfe eines Griechen, des Andronikos Kontoblakas, sowie bei einem zweiten kurzen Aufenthalte in Paris im Jahre 1477 unter der freilich wenig förderlichen Leitung des Georgios Hermonymos aus Sparta[1]) fortsetzte. Noch während seiner Studienzeit in Basel verfaßte er im Auftrage des Buchdruckers Johannes Amorbach ein lateinisches Wörterbuch, den anonym erschienenen „Vocabularius breviloquus" (1475 oder 1476, Fol.)[2]), das bis zum Jahre 1504 fünfundzwanzig Auflagen erlebt hat, ein sicherer Beweis, wie sehr es einem wirklichen Bedürfnisse jener Zeit entsprach. Das Werk, welches eingestandener Maßen auf den lexicographischen Arbeiten des Mittelalters, besonders dem Glossarium des Papias und dem Catholicon des Johannes de Janua[3]) fußt, diese aber sowohl in Hinsicht des lateinischen Ausdrucks als auch durch die Belesenheit in der classischen römischen Litteratur, besonders den Dichtern und Juristen weit übertrifft, führt

---

[1]) Erasmus sagt von diesem: „Lutetiae tantum unus Georgius Hermonymus Graece balbutiebat, sed talis, ut neque potuisset docere, si noluisset, neque noluisset, si potuisset" (Catalogi duo operum Des. Erasmi Roterodami ab ipso conscripti et digesti etc., Basel 1537, p. 20), und Beatus Rhenanus nennt ihn in einem Briefe an Reuchlin (Epistolae Illustr. viror. ad I. Reuchlinum l. I f. III) „non tam doctrina quam patria clarum".

[2]) Daß dieses Buch wirklich Reuchlin zum Verfasser hat, ist von Geiger a. a. O. S. 68 ff. überzeugend nachgewiesen. Freilich muß die Autorschaft Reuchlin's, vielleicht nicht ohne dessen Zuthun, selbst in den humanistischen Kreisen nicht allgemein bekannt gewesen sein; sonst würde nicht der Verfasser der ersten Sammlung der Epistolae obscurorum virorum gleich im ersten Briefe (S. 4 ed. Böcking) seinen Baccalaureus theologiae Thomas Langschneyderius den Breviloquus neben dem Vocabularius Ex quo, dem Catholicon und der Gemma gemmarum als Autorität anführen lassen.

[3]) Der Predigermönch Johannes de Balbi aus Genua (daher de Janua oder Janu ensis genannt) verfaßte gegen Ende des 13. Jahrhunderts (wahrscheinlich bis 1286) ein großes grammatisch-lexicalisches Werk unter dem Titel „Catholicon", das bis zum 16. Jahrhundert häufig abgeschrieben und auch mehrmals gedruckt worden ist: vgl. Fr. Haase, De medii aevi studiis philologicis p. 34 s. Ueber Papias vgl. oben S. 65.

den Wortschatz der römischen Classiker, der Kirchenväter, der Vulgata und der mittelalterlichen Schriftsteller nach den drei Rubriken Nomen, Verbum, Adverbium (mit Einschluß der Präpositionen, Conjunctionen und Interjectionen) in alphabetischer Ordnung mit kurzen lateinischen Worterklärungen, Belegen aus den Quellen (meist mit einfacher Nennung des Namens des Schriftstellers, welchem die Belegstelle entnommen ist) und bald kürzeren, bald ausführlicheren Sacherklärungen auf; auch etymologische Bemerkungen, die sich freilich noch kaum über den naiven Standpunkt des Mittelalters erheben, sind häufig eingestreut. Auch Vorlesungen über lateinische und griechische Sprache hielt Reuchlin, nachdem er im Jahre 1477 die Magisterwürde erlangt hatte, mit gutem Erfolg sowohl in Basel, als auch in Orleans und Poitiers, wo er dem Studium der Rechtswissenschaft oblag; als Leitfaden für seine Vorträge über die griechische Sprache verfaßte er eine kurze griechische Grammatik unter dem Titel μικροπαιδεία, die aber nicht gedruckt worden ist und auch handschriftlich nicht erhalten zu sein scheint. Nach Deutschland zurückgekehrt trat er in die Dienste des Grafen Eberhard des Bärtigen von Würtemberg, der ihn mehrfach zu Gesandtschaften benutzte: so kam er im Jahre 1482 im Gefolge des Grafen selbst, im Jahre 1490 als Begleiter eines natürlichen Sohnes desselben nach Italien, wo er zu einigen Humanisten, besonders zu dem gelehrten Venezianer Hermolaus Barbarus, in ein näheres persönliches Verhältniß trat und sowohl durch seine Gewandtheit im Gebrauch der lateinischen Sprache als auch besonders durch seine Kenntniß des Griechischen Anerkennung und Bewunderung fand. Nach dem Tode des kurz vorher vom Kaiser Maximilian zum Herzog erhobenen Eberhard (24. Febr. 1496) durch die politischen Verhältnisse genöthigt Würtemberg zu verlassen, zog er sich zunächst auf Johann von Dalberg's Veranlassung nach Heidelberg zurück, wo er bald von dem Kurfürsten Philipp von der Pfalz als Rath in seine Dienste genommen und 1498 als Gesandter nach Rom geschickt wurde. Bei dieser Gelegenheit nahm er bei einem gelehrten jüdischen Arzte, Obadja Sforno aus Cesena, Unterricht in der unter den deutschen Humanisten damals fast noch ganz unbekannten hebräischen Sprache, deren Studium er schon in früheren Jahren zuerst als Autodidakt, dann unter der Anleitung des Leibarztes Kaiser Maximilian's Jakob ben Jehiel Loans begonnen hatte. Während seines Heidelberger Aufenthaltes verfaßte er, außer einigen Uebersetzungen aus dem Griechischen, zwei lateinische Komödien in iambischen Trimetern, von denen die eine, Sergius betitelt, gegen einen persönlichen Gegner Reuchlin's — den Augustinermönch Conrad Holzinger, Günstling Herzog Eberhard's des Jüngeren von Würtemberg — und zugleich gegen den Mißbrauch, welcher mit angeblichen Reliquien von Heiligen getrieben wurde, gerichtet ist, daher auch auf den Rath Dalberg's, welchem Reuchlin das Manuscript mitgetheilt hatte, nicht aufgeführt, aber bald durch den Druck verbreitet und in den humanistischen Kreisen so beifällig aufgenommen wurde, daß Hieronymus Emser 1504 an der Universität Erfurt sogar Vorlesungen darüber unter großem Zulauf hielt. Die zweite Komödie „Scenica progymnasmata" oder auch nach einer der Hauptpersonen des Stückes „Henno" genannt, ein mit Benutzung einer französischen Farce (des Maître Pathelin von Pierre Blanchet) gearbeitetes, in der Zeichnung der Charaktere an das volksthümliche italienische Lustspiel, die sog. comedia dell' arte erinnerndes Scherzspiel, welches auch Chorlieder in gereimten Versen enthält, wurde am 31. Januar 1497 von Heidelberger Studirenden in Dalberg's Wohnung aufgeführt und erschien noch in demselben Jahre in Druck (in Straßburg bei Joh. Grüninger). Schon 1499 trat Reuchlin in den würtembergischen Staatsdienst zurück und wurde bald darauf von den zum schwäbischen Bunde gehörigen Fürsten zum Mitgliede des aus drei Männern bestehenden Richtercollegiums dieses Bundes ernannt, ein Amt, das er bis zum Jahre 1512, wo er sich ins Privatleben zurückzog, um ganz seinen Studien zu leben, bekleidete. Am meisten beschäftigte ihn in dieser Zeit das Studium des Hebräischen, als dessen bedeutendste Frucht im Jahre 1506 das an seinen

Bruder Dionysius¹) gerichtete Werk „de rudimentis hebraicis" welches in drei Büchern ein Lexicon und eine Grammatik dieser Sprache enthält, erschien; daran schloß sich später eine Ausgabe des hebräischen Textes der sieben sog. Bußpsalmen mit lateinischer Uebersetzung und grammatischer Erklärung (Tübingen 1512) und eine Schrift über die Accente und die Orthographie der hebräischen Sprache (Hagenau 1518). Auch die Cabbalah, die jüdische Geheimlehre, hat er nach dem Vorgange des italienischen Humanisten Giovanni Pico della Mirandola mit Eifer studirt und in zwei Schriften („De verbo mirifico" Basel 1494 und „De arte cabalistica" Hagenau 1517) die Uebereinstimmung derselben mit der griechischen Philosophie, insbesondere mit der Lehre des Pythagoras (der nach seiner Ansicht seine Lehren theils von den Aegyptern, theils von den Hebräern und Chaldäern und von den persischen Magiern entlehnt haben soll), sowie mit den christlichen Dogmen zu erweisen gesucht.

Bei diesen seinen hebräischen Studien wurde Reuchlin außer von philologischem und mystischem, besonders auch von theologischem Interesse geleitet: von dem Bestreben, das richtige Verständniß der heiligen Schriften des alten Bundes zu fördern. Da er sich aber dabei wiederholt genöthigt sah, in der sog. Vulgata, der lateinischen Bibelübersetzung, welche in der abendländischen Kirche ganz an die Stelle der Grundschrift getreten war und eine geradezu kanonische Autorität erlangt hatte, Irrthümer aufzudecken und zu verbessern, so erregte er bei den Vertretern der herrschenden Richtung in der Kirche Anstoß und die Heißsporne, unter diesen voran

---

¹) Dionysius Reuchlin, etwa 20 Jahre jünger als sein Bruder, studirte in Basel und in Italien, wurde 1494 in Tübingen Magister und 1498 als erster Lehrer der griechischen Sprache an der Universität Heidelberg angestellt, doch widersetzte sich die Artistenfacultät seiner Ernennung und es scheint daß er nie wirklich Vorlesungen gehalten hat (vgl. Hautz, Geschichte der Universität Heidelberg Bd. 1 S. 328). Später trat er in ein geistliches Amt, schloß sich dann der Reformation an und starb als evangelischer Prediger. Schriftstellerische Leistungen von ihm sind, abgesehen von ein paar kleinen lateinischen Gedichten, nicht bekannt.

die theologische Facultät der Universität Köln mit ihrem Decan, dem Ketzermeister Jakob Hochstraten an der Spitze, benutzten gern die erste beste Gelegenheit, die Rechtgläubigkeit des ihnen unbequemen Forschers zu verdächtigen. Eine solche Gelegenheit bot ihnen das auf Befehl des Kaisers von Reuchlin über die von dem getauften Juden Johann Pfefferkorn gestellte Forderung, den Juden ihre Bücher wegzunehmen und dieselben zu verbrennen, abgegebene Gutachten, dessen ächt humane, auch Andersgläubigen gegenüber Recht und Billigkeit walten lassende Gesinnung der Verketzerungssucht jener Theologen als ein Verbrechen erschien. Als Reuchlin das wegen seines Gutachtens von Pfefferkorn gegen ihn gerichtete Pamphlet „Handtspiegel" (April 1511) durch eine in ähnlichem Tone gehaltene Gegenschrift „Der Augenspiegel" (Herbst 1511) beantwortete[1]), beauftragte die Kölner theologische Facultät eines ihrer Mitglieder, Arnold von Tungern, mit einer Prüfung dieser Schrift, die natürlich entschieden zu Ungunsten Reuchlin's ausfiel, und veröffentlichte, ungeachtet der Bemühungen Reuchlin's für einen gütlichen Ausgleich, das Resultat dieser Prüfung in einer eine stattliche Reihe von Anklagen gegen Reuchlin enthaltenden lateinischen Schrift (Articuli sive propositiones de iudaico favore nimis suspecte ex libello theutonico domini Joannis Reuchlin legum Doctoris cui speculi ocularis titulus inscriptus est extracte etc. Köln 1512), welcher ein im gleichen Sinne verfaßtes Gedicht des Professors der classischen Litteratur an der Universität Köln, Ortvin Gratius (Ortvin de Graes aus Holtwick bei Coesfeld in Westfalen, eines Zöglings der Schule des Alexanders Hegius zu Deventer) vorausgeschickt war. Reuchlin antwortete darauf mit einer von persönlichen Angriffen und Schmähungen gegen seine Gegner überfließenden Schrift, der Defensio Joannis Reuchlini Phorcensis

---

[1]) Zur Chronologie des Streites und der dadurch veranlaßten Schriften vgl. E. Böcking, Vlrichi Hutteni Equitis operum supplementum t. II p. 1 p. 53—156.

legum doctoris contra calumniatores suos Colonienses (Tübingen 1513). An diese litterarische Fehde, welche von den Kölnern durch eine von Ortwin Gratius verfaßte Schrift gegen Reuchlin („Praenotamenta Ortwini Gratii liberalium disciplinarum professoris contra omnem maleuolentiam cunctis christifidelibus dedicata" etc. o. O. u. J.), von letzterem durch eine Sammlung zu verschiedenen Zeiten an ihn gerichteter Briefe berühmter Männer in lateinischer, griechischer und hebräischer Sprache („Clarorum uirorum epistolae latinae, graecae et hebraicae uariis temporibus missae ad Joannem Reuchlinum Phorcensem legum doctorem" Tübingen 1514; zweite durch Hinzufügung eines „liber secundus" vermehrte Ausgabe Hagenau 1519) fortgeführt wurde und bei welcher auf Seiten der Kölner die theologischen Facultäten der Universitäten Mainz, Erfurt, Löwen und Paris, auf Seiten Reuchlin's fast sämmtliche Humanisten, die sich vielfach ihm zu Ehren jetzt „Reuchlinistae" nannten, und die öffentliche Meinung in Deutschland überhaupt standen, schloß sich ein von den Kölnern anhängig gemachter Prozeß, der von dem Bischof von Speier zu Gunsten Reuchlin's entschieden, in Rom aber, wohin Hochstraten appellirt hatte, trotz der anfänglich für Reuchlin günstigen Stimmung der Richter durch ein päpstliches Mandat Jahre lang verschleppt und erst am 23. Juni 1520 durch einen für Reuchlin ungünstigen Beschluß des Papstes beendigt wurde. Reuchlin selbst, der schon am 9. November 1519 von Stuttgart, wo ihm der Aufenthalt durch die Kämpfe zwischen Herzog Ulrich von Würtemberg und dem schwäbischen Bunde verleidet worden, nach Ingolstadt übergesiedelt und dort am 29. Februar 1520 vom Herzog Wilhelm von Bayern zum Professor der griechischen und hebräischen Sprache mit dem für die damaligen Verhältnisse sehr ansehnlichen Gehalt von 200 Gulden ernannt worden war, wurde nicht weiter belästigt; er hielt in Ingolstadt unter außerordentlich großem Zulauf Vorlesungen über hebräische Grammatik und über den Plutos des Aristophanes und gab den griechischen Text dreier kleiner Schriften des Xenophon (der Apologie, des

Agesilaos und des Hieron) nach einer guten Handschrift mit einer kurzen lateinischen Vorrede zum Gebrauche bei Vorlesungen heraus (Hagenau 1520, 4⁰). Das Auftreten der Pest in Ingolstadt veranlaßte ihn im Frühjahre 1521 nach seiner Heimath zurückzukehren: in Tübingen als Professor angestellt las er im Winter 1521/22 über griechische und über hebräische Grammatik und gab für spätere Vorlesungen den Text der Reden des Aeschines gegen Ktesiphon und des Demosthenes vom Kranze heraus (Hagenau 1522, 4⁰). Aber ehe er seine Lehrthätigkeit wieder aufnehmen konnte, starb er im Bade Liebenzell bei Hirschau am 30. Juni 1522.

Während der Prozeß der Kölner gegen Reuchlin noch in Rom schwebte, während von allen Seiten zustimmende, ermunternde, bewundernde Briefe an Reuchlin eintrafen, erschien im Herbste des Jahres 1515 mit fingirtem Druckort (Venedig) eine Schrift, welche in der Fassung und typographischen Ausstattung ihres Titels der Sammlung von Briefen berühmter Männer an Reuchlin nachgebildet, den Gegnern desselben mit den scharfen Waffen des Spottes und der Satire zu Leibe ging: die Epistolae obscurorum virorum ad venerabilem virum Magistrum Ortuinum Gratium Dauentriensem Coloniae Agrippinae bonas litteras docentem: uariis et locis et temporibus missae: ac demum in volumen coactae, eine Sammlung von 41 fingirten Briefen angeblicher Gesinnungsgenossen und Bewunderer des Ortwin Gratius an diesen[1]), worin sowohl das barbarische Latein, als auch das ganze Treiben der Anhänger der alten Richtung an den deutschen Universitäten, ihre Unwissenheit und Gemeinheit, ihr Wohlgefallen an unnützen scholastischen Spitzfindigkeiten, in treffendster Weise persiflirt wird, so treffend, daß anfangs in

---

[1]) Eine Ausnahme machen nur Brief 34, ein Antwortschreiben des Ortwin Gratius an den Magister Mammotrectus Buntemantellus, und Brief 35: „Lyra Buntschuchmacherius ordinis praedicatorum theologus Guillermo Hackineto [vgl. E. Böcking, Vlrichi Hutteni Equitis operum supplementum p. II p. 423 s. und p. 600] qui est theologorum theologissimus salutem dicit".

manchen Kreisen der verhöhnten Partei der Spott nicht erkannt, die Caricatur mit dem caricirten Original verwechselt wurde. Ausgegangen ist diese Schrift von einem zu einem förmlichen Bunde vereinigten Kreise jüngerer Humanisten, welcher an der Universität Erfurt, die wir schon früher als eine der ersten Pflanzstätten des Humanismus in Deutschland kennen gelernt haben, seinen Mittelpunkt, in dem Gothaer Canonicus Conrad Muth (bekannt unter dem Namen Mutianus Rufus)¹) seinen Meister und Führer hatte. Dieser Kreis hatte von Anfang an den Reuchlin'schen Streit mit der lebhaftesten Theilnahme verfolgt und seiner Erbitterung gegen die Gegner Reuchlin's theils in Briefen an diesen, theils in satirischen Schriften, welche handschriftlich unter den Mitgliedern und deren Vertrauten circulirten, Ausdruck gegeben; aus diesen Anregungen entstand jene erste Sammlung der „Briefe der Dunkelmänner", als deren Verfasser man mit ziemlicher Sicherheit einen der eifrigsten und talentvollsten der Erfurter Humanisten, den Johannes Jäger aus Dornheim bei Arnstadt in Thüringen, bezeichnen kann²), der um das Jahr 1480 geboren, nachdem er 1498 die Universität Erfurt bezogen hatte, der Sitte seiner Zeit gemäß seinen Familien-

---

¹) Geboren in Homberg in Hessen 15. October 1471 (?), vorgebildet auf der Schule zu Deventer unter A. Hegius, 1486 in Erfurt immatriculirt, 1492 Magister und Lehrer, zog aber bald nach Italien, wo er sich besonders in Bologna längere Zeit aufhielt; nachdem er dort 1502 die juristische Doctorwürde erlangt hatte, kehrte er nach Deutschland zurück und nahm anfangs ein Amt am Hofe des Landgrafen von Hessen an, zog sich aber schon nach einem halben Jahre, um ganz seinen wissenschaftlichen Studien leben zu können — deren Resultate er nur seinen Freunden theils im mündlichen Verkehr, theils in Briefen mittheilte — auf ein dürftig besoldetes Canonicat in Gotha zurück, wo er am 30. März 1526 starb. Vgl. Kampschulte, Die Universität Erfurt in ihrem Verhältnisse zu dem Humanismus und der Reformation Bd. 1 S. 74 ff. und S. 149 ff., Bd. 2 S. 227 ff.; Böcking, Vlrichi Hutteni operum supplementum t. II p. 426 s.

²) S. Böcking a. a. O. p. 253 s., der nur den 19. Brief der ersten Sammlung dem Crotus abspricht und in Herrmann von dem Busche den Verfasser desselben vermuthet (vgl. p. 563). Ueber Jäger s. auch Fr. W. Kampschulte, Commentatio de Joanne Croto Rubiano (Bonn 1862).

namen anfangs in Venator latinisirte, dann durch den aus einem ziemlich abgelegenen Winkel der antiken Mythologie entlehnten griechischen Namen Crotus ersetzte¹) und diesem das aus dem Namen seines Geburtsortes fingirte Cognomen Rubianus oder Rubeanus (von „rubus" Dornstrauch) beifügte. Nachdem er 1507 Magister geworden, war er zunächst in Erfurt, von 1510—1515 an der Klosterschule zu Fulda, dann wieder in Erfurt (von wo aus er 1517—1520 eine Reise nach Italien unternahm) bis zum Jahre 1521 im Geiste des Humanismus und der religiösen Reform im Sinne Luther's als Lehrer wie als (anonymer) Schriftsteller thätig, zog sich dann 1521 nach Fulda zurück und folgte 1524 einer Einladung des Markgrafen Albrecht von Brandenburg nach Preußen. Nach seiner Rückkehr nach Deutschland im Jahre 1530 trat er als entschiedener Vertheidiger der alten Richtung in der Kirche auf und wurde 1531 zum Canonicus in Halle ernannt; über seine späteren Schicksale ist nichts bekannt.

Noch im Laufe des Jahres 1516 erschien ein neuer (dritter) um eine „Appendex", einen Anhang von 7 Briefen, vermehrter Abdruck der Epistolae obscurorum virorum. Das Jahr darauf eine zweite Sammlung von 62 neuen, in ganz ähnlichem Geiste abgefaßten Briefen unter dem Titel: "Epistolae obscurorum virorum ad Magistrum Ortuinum Gratium Dauentriensem Coloniae latinas litteras profitentem non illae quidem veteres et prius visae; sed et nouae et illis prioribus Elegantia argutiis lepore ac venustate longe superiores", welche in einer zweiten noch in demselben Jahre (1517) erschienenen Ausgabe wieder um 8 Briefe vermehrt wurde. Verfasser sowohl jenes Anhanges der ersten als der zweiten Sammlung (mit Ausschluß der zuletzt hinzugekommenen 8 Briefe, welche von verschiedenen

---

¹ Der Name ist, wie Böcking erkannt hat, aus Hygin. poet. astron. II, 27 (vgl. tab. 224) entnommen; vgl. auch Eratosth. Catast. 28 und Columella De re rust. X, 57.

nicht mehr zu ermittelnden Verfasser herrühren) ist der feurigste und ungestümste Vorkämpfer erst des Humanismus, dann der Reformation, der Ritter Ulrich von Hutten (geboren auf der Burg Steckelberg 21. April 1488, der sich nach seiner Entweichung aus dem Kloster Fulda (1505) mit Crotus nach Köln, von da nach Erfurt begeben und dort dem Mutianischen Kreise angeschlossen hatte und auch auf seinen mannigfaltigen und abenteuerlichen Wanderungen durch Deutschland und Italien (wohin er zum ersten Male im Frühjahre 1512, zum zweiten Male gegen Ende des Jahres 1515 zog) mit den hervorragenderen Mitgliedern jenes Kreises, insbesondere mit Crotus, in enger Verbindung blieb. Schon längst vor dem Erscheinen der Epistolae obscurorum virorum hatte sich Hutten durch zahlreiche lateinische Dichtungen, welche ihm den Lorbeerkranz aus der Hand Kaiser Maximilian's eintrugen (12. Juli 1517), als würdiges Mitglied der Humanistenschaar bewährt. Dichtungen, welche die Wanderzüge und die traurigen Schicksale ihres Verfassers, aber auch dessen Begeisterung für die Größe seiner Nation und für die humanistischen Studien wiederspiegeln. Besonderen Beifall fand, wie die zahlreichen Auflagen beweisen, seine im Jahre 1510 verfaßte, den Brüdern Johannes und Alexander von der Cithen aus Pommern gewidmete kurze Anleitung zur lateinischen Verskunst (De arte versificandi liber unus), welche in 422 wohlgebauten lateinischen Hexametern die Regeln der lateinischen Prosodie nebst einer Uebersicht der Versfüße, des Baues des Hexameters und Pentameters und des dichterischen Ausdrucks darlegt, ein Werk, welches im Vergleich mit der „Ars versificandi et carminum" des Celtis (vgl. oben S. 110) einen wesentlichen Fortschritt in der Auffassung und Behandlung des Stoffes erkennen läßt[1]. Seine spätere

---

[1] Das Gedicht ist abgedruckt in E. Böcking's classischer Ausgabe der Schriften Ulrich's von Hutten: Ulrichi Hutteni Equitis Germani opera quae reperiri potuerunt omnia edidit Eduardus Böcking. 5 Vol. Leipzig 1859—62 Bd. 3 S. 29 ff. Ueber das Leben und die Schriften Hutten's überhaupt vgl. D. Strauß, Ulrich von Hutten. 2 Thl. Leipzig 1858.

schriftstellerische Thätigkeit, besonders vom Jahre 1520 an, wo er sich, um auch in weiteren Kreisen für die politische und kirchliche Reform in Deutschland zu wirken, der deutschen Sprache in Poesie und Prosa bediente, liegt außerhalb der Grenzen unserer Betrachtung.

Unter den übrigen Mitgliedern des Erfurter Humanistenkreises nahm sowohl als fruchtbarer und eleganter lateinischer Dichter, wie als äußerst anregender und beliebter Lehrer Coban Hesse (eigentlich Koch, mit seinem Dichternamen Helius Eobanus Hessus) einen hervorragenden Platz ein: seine Genossen bezeichneten ihn nach einer scherzhaften von Reuchlin ausgegangenen Deutung des Namens Hesse aus dem griechischen Worte ἑῶος als ihren „König", sich selbst als „Chorus Eobani" oder Angehörige des „Regnum Eobanicum", eine Bezeichnung, von welcher er sowohl in seinem durch gemüthliche Herzlichkeit sehr anziehenden lateinischen Briefwechsel mit seinen Freunden, als auch bei den von diesen unter seinem Vorsitz abgehaltenen Trinkgelagen vielfach in humoristischem Sinne Gebrauch machte. Geboren am 6. Januar 1488 in Halgehausen in Hessen, vorgebildet auf der Schule zu Frankenberg, wo er unter Anleitung des Rectors Jakob Horläus die ersten Proben seines dichterischen Talentes gegeben hatte, studirte er vom Herbst 1504 bis zum Herbst 1509 an der Universität Erfurt, wo er 1507—1508 das Rectorat der Schule des Stifts St. Sever verwaltete und im Sommer 1509 die Magisterwürde erlangte. Von Ende 1509 bis Anfang 1513 verweilte er am Hofe des Bischofs von Pomesanien, Hiob von Dobeneck in Riesenburg an der Weichsel, dem er durch Mutian empfohlen worden war, dann etwas über ein Jahr auf dessen Wunsch auf den Universitäten Frankfurt an der Oder (gegründet 1506 durch den Kurfürsten Joachim I. von Brandenburg) und Leipzig, um sich den Rechtsstudien zu widmen, von denen er aber bald zur Poesie und zum Studium der classischen Dichter zurückkehrte. Im Jahre 1514 kam er wieder nach Erfurt und erhielt dort 1517 die Professur der Poesie und Rhetorik. Er war damals der gefeiertste Lehrer, zu seinen Vorlesungen über Virgil, Quintilian, Cicero, Livius und Curtius drängten sich die Zuhörer in so großer Anzahl (angeblich bis zu 1500), daß der Hörsaal sie nicht fassen konnte: an ihn schlossen sich die älteren sowie die jüngeren Freunde der humanistischen Studien — von den letzteren mögen schon hier Jakob Micyllus und Joachim Camerarius genannt werden — in herzlicher Freundschaft und Pietät an.

Der durch die leidenschaftlichen Kämpfe zwischen den Anhängern und Gegnern der Reformation, die mehrfach in offene Gewaltthätigkeiten gegen die Kleriker ausarteten, sowie durch das Ueberwiegen ausschließlich theologischer Interessen herbeigeführte Verfall der Universität, insbesondere der classischen Studien, bewog Hesse, der sich in Erfurt mehr und mehr vereinsamt fühlte, im Jahre 1526 einem Rufe nach Nürnberg Folge zu leisten, wo er im Verein mit seinen Freunden Joachim Camerarius und Michael Roting (geboren 1494 zu Sulzfeld in Franken, gestorben 20. Mai 1588 zu Nürnberg) sieben Jahre als Lehrer an der höheren Stadtschule thätig war. Im Frühjahr 1533 kehrte er zwar in Folge einer Aufforderung des Erfurter Stadtrathes, welcher von der Rückkehr des gefeierten Lehrers und Dichters eine Wiederherstellung des alten Glanzes der Universität erwartete, voll froher Zuversicht nach Erfurt zurück, mußte aber bald erkennen, daß sein Name seine alte Anziehungskraft für die studirende Jugend verloren hatte und daß die Blüthe der Erfurter Universität für immer gebrochen war. Er vertauschte daher schon im Jahre 1536 Erfurt mit Marburg, wo er an der am 30. Mai 1527 durch den Landgrafen Philipp den Großmüthigen gestifteten Universität bis zu seinem Tode (4. October 1540) eine ruhige Stätte akademischer Thätigkeit und poetischen Schaffens fand[1]). Im Jahre vor seinem Tode

---

[1]) Vgl. „Narratio de H. Eobano Hesso, comprehendens mentionem de compluribus illius aetatis doctis et eruditis uiris, composita a Ioachimo Camerario Pabebergensi. Epistolae Eobani Hessi ad Camerarium et alios

veröffentlichte er unter dem Titel „Operum Helii Eobani Hessi farragines duae" eine vermehrte und verbesserte Ausgabe seiner lateinischen Gedichte[1]), welche seinen Namen schon längst weit über die Grenzen Deutschlands hinaus berühmt gemacht hatten. Der erste Theil enthält außer 12 Elegien auf den Tod berühmter Zeitgenossen (Illustrium ac clarorum aliquot uirorum memoriae scripta epicedia XII) die drei Sammlungen, welche er nach den Vorbildern des Virgilius, Ovidius und Statius „Bucolicorum Idyllia XVII" (in der ersten Ausgabe im engeren Anschluß an Virgil „Eclogae": zu der Aenderung des Titels wurde er, wie er selbst in dem kurzen Vorwort zum ersten Gedicht sagt, durch seine Beschäftigung mit Theokrit veranlaßt), „Heroidum Christianarum libri III" (Briefe von Frauen und Jungfrauen der altchristlichen Geschichte und Legende, die allerdings manches für ein feineres religiöses Gefühl Anstößige enthalten[2]), dem Dichter aber bei seinen Zeitgenossen den Ehrennamen des christlichen Ovid eintrugen) und „Silvarum libri IX" (Gedichte von großer Mannigfaltigkeit nach Inhalt und Form) betitelte. Der

---

quosdam, familiari in genere, cum lepidae ac facetae, tum eruditae ac litteratae: cum quibusdam Camerarii et aliorum scriptis. Quorum nihil ante hunc diem ad hunc modum editum fuit." (Nürnberg 1553); M. Herz, Helius Eoban Hesse. Ein Lehrer= und Dichterleben aus der Reformationszeit (Berlin 1860); E. Böcking, Vlrichi Hutteni Operum supplementum t. II p. 390 ss: C. Krause, Helius Eobanus Hessus, sein Leben und seine Werke, 2 Bde. (Gotha 1879).

[1]) Operum Helii Eobani Hessi Farragines duae, nuper ab eodem qua fieri potuit diligentia contractae, et in hanc, quam uides formam coactae, quibus etiam non parum multa accesserunt nunc primum et nata et aedita (sic). Halae Sueuorum Anno XXXIX.

[2]) Man vgl. die drei ersten Briefe des ersten Buches („qui historicas continet", während es vom zweiten Buche heißt, „qui mixtas continet" und vom dritten „qui fabulosas continet"): „Deus pater Mariae virgini"; „Maria virgo Deo patri"; „Maria Magdalena Jesu Christo". Den Schluß der Sammlung bildete ursprünglich ein Brief Eoban's selbst an die Nachwelt („Eobanus Posteritati Bl. 133ᵛ ff.): später schloß sich daran noch der im Frühjahr 1523 gedichtete Brief der Kirche an Luther („Ecclesiae afflictae epistola ad Lutherum" Bl. 137ʳ ff.).

zweite Theil enthält eine dichterische Schilderung der Stadt
Nürnberg (Vrbs Noriberga illustrata carmine heroico), ein
Gedicht über den siegreichen Heerzug des Landgrafen Philipp
von Hessen nach Schwaben zur Wiedereinsetzung des Herzogs
Ulrich von Würtemberg im Jahre 1534 (De victoria Wirtem-
bergensi, ad illustrem et inclytum heroa Philippum Hessorum
omnium ac finitimarum aliquot gentium principem gratula-
toria), die Uebersetzung des Gedichts des griechischen Dichters
Coluthus und ausgewählter Stücke aus der Ilias und Odyssee
(Homericae aliquot icones insigniores), zwei Dichtungen medicinischen Inhalts (Bonae valetudinis conservandae rationes
aliquot und Medicinae laus ex Erasmo[1]) uersu reddita),
Epigramme auf Bilder berühmter Aerzte und der Musen, endlich
eine Anzahl „Elegiae" verschiedenen Inhalts. Ausgeschlossen
von dieser Sammlung hat er seine schon früher veröffentlichten
metrischen lateinischen Uebersetzungen der Idyllen des Theokrit
(wobei ihn Camerarius mit seiner tüchtigen Kenntniß des Griechischen unterstützt hatte)[2], des Predigers Salomo und der
Psalmen. Im Jahre nach Abschluß jener Sammlung veröffentlichte
er noch die umfänglichste und glänzendste Probe seiner metrischen Kunstfertigkeit, eine Uebersetzung der ganzen Ilias in
lateinischen Hexametern[3]), während er an der Ausführung eines
anderen größeren Werkes, eines christlichen Festkalenders (Fasti
christiani nach dem Vorbilde der Ovidischen Fasten), das er auf
Melanchthon's Zureden unternommen hatte, durch den Tod ver-

---

[1]) Des Erasmus „Declamatio in laudem artis medicae", welche Hesse
in ein poetisches Gewand gekleidet hat, ist abgedruckt in der Gesammtausgabe
der Werke des Erasmus (Basel 1540) t. I p. 452 ss.

[2]) Theocriti Syracusani Idyllia triginta sex latino carmine reddita
Helio Eobano Hesso interprete Hagenau 1530 (bildet den zweiten Theil
zu der Ausgabe des griechischen Textes von J. Camerarius), später häufig
wiederholt.

[3]) Poetarum omnium saeculorum longe principis Homeri Ilias,
hoc est, de rebus ad Troiam gestis descriptio, iam recens Latino carmine
reddita, Hel. Eob. Hesso interprete (Basel 1540 u. ö.).

hindert wurde. Alle diese seine Dichtungen sind Producte eines nicht unbedeutenden dichterischen Talents, das ohne mühsame Arbeit mit spielender Leichtigkeit und vollkommener Beherrschung der Form schafft. In dieser Beziehung steht dem Hessus unter seinen Zeitgenossen am nächsten sein Freund und Landsmann Ricius oder Euricius (eigentlich Heinrich) Cordus, geboren zu Simtshausen in Hessen (zwischen Marburg und Frankenberg, an welchem letzteren Orte er zugleich mit Hesse die Schule besuchte) im Jahre 1486, der im Jahre 1514 in Erfurt, wo er sich etwa seit 1510 humanistischen Studien gewidmet hatte, eine Sammlung von Hirtengedichten nach dem Muster Virgil's (Bucolicorum eclogae X) veröffentlichte, welche neben vielfachen künstlichen Allegorien und Anspielungen auf die persönlichen Verhältnisse des Dichters auch manche unmittelbar aus dem Volksleben entnommene Züge — Schilderungen der Habsucht und Liederlichkeit der Geistlichen und Mönche, der gedrückten Lage der Bauern und dgl. m. — enthalten. Der Dichter selbst hielt noch im Jahre 1514 über dieses sein Werk Vorlesungen an der Universität Leipzig, jedoch ohne durchschlagenden Erfolg, und kehrte nach einer an Beschwerden reichen Reise in seine Heimath, welche er durch ein mit anmuthigen Naturschilderungen durchwebtes Gedicht in elegischem Versmaße (Nocturnae periclitationis Hessiaticorum fontium Nymphis sacrum expiatorium poema) verewigte, nach Erfurt zurück, wo er 1515 als Magister promovirte, und nachdem er kurze Zeit hindurch eine gelehrte Schule in Cassel geleitet, im Jahre 1517 oder 1518 das Rectorat der Stiftsschule St. Maria erhielt, auch an der Universität Vorlesungen über die Satiren des Persius und einige Bücher des neuen Testaments hielt. Diese Stellung war aber so wenig einträglich, daß er aus Noth sich dem Studium der Medicin zuwandte und im Jahre 1521 als Begleiter seines wohlhabenden Freundes, des Arztes Georg Sturz, nach Italien zog, wo er sich in Ferrara die medicinische Doktorwürde erwarb. Nach seiner Rückkehr widmete er sich ganz der Arzneikunst, theils als praktischer Arzt, theils als akademischer Lehrer, zuerst in Braunschweig (1523—27), dann in Marburg (1527—1534), endlich in Bremen, wo er im December 1535 starb. Auch als Schriftsteller war er mehrfach auf medicinischem Gebiete thätig; daß er aber dabei seiner alten Liebe zur lateinischen Poesie nicht untreu ward, beweisen außer seiner Uebersetzung der Theriaka und Alexipharmaka des griechischen Dichters Nikandros in lateinischen Hexametern seine 13 Bücher Epigramme, kurze, durch die verschiedensten Veranlassungen hervorgerufene Sinngedichte voll geistreicher Gedanken und scharfen Witzes — der Hang zur Satire bildete überhaupt den Grundzug seines Wesens —, von denen nur die drei ersten Bücher vor, die übrigen während und nach seiner italienischen Reise entstanden und veröffentlicht worden sind. Haben dem Dichter auch dabei im Allgemeinen die Epigramme des Martialis als Vorbild gedient, dem er insbesondere in formaler Beziehung vieles verdankt, so tragen doch seine Epigramme einen durchaus individuellen Charakter, einen Zug von Frische und Unmittelbarkeit an sich, der den Gedanken an schulmäßige Nachahmung bei dem Leser nicht aufkommen läßt, der auch auf Lessing einen solchen Eindruck machte, daß er mehrere der Epigramme des Cordus in freien Uebersetzungen unter seine Sinngedichte aufgenommen hat [1]).

Wenden wir nun von Erfurt unseren Blick nach dem übrigen Deutschland, so zieht denselben unter den Vorkämpfern der Sache Reuchlin's und des Humanismus überhaupt vor allen ein Mann auf sich durch seinen unermüdlichen Eifer im Lehren, der ihn von einer Stadt Deutschlands zur andern treibt, und durch seine an Hutten's Kühnheit und Opferwilligkeit hinanreichende Unerschrockenheit im Kampfe gegen die „Barbaren": der Westfale

---

[1]) Euricii Cordi, Simesusii. Hessi. opera poetica quotquot exstant, antehac ab auctore, nunc vero postquam diu a multis desiderata fuere, denuo luci data cura Henrici Meibomii, poetae et historici: Qui et vitam Cordi praefixit (Helmaestadii 1616). Vgl. dazu: Euricius Cordus. Eine biographische Skizze aus der Reformationszeit. Inauguraldissertation von Carl Krause (Marburg 1863).

Hermann von dem Busche (Hermannus Buschius Pasiphilus)[1]). Geboren im Jahre 1468 auf dem Schlosse Sassenborg, vorgebildet in Münster im Hause des ihm verwandten Domherrn Rudolf von Langen und auf der Schule zu Deventer, sodann auf den Universitäten Heidelberg und Tübingen, wanderte er um das Jahr 1486 nach Italien, hörte hier besonders den Pomponius Laetus in Rom und kehrte nach ungefähr 5 Jahren nach Deutschland zurück, wo er zuerst eine Stelle am Hofe des Bischofs von Münster Heinrich von Schwarzburg erhielt. Schon nach wenigen Jahren gab er diese Stelle wieder auf und bezog, nachdem er eine Reise nach Frankreich unternommen hatte, die Universität Köln, wo er sich erst ein Jahr lang humanistischen, dann seit October 1495 juristischen Studien widmete. Nach Vollendung derselben begann er als Reiseprediger des Humanismus seine Wanderung durch Nord- und Mitteldeutschland, indem er bald hier bald dort, an Schulen und Universitäten, lateinische Schriftsteller — Horaz, Virgil, Lucan, Ovid, Persius, Juvenalis, Petronius, Silius Italicus, Statius, Claudianus, Cicero, Caesar, Quintilian, Valerius Maximus und alte Grammatiker — hie und da auch griechische (wie z. B. in Leipzig das Lehrgedicht des Pseudophokylides und Appian's Geschichte der Bürgerkriege) erklärte. So wirkte er bald kürzere, bald längere Zeit in Hamm, Münster, Osnabrück, Bremen, Hamburg, Lübeck, Wismar, Rostock (wo er in Folge seiner Vorlesungen über die Satiren des Juvenalis mit dem denselben Gegenstand behandelnden Professor Tileman Heverlingh in einen heftigen Streit gerieth, durch den er genöthigt wurde

---

[1]) Vgl. über ihn Jakob Burckhard, De Hermanni Buschii vita commentarius vor seiner Ausgabe des Vallum humanitatis (Hermanni Buschii nobilitate, ingenio, meritisque illustris viri Vallum humanitatis etc. Frankfurt a. M. 1719) p. 123—232; Erhard, Geschichte u. s. w. Bd. 3 S. 61 ff.; Cornelius, Die Münsterischen Humanisten und ihr Verhältniß zur Reformation S. 17 ff.; H. J. Liessem, De Hermanni Buschii vita et scriptis (Bonn 1866); Böcking, Hutteni operum supplementum t. II, p. 330 ss.; Geiger in der Allgemeinen deutschen Biographie Bd. 3 S. 637 ff.

die Universität zu verlassen; an seinem Gegner rächte er sich durch eine Sammlung beißender Epigramme, welche im Jahre 1507 unter dem Titel „Oestrum", d. i. Bremse, im Druck erschien)¹), Greifswald, Wittenberg (wo er unter dem Jahre 1502 als Hermannus Puschius pasyphilus monasteriensis artis oratorie atque poetice lector conductus in das Album der Universität eingetragen ist), Leipzig, (wo er, abgesehen von einem wahrscheinlich nur kurzen Aufenthalte in Erfurt, vom Sommer 1503 bis zum Jahre 1507 verweilte), Köln (1508—1516), Wesel, dann wieder in Köln, endlich in Marburg, wohin er vom Landgrafen Philipp von Hessen im Jahre 1527 als erster Professor der classischen Litteratur (als rectiorum litterarum professor ist er im Album der Universität eingezeichnet) an der neugegründeten Universität berufen wurde. Auch an den religiösen Bewegungen seiner Zeit nahm Buschius den lebhaftesten Antheil: er schloß sich mit vollem Herzen der Sache Luther's, dem er in Worms wie in Wittenberg persönlich näher getreten war, an, und verfocht dieselbe noch in höherem Alter am 17. August 1533 zu Münster in einer öffentlichen Disputation gegen den Anhänger der Wiedertäufersecte Bernhard Rothmann; in Folge der Anstrengung bei dieser Disputation sowie der Betrübniß über die Erfolglosigkeit seines Kampfes verfiel er in eine Krankheit, an welcher er im April 1534 zu Dülmen starb. Außer durch seine Lehrthätigkeit hat Buschius sich auch durch zahlreiche schriftstellerische Arbeiten um die Förderung der humanistischen Studien in Deutschland verdient gemacht. Wenn wir von seinen lateinischen Dichtungen, in denen er sich als geschickter Nachahmer der classischen römischen Dichter zeigt, absehen, ist hier vor allem sein dem Kölner Dom-

---

¹) Oestrum seu novus Epigrammatum libellus in Tilemannum Henerlingium, Rubei leonis Rectorem Rostochiensem (Lips. 1507), wiederholt als Anhang zu Busch's Spicilegium XXXV illustrium philosophorum auctoritates utilesque sententias continens (Lips. 1507). — Vgl. Krabbe, Die Universität Rostock im 15. und 16. Jahrhundert (Rostock 1854) Bd. 1 S. 259 ff.

Der deutsche Humanismus im Kampfe gegen die Kirche. 139

herrn Hermann Grafen von Neuenar, einem der eifrigsten Förderer des Humanismus in Deutschland, gewidmetes „Vallum humanitatis" (Köln 1518 u. ö., vgl. S. 137, Anm. 1) zu erwähnen, eine Schutzschrift für die humanistischen Studien wider die besonders von Seiten der Theologen gegen sie gerichteten Angriffe, die von der Belesenheit ihres Verfassers, namentlich in den römischen Schriftstellern, ein glänzendes Zeugniß gibt; sodann sein aus den Schriften römischer Grammatiker compilirter Commentar zu dem grammatischen Lehrbuch des Donatus[1]) und seine Ausgaben römischer Dichter. So veröffentlichte er nach Handschriften das „Carmen de bello civili" aus dem satirischen Roman des Petronius (Leipzig bei Jac. Thanner, 1500), die Punica des Silius Italicus (Leipzig 1504, impressum cura et impensis Baccalaurei Martini Herbipolensis), den Amphitruo des Plautus (Leipzig bei Jak. Thanner 1504), ausgewählte Epigramme des Martialis (o. O. 1509), eine Auswahl von Sentenzen aus den Komödien des Plautus mit Erläuterungen dazu unter dem Titel „Decimationum Plautinarum Πεμπτάς" (Köln 1508 u. ö.), und gab auch einen Commentar zu Claudian's Gedicht de raptu Proserpinae heraus (Köln 1514).

Ein Landsmann des Buschius, Conrad Goclenius (Gockelen, geboren 1485 zu Mengeringhausen im Stift Paderborn, gestorben zu Löwen 25. Januar 1535) wirkte 20 Jahre lang mit Erfolg als Lehrer der lateinischen Sprache am Collegium trium linguarum zu Löwen. Erasmus, dem er persönlich nahe stand, rühmt seinen feinen Witz und seine Gewandtheit in lateinischen

---

[1]) Hermanni Buschii Pasiphili in artem Donati de octo partibus orationis Commentarius ex Prisciano: Diomede: Servio: Capro: Agretio: Phoca clarissimis grammaticis: cura et labore non mediocri ad publicam inventutis utilitatem institutionemque collectus. (Zuerst 1508 oder 1509 erschienen, dann öfter wiederholt.) Später gab er auch das Werk des Grammatikers Diomedes heraus: „Diomedis Grammaticae Opus tripartitum Colon. imp. Pet. Quentel" (1523) 4.

Versen und Prosa; eine Probe davon gibt seine lateinische Ueber=
setzung des lukianischen Dialogs Hermotimos, wofür ihn der
englische Kanzler Thomas Morus, dem er sie dedicirt hatte, mit
einem mit Goldstücken gefüllten vergoldeten Becher beschenkte.
Außerdem hat er Scholien zu Cicero de officiis veröffentlicht [1]).

Große Verdienste um die Einführung eines reinen lateinischen
Stiles in Prosa und Poesie unter den Deutschen hat sich als
Lehrer wie als Schriftsteller der Schwabe Heinrich Bebel [2]) er=
worben. Geboren um 1472 in Ingstetten bei Justingen, gebildet
auf den Universitäten Krakau und Basel, wirkte er von 1497
bis zu seinem im Jahre 1518 erfolgten Tode als Professor der
lateinischen Sprache und der Poesie an der Universität Tübingen.
Unter seinen zahlreichen grammatischen Schriften (eine Sammlung
derselben erschien zu Pforzheim bei Th. Anshelm 1510) sind
hervorzuheben seine „Commentaria de abusione linguae latinae
apud Germanos et de proprietate eiusdem", der erste Versuch
eines sog. Antibarbarus für Deutsche, und seine „Commentaria
epistolarum conficiendarum", eine gegen die bisherigen Lehrbücher,
die sog. „Modi epistolandi" gerichtete Anleitung zum lateinischen
Briefstil; ferner verdient Erwähnung seine zuerst 1506 gedruckte,
dann öfter wiederholte „Ars versificandi et carminum conden-
dorum", ein Lehrbuch der lateinischen Prosodie, Metrik und
Poetik, welches an Gründlichkeit und Vollständigkeit alle ähnlichen
Werke jenes Zeitalters übertrifft, und seine Ausgabe des „Centimetrum" des Servius (Tübingen 1512 u. ö.). Unter seinen
durch Gewandtheit der Form ausgezeichneten lateinischen Dich=
tungen, welche ihm schon im Jahre 1501 die Dichterkrönung
durch Kaiser Maximilian eintrugen, nimmt der „Triumphus Ve-

---

[1]) Cicero de officiis . . . per Erasmum et Goclenium (Basel 1528) 4°.
[2]) Vgl. über ihn Zapf, Heinrich Bebel nach seinem Leben und Schriften
(Augsburg 1802); K. Ph. Conz in der Allgem. Encycl. d. Wiss. u. K.
S. I Bd. 8 S. 274; Geiger in der Allgemeinen deutschen Biographie
Bd. 2 S. 195 ff.

neris" (6 Bücher in Hexametern), eine scharfe Satire gegen die Sittenverderbniß seiner Zeit, besonders unter den Mönchen und der Geistlichkeit, den ersten Platz ein[1]). Als gewandten und eleganten Stilisten bewährt er sich auch in seinen während des 16. und 17. Jahrhunderts sehr häufig gedruckten „Facetiae" (zuerst 1506), einer Sammlung von Anekdoten, Schnurren und Zoten, in denen ebenfalls die Geistlichen eine bedeutende, aber keineswegs rühmliche Rolle spielen, sowie in seinen „Proverbia Germanica", einer Sammlung deutscher Sprichwörter und Sinnsprüche in lateinischer Uebersetzung, häufig mit Vergleichung griechischer Denksprüche, namentlich einzelner Verse des Menander[2]).

Zwei Schüler Bebel's, **Jakob Henrichman** aus Sindelfingen und **Johannes Brassicanus** (Koel) aus Constanz[3]), verfaßten lateinische Sprachlehren (Institutiones grammaticae), welche wesentlich zur Verdrängung der bis dahin üblichen mittelalterlichen Lehrbücher beitrugen[4]).

---

[1]) Welchen Beifall dieses Gedicht bei den Zeitgenossen fand, geht besonders daraus hervor, daß ein Schüler Bebel's, **Johannes Altensteig** aus Mindelheim, Lehrer an dem Augustiner Chorherrenstift Pollingen, Verfasser eines lateinischen Wörterbuches (Vocabularius) und einiger grammatisch-stilistischer Lehrbücher (vgl. Erhard, Geschichte u. s. w. Bd. 3 S. 318 f.), im Jahre 1510 einen ausführlichen gelehrten Commentar dazu, wie zu dem Werke eines alten Classikers, verfaßte (Triumphus Veneris Henrici Bebelii poetae laureati, cum commentario Joannis Altenstaig Mindelheimensis. Argentinae 1514, 4°.

[2]) Heinrich Bebel's Proverbia Germanica bearbeitet von Dr. W. H. D. Suringar (Leiden 1879).

[3]) „Ad Joannem Brassicanum Constantiensem" ist ein Gedicht Bebel's (Elegia hecatosticha in den Carmina Bebeliana in der Ausgabe der Facetiae u. s. w., Argentorati 1514, Bl. N n 8°) betitelt. Vgl. Klüpfel in der Allgemeinen deutschen Biographie Bd. 3 S. 259 f.

[4]) „Grammatica Jacobi Henrichman sectae recentioris, quam modernorum vocant in gymnasio Tubingensi moderatoris" (Pforzheim 1506 u. ö. in späteren Ausgaben „Institutiones Grammaticae" betitelt). Joannis Brassicani Institutiones grammaticae (Straßburg 1508) u. ö. Vgl. Burckhard, De linguae latinae in Germania fatis novi commentarii p. 416 ss.

Den Ruhm der Führerschaft der deutschen Humanistenschaar theilt mit dem Schwaben Reuchlin der Niederländer Desiderius Erasmus[1]) (geboren zu Rotterdam am 27. Oct 1465 oder 1467, gestorben zu Basel am 12. Juli 1536), der zwar an Gesinnungstüchtigkeit und Ueberzeugungstreue hinter jenem zurücksteht, aber an Gründlichkeit seiner Kenntnisse in den classischen Sprachen (wenigstens im Lateinischen) wie an Feinheit und Schärfe philologischer Methode ihn entschieden überragt, an maßgebendem Einfluß auf die Richtung der humanistischen Studien in Deutschland, der Schweiz, Holland und England ihm mindestens gleichsteht. Diesen Einfluß hat er nicht sowohl durch öffentliche Lehrthätigkeit ausgeübt (in seinen jüngeren Jahren ertheilte er privatim Unterricht, von 1509—1516 bekleidete er wenigstens nominell eine Professur der griechischen Sprache und der Theologie an der Universität Cambridge), als vielmehr durch persönlichen Verkehr (seine Wanderungen in Frankreich und Italien, sein wechselnder Aufenthalt in den Niederlanden, England und Deutschland gaben ihm reiche Gelegenheit, persönliche Bekanntschaften anzuknüpfen: in späteren Jahren unternahmen insbesondere die deutschen Humanisten geradezu Wallfahrten zu ihm), durch seinen sehr ausgebreiteten Briefwechsel und durch seine eifrige schriftstellerische Thätigkeit. Nur auf die letztere, auf welche auch Erasmus selbst das Hauptgewicht legte[2]) und zwar auch nur, soweit sie sich auf philologischem Gebiete bewegt, haben wir hier etwas näher einzugehen, während eine Darstellung seiner äußeren Lebensverhältnisse, eine Zeichnung seines Charakterbildes, das neben manchen liebenswürdigen auch manche unangenehme und abstoßende Züge enthält,

---

[1]) Der Familienname des Erasmus war nach einer zuerst von W. Vischer (Erasmiana, Progr. der Univ. Basel 1876 S. 30) ausgesprochenen, von L. B. Kan (Erasmiana, in „Erasmiani gymnasii programma litterarium. Rotterdam 1881, p. 7) gebilligten Vermuthung Roger oder Rogers.

[2]) „Optimam Erasmi partem in libris videre licet quoties libet" schreibt derselbe aus Löwen III. Cal. Jun. 1519 an seinen Bewunderer Kaspar Schalbus (Epistolae Erasmi in der Gesammtausgabe der Werke, Basel 1540 f., Bd. 3 S. 246).

sowie eine Würdigung seiner Leistungen auf dem Gebiete der Theologie außerhalb der Grenzen unserer Aufgabe liegt [1]). Schon ein flüchtiger Blick auf die 4 Jahre nach Erasmus' Tode von seinem Freunde Beatus Rhenanus besorgte, 9 Bände umfassende Gesammtausgabe seiner Werke (Omnia Opera Desiderii Erasmi Roterodami quaecunque ipse autor pro suis agnovit, novem tomis distincta. — Cum praefatione Beati Rhenani Selestadiensis uitam autoris describente, ad Imp. Caes. Carolum V. Basileae 1540—41) zeigt uns einen wesentlichen Unterschied zwischen ihm und der großen Mehrzahl der deutschen Humanisten: während diese, wie sie sich gern „Poeten" nennen, auf ihre dichterische Thätigkeit das Hauptgewicht legen, finden wir bei Erasmus, abgesehen von einer metrischen Uebersetzung der Hecuba und der Iphigenie in Aulis des Euripides und einer Sammlung „Epigrammata" von sehr mäßigem Umfang (Opp. Vol. I, p. 936 ss. u. p. 1018 ss.) sowie einigen vereinzelten Gedichten [2]) ausschließlich

[1]) Vgl. darüber Erhard, Geschichte u. s. w. Bd. 2 S. 461 ff. (wo auch die ältere Litteratur angeführt ist); derselbe in Ersch und Gruber Allgem. Encycl. d. W. u. K. S. 1, Bd. 36 S. 155—212 (mit sorgfältigem chronologischen Verzeichniß der Schriften des Er.); Nisard, Renaissance et Reforme, éd. III. (Paris 1876) Vol. I; H. Durand de Laur, Erasme, précurseur et initiateur de l'esprit moderne, (Paris 1872) 2 Bde.; Robert Blackley Drummond Erasmus, his life and character as shown in his correspondence and works (London 1873) 2 Bde.; G. Feugère, Erasme. Etude sur sa vie et ses ouvrages (Paris 1874); Kämmel in der Allgem. d. Biographie Bd. 6 S. 160—180.

[2]) „Illustrissimo principi Philippo feliciter in patriam redeunti Gratulatorium carmen Des. Erasmi sub persona patriae" (in Hexametern) Opp. t. IV p. 428 ss.; „Des. Er. R. Carmen ad Gulielmum Copum Basileensem De senectutis incommodis, Heroico carmine et iambico Dimetro catalectico" ib. p. 595 ss.; endlich einige religiöse Gedichte t. V p. 1103 ss. Daß Erasmus selbst auf seine dichterischen Versuche nicht geringen Werth legte, zeigt die Ausführlichkeit, mit welcher er in seiner Zuschrift an den Constanzer Domherrn Dr. Johannes Botzheim, der wegen seiner Sittenstrenge den Beinamen „Abstemius" erhalten hatte, sich über dieselben ausspricht (Catalogi duo operum Des. E. R. ab ipso conscripti et digesti etc., Basel 1537, p. 15 ss., auch in Opp. t. I fol. B* 2ᵛ).

prosaische Schriften. Der Stil in allen diesen zeigt nichts künstlich
Gemachtes, keine ängstliche Nachahmung eines bestimmten Vor-
bildes, sondern trägt einen durchaus selbständigen, eigenartigen
Charakter: er ist leicht und klar, anmuthig und geistreich, ganz
aus einem Gusse. Diese Eigenschaften treten am glänzendsten
hervor in seinen humoristisch-satirischen Schriften, in denen er den
Verkehrtheiten und Verirrungen seiner Zeit auf sittlichem, gesell-
schaftlichem und litterarischem Gebiete einen Spiegel vorhält: dem
„Lobe der Narrheit" (Μωρίας ἐγκώμιον id est Stultitiae laus
Opp. t. IV p. 352 ss.), den „Vertraulichen Gesprächen" (Familiaria
colloquia Opp. t. I p. 526 ss.) und dem gegen die besonders in
Italien zahlreiche Anhänger zählende Secte der „Ciceronianer",
welche nur die Schriften des Cicero als ausschließliches Vorbild
für den lateinischen Stil gelten lassen und jedes nicht bei Cicero
vorkommende Wort als barbarisch verbannt wissen wollten, gerichteten Dialog „Ciceronianus sive de optimo dicendi genere"
(Opp. t. I p. 813 ss.), welcher eine heftige Gegenschrift von Julius
Caesar Scaliger, dem begabten, aber in vielen Beziehungen barocken Vater des großen Joseph Justus Scaliger, hervorrief (pro
M. Tullio Cicerone contra Desid. Erasmum Roterodamum oratio I. Paris 1531; or. II 1536); aber sie verleihen auch seinen
übrigen Werken, seinen Briefen, seinen Uebersetzungen aus dem
Griechischen, seinen stilistisch-philologischen und seinen moralisch-
theologischen Schriften ihr eigenthümliches Gepräge. Auf philologischem Gebiete ist es vor allem die formale Seite des classischen
Alterthums, Grammatik, Stilistik und Rhetorik, und deren Verwerthung als formal bildendes Element für seine Zeit, welcher er
seine Thätigkeit zuwandte. Wie bei den meisten italienischen und
den älteren deutschen Humanisten tritt auch bei ihm das Lateinische
in den Vordergrund; dem Griechischen hat er zwar besonders
seit seinem ersten Aufenthalte in England ein eifriges Studium
gewidmet, doch beherrscht er es nicht in gleicher Weise wie das
Lateinische und es waren ihm darin einzelne seiner Zeitgenossen,
wie z. B. der franz. Jurist Guillaume Budé (Budaeus),

entschieden überlegen. Die ersten Grundsteine zu dem Aufbau einer wissenschaftlichen Lautlehre der classischen Sprachen, insbesondere der griechischen, legte er durch seine in dialogische Form eingekleidete Untersuchung über die richtige Aussprache der lateinischen und griechischen Sprache (De recta latini graecique sermonis pronunciatione dialogus, Opp. t. I p. 764 ss.), worin er die Behauptung aufstellte und durchführte, daß die im Volksmunde überlieferte, von gelehrten Griechen nach dem westlichen Europa verpflanzte und von den abendländischen Gelehrten, insbesondere auch von Reuchlin, dem angesehensten Vertreter der griechischen Studien in Deutschland, adoptirte Aussprache des Griechischen in Hinsicht der Laute mehrerer Vocale und der meisten Diphthongen, sowie in Bezug auf die Vernachlässigung der Quantität nicht die der alten Griechen, sondern eine verderbte und daher beim Unterricht durch eine andere, auf die Natur der einzelnen Laute und die Quantität der Silben begründete zu ersetzen sei. Dieser Tractat, welcher das Signal gab zu dem bis heute noch nicht beigelegten Streite zwischen den Vertretern der Erasmischen und der nationalgriechischen oder Reuchlinischen Aussprache oder des Etacismus und Itacismus, ist von weittragender Bedeutung als erster Versuch einer Emancipation von der Ueberlieferung der griechischen Nationalgrammatiker, einer selbständigen Erforschung des Wesens und der fundamentalen Gesetze der griechischen Sprache. Als Hülfsmittel für den elementaren Unterricht in der griechischen Formenlehre übersetzte Erasmus die Grammatik des Griechen Theodoros Gaza aus Thessalonich ins Lateinische (Theodori Gazae Thessalonicensis grammaticae institutionis libri duo per D. E. R. in latinam linguam conversi ac distincti, Opp. t. I p. 96 ss.); für die von Dr. Johannes Colet in London gestiftete Schule bearbeitete er einen in der Anordnung des Stoffes noch eng an Donat und die Ausleger desselben sich anschließenden Leitfaden für den Unterricht in der lateinischen Syntax (Libellus de octo orationis partium constructione tum elegans inprimis tum dilucida brevitate copiosissimus, Opp. t. I p. 141 ss.). Stilistisch=rhetorischen Inhalts sind, abgesehen von dem Auszuge aus des Laurentius Valla „Elegantiae sermonis latini", durch welchen er dieses Werk voll seiner auf philosophische Auffassung der Sprache gegründeter Beobachtungen weiteren Kreisen zugänglich machte (Epitome D. E. R. in Elegantiarum libros Laurentii Vallae, Opp. t. I p. 884 ss.), seine Schrift über den Reichthum an Worten und Gedanken (De duplici copia verborum ac rerum commentarii duo, Opp. t. I p. 1 ss.) und seine Anleitung zum Briefschreiben (De ratione conscribendi epistolas, Opp. t. I p. 297 ss.). Eine Anzahl anderer Schriften behandelt die Methode des Unterrichts und der Erziehung der Jugend[1]). Aus dem Bestreben, die Lebensanschauung und Lebensweisheit des classischen Alterthums in einer Anzahl charakteristischer Beispiele, gleichsam in ihrer Quintessenz, darzulegen und dadurch die Eleganz und Fülle des Ausdrucks bei den modernen Schriftstellern zu fördern, ist die große Sammlung antiker Sprüchwörter hervorgegangen, welche seit ihrem ersten Erscheinen (Paris 1500) bis zum Jahre 1523 von Erasmus zu wiederholten Malen vermehrt, erweitert und umgestaltet, in der Gesammtausgabe der Werke einen stattlichen Foliobaud ausfüllt (Opp. t. II: Adagiorum Chiliades quatuor cum sesquicenturia complectens, ex postrema ipsius autoris recognitione accuratissima, quibus non est quod quicquam imposterum uereare accessurum), in dem nach einer Einleitung über Wesen und Bedeutung des Sprüchworts überhaupt 4151 Sprüchwörter, sprüchwörtliche Redensarten und sprüchwortähnliche Sentenzen aus griechischen und lateinischen Schriftstellern und aus der Bibel, allerdings der Sitte jener Zeit gemäß ohne genauere Quellenangaben, zusammengestellt und ausführlich erläutert, beziehendlich durch Anekdoten und Excurse, deren Spitze besonders gegen die Könige

---

[1]) „Pueros ad virtutem ac litteras liberaliter instituendos idque protinus a nativitate declamatio" Opp. t. I p. 420 ss. „De ratione studii" ibid. p. 445 ss. „De civilitate morum puerilium" ibid. p. 862 ss.

und gegen die Mönche gerichtet ist, illustrirt sind. Aus den Arbeiten für diese große Sammlung erwuchs auch die kleine Sammlung von Gleichnissen und verwandten Sentenzen aus einer Anzahl griechischer und römischer Schriftsteller, welche Erasmus selbst in der Vorrede als eine Art Anhang zu den Adagia oder zu den Büchern „de Copia" bezeichnet (Parabolae sive similia. Ex Plutarchi Moralibus. Ex Seneca. Ex Luciano, Xenophonte ac Demosthene. Ex Aristotele, Plinio, Theophrasto, in Opp. t. I p. 466 ss.). Den Uebergang zu den Uebersetzungen griechischer Schriftwerke ins Lateinische, zu deren Abfassung Erasmus hauptsächlich durch den Wunsch veranlaßt wurde, den Inhalt jener Werke auch weiteren Kreisen als denen, welche der griechischen Sprache in ausreichendem Maße kundig waren, zugänglich zu machen, bildet die Sammlung denkwürdiger und witziger Aussprüche von Fürsten, Philosophen und anderen Leuten, welche zum größten Theile aus Plutarch übersetzt, aber durch Zusätze aus anderen classischen Schriftstellern erweitert ist (Apophthegmata lepideque dicta principum, philosophorum ac diversi generis hominum ex Graecis pariter ac latinis autoribus selecta cum interpretatione commoda dicti argutiam aperiente, Opp. t. IV p. 84 ss.). Neben Plutarch, von dem er eine Anzahl der vermischten kleinen Schriften, der sog. „Moralia" übersetzt hat (Opp. t. IV p. 5 ss.), war Lucian ein Lieblingsschriftsteller des ihm durchaus congenialen Erasmus: Uebersetzungen von zahlreichen Schriften desselben finden sich im ersten Bande der Gesammtausgabe der Werke (Opp. t. I p. 154 ss.). Außerdem hat Erasmus, abgesehen von der Uebersetzung und den Paraphrasen des Neuen Testamentes und ausgewählter Partien aus griechischen Kirchenvätern, sowie von der schon erwähnten metrischen Uebersetzung zweier Tragödien des Euripides, des Isokrates Rede an König Nikokles (Opp. t. IV p. 474 ss.), den Hieron des Xenophon (ebd. p. 582 ss.), einige Declamationen des Libanius (Opp. t. I p. 459 ss.) und drei kleine Schriften des Galenus (Opp. t. I p. 871 ss.) ins Lateinische übertragen.

Endlich hat sich Erasmus auch durch die Besorgung von Ausgaben mehrerer griechischer und lateinischer Schriftsteller, deren Texte er theils mit Hülfe von Handschriften (über die er freilich, wie fast alle Herausgeber classischer Texte jener Zeit, weder im Allgemeinen, noch in Bezug auf die einzelnen Lesarten nähere Auskunft gibt), theils durch eigene Conjecturen verbessert, zum Theil auch mit Inhaltsangaben und Commentaren (Scholien) versehen hat, bleibende Verdienste um die classische Philologie erworben. So hat er von griechischen Schriftstellern außer dem Neuen Testament[1]) herausgegeben die sämmtlichen Werke des Aristoteles (Basel 1531, mit Beihülfe von Simon Grynäus) und die Geographie des Claudius Ptolemäus (Basel 1533, mit Benutzung einer von Theobald Fettich ihm geliehenen Handschrift und der von W. Pirckheimer hinterlassenen Vorarbeiten, die erste Ausgabe des griechischen Textes dieser Schrift), von Lateinern die Distichen des sog. Cato nebst den Sentenzen des Publius (Publilius) Syrus (London 1514)[2]), die sämmtlichen Werke des Philosophen und des Rhetors Seneca, die man damals noch nicht von einander zu scheiden gelernt hatte (Basel 1515 und wesentlich verbessert ebendaselbst 1529)[3]), die Vitae Caesarum des Suetonius (nach einer alten Handschrift des Klosters

---

[1]) Die zuerst im Jahre 1516 erschienene, dann noch bei Erasmus' Lebzeiten viermal (1519, 1522, 1527 und 1535) neu aufgelegte Ausgabe des griechischen Textes des Neuen Testaments mit lateinischer Uebersetzung und Anmerkungen, welche nach des Laurentius Valla von Erasmus durch den Druck veröffentlichten Anmerkungen zum N. T. [Laurentii Vallensis in latinam Novi Testamenti interpretationem ex collatione graecorum exemplarium adnotationes apprime utiles (Paris 1505 fol.)] das erste Beispiel der Anwendung der Methode philologischer Kritik auf das N. T. gab, unter den Arbeiten des Erasmus wohl die bedeutendste und reifste, bildet den 6. Band der Gesammtausgabe der Werke.

[2]) Vgl. über diese sehr seltene Ausgabe und ihre Wiederholungen Publilii Syri sententiae ed. Ed. Woelfflin p. 23 s.

[3]) Vgl. über den Werth dieser Ausgaben C. R. Fickert, Prolegomena in novam Operum L. Annaei Senecae philosophi editionem, partic. I (Naumburg 1839) p. 23 ss.

St. Martin zu Tournay) nebst den Scriptores historiae Augustae. Ammianus Marcellinus und einigen kleineren späteren römischen Historikern (Basel 1518), Cicero's Bücher de officiis nebst den kleinen Schriften de amicitia, de senectute, paradoxa und somnium Scipionis (Basel 1519) und Tusculanae quaestiones (Basel 1523), die Pseudo=Ovidische Elegie de nuce und zwei Hymnen des Prudentius mit Commentar (Basel 1524, wieder abgedruckt in den Opp. t. I p. 999 ss. und t. V p. 1121 ss.), die „Historia mundi" (Naturalis historia) des Plinius (Basel 1525), die Komödien des Terentius (Basel 1532). Dazu kommen noch Ausgaben verschiedener Kirchenväter, von denen wir die Gesammtausgabe der Werke des von Erasmus besonders hoch= verehrten Hieronymus (9 Bände, Basel 1516, zweite Auflage 1524, dritte 1533) wegen der methodischen Kritik in der Ausscheidung der unächten von den ächten Schriften hervorheben, und zahlreiche Beiträge zu von anderen Herausgebern besorgten Ausgaben alter Classiker, wie zu der bei Herwagen in Basel erschienenen Aus= gabe der Reden des Demosthenes (1532), zu der von Beatus Rhenanus besorgten Ausgabe des Q. Curtius (Straßburg 1518), zu der Aldinischen Ausgabe der Komödien des Plautus (Venedig 1522), zu des S. Grynäus Ausgabe des Livius (Basel 1531) u. a. m.

Das Verdienst, den Erasmus zu dieser seiner Thätigkeit für die Herausgabe classischer Schriftsteller angeregt zu haben, ge= bührt zu nicht geringem Theile dem durch enge Freundschaftsbande mit ihm verbundenen Baseler Buchdrucker Johannes Froben, der in Hammelburg in Franken im Jahre 1460 geboren, nach= dem er in Basel studirt und eine Zeit lang in der Druckerei des ebenfalls um die Verbreitung der classischen Studien mehrfach verdienten Johannes Amorbach, des Vaters des humanistisch gebildeten Juristen Bonifacius Amorbach, als Corrector ge= arbeitet hatte, im Jahre 1491 daselbst eine eigene Druckerei er= richtete, die nach seinem im Jahre 1527 erfolgten Tode von seinem Sohne Hieronymus Froben und seinem Schwiegersohne

Nicolaus Episcopius (eigentlich Bischop aus Weissenburg) im Geiste des Vaters fortgeführt wurde. Diese Froben'sche Officin bildete den Mittelpunkt der schriftstellerischen Thätigkeit einer Anzahl jüngerer Humanisten, die sich um Erasmus während seines Aufenthalts in Basel (1521—1529) wie Jünger um ihren Meister geschaart hatten und wie dieser in Abwendung von praktisch-reformatorischer Thätigkeit auf kirchlichem Gebiete, nur die Verbreitung der Erkenntniß des classischen Alterthums und die Herstellung eines reineren Geschmacks zu fördern suchten. Einer der tüchtigsten unter diesen war der als Philolog und Historiker gleich bedeutende Beatus Rhenanus (von Rheinau, der Heimath seiner Familie benannt; sein eigentlicher Familienname war Bild), der 1485 in Schlettstadt im Elsaß geboren, auf der trefflichen Schule seiner Vaterstadt und auf der Universität Paris gebildet, von 1511 bis 1527 in Basel, wo er durch den gelehrten Predigermönch Johannes Conon aus Nürnberg (geb. 1463, gest. 21. Febr. 1513), der in B. Amorbach's Hause als Erzieher der Söhne desselben und als Corrector lebte, in der Kenntniß des Griechischen gefördert wurde, sodann bis zu seinem Tode (18. Mai 1547) in seiner Vaterstadt in wissenschaftlicher Muße lebte. Früchte dieser wohlangewandten Muße waren eine Ausgabe der Satire des Seneca über den Tod des Kaisers Claudius, worin er den Text dieses Schriftchens nach der ersten im Jahre 1513 in Rom erschienenen Ausgabe mit wenigen Verbesserungen wiederholte und mit einem Commentar versah, auch die von einem Engländer Johannes Phrea (Free) gefertigte lateinische Uebersetzung der Declamation des Synesius zum Lobe der Kahlköpfigkeit (Encomium calvitiae) mit eigenem Commentar beifügte (Basel 1515)[1], Ausgaben des Quintus Curtius De rebus gestis Alexandri magni

---

[1] Diese Bearbeitung der Satire des Seneca durch Beatus Rhenanus wurde in die erste Erasmische Ausgabe der sämmtlichen Werke des Seneca (1515), eine Umarbeitung, für welche Rhenanus eine freilich ziemlich werthlose Weißenburger Handschrift benutzt hat, in die zweite Erasmische Ausgabe (1529) aufgenommen.

(mit Anmerkungen des Erasmus, Straßburg 1518), der römischen Panegyriker (Basel 1520), der Schriften verschiedener römischer Rhetoren nach einem Codex der Bibliothek zu Speier (Basel 1521) und der Werke des Tertullianus (Basel 1521, 2. Ausgabe 1528, dritte 1539), die erste Ausgabe des Geschichtswerkes des Velleius Paterculus, dessen einzige Handschrift Rhenanus um 1515 in der Bibliothek des Klosters Murbach im Oberelsaß auffand (Basel 1522, mit dankenswerthen aus einer nochmaligen Vergleichung der Handschrift mit der von einem Freunde des Rhenanus gefertigten Abschrift hervorgegangenen Emendationen von Rhenanus' Famulus Albert Burer aus Brugg im Aargau), die an treffenden Textverbesserungen reichen Emendationen zu der Naturalis historia des Plinius, für welche Rhenanus ebenfalls einen jetzt verschollenen Murbacher Codex benutzte (Basel 1526), die Ausgabe des Tacitus, dessen Text ihm manche schöne Emendation verdankt (Basel 1533), die in Gemeinschaft mit Gelenius besorgte Ausgabe des Livius, wofür ihm eine Wormser und eine Speierer Handschrift zu Gebote standen (Basel 1535), endlich sein Hauptwerk über die ältere Geschichte und Geographie Deutschlands, das ihm einen Ehrenplatz unter den Begründern unserer nationalen Geschichtsschreibung erworben hat, die „Rerum Germanicarum libri III" (Basel 1531)[1]. In Hinsicht der Textkritik zeigen die Arbeiten des Rhenanus einen entschiedenen Fortschritt gegenüber seinen Vorgängern, indem er stets bemüht war, neue handschriftliche Hülfsmittel für die Verbesserung der Texte der alten Schriftsteller aus dem Dunkel der Bibliotheken hervorzuziehen und einen richtigen Maßstab für die Würdigung derselben

---

[1] Vgl. A. Horawitz, „Beatus Rhenanus. Ein biographischer Versuch" in den Sitzungsberichten der Wiener Akademie, philos.-histor. Cl. Bd. 70 S. 189 ff.; derselbe, „Des Beatus Rhenanus litterarische Thätigkeit in den Jahren 1508—1531", ebd. Bd. 71 S. 643 ff.; derselbe, „Des Beatus Rhenanus litterarische Thätigkeit in den Jahren 1530—1547, ebd. Bd. 72 S. 323 ff.; derselbe, „Die Bibliothek und Correspondenz des Beatus Rhenanus zu Schlettstadt" ebd. Bd. 78 S. 313 ff.

zu gewinnen, und indem er nur da, wo seine handschriftlichen Hülfsmittel ihn im Stiche ließen, durch eigene Conjecturen die verderbte Ueberlieferung zu verbessern suchte.

Ein anderes Mitglied dieses Erasmisch-Froben'schen Kreises war Sigmund Gelenius (Ghelen od. Gelen), der in Prag im Jahre 1497 geboren, nachdem er in Bologna und Venedig studirt, Italien und die benachbarten Inseln, Frankreich und Deutschland durchreist und dann kurze Zeit in Prag Privatvorlesungen über griechische Litteratur gehalten hatte, von 1524 an bis zu seinem Tode (1554) als Corrector für die römische, griechische und hebräische Litteratur in der Froben'schen Druckerei thätig war: ein Mann von bedeutender Gelehrsamkeit und großem Scharfsinn, der ihn bei der Herstellung der Texte der alten Schriftsteller manchmal zu allzu kühnen und willkürlichen Aenderungen verleitete. Von griechischen Schriftstellern hat er die Hymnen des Kallimachos (Basel 1532), die Komödien des Aristophanes (Basel 1547) und die griechische Anthologie nach der Anordnung des Maximus Planudes, mit ausführlichem Commentar von dem Chorherrn Jean Brodeau zu Tours (Epigrammatum graecorum libri VII cum Joannis Brodaei notis, Basel 1549) ohne Benutzung neuer handschriftlicher Hülfsmittel, einige kleinere geographische Schriften (Arrian's Periplus des Pontus Euxinus und des Erythräischen Meeres, Hanno's Periplus Libyens, das Pseudo-Plutarchische Schriftchen über Fluß- und Bergnamen und einen Auszug aus Strabon's großem geographischem Werke) aus dem Heidelberger Codex Nr. 398 zum ersten Male, mit Beifügung einer lateinischen Uebersetzung, herausgegeben (Basel 1533). Auch an der von Arnoldus Peraxylus Arlenius aus Brabant veranstalteten ersten Ausgabe des griechischen Textes der Werke des Flavius Josephus (Basel 1544) hat er nach dem Zeugniß des Herausgebers in der Vorrede einen wesentlichen Antheil. Außerdem hat er lateinische Uebersetzungen der Werke einiger griechischer Schriftsteller angefertigt, die zum Theil erst nach seinem Tode in Druck erschienen sind: der von Carolus und Robertus

Stephanus (Paris 1551) veröffentlichten Partien des Geschichtswerkes des Appianus (herausgegeben von Caelius Secundus
Curio[1]), Basel 1554), der 10 ersten Bücher der römischen
Archäologie des Dionysios von Halikarnassos (Basel 1549), der
jüdischen Alterthümer, der Geschichte des jüdischen Krieges und der
Streitschrift gegen Apion des Josephus (Basel 1534 und 1548)[2]),
und mehrerer Werke des Juden Philon (Basel 1561). Von seinen
Leistungen für die römische Litteratur sind zu erwähnen die Ausgabe des Ammianus Marcellinus, dessen Text er mit Hülfe einer
jetzt verschollenen Handschrift des Klosters Hersfeld verbesserte
(Basel 1533), die in Gemeinschaft mit Beatus Rhenanus
veranstaltete Ausgabe des Livius (Basel 1535), wofür er außer einem
jetzt verlorenen Speierer Codex auch den zuerst von den Herausgebern der Mainzer Ausgabe (Mainz bei J. Schöffer, 1519), Nicolaus Carbach und Wolfgang Angst[3]), benutzten, jetzt
leider verschwundenen Mainzer Codex aufs Neue verglichen hat[4]),
seine „Castigationes" zur Naturalis historia des Plinius (Basel

---
[1]) Ueber Leben und Schriften dieses gelehrten Italieners, der aus seiner
Heimath wegen seiner Hinneigung zur Sache der Reformation vertrieben, von
1547 bis an seinen Tod (1569) in Basel die Professur der Beredtsamkeit bekleidete, vgl. (J. W. Herzog) Athenae Rauricae sive Catalogus professorum academiae Basiliensis (Basel 1778) p. 284 ss.; J. R. Linder in der
Zeitschrift für die historische Theologie 1872 S. 414 ff.; Mähly in der
Allgemeinen deutschen Biographie Bd. 4 S. 647 ff.

[2]) In der ersten, im Jahre 1540 wiederholten Ausgabe sind nur die
Bücher de bello Iudaico und contra Apionem von G. neu aus dem Griechischen übersetzt, während er von den Antiquitates Iudaicae, wofür ihm
keine griechische Handschrift zu Gebote stand, nur die alte Uebersetzung revidirt
hat; in der zweiten 1554 wieder abgedruckten Ausgabe dagegen sind auch
diese von G. nach dem unterdessen gedruckten griechischen Texte neu übersetzt.
Das Buch „De imperio rationis sive de Machabaeis" steht in beiden Ausgaben in der Uebersetzung des Erasmus.

[3]) Vgl. über diese Böcking, Hutteni Opp. III p. 78; Supplem. II
p. 301 und p. 338.

[4]) Ueber die Art und Weise wie Gelenius diese handschriftlichen Hülfsmittel benutzt hat vgl. W. Weißenborn, „De ratione qua Gelenius
quartam T. Livii decadem emendaverit" in den Commentationes philol.
in honorem Th. Mommseni (Berlin 1877) S. 302 ff.

1535), wofür ihm ebenfalls zwei alte Handschriften zu Gebote standen, und die Ausgabe der Schrift des Arnobius gegen die Heiden (Basel 1546). Endlich mag noch seines vergleichenden Wörterbuches der griechischen, lateinischen, deutschen und böhmischen Sprache (Lexicon symphonum quo quattuor linguarum Europae familiarium, graecae scilicet, latinae, germanicae ac slavinicae concordia consonantiaque indicatur, Basel 1537) gedacht werden, in welchem er viele Wörter der betreffenden Sprachen, allerdings nur nach dem äußerlichen Gleichklang, zusammengestellt hat.

Für die römischen Geschichtsschreiber und die römische Geschichte hat Tüchtiges geleistet ein drittes Mitglied jenes Kreises, Heinrich Loriti, gewöhnlich nach seiner Heimath, dem Dorfe Mollis bei Glarus, wo er im Juni 1488 geboren war, Glareanus genannt [1]). Von Köln, wo er studirt hatte und am 25. August 1512 vom Kaiser Maximilian zum Dichter gekrönt worden war, kam er im Jahre 1514, da ihm als entschiedenem Anhänger Reuchlin's der längere Aufenthalt daselbst verleidet war, nach Basel, wo er zunächst als Vorstand einer sog. Burse, d. h. eines Logier= und Kosthauses für Studenten, den Mitgliedern derselben Vorträge über römische Schriftsteller hielt. Streitigkeiten mit den Professoren der Artistenfacultät veranlaßten ihn 1517 nach Paris zu gehen, wo er fünf Jahre lang neben eigenen Studien in gleicher Weise als Leiter einer von schweizerischen Studenten bewohnten Burse als Lehrer thätig war. 1522 kehrte er in seine frühere Stellung nach Basel zurück, wurde auch 1524 in den Rath der Artistenfacultät aufgenommen, folgte aber, weil er mehr und mehr eine feindselige Stellung gegen die Kirchenreformation, mit deren hervorragendsten Vertretern in der

---

[1]) Vgl. über ihn H. Schreiber, Heinrich Loriti Glareanus, gekrönter Dichter, Philolog und Mathematiker aus dem 16. Jahrhundert. Biographische Mittheilung zur jährlichen Gedächtnißfeier an der Albert=Ludwigs=Hochschule zu Freiburg im Breisgau (1837); W. Vischer, Geschichte der Universität Basel S. 194 ff.

Schweiz, Ulrich Zwingli, Oswald Myconius und Johannes Oecolampadius er früher in den freundschaftlichsten Beziehungen gestanden hatte, einnahm, im Februar 1529 einem Rufe als Professor der Poesie nach Freiburg, wohin auch Erasmus wenige Monate später übersiedelte. Hier war er als Lehrer wie als Schriftsteller bis zum Jahre 1560, wo er Alters halber seine Professur niederlegte, eifrig thätig und starb 28. März 1563. Am eingehendsten hat er sich mit Livius beschäftigt, wovon seine Anmerkungen zu demselben (Basel 1540) sowie seine Livianische Chronologie, d. i. ein chronologischer Abriß der römischen Geschichte nach Livius (Basel 1531 u. ö.) Zeugniß geben. Eine ähnliche Arbeit hat er, obgleich die Kenntniß des Griechischen nicht eben seine starke Seite war — er hat auf diesem Felde sonst nur einige kurze Anmerkungen zu der griechisch-lateinischen Ausgabe der Homerischen Batrachomyomachie von Joachim Mynsinger (Freiburg 1547) geliefert —, für die römische Archäologie des Dionysios von Halicarnassos unternommen in seiner „Chronologia temporum in Dionysii historia comprehensorum", welche er der von ihm revidirten lateinischen Uebersetzung dieses Werkes von dem Florentiner Lapus Biragus beigegeben hat (Basel 1532). Außerdem hat er Anmerkungen zu Cäsar, Sallustius, Cicero de senectute, Valerius Maximus, Eutropius, der Germania des Tacitus und zu Suetonius' Caesares sowie Ausgaben des Horatius, der Metamorphosen des Ovid, des Terentius, des Lucanus, der Werke des Boethius und der Grammatik des Donatus, eine Schrift über das römische As und seine Theile, ein Lehrbuch der lateinischen Prosodie, endlich einige Schriften über Geographie, Arithmetik und Musik (mit besonderer Rücksicht auf die antike Musik) herausgegeben.

In Freiburg fanden Erasmus und Glareanus außer anderen Freunden und Pflegern der humanistischen Studien den Straßburger Ottomar Nachtgall (Nachtigall), genannt Luscinius, der um 1487 geboren, nachdem er in Paris, Löwen, Padua und Wien studirt, auch weite Reisen bis in die Türkei unternommen hatte, im Jahre 1522 oder 1523 als Professor der griechischen Sprache am Benedictinerkloster bei St. Ulrich und St. Afra in Augsburg, später als Prediger an der Moritzkirche daselbst angestellt worden war, wo er in den Brüdern Raimund und Anton Fugger hochherzige Gönner fand, Ende 1528 aber Augsburg verlassen und eine Predigerstelle in Freiburg angenommen hatte, wo er um 1535 starb. Derselbe war wenigstens in seinen früheren Jahren auch als Schriftsteller auf philologischem Gebiete eifrig thätig gewesen, wie seine Anfangsgründe der griechischen Sprache (Progymnasmata graecanicae litteraturae, Augsburg 1517 u. ö.), seine Sammlung griechischer Sentenzen in Trimetern mit Uebersetzung in lateinische Senare (Senarii proverbiales ex diversis poetis graecis a Stobaeo collecti et ab Ott. Luscinio in senarios latinos versi, ebd. 1521), seine griechisch-lateinischen Ausgaben der Reden des Isokrates an Demonikos und Nikokles nebst der Schrift des Agapetos über die Pflichten des Regenten (ebd. 1523) und der Göttergespräche des Lucian (mit Einschluß der Meergöttergespräche und eines Theiles der Todtengespräche, Straßburg 1515), lateinische Uebersetzungen verschiedener Schriften des Plutarch (Augsburg 1528), seine dem Anton Fugger gewidmeten „Seria iocique" (s. l. et a. [1529] enthaltend die lateinische Uebersetzung der Plutarchischen Schrift de profectu circa virtutem und zwei Centurien griechischer Epigramme mit metrischer lateinischer Uebersetzung), endlich seine Ausgaben des Martialis (Straßburg 1515) und des Gellius (ebd. 1521) beweisen[1]).

In demselben Jahre, wo Glarean und Erasmus Basel verließen, 1529, wurde Simon Grynaeus (Gryner oder Greiner, geboren 1493 zu Veringen im Hohenzollerischen, gestorben 1. August 1541 in Basel) als Professor der griechischen Sprache, die er früher in Wien, Ofen und Heidelberg gelehrt

---

[1]) Vgl. G. Th. Strobel, Miscellaneen litterarischen Inhalts, 4. Sammlung (Nürnberg 1781), S. 3 ff.

hatte, dorthin berufen, eine Professur, die er 1536 mit der des Neuen Testaments vertauschte. Sein Name war zuerst den Freunden des classischen Alterthums durch einen glücklichen Fund aus dem Gebiete der römischen Litteratur bekannt geworden: im Kloster Lorsch hatte er im Jahre 1527 eine (jetzt in der Wiener Bibliothek befindliche) sehr alte Handschrift entdeckt, welche die bis dahin unbekannten fünf ersten Bücher der fünften Decade des Geschichtswerkes des Livius (Buch 41—45) enthält, und daraus diese Bücher in der von Erasmus mit einer Vorrede versehenen ersten Froben'schen Ausgabe des Livius (Basel 1531) veröffentlicht[1]). Seine späteren litterarischen Leistungen beziehen sich, soweit sie überhaupt dem philologischen Gebiete angehören, ausschließlich auf die griechische Litteratur, insbesondere auf griechische Philosophen und Mathematiker. Platon's Werke hat er in Gemeinschaft mit Joh. Oporinus griechisch herausgegeben (Basel 1534; darin ist Proklos' Commentar zum Timäos zum ersten Male veröffentlicht), nachdem er schon früher die lateinische Uebersetzung des Marsilius Ficinus überarbeitet hatte (Basel 1532). Die von ihm und Erasmus veranstaltete Ausgabe der sämmtlichen Werke des Aristoteles haben wir schon erwähnt; außerdem hat er einige Schriften desselben lateinisch übersetzt und commentirt. Euklides' Elemente der Mathematik mit den Commentaren des Proklos und des Theon, sowie das unter dem Namen Almagest bekannte große astronomische Werk des Claudius Ptolemäus mit Theon's Commentar hat er zuerst griechisch herausgegeben (Basel 1533 und 1538); ebenso des Proklos Abriß der Astronomie (Basel 1540) und die sog. Hippiatrika, d. i. Schriften über die Veterinärkunde (Basel 1537). Endlich sind noch die von ihm besorgten Ausgaben der Komödien des Aristophanes (Basel 1532), der Vitae parallelae des Plutarch (Basel 1531) und des Lexicon des Julius Pollux (Basel 1536), sowie das

---

[1]) Vgl. den von M. Haupt (Opuscula Vol. II, p. 117 ff.) veröffentlichten Brief des Grynäus an Melanchthon.

von ihm verfaßte griechisch-lateinische Lexicon (Basel 1539) zu erwähnen [1]).

Grynäus' Nachfolger auf dem Lehrstuhle der griechischen Sprache in Basel war Johannes Oporinus (eigentlich Herbst, geboren zu Basel 25. Januar 1507, gestorben ebendaselbst 6. Juli 1568), der diese Stelle schon nach drei Jahren niederlegte, sich als Buchdrucker etablirte (er übernahm die ehemalige Cratander'sche Druckerei) und als solcher, mehr zum Vortheil der Wissenschaft als zu seinem eigenen, zahlreiche, namentlich auch philologische Werke druckte. Insbesondere ließ er sich die Verbreitung der Kenntniß der griechischen Litteratur durch Veröffentlichung von Texten und lateinischen Uebersetzungen griechischer Schriftsteller angelegen sein. Er wurde dabei sowohl von namhaften auswärtigen Gelehrten, als auch von einem jungen Hessen, Justus Vultejus aus Wetter (geboren 1529, gestorben als Professor der hebräischen Sprache zu Marburg 31. März 1575) unterstützt, der sich nach Vollendung seiner akademischen Studien in Marburg einige Zeit in Basel aufhielt und für Oporin's Pressen die Varia historia des Aelian (1548), die Politien des Herakleides (desgl.) und die Strategika des Polyän (1549), letztere nach einer trefflichen, jetzt verlorenen Handschrift, ins Lateinische übersetzte [2]). Oporinus selbst hat außer der schon erwähnten von ihm in Verbindung mit S. Grynäus veranstalteten Ausgabe des Platon, Ausgaben der Werke des Theophrast (Basel 1541, im Wesentlichen nur ein Abdruck der Aldinischen Ausgabe von 1496, die aber die Charaktere nicht enthält), der Tragödien des Euripides (Basel 1544 und 1551, letztere auch die zuerst 1545 von P. Victorius veröffentlichte

---

[1]) Vgl. Simonis Grynaei clarissimi quondam academiae Basiliensis theologi ac philologi epistolae — edidit G. Th. Streuber (Basel 1847); W. Th. Streuber, Leben des Simon Grynäus, im Baseler Taschenbuch 1853, S. 1 ff.

[2]) Vgl. über Vultejus M. Adami Vitae Germanorum I p. 266 ss.; für Polyän Polyaeni Strategicon libri VIII rec. E. Wölfflin (Leipzig 1860) praefatio p. XXIII s.

Elektra enthaltend), Anmerkungen zu verschiedenen griechischen und römischen Schriftstellern (zu Hesiodus, Demosthenes, Plutarchus, zu verschiedenen Schriften des Cicero, zu Plinius' Historia naturalis und zu Solinus), eine Sammlung der lateinischen Bukoliker von Virgil bis auf seine Zeit herab (Basel 1546), endlich ein „Onomasticon propriorum nominum" herausgegeben [1]).

In der für die Verbreitung classischer Schriftsteller durch den Druck vielfach thätigen Officin von Andreas Cratander in Basel war eine Anzahl Jahre hindurch als Corrector für das Griechische angestellt Jakob Ceporinus (eigentlich Wiesenbanger, geb. 1499 in Dynhart im Canton Zürich), bis er im Jahre 1525 nach Zürich als Professor der alttestamentlichen Theologie und der griechischen Sprache an die von Zwingli reorganisirte Schola Carolina berufen wurde, wo er schon am 20. Dec. 1525 starb. Veröffentlicht hat er selbst außer einem sehr oft aufgelegten „Compendium grammaticae graecae" nur Anmerkungen zu Aratos und Dionysios Periegetes (Basel 1523); nach seinem Tode erschienen seine Ausgabe des Pindaros, besorgt durch U. Zwingli, der unter dem Namen „Udalricus Geminius" zwei „Epistolae Pindaricae" beigesteuert hat (Basel 1526), und eine Ausgabe der Werke und Tage des Hesiodos mit kurzen Anmerkungen (Hesiodi Georgicon brevi scholio adornatum, Zürich 1526). Ceporin's Nachfolger war Rudolf Ambühel genannt Collinus (geb. 1499 in Guntalingen im Canton Luzern, gestorben 9. März 1578 in Zürich), der über Homer, Hesiod, Aristophanes, Xenophon, Jsokrates, Demosthenes, Plutarch und

---

[1]) Vgl. Oratio de ortu, vita et obitu Joannis Oporini Basiliensis, Typographicorum Germaniae principis, recitata in Argentinensi Academia ab Joanne Henrico Hainzelio Augustano. Authore Andrea Jocisco Silesio, Ethicorum in eadem Academia professore. Adiunximus librorum per J. Oporinum excusorum catalogum (Straßburg 1569); M. Adami Vitae Germanorum I p. 242 ss. — 20 Briefe von J. Cporinus an Francesco Cicerino aus den Jahren 1547—1554 sind abgedruckt in „Marquardi Gudii et doctorum virorum ad eum epistolae — curante P. Burmanno". (Haag 1714) p. 164—182.

Nonnus' Paraphrase des Evangeliums Johannis Vorlesungen hielt
und unter dem Namen Dorotheus Camillus die Tragödien des
Euripides und die Olynthischen Reden des Demosthenes lateinisch
übersetzte. Zugleich mit Ceporin wurde an die durch Zwingli
restaurirte Schule **Petrus Dasypodius** (Hasenfratz?) aus
Frauenfeld berufen (gestorben zu Straßburg 28. Febr. 1559),
der sich als Verfasser eines viel gebrauchten lateinisch=deutschen und
deutsch=lateinischen Wörterbuches (Dictionarium Latinogermanicum und Dictionarium Germanicolatinum 1535 u. 1536 u. ö.) in
weiteren Kreisen bekannt gemacht hat [1]). Einen Beweis für den
regen Eifer, mit welchem auf Zwingli's Antrieb in Zürich besonders das Griechische gepflegt wurde, gibt eine Aufführung
des Plutos des Aristophanes in griechischer Sprache, welche am
1. Januar 1531 in Zürich stattfand [2]).

Reuchlin und Erasmus, den beiden „Augen Germaniens",
wie begeisterte Humanisten sie nannten, steht, wenn auch nicht
an Gelehrsamkeit, so doch an Einfluß und Bedeutung für die
Förderung der humanistischen Studien zunächst der Nürnberger
Patricier **Wilibald Pirkheimer** (geboren 5. Dec. 1470, gestorben 22. December 1530) [3]). Schon sein Vater, der Dr. juris
Johann Pirkheimer, war einer der ersten Gönner des Humanismus
in Nürnberg gewesen und hatte die Errichtung eines Lehrstuhles
für Poesie und Beredtsamkeit daselbst durchgesetzt, welcher dem
Heinrich Grieninger (Gruniger) aus München, der sich in
Italien tüchtige Kenntnisse in der römischen Litteratur erworben
hatte, übertragen wurde (um 1496). Eine von Wilibald's

---

[1]) Vgl. L. Hirzel im Neuen Schweizerischen Museum Bd. 6 (1866),
S. 128 ff.; L. Spach in der Allgemeinen deutschen Biographie Bd. 4 S. 763.

[2]) Vgl. A. Hug, Aufführung einer griechischen Komödie in Zürich am
1. Januar 1531 (Zürich 1874), wo auch S. 20 ff. über R. Collin weitere
Nachweisungen gegeben sind.

[3]) Vgl. Erhardt, Geschichte u. s. w. Bd. 3 S. 1 ff.; K. Hagen,
Deutschlands literarische und religiöse Verhältnisse im Reformationszeitalter.
Mit besonderer Rücksicht auf Wilibald Pirkheimer (Erlangen 1841) Bd. 1
S. 188 ff. und S. 261 ff.

Schwestern, Charitas, Aebtissin des Klosters zu St. Clara in Nürnberg von 1503—1532, eine geistvolle und hochgebildete Frau, war des Lateinischen in solchem Grade mächtig, daß sie nicht nur die römischen Schriftsteller lesen, sondern auch gewandte lateinische Briefe schreiben konnte¹). Wilibald selbst hat nach seiner Rückkehr aus Italien, wo er sieben Jahre lang (1490—97) in Padua und Pavia juristische und humanistische Studien getrieben hatte, in verschiedenen Stellungen als Krieger und als Staatsmann seiner Vaterstadt wichtige Dienste geleistet, dabei aber immer Zeit und offenen Sinn für gelehrte Studien und Arbeiten bewahrt: sein mit einer reichhaltigen Bibliothek versehenes Haus war der Mittelpunkt aller litterarischen und künstlerischen Bestrebungen Nürnberg's; er selbst stand mit der Mehrzahl der deutschen und nicht wenigen ausländischen Humanisten in persönlichen, durch regen Briefwechsel unterhaltenen Beziehungen und wurde bald allgemein als einer der bedeutendsten Stimmführer der Sache des Humanismus in Deutschland anerkannt, eine Stellung, die durch sein entschiedenes Auftreten zu Gunsten Reuchlin's, den er in einer besonderen Schutzschrift (Nürnberg 1517) vertheidigte, noch befestigt wurde. Besondere Verdienste erwarb er sich um die Hebung der Schulen Nürnberg's, an welche durch ihn oder doch durch seinen Einfluß eine Anzahl namhafter Männer als Lehrer berufen wurden: so zunächst Johannes Cochläus (eigentlich Dobeneck, geb. 1479 zu Wendelstein bei Nürnberg, Rector der Schule zu St. Lorenz 1510—1515, Verfasser einer lateinischen Grammatik und eines Commentars zu der Meteorologie des Aristoteles, Herausgeber der Cosmographie des Pomponius Mela, später einer der erbittertsten Gegner Luther's und Melanchthon's)²), sodann Eobanus Hessus, Joachim Camerarius, Michael Roting (vgl. S. 132) u. a. Aus Nürnberg wurde auch der erste

---

¹) Vgl. über sie und ihre Beziehungen zu mehreren zeitgenössischen Humanisten W. Loose, Aus dem Leben der Charitas Pirkheimer, Aebtissin zu St. Clara in Nürnberg (Dresden 1870).

²) Vgl. C. Otto, Johannes Cochlaeus der Humanist (Breslau 1874).

Rector der im Jahre 1528 vom Markgrafen Georg von Brandenburg gestifteten gelehrten Schule zu Ansbach, Vincentius Obsopoeus (eigentlich Heidnecker, gest. 1539), berufen, ein persönlicher Freund und wahrscheinlich auch Schüler Melanchthon's, ein tüchtiger Gräcist, welchem wir den ersten Druck des griechischen Textes der ersten 5 Bücher des Polybius aus dem ihm durch einen Advocaten Jakobus Otto Aczelius überlassenen sog. Codex Bavaricus (Hagenau 1530, mit der älteren lateinischen Uebersetzung des Bischofs von Siponto Niccolo Perotti), der Aethiopischen Geschichten des Heliodorus nach einem von einem Ansbachischen Soldaten aus Ungarn mitgebrachten Codex (Basel 1534) und der Bücher 16—20 des Geschichtswerkes des Diodor aus einer ihm von Johannes Brassicanus durch Vermittlung des Nürnberger Buchdruckers Johannes Petrejus mitgetheilten, ursprünglich dem Bischof von Fünfkirchen Janus Pannonius gehörigen Handschrift (Basel 1539), ferner Ausgaben des Symposion des Xenophon (Hagenau 1531) und der Sprichwörtersammlung des Zenobius (ebdj. 1535), Mittheilung werthvoller Varianten aus einer alten Handschrift (codex Pannonicus) und eigene Verbesserungsvorschläge zu verschiedenen Reden des Demosthenes (Castigationes ac diversae lectiones in orationes Demosthenis, Basel 1534), einen Commentar zu der griechischen Anthologie des Maximus Planudes (Basel 1540), eine poetische lateinische Uebertragung zweier Bücher der Ilias und lateinische Uebersetzungen mehrerer Schriften des Lucian verdanken; auch hat derselbe verschiedene theologische Arbeiten und eine Anzahl lateinischer Gedichte, darunter ein der Ars amandi des Ovid nachgebildetes Gedicht de arte bibendi in 3 Büchern (Nürnberg 1536 u. ö.) verfaßt[1]).

Auch für die monumentalen Ueberreste des Alterthums hatte Pirkheimer Interesse: mit Hülfe seines Amanuensis, des späteren

---

[1]) Vgl. Dr. L. Schiller, Die Ansbacher gelehrten Schulen unter Markgraf Georg von Brandenburg (Programm der kgl. Studienanstalt zu Ansbach 1875) S. 6 ff. und S. 26 ff.

Archivars in Stuttgart **Andreas Ritel** oder **Rüttel** aus
Rottenburg und anderer Männer sammelte er antike Bildwerke
und Münzen, nahm genaue Wägungen der letzteren vor, um das
Werthverhältniß des antiken Geldes zum modernen festzustellen
und stellte die Resultate dieser Untersuchungen in einem kleinen
Schriftchen zusammen, das erst nach seinem Tode von dem eben
erwähnten Rüttel herausgegeben worden ist[1]). Während seines
Aufenthaltes in Trier studirte er die dortigen römischen Denk=
mäler, schrieb die Inschrift des Grabmonuments der Secundini
in dem Dorfe Igel ab und ließ eine Zeichnung des Monuments
anfertigen [2]).

Die schriftstellerische Thätigkeit Pirkheimer's, soweit sie in
den Kreis unserer Betrachtung gehört, bewegt sich hauptsächlich
in klar und gewandt geschriebenen lateinischen Uebersetzungen aus
griechischen Schriftstellern (Lucian, Plutarch, Xenophon, Platon,

---

[1]) Priscorum numismatum ad Nurenbergensis Monetae ualorem facta aestimatio. Bilibaldo Pirckaymero Patricio Nurembergen. etc. Authore. (Tübingen 1533, zugleich mit einigen Schriften ähnlichen Inhalts von Andreas Alcianus, Guilelmus Budaeus und Philipp Melanchthon); wieder abgedruckt in „V. Illustris Bilibaldi Pirckheimeri — Opera politica, historica, philologica et epistolica — collecta, recensita ac digesta a Melchiore Goldasto Haiminsteldio (Frankfurt 1610) p. 223—228. Eine Bronzestatuette (angeblich) Aesculapius, vielmehr wohl Priapus) aus Pirkheimer's Besitz ist abgebildet in Apianus und Amantius Inscriptiones sacrosanctae vetustatis (Ingolstadt 1534) p. CLVI. mit folgendem Elogium Pirkheimer's: „qui quantum industriae ac impensarum in haec ueterum idola posuerit incredibile est; habuit ubique exploratores uetustatis qui huiusmodi signa uel alia antiqua et admiratione digna mitterent".

[2]) Ein „fragmentum historicum de origine, antiquitate et eversione atque instauratione urbis Treverensis descriptum ex autographo Bilib. Pirckheimeri" nebst Abbildung des Monuments von Igel s. in den Opera p. 93 s., die Inschrift des Monuments nochmals in einem Briefe an den Kaiser Maximilian Opera p. 252 s. und nebst mehreren anderen Trierer Inschriften bei Apianus Inscriptiones p. CCCCLXXXV ss. Vgl. auch die Aeußerung Pirkheimer's in einem Briefe an Joh. Reuchlin vom 1. Dec. 1512 (L. Geiger, Joh. Reuchlin's Briefwechsel, N. CLVII. S. 184): „Reperi Treveri antiquitates varias tam graecas quam latinas. Ex quibus graeca ista mitto, missurus et latina, si tibi id placere intellexero".

Claudius Ptolemäus, Gregorios von Nazianz), deren Inhalt er auf diese Weise, bei der noch geringen Verbreitung der Kenntniß der griechischen Sprache, weiteren Kreisen als Ferment für die nationale Bildung zugänglich machen wollte; in dem von seinem Urenkel Johann Imhof aus seinem Nachlaß herausgegebenen „Theatrum virtutis et honoris oder Tugendbüchlein" (Nürnberg 1606) finden sich auch deutsche Uebersetzungen einiger Stücke aus Isokrates, Plutarch, Sallust und Cicero de officiis, worin er ähnlich, wie in seinen lateinischen Uebersetzungen, den Inhalt des Originals ohne allzu engen Anschluß an die Worte desselben klar und verständlich wiederzugeben sucht. Eine philologische Leistung im strengeren Sinne des Wortes ist seine Ausgabe der ersten fünfzehn Capitel der Charakterschilderungen des Theophrastos aus einem von dem Grafen Pico von Mirandula ihm übersandten Codex mit beigefügter lateinischer Uebersetzung (Nürnberg 1527)[1], der erste Druck dieses bis dahin völlig unbekannten Werkes, wie ihm auch die erste Veröffentlichung der Werke eines spätlateinischen christlichen Schriftstellers, des h. Fulgentius, Bischofs von Ruspe in Afrika, nach einer aus Tritheim's Bibliothek stammenden sehr alten Handschrift, bei deren Entzifferung ihm der schon erwähnte Johann Cochlaeus behülflich war, verdankt wird (Nürnberg 1520). Endlich ist auch seine kurze Beschreibung Deutschlands, worin er mit vorsichtiger Kritik die antiken und modernen Orts= und Völkernamen einander gegenüberstellt (Germaniae ex variis scriptoribus perbrevis explicatio) als einer der ersten Versuche auf dem Gebiete der historischen Geographie zu erwähnen.

Eine ähnliche Stellung wie Pirkheimer in Nürnberg nahm in Augsburg der Stadtschreiber und kaiserliche Rath Conrad Peutinger (geb. 15. Oct. 1465, gestorben 28. Dec. 1547) ein. Während seiner Studienjahre in Italien hatte er sich nicht nur für die Sprache und Litteratur, sondern auch für die bildlichen Denkmäler des römischen Alterthums Interesse und Verständniß

---

[1] Die lateinische Uebersetzung allein ist wieder abgedruckt in Pirckheimeri Opera ed. Goldast p. 214 ss.

erworben; in seinem Hause in Augsburg, dem seine gelehrte Gattin Margarethe Welser[1]) zur besonderen Zierde gereichte, brachte er eine reichhaltige Bibliothek (der unter anderem die oben S. 117 erwähnte Tabula Peutingeriana angehörte) und eine Sammlung römischer Bildwerke, Inschriften und Münzen zusammen, wie er überhaupt für Erforschung der Geschichte und Alterthümer, besonders seines Vaterlandes, eine rege Thätigkeit entfaltete. Die Steininschriften seiner Sammlung veröffentlichte er zugleich mit einigen anderen in Augsburg und dessen Umgebung gefundenen in seinen „Romanae vetustatis Fragmenta in Augusta Vindelicorum et eius dioecesi" (Augsburg 1505), dem ersten epigraphischen Werke eines Deutschen, dessen vielfach bereicherte zweite Ausgabe (Inscriptiones vetustae Roman. et earum fragmenta in Augusta Vindelicorum et eius dioecesi. Cura et diligentia Chuonradi Peutinger Augustani Jurisconsulti antea impressae nunc denuo revisae castigatae simul et auctae. Mainz 1520) zugleich Abbildungen von ein Paar bildlichen Denkmälern enthält. Dem von Peutinger durch diese Publication gegebenen Beispiele folgte zunächst ein Mainzer Humanist, Johann Huttich (geboren um 1480 zu Mainz, wo er studirte und die Magisterwürde erwarb, ging 1525 nach Straßburg, wo er 1527 Canonicus zu St. Thomä, 1530 Chorbischof der Kathedrale wurde und 4. März 1544 starb) durch sein an jenes Vorbild sich eng anschließendes Werk über die römischen Denkmäler (Inschriftsteine, darunter einige mit Reliefs, und ein Architekturfragment, den sog. Eigelstein) der Stadt Mainz und ihrer Umgebung unter dem Titel „Collectanea antiquitatum in urbe atque agro Moguntino repertarum" (Mainz 1520). Derselbe Huttich war einer der ersten, der nach dem Vorbilde des römischen „Anti-

---

[1]) Erläuterungen zu einigen der von ihrem Gatten gesammelten Inschriften in Form eines lateinischen Briefes an ihren Bruder Christoph Welser finden sich in der Handschrift N. 522 der von Halder'schen Bibliothek zu Augsburg. Die beiden Handschriften derselben Bibliothek N. 526 und 527 enthalten epigraphische Collectaneen C. Peutinger's; vgl. Mommsen, Corpus Inscriptionum latinarum Vol. III, 1. p. XXXI.

quarius" Andreas Fulvius Sabinus (Illustrium imagines, Rom 1517) antike und moderne Münzen und sonstige Denkmäler zur Illustration der Geschichte benutzte in seinen „Imperatorum et Caesarum vitae cum imaginibus ad vivam effigiem expressis" (Straßburg 1525 u. ö.), ein Beispiel, das bald Nachahmung fand: so erschien im Jahre 1533 in Frankfurt bei Christian Egenolph ein durch zahlreiche meist von Münzen entnommene Abbildungen historisch bedeutender Persönlichkeiten illustrirter Abriß der Weltgeschichte u. d. T. „Epitome chronicorum ac magis insignium historiarum mundi velut index: ab orbe condito ad haec usque tempora ex probatissimis quibusque autoribus", als dessen Verfasser sich Henrichus Sellarius nennt; der Text dieser Schrift stimmt ziemlich wörtlich mit dem von dem berühmten Augsburger Arzt Achilles Pirminius Gassarus (Gasser) aus Lindau (geb. 1505, gest. 1577) verfaßten, im Jahre 1532 bei Henricus Petri in Basel gedruckten „Historiarum et chronicorum mundi epitome velut index" überein; in Betreff der Abbildungen bemerkt Sellarius im Vorwort: „Facierum formas partim e veteribus numismatis, partim exemplari quodam Romano vetusto et fide digno (gemeint ist das oben genannte Werk des Andreas Fulvius) deliniavimus."

Peutinger's Interesse für antike Bildwerke und Inschriften theilte ein anderer Augsburger Patricier, der von Kaiser Karl V. im Jahre 1530 in den Grafenstand erhobene Raimund Fugger (geb. 14. Oct. 1489, gestorben 3. Dec. 1535), der seine ausgebreiteten geschäftlichen Verbindungen zur Anlegung einer reichen Antikensammlung (Bronzestatuetten, Marmorstatuen und Köpfe, Reliefs und Münzen), hauptsächlich aus Griechenland und Sicilien[1]) benutzte, die im oberen Stockwerk seines prächtigen Hauses

---

[1]) Eine kurze Schilderung der Sammlung gibt Beatus Rhenanus in seinem Briefe an Philipp Puchaimer hinter den Rerum Germanicarum libri III (Basel 1531) p. 193. Vgl. dazu meinen Aufsatz „Die Antikensammlung Raimund Fugger's" in den Sitzungsber. der kgl. bayer Akademie d. Wiss. philos.-philol. Classe 1874, S. 133 ff.

aufgestellt war. Auf seine Veranlassung und auf seine Kosten veröffentlichten im Jahre 1534 zwei Professoren der Universität Ingolstadt, an welcher durch Celtis und Locher sowie durch den Einfluß des wackeren Historikers Johann Turmair aus Abensberg, genannt Aventinus[1]), der daselbst eine gelehrte Gesellschaft, die Sodalitas litteraria Angilostadensis, gestiftet hatte, die humanistischen Studien zur Blüthe gelangt waren, der Professor der Mathematik Peter Apianus (eigentlich Bienewitz, geb. 1495 in Goltschen bei Leißnig, gest. 21. April 1552, auch bekannt durch mehrere geographische und astronomische Werke) und der Professor der Poesie Bartholomaeus Amantius (eigentlich Pelten aus Landsberg) die erste größere Sammlung antiker lateinischer und griechischer Inschriften unter dem Titel „Inscriptiones sacrosanctae vetustatis non illac quidem romanae sed totius fere orbis summo studio ac maximis impensis terra marique conquisitae", eine verständig angelegte Arbeit, welche die Inschriften unter Angabe ihres Standortes, beziehendlich Fundortes nach dem geographischen Gesichtspunkte angeordnet, mit Hispanien beginnend, mit Asien und Afrika abschließend gibt; vorausgeschickt ist eine Erklärung der in den lateinischen Inschriften vorkommenden Siglen und Abkürzungen in alphabetischer Reihenfolge; eingestreut, beziehendlich angehängt sind Abbildungen einiger antiker Bildwerke, hauptsächlich aus R. Fugger's Besitz, mit kurzen Erläuterungen. Die Publicationen Peutinger's und Huttich's wurden von den Herausgebern vollständig in ihre Sammlung aufgenommen; außerdem lieferten ihnen die handschriftlichen Collectaneen Peutinger's und schriftliche Mittheilungen anderer Gelehrter, wie des Probstes Johannes Choler in Augsburg[2])

---

[1]) Vgl. Wegele in der Allgemeinen deutschen Biographie Bd. 1 S. 700 ff.; J. v. Döllinger, Aventin und seine Zeit (München 1877). Eine neue Gesammtausgabe der Werke Aventin's erscheint seit 1880 im Auftrag der kgl. bayer. Akademie d. Wiss. unter der Leitung von K. Halm und M. Lexer.

[2]) Handschriftliche Collectaneen Choler's (gestorben 1534 im 53. Jahre seines Alters) sind enthalten im Codex Monacensis lat. n. 394; vgl. C. I. lat. Vol. III, 1, p. XXI; Vol. VI, 1, p. XLVIII.

und des schon erwähnten Aventinus, dankenswerthe Beiträge: manches ist den Aufzeichnungen des italienischen Reisenden Ciriaco de' **Pizzicolle** (Kiriacus Anconitanus) entnommen. Wenn gleich die Sammlung von Fehlern und Irrthümern mannigfacher Art durch die Schuld theils der Herausgeber theils ihrer Gewährsmänner theils endlich des Druckers nicht frei ist, so ist sie doch frei von absichtlichen Fälschungen, wie sie in späteren epigraphischen Werken durch die Schuld des Neapolitaners Pirro Ligori eine so große Rolle spielen; die Aufnahme einiger moderner Inschriften, wie der von Johannes Jovianus Pontanus in Neapel gesetzten (S. 114 f. und S. 119), der Grabschriften einiger Herzöge von Oesterreich (S. 405), des Kaisers Maximilian (S. 434) sowie einiger auf Glieder der Familie Fugger bezüglicher Inschriften (S. 438 ff.) ist aus persönlichen Rücksichten zu erklären [1]).

Die römischen Inschriften seines engeren Vaterlandes, der Schweiz, sammelte und behandelte mit musterhafter Sorgfalt und Sachkenntniß **Johannes Stumpf** (geboren zu Bruchsal 23. April 1500, von 1522 an Pfarrer in Bubikon, von 1543 an in Stammheim im Zürcherischen Gebiet, trat 1562 in den Ruhestand und starb 1566 in Zürich) in seiner eidgenössischen Chronik (Gemeiner loblicher Eydgenoschafft Stetten, Landen und Völkern Chronik. Zürych 1548, 2 Bde. Fol.). Aus diesem Werke, oder vielmehr aus der handschriftlichen Inschriftensammlung Stumpf's, entlehnte, ohne diesen zu nennen, **Aegidius Tschudi** (Gilg Schudy) geboren zu Glarus 1505, gestorben als Landammann daselbst 1572) mit willkürlichen Abänderungen und Ergänzungen die Mehrzahl der lateinischen Inschriften, welche er einem handschriftlich von ihm hinterlassenen, von zahlreichen späteren Forschern ohne Argwohn benutzten Werke „Gallia co-

---

[1]) Ueber eine von dem italienischen Epigraphiker Mariangelo Accorsi (Accursius) aus Aquila unternommene aber nicht ausgeführte Umarbeitung des Werkes vgl. C. Inscr. lat. Vol. VI, 1, p. XLVII.

mata", einer topographisch-antiquarischen Beschreibung Helvetiens, Rhätiens und Galliens, der Einleitung zu seiner umfänglichen Schweizerischen Chronik, einverleibt hat [1]).

Am sorgfältigsten und längsten fast unter allen Universitäten Deutschlands suchte die im Jahre 1409 bei Gelegenheit der Auswanderung der deutschen Magister aus Prag durch die Landgrafen Friedrich (den Streitbaren) und Wilhelm gestiftete Universität Leipzig das humanistische Gift, wie die Gegner es nannten, von ihrem Lehrkörper fern zu halten, ein Bestreben, worin sie besonders bei dem Herzog Georg von Sachsen, einem entschiedenen Gegner der kirchlichen Reform, die kräftigste Unterstützung fand [2]). Wie aber auch sie im Laufe des 16. Jahrhunderts dem neuen Geiste sich nicht entziehen konnte und allmählich ganz von demselben durchdrungen wurde, das werden wir passender im nächsten Kapitel im Zusammenhang darstellen.

Unter den Gönnern und Förderern der der Wiedererweckung des classischen Alterthums gewidmeten Studien darf Kaiser Maximilian I. nicht unerwähnt bleiben, der wie für alle berechtigten Bestrebungen seiner Zeit, so insbesondere für die humanistischen Interesse und Verständniß hatte, die Vertreter derselben durch Ehrenbezeugungen auszeichnete, mit Männern wie Pirckheimer und Peutinger in näherem persönlichen Verkehr stand und einen anderen Gönner und Kenner der classischen Studien, den

---

[1]) Vgl. Th. Mommsen, Berichte der kgl. sächs. Ges. d. Wiss. philol.-hist. Cl. 1852, S. 202 ff.; derselbe, Inscriptiones Confoederationis Helveticae latinae (Mittheilungen der antiquarischen Gesellschaft in Zürich Bd. X 1854) p. V und p. XVII: J. J. Blumer, „Aegidius Tschudi als Geschichtsschreiber" im Jahrbuch des historischen Vereins des Cantons Glarus, Heft X (1874) S. 81 ff.

[2]) Vgl. über dessen Beziehungen zu Erasmus Ad. Horawitz „Erasmiana I" (Sitzungsber. der philol.-hist. Cl. der kais. Akad. d. Wiss. zu Wien Bd. 90 S. 387 ff S. 397 ff. — Für die älteste Geschichte der Universität Leipzig überhaupt s. Fr. Zarncke, „Die urkundlichen Quellen zur Geschichte der Universität Leipzig in den ersten 150 Jahren ihres Bestehens" in den Abhandlungen der philol.-hist. Cl. d. tgl. sächs. Gesellschaft der Wissenschaften Bd. 2 (1857) S. 509 ff.

Augsburger Matthäus Lang, Bischof von Gurk, später Cardinal und Erzbischof von Salzburg, zu seinem Kanzler und vertrautesten Rathgeber machte. Durch ihn war Celtis, wie wir oben sahen, an die Universität Wien berufen worden, an welcher nun bald die humanistische Richtung zur Herrschaft gelangte; das von Maximilian gegründete Collegium poetarum und die von Celtis gestiftete sodalitas litteraria Danubiana bildeten die Vereinigungspunkte für die auf verschiedenen Gebieten der Wissenschaft thätigen Anhänger derselben. Den ersten Rang unter diesen nimmt Johannes Cuspinianus (Spießhaimer) ein, der, in Schweinfurt im Jahre 1473 geboren, als Jüngling von 18 Jahren Vorlesungen über römische Schriftsteller an der Wiener Universität zu halten begann, 1494, nachdem er vom Kaiser Maximilian zum Dichter gekrönt worden, die Professur der Eloquenz erhielt, daneben mit Eifer medicinische Studien trieb und dann als Arzt wie als Staatsmann seinem Kaiser hervorragende Dienste leistete, endlich nach dessen Tode vom politischen Leben zurückgezogen der schriftstellerischen Thätigkeit seine Muße widmete (gestorben 19. April 1529). Außer seinen die römische, deutsche und österreichische Geschichte behandelnden Hauptwerken, die erst nach seinem Tode durch Nicolaus Gerbel und Caspar Bruschius veröffentlicht worden sind, hat er die Hymnen des Prudentius (Wien o. J., wahrscheinlich 1494), die Uebersetzungen des Dionysius Periegetes von Priscian (um 1494) und von Rufus Festus Avienus (1508) und das Geschichtswerk des Florus (1511) herausgegeben, auch den Panegyricus des Plinius und andere Reden ähnlichen Inhalts durch einen jüngern Freund, Philipp Gundel aus Passau, veröffentlichen lassen[1]. Mit ihm wetteiferte sein Freund Joachim von

---

[1] Panegyrici variorum autorum et declamationes nonnullae perquam eruditae hactenus non impressae (Wien 1513). — Vgl. über Cuspinianus Aschbach, Die Wiener Universität und ihre Humanisten S. 284 ff.; über Ph. Gundel, dem wir eine Ausgabe der Fasti des Ovidius mit einem alten römischen Calendarium (Wien 1513) verdanken ebd. S. 319 ff.

Watt (Vadianus) aus St. Gallen (geboren 1484), der von 1508—1518 in Wien als Lehrer und Schriftsteller auf philologischem Gebiete thätig war und daneben das Studium der Medicin betrieb, deren Ausübung er sich dann in seiner Vaterstadt (wo er als Bürgermeister im Jahre 1551 starb) widmete. Seine Hauptwerke aus der Wiener Zeit — später hat er noch geographische, historische, theologische und medicinische Schriften verfaßt — sind die mit reichhaltigen Commentaren versehenen Ausgaben der Chorographie des Pomponius Mela (1518), der Paraphrase des Dionysius Periegetes durch Rufus Festus Avienus (1515), der Vorrede zur Naturalis historia des Plinius (1513) und des 7. Buches dieses Werkes (1515)[1]. Auch der Minoritenmönch Giovanni Riccuzzi Vellini aus Camerino in Umbrien, gewöhnlich Johannes Camers genannt, der noch vor Ende des 15. Jahrhunderts von Padua als Professor der Theologie nach Wien berufen wurde, daneben aber bis 1528, wo er nach Italien zurückkehrte (er starb hochbetagt in Camerino im Jahre 1546), auch in der artistischen Facultät Vorlesungen hielt, hat als Lehrer wie als Herausgeber verschiedener römischer Schriftsteller[2] in humanistischem Sinne gewirkt. Diese Blüthe der humanistischen Studien in Wien und mit ihr die Blüthe der Universität welkte nach dem Tode Maximilian's schnell dahin.

---

[1] Vgl. Joachim Vadian. Nach handschriftlichen und gleichzeitigen Quellen von Dr. Th. Preffel (Elberfeld 1816); G. Geiljus, Joachim von Watt genannt Vadianus als geographischer Schriftsteller (Winterthur 1865); Aschbach a. a. O. S. 392 ff.

[2] Er edirte u. a. die Gedichte des Claudianus 1510, den Florus 1511 und 1518, Cicero de officiis mit einigen kleineren Schriften desselben 1512, Pomponius Mela 1512, Justin 1517, Solinus 1520, Eutropius 1536, verfaßte auch einen reichhaltigen Index zur Naturalis historia des Plinius (Wien 1514, dann öfter in späteren Ausgaben des Plinius abgedruckt). — Vgl. Aschbach a. a. O. S. 172 ff.; A. Zingerle, Beiträge zur Geschichte der Philologie Theil I: De carminibus latinis saec. XV. et XVI. ineditis (Innsbruck 1880), Prolegomena (p. XIV ss.); A. Horawitz, Der Humanismus Wien (S. A. aus dem Historischen Taschenbuch Sechste F. II.).

Drittes Kapitel.

Der deutsche Humanismus im Dienste der Theologie und der kirchlichen Reform.

In den sächsischen Landen war die vom Kurfürsten Friedrich dem Weisen im Jahre 1502 gestiftete Universität Wittenberg, wie später der Ausgangspunkt der religiösen Reformbestrebungen, so vom Anfang an der Hauptsitz der neuen wissenschaftlichen Richtung. Die beiden Männer, deren Einfluß auf den Kurfürsten wesentlich die Stiftung der Universität zu verdanken ist, der erste Rector derselben Martin Pollich, den wir bereits als Mitglied der Sodalitas litteraria Rhenana kennen gelernt haben, und der erste Decan der theologischen Facultät, der Generalvicar des Augustinerordens in Deutschland Johannes Staupitz, waren entschiedene Anhänger jener Richtung und so war es natürlich, daß auch die übrigen Lehrstellen Männern von gleicher Gesinnung übertragen wurden und daß die ganze Universität ein antischolastisches Gepräge erhielt. Als Vertreter der classischen Studien, wofür der Kurfürst wiederholt, aber vergeblich den Führer der Erfurter Humanistenschaar Mutianus zu gewinnen versuchte, finden wir außer den schon früher erwähnten beiden Humanisten, welche an der Wiege der jungen Universität standen, Nicolaus Marschalk und Hermann von dem Busche, die Thüringer Balthasar Fabricius aus Vacha an der Werra (daher Phachus genannt) und Georgius Sibutus aus Tannroda, einen Schüler des Celtis[1]; ferner die Westfalen

---

[1] In einem Lectionscataloge der Universität Wittenberg vom Jahre 1507 bei G. Th. Strobel, Neue Beyträge zur Litteratur besonders des 16. Jahrhunderts, 3. Bandes 2. Stück, Nürnberg u. Altdorf 1792, S. 55 ff.) sind folgende Vorlesungen „in humanis litteris" angekündigt: Hora octava antemeridiana: Magister Balthasar Phacchus Eneida Vergilii et Valerium Maximum. — Hora undecima: D. Christophorus Schewrl Nurembergensis (Jurist) Suetonium Tranquillum. Hora prima: Georgius Sybutus Daripinus Poeta et Orator laureatus Sylium Italicum et Sil-

Otto Beckmann aus Warkberg, der die lateinische Grammatik des Italieners Johannes Sulpitius aus Veroli (Verulanus) zum Gebrauche seiner Zuhörer neu herausgab (Leipzig 1511), und Hermann Tulich aus Steinheim im Paderbornischen (geboren 1486, in Wittenberg 1519—1525, gestorben als Rector der Schule zu St. Johannes in Lüneburg 1540), den Italiener Richard Sbrulius aus Cividale in Friaul (der im Jahre 1516 an die Universität Köln, 1522 an die lateinische Schule in Freiberg, später an die Universität Frankfurt a. O. übersiedelte) und den oben (S. 112) erwähnten Johannes Rhagius Aesticampianus. Zu höherer Blüthe aber gediehen diese Studien seit dem Jahre 1518, wo Philipp Melanchthon oder Melanthon (geboren zu Bretten in der Pfalz 16. Februar 1497, gestorben zu Wittenberg 19. April 1560)¹) von Tübingen, wo er studirt, 1514 als Magister promovirt und seitdem Vorlesungen über Virgil, Terenz und die rhetorischen Schriften Cicero's gehalten hatte, als Lehrer der griechischen Sprache an die Universität berufen ward. Wenn er auch von Anfang an neben philologischen theologische Vorlesungen (Exegetica über einzelne Schriften des Neuen Testaments) hielt und bald als treuester Genosse Martin Luther's im Kampfe für die Neugestaltung der Kirche mehr und mehr von den religiösen und politischen Interessen in Anspruch genommen und trotz seines milden und friedfertigen Charakters in mannigfache theologische Streitigkeiten verwickelt wurde, so blieb doch der Grundcharakter seiner gesammten wissenschaftlichen Thätigkeit auch auf dem theologischen Gebiete der philologische

---

unlam de Situ Albiorene urbis a se editam. Hora secunda: Magister Balthasar Phacchus bellum Iugurthinum Crispi Sallustii. — Vgl. über Phacchus und Sibutus E. Böcking, Hutteni Op. Suppl. II p. 369 und p. 469 s.

¹) Vgl. über ihn besonders Joach. Camerarius De vita Philippi Melanchthonis narratio, rec. G. Th. Strobel (Halle 1877); dazu A. Planck, Melanchthon. Praeceptor Germaniae (Nördlingen 1860); C. Schlottmann, De Philippo Melanchthone reipublicae litterariae reformatore commentatio (Bonn 1860); Fr. v. Raumer, Geschichte d. Pädagogik, 4. Aufl. Bd. 1 S. 145 ff.

und seine schriftstellerische und Lehrthätigkeit allein auf dem philologischen Gebiete würde hinreichen, ihm einen ehrenvollen Platz in der Geschichte der Culturentwickelung Deutschlands zu sichern. Allerdings ist ihm bei seinen philologischen Arbeiten nicht die Erkenntniß des classischen Alterthums Selbstzweck — eine Auffassung, die überhaupt jener Zeit noch fremd war —, auch eine Wiederbelebung des Alterthums in dem Sinne, wie sie die italienischen Humanisten anstrebten, daß man auf allen Lebensgebieten unmittelbar an die antike Cultur anknüpfen und so das Alterthum in der Gegenwart gleichsam wieder geboren werden solle, widerstrebte dem christlich frommen Sinne Melanchthon's, dem die anmaßende Eitelkeit und üppige Frivolität der Mehrzahl jener Italiener ein Greuel war; für ihn hatten die classischen Studien wesentlich einen propädeutischen Zweck als förderlichstes Bildungsmittel für die Jugend und als wichtigstes Hülfsmittel für die Erkenntniß der reinen evangelischen Lehre aus der heiligen Schrift. Daher ist das Hauptziel, das er bei seiner schriftstellerischen Thätigkeit im Auge hat, die Herstellung besserer Lehrmittel für den Unterricht in den classischen Sprachen sowohl als in den übrigen Fächern, die man damals als zur allgemeinen Bildung gehörig betrachtete, ein Bestreben, womit er besonders an die Arbeiten R. Agricola's und der Münsterschen Humanisten anknüpfte und wodurch er sich den Ehrennamen des „praeceptor Germaniae" erworben hat. So entstanden seine bloß die Formenlehre und einige kurze Lesestücke enthaltende griechische Grammatik (Institutiones graecae grammaticae, zuerst Hagenau 1518), seine lateinische Grammatik (Grammatica latina zuerst gegen den Willen des Verfassers in Druck gegeben durch Kilian Goldstein, Hagenau 1525, dann vom Verfasser selbst Wittenberg 1526; in demselben Jahre erschien zuerst die Syntaxis linguae latinae, die in den späteren Ausgaben, von 1532 an, gewöhnlich mit der Grammatica verbunden ist), beide vielfach und lange Zeit (die lateinische Grammatik in der zuerst 1621 erschienenen Bearbeitung von Erasmus Schmid bis gegen die Mitte des 18. Jahrhunderts) gebrauchte Schulbücher ¹), ferner seine ebenfalls oft gedruckten, hauptsächlich an Aristoteles sich anlehnenden Lehrbücher der Dialektik (de dialectica libri IV und Erotemata dialectica), der Rhetorik (Elementorum rhetorices libri II), der Physik mit Einschluß der Metaphysik (Initia doctrinae physicae), der Anthropologie und Psychologie (Liber de anima) und der Moral (Philosophiae moralis epitomes libri II und Ethicae doctrinae elementorum libri II). Als Leitfaden für den Unterricht in der Weltgeschichte gab er eine selbständige lateinische Bearbeitung der von dem kurfürstlich Brandenburgischen Hofmathematicus und Astronom Johannes Carion (geboren 1499, gestorben 1537) unter wesentlicher Mitwirkung Melanchthon's deutsch verfaßten Chronica heraus (Chronicon Carionis latine expositum et auctum a Ph. M., Wittenberg 1558, pars II ebd. 1560), ein im Wesentlichen neues Werk voll gründlicher und umfassender Kenntnisse in den Einzelheiten, aber in der Anordnung des Stoffes nach den vier danielischen Weltmonarchien und drei großen Weltaltern noch ganz auf dem Standpunkte des Hieronymus und Isidorus stehend, das von Melanchthon's Schwiegersohn Caspar Peucer fortgeführt (pars III 1562) und verbessert sich lange Zeit im Gebrauch erhalten hat ²). Aus demselben Bestreben für Hebung und Verbesserung des Unterrichts, wovon auch die zahlreichen auf seinen Antrieb und unter seiner Leitung gegründeten Schulen Zeugniß geben, sind seine durchgängig für das Bedürfniß der Schule berechneten, daher nur auf das Verständniß des Textes abzielenden Erläuterungen zu classischen Schriftstellern sowie seine lateinischen Uebersetzungen

---

¹) Vgl. G. Th. Strobel, „Neue Beyträge zur Litteratur besonders des 16. Jahrhunderts" 3. Bandes 2. Stück (Nürnberg und Altdorf 1792), S. 1 ff.: „Von Melanchthon's Verdiensten um die Grammatik", und für die lateinische Grammatik K. v. Raumer, Geschichte der Pädagogik 4. Aufl., Bd. 1 S. 346 f.

²) Vgl. G. Th. Strobel, Miscellaneen litterarischen Inhalts, 6. Sammlung (Nürnberg 1782) S. 139 ff.: „Von Carion's Leben und Schriften".

griechischer Schriftwerke hervorgegangen, die theils von ihm selbst, theils nach seinen Vorlesungen von Joh. Major (Mayer), Wilh. Xylander (Holtzmann) und Caspar Peucer veröffentlicht worden sind. Am ausgedehntesten ist diese seine exegetische Thätigkeit für Cicero, zu dessen Büchern de officiis, de amicitia, de oratore, orator, topica, partitiones oratoriae, epistolae ad familiares und zahlreichen Reden er prolegomena, argumenta, dispositiones und scholia (enarrationes) verfaßt hat. Von Arbeiten für andere lateinische Schriftsteller sind zu erwähnen seine Enarrationes der Komödien des Terentius (deren Text er schon im Jahre 1516 bei Anshelm in Tübingen metrisch abgetheilt mit einer Vorrede herausgegeben hat), der Gedichte des Virgilius, der Fasti des Ovidius und des 10. Buches der Institutio oratoria des Quintilian, seine Annotationes zu den Werken des Sallustius und sein Commentarius zu der Germania des Tacitus. Von griechischen Schriftstellern hat er, wie wir schon angedeutet haben, besonders dem Aristoteles, dessen Werke er in früheren Jahren in Gemeinschaft mit dem Professor der Philosophie in Tübingen Franciscus Stadianus (eigentlich Kircher aus Stadion)[1] herauszugeben beabsichtigte, eingehendere Studien gewidmet, wovon außer den oben erwähnten Lehrbüchern seine „Enarrationes aliquot librorum ethicorum Aristotelis" (zum 1., 2., 3. und 5. Buch der Nikomachischen Ethik) und seine „Commentarii in aliquot politicos libros Aristotelis" Zeugniß geben[2]. Ferner liegen von ihm vor, um einige unbedeutende Arbeiten zu übergehen, Scholien zur Batrachomyomachie, Prolegomena und Erläuterungen zu Hesiod's Werken und Tagen (mit dem griechischen Text des Gedichts, Hagenau 1532 u. ö.), eine lateinische Uebersetzung und ausführliche Erläuterung der Gedichte des Theognis, lateinische Uebersetzungen der Gedichte des Pindaros

---

[1] Vgl. über diesen E. Böcking, Hutteni Op. Suppl. t. II p. 478 s.
[2] Vgl. G. Th. Strobel, Neue Beyträge zur Litteratur besonders des 16. Jahrhunderts, 4. Bandes 1. Stück (Nürnberg u. Altdorf 1793) S. 149 ff.: „Melanchthon's Verdienste um den Aristoteles".

und der Tragödien des Euripides (mit Ausnahme der Elektra), Ausgaben des griechischen Textes der Wolken und des Plutos des Aristophanes (mit sehr kurzen Scholien) und der Phaenomena des Aratus, Uebersetzungen der Reden aus Thukydides, mehrerer Reden des Demosthenes (von denen er die erste Olynthische und die gegen Aristogeiton auch griechisch herausgegeben hat), der Rede des Aeschines gegen Ktesiphon und der Rede des Lykurgos gegen Leokrates (von dieser hat er auch den griechischen Text herausgegeben, Wittenberg 1545 u. ö). Außerdem müssen wir noch seiner bei verschiedenen Gelegenheiten gehaltenen Reden (Declamationes) gedenken, welche theils, wie die beim Antritt der Professur in Wittenberg am 29. August 1518 gehaltene Rede über die Reform der gelehrten Studien (de corrigendis adolescentiae studiis), die Bedeutung des Studiums der classischen Sprachen, insbesondere auch der damals noch allgemein vernachlässigten griechischen, für alle wissenschaftlichen Disciplinen betonen, theils theologische, philosophische, historische und litterarhistorische Stoffe behandeln; ferner seiner Praefationes, Einleitungen zu Vorlesungen und Vorreden zu theils von ihm theils von anderen Gelehrten herausgegebenen classischen Schriftstellern und Lehrbüchern aller Art, endlich seiner sehr zahlreichen lateinischen Briefe, die sich, wie alle seine lateinisch geschriebenen Werke, durch Leichtigkeit, Klarheit und Einfachheit, wenn auch nicht durch Eleganz des Stiles auszeichnen[1]). Im Allgemeinen bilden, gemäß seiner Auffassung der classischen Studien als eines wesentlich formalen Bildungsmittels, Grammatik und Stilistik den Schwerpunkt seiner

---

[1]) Die vollständige Sammlung der Werke Melanchthon's enthält das von Bretschneider begonnene, von Bindseil fortgesetzte „Corpus Reformatorum" Vol. I—XX (Halle 1831 ff.). Die philologischen Werke sind daselbst in den Bänden XVI—XX abgedruckt (in Vol. XVI auch die beiden Werke über Moralphilosophie), die Briefe, Praefationes, Gedichte und akademischen Reden in Vol. I—X, die Declamationes und das Chronicon Carionis in Vol. XI und XII, die Schriften über die Seele, über Physik, Rhetorik und Dialektik in der ersten Hälfte von Vol. XIII.

philologischen Leistungen; für die reale Seite der Alterthums=
forschung hat er nur geringes Interesse¹); seine schwächste Seite
ist die Kritik, worin ihm viele seiner Zeitgenossen, wie Erasmus,
Beatus Rhenanus, Gelenius, S. Grynaeus u. a., weit über=
legen sind.

Neben Melanchthon wirkte längere Zeit als Lehrer des Grie=
chischen Veit Oertel, nach seiner Vaterstadt Windsheim in
Franken (wo er am 1. Aug. 1501 geboren war) gewöhnlich
Vitus Winshemius genannt, der aber im Jahre 1550 die
im Jahre 1537 übernommene Professur der griechischen Sprache
mit einer Professur der Medicin an derselben Universität ver=
tauschte — in jener Zeit, wo die Philologie nicht als eine selb=
ständige Wissenschaft, sondern nur als eine Vorschule für alle
möglichen wissenschaftlichen Disciplinen betrachtet wurde, eine keines=
wegs auffallende Erscheinung — und in dieser Stellung am 3.
Januar 1570 starb. Seine größtentheils aus seinen Vorlesungen
hervorgegangenen litterarischen Arbeiten — lateinische Ueberset=
ungen der Tragödien des Sophokles, der Idyllen des Theokrit
(beide in Prosa) und des Geschichtswerkes des Thukydides, eine
Ausgabe der zweiten Rede des Demosthenes gegen Aristogeiton,
Zusätze zu Melanchthon's Syntax, akademische Reden — sind
von untergeordneter Bedeutung: doch entsprachen die prosaischen
Uebersetzungen des Sophokles und des Theokrit einem wirklichen
Bedürfnisse jener Zeit und sind daher trotz ihrer Mittelmäßigkeit
wiederholt gedruckt worden²).

---

¹) Als diesem Gebiete angehörig können nur zwei kleine und wenig
bedeutende Schriften erwähnt werden: die „Nomina mensurarum et voca-
bula rei nummariae" (im Corpus Reform. Vol. XX) und die „Collatio actionum forensium Atticarum et Romanarum praecipuarum" (zuerst separat
erschienen Wittenberg 1546 u. ö., dann mit den „Prolegomena in Ciceronis
officia" verbunden u. d. T. „Collatio actionum Atticarum et Romanarum
ad Decalogum"; abgedruckt im Corpus Reform. Vol. XVI, Sp. 593—614).

²) Vgl. M. Jo. Barthol. Lenzius, Professorum, natione Francorum,
qui Wittenbergam illustrarunt, seriem etc. (Wittenberg 1702) N. VII (C 2 f.).

Neben der pädagogisch-propädeutischen Richtung, welche durch den gewaltigen Einfluß Martin Luther's eine sehr entschieden theologische Färbung erhielt, konnte die an den italienischen und den älteren deutschen Humanismus, wie er besonders in Erfurt gepflegt worden war, sich anschließende Richtung, welche in den Werken des classischen Alterthums Vorbilder für das eigene Schaffen, insbesondere auf poetischem Gebiete, erkannte, in Wittenberg nicht recht aufkommen. Wurde doch einer der begabtesten und formgewandtesten „Poeten" jener Zeit, Simon Lemnius (eigentlich Lemm—Margadant, geboren im Anfang des 16. Jahrhunderts im graubündnischen Münsterland, gestorben 24. November 1550 in Chur, wo er seit 1540 als Lehrer an dem unter der Leitung des Johannes Pontisella von Zürich stehenden Gymnasium gewirkt hatte), im Jahre 1538 von der Universität, wo er 4—5 Jahre lang studirt hatte, wegen einer von ihm herausgegebenen Sammlung lateinischer Epigramme (2 Bücher, später durch ein drittes vermehrt), welche Angriffe auf mehrere angesehene Persönlichkeiten der Universität und Stadt enthielt, relegirt und von Luther öffentlich von der Kanzel herab als „Schandpoetaster" gebrandmarkt, eine Schmach, wofür sich Lemnius (der außer den schon erwähnten von Lessing hochgeschätzten Epigrammen 4 Bücher Amorum, 5 Eclogae und metrische lateinische Uebersetzungen der homerischen Odyssee und Batrachomyomachie, der Periegesis des Dionysios sowie der sog. carmina aurea des Pythagoras veröffentlicht hat) durch ein grobes und schmutziges, in dialogischer Form abgefaßtes Schmähgedicht auf Luther (Lutetii Pisaei Juuenalis Monachopornomachia. Datum ex Achaia Olympiade nona. o. O. u. J., 3 Bogen Octav) rächte [1]). Auch der dem Lemnius an dichterischer

---

[1]) Vgl. G. Th. Strobel, Neue Beyträge zur Litteratur besonders des 16. Jahrhunderts, 3. Bandes 1. Stück (Nürnberg u. Altdorf 1792) S. 3 ff.: „Leben und Schriften Simonis Lemnii". Ein handschriftlich hinterlassenes Epos über den schweizerisch-deutschen Krieg des Jahres 1499 (den sog. Schwabenkrieg), die fast 7000 Hexameter zählende „Raeteis", ist mit Vorwort und Commentar von Placidus Plattner in Chur 1874 herausgegeben worden.

Begabung ebenbürtige Georg Schuler aus Brandenburg (geboren 23. April 1508), der während seiner Studienzeit in Wittenberg seinen Familiennamen mit dem des Sabinus, des Freundes und Correspondenten desjenigen römischen Dichters, den er sich besonders zum Vorbild für seine eigenen Dichtungen gewählt hatte, des Ovidius, vertauschte, konnte bei seiner Gleichgültigkeit gegen theologische Interessen, bei seiner Neigung für weltliche Geschäfte (der zu Folge er auch neben den humanistischen juristische Studien betrieb) und für den Glanz des Hoflebens in Wittenberg keinen rechten Boden finden und wurde durch die Verschiedenheit des Charakters und der Lebensanschauung seinem eigenen Schwiegervater Melanchthon, in dessen Hause er fast 10 Jahre lang gewohnt und dessen älteste Tochter Anna er, nachdem er vom Ende 1533 bis October 1534 in Italien, besonders in Padua sich aufgehalten, zur Frau genommen hatte (6. Nov. 1536), mehr und mehr entfremdet. Er folgte daher im April 1538 einem Rufe als Professor der Beredtsamkeit an die durch den Kurfürsten Joachim II. von Brandenburg aus tiefem Verfall neu gehobene Universität Frankfurt an der Oder, wo er 6 Jahre lang unter großem Beifall Vorlesungen über verschiedene Schriften des Cicero und über die Heroiden und die Metamorphosen des Ovidius hielt. Diese Stellung vertauschte er im Jahre 1544 mit der eines Professors der Poesie und Beredtsamkeit und Rectors der vom Herzog Albrecht von Preußen zur Förderung des Reformationswerks und zur Heranbildung eines tüchtigen Beamtenstandes für sein damals noch ziemlich barbarisches Land gegründeten, am 17 August 1544 feierlich eingeweihten Universität Königsberg. Die durch Andreas Osiander und seine Anhänger erregten theologischen Streitigkeiten, die einen immer heftigeren persönlichen Charakter annahmen und den Verfall der ganzen Universität herbeizuführen drohten, veranlaßten ihn im Anfang des Jahres 1555 Königsberg zu verlassen und wieder in die Dienste seines früheren Landesherrn, des Kurfürsten Joachim zu Brandenburg, als Professor an der Universität Frankfurt und als kurfürstlicher Rath einzutreten. Seine akademische Thätigkeit wurde hier durch wiederholte Gesandtschaftsreisen nach Polen unterbrochen, zuletzt noch durch eine im Auftrage des Kurfürsten unternommene Reise nach Italien, auf welcher er sich die Krankheit zuzog, an der er am 2. December 1560 starb. Das hohe Ansehen, in welchem er bei seinen Zeitgenossen stand, der Nachruhm, den er sich selbst und seine Freunde und Bewunderer ihm in Aussicht stellten, beruht wesentlich auf seinen theils historische Stoffe, theils persönliche Verhältnisse des Dichters behandelnden lateinischen Dichtungen, die an Vollendung der Form wohl keinem, an dichterischem Inhalt nur wenigen der poetischen Producte des Zeitalters des Humanismus nachstehen[1]). Weniger bedeutend sind seine mehr formgewandten als inhaltreichen akademischen Reden, die kleine ziemlich fragmentarische aber geschmackvolle Abhandlung über die Dichtkunst (De carminibus ad veterum imitationem componendis praecepta bona et utilia, collecta a clarissimo viro Georgio Sabino, Lipsiae 1551) und die aus seinen Vorlesungen hervorgegangene, für die damals an den Universitäten beliebte Methode der Behandlung classischer Schriftsteller charakteristische Erklärung der Metamorphosen des Ovidius (Fabularum Ovidii interpretatio tradita in Academia Regiomontana, Wittenberg 1554 u. ö.), worin die kritische Behandlung des Textes und die grammatische Erklärung hinter der rhetorisch-poetischen Interpretation ganz in den Hintergrund treten, dafür aber die Deutung der von Ovid behandelten Fabeln (wobei die physikalische, die historische und die ethische Erklärungsweise bunt durcheinander gemischt werden) sowie ethische Digressionen und Nutzanwendungen auf die Verhältnisse der Gegenwart eine große Rolle spielen[2]).

---

[1]) Die vollständigste Sammlung derselben bietet die Ausgabe letzter Hand: Poemata Georgii Sabini Brandeburgensis, Lipsiae 1558. Eine neue Ausgabe, welche auch das Schriftchen über die Dichtkunst und einige Briefe enthält, veranstaltete sein Schwiegersohn Eusebius Menius (Wittenberg 1563); diese ist dann häufig wiederholt worden.

[2]) Vgl. über Sabinus' Leben und Schriften Dr. Max Töppen, Die Gründung der Universität zu Königsberg und das Leben ihres ersten Rectors

Ein dritter mit Simon Lemnius und Georg Sabinus durch die Bande der Freundschaft verknüpfter Wittenberger „Poet", Johann Stigel aus Gotha (geboren 13. Mai 1515, gestorben 11. Februar 1562) wurde, nachdem er schon im Jahre 1542, trotz des Widerspruches des „dem in Reden und Leben leichtfertigen Poetenvolke" abgeneigten Kanzlers Gregor Brück (Pontanus), eine Professur der lateinischen Sprache mit der speciellen Verpflichtung zu Vorlesungen über Terentius an der Universität Wittenberg erhalten hatte, im Jahre 1547 als erster und zunächst einziger Professor an die von Johann Friedrich nach Verlust der Kurwürde als Pflanzstätte der reinen evangelischen Lehre in dem ihm verbliebenen Gebiete begründete, aber erst im Anfang des Jahres 1558 durch Kaiser Ferdinand I. bestätigte Universität Jena berufen, wo er nicht nur über griechische und lateinische Schriftsteller und lateinischen Styl, sondern auch über Rhetorik, Anthropologie und Physik im Anschluß an Melanchthon's Lehrbücher las [1]). Auch sein College, der im Jahre 1548 von Erfurt nach Jena berufene Victorin Strigel aus Kaufbeuern (geboren 26. December 1524, gestorben 26. Juni 1569), hielt außer theologischen und philosophischen philologische Vorlesungen, wie über Sophokles Antigone, über Virgil's Aeneide und über Justinus [2]).

Georg Sabinus (Königsberg 1844); dazu auch Th. Muther, „Aus dem Universitäts- und Gelehrtenleben im Zeitalter der Reformation" (Erlangen 1866) S. 329 ff.: „Anna Sabinus".

[1]) Vgl. C. W. Göttling, „Vita Joannis Stigelii Thuringi" in seinen Opuscula academica (Leipzig 1869) p. 1 ss.

[2]) Strigel's in den Jahren 1552—55 gehaltene Vorlesungen über die ersten 6 Bücher der Aeneide sind im Druck veröffentlicht von M. Stephan Riccius u. d. T.: „In P. Virgilii Maronis sex priores libros Aeneidos novus commentarius ex privatis lectionibus cl. v. D. Victorini Strigelii — collectus" (Wittenberg 1588). Ebenfalls erst nach Strigel's Tode ist seine lateinische Uebersetzung der Nikomachischen Ethik des Aristoteles mit Scholien (Leipzig 1572) und seine Ausgabe von Cicero de officiis und de senectute mit Anmerkungen (Wittenberg 1579) veröffentlicht worden. Eine Anzahl lateinischer Reden Strigel's ist gedruckt in der von M. Johannes Goniacus (Wintel) herausgegebenen Sammlung „Selectarum declamationum Professorum Academiae Jenensis tomus I (Straßburg 1554).

Erst nach längeren Kämpfen gelang es, wie oben S. 169 bemerkt, der humanistischen Richtung an der ältesten der sächsischen Universitäten Leipzig Boden zu gewinnen. Allerdings sind seit dem humanistischen Baganten Peter Luder mehrere schon früher genannte Humanisten, Männer wie Conrad Celtis, Rhagius Aesticampianus, Hermannus Buschius, als Lehrer daselbst aufgetreten und haben durch ihren persönlichen Einfluß unter den jüngeren Gliedern der Universität dem Humanismus zahlreiche Freunde geworben; aber sie alle haben sich durch die Opposition, welche ihre Bestrebungen bei der Majorität der Universitätscorporation fanden, veranlaßt gesehen, nach kurzer Wirksamkeit Leipzig zu verlassen und daher keinen nachhaltigen Einfluß auf die Universität ausgeübt. Ebensowenig gelang dies dem Magister der freien Künste und Baccalaureus der Theologie Johannes Honorius aus Elnbogen in Böhmen (daher Cubitensis genannt, Rector der Universität im Wintersemester 1502/3), der seinen Eifer für die Verbreitung der classischen Litteratur durch seine Ausgaben der Oden, Epoden und Episteln des Horatius und einiger anderen antilen Schriftwerke documentirt hat[1]), und dem tüchtigen Latinisten Veit Werler aus Sulzfeld in Franken, der, nachdem er im Jahre 1507 in Leipzig die Magisterwürde erlangt hatte, bis zum Jahre 1516 daselbst als Repetent oder Privatdocent sowie als Herausgeber lateinischer Schriftwerke, besonders plautinischer Komödien, thätig war[2]). Nachhaltiger war der Einfluß des Richard Crocus (Croke) aus London, der von 1515 an zwei bis drei Jahre hindurch (1517 kehrte er nach Cambridge zurück) die griechische Sprache in Leipzig mit großem Erfolg lehrte[3]), und seines Nachfolgers auf dem Lehrstuhle der

---

[1]) Vgl. Erhard, Geschichte u. s. w. Bd. 3 S. 297 ff.

[2]) Vgl. über ihn Fr. Ritschl, Kleine philologische Schriften Bd. 3 S. 78—117; Bd. 5 S. 40 ff.

[3]) Vgl. über ihn Böcking, Hutteni operum supplementum t. II p. 352 s.; A. Horawitz in der Allgemeinen deutschen Biographie Bd. 4 S. 602 f. und die Mittheilungen Hager's in der Philol. Wochenschrift Jahrg. 2 (1882) N. 51 Sp. 1619 f.

griechischen Sprache, des **Peter Schade** aus Pruttig bei Kochem an der Mosel (daher **Petrus Mosellanus** genannt; geboren 1493 studirte er von 1512 an in Köln unter J. Caesarius und H. Buschius, war 1515 eine Zeit lang Lehrer an der von Rhagius geleiteten Schule zu Freiberg in Sachsen, kam von da zwischen Johannis und Michaelis 1515 nach Leipzig, wo er 1517 Professor wurde und Anfang 1524 starb), der sich durch seine Vorlesungen, akademischen Reden und Schriften als gründlichen und feinen Kenner der classischen Sprachen bewährte. Proben von der Art und Weise, wie er die alten Schriftsteller erklärte, geben die nach seinem Tode gedruckten Anmerkungen zu Quintilian und Gellius[1]). Aus dem Kreise der Zuhörer dieses für die Wissenschaft zu früh verstorbenen Mannes gingen eine Anzahl Männer hervor, welche später theils in hohen Staats- und Kirchenämtern sich als einsichtige Pfleger und Förderer des Volksunterrichts wie auch der gelehrten Studien bewährt haben, Männer wie der Zeitzer Bischof **Julius Pflugk** und der sächsische Minister **Christoph von Carlowitz**, theils selbst in der Geschichte der Wissenschaft einen hervorragenden Platz einnahmen, wie der Mann, welcher 17 Jahre nach Mosellanus' Tode auf dessen Lehr-

---

[1]) Vgl. O. G. Schmidt, Petrus Mosellanus. Ein Beitrag zur Geschichte des Humanismus in Sachsen (Leipzig 1867); Böcking, Hutteni Op. Suppl. t II p. 422 s.; K. Krafft und W. Krafft, Briefe und Documente aus der Zeit der Reformation im 16. Jahrhundert nebst Mittheilungen über Kölnische Gelehrte und Studien im 13. und 16. Jahrhundert (Elberfeld 1876), S. 118 ff. Von seinen Schriften sind außer den im Texte genannten zu erwähnen: „Paedologia in puerorum usum conscripta" (37 Dialoge, Gespräche von und für Studenten als Muster der lateinischen Umgangssprache, vielfach als Lehrbuch in den Schulen gebraucht); „Praeceptiones de primis apud rhetorem exercitationibus" (nach Aphthonius' Progymnasmata); „Oratio de variarum linguarum cognitione paranda"; ferner Ausgaben des Plutos des Aristophanes, der Priscianischen Uebersetzung der Periegesis des Dionysios, des liber Cathemerinon des Prudentius und der libri tres de statu animae des Claudianus Mamertus, und lateinische Uebersetzungen von Isokrates' Rede über den Frieden, einiger Dialoge des Lucian und einiger Werke des Gregor von Nazianz, des Basilius und des Johannes Chrysostomus. Vgl. Schmidt a. a. O. S. 85 ff.

stuhl nach Leipzig berufen wurde, Joachim Kammermeister genannt Camerarius aus Bamberg. Dieser, am 12. April 1500 geboren, bezog nach der Sitte der damaligen Zeit, welche bei dem Mangel an gelehrten Schulen die jetzt den Gymnasien zufallende Aufgabe der Vorbildung für die Universitätsstudien in der Regel den Universitäten selbst zuwies, schon im April 1513 die Universität Leipzig, wo er außer durch die Vorlesungen von Richard Crocus, Petrus Mosellanus und Johannes Mezeler namentlich durch engen persönlichen Verkehr mit dem Magister Georg Helt aus Forchheim, dessen er in späteren Jahren wiederholt mit der dankbarsten Liebe gedenkt, gefördert wurde. Insbesondere war es das Studium der griechischen Sprache, dem er unter der Leitung dieser Männer mit großem Eifer und solchem Erfolge oblag, daß er schon als Jüngling sich den Ruf eines der ersten Gräcisten seiner Zeit erwarb. Dieser Ruf verschaffte ihm in Erfurt, wohin er im Jahre 1518 von Leipzig übersiedelte, in dem Humanistenkreise, der sich um Eoban Hesse schaarte, die freundlichste und ehrenvollste Aufnahme. Nachdem er hier im Anfang des Jahres 1521 die Magisterwürde erlangt hatte, verließ er Ende Juli desselben Jahres die durch Aufruhr und Krankheit schwer heimgesuchte Stadt, um sich nach kurzem Aufenthalte in seiner Heimath nach Wittenberg zu begeben, wo er sich aufs engste an Melanchthon anschloß. Auf dessen Empfehlung wurde er im Jahre 1526 an der neu begründeten gelehrten Schule zu Nürnberg als Lehrer der griechischen Sprache und der Geschichte angestellt. Im Jahre 1535 wurde er als Professor der griechischen und römischen Litteratur an die Universität Tübingen (die am Beginn dieses Jahres nach den Rathschlägen des Simon Grynaeus und Ambrosius Blaurer reformirt und neugeordnet worden war und seitdem mit besonderem Eifer die griechischen Studien pflegte), im Jahre 1541 von dort in gleicher Stellung an die Universität Leipzig berufen, der er bis zu seinem Tode (17. April 1574) treu blieb und die er sowohl durch seine Lehrthätigkeit als auch durch seine

thätige Mitwirkung an der hauptsächlich durch den Theologen
Caspar Borner aus Großenhain ins Werk gesetzten Reform
der Universitätsverfassung und -Verwaltung aus tiefem Verfall
zu neuer Blüthe zu bringen geholfen hat. Seinem Freunde
Melanchthon, den er sich in seiner Thätigkeit als Lehrer und
Schriftsteller zum Vorbild nahm, stand er weder an Umfang des
Wissens, noch an Gründlichkeit der Kenntniß der classischen
Sprachen und Litteraturen nach, er übertraf ihn entschieden an
kritischer Schärfe, so daß er als einer der bedeutendsten, wenn
nicht als der allerbedeutendste unter den Philologen Deutschlands
im 16. Jahrhundert bezeichnet werden darf. Auf diese hohe An=
erkennung hat er hauptsächlich Anspruch durch seine Leistungen
für die Kritik und Erklärung zahlreicher griechischer und römi=
scher Schriftsteller, welche nicht so ausschließlich, wie die dem
gleichen Gebiete angehörigen Arbeiten Melanchthon's, für die Be=
dürfnisse der Schüler berechnet sind. Dahin gehören aus dem
Gebiete der griechischen Litteratur die von ihm in Gemeinschaft
mit Jakob Micyllus besorgte Ausgabe der Homerischen Ge=
dichte mit den kürzeren alten Scholien (den sog. Scholien des
Didymus: Basel 1541 u. ö.), die unter dem Titel „Libellus
scholasticus" von ihm herausgegebene Sammlung der Gedichte
der griechischen Elegiker (des Theognis, Pseudo=Phokylides, Solon,
Tyrtaeus u. a.) mit griechischem Commentar (Basel 1550 u. ö.),
die Ausgabe der Idyllen des Theokrit mit den zuerst von Zacha=
rias Kalliergus (Rom 1516) veröffentlichten alten Scholien und
eigenen Scholien des Camerarius (Frankfurt 1545), sein Com=
mentar zu den Tragödien des Sophokles (Basel 1556: den Text
der Tragödien nebst Anmerkungen zu den beiden Oedipus und
zur Antigone hatte er schon in Hagenau 1534 veröffentlicht),
seine Ausgaben des Herodotus (Basel 1540 und 1557), des
Thukydides mit den alten Scholien (Basel 1540 und 1557), der
Werke des Theophrastus (Basel 1541, nach den Vorarbeiten
des Simon Grynaeus), der den Namen des Archytas tra=
genden Schrift über die 10 Kategorien (Archytae decem praedi-

camenta nebst einigen anderen griechischen Schriften logischen Inhalts, Leipzig 1564), der Fabeln des Aesopus nebst der romanhaften Biographie des Aesopus (Tübingen 1538 u. ö.), der Progymnasmata des Theon (Basel 1540) und des Aphthonius (Leipzig 1570), des sog. Almagest (der *μεγάλη σύνταξις*) des Ptolemäus nebst dem Commentar des Theon (Basel 1538 in Gemeinschaft mit S. Grynäus) und des sog. Quadripartitum (der *τετράβιβλος σύνταξις*) desselben Schriftstellers (Nürnberg 1535) und seine Betheiligung an der bei Andreas Cratander in Basel im Jahre 1538 erschienenen Gesammtausgabe der Werke des Galenus[1]): ferner die nach Camerarius' Tode von seinen Söhnen veröffentlichte Erklärung der Nikomachischen Ethik des Aristoteles (Frankfurt 1578), die ebenfalls erst nach seinem Tode gedruckte lateinische Uebersetzung und Erklärung der Politik und Oeconomik des Aristoteles sowie des Oekonomikos des Xenophon (Frankfurt 1580), die lateinische Uebersetzung der Cyropädie, (Paris 1572) und einiger kleinerer Schriften des Xenophon (de republica Lacedaemoniorum, de republica Atheniensium, Hipparchicus und de re equestri, Leipzig 1543), der 6 ersten Bücher der Elemente des Euklid (Leipzig 1549) und der Kirchengeschichte des Theodoret (Basel 1536), ungerechnet seine lateinischen Uebersetzungen einzelner Schriften des Demosthenes, Lucian, Plutarch, Dio Chrysostomus, Aristides, Libanius und Synesius und seiner reichhaltigen, unter dem Titel „Libellus gnomologicus" (Leipzig 1571) veröffentlichten Sammlung von Sentenzen aus zahlreichen griechischen Schriftstellern mit angehängter lateinischer Uebersetzung.

---

[1]) Diese 5 Foliobände umfassende Ausgabe wurde besorgt von dem Professor der Physik in Basel Hieronymus Gemusaeus (eigentlich Gschmuß aus Mühlhausen im Elsaß, geboren 1505, gestorben 1545), dem Arzt und Botaniker Leonhard Fuchs (aus Wembdingen in der Oberpfalz, geboren 1501, gestorben als Professor der Anatomie in Tübingen 1566) und von Camerarius, von dem speciell die Bearbeitung des vierten Bandes herrührt.

Von den römischen Schriftstellern ist vor allen Plautus zu erwähnen, dessen Text Camerarius durch die freilich nach der Sitte jener Zeit nicht consequente Benutzung der beiden wichtigsten unter den vollständigen Handschriften dieses Dichters, des sog. codex vetus Camerarii (den dieser von Veit Werler, welchem er von Martin Pollich geschenkt worden war, erhalten hatte) und des sog. codex decurtatus (aus der Bibliothek des Stifts zu St. Corbinian in Freising), zuerst eine sichere Grundlage gegeben und im Einzelnen vielfach verbessert hat[1]). Viel weniger bedeutend sind seine Leistungen für Terentius, dessen Komödien er ohne Benutzung neuer handschriftlicher Hülfsmittel mit kurzen kritischen Noten, in welchen die Lesarten von 4 alten Ausgaben verzeichnet sind, herausgegeben hat (Leipzig 1546 u. ö.). Manches hat er für die Kritik und Erklärung des Cicero geleistet, sowohl in der Gesammtausgabe der Werke desselben, welche außer seinen Anmerkungen auch die allerdings bedeutenderen des Petrus Victorius (Pietro Vettori aus Florenz) enthält (Basel, Herwagen 1540, 2 Bände in Folio), als auch in seinen Specialausgaben der epistolae ad familiares (Leipzig 1544), des Schriftchens de partitione oratoria (Leipzig 1544 und 1549), der Bücher de officiis, de senectute. de amicitia, paradoxa und somnium Scipionis (Leipzig 1548 und 1558), seinen Commentaren zu den Tusculanae disputationes (Basel 1548) und zu der Rede pro Murena (Leipzig 1542); doch wurden diese Arbeiten alsbald durch die mit einem sehr reichhaltigen Commentar ausgestattete Gesammtausgabe des Cicero von dem Franzosen Dionysius Lambinus (Denys Lambin, Paris 1566, 4 Bände in Folio) in den Schatten gestellt. Untergeordneter Art sind seine Arbeiten zu Quintilian (Ausgabe der beiden ersten Bücher der Institutio oratoria Hagenau 1531, dann mehrere Ausgaben der

---

[1]) Eine Gesammtausgabe des Plautus von Camerarius erschien zu Basel 1552, wiederholt ebd. 1558 mit Zusätzen von Georg Fabricius, nachdem Cam. schon früher 5 (Leipzig 1545), dann 6 Komödien des Dichters (ebd. 1549) herausgegeben hatte. Vgl. F. Ritschl, Kleine philol. Schriften Bd. 2 S. 99 ff. und Bd. 3 S. 67 ff.

vollständigen Institutio oratoria, deren letzte, Basel 1543, auch die den Namen des Quintilian tragenden Declamationes, soweit sie damals bekannt waren, enthält); bedeutender wegen der Benutzung von Handschriften ist seine Ausgabe der Werke des Macrobius (Basel 1535). Dem philologischen Gebiete gehören ferner an seine Zusätze zu den späteren Ausgaben der griechischen und der lateinischen Grammatik Melanchthon's (in den Ausgaben der griechischen von 1545 an, in denen der lateinischen von 1550 an), seine kurzen Anmerkungen zu der Syntaxis graecae linguae des Johannes Varennius (Johann van der Varen aus Mecheln: Köln 1532 u. ö.), das Schriftchen de arte grammatica et figuris dictionum, welches der von ihm besorgten Ausgabe des Werkes des Engländers Thomas Linacre de emendata structura latini sermonis libri VI (Leipzig 1548 und 1559) angehängt ist, seine Commentarii utriusque linguae, eine Zusammenstellung der griechischen und lateinischen Ausdrücke für die Theile des menschlichen Körpers und die Functionen desselben (Basel 1551) und seine Historia rei nummariae sive de nomismatis graecis et latinis (Tübingen 1539 u. ö.). Auch seine Elemente der Rhetorik (Elementa rhetoricae sive capita exercitationum studii puerilis et styli ad comparandam utriusque linguae facultatem, Basel 1540, dann öfter, zuletzt Leipzig 1580) können als Hülfsmittel für den Unterricht in den classischen Sprachen hieher gerechnet werden. Dazu kommen dann eine große Anzahl Briefe und Gedichte in lateinischer und griechischer Sprache, lateinische Reden, biographische, historische, theologische, astronomische und arithmetische Schriften, endlich zahlreiche ungedruckte, handschriftlich von ihm hinterlassene Arbeiten meist philologischen Inhalts — kurz ein Reichthum gelehrter Thätigkeit, welcher uns berechtigt, den Camerarius nicht nur als einen hervorragenden Philologen, sondern auch als einen Polyhistor im besten Sinne des Wortes zu bezeichnen [1]).

---

[1]) Ein Verzeichniß der Schriften des Camerarius in chronologischer Ordnung gibt J. A. Fabricius in der Bibliotheca graeca Vol. XIII

Dem Kreise der Schüler des Petrus Mosellanus gehört aller Wahrscheinlichkeit nach auch der Mann an, welcher sich die größten Verdienste um das Studium der römischen Rechtsquellen erworben hat: Gregor Meltzer genannt Haloander. Geboren zu Zwickau 1501, erhielt er den ersten Unterricht in den classischen Sprachen auf der damals sehr angesehenen, von zahlreichen auswärtigen Schülern besuchten dortigen lateinischen Schule, an deren Spitze von 1517—20 Magister Stephan Roth (geboren zu Zwickau 1492, gestorben als Stadtrath daselbst 11. Juli 1546), von 1520—22 der Baccalaureus Georg Bauer, genannt Agricola (geboren zu Glauchau 24. März 1494, gestorben 21. Nov. 1555 als Rathsherr zu Chemnitz), welcher die im Jahre 1519 von ihm begründete griechisch=hebräische Schule damit vereinigte, stand[1]). Von 1521—24 studirte er in Leipzig, wo er mit dem schon erwähnten Julius Pflugk näher bekannt wurde, der ihn veranlaßte, sich dem Studium des römischen Rechtes zu widmen und bei dem er eine Zeit lang im Jahre 1524—25 in Zeitz verweilte. Ende 1525 ging er nach Italien, um dort seine juristischen Studien fortzusetzen und sammelte während eines etwa zweijährigen Aufenthaltes daselbst reichhaltige Materialien zu einer kritischen Ausgabe der sämmtlichen Justinianischen Rechtsbücher (der Institutionen und des Codex, der Digesten und der Novellen), welche er nach seiner Rückkehr nach Deutschland binnen 3 Jahren (1528—30) verarbeitete und in Nürnberg mit Unterstützung des dortigen Senats veröffentlichte, ein Werk, welches namentlich durch die kritische Bearbeitung des Textes der Digesten, wofür er unter großen Schwierigkeiten, ja

---

p. 493 ss.; Nachträge dazu A. W. Ernesti in 2 Programmen der Universität Leipzig (Supplementum primum und secundum catalogi scriptorum Camerarianorum Fabriciani) aus den Jahren 1782 und 1786. Vgl. auch Joh. Fr. Fischer's Oratio de Joachimo Camerario grammatico pariter atque theologo excellente (Leipzig 1762) und Horawitz in der Allgemeinen deutschen Biographie Bd. 3 S. 720 ff.

[1]) Vgl. E. Herzog, Geschichte des Zwickauer Gymnasiums (Zwickau 1869), S. 7 f. u. S. 74 f.

Gefahren, die von Angelo Poliziano gemachten Excerpte aus dem berühmten Florentiner, früher Pisaner Codex benutzt hatte, sowie durch die erste Bekanntmachung des griechischen Textes der Novellen, welchen er mit einer lateinischen Uebersetzung begleitete, für das Studium des römischen Rechts epochemachend geworden ist. Im Frühjahr 1531 begab er sich aufs Neue nach Italien, um sich in Bologna die juristische Doktorwürde zu erwerben, starb aber schon am 7. September 1531 in Venedig [1]).

Ein anderer Schüler des Mosellanus, ebenfalls ein geborener Zwickauer, Johann Haynpol oder Haipol, genannt Janus Cornarius, hat sich um die Kritik und Erklärung der griechischen Aerzte bedeutende Verdienste erworben. Geboren 1500 studirte er von 1516 an in Leipzig, später in Wittenberg, hielt, nachdem er Reisen in Norddeutschland, Livland und Rußland gemacht hatte, an der Universität Rostock Vorlesungen über die Aphorismen des Hippokrates (1525—26), unternahm dann größere Reisen nach Italien, England und Frankreich, hielt sich darauf längere Zeit in Basel auf, ließ sich 1536 als Physicus in Nordhausen, 1540 in gleicher Stellung in Frankfurt nieder, bekleidete 1542—46 eine medicinische Professur in Marburg [2]), dann die Stelle des Stadtarztes in seiner Vaterstadt und wurde 1557 als Professor der Medicin nach Jena berufen, wo er am 16. März 1558 starb. Er veröffentlichte eine neue Ausgabe der Gesammtwerke des Hippokrates (Basel 1538, fol.) worin er den in der ersten

---

[1]) Vgl. B. Schmidt, Symbolae ad vitam Gregorii Haloandri (Gratulationsprogramm der juristischen Facultät zu Leipzig zum 50jährigen Doctorjubiläum des Prof. Dr. G. F. Hänel, 1866); E. Flechsig, Gregor Haloander. Ein Beitrag zur civilistischen Litterargeschichte des 16. Jahrhunderts (Zwickau 1872).

[2]) Im Album der Universität Marburg findet sich zum 2. Semester 1542 folgender Eintrag: „D. Janus Cornarius medicus physicus antea Francofordensium vocatus in remp. nostram literariam ab Illustriss. principe nostro. Cum aliarum linguarum peritissimus, tum $\, ‘E\lambda\lambda\acute{a}\delta o\varsigma \, \tau\grave{o} \, \check{\varepsilon}\varrho\iota\sigma\mu\alpha$ $\mu\acute{o}\varrho\iota\mu o\nu$". S. Catalogus studiosorum scholae Marpurgensis ed. I. Caesar (Marburg 1875) p. 38. Er selbst bezeichnet sich als „Janus Cornarius Medicus Physicus doctor et Hippocratis graeci in illius lingua professor".

Ausgabe (einer Aldina, Venedig 1526) gegebenen Text mit Hülfe dreier Handschriften wesentlich verbesserte, sowie eine neue lateinische Uebersetzung derselben (Basel 1543), ferner eine Ausgabe der Werke des Dioskorides (Basel 1529) und eine lateinische Uebersetzung von dessen Schrift de materia medica (Basel 1567), lateinische Uebersetzungen einiger Schriften des Galenus, der Werke des Aëtius und des Paulus von Aegina und der unter dem Titel Geoponica bekannten Auszüge aus griechischen Schriftstellern über die Landwirthschaft; außerdem die erste Ausgabe der „Liebesgeschichten" des Parthenius (Basel 1531) sowie lateinische Uebersetzungen des Platonischen und Xenophontischen Symposions (Basel 1548 mit einer einleitenden Abhandlung über die Differenzen zwischen diesen beiden Schriften, über den Begriff der Liebe, über einige Bräuche bei griechischen und deutschen Trinkgelagen u. dgl.), einiger griechischen Kirchenväter, der Physiognomik des Adamantius u. a. m.[1].

Unter den Freunden und Schülern Melanchthon's, welche im Geiste des praeceptor Germaniae die Alterthumsstudien zu fördern und den Jugendunterricht zu heben bestrebt waren, nimmt neben Camerarius den bedeutendsten Platz ein Jakob Molsheym[2] aus Straßburg (geboren 6. April 1503), der während seiner Studienzeit in Erfurt (1518—22), wo er zu den eifrigsten Mitgliedern des regnum Eobanicum gehörte, in Folge einer dramatischen Aufführung des Lucianischen Dialogs „der Traum oder der Hahn", bei welcher er die Rolle des mit seinem Haushahn sich unterhaltenden Schuhmachers Mikyllos spielte, von seinen Genossen

---

[1] Vgl. E. G. Baldinger — Jani Cornarii primi quondam ordinis medicorum in academia nostra decani, restauratoris Hippocraticae medicinae memoriam recolit, 3 Programme der Universität Jena vom Jahre 1769; O. Krabbe, Die Universität Rostock im 15. und 16. Jahrhundert Bd. 1 S. 378 ff. Cornarius' Emendationen zu Galen sind aus seinem in der Bibliothek zu Jena aufbewahrten Exemplar der Aldina herausgegeben von Gruner: I. Cornarii coniecturae et emendationes Galenicae (Jena 1789).

[2] So, nicht Moltzer wie er gewöhnlich genannt wird, lautet der Name in der Erfurter Matrikel; s. Krause, Helius Eobanus Hessus Bd. 1 S. 230 Anm. 2.

den Namen Micyllus erhielt, den er von da an statt seines Familiennamens führte. Nachdem er seine Studien in Wittenberg unter Melanchthon's Leitung fortgesetzt hatte, übernahm er im Herbst 1524 die Leitung der Lateinschule zu Frankfurt am Main. Nach achtjähriger Thätigkeit in diesem Amte sah er sich durch schwere Conflicte, in welche er mit einigen die classischen Studien und ihre Vertreter anfeindenden und verdächtigenden reformatorischen Predigern gerathen war, genöthigt Frankfurt zu verlassen und nach Heidelberg überzusiedeln, wo ihm die Professur der griechischen Sprache übertragen wurde (22. Februar 1533). Aber auch hier konnte er zu keiner gedeihlichen und erfreulichen Wirksamkeit gelangen, weil die große Majorität der Professoren damals noch von entschiedener Abneigung gegen die humanistische Richtung erfüllt und dem Micyllus von der Natur jene Energie versagt war, welche derselben trotz jenes Widerstandes hätte Bahn brechen können. Er ergriff daher gern im Herbst 1537 die Gelegenheit zur Rückkehr nach Frankfurt, welche ihm der Antrag des dortigen Rathes, die Leitung der Schule unter günstigeren äußeren Verhältnissen wieder zu übernehmen, darbot, und verwaltete dieses Amt diesmal 10 Jahre lang mit einem Eifer und mit einer Hingebung, von welcher mehrere seiner Schüler, insbesondere der durch seine lateinischen Dichtungen bekannte Arzt Petrus Lotichius Secundus (geboren 2. November 1528 zu Schlüchtern in der Grafschaft Hanau, gestorben als Professor der Medicin zu Heidelberg 7. November 1560), ehrenvolles Zeugniß ablegen[1]). Ostern 1547 wurde er abermals als Professor der griechischen Sprache an die Universität Heidelberg berufen, deren Reorganisation im Geiste des Humanismus und der kirchlichen Reform von dem Kurfürsten Friedrich II. von der Pfalz begonnen, von dessen Nachfolger, dem hochgebildeten

---

[1]) S. die Elegie „ad Philippum Melanchthonem de obitu clarissimi viri Jacobi Micylli" in Petri Lotichii Secundi opera omnia (1609) lib. IV eleg. 2. Vgl. über Lotich G. Hentel, Petrus Lotichius Secundus Solitariensis, academiae Heidelbergensis olim decus (Hersfeld 1873).

Kurfürsten Otto Heinrich (1556—59), unter wesentlicher Beihülfe des Micyllus und Melanchthon's vollendet wurde; hier wirkte er unter lebhafter Anerkennung von Seiten seines Fürsten wie seiner Collegen sowohl durch öffentliche Vorlesungen über griechische Schriftsteller als durch Privatunterweisung der Studirenden in der lateinischen Sprache und Litteratur bis zu seinem am 28. Januar 1558 erfolgten Tode. Als Schriftsteller hat sich Micyllus zuerst durch seine lateinischen Dichtungen in weiten Kreisen bekannt gemacht, eine Beschäftigung, wozu ihn sowohl die eigene Neigung und Begabung (die besonders auf dem Gebiete der beschreibenden Poesie hervortritt), als der Einfluß seines Lehrers Eoban Hesse antrieb und die er sein ganzes Leben hindurch mit besonderer Liebe gepflegt hat [1]). Aus dem Bestreben, die Fertigkeit in der Handhabung der poetischen Form, die er sich selbst durch vielfache Uebung und eifriges Studium der römischen Dichter erworben hatte, auch bei anderen zu fördern ist sowohl seine Ausgabe des Lehrgedichtes des Terentianus Maurus de litteris syllabis et metris (1532) als auch sein metrisches Uebungsbüchlein für Schüler (Ratio examinandorum versuum ad usum et exercitationem puerorum composita 1539) und sein größeres Lehrbuch der Prosodie und Metrik (Libri tres de re metrica 1539), welches unter den auf diese Disciplin bezüglichen Arbeiten jener Zeit einen hervorragenden Platz einnimmt, hervorgegangen. Als Hülfsmittel für das Verständniß des Inhalts der römischen Dichter gab er im Jahre 1532 das weitschichtige mythologische Werk des Italieners Giovanni Boccaccio (Joannis Bocatii περὶ γενεαλογίας Deorum libri XV, eine ziemlich wüste Compilation mit geschmacklosen allegorischen und historischen Deutungen, welche im Einzelnen vielfach von einem verloren gegangenen Werke, dem liber collec-

---

[1]) Eine vollständige Sammlung seiner Gedichte, soweit er sie nicht bei seinen Lebzeiten selbst vernichtet hatte, ist von seinem Sohne, dem kurpfälzischen Kanzler Julius Micyllus, im Jahre 1564 unter dem Titel „Sylvae" in fünf Büchern herausgegeben worden.

tionum des Bibliothekars König Robert's von Sicilien, Paulus Saluccius aus Perugia, eines älteren Zeitgenossen des Boccaccio, abhängig ist) mit eigenen Anmerkungen und Verbesserungen heraus. Ein weit größeres Verdienst um die Wissenschaft erwarb er sich durch die Veröffentlichung des bis dahin unbekannten „Liber fabularum" des Hyginus aus der einzigen, jetzt bis auf wenige Bruchstücke zu Grunde gegangenen Freisinger Handschrift (vgl. oben S. 37), welche ihm durch zwei Freisinger Canonici, Johannes Weyer und M. Johannes Ehrumer, und den dortigen Lehrer, Veit Ehrumer, zur Benutzung überlassen worden war, wozu er des Hyginus Werk über die Gestirne und Sternsagen sowie verschiedene andere mythologische und astronomische Werke des griechischen und römischen Alterthums hinzufügte: eine Arbeit, die, wenn sie auch den höheren Anforderungen, die wir jetzt an die Recension und Emendation eines antiken Textes stellen, nicht genügt, doch sowohl von dem Scharfsinn als von der Belesenheit des Herausgebers ein vortheilhaftes Zeugniß ablegt [1]). Ausgebreitete Belesenheit und verständiges Urtheil zeigen auch seine mit erläuternden Anmerkungen und hie und da auch mit kritischen Bemerkungen versehenen Ausgaben der Pharsalia des Lucanus (Frankfurt 1551) und der Dichtungen des Ovidius (Heroidum epistolae, Frankfurt 1532; Opera amatoria und Metamorphoses, Basel 1543; Fasti, Tristia und epistolae ex Ponto ebd. 1550) sowie die erst nach seinem Tode gedruckten Abhandlungen über das Leben des Euripides und über die Tragödie und ihre Bestandtheile (Euripidis vita ex diversis

---

[1]) Die erste Ausgabe (Basel bei Herwagen 1535) enthält außer dem liber fabularum und den libri IV poeticon astronomicon des Hyginus des Paläphatus de fabulosis narrationibus lib. I, des Fulgentius Mythologiarum libri III und desselben de vocum antiquarum interpretatione liber I, die Aratea des Cäsar Germanicus, die Phänomena des Aratos (griechisch und lateinisch) und des Proklos Schrift de sphaera (ebenfalls griechisch und lateinisch). In der 2. Ausgabe (ebd. 1549) sind dazu noch folgende zwei Schriften hinzugekommen: „Phurnuti de natura deorum sive poeticarum fabularum allegoriis speculatio" und „Albrici philosophi de deorum imaginibus liber".

auctoribus collecta" und „De tragoedia et eius partibus προλεγόμενα quaedam", in der Ausgabe des Euripides bei Oporinus, Basel 1562, welche außer dem griechischen Text der Tragödien die lateinische Uebersetzung von Caspar Stiblin und den Commentar von Jean Brodeau enthält). Ferner ist außer der schon früher erwähnten, von ihm in Gemeinschaft mit Camerarius besorgten Ausgabe des Homer die von ihm theils nen angefertigte, theils herausgegebene lateinische Uebersetzung der sämmtlichen Werke des Lucian (Frankfurt 1538) anzuführen. Auch für Verbreitung der Kenntniß des Alterthums in weitern als den gelehrten Kreisen wirkte er durch seine deutschen Uebersetzungen der Annalen und Historien und der Germania des Tacitus (Mainz 1535) und der drei letzten Bücher des Livius (in der neuen Bearbeitung der älteren Uebersetzung des Livius von Bernhard Schöfferlin, Ivo Wittig und Nicolaus Carbach, Mainz 1533). Den Zwecken des Unterrichts endlich dienten seine Bearbeitung der lateinischen Grammatik Melanchthon's für reifere Schüler (Frankfurt 1540) und sein mit zahlreichen Beispielen aus alten Schriftstellern illustrirtes Lehrbuch der Rechenkunst (Arithmeticae logisticae libri II, Basel 1553)[1]).

Zu den tüchtigeren Gräcisten seiner Zeit gehört auch der Nachfolger des Micyllus bei seinem ersten Weggang von Heidelberg, Johannes Hartung aus Miltenberg in Franken (geboren 1505), der im Jahre 1546 von Heidelberg nach Freiburg im Breisgau übersiedelte, wo er am 16. Juni 1579 starb. Von seinen schriftstellerischen Arbeiten sind zu erwähnen kurze durchgängig an die Erklärung einzelner Worte anknüpfende Erläuterungen zu den drei ersten Büchern der Odyssee (Prolegomena

---

[1]) Vgl. J. Classen, Jakob Micyllus, Rector zu Frankfurt und Professor zu Heidelberg von 1524—1558, als Schulmann, Dichter und Gelehrter dargestellt (Frankfurt a M. 1859) und „Nachträge zu der Biographie des J. Micyllus" im Programm des Gymnasiums zu Frankfurt a. M. 1861; G. E. Steitz, „Des Rector Micyllus Abzug von Frankfurt 1533, nach seinen bisher unermittelt gebliebenen Ursachen dargestellt" im Archiv für Frankfurt's Geschichte und Kunst, n. F., Bd. 5 (1872) S. 216 ff.

J. Hartungi in tres priores Odysseae Homeri rapsodias, Frank=
furt a. M. 1539), sein „Lexicon graeco-latinum", seine „De-
curiae locorum quorundam memorabilium ex optimis quibusque authoribus cum graecis tum latinis excerptorum" (Basel
1559—1568: meist kritische zum Theil auch exegetische Bemer=
kungen zu einzelnen Stellen griechischer und lateinischer Schrift=
steller nebst Notizen über gewisse Gebräuche des Alterthums) und
seine lateinische Uebersetzung der Argonautica des Apollonios
von Rhodos[1]).

Ein anderer Schüler Melanchthon's, Johannes Lonicerus
aus Artern in der Grafschaft Mansfeld (geboren 1499, gestorben
20. Juni 1569), wurde bei der Gründung der Universität Mar=
burg dorthin als Professor der griechischen Sprache berufen, trat
aber später (1554) in die theologische Facultät über. Seine schrift=
stellerische Thätigkeit war eine sehr ausgedehnte: außer zahlreichen
dem theologischen Gebiete angehörigen Arbeiten, akademischen
Reden und einigen griechischen Gedichten sind zu erwähnen seine
Lehrbücher der griechischen Grammatik (Graecae grammaticae
methodus. Basel 1536; denuo recognita Frankfurt 1540 und
1551) und der Rhetorik (Artis dicendi methodus ex optimis
utriusque linguae autoribus deprompta, Basel 1536), seine
Ausgaben des Homer (Straßburg 1525 und 1542), des Aias des
Sophokles (mit metrischer lateinischer Uebersetzung, Basel 1533)
und der Rede des Demosthenes περὶ συμμοριῶν (griechisch und
lateinisch, Basel 1537), seine lateinischen Uebersetzungen und Com=
mentare zu Pindaros (Basel 1528 u. ö.) und zu Nikandros
(Köln 1531), seine lateinischen Uebersetzungen der Reden des Jso=
krates (mit einer Lebensbeschreibung dieses Redners, Basel 1529
und Marburg 1540) und der Rede des Lykurgos gegen Leokrates
nebst der Rede des Demosthenes vom Frieden (Basel 1548), seine
Anmerkungen zu Dioskorides' Büchern de re medica (Marburg 1543)

---

[1]) Vgl. Dr. H. Schreiber, Geschichte der Albert=Ludwigs=Universität
zu Freiburg im Breisgau Th. II S. 197 ff.

und zu Galen's Schrift „de usu partium in hominis corpore libri XVII" (Frankfurt 1550), endlich seine Compendien aus einer Anzahl Schriften des Aristoteles (de physica auscultatione, de generatione et corruptione, de longitudine et brevitate vitae, de vita et morte animalium, de anima, ethica ad Nicomachum, Marburg 1540)[1]).

Einer der getreuesten und von dem Meister besonders geschätzten Schüler Melanchthon's war Arnold Burenius (so genannt nach seiner Heimath, dem Städtchen Bueren bei Lingen im Münster'schen, wo er um den 1. Februar 1485 geboren war), der von 1508 bis 1524 sich anfangs als Student, später als Docent in Wittenberg aufhielt, dann an den mecklenburgischen Hof als Lehrer des Prinzen Magnus berufen 1530 zum Professor der classischen Litteratur und Rector des collegium Aquilae an der Universität Rostock ernannt wurde, wo er durch seine Vorlesungen (er las besonders über Aristoteles' Ethik und verschiedene Schriften des Cicero) viel zur Hebung der damals dort darniederliegenden philologischen und philosophischen Studien beitrug. Im Druck hat er selbst nichts veröffentlicht; einige akademische Reden von ihm sind erst längere Zeit nach seinem am 16. August 1566 erfolgten Tode durch seinen Schüler und späteren Collegen, den besonders durch seine lateinischen und griechischen Dichtungen bekannten Nathan Chytraeus (eigentlich Kochhase, geboren 15. März 1543 zu Mensingen in der Pfalz, Professor der lateinischen Sprache zu Rostock seit 1564, der Poesie seit 1567, seit 1593 Rector des Gymnasiums zu Bremen,

---

[1]) Vgl. über Joh. Lonicerus' (der seinen Namen auch in Λεοντορίκης gräcisirte) Leben und Schriften F. W. Strieder, Grundlage zu einer hessischen Gelehrten- und Schriftsteller-Geschichte. Seit der Reformation bis auf gegenwärtige Zeiten Bd. 8 S. 75 ff. — Im Album der Universität Marburg ist er zum Jahre 1527 als „Ioannes Lonicerus Islebius mgr. Wittembergensis graecarum literarum professor" eingetragen; s. Catalogus studiosorum scholae Marpurgensis ed. J. Caesar (Marburg 1875) p. 2; über seinen Tod vgl. Catalogi studiosorum scholae Marpurg. part. V (ebd. 1877) p. 24.

Der deutsche Humanismus im Dienste der Theologie ꝛc. 199

wo er am 25. Februar 1598 starb) herausgegeben worden¹). Auch der ältere Bruder des Nathan Chytraeus, der berühmte streng lutherische Theologe David Chytraeus (geboren 26. Februar 1531 zu Ingelfingen in Schwaben, gestorben als Professor der Theologie zu Rostock 25. Juni 1600) hatte sich in seinen früheren Jahren, als Student in Tübingen, Wittenberg und Heidelberg, als Magister legens in Wittenberg, während seiner Reisen in Italien, endlich als Lehrer am Pädagogium und Professor an der Universität in Rostock (seit 1551) humanistischen Studien gewidmet und philologische und historische Vorlesungen, besonders über Herodot und Thukydides gehalten, die er auch später, nachdem er sich mehr und mehr der Theologie zugewandt, noch einige Male wiederholt hat; aus diesen Vorlesungen ist sein zu seiner Zeit hochgeschätztes Werk über die Chronologie der Geschichte des Herodot und des Thukydides (Chronologia historiae Herodoti et Thucydidis, zuerst Rostock 1562, dann oft wiederholt und mit einem chronologischen Abriß der Welt- und Kirchengeschichte von Erschaffung der Welt bis auf seine Zeit vermehrt) hervorgegangen. In ähnlicher Weise hat er den Inhalt seiner hodegetischen und methodologischen Vorlesungen über die verschiedenen Zweige des akademischen Studiums in seiner Schrift „Regulae studiorum seu de ratione et ordine discendi in praecipuis artibus recte instituendo" (Wittenberg 1567 u. ö.) zusammengefaßt und dadurch in den weitesten Kreisen der Studirenden segensreich gewirkt. Endlich ist Cicero's Cato maior nach den von ihm in Vertretung seines Bruder's Nathan darüber gehaltenen Vorlesungen von einem Schüler von ihm herausgegeben worden (M. Tullii Ciceronis Cato maior seu de senectute libellus cum dispositione argumentorum et annotationibus per Johannem

---

¹) Vgl. O. Krabbe, Die Universität Rostock im 15. und 16. Jahrhundert Bd. 2 S. 407 ff. und S. 727 ff.; Nordhoff in der Allgemeinen deutschen Biographie Bd. 3 S. 586 ff. und Fromm ebd. Bd. 4 S. 256.

Alburgensem exceptis ex praelectionibus D. Davidis Chytraei. Rostock 1572 [1]).

Um die Detailforschung auf dem Gebiete der römischen Gedichte hat sich bleibende Verdienste erworben Johann Glandorp aus Münster (geboren 1. August 1501), ein Schüler des Murmellius und Melanchthon's, der, nachdem er einige Jahre (1534 bis 36) die Professur der Geschichte an der Universität Marburg versehen, dann verschiedenen Schulen im nördlichen Deutschland vorgestanden hatte, am 22. Februar 1564 zu Herford starb. Sein Hauptwerk ist das von seinem Schüler Reiner Reineccius, auf den wir noch später zu sprechen kommen werden, nach seinen hinterlassenen Papieren druckfertig gemachte und veröffentlichte „Onomasticon historiae romanae" (Frankfurt a. M. 1589), eine nach alphabetischer Reihenfolge der römischen Gentes angeordnete Sammlung der uns erhaltenen Notizen über alle irgend namhaften Persönlichkeiten der römischen Geschichte [2]). Derselbe Reiner Reineccius hat auch Glandorp's kurz gefaßte theils kritische, theils exegetische Anmerkungen zu sämmtlichen Werken des Caesar (Leipzig 1574) und dessen eingehenden, besonders die historischen Verhältnisse berücksichtigenden Commentar zu Cicero's Epistolae ad familiares (Basel 1580), theils nach seinen und seiner Mitschüler Aufzeichnungen, theils nach den hinterlassenen Manuscripten seines Lehres veröffentlicht. Endlich hat Glandorp eine Sammlung moralischer Sentenzen in lateinischen Distichen, die zum großen Theile nur Uebersetzungen aus der 1529 erschienenen Sammlung deutscher Sprüchwörter von Johann Agricola sind, herausgegeben u. d. T. „Disticha ad bonos mores paraenetica" (Magdeburg 1553), wozu sein Sohn Ambrosius G., 12 Jahre nach des

---

[1]) Vgl. David Chyträus. Dargestellt von Dr. O. Krabbe (Rostock 1870).

[2]) Die von Glandorp selbst veröffentlichte „Descriptio gentis Antoniae apud Romanos" (Leipzig 1557) und die von seinem Sohne Ambrosius herausgegebene Schrift „Familiae Juliae gentis . . . ad dexterius neterum monumenta cognoscenda concinnatae" (Basel 1576) sind beide in das Onomastikon an den betreffenden Stellen aufgenommen worden.

Vaters Tode aus dessen Nachlaß noch einen Distichorum variarum rerum et sententiarum liber secundus hinzugefügt hat [1]).

Die Auffassung der classischen Studien als des formalen Bildungsmittels für die Jugend, die wir schon bei Melanchthon gefunden haben, tritt besonders scharf hervor bei einer Anzahl von Schulmännern, die in der Geschichte der Pädagogik eine hervorragende Rolle spielen, aber auch in der Geschichte der Philologie nicht unberücksichtigt bleiben dürfen. Unter diesen ist die bedeutendste Persönlichkeit Johannes Sturm (geboren 1. October 1507 zu Schleiden in der Eifel), der von 1522 an auf der Schule der Brüder vom gemeinen Leben in Lüttich, von 1524 an an dem Collegium trilingue zu Löwen studirte, dort auch 1527 als Lehrer auftrat und bald darauf in Verbindung mit seinem früheren Lehrer Rutger Rescius eine Buchdruckerei in der Absicht, die griechischen Autoren durch den Druck zu verbreiten, einrichtete, aus welcher im Jahre 1529 eine Ausgabe der Memorabilien des Xenophon hervorging. In demselben Jahre ging Sturm nach Paris, wo er öffentlich und privatim, an der Universität und in einem von ihm geleiteten Pensionat, philosophische und philologische Vorlesungen, besonders über Dialektik und über Cicero hielt. Im Anfang des Jahres 1537 folgte er, da der Aufenthalt in Paris für ihn wegen seiner Hinneigung zur Lehre der Reformirten nicht mehr sicher war, einem Rufe nach Straßburg zur Organisation und Leitung des dortigen Gymnasiums, welches im Mai 1538 nach dem von ihm in der berühmten Schrift „de litterarum ludis recte aperiendis" dargelegten Programm eröffnet wurde. Nachdem er über 43 Jahre lang das Rectorat dieser Anstalt geführt hatte, wurde er am 7. December 1581 wegen seiner Opposition gegen die Einführung der sog. Concordienformel durch einen Rathsbeschluß seines Amtes entsetzt und

---

[1]) J. Glandorpii Mon. Disticha ad bonos mores paraenetica quae tantum non omnia ex Germanicis Agricolae proverbiis conversa esse ostendit editor W. H. D. Suringar. Liber I (Leiden 1876); liber II (ebd. 1874).

starb erblindet und lebensmüde am 3. März 1589. In Bezug
auf seine pädagogischen Grundsätze, die er in zahlreichen Schriften
niedergelegt und praktisch verwerthet hat, ist Sturm von dem
Vorwurfe starker Einseitigkeit nicht freizusprechen, indem er die
Uebung der Knaben im lateinisch Schreiben und Sprechen als
das hauptsächliche, ja fast als das ausschließliche Ziel des Unterrichts hinstellte und daneben nur dem Unterricht in der griechischen
Sprache einen etwas größeren, dem in der Dialektik, Mathematik
und Astronomie einen sehr beschränkten Platz einräumte; allein
diese Concentration des Unterrichts auf einen Hauptgegenstand
brachte den Schülern wenn auch kein reiches Wissen, so doch ein
tüchtiges Können ein, das sie in jener Zeit, wo das Latein noch
in jeder Hinsicht eine viel größere Rolle spielte als heutzutage,
sowohl für ihre Fachstudien als im praktischen Leben vielfach
verwerthen konnten, und erwies sich überhaupt als eine heilsame,
wenn auch eben einseitige Gymnastik des Geistes. Daher sehen
wir, daß die von Sturm geleitete Anstalt von einer außerordentlich
großen Anzahl von Schülern aus verschiedenen Ländern besucht
wurde und daß nicht wenige Städte Schulen nach den Grundsätzen Sturm's theils durch diesen selbst, theils durch Schüler
desselben einrichten ließen. Was die schriftstellerische Thätigkeit
Sturm's anlangt, so treten zwar seine wissenschaftlichen philologischen Leistungen hinter den pädagogischen (theoretischen
Schriften und Schulbüchern) entschieden in den Hintergrund;
doch sind seine Verdienste um die Erkenntniß und Würdigung der
rednerischen Kunst der Alten nicht gering anzuschlagen. Sein Hauptwerk auf diesem Gebiete ist die Schrift „de universa ratione
elocutionis rhetoricae libri III" (Straßburg 1576), eine Darstellung der Theorie der antiken Rhetorik nach Aristoteles, Hermogenes und Cicero; daneben sind zu erwähnen sein an Cicero's
„partitiones oratoriae" sich anschließendes Lehrbuch der Rhetorik
(In Partitiones oratorias Ciceronis dialogi IV, 1549), ferner
die Schriften „de amissa dicendi ratione libri II", (1538),
„de periodis" (1550), „de imitatione oratoria libri III" (1574)

und „de exercitationibus rhetoricis" (1575), endlich die mit lateinischer Uebersetzung und Commentaren versehenen Ausgaben der vier rhetorischen Schriften des Hermogenes von Tarsos *περὶ στάσεων* (de arte rhetorica liber unus qui vulgo de statibus inscribitur 1570), *περὶ εὑρέσεως* (de ratione inveniendi oratoria libri IV 1570), *περὶ ἰδεῶν* (de dicendi genere sive formis oratoriis libri II 1571) und *περὶ μεθόδου δεινότητος* (de ratione tractandae gravitatis occultae liber 1571). Ohne wissenschaftliche Bedeutung sind die auf das Bedürfniß der Schule berechneten Ausgaben verschiedener Schriften des Cicero und des Aristoteles, der Gegenreden des Aeschines und Demosthenes gegen Ktesiphon und vom Kranze, einiger Dialoge des Platon und einiger Komödien des Plautus, die Gesammt= ausgabe der Werke des Cicero in 9 Bänden, endlich die von Sturm's Schülern Michael Toxites aus Graubünden und Martin Crusius nach seinen Vorträgen veröffentlichten Com= mentare zu den 4 Büchern Rhetorica ad Herennium, zum ersten Buche der Tusculanae quaestiones, zu der Rede pro Plancio und zu der ersten, zweiten und siebenten Philippischen Rede des Cicero, zur Ars poetica des Horatius und zu den Eclogen des Virgilius. Alle Schriften Sturm's aber sind in einem durch Reinheit und Eleganz ausgezeichneten Stil, der ohne die Pedanterie der sog. Ciceronianer doch wesentlich nach dem Muster des Cicero gebildet ist, verfaßt[1]).

Von ähnlicher Bedeutung als Pädagog wie Sturm, aber als Gelehrter ihm nicht ebenbürtig, war Valentin Trozendorf (eigentlich) Friedland, geboren in dem Dorfe Trozendorf oder Troitschendorf bei Görlitz im Jahre 1490, gestorben zu Liegnitz 26. April 1556), unter dessen Leitung (von 1531 an) die Schule

---

[1]) Vgl. über J. Sturm Eckstein in den Verhandlungen der 24. Philo= logenversammlung zu Heidelberg S. 64 ff.; L. Kückelhahn, Johannes Sturm, Straßburgs erster Schulrector, besonders in seiner Bedeutung für die Geschichte der Pädagogik (Leipzig 1872 ; K. v. Raumer, Geschichte der Pädagogik 4. Aufl. Bd. 1 S. 205 ff.

zu Goldberg in Schlesien in hoher Blüthe und großem Ansehen stand, welche er nach einem eigenthümlichen Plane, der wenigstens in Hinsicht der Benennung der verschiedenen von ihm als Dictator perpetuus einzelnen Schülern übertragenen Aemter (Consuln, Senatoren, Censoren, Quästoren) an die römische Republik erinnert, organisirt hatte. Der Unterricht im Lateinischen stand auch hier entschieden im Vordergrunde und wurde mit solcher Energie und solchem Erfolg betrieben, daß man behauptete, zu Trozendorf's Zeit hätten in Goldberg selbst Knechte und Mägde lateinisch gesprochen. Als Schriftsteller ist Trozendorf, abgesehen von einigen nach seinem Tode gedruckten, seine Methode des Religionsunterrichts darstellenden Schriften, überhaupt nicht aufgetreten [1]).

In dieser Hinsicht überragen ihn weit zwei Männer, welche sich um die Hebung des gelehrten Schulwesens in Sachsen namhafte Verdienste erworben haben: **Johannes Rivius** (eigentlich **Bachmann**) und **Georg Fabricius** (eigentlich **Goldschmied**). Der erstere, geboren 1. August 1500 zu Attendorn in Westfalen, war, nachdem er in Köln und Leipzig studirt hatte, von 1519 an als Lehrer, beziehendlich Rector an den Schulen zu Zwickau, Annaberg, Marienberg, Schneeberg und Freiberg thätig, wurde 1540 zum Hofmeister des Prinzen August zu Sachsen, 1545 zum Consistorialassessor und Inspector der im Jahre 1543 vom Herzog Moritz von Sachsen gegründeten Fürstenschule zu Meißen ernannt und starb zu Meißen 1. Januar 1553 [2]).

---

[1]) Vgl. K. v. Raumer, Geschichte der Pädagogik 4. Aufl. Bd. 1 S. 171 ff.
[2]) S. die Vita Io. Rivii descripta a Georgio Fabricio Chemnicense, welche der im Jahre 1562 in Basel bei J. Oporinus erschienenen Sammlung der theologischen Schriften des Rivius (Iohannis Rivii Atthendoriensis, uiri doctiss., de uera et salutari Ecclesiae doctrina deque pia hominis Christiani uita opera theologica omnia in unum uolumen collecta libris constans XXVI) vorangestellt und im Programm der Fürstenschule zu Meißen vom Jahre 1843 wieder abgedruckt ist; vgl. auch E. Herzog, Geschichte des Zwickauer Gymnasiums S. 86 f.; Th. Flathe, Sanct Afra. Geschichte der königlich sächsischen Fürstenschule zu Meißen (Leipzig 1879) S. 22 f.

Von seinen philologischen Arbeiten sind das Bedeutendste die „Castigationes" zum Sallust (Ioannis Rivii Atthendoriensis in C. Crispi Sallustii de coniuratione Catilinaria deque bello Iugurthino, quae solae omnium extant, historias Castigationum libri II explicatione interdum quorundam locorum addita, Leipzig 1539), worin er mit Hülfe von vier Handschriften, den Citaten alter Grammatiker und eigenen Conjecturen den Text dieses Schriftstellers an zahlreichen Stellen verbessert hat. Aehnliche Verdienste hat er sich durch seine „Castigationes plurimorum ex Terentio locorum adiecta quorundam obiter explicatione" (Köln 1531; neu herausgegeben mit G. Fabricius' „Explicatio castigationum in Terentii comoedias" und mit Fr. Fabricius Marcodurannus' „Annotationes in sex Terentii comoedias" Leipzig 1574) um den Text der Komödien des Terentius erworben, zu dessen Herstellung er ebenfalls vier Handschriften sowie den Commentar des Donatus in verständiger Weise benutzt hat. Außerdem hat er manches für die Kritik und Erklärung der Schriften des Cicero geleistet [1]), ferner Lehrbücher der Grammatik, Dialektik und Rhetorik, endlich zahlreiche theologische Schriften verfaßt. Unter den zahlreichen Schülern, welche er während seiner Thätigkeit als Lehrer gebildet hat, nimmt, wenigstens auf philologischem Gebiete, den ersten Platz ein Georg Fabricius aus Chemnitz, der am 23. April 1516 geboren, auf der Schule zu Annaberg vorgebildet, nach kurzem Studium auf der Universität Leipzig, wo er sich besonders an Caspar Borner anschloß, kurze Zeit als Lehrer an der Thomasschule, als Lehrer am Gymnasium seiner Vaterstadt und als Rivius' Collège an dem Gymnasium

---

[1]) Der von G. Fabricius in der Vita Rivii erwähnte „Dialogus in quo locos ex Cicerone plurimos et alios simul aliis ex auctoribus aut corrigit aut explicat" steht mir nicht zu Gebote. „Castigationes locorum aliquot ex epistolis familiaribus M. Tul. Ciceronis per Io. Riuium Atthendoriensem" sind gedruckt in der 1540 in Basel bei R. Winter erschienenen Sammlung „In omnes M T. Ciceronis epistolas quae familiares appellantur, Doctissimorum uirorum Annotationes" p. 734—740.

zu Freiberg wirkte und schon im Jahre 1538 von diesem seinen
früheren Lehrer wegen seiner ungewöhnlichen Kenntnisse in der
römischen und griechischen Litteratur hoch gerühmt wird[1]. Bald
darauf bot sich ihm eine günstige Gelegenheit dar, diese seine
Kenntnisse auf classischem Boden zu erweitern: er ging nämlich
im Jahre 1539 als Begleiter eines jungen thüringischen Edel=
mannes, Wolfgang von Werthern auf Beichlingen, nach Italien,
wo er vier Jahre lang, hauptsächlich auf den Universitäten Padua
und Bologna, dazwischen auch in Rom und Neapel verweilte
und insbesondere einen fünfmonatlichen Aufenthalt in Rom zu
eingehenden Studien über die Topographie, die baulichen und
inschriftlichen Denkmäler der ewigen Stadt benutzte. Nach Deutsch=
land zurückgekehrt verweilte er zunächst ein Jahr in Beichlingen
und begleitete dann 1544 die zwei jüngeren Brüder Wolfgang's,
Philipp und Anton von Werthern, nach Straßburg, wo sie unter

---

[1] In der „e Fribergo XII Kal. Maii anno MDXXXVIII" datirten
Epistola dedicatoria vor seinen Castigationes in Sallustium schreibt
Rivius Folgendes (Bl. a 4): „Qua in re permagna quoque Georgio Fabricio debetur optimo ac doctissimo adolescenti gratia. Is enim cum
exemplar nobis Sallustianum in pergamenis descriptum (quo non facile
uetustius ullum extare hodie crediderim) dono dedit, tum uero in per-
quirendis aliis praeterea uel manuscriptis uel impressis uoluminibus quibus instructi paratiores ad hoc negocium aggrederemur, operam mihi
strennuam nauauit. Quo de adolescente quid futurum augurer, cur hic
uerear dicere? Nam in iis hic aliquando numerabitur, optime Praesul,
si non desit Mecoenatis alicuius fauor, qui praeceptores ipsi suos longe
et ingenio et doctrina uicisse ferantur. Est enim in optimarum artium
studiis et disciplinis liberalibus iam inde a puero uersatus, neque ab horum
studio res ulla unquam auocare illum aut retardare potuit. Sed et eos
iam in literis cum latinis tum graecis, ut pro hac aetate, progressus
fecit, uix ut parem ex aequalibus inuenias quenquam. Nam stylo quantum ualeat, quamque praeclare eloqui cogitata possit, ut nullus dicam,
res ipsa nimirum indicat. Quod si propter eximiam formam Dianae, ut
Poeta canit,
 Latonae tacitum pertentant gaudia pectus,
qua me tandem affici uoluptate par est, quum talem nostro e ludo pro-
fectum discipulum uideo, cuius egregiae laudes ad praeceptoris gloriam
redundent?"

seiner Leitung die Schule Joh. Sturm's besuchten. Im Jahre 1546 nach Meißen als Nachfolger des ersten Rectors der Fürstenschule, Hermann Vulpius, berufen, leitete Fabricius diese Anstalt 25 Jahre lang bis zu seinem am 13. Juli 1571 erfolgten Tode[1]). Wie er selbst ein gewandter und nicht unbegabter lateinischer Dichter war — unter seinen Dichtungen verdienen besonders die unter dem Titel „Itinerum liber unus" (Basel 1547) gesammelten, in Hexametern abgefaßten Reiseschilderungen aus Italien und Deutschland Erwähnung —, so hat er auch sich mit Vorliebe der Kritik und Erklärung der römischen Dichter, der classischen sowohl als der christlichen, zugewandt, wovon seine Ausgaben der Gedichte des Virgilius mit den Commentaren des Servius und des Donatus und einiger neuerer Gelehrten (Basel 1551, vermehrt 1561 u. ö.), der Gedichte des Horatius mit den Scholien des sog. Acro und des Porphyrio (Basel 1555 u. ö.), seine Verbesserungen zu den Komödien des Terentius, für welche er in Rom eine sehr alte Handschrift der Vaticanischen Bibliothek verglichen hat (Explicatio castigationum in Terentii comoedias Leipzig 1574), seine Beiträge zu des Joach. Camerarius Ausgabe des Plautus, seine Ausgabe der Tragödien des Seneca (Leipzig 1566), endlich die von ihm herausgegebene Sammlung der Gedichte des Prudentius, Sedulius, Alcimus, Dracontius und anderer altchristlicher Dichter (Poetarum veterum ecclesiasticorum opera christiana et operum reliquiae atque fragmenta, Basel 1564) Zeugniß ablegen. Während sich aber diese Arbeiten ebenso wie seine Lehrbücher und Chrestomathien für den classischen Unterricht auf einem von vielen seiner Zeitgenossen angebauten Felde bewegen, sehen wir ihn auch auf einem von den deutschen

---

[1]) Vgl. „Vita clarissimi viri Georgii Fabricii Chemnicensis e monumentis ipsius literariis epistolisque manuscriptis nec non aliorum qui eiusdem cum Fabricio aetatis fuerunt doctorum virorum libris eruta et commentatione peculiari descripta studio M. Io. Davidis Schreberi provincialis scholae quae Misenae est conr." (Leipzig 1717); Th. Flathe, Sanct Afra S. 24 ff.

Humanisten jener Zeit selten betretenen Gebiete, dem der Topographie und der Alterthümer der Stadt Rom, in anerkennenswerther Weise thätig. Zuerst veröffentlichte er im Jahre 1549 unter dem Titel „Antiquitatis monumenta insignia ex aere, marmoribus, membranisue ueteribus collecta" eine theils aus Inschriften theils aus Handschriften entnommene Sammlung römischer Urkunden und sonstiger Denkmäler verschiedener Art (Testamente, Gesetze und Verordnungen, die Notitia dignitatum occidentis, metrische Grabschriften, ein Calendarium vetus romanum). Ein Jahr darauf (1550) erschien seine später öfters wiederholte Schrift „Roma" (vollständigste Ausgabe Basel 1587), in welcher er in übersichtlicher Weise die Topographie des alten Rom, seine Hügel, Thore, Straßen, Regionen, Plätze, Brücken, Tempel und sonstigen Bauwerke, Gräber u. dgl., sowie die wichtigeren Sehenswürdigkeiten der neueren Stadt behandelt, eine Arbeit, für welche er, außer seinen eigenen Beobachtungen und den Notizen der alten Schriftsteller, besonders das gelehrte und kritische Werk des Italieners Bartolomeo Marliani „Vrbis Romae topographia" (Rom 1534, bedeutend verbessert ebd. 1544), der ihn persönlich in Rom zum Studium der alten Topographie angeleitet hatte, benutzt hat. Zur Vervollständigung des Bildes seiner schriftstellerischen Thätigkeit wollen wir noch hinzufügen, daß er auch mehrere wesentlich compilatorische Werke über sächsische Geschichte sowie einige theologische Schriften verfaßt hat [1]).

Ein trefflicher Schulmann und zugleich tüchtiger Philolog war auch des Georg Fabricius Namensvetter Franz Fabricius (eigentlich Smidt), der nach seiner Heimath Düren den Beinamen Marcoduranus führt. Geboren im Jahre 1527 studirte er in Paris, wo besonders Petrus Ramus (Pierre de la Ramée) und Adrianus Turnebus seine Lehrer waren: der erstere, der es gewagt hatte, der von ihm freilich mehrfach mißverstandenen Logik des Aristoteles ein neues System der Logik entgegenzustellen,

---

[1]) Vgl. über diese Schreber a. a. O. S. 143 f. u. S. 151 f.

leitete ihn zur logischen und rhetorischen Behandlung der alten
Schriftsteller und zur Verwerthung derselben für den Jugend=
unterricht, der letztere, ein streng geschulter und gelehrter Philolog,
hauptsächlich zur Textkritik an. Nach Vollendung seiner Studien
erhielt Fabricius eine Stelle als Lehrer am Gymnasium zu Düssel=
dorf und übernahm im Jahre 1564 nach dem Tode des Rectors
Johann Monheim, eines Zöglings der Münsterischen Huma=
nistenschule, das Rectorat dieser Anstalt, welches er bis zu
seinem am 26. März 1573 erfolgten Tode verwaltete. Unter
seinen Schriften ist unstreitig die bedeutendste seine Lebensbe=
schreibung des Cicero in annalistischer Form (M. Tullii Ciceronis
historia per consules descripta et in annos LXIIII distincta,
Köln 1563, zweite Ausgabe 1569, dann sehr oft wiederholt), welche
Jahrhunderte lang neben des Italieners Sebastiano Corrado
„Quaestura" als das Hauptwerk über diesen Gegenstand betrachtet
worden ist. Auch für die Kritik und Erklärung verschiedener Schriften
des Cicero hat er Tüchtiges geleistet durch seine Ausgaben der Rede
pro Ligario (1562), der ersten und zweiten Rede gegen Verres
(1572), der Officia (1570, mit Benutzung von vier Handschriften)
und seine Annotationes zu den Tusculanen (1568, mit Be=
nutzung einer Kölner Handschrift, aus welcher er auch dem Dio=
nysius Lambinus manche Verbesserungen für dessen Ausgabe
des Cicero mitgetheilt hat). Den Zwecken des Unterrichts diente
seine chronologisch geordnete Auswahl aus Cicero's Briefen in
zwei Büchern (1565). Ferner hat er Anmerkungen kritisch=exege=
tischen Inhalts zu den Komödien des Terentius (1558: voraus
geht der Text der Komödien nach der Constituirung desselben
durch M. Antonius Muretus; des Fabricius Anmerkungen
allein sind zugleich mit denen des Joh. Rivius und des G. Fa=
bricius wieder gedruckt Leipzig 1574), eine durch Benutzung von
drei Handschriften sowie durch des Fabricius eigene Emendationen
wichtige Ausgabe des Geschichtswerkes des Orosius (1561), endlich
Ausgaben zweier Reden des Lysias (1554) und der Plutarchischen
Schrift über die Kindererziehung (1563) — die beiden letzteren

den griechischen Text mit lateinischer Uebersetzung und Scholien enthaltend — veröffentlicht [1]).

Einer der tüchtigsten Hellenisten Deutschlands im 16. Jahrhundert war **Hieronymus Wolf**, geboren 13. August 1516 in Oettingen. Nachdem er 1527—30 in Nürnberg zuerst bei **Sebald Heyden**, dann am Gymnasium, an welchem damals J. Camerarius und Eobanus Hessus wirkten, die Elemente des Lateinischen und Griechischen gelernt hatte, wurde er von seinem Vater genöthigt eine Secretärstelle am Oettinger Hofe anzunehmen, benutzte dabei aber alle seine freie Zeit, sich durch Lectüre classischer Schriftsteller, so gut er ohne Hülfe eines Lehrers vermochte, in den alten Sprachen fortzubilden. Nach fünf Jahren kehrte er nach Nürnberg zurück, ging aber von da alsbald, um J. Camerarius zu hören, nach Tübingen, wo er nach Ablauf des von seinem Vater für seine Universitätsstudien ihm verwilligten Zeitraumes von zwei Jahren, um nicht in den ihm verhaßten Hofdienst zurückkehren zu müssen, die Stelle eines Universitätspedellen annahm. Nach dem Tode seines Vaters wandte er sich wiederum den Studien und zwar dem der Rechtswissenschaft zu, verfiel aber nach wenigen Monaten in eine schwere Krankheit, von der ihm eine anhaltende Geistes- und Gedächtnißschwäche zurückblieb. Er gab deshalb zunächst das Studiren ganz auf und trat bei dem Bischof von Würzburg als Schreiber ein, doch bald siegte die Neigung zur Wissenschaft über alle Bedenken. Der Ruf Melanchthon's zog ihn nach Wittenberg, wo er fast zwei Jahre blieb. Im Juli 1539 begann er als Gehülfe seines ehemaligen Lehrers Sebald Heyden in Nürnberg seine Thätigkeit als Lehrer, ging 1541, nachdem er einen vergeblichen Versuch gemacht hatte in seiner Heimat Oettingen eine Schule zu gründen, als Rector nach Mühlhausen in Thüringen, kehrte 1545 nach Nürnberg zurück, verließ aber nach

---

[1]) Vgl. W. Schmitz, Franciscus Fabricius Marcoduranus (1527—1573). Ein Beitrag zur Geschichte des Humanismus (Köln 1871); in Betreff des Familiennamens s. A. Döring, Johann Lambach und das Gymnasium zu Dortmund 1543—1582 (Berlin 1875) S. 114.

wenigen Jahren aus krankhafter Melancholie diese Stellung wieder und begann ein Wanderleben, das ihn nach Tübingen, Straßburg, Basel und Paris führte. 1551 kam er nach Augsburg und lebte dort sechs Jahre lang in Johann Jakob Fugger's Hause als Secretär und Bibliothekar, bis er im Jahre 1557 das Rectorat der im Jahre 1531 gegründeten Schule zu St. Anna übernahm, welches Amt er trotz mancher Widerwärtigkeiten und mehrerer lockender Anerbietungen von auswärts bis zu seinem Tode (8. October 1580) getreulich und erfolgreich verwaltete. Seine schriftstellerische Thätigkeit ist besonders dem Isokrates und dem Demosthenes zu Gute gekommen, deren sämmtliche Werke er wiederholt mit zahlreichen Textverbesserungen (meist nach eigenen Conjecturen, doch hat er für Demosthenes einen werthvollen Codex der Augsburger Bibliothek benutzt), lateinischer Uebersetzung und erklärenden Anmerkungen versehen herausgegeben hat[1]). Von griechischen Schriftstellern hat er außerdem das Encheiridion des Epiktetos und den Pinax des Kebes mit einigen kleineren Schriften verwandten Inhalts (Basel 1561 und 63), den pseudo=platonischen Axiochos (Basel 1557), einige astronomische Schriften des Proklos, Porphyrios und Hermes (Basel 1559), die historischen Schriften des Johannes Zonaras (Basel 1557), des Niketas Akominatos Choniatas (Basel 1557), des Nikephoros Gregoras und Laonikos Chalkokondylas (Basel 1562) im Urtext mit lateinischer Uebersetzung herausgegeben und das Lexikon des Suidas mit Auslassung der bloßen Worterklärungen ins Lateinische übersetzt (Basel 1564). Die drei Foliobände jener byzantinischen Historiker, für welche ihm die Fugger'sche Bibliothek sowie die Bibliotheken zu Augsburg und Wien das handschriftliche Material geliefert hatten, hat er selbst als „Corpus historiae Byzantinae" bezeichnet

---

[1]) Von Wolf's verschiedenen Ausgaben der Reden und Briefe des Isokrates ist die wichtigste die in Basel bei Oporin 1570, fol.; unter denen der Werke des Demosthenes und Aeschines sammt den Scholien die in Basel bei Herwagen 1572, 6 Bde. fol.

und durch die Publication derselben die erste Anregung zum
Studium der byzantinischen Geschichte in Deutschland gegeben.
Weniger bedeutend sind seine mit wortreichen Erklärungen ver=
sehenen Ausgaben verschiedener Ciceronischer Schriften (de officiis,
Cato maior, Laelius, Paradoxa und Somnium Scipionis. Basel
1563 und 1569) sowie seine Neubearbeitung der Institutiones
grammaticae des Johannes Rivius (Augsburg 1578)¹).

Weit umfassender, nicht bloß auf das philologische und päda=
gogische Gebiet beschränkt, sondern auch auf Theologie, Philosophie,
Physik und Astronomie, Geographie und Geschichte sich erstreckend,
in allen diesen Richtungen aber ausschließlich dem Zwecke des Jugend=
unterrichts gewidmet, war die schriftstellerische Thätigkeit des
Michael Neander (Neumann), der im Jahre 1525 zu Soran
in Schlesien geboren, von 1542 an in Wittenberg unter Luther's
und Melanchthon's Leitung studirte, 1547 Lehrer an der Schule
zu Nordhausen, 1550 Rector der Klosterschule zu Ilfeld wurde,
wo er nach fast 45jähriger eifriger und segensreicher Wirksamkeit
am 26. April 1595 starb. Alle seine Arbeiten bekunden eine
zwar ausgebreitete, aber nicht eben wohlgeordnete Gelehrsamkeit,
Mangel an selbständigem Urtheil und eine starke Neigung, den
Gang der Darstellung durch Erzählungen aller Art, moralische
Betrachtungen u. dgl. m. zu unterbrechen. Seine philologischen
Schriften sind theils eigentliche Lehrbücher, wie die „Graecae
linguae tabulae" (griechische Formenlehre mit ein paar kurzen
syntaktischen Bemerkungen), die „Graccae linguae erotemata"
(Formenlehre und kurze Syntax) und die nach seinen Aufzeich=
nungen von seinem Schüler Johann Volland aus Creußen
veröffentlichten vier Bücher „De re poetica graecorum" ²), theils

---

¹) Vgl. Fr. Passow, H. Wolf's Jugendleben, in Raumer's Historischem
Taschenbuch 1830 S. 339 ff.; G. C. Mezger, Memoria Hieronymi Wolfii
(Augsburg 1862).

²) Der vollständige Titel des Werkes, der zugleich eine Uebersicht des In=
haltes gibt, lautet: De re poetica graecorum, sine epithetorum graecorum
lib. I. Phraseon poeticarum lib. I. Descriptionum uariarum et elegantiarum poeticarum lib. I. Elegantiarum secundum tria causarum genera

Chrestomathien, Sammlungen ausgewählter bald längerer, bald kürzerer Stücke hauptsächlich aus griechischen Dichtern, mit besonderer Betonung des gnomisch-didaktischen Elements. Sein Hauptwerk in dieser Richtung ist das „Opus aureum et scholasticum" (Basel 1559, neue vermehrte Ausgabe Leipzig 1577, 4°), dessen erster Theil eine Sammlung der wichtigeren gnomischen Dichtungen der Griechen sowie eine Zusammenstellung von Sentenzen aus Dichtern und Prosaikern bildet: die sog. goldenen Sprüche des Pythagoras, das Lehrgedicht des Pseudo-Phokylides, die Elegien des Theognis und ein Gnomologikon, d. h. eine Sammlung poetischer und prosaischer Sentenzen in zwei Büchern, sämmtlich griechisch und lateinisch; beigefügt sind zwei Bücher Ἀποφθέγματα ἑλληνικά, bemerkenswerthe Aussprüche bedeutender Männer (nur griechisch), welche von Mathaeus Gothus aus Elrich in der Ilfelder Schule, offenbar nach Neander's Anleitung, gesammelt sind. Der zweite Theil enthält die christlichen Paränesen des Bischofs Neilos, die epischen Gedichte des Kolouthos und Tryphiodoros und die drei letzten Bücher (das 12., 13. und 14.) der Posthomerica des Quintus Smyrnaeus (letztere nach Neander's Auslegung in der Schule zu Ilfeld von seinem Schüler Laurentius Rhodomannus bearbeitet), endlich Lucian's Schriftchen „der Traum oder der Hahn", sämmtlich mit beigefügter lateinischer Uebersetzung und sprachlichen, auf elementare Schüler berechneten, sowie sachlichen, häufig auf Dinge, die durchaus nicht zur Erläuterung des Textes gehören, abschweifenden Erklärungen. Als Beleg für den naiven Standpunkt historischer Kritik, auf welchem der Verfasser steht, wollen wir nur anführen, daß derselbe im zweiten Theile seines Werkes (p. 210) bei einer Erörterung über die Zeit des trojanischen Krieges und die Zahl der in demselben Gefallenen nicht nur von diesem Kriege als

---

distributarum lib. I. Libri quatuor. E notationibus et multorum annorum obseruationibus uiri clarissimi Michaelis Neandri Soraniensis, praeceptoris sui, collecti, dispositi et editi studio et opera Joannis Vollandi Greussenatis, Ilfeldensis scholae alumni. Lipsiae 1582.

einem durchaus historischen Ereignisse spricht, sondern dabei auch auf die Angaben des sog. Dares Phrygius besonderes Gewicht legt und denselben ohne Spur von Zweifel als einen Schriftsteller, der an jenem Kriege selbst Theil genommen habe, bezeichnet. Von ähnlichem Charakter und ähnlicher Tendenz wie das Opus aureum sind das Anthologicum graecolatinum (Basel 1556), eine Blumenlese nach sachlichen Gesichtspunkten geordneter Stücke aus den Dichtungen des Hesiodos, Theognis, Pythagoras, Phokylides, Aratos und Theokritos und aus einigen griechischen Prosaikern, besonders Platon, Xenophon, Plutarch und Lucian, und die Sammlungen ausgewählter Abschnitte aus den Dichtungen des Pindaros und des Euripides: die Aristologia Pindarica graecolatina (Basel 1556: theils längere, theils kürzere Partien aus sämmtlichen Pindarischen Siegesliedern mit Ausnahme der zweiten Nemeischen Ode; den einzelnen Stücken sind immer Inhaltsangaben der Gedichte, aus denen sie entnommen sind, vorausgeschickt und größere Stücke aus einigen prosaischen Schriftstellern, wie Herodot und Plutarch, die irgend wie Pindarischen Stellen zur Erläuterung dienen, eingefügt; angehängt sind kürzere Sentenzen der neun Lyriker) und die Aristologia Euripidea graecolatina (Basel 1559: Partien aus allen 19 Dramen des Euripides, wobei auch der Kyklops als „tragoedia" bezeichnet ist, mit Inhaltsangaben der Dramen und erklärenden Randbemerkungen zu den ausgehobenen Versen; angehängt ist das encomium Helenae des Isokrates in griechischem Text mit lateinischer Uebersetzung). Eine nach sprachlichen Gesichtspunkten gemachte Blumenlese aus Isokrates endlich gibt die „Phraseologia Isocratis graecolatina id est phraseon siue locutionum elegantiarumue Isocraticarum loci seu indices numerosissimi et copiosissimi graecolatini" (Basel 1558: angefügt sind die Briefe des Isokrates griechisch mit der lateinischen Uebersetzung von Hieronymus Wolf). Eine von Neander selbst in seiner Aristologia Euripidea (p. 78) und anderwärts angekündigte Bearbeitung des Lykophron mit lateinischer Uebersetzung und Commentar ist unseres Wissens niemals veröffentlicht worden ¹).

Neander's Landsmann und Vetter, Basilius Faber (geboren zu Sorau um 1520, gestorben als Rector zu Erfurt um 1576) verdient eine ehrenvolle Erwähnung wegen seines „Thesaurus eruditionis scholasticae" (Leipzig 1571), eines lateinischen Wörterbuches, welches nicht bloß die Wörter und Redensarten, sondern überhaupt alles zum Verständniß der lateinischen Schriftsteller Nöthige in übersichtlicher Zusammenstellung enthalten sollte. Wenn auch der Verfasser dieses hohe Ziel bei weitem nicht erreicht hat, so beweisen doch die zahlreichen Auflagen, welche das von verschiedenen Gelehrten mit Zusätzen erweiterte und verbesserte Werk bis ins 18. Jahrhundert herab erlebt hat ²), daß dasselbe einen wesentlichen Fortschritt auf dem Gebiete der lateinischen Lexikographie bezeichnet.

¹) Vgl. über Neander's Leben und Schriften J. G. Leuckfeld's past. prim. Gröning. Antiquitates Ilfeldenses oder historische Beschreibung des Klosters Ilfeld Prämonstratenser Ordens (Quedlinburg 1709) S. 197 ff.; W. Havemann, Mittheilungen aus dem Leben von Michael Neander. Ein Beitrag zur Reformations- und Sittengeschichte des 16. Jahrhunderts (Göttingen 1841); M. Neander's Bericht vom Kloster Ilfeld, herausgegeben vom Oberlehrer Dr. R. Bouterwek im Jahresbericht über das kgl. Pädagogium zu Ilfeld (Nordhausen 1873); K. v. Raumer, Geschichte der Pädagogik Bd. 1 S. 180 ff.

²) Nach Faber's Tode wurde zunächst eine neue Ausgabe des Thesaurus veröffentlicht von seinen Söhnen Philipp und Christoph Faber, 1587. Im Jahre 1622 veröffentlichte Paul Frank (Francus), Professor der Poesie zu Frankfurt a. O., ein „Spicilegium Thesauri Fabri"; 1654 erschien eine Ausgabe des Thesaurus mit Zusätzen von Professor Aug. Buchner in Wittenberg, 1672 eine neue mit weiteren von Buchner hinterlassenen Zusätzen sowie solchen von Jakob Thomasius, Joh. Gottfried Herrichen und Joh. Vorst. Christoph Cellarius gab den Thesaurus in verbesserter Gestalt im Jahre 1686, dann wieder 1691, 1696 und 1700 heraus. Es folgte die Ausgabe von Andreas Stübel mit zahlreichen Zusätzen von diesem und von Joh. Georg Grävius, 1710, wiederholt, mit Zusätzen von Joachim Jürgen, 1717. In demselben Jahre erschien Christoph Falster's „Supplementum latinae linguae sive observationes ad lexicon Fabro-Cellarianum cuius mille aliquot lacunae ex auctoribus aureae, argenteae et aeneae aetatis supplentur adiectis passim notis criticis et philologicis nec non

Ein Mann von noch größerem Umfang und weit größerer Tiefe des Wissens als Neander, ein Polyhistor im besten Sinne des Wortes, war der Schweizer Conrad Gesner (so schreibt er selbst stets seinen Namen), einer der hervorragendsten Vertreter, ja man darf wohl sagen Begründer der Naturwissenschaft, der Begründer einer Wissenschaft der allgemeinen Litteraturgeschichte und Bibliographie durch seine mit staunenswerther Gründlichkeit und Genauigkeit gearbeitete „Bibliotheca universalis seu catalogus omnium scriptorum locupletissimus in tribus linguis, graeca, latina et hebraica exstantium" (Zürich) 1545 u. ö.), ein alphabetisch (nach den Vornamen) geordnetes Verzeichniß aller dem Verfasser bekannten Schriftsteller, welche Werke in griechischer, lateinischer und hebräischer Sprache verfaßt haben, und den zweiten Theil derselben, die „Pandectarum sive partitionum uniuersalium libri XXI" (Zürich) 1548, enthält nur 19 Bücher, das 20., auf die Arzneikunde bezügliche Buch ist vom Verfasser nie vollendet, das 21. besonders unter dem Titel Partitiones theologicae, pandectarum uniuersalium Conradi Gesneri liber ultimus, Zürich) 1549 veröffentlicht worden), ein nach den verschiedenen Wissenschaften geordnetes Litteraturverzeichniß, eine Art Realkatalog für alle Gebiete des menschlichen Wissens. Am 26. März 1516 zu Zürich geboren, von Oswald Myconius, dem Vorsteher der dortigen Schule am Frauminster, in die Kenntniß der classischen Sprachen eingeführt, von Johann Jakob Amman, dem Professor der lateinischen, und Rudolph Collinus, dem Professor der griechischen Sprache am Collegium Carolinum darin weiter gefördert, hatte Gesner von 1532—1534 in Straßburg, Bourges und Paris studirt und 1535 eine Stelle als Elementarlehrer in Zürich erhalten. 1537 ward er, nachdem er eine Zeitlang in Basel

indice quadruplici". Zuletzt wurde der Thesaurus vielfach vermehrt und verbessert von Joh. Mathias Gesner herausgegeben (1726), der später ihn durch seinen eigenen „Novus linguae et eruditionis romanae thesaurus" ersetzte und verdrängte.

Medicin studirt hatte, als Professor der griechischen Sprache an die neu errichtete Akademie zu Lausanne berufen, welche Stelle er 1540 wieder aufgab, um seine medicinischen Studien in Montpellier und Basel, wo er 1541 als Doctor medicinae promovirte, zu vollenden; darauf in seine Vaterstadt zurückgekehrt, wurde er als Professor der Physik am Collegium Carolinum angestellt, 1554 auch zum Archiater (ersten Stadtarzt) ernannt und starb am 13. Dezember 1565. Auch um die classische Philologie hat sich Gesner verdient gemacht durch seine kritischen Ausgaben der Anthologie (der sog. Sermones) des Johannes von Stobi (Stobaeus)[1], der Sentenzensammlungen des Antonius Melissa und des Maximus Confessor nebst den apologetischen Schriften des Theophilus und Tatianus (Zürich 1546), der Werke des Aelianus (Zürich 1556; die Schrift de natura animalium ist in dieser Ausgabe zum ersten Male gedruckt) und der Halieutica des Ovidius (Zürich 1556), ferner durch sein griechisch-lateinisches Wörterbuch (Basel 1537, 2. Ausg. ebd. 1545) und seine Bearbeitung des lateinischen Wörterbuches des Ambrosius Calepinus, welchem er ein „Onomasticon propriorum nominum", ein Verzeichniß der Eigennamen aus der Mythologie, Geschichte und Geographie der Griechen und Römer hinzufügte (Basel 1544), endlich durch seine lateinischen Uebersetzungen der Schrift des Porphyrius „de antro nympharum" und einiger anderer auf die allegorische Auslegung der homerischen Gedichte bezüglicher Schriften (Zürich 1542) und der Scholien des sog. Michael Ephesius zu einigen kleinen Schriften des

---

[1] Joannis Stobaei sententiae (Zürich 1543), ohne handschriftliche Hülfsmittel, mit oft willkürlichen Veränderungen nach den gangbaren Ausgaben der von Stobaeus excerpirten Schriftsteller; für die zweite Ausgabe (Basel 1549) benutzte Gesner eine jetzt im Escurial befindliche Handschrift, welche er aus der Bibliothek des Diego Hurtado de Mendoza, Gesandten Kaiser Karl's V. in Venedig erhalten hatte: mit Hülfe derselben ergänzte und verbesserte er den Text an vielen Stellen, aber freilich ohne Consequenz und mit vielen willkürlichen Abweichungen von der handschriftlichen Ueberlieferung.

Aristoteles (Basel 1541). Unbedeutend ist seine Ausgabe des Martialis, in welcher alle anstößigen Epigramme ausgelassen sind (Zürich 1544), interessant als erster Versuch einer Arbeit über allgemeine Sprachwissenschaft, als ein wenn auch schwacher Anfang der vergleichenden Sprachforschung, der neben manchen durch den Standpunkt seiner Zeit bedingten Seltsamkeiten (wie z. B. daß die hebräische Sprache als die erste und einzig reine und unvermischte Sprache betrachtet wird) doch auch manche richtige Anschauungen über die Verwandtschaft der Sprachen unter einander enthält, sein „Mithridates. De differentiis linguarum tum ueterum tum quae hodie apud diuersas nationes in toto orbe terrarum in usu sunt obseruationes" (Zürich 1555) [1]).

Ein anderes Beispiel der im 16. Jahrhundert überhaupt ziemlich häufigen Verbindung medicinisch-naturwissenschaftlicher und philologischer Studien bietet Gibertus Longolius (Gilbert Longueil) aus Utrecht (geboren 1507), der, nachdem er in Italien studirt hatte, eine Zeit lang als Lehrer an der Schule zu Deventer fungirte, dann in Köln medicinische und philologische Vorlesungen hielt, 1542 als Professor der Medicin an die Universität Rostock berufen wurde, aber schon am 30. Mai 1543 in Köln, von wo er seine Bibliothek abholen wollte, starb [2]). An philologischen Arbeiten hat er außer einem „Lexicon graeco-latinum" (Köln 1533) und einem „Dialogus de avibus et earum nominibus graecis, latinis et germanicis" (ebd. 1544) Ausgaben der Komödien des Plautus (ebd. 1538), der Metamorphosen des

---

[1] Vgl. J. Hanhart, Conrad Geßner. Ein Beitrag zur Geschichte des wissenschaftlichen Strebens und der Glaubensverbesserung im 16. Jahrhundert (Winterthur 1824), und J. Mähly in der Allgemeinen deutschen Biographie Bd. 9 S. 107 ff.; über den Mithridates R. v. Raumer, Geschichte der germanischen Philologie S. 37 ff.; über G.'s zoologische Arbeiten J. V. Carus, Geschichte der Zoologie bis auf J. Müller und Ch. Darwin S. 274 ff.

[2]) Vgl. O. Krabbe, Die Universität Rostock im 15. u. 16. Jahrhundert Bd. 2 S. 443 ff.

Ovidius (ebd. 1534 u. ö.), des Cornelius Nepos (ebd. 1543) und der fälschlich dem Cicero beigelegten Rhetorica ad Herennium (ebd. 1539 u. ö.), sämmtlich mit Anmerkungen versehen, sowie lateinische Uebersetzungen einiger der kleineren Schriften des Plutarch (Ex Plutarchi moralibus opuscula aliquot … Gyberto Longolio interprete, ebd. 1542) veröffentlicht.

Zwar nicht als philologischer Schriftsteller, aber als einer der eifrigsten und einflußreichsten Förderer der humanistischen Bestrebungen, zugleich als trefflicher lateinischer Stilist, verdient endlich auch Johannes Crato von Crafftheim, Leibarzt der Kaiser Ferdinand I., Maximilian II. und Rudolf II. (geboren zu Breslau 1519, gestorben ebd. 1585) genannt zu werden.

Viertes Kapitel.
Das Greisenalter des deutschen Humanismus.

Ungefähr seit der Mitte des 16. Jahrhunderts ist der lebendige Eifer, mit welchem die humanistischen Studien in Deutschland ein Jahrhundert lang zuerst als Vorbereitung, dann als Werkzeug der kirchlichen Reform betrieben worden waren, erkaltet; an die Stelle der warmen Begeisterung für das classische Alterthum ist das hitzige Fieber des Religionskampfes getreten. Die dogmatisch-theologischen Interessen stellen sich immer ausschließlicher in den Vordergrund: auf protestantischer Seite werden durch die Streitigkeiten zwischen Reformirten und Lutheranern, durch den immer schroffer sich gestaltenden Gegensatz zwischen den strengen Lutheranern und den milderen, in dogmatischen Dingen freieren Anhängern Melanchthon's (Philippisten) die Geister beschäftigt und die Gemüther erhitzt; auf katholischer Seite betrachtet man die classischen Studien, eben weil sie sich als ein so brauchbares

Werkzeug in den Händen der Gegner erwiesen haben, mit Miß=
trauen und Abneigung und gewährt ihnen fast nur unter der
Leitung von Mitgliedern der Gesellschaft Jesu, welche sich die
Aufgabe stellte, die Gegner des Katholicismus mit den Waffen
der Pädagogik und der Wissenschaft überhaupt zu bekämpfen, an
Universitäten und den Vorbereitungsanstalten zu denselben eine
Stätte. Daher finden wir in der zweiten Hälfte des 16. Jahr=
hunderts an den katholischen Universitäten Deutschlands, wenn
wir von dem Holländer Hubert van Giffen (Giphanius),
der von 1590—1599 als Professor des römischen Rechts an der
Universität Ingolstadt wirkte, und dem Jesuiten Matthäus
Rader, von denen noch später die Rede sein wird, absehen,
keinen bedeutenden Vertreter der Wissenschaft des classischen Alter=
thums. An den protestantischen Universitäten aber löst sich die=
selbe allmählich von der engen Verbindung mit der Theologie, in
welcher sie bisher namentlich durch Melanchthon's Einfluß ge=
standen hatte, los und nimmt mehr und mehr den Charakter
einer besonderen Fachwissenschaft an, freilich ohne zu jener An=
erkennung und Bedeutung gelangen zu können, welcher sie in
den Nachbarstaaten, besonders in Holland seit der Gründung der
Universität Leyden (1575), die Sterne erster Größe am philo=
logischen Himmel, wie Joseph Justus Scaliger und Justus
Lipsius (der auch zwei Jahre lang. 1572—74, als Professor
der Beredtsamkeit und Geschichte an der Universität Jena thätig
war, aber ohne nachhaltige Spuren seiner Wirksamkeit daselbst
zu hinterlassen) zu den Ihrigen zählte, sich erfreute. Den günstigsten
Boden fanden die classischen Studien noch auf den Gymnasien
und Lateinschulen des protestantischen Deutschland, für welche
die pädagogischen Grundsätze eines Jakob Sturm, Michael
Neander und ähnlicher Männer maßgebend waren, aber freilich
schrumpften auch hier diese Studien mehr und mehr zusammen,
indem ausschließlich die formale Seite derselben gepflegt wurde:
Uebungen in lateinischer Composition in Prosa und Versen nahmen,
da Fertigkeit im Gebrauche der lateinischen Sprache damals ja

eine der ersten Anforderungen war, die man an einen jeden wissen=
schaftlich gebildeten Mann, er mochte Theolog, Jurist oder Me=
diciner sein, stellte, den wichtigsten Platz ein und auch bei der
Lectüre der Classiker wurde auf die Sammlung und Einübung
oratorischer und poetischer Phrasen und Floskeln das Hauptgewicht
gelegt. Dieser Formalismus wurde bis zum Aeußersten getrieben
in der Unterrichtsmethode der Jesuiten, in deren Händen der
Unterricht in den classischen Sprachen geradezu den Charakter
geistestödtender Dressur zum lateinisch und griechisch Reden und
Schreiben, der Abrichtung für öffentliche Declamationen, Dis=
putationen und theatralische Productionen annahm[1]).

Von den einzelnen Männern, welche in dieser Zeit bis zum
Ende des 16. Jahrhunderts in Deutschland durch ihre Lehrthätig=
keit und ihre schriftstellerischen Leistungen die classischen Studien
gefördert haben, erwähnen wir zunächst eine Anzahl solcher, welche
besonders der griechischen Sprache und Litteratur ihre Aufmerksam=
keit zuwandten. Unter diesen genoß bei seinen Zeitgenossen sowohl
innerhalb als außerhalb Deutschlands das höchste Ansehen Johann
Caselius (Chessel), ein Mann von ebenso vielseitiger als gründ=
licher und feiner Bildung, der nach dem Vorbilde seiner Lehrer, des
Melanchthon und des Camerarius, als Humanist im besten Sinne
das Studium der classischen Sprachen und Litteratur mit philosophi=
schen, politischen und theologischen Studien zu einem harmonischen
Ganzen zu vereinigen wußte. Geboren zu Göttingen am 18. Mai
1533 bereiste er nach Vollendung seiner Universitätsstudien Italien
(1560—63), wo er besonders in Carlo Sigonio zu Bologna
und in Pietro Vettori (Victorius) zu Florenz Gönner und
Förderer seiner Studien fand. 1563 erhielt er eine Professur der
aristotelischen und platonischen Philosophie an der Universität

---

[1]) Vgl. K. v. Raumer, Geschichte der Pädagogik Bd. 1⁴ S. 270 ff.;
J. Kelle, Die Jesuitengymnasien in Oesterreich. Vom Anfang des vorigen
Jahrhunderts bis auf die Gegenwart (Prag 1873); A. Kluckhohn, Die
Jesuiten in Baiern mit besonderer Rücksicht auf ihre Lehrthätigkeit, in v. Sybel's
Historischer Zeitschrift Bd. 31 S. 343 ff.

Rostock, ging aber im Jahre 1565, da die Frequenz der Universität in Folge des Ausbruchs der Pest beträchtlich sank, zum zweiten Male nach Italien, wo er sich in Pisa die juristische Doktorwürde erwarb. Nach seiner Rückkehr im Jahre 1568 nahm er seine Lehrthätigkeit und zwar jetzt als Professor der Redekunst wieder auf, die zwar bald wieder auf 4 Jahre (1570—74) durch seine Berufung an den mecklenburgischen Hof zur Erziehung der Prinzen Johann und Siegismund August unterbrochen wurde, der Universität aber zur hohen Zierde gereichte. Im Jahre 1589 folgte er einem Rufe an die im Jahre 1576 durch den Herzog Julius von Braunschweig gegründete, durch dessen Nachfolger, den Herzog Heinrich Julius, eifrig gepflegte Universität Helmstädt[1]), wo er mit gleichem Erfolge und gleichem Ansehen wie in Rostock bis zu seinem Tode (9. April 1613) wirkte. Auch als Schriftsteller hat er eine ausgebreitete Thätigkeit entwickelt; doch sind seine sehr zahlreichen, aber meist wenig umfänglichen Schriften, welche hauptsächlich praktische Zwecke, besonders des Unterrichts, verfolgen, nicht ausreichend, um uns ein richtiges Bild von der hohen Bedeutung des Mannes, die mehr auf seiner Persönlichkeit, seiner Lehrthätigkeit und seinen Beziehungen zu fast allen hervorragenden Gelehrten seiner Zeit, als auf seinen schriftstellerischen Leistungen beruht, zu geben. Gedruckt sind von ihm zahlreiche, in reinem lateinischen Stil geschriebene Briefe, Reden, griechische und lateinische Gedichte, politische und didaktische Gelegenheitsschriften, endlich eine stattliche Reihe von theils Textausgaben, theils lateinischen Uebersetzungen einzelner Schriften oder Partien aus größeren Werken verschiedener griechischer Schriftsteller (des Homer, Aeschylus, Thukydides, Xenophon, Platon, Aristoteles, einiger griechischen Rhetoren und Epistolographen, des Plutarch, Lucian, Galen, Kebes, Themistius, Dio Chrysostomus, Maximus Tyrius, Gregor von

---

[1]) Vgl. „Geschichte der ehemaligen Hochschule Julia Carolina zu Helmstedt" (Helmstedt 1876).

Nazianz)¹); gar Manches außerdem, was er handschriftlich hinterlassen, ist ungedruckt geblieben.

Ein tüchtiger Kenner des Griechischen und zwar nicht nur des Altgriechischen, sondern auch des sog. Neugriechischen, d. h. der griechischen Vulgärsprache, von welcher er sich durch Briefwechsel und persönlichen Verkehr mit mehreren Griechen aus Konstantinopel einige Kenntniß erworben hatte, war **Martin Crusius** (**Kraus**), geboren 19. September 1526 zu Gräbern bei Pottenstein in Franken, seit 1554, nachdem er auf der Schule zu Ulm und auf den Universitäten zu Straßburg und Tübingen studirt hatte, Rector der Schule zu Memmingen, von 1559 bis an sein Ende (25. Febr. 1607) Professor der griechischen und lateinischen Sprache an der Universität Tübingen: ein Mann von großem Fleiß und ausgebreiteter Belesenheit, der die griechische Sprache mit großer Leichtigkeit handhabte (er hat zahlreiche Gedichte, Reden und Briefe in griechischer Sprache verfaßt und gegen 7000 Predigten, die er angehört, **griechisch** nachgeschrieben), aber ohne Geschmack und Schärfe des Urtheils. Belege dafür geben seine Arbeiten über griechische und lateinische Grammatik²), seine Prolegomena und Commentar zum ersten Buche der Ilias³), seine lateinische Epitome der Aethiopika des Heliodoros (Frankfurt 1584), ferner seine „Turcograeciae libri VIII" (Basel 1584),

---

¹) Ein Verzeichniß der Schriften des Caselius, von denen ich nur wenige selbst habe einsehen können, findet sich in Jakob Burckhard's De viri clarissimi Joannis Caselii praeclaris erga bonas litteras meritis eiusque lucubrationum magnopere desiderata adhuc editione epistola ad v. cel. J. Chr. Boehmerum (Wolfenbüttel 1707) p. 30 ss. Vgl. über C. auch O. Krabbe, Die Universität Rostock im 15. und 16. Jahrhundert Bd. 2 S. 718 ff.; H. Kämmel in der Allgem. deutsch. Biographie Bd. 4 S. 40 ff.

²) M. Crusii Grammaticae graecae cum latina congruentis pars prima (Elementargrammatik) und pars altera (ausführlichere Grammatik), desgleichen Grammaticae latinae cum graeca congruentis pars prima und pars altera (sämmtlich Basel 1563 u. ö.).

³) M. Crusii Commentationes in lib. I Iliad. Homeri, grammaticae, rhetoricae, poeticae, historicae, philosophicae (Heidelberg 1612).

eine Sammlung von Materialien zur Kenntniß der politischen und Kirchengeschichte sowie der kirchlichen und der Vulgärsprache der Griechen seit dem Jahre 1391, beziehendlich seit der Eroberung Konstantinopel's, größtentheils in Briefform, welche auch über einige Punkte der Geographie und Topographie Griechenlands ein freilich sehr schwaches Licht verbreitet; seine „Germanograeciae libri VI" (Basel 1585), eine Sammlung von Crusius verfaßter lateinischer und griechischer Reden, kurzer Abhandlungen und Gedichte (darunter zwei Reden speciell philologischen Inhalts: de lingua graeca conservanda und de Odyssae Homeri), seine Annales Suevici (Frankfurt 1595), eine reichhaltige aber kritiklose Materialensammlung zur Geschichte Schwabens, endlich seine umfangreichen Tagebücher und Excerpte, welche die Tübinger Universitätsbibliothek aufbewahrt. Ein werthvolleres Besitzthum, welches dieselbe Bibliothek ihm verdankt, ist ein sieben Dialoge des Platon (Euthyphron, Kriton, Phädon, Parmenides, Alkibiades I und II und Timäos) enthaltender Pergamentcodex, dessen Verwerthung für die Kritik des Platon Crusius freilich der Nachwelt überlassen hat [1]).

Crusius' kleinliches und pedantisches, ja boshaftes Naturell tritt besonders deutlich hervor in seinen Händeln mit seinem ihm, wenn auch nicht an Gelehrsamkeit, so doch an Geschmack und an Talent entschieden überlegenen jüngeren Collegen Nicodemus Frischlin [2]). Dieser, geboren zu Balingen 22. Sept. 1547, studirte in Tübingen, wurde außerordentlicher Professor der Poetik und Geschichte daselbst im Mai 1568, zog nach harten Kämpfen mit der dortigen Artistenfacultät, welche ihm die Beförderung zum Ordinarius hartnäckig verweigerte, im Juni 1582

---

[1]) Vgl. über den Codex W. Teuffel im Rheinischen Museum n. F. Bd. 29 S. 175 ff.

[2]) Vgl. D. F. Strauß, Leben und Schriften des Dichters und Philologen Nicodemus Frischlin. Ein Beitrag zur deutschen Culturgeschichte in der zweiten Hälfte des 16. Jahrhunderts (Frankfurt a. M. 1855).

nach) Laibach in Krain als Rector der dortigen evangelischen Schule, kehrte Ende August 1584 nach Tübingen zurück, wo er an der Universität vergeblich wieder anzukommen suchte, wanderte von 1586 an auf verschiedenen Universitäten und Schulen Deutschlands umher, ohne irgendwo eine bleibende Stätte zu finden, wurde 1590 von seinem früheren Gönner, dem Herzog Ludwig von Württemberg, als Pasquillant ins Gefängniß geworfen und fand bei einem Fluchtversuche von der Feste Hohen-Urach in der Nacht vom 29 auf 30. November d. J. den Tod. Wie Frischlin in seinem Charakter und seinen Schicksalen große Aehnlichkeit mit Ulrich von Hutten hat, so war er auch in Hinsicht seiner schriftstellerischen Thätigkeit wie dieser in erster Linie Poet, der letzte jener ungestümen, etwas dissoluten „Poeten" der Jugendzeit des deutschen Humanismus, der durch einen für ihn selbst verderblichen Anachronismus in das pedantische und philisterhafte Greisenalter desselben verschlagen worden war. Wie Hutten hat er sich nicht nur in lateinischer, sondern auch in deutscher Poesie — meist Komödien — nicht ohne Glück versucht. In seinen lateinischen Dichtungen hat er alle Gattungen der Poesie, die epische, elegische, lyrische, epigrammatisch-satirische und die dramatische — seine beiden Tragödien Venus und Dido verdienen als bloße Umsetzungen einiger Stücke der Aeneide in Jamben allerdings kaum diesen Namen, während seine sieben Komödien zu seinen besten Leistungen gehören — in engem Anschluß an classische Vorbilder (besonders Virgil, Ovid, Horaz und Terenz) gepflegt. Unter seinen in engerem Sinne philologischen Arbeiten sind die zur lateinischen und griechischen Grammatik hervorzuheben, welche zu dem von beiden Seiten in zahlreichen Streitschriften in widerlich persönlicher Weise geführten, von seinem Gegner selbst nach Frischlin's Tode fortgesponnenen Streit mit Crusius Veranlassung gegeben haben. Während seiner Lehrthätigkeit an der Schule zu Laibach war Frischlin auf mehrfache Mängel in den gebräuchlichen Schulgrammatiken der lateinischen und griechischen Sprache in Hinsicht sowohl der Anordnung des Stoffes als der Fassung der einzelnen Regeln aufmerksam geworden; seine Ausstellungen und Verbesserungsvorschläge, für welche ihm besonders Julius Cäsar Scaliger's Werk „de causis latinae linguae" als Führer diente, veröffentlichte er in zwei Schriften, der „Strigilis grammatica" (Venedig 1584 u. ö.) und den „Quaestionum grammaticarum libri IIX" (Venedig 1584); die letztere, eine vollständige lateinische Grammatik, erschien das Jahr darauf in neuer Bearbeitung unter dem Titel „Grammatica latina compendiose scripta ac in octo libros distributa nec non a pluribus quam sexcentis tam veterum quam recentiorum Grammaticorum erroribus et innumeris Soloecismis liberata. Accesserunt . . . . Paralipomena grammaticalia, tam docentibus quam discentibus perquam utilia" (Tübingen 1585 u. ö.). Dazu kam später eine griechische Grammatik, die schon in ihrem Titel (Graecae Grammaticae cum Latina vere congruentis pars I u. II, Helmstädt 1589 und 1590) die Opposition gegen die des Crusius zur Schau trägt. Diese grammatischen Arbeiten Frischlin's zeigen einen entschiedenen Fortschritt gegen die früheren sowohl in Hinsicht der Methode (die Paradigmen sind vereinfacht, die Zahl der Declinationen im Griechischen ist auf drei beschränkt u. dgl. m.) als auch in Hinsicht der Beobachtung des classischen Sprachgebrauchs und der Belegung desselben durch zahlreiche und wohlgewählte Beispiele aus classischen Schriftstellern; auch Seltsamkeiten, wie die Aufstellung eines Ablativs für das Griechische, sind als Zeugnisse des Bestrebens nach selbständiger und tieferer Auffassung sprachlicher Erscheinungen von Interesse. — An Frischlin's grammatische Arbeiten schließt sich zunächst an sein „Nomenclator trilinguis, Latino-Germanico-Graecus, omnium rerum quae in probatis omnium doctrinarum autoribus inveniuntur appellationes continens, quarum aliquot millia nusquam sunt obvia" (Frankfurt 1586 u. ö.), ein nach sachlichen Kategorien geordnetes lateinisch=deutsch=griechisches Wörterverzeichniß, welches aber nur die Nomina (Substantiva und Adjectiva) enthält: zwei andere Theile, welche die Verba und zusammen=

gesetzte Phrasen enthalten sollten, sind von Frischlin nicht ausgearbeitet worden. Von classischen Schriftstellern hat Frischlin die Hymnen und Epigramme des Kallimachos in griechischem Text mit den griechischen Scholien, doppelter (prosaischer und poetischer) lateinischer Uebersetzung und erklärenden Anmerkungen herausgegeben (1577 gedruckt bei Henricus Stephanus, welcher selbst kritische Bemerkungen zu einigen Stellen der Hymnen und zwei poetische lateinische Uebersetzungen des ersten Hymnus hinzugefügt hat; eine zweite durch Hinzufügung der Epigramme des A. Licinius Archias und einiger griechischer Dichtungen Frischlin's erweiterte Ausgabe erschien zu Basel 1589); ferner fünf Komödien des Aristophanes (Plutos, Ritter, Wolken, Frösche und Acharner) in griechischem Text mit metrischer lateinischer Uebersetzung und mit Prolegomenen über das Leben des Aristophanes, Vertheidigung desselben gegen die von Plutarch ihm gemachten Vorwürfe, und über die alte attische Komödie und ihre Theile (Frankfurt a. M. 1586); desgleichen das Gedicht des Tryphiodorus über die Eroberung von Ilion mit doppelter (poetischer und prosaischer) lateinischer Uebersetzung und kritischen Anmerkungen zum griechischen Text nebst Verbesserungsvorschlägen von L. Rhodomann (Frankfurt a. M. 1588); endlich hat er Paraphrasen, welche die Stelle fortlaufender Commentare vertreten sollen, veröffentlicht zu Virgil's Bucolica, Georgica und den beiden ersten Büchern der Aeneis, zu den Briefen des Horatius und zu den Satiren des Persius (Gesammtausgabe Frankfurt a. M. 1602).

Verdienstlich, wenigstens für seine Zeit, sind auch die Arbeiten zur griechischen Grammatik von Johannes Poselius aus Parchim (geb 1528); Syntaxis graeca (Wittenberg 1565 u. ö.) und Calligraphia oratoria linguae graecae (Frankfurt 1585 u. ö.), deren Verfasser durch seine langjährige Thätigkeit als Professor der griechischen Sprache an der Universität Rostock (von 1553 bis zu seinem Tode 15. August 1591) viel für die Verbreitung des Studiums der grie=

chischen Sprache und Litteratur im nördlichen Deutschland gewirkt hat[1]).

Ein sehr tüchtiger Kenner des Griechischen, namentlich um die Kritik und Erklärung griechischer Prosaiker verdient, war Wilhelm Xylander (eigentlich Holtzmann) aus Augsburg, geboren 26. Dec. 1532, der, nachdem er seine Vorbildung auf dem Gymnasium zu St. Anna seiner Vaterstadt, welches damals unter der Leitung des durch seine Commentare zu verschiedenen Schriften des Cicero, zu Lactantius und zu den sibyllinischen Weissagungen sowie durch seine lateinischen Dramen bekannten Xystus Betuleius (Sixt Birk, geboren 1500, gestorben 19. Juni 1554) stand, erhalten, sodann 1549—1556 in Tübingen studirt hatte, im Jahre 1558 als Nachfolger des Micyllus die Professur der griechischen Sprache und die Stelle des Bibliothekars an der kurfürstlichen Bibliothek in Heidelberg, 1562 die Professur der Logik daselbst erhielt und am 10. Februar 1576 starb. Seine bedeutendsten litterarischen Leistungen sind die mit Benutzung handschriftlicher Hülfsmittel für die Verbesserung des Urtextes gefertigten lateinischen Uebersetzungen des Cassius Dio (Basel 1558), der sämmtlichen Werke des Plutarch (Frankfurt a. M. 1560—70) und der Geographie des Strabo (Basel 1571): in den diesen Uebersetzungen beigefügten kurzen Anmerkungen finden sich zahlreiche Emendationen des griechischen Textes, welche ebenso sehr von dem Scharfsinne Xylander's als von seiner tüchtigen Kenntniß des griechischen Sprachgebrauchs und der alten Geschichte Zeugniß geben. Auch durch seine Ausgaben des geographischen Lexikons des Stephanos von Byzanz (Basel 1568), der Reisebeschreibung des Pausanias (vollendet von Fr. Sylburg, (Frankfurt 1583), des philosophischen Werkes des Kaisers M. Antoninus (Zürich 1558, die editio princeps des griechischen Textes dieser Schrift nach

---

[1]) Vgl. M. Adami Vitae Germanorum — philosophicis et humanioribus litteris clarorum p. 368 ss.; Krabbe, Die Universität Rostock im 15. und 16. Jahrhundert Bd. 2 S. 546 f. und S. 718.

einer jetzt, wie es scheint, verlornen Heidelberger Handschrift: verbessert und durch Hinzufügung der Schriften des Antoninus Liberalis, Phlegon, Apollonios und Antigonos von Karystos vermehrt Basel 1568) und der Chronik des byzantinischen Mönches Georgios Kedrenos (Basel 1566) hat er sich um die Verbesserung der Texte dieser Schriftsteller wesentliche Verdienste erworben. Von weit geringerer Bedeutung sind seine Arbeiten zu griechischen Dichtern (Homer, Euripides und Theokritos) und zu Horatius. Seine lateinische Uebersetzung des Diodorus Siculus (Basel 1578) wurde bald durch die des L. Rhodoman in Schatten gestellt. Daß er mit seinen philologischen Kenntnissen auch tüchtige Kenntnisse in der Mathematik verband, beweisen seine lateinischen Uebersetzungen der Arithmetik des Diophantos (Basel 1575) und des Systems der mathematischen Wissenschaften des Michael Psellos (Augsburg 1554 u. ö.)[1]).

Dem Xylander war an rastloser Thätigkeit für die griechische Litteratur und an glücklicher Divinationsgabe ebenbürtig, an Sorgfalt und Genauigkeit des Arbeitens sowie an Feinheit der Beobachtung des griechischen Sprachgebrauches noch überlegen Friedrich Sylburg, der zu Wetter bei Marburg 1536 geboren, auf den Universitäten Marburg und Jena studirte und sich einige Zeit in Genf und Paris aufhielt; hier wurde er mit dem gelehrten Buchdrucker Henri Etienne (Henricus Stephanus) bekannt, der ihn zum gründlicheren Studium der griechischen Sprache anleitete, eine Förderung, welche ihm später Sylburg durch werthvolle Beiträge zu seinem von ebenso staunenswerthem Fleiß als bewunderungswürdiger Gelehrsamkeit zeugenden „Thesaurus graecae linguae" (Genf 1572, 5 Bde. Fol.) vergolten hat. In seine Heimath zurückgekehrt verwaltete er zunächst einige Schulstellen, ließ sich aber, nachdem er einen Ruf als Professor

---

[1]) Vgl. L. Kayser in der Festschrift zur Begrüßung der 24. Versammlung deutscher Philologen und Schulmänner veröffentlicht von dem historisch=philosophischen Vereine zu Heidelberg (Leipzig 1865) S. 139 ff.

der griechischen Sprache an die Universität Marburg abgelehnt hatte, im Jahre 1583, um sich ganz der schriftstellerischen Thätigkeit widmen zu können, in Frankfurt a. M. nieder, wo er für die berühmte Wechelische Buchdruckerei, welche schon früher, von 1573 an, einige Jahre hindurch in Johannes Opsopoeus (Koch) aus Bretten (geb. 25. Juli 1556, gestorben als Professor der Physik und Botanik an der Universität Heidelberg 23. Sept. 1596)[1] einen philologisch geschulten Corrector gehabt hatte, als Corrector und Herausgeber griechischer Schriftsteller thätig war. Im Jahre 1591 siedelte er, durch den Reichthum der Bibliothek an griechischen Handschriften angelockt, nach Heidelberg über, wo er zu dem für die classische Litteratur eifrig thätigen Buchdrucker Hieronymus Commelinus in ein ähnliches Verhältniß wie früher zu den Besitzern der Wechelischen Druckerei trat, 1595 auch eine Anstellung an der kurfürstlichen Bibliothek erhielt; hier starb er, durch übermäßiges Arbeiten erschöpft, an einem hitzigen Fieber am 17. Februar 1596. Seine erste schriftstellerische Arbeit war die Neubearbeitung der zuerst in Löwen im Jahre 1530 erschienenen „Institutiones absolutissimae in graecam linguam" des Nicolaus Cleuardus (Frankfurt 1580 u. ö.); dann folgte die Vollendung der von Xylander begonnenen griechisch-lateinischen Ausgabe des Pausanias (Frankfurt 1584) und eine Ausgabe des griechischen Textes des Geschichtswerkes des Herodotus (ebd. 1584). In den Jahren 1584—87 erschien in 5 Bänden (11 Abtheilungen) seine Gesammtausgabe

---

[1] Unter seinen philologischen Arbeiten ist die wichtigste die nach der Ausgabe von Xystus Betulejus (Basel 1545) aus Handschriften vermehrte und verbesserte Sammlung der sog. Sibyllinischen Oratel (Paris 1589, 2te durch angehängte Sammlungen anderer Oratel verbesserte Ausgabe ebd. 1599); außerdem hat er des Macrobius „de differentiis et societatibus graeci latinique verbi libellus" (Paris 1588), des Frontinus Schriften über die römischen Wasserleitungen und über die Kolonien (Paris 1588 als Anhang zu des Onuphrius Panvinius Reipublicae romanae commentarii) und einige Werke des Hippokrates veröffentlicht.

der Werke des Aristoteles, die, wenn auch ohne handschriftliche Hülfsmittel unternommen, doch einen entschiedenen Fortschritt in der Kritik des Textes dieses Schriftstellers bezeichnet. Noch vor Vollendung dieser großen Arbeit veröffentlichte S. seine Ausgabe der sämmtlichen Werke des Dionysios von Halikarnassos (Dionysii Halicarnassaei scripta quae extant omnia et historica et rhetorica, graece et latine, Frankfurt 1586, 2 Bände), eine seiner bedeutendsten Leistungen. Ihr stehen ebenbürtig zur Seite die große Sammlung lateinischer und griechischer Quellenschriften zur römischen Kaisergeschichte (Scriptores historiae Romanae, 3 Bde, Frankfurt 1588—90)[1]), die Ausgabe des Apollonios περὶ συντάξεως (Apollonii Alexandrini de syntaxi libri IV graece et latine, ebd. 1590) und des Etymologicon Magnum (Heidelberg 1594). Dazu kommen dann noch eine Sammlung der gnomischen Dichtungen des Theognis, Phokylides, Pythagoras, Solon u. a. mit lateinischer Uebersetzung und kurzen Anmerkungen (ebd. 1597), eine Ausgabe der lateinischen Scriptores de re rustica (ebd. 1595), Ausgaben einiger griechischer Kirchenväter wie des Clemens von Alexandria (ebd. 1592) und des Justinus Martyr (ebd. 1593) und christlicher Dichter (Apollinaris Paraphrasis Psalmorum, ebd. 1596 und Nonni Panopolitani metaphrasis Evangelii secundum Joannem versibus heroicis graece et latine, ebd. 1596). Alle diese Ausgaben Sylburg's zeichnen

---

[1]) Die Sammlung (deren erster Band den Specialtitel führt: „Scriptores latini minores historiae romanae"; Bd. 2: „Historiae Augustae scriptores"; Bd. 3: „Romanae historiae scriptores graeci minores") enthält folgende Werke: Fasti Capitolini mit den Ergänzungen von Carlo Sigonio, Messala Corvinus de progenie Augusti, Florus, Velleius, Sex. Aurelius Victor, Sextus Rufus, Eutropius, Cassiodori Chronicon, Jornandes de rebus Geticis, Julius Exsuperantius; Suetonius, Scriptores historiae Augustae, Ammianus Marcellinus, P. Victor de regionibus; Fasti consulares latini et graeci, Päanios' Uebersetzung des Eutropius, Xiphilinos' Epitome aus Cassius Dio, Herodian, Zosimus, Julian's Caesares, Olympiodori Excerpta (aus Phot. cod. 80), die Biographien der römischen Kaiser aus Suidas, 2 chronologische Verzeichnisse der römischen Kaiser.

sich außer durch werthvolle Verbesserungen der Texte (die er aus übergroßer Vorsicht und Bescheidenheit meist nicht in den Text setzte sondern nur in den Anmerkungen mittheilte) durch reichhaltige und sorgfältig gearbeitete Indices aus ¹).

Die Professur der griechischen Sprache an der Universität Heidelberg, deren beabsichtigte Uebertragung an Sylburg durch dessen plötzlichen Tod vereitelt worden war, versah von 1596—1608 der in Ferrara am 13. August 1550 geborne, in Genf, wohin sein Vater, **Francesco Porto** (geboren 22. August 1511 in Kandia auf Kreta) im Jahre 1559 als Anhänger der Reformation sich zurückgezogen hatte, gebildete Italiener **Aemilius Portus**, nachdem er früher 12 Jahre (1569—81) am Gymnasium zu Genf, 11 Jahre (1581—92) an der Akademie zu Lausanne als Lehrer der griechischen Sprache gewirkt, dann einige Jahre hindurch amtlos in Frankenthal und in Heidelberg gelebt hatte: ein fleißiger Mann, der die griechische Sprache mit Leichtigkeit und Gewandtheit handhabte, aber an gründlicher Kenntniß derselben, sowie an Scharfsinn, Urtheil und Methode weit hinter Sylburg zurückstand. Nachdem er in Folge eines Streites mit einem Studenten am 23. November 1608 seine Professur niedergelegt hatte, siedelte er im Mai 1609 nach Kassel über, wo er 1611 die Professur der griechischen Sprache am Collegium Mauritianum erhielt, eine Stellung, die er schon im Jahre 1612 mit

---

¹) Vgl. Friedrich Sylburg. Ein biographischer Versuch von Dr. K. W. Justi. Aus dem 18. Bande der Strieder'schen Hessischen Gelehrten-Geschichte besonders abgedruckt (Marburg 1818); L. Kayser a. a. O. S. 142 ff. Einige Briefe Sylburg's an den Heidelberger Bibliothekar **Paul Schede** genannt **Melissus** — geboren 20. Dezember 1539 zu Melrichstadt in Franken, gestorben 3. Februar 1602 in Heidelberg, einen tüchtigen Musiker und gewandten aber geschmacklosen Dichter in deutscher wie in lateinischer Sprache, der auch zwei verloren gegangene Werke, eine „Introductio in linguam Germanicam" und ein „Dictionarium Germanicum" der wissenschaftlichen Erforschung der deutschen Sprache gewidmet hatte; vgl. L. Taubert, Paul Schede (Melissus) Leben und Schriften. (Torgau 1864) — theilt F. Creuzer mit in seinen „Opuscula selecta" (Leipzig 1854) p. 200 ss.

der eines Lehrers der griechischen, französischen und italienischen Sprache am Gymnasium zu Stadthagen im Schaumburgischen vertauschte, wo er im Jahre 1614 oder 1615 starb. Seine zahlreichen, oft im Drange der Noth ziemlich eilfertig ausgeführten schriftstellerischen Arbeiten sind theils lexikalischer Art — wie das besonders den Sprachgebrauch des Herodotos darstellende Dictionarium Jonicum graecolatinum, das speciell die Bukoliker berücksichtigende Dictionarium doricum graecolatinum (beide Frankfurt 1603) und das Pindaricum lexicum (Hanau 1606) — theils und hauptsächlich Ausgaben griechischer Schriftsteller mit lateinischer Uebersetzung, wobei er mehrfach hinterlassene Arbeiten seines Vaters benutzt hat. So haben wir von ihm lateinisch-griechische Ausgaben der Ilias nebst den kleinen Epen des Koluthos und des Tryphiodoros (1609), der Odyssee und der kleineren homerischen Gedichte (1609), des Pindaros und der Fragmente der übrigen griechischen Lyriker (1598: im Wesentlichen Wiederholung der Ausgabe des Henricus Stephanus, mit einigen sehr unbedeutenden eigenen Bemerkungen), des Euripides (1597: darin ist das im Cod. Palat. 287 erhaltene angebliche Fragment aus der Danae dieses Dichters zum ersten Male gedruckt; ein 2ter 1599 erschienener Band enthält kurze Anmerkungen zu sämmtlichen Dramen), des Aristophanes mit den alten von Ed. Bisetus mehrfach verbesserten und vermehrten Scholien (1607), des Thukydides (1594), der Rhetorik des Aristoteles (1598), der 6 Bücher des Proklos über die Theologie des Platon (die erste Ausgabe dieses Werkes, von Portus im Auftrage des Herzogs Johann Adolph von Schleswig-Holstein nach einer Handschrift der Gottorpischen Bibliothek veranstaltet, nach Portus' Tode von Fr. Lindenbruch zum Druck befördert Hamburg 1618), endlich des Lexikon des Suidas (Genf 1619: eine Arbeit, deren große Mängel wenigstens zum Theil in dem Alter des Herausgebers und in dem Umstande, daß er die Veröffentlichung des wohl nicht ganz druckfertig hinterlassenen Werkes nicht selbst erlebt hat, eine Entschuldigung finden). Dazu kommen noch eine lateinische Uebersetzung der römischen Archäologie des Dionysios von Halikarnassos, ohne den griechischen Text, mit Anmerkungen (1588), Anmerkungen und ein Index zu sämmtlichen Werken des Xenophon (in dem neuen Abdruck der letzten Leunclavius'schen Ausgabe Frankfurt 1594), kurze Anmerkungen zum Στρατηγικός des Onesandros (in dem bei Commelin 1600 erschienenen Abdruck der Ausgabe von Nic. Rigaltius), eine Abhandlung über Bräuche beim griechischen Symposion mit mehrfachen nicht zur Sache gehörigen Exkursen (Περὶ τῆς παλαιᾶς τῶν Ἑλλήνων ἐν τοῖς συμποσίοις συμπεριφορᾶς. De prisca Graecorum compotatione, quae poculis de manu in manum ordine traditis et in orbem redeuntibus, in conviviis fieri solebat. 1604), einige akademische Reden, endlich zahlreiche griechische Dichtungen ohne allen poetischen Werth [1]).

In Heidelberg lebte auch, freilich nur kürzere Zeit (1562—65), als Lehrer der griechischen Sprache am Pädagogium **Johannes Löwenklau** (Leunclavius oder Leonclaius) aus Amelbüren in Westfalen (geboren 1533), der später seinen Aufenthalt in Konstantinopel (von 1582 an) und die Reisen, die er von dort aus durch verschiedene Theile der Türkei unternahm, zum Studium der byzantinischen und türkischen Geschichte sowie des byzantinischen Rechts benutzte. Nachdem er aus dem Orient zurückgekehrt sich in Wien (wo er im Juni 1593 starb) niedergelassen hatte, veröffentlichte er mehrere Ausgaben byzantinischer Rechtsquellen, lateinische Uebersetzungen verschiedener byzantinischer Historiker und eigene Arbeiten über die Geschichte des türkischen Reiches, durch welche er bei Juristen und Historikern sich einen angesehenen Namen erwarb. Von antiken Schriftstellern hat er den Xenophon (Basel 1569, Frankfurt 1594) und den Cassius Dio (Frankfurt 1592, wiederholt Hanau 1606), beide mit latei-

---

[1] S. C. Fr. **Weber**, Vita Aemilii Porti (Programm der Universität Marburg zum 20. August 1854).

nischer Uebersetzung (den Dio auch) mit Anmerkungen) heraus=
gegeben.

Ferner verdient unter den deutschen Hellenisten eine ehren=
volle Erwähnung Lorenz Rhodomann (Laurentius Rhodo=
mannus), geboren 5. August 1546 in dem Dorfe Sachswerfen
in der Stolbergischen Grafschaft Hohenstein, der seine philologische
Bildung wesentlich dem Ilfelder Rector Michael Neander ver=
dankte, dem er jedoch an kritischer Schärfe entschieden überlegen
war. Nachdem er verschiedene Schulstellen verwaltet, wurde er
1591 als Professor der lateinischen und griechischen Sprache nach
Jena berufen, verließ diese Universität im Jahre 1598 um das
Rectorat der Schule zu Stralsund zu übernehmen, wurde 1601
auf die dringenden Empfehlungen Joseph Scaliger's, der ihn wegen
seiner Kenntniß der griechischen Poesie hochschätzte, vom Kur=
fürsten von Sachsen zum Professor der Geschichte in Wittenberg
ernannt und starb daselbst 8. Januar 1606. Er war einer der
fruchtbarsten und gewandtesten griechischen Dichter der Neuzeit,
wie seine sehr zahlreichen griechischen Gedichte beweisen, in denen
er theils moderne, theils antike mythische Stoffe zwar ohne
eigentlich poetischen Geist, aber mit großer Fertigkeit in der Hand=
habung der Form, besonders der Sprache der späteren griechischen
Epiker, die er mit Vorliebe studirte, behandelt: wurden doch seine
Dichtungen über den Argonautenzug und über die thebanischen
und troischen Sagen, welche M. Neander ohne den Namen
des Verfassers veröffentlichte [1]), von Vielen für antike Gedichte

---

[1]) Argonautica. Thebaica. Troica. Ilias parva. Poematia graeca
auctoris anonymi sed pereruditi et incredibili planeque diuina et Homerica facilitate et suauitate composita; Ac nuper admodum sublata
et prolata e bibliotheca summi et eruditi viri, ubi diu hactenus deli-
tuerant, et descripta non sine molestia et labore ex exemplari male
scripto et edita in usum studiosae iuuentutis. Accesserunt etiam singuli
Poematii Argumenta et marginalia, quae et vicem Argumenti longioris
et versionis latinae iuuentuti praestare possunt. Michael Neander. Lipsiae
1588. Die Sammlung enthält außer den auf dem Titel genannten Gedichten
die auf die Argonautensage und auf die thebanischen Sagen bezüglichen Ab-

gehalten. Unter den späteren griechischen Epikern war es insbesondere Quintus Smyrnaeus, dem Rhodomann von Jugend auf eingehende Studien widmete: die Frucht dieser Studien war die in Hanau 1604 erschienene Ausgabe der Posthomerika mit lateinischer Uebersetzung und kritischen Anmerkungen. Gleichzeitig damit veröffentlichte er eine griechisch-lateinische Ausgabe des Geschichtswerkes des Diodorus Siculus, ebenfalls eine Frucht langjähriger Studien, welche die Textkritik dieses Schriftstellers vielfach gefördert hat. Außerdem haben wir noch von ihm lateinische Uebersetzungen der von Photios erhaltenen Auszüge aus dem historischen Werke des Memnon und einigen geographischen Werken des Agatharchides, welche Henricus Stephanus veröffentlicht hat (Paris 1594).[1]

Um Photios und andere spätgriechische Schriftsteller hat sich hervorragende Verdienste erworben David Hoeschel, ein Schüler des Hieronymus Wolf (geboren 11. April 1556 zu Augsburg, starb als Rector des Gymnasiums und Bibliothekar daselbst 20. Oct. 1617). Ihm wird die erste Ausgabe des Myriobiblon (der sog. Bibliothek) des Photios, zu welcher ihm kein Geringerer als Joseph Scaliger zahlreiche Bemerkungen und Verbesserungen beigesteuert hat (Augsburg 1601 Fol.), der fälschlich dem Peripatetiker Andronikos von Rhodos zugeschriebenen Schrift περὶ παθῶν (Augsburg 1594) und des Verzeichnisses der Schriften des Plutarch von Lamprias (ebd. 1597), der Illyrica des Appian (ebd. 1599), der Excerpte über Gesandtschaften aus verschiedenen späteren griechischen Historikern (Eclogae legationum

---

schnitte aus der mythischen Bibliothek des Apollodoros, ein in politischen Versen verfaßtes Gedicht des Byzantiners Manasses über den troischen Krieg (Troica Manassae) und als Anhang ein Gedicht Rhodomann's über die Arionsage in dorischem Dialekt. — Die Fassung des Titels der Sammlung läßt vermuthen, daß Neander absichtlich den Namen des Verfassers verschwieg, um seine Zeitgenossen auf's Eis zu führen.

[1]) Vgl. Th. W. H. Perschmann, De Laurentii Rhodomani vita et scriptis, im Programm des Gymnasiums zu Nordhausen 1864.

Dexippi Atheniensis, Eunapii Sardiani, Petri Patricii et Magistri, Prisci Sophistae, Malchi Philadelphensis, Menandri Protectoris, cum corollario excerptorum e libris Diodori Siculi amissis, ebd. 1603) und der Alexias der Anna Komnena (ebd. 1610) verdankt; ferner Ausgaben einiger kleinerer griechischer Geographen-(Geographica Marciani Heracleotae, Scylacis Caryandensis, Artemidori Ephesii, Dicaearchi Messenii, Isidori Characeni. Omnia nunc primum, praeter Dicaearchi illa, a Dav. Hoeschelio Aug. ex manuscriptis codd. edita, Augsburg 1600), der ’Ἐκλογή ἀττικῶν ὀνομάτων καὶ ὀνομάτων des Phrynichos (Augsburg 1601), der acht Bücher zeitgenössischer Geschichten des Byzantiners Prokopios (Augsburg 1607, der erste Druck des griechischen Textes des bis dahin nur in lateinischer Uebersetzung bekannten Werkes), der Hieroglyphika des sog. Horapollon (Augsburg 1595), der Iatromathematika des sog. Hermes (Augsburg 1597), der Schrift des Origines gegen Celsus (Augsburg 1605), und Sammlungen von Homilien (Predigten) und anderen Schriften verschiedener griechischer Kirchenväter [1]). Wichtige Hülfsmittel für viele dieser Arbeiten lieferte ihm die reichhaltige Sammlung griechischer Handschriften, welche der Augsburger Rath im Jahre 1544 von Antonios Eparchos aus Korfu in Venedig erkauft hatte [2]): ein sorgfältiges Verzeichniss dieser durch spätere Ankäufe noch vermehrten Sammlung veröffentlichte Höschel (Catalogus graecorum codicum qui sunt in bibliotheca reip. Augustanae Vindelicorum, Augsburg 1595) auf Aufforderung des gelehrten Rathsherrn Marcus Welser (geb. zu Augsburg 20. Juni 1558, gieng 1575 nach Rom, wo er besonders unter der Leitung des Franzosen Marc Antoine Muret, der seit

---

[1]) Vgl. I. A. Fabricii Bibliothecae graecae vol. XIII. p. 522 ss.; I. Brucker, Dissertatio epistolica — de meritis in rem literariam praecipue graecam viri celeberrimi D. Hoeschelii — Augsburg 1738.

[2]) Vgl. Th. Graux, Essai sur les origines du fond grec de l'Escurial (Paris 1880), p. 110 ss. und p. 413 ss.; R. Förster im Rheinischen Museum Bd. 37 S. 491 ff.

1563 in Rom Vorlesungen über classische Litteratur und römisches Recht hielt, sich dem Studium der römischen Alterthümer widmete; in seine Heimath zurückgekehrt wurde er 1592 Rathsherr, 1600 Stadtpfleger, starb 23. Juni 1614), eines der eifrigsten Gönner und Pfleger der historischen und antiquarischen Studien, der selbst eine ganze Reihe historischer Werke verfaßt, auch die sog. Peutingerische Tafel (vgl. oben S. 165) und die lateinische Fassung des im Mittelalter sehr weit verbreiteten Romans „Geschichte des Apollonius Königs von Tyrus" herausgegeben hat (Narratio eorum quae contigerunt Apollonio Tyrio. Ex membranis vetustis. Augsburg 1595). Marcus Welser war es auch, der im Verein mit seinen drei Brüdern Anton, Matthäus und Paul und mit einigen anderen reichen Gönnern der classischen Studien auf Hoeschel's Anregung die Mittel zur Gründung einer eigenen Druckerei hergab, in welcher vom Jahre 1595 an bis zum Jahre 1614 die von Höschel besorgten Ausgaben griechischer Werke sowie auch Schriften anderer Gelehrten gedruckt wurden: diese durch Schönheit des Papieres und der Typen ausgezeichneten Drucke tragen nach dem Stadtwappen Augsburg's, dem Fichtenzapfen, die Bezeichnung „ad insigne pinus"[1].

Einer der letzten unter den deutschen Hellenisten, welcher nach dem Vorbilde und im Geiste Melanchthon's die griechische Sprache und Litteratur lehrte, ist Erasmus Schmied (oder Schmid). Geboren in Delitzsch am 17. April 1570 kam er mit 15 Jahren auf die Fürstenschule Pforta, wo unter anderen der durch seine auf Scaligers' bahnbrechende Forschungen sich stützenden chronologischen Arbeiten bekannte Sethus Calvisius[2]

---

[1] Vgl. J. Brucker a. a. O. p. 17 ss.

[2] Dieser auf den Feldern der Astronomie, Chronologie und Musik bedeutende Mann, geboren in Gorschleben in Thüringen am 21. Februar 1556 war von 1582 an Cantor in Schulpforta und übernahm 1594 das Cantorat an der Thomasschule zu Leipzig, wo er am 24. November 1615 starb. Er unterstützte Schmied, wie dieser ausdrücklich bemerkt, noch bei dessen Pindarischen Arbeiten in Bezug auf die Zeitbestimmung der einzelnen Gedichte.

sein Lehrer war. Im Jahre 1590 bezog er die Universität Wittenberg um Theologie zu studiren, widmete sich aber hauptsächlich dem Studium der griechischen Sprache und der Mathematik. Nachdem er schon 1592 Magister geworden, reiste er im Jahre 1595 nach Leutschau in Ungarn, wo ihm ein Rectorat in Aussicht gestellt war; da sich dies aber zerschlug, kehrte er in demselben Jahre nach Wittenberg zurück, wo ihm im October 1597 die Professur der griechischen Sprache, dazu im Jahre 1614 auch die Professur der Mathematik übertragen wurde; hier ist er am 4. September 1637 gestorben [1]). Sein Hauptwerk ist die Ausgabe der Gedichte und Fragmente des Pindar mit lateinischer Uebersetzung und sorgfältigem Commentar, welche er, nachdem er schon im Jahre 1611 ein „Pindari edendi specimen" veröffentlicht hatte, im Jahre 1616 zu Wittenberg erscheinen ließ. Als Hülfsmittel zur Herstellung des Textes standen ihm durch Gruter's Vermittlung drei Heidelberger Handschriften (codices Palatini A, B, C) zu Gebote, von denen A und B nur die Olympien, C nur die Olympien und Pythien enthielt: mit Hülfe dieses geringen handschriftlichen Apparats hat er den Text wesentlich verbessert, so daß die Ausgabe auf dem Titel „Pindari lyricorum principis plus quam sexcentis in locis emaculati ut iam legi et intellegi possit" als eine nicht übertriebene bezeichnet werden darf; für die Erklärung des Dichters ist seine Ausgabe bis auf Heyne und Böckh unübertroffen geblieben. Von seinen übrigen philologischen Arbeiten — eine Würdigung seiner Leistungen für die Texteskritik und Interpretation des neuen Testaments liegt außerhalb der Grenzen unserer Ausgabe — sind noch die Ausgabe der Gedichte des

---

Sein Hauptwerk, das „Opus chronologicum", erschien zuerst 1605, eine 2te verbesserte Ausgabe 1620 u. ö. Vgl. v. Dommer in der Allgemeinen deutschen Biographie Bd. 3 S. 716 f.

[1]) Vgl. A. Buchner's Programm zu Schmied's Leichenfeier in „Augusti Buchneri Dissertationes academicae sive programmata in incluta Wittenbergensi academia publico olim nomine scripta editaque" (Frankfurt und Leipzig 1679) N. 376 p. 492 ss.

Hesiodos (Wittenberg 1603: Text nach der Recension von H. Stephanus mit einigen Verbesserungen), die Ausgabe des dem Cyrillus oder dem Johannes Philoponos zugeschriebenen Werkchens über die griechischen Wörter, welche nach der Verschiedenheit der Bedeutung verschieden betont werden (Συναγωγὴ τῶν πρὸς διάφορον σημασίαν διαφόρως τονουμένων λέξεων, Wittenberg 1615), welcher er eine Abhandlung über die altgriechische Aussprache zur Vertheidigung der sog. Reuchlinischen gegen die Erasmische Aussprache beigegeben hat (Discursus de pronunciatione graeca antiqua contra Λεοφετον), seine für die Zwecke des Unterrichts bestimmte, daher elementar gehaltene, alle Quellencitate vermeidende Abhandlung über die griechischen Dialecte (Tractatus de dialectis graecorum principalibus quae sunt in parte λέξεως ex optimis grammaticis methodo discentibus aptissima dispositus, Wittenberg 1604), endlich seine Bearbeitung der lateinischen Grammatik Melanchthon's (vgl. oben S. 174) und seine gegen die Versuche eines Neuerers auf dem Gebiete des grammatischen Unterrichts, des Conrectors an der Thomasschule zu Leipzig Johannes Rhenius (geb. 1574 in Oschatz, gest. als Conrector in Husum 29. Juni 1639), gerichteten „Centuriae praecipuarum falsitatum. incommoditatum et defectuum in libris grammaticis J. Rhenii" (1616)[1]) zu erwähnen.

Unter den deutschen Latinisten des ausgehenden 16. Jahrhunderts nehmen an Scharfsinn und kritischer Begabung den ersten Platz ein zwei frühzeitig, schon an der Schwelle des Mannesalters, vom Tode hinweggeraffte Männer, die auch in Hinsicht ihres Lebensganges vielfach Aehnlichkeit mit einander haben: Janus Gulielmus (auch Gulielminus) und Valens Acidalius. Der erstere (Johann Wilhelms oder Wilms) geboren zu Lübeck 1555, studirte von Januar 1575 an in Rostock anfangs Medicin, dann Jurisprudenz: dort veröffentlichte er schon im

---

[1]) Rhenius antwortete darauf durch eine „Historia belli grammaticalis Rheniani cum examine centuriarum Schmidii (Schleusingen 1617).

Jahre 1577 eine Abhandlung über die römischen Beamten der republicanischen Zeit (De magistratibus reipublicae romanae dum in libertate urbs fuit libellus), und 1579 eine metrische lateinische Uebersetzung der Phönissen des Euripides (Euripidis Phoenissae stylo tragico latine expressae). In diesem Jahre wandte er sich zur Fortsetzung seiner Studien von Rostock nach Köln, wo er zum Katholicismus übertrat — ein Schritt, der ihm den Aufenthalt in seiner Vaterstadt, in welche er im Jahre 1581 auf kurze Zeit zurückgekehrt war, verleidete. Nachdem er im Jahre 1582 eine kleine aber inhaltreiche Sammlung philologischer Bemerkungen und Verbesserungen hauptsächlich zu den älteren römischen Schriftstellern (Plautus, Terentius, Lucilius, Varro u. a.) unter dem Titel „Verisimilium libri tres" (Antwerpen) herausgegeben hatte, wandte er sich 1583 nach Paris, wo er bei den hervorragendsten französischen Gelehrten, Männern wie Scaliger, Cujacius, Barnabas Brissonius, Claudius Puteanus, Petrus und Franciscus Pithoeus, Johannes Passeratius, Jacobus Aug. Thuanus, zuvorkommende Aufnahme und Anerkennung fand. Um unter Cujacius' Leitung seine juristischen Studien fortzusetzen siedelte er Anfangs 1584 nach Bourges über, erlag aber dort schon um die Mitte dieses Jahres einem hitzigen Fieber. In Paris veröffentlichte er 1583 als Frucht seiner eindringenden Beschäftigung mit Plautus seine reifste Arbeit, den „Plautinarum quaestionum commentarius", und 1584 eine Streitschrift gegen C. Sigonio, worin er die zuerst in Venedig 1581 unter dem Namen des Cicero edirte „Consolatio" als eine Fälschung nachwies (Assertio contra Carol. Sigonium, non esse aut M. Tullii, aut M. Tullio satis dignam, eam quae illius nomine venditatur consolationem). Cicero war von Jugend auf sein Lieblingsschriftsteller gewesen: zunächst hatte er in Köln, dann in Paris eifrig handschriftliche Hülfsmittel zur Herstellung des Textes der Ciceronischen Schriften gesammelt; die Resultate dieser seiner Arbeiten wurden aber erst längere Zeit nach seinem Tode bekannt gemacht durch J. Gruter in der Ausgabe M. Tullii Ciceronis Opera quae extant ex sola fere codicum mss. fide emendata studio atque industria Jani Gulielmii et Jani Gruteri (Hamburg 1618, II Voll. fol.[1]).

An Umfang und Mannigfaltigkeit der litterarischen Thätigkeit überragt ihn noch der ihm an Gelehrsamkeit und Divinationsgabe mindestens ebenbürtige Valentin (oder, wie er sich später schrieb, Valens) Acidalius (eigentlich Havekenthal) aus Wittstock in der Mark. Geboren 1567 besuchte er die Universitäten Rostock, Greifswald und Helmstädt und ging 1590 nach Italien, zunächst um Medicin zu studiren (wie er sich auch) den Doctorgrad dieser Wissenschaft in Bologna erwarb), hauptsächlich aber mit philologischen Studien beschäftigt, als deren erste Frucht er im Jahre 1590 zu Padua eine Ausgabe der römischen Geschichte des Velleius Paterculus nebst einem dazu gehörigen Velleianarum lectionum liber veröffentlichte: eine Arbeit über die der Verfasser selbst später sehr geringschätzig urtheilte, die aber schon eine Anzahl sehr bemerkenswerther Proben seines glänzenden Scharfsinns in der Verbesserung der verderbten Texte der alten Schriftsteller enthält. Außerdem widmete er, wie seine von seinem Bruder Christian (Professor der Medicin in Altdorf) herausgegebenen Briefe[2]) zeigen, hier besonders dem Plautus, dem Apuleius und dem Tragiker Seneca eingehende Studien. In der Mitte des Jahres 1593 mit durch häufige Fieberanfälle zerrütteter Gesundheit nach Deutschland zurückgekehrt, ließ er sich in Breslau nieder und beschäftigte sich eifrig mit der Vollendung

---

[1]) Vgl. J. H. v. Seelen De Jani Gulielmi Lubecensis, philologi et poetae celeberrimi, eximiis in litteras humaniores meritis disputatio in dessen Miscellanea, quibus commentationes varii argumenti — continentur (Lübeck 1734) p. 167 ss.; I. Molleri Flensburgensis Cimbria litterata t. III p. 303 ss.

[2]) Valentis Acidalii epistolarum centuria I. Cui accesserunt I. Epistola apologetica ad clariss. virum Jacobum Monavium. II. Oratio de vera carminis elegiaci natura et constitutione. Edita cura Christiani Acidalii fratris (Hanau 1606).

Das Greisenalter des deutschen Humanismus. 243

und Veröffentlichung seiner in Italien begonnenen kritischen Arbeiten. Doch es war ihm nicht vergönnt, mehr als eine Schrift — seine Anmerkungen zum Q. Curtius [1]) — selbst zum Druck zu bringen, denn schon am 25. Mai 1595 erlag er in Neiße im Hause seines Gastfreundes, des bischöflichen Kanzlers Joh. Matthäus Wacker von Wackenfels, einem heftigen Fieberanfall. Von seinen übrigen Arbeiten wurden durch seinen Bruder Christian seine äußerst scharfsinnigen aber in Folge des Mangels einer sicheren handschriftlichen Grundlage (er benutzte hauptsächlich die stark interpolirte editio Aldina) häufig verfehlten Verbesserungen und Erklärungen zu den sämmtlichen Komödien des Plautus [2]) sowie geniale Bemerkungen zu Tacitus [3]) und zu den lateinischen Panegyrikern [4]), endlich eine Rede über das wahre Wesen und die beste Form des elegischen Gedichts — eine wesentlich von der Poetik Julius Cäsar Scaliger's abhängige Jugendarbeit, welche gegen die willkürliche Forderung, daß der Pentameter mit einem zweisilbigen Worte schließen müsse, und überhaupt gegen die Ueberschätzung des Ovidius gerichtet ist [5]) — veröffentlicht: anderes, wie die schon erwähnten Arbeiten zu Apuleius und zu den Tragödien des Seneca, ferner zu Symmachus,

---

[1]) V. Acidalii in Q. Curtium animadversiones quibus superstites scriptoris eius omnes libri post accuratam Fr. Modii censuram plurimis etiam locis aliique nonnulli quibusdam obiter emendantur, illustrantur (Frankfurt a. M. 1594).

[2]) In comoedias Plauti quae exstant divinationes et interpretationes Valentis Acidalii, nunc primum in lucem editae (Frankfurt a. M. 1607).

[3]) V. Acidalii, intercurrentibus et M. Ant. Mureti. Notae in C. Corn. Taciti opera quae exstant. Collectae a Chr. Acidalio fratre (Hanau 1607).

[4]) Cunradi Rittershusii iurisc. et Valentis Acidalii in Panegyricos veteres notae a Christiano Acidalio collectae in „XII Panegyrici veteres ad antiquam qua editionem qua scripturam infinitis locis emendati, aucti, nuper quidem ope Joh. Livineii, nunc vero opera Jani Grateri" (Frankfurt a. M. 1607) p. 429 ss.

[5]) V. Acidalii Oratio de vera carminis elegiaci natura et optima constitutione, abgedruckt hinter der Epistolarum centuria I p. 347—432.

Manilius, Terentius und zu den sog. Catalecta Virgiliana. ist leider ungedruckt geblieben ¹).

Im Vergleich zu diesen beiden nur allzu früh untergegangenen glänzenden Gestirnen erscheinen die übrigen deutschen Latinisten jener Zeit nur als Sterne zweiter bis sechster Größe. Dies tritt klar zu Tage, wenn man die Plautinischen Arbeiten des mehr noch durch seine oft ziemlich groben und plumpen Scherzreden und Schwänke als durch seine philologischen Leistungen bekannten Wittenberger Professors der Poesie (seit 18. October 1595) **Friedrich Taubmann** (geboren zu Wonsees bei Bayreuth 15. Mai 1565, gestorben in Wittenberg 24. März 1613) mit dem was Gulielmius und Acidalius für diesen Dichter geleistet haben vergleicht: gegenüber der Genialität und Selbständigkeit dieser Männer erscheinen Taubmann's Leistungen auf dem Gebiete der Kritik schwach und unbedeutend, sein wesentlich auf Worterklärung sich beschränkender Commentar als eine magere und trockene Compilation ²). Diese Mängel treten noch stärker in der erst nach seinem Tode erschienenen Ausgabe des Virgilius (Wittenberg 1618) hervor, als deren Vorläufer er selbst eine Separatausgabe des Pseudovirgilischen, von ihm aber als echt betrachteten Culex (Wittenberg 1609) in die Welt gesandt hatte. Volle Anerkennung verdient dagegen sein Eifer, mit welchem er

---

¹) Vgl. W. H. Schmidt, Ueber den Kritiker Valens Acidalius: besonders über seinen Antheil an der Schrift eines Ungenannten, daß die Weiber keine Menschen sind, im „Journal für Deutschland historisch=politischen Inhalts, herausgegeben von Fr. Buchholz" V (1819) 1, S. 113 ff.; C. Halm in der Allgemeinen deutschen Biographie Bd. 1 S. 31 ff.

²) Die erste auf abscheulichem Papier sehr incorrect gedruckte Taubmann'sche Ausgabe des Plautus erschien Wittenberg 1605, die zweite mehrfach verbesserte ebd. 1612; den T.'schen Commentar hat Gruter mit eigenen Zusätzen in seiner Ausgabe des Plautus (Wittenberg 1621) wieder abdrucken lassen. — Vgl. über T. besonders F. A. Ebert, Friedrich Taubmann's Leben und Verdienste (Eisenberg 1814); H. L. Schmitt, Narratio de Friderico Taubmanno adolescente, Weilburg 1858 (ed. II Leipzig 1861); Fr. W. Ebeling, Friedrich Taubmann. Ein Kulturbild zumeist nach handschriftlichen Quellen. (A. u. d. T.: Zur Geschichte der Hofnarren) (Leipzig 1882).

in Wort und Schrift dem wachsenden Verfall der classischen Studien in Deutschland, insbesondere der Verwilderung des lateinischen Stils und dem Mißbrauche, welcher mit dem Ehrentitel eines poeta laureatus getrieben wurde, entgegentrat, wofür besonders seine „Dissertatio de lingua latina" (eine bei einer Magisterpromotion im März 1602 gehaltene Rede, im Druck erschienen Wittenberg 1602 und öfter) Zeugniß ablegt. Freilich ist sein eigener lateinischer Stil wegen seiner übermäßigen Vorliebe für Plautinische Worte und Wendungen nichts weniger als musterhaft und auch seine zahlreichen lateinischen Gedichte, zum großen Theile Kinder des Augenblicks, zeigen zwar große Gewandtheit in der Form und leichten, meist gefälligen Witz, aber keine Spur von höherer dichterischer Begabung.

Mit den Dichtungen und philologischen Arbeiten Taubmann's stehen ungefähr auf gleicher Stufe die von Gregor Bersman aus Annaberg (geboren 10. März 1538), einem Schüler des Georg Fabricius in Meißen (1549—1555) und des Joachim Camerarius in Leipzig (1555—1561). Schon an letzterem Orte hatte Bersmann neben philologischen und philosophischen medicinische Studien getrieben; zur Fortsetzung derselben wanderte er 1561 durch Frankreich nach Italien, wo er in Padua ein Jahr lang der Medicin oblag; aber die Neigung zur classischen Litteratur und zur Poesie gewann bald in ihm die Oberhand und er widmete zwei weitere Jahre in Ferrara und in Bologna diesen Studien. Nach seiner Heimkehr wandte er sich zunächst nach Wittenberg, erhielt 1565 eine Stelle als Lehrer an der Fürstenschule Pforta, die er 1568 mit einer Professur der Philosophie in Wittenberg vertauschte; von da zog er 1571 als Professor der Poesie nach Leipzig und übernahm dort 1575 nach Camerarius' Tode die Professur der griechischen und lateinischen Sprache und der Ethik. Da er als Anhänger der theologischen Richtung Melanchthon's sich weigerte, die von den lutherischen Eiferern als Prüfstein der Orthodoxie aufgestellte sog. Concordienformel zu unterschreiben, wurde er 1580 seines Amtes entsetzt, dafür aber 1582 vom Fürsten Joachim Ernst von Anhalt durch die Ernennung zum Rector des neubegründeten Gymnasiums zu Zerbst entschädigt, das er fast 30 Jahre lang bis zu seinem Tode (5. October 1611) geleitet hat. Wie er selbst ein gewandter lateinischer Versmacher war, so beziehen sich auch seine philologischen Arbeiten fast ausschließlich auf die Kritik und Erklärung römischer Dichter: er hat die Werke des Virgilius (1581 u. ö.), Ovidius (1582 u. ö., 3 Bde.), des Lucanus (1589) und des Horatius (1602) mit Benutzung handschriftlicher Hülfsmittel, mit kurzen Randnoten versehen, herausgegeben, auch eine ausführliche Erklärung der beiden ersten Bücher der Georgica des Virgil (P. Virgilii Maronis Georgicorum enarratio, Zerbst 1586), sowie Commentare zu einigen Reden des Cicero (pro Archia, pro Marcello, pro Milone und XIV Philippicae, 1611, 2 Bde.), ferner eine Uebersetzung der iambischen Verse des Manuel Philes über die Eigenthümlichkeiten der Thiere in lateinische Senare (mit dem griechischen Text und einer Fortsetzung desselben durch J. Camerarius, Leipzig 1575), endlich verschiedene lateinische Reden (von denen die De dignitate atque praestantia poetices, Leipzig 1575, Erwähnung verdient) und mehrere Sammlungen seiner lateinischen Gedichte (unter denen Gelegenheitsgedichte zu Hochzeiten und Begräbnissen eine große Rolle spielen) veröffentlicht [1]).

---

[1]) Vgl. W. Schubert, De Gregorio Bersmano philologo et poeta, professore Lipsiensi olim celeberrimo illustris gymnasii Servestani rectore primo (Zerbst 1553). — Von B.'s Gedichten haben mir folgende Sammlungen vorgelegen: Poemata Gregorii Bersmani Annaebergensis in libros duodecim divisa (Leipzig 1576: enthält Carminum sacrorum lib. I. Epithalamiorum libri IV [das 4. Buch Gedichte von Freunden B.'s zu dessen eigener Hochzeit]. Encomiasticorum libri II. Epicediorum libri II. Tumulorum lib. I. Elegiarum lib. I. Lusuum lib. I). — Auctariorum G. B. libri duo, quorum primus votorum est nuptialium, secundus aeolostichon (Leipzig 1581). — G. B. A. Annalium libri duo quorum primus est illustrium, secundus variorum (Zerbst 1587: das erste Buch enthält Gedichte zu Ehren fürstlicher, das zweite zu Ehren anderer Personen).

Das Greisenalter des deutschen Humanismus.

Bersmann's Nachfolger auf seinem Lehrstuhle in Leipzig, dem zugleich auch die neu begründete Professur der Geschichte übertragen wurde, Matthäus Drescher (Dresserus) aus Erfurt (geboren 24. August 1536, seit 1559 Lehrer an der philosophischen Facultät der dortigen Universität, seit 1575 Rector der Fürstenschule in Meissen, seit 1581 Professor in Leipzig, wo er den 5. October 1607 starb), beschäftigte sich mehr mit den lateinischen Prosaikern als mit den Dichtern und zog auch die griechische Litteratur in den Kreis seiner schriftstellerischen Thätigkeit. Auf letzterem Gebiete hat er einen Auszug aus Melanchthon's griechischer Grammatik (Leipzig 1575) und eine ziemlich reichhaltige griechische Chrestomathie (Gymnasmata literaturae graecae, ebd. 1574, vermehrt 1592), Ausgaben von drei Büchern der Ilias (ebd. 1601), der Batrachomyomachie (ebd. 1607), der Antigone des Sophokles (ebd. 1607) und eine lateinische Uebersetzung des Euagoras des Isokrates (1558) veröffentlicht; von lateinischen Autoren hat er acht Reden des Cicero (Leipzig 1591), dessen Bücher de natura deorum (ebd. 1573) und Scholien zu drei kleineren Schriften desselben (de fato, somnium Scipionis, Paradoxa, Frankfurt 1593) herausgegeben. Seine bedeutendsten Arbeiten sind sein Lehrbuch der Rhetorik (Rhetorica, zuerst Basel 1567, dann öfter wiederholt; vielfach verbessert und vervollständigt Leipzig 1580 und 1588) und seine Einleitung in die Weltgeschichte (Isagoge historica, 5 Theile, Leipzig 1586 ff.). Auch hat er noch eine Anzahl kleinerer historischer und theologischer Werke und Reden veröffentlicht [1]).

Hervorragende akademische Lehrer, welchen die jüngere Generation vielfache Anregungen zu philologischen und historischen Forschungen verdankte, waren die Juristen Hubert van Giffen (Giphanius, vgl. oben S. 220) aus Buren in Holland (geb. 1534), Professor an den Universitäten Altdorf (seit 1584) und

---

[1]) Vgl. Kämmel in der Allgem. deutschen Biographie Bd. 5 S. 398 ff.; Th. Flathe, Sanct Afra S. 56 ff.

Ingolstadt (1590—1599) gestorben in Prag als kaiserlicher Rath 26. Juli 1604, und Conrad Rittershausen (Rittershusius) aus Braunschweig (geboren 25. September 1560), Professor an der Universität Altdorf (1592 bis an seinen Tod 25. Mai 1613): besonders letzterer ist, wie sein Briefwechsel zeigt, vielen strebsamen jungen Männern auch nach Vollendung ihrer akademischen Studien als treuer Berather bei ihren wissenschaftlichen Arbeiten an die Hand gegangen. Von geringerer Bedeutung als ihre Lehrthätigkeit sind die schriftstellerischen Leistungen dieser beiden auf philologischem Gebiete. Hier verdient von Giphanius nur seine Ausgabe des Lehrgedichts des Lucretius mit den angehängten „Collectanea", einem Index mit grammatischen Bemerkungen über die ältere lateinische Sprache (ed. II Leyden 1595), Erwähnung. Von Rittershausen's Arbeiten ist die bekannteste, seine Ausgabe der Dichtungen des Oppian mit lateinischer Uebersetzung, kurzen byzantinischen Scholien und sehr ausführlichem Commentar (Leyden 1597), eine Jugendarbeit von wesentlich compilatorischem Charakter; wichtiger seine Ausgabe der Lebensbeschreibung des Pythagoras von Porphyrius (oder, wie er den Verfasser nennt, Malchus), welche von ihm zuerst im Druck veröffentlicht worden ist (Altdorf 1610). Auf dem Gebiete der römischen Litteratur hat er einen Commentar zu den Briefen des Plinius und kleine kritische Bemerkungen zu den römischen Panegyrikern (zuerst als Anhang zu Melchior Goldast's Paraeneticorum veterum pars I, Lindau 1604, dann in Gruter's Ausgabe der Panegyrici veteres, Frankfurt 1607), zu Petronius (in der Ausgabe von Georgius Erhardus d. i. M. Goldast, Helenopoli 1610), zu den zuerst von Petrus Pithoeus im Jahre 1596 bekannt gemachten Fabeln des Phaedrus (in dem Wiederabdruck dieser editio princeps Leiden 1598) und zu der zuerst von dem gelehrten französischen Advocaten Pierre Daniel aus Orleans im Jahre 1564 veröffentlichten spätlateinischen Komödie Querolus (in Plauti Querolus sive Aulularia ad Camerarii codicem veterem denuo collata. Eadem a Vitale Blesensi elegiaco carmine reddita et nunc primum publicata. Additae P. Danielis. C. Rittershusii, I. Gruteri notae. Heidelberg 1595) geliefert. Von größerer Bedeutung sind seine Arbeiten zu den römischen Rechtsquellen, seine Ausgaben der Werke des Presbyter Salvianus von Massilia und des mittelalterlichen Gedichts Ligurinus.

Auch Rittershausen's College, der Professor der Geschichte und Politik Christoph Köhler (Colerus) aus Franken[1]), erwarb sich unter seinen Zeitgenossen einen angesehenen Namen durch seine Arbeiten zu römischen Prosaikern, unter denen die Ausgaben des Valerius Maximus (Frankfurt 1601 u. ö.), für welche er durch Bongars' Vermittlung eine Pierre Daniel gehörige, jetzt in der Bibliothek zu Bern befindliche Handschrift benutzen konnte, die des Sallustius (1598) und der Germania des Tacitus (1602) Erwähnung verdienen. Ferner sind mit Anerkennung zu nennen die zuerst im Jahre 1602 in Ingolstadt erschienene, dann öfter wieder gedruckte Ausgabe des Martialis mit reichhaltigem, namentlich die Sacherklärung berücksichtigendem Commentar von dem Jesuiten Matthäus Rader (geboren 1561 zu Juichen in Tirol, gestorben 22. December 1634 zu München)[2]), sowie das umfängliche Werk über römische Alterthümer, welches der damals als Subrector an der Schule zu Regensburg wirkende Johann Roßfeld (geboren zu Eisenach 1551, gestorben als Domprediger in Naumburg, 7. October 1626), der seinen Namen in Rosinus latinisirte, u. d. T. Romanarum antiquitatum libri X ex variis scriptoribus summa fide singularique diligentia collecti im Jahre 1583 zu Basel veröffentlicht hat. Das mit einer Anzahl von Holzschnitten illustrirte, im Laufe des 17. und in der ersten Hälfte des 18. Jahrhunderts öfter (zuletzt Amsterdam 1743) wiederholte, von dem Schotten Thomas Dempster mit reichhaltigen Ergänzungen und Zusätzen versehene Werk behandelt im ersten Buche

---

[1]) Vgl. Halm in der Allg. deutschen Biographie Bd. 4 S. 400.
[2]) Von demselben Gelehrten, dessen litterarische Thätigkeit sich sonst hauptsächlich auf dem Gebiete der Kirchengeschichte bewegt, existirt auch ein ausführlicher Commentar zu dem Geschichtswerke des Curtius Rufus (Köln 1628).

(de urbe et populo) die Topographie der Stadt und die älteste Eintheilung ihrer Bevölkerung; die Bücher 2, 3 und 4 (de diis et eorum templis sive aedibus sacris; de sacerdotiis; de anno, mensibus et diebus) sind den Sacralalterthümern gewidmet; daran schließt sich im ersten Abschnitt des 5. Buches die Darstellung der Spiele; die übrigen Abschnitte dieses Buches behandeln einige wichtigere Kapitel der Privatalterthümer (de mensis sive conviviis, vestibus, nuptiis et funeribus). Die Bücher 6 und 7 (de comitiis und de magistratibus) beschäftigen sich mit den Staatsalterthümern, die Bücher 8 und 9 (de legibus und de iudiciis) mit dem Rechtswesen und der Gerichtsverfassung, Buch 10 (de militia) mit dem Kriegswesen der Römer.

Neben diesen Männern könnten wir noch eine stattliche Anzahl gekrönter und ungekrönter „Poeten" aus fast allen deutschen Landen anführen, welche in engem Anschluß an classische Vorbilder die verschiedenartigsten Stoffe in lateinischen Versen behandelt haben, nicht minder eine lange Reihe von Theologen, Juristen, Medicinern, Historikern, Mathematikern, Astronomen u. dgl. m., welche in mehr oder weniger classischem Latein über die mannigfachsten Gegenstände menschlichen Wissens geschrieben haben; allein da wir nicht die Geschichte des Gebrauches der lateinischen Sprache in Deutschland, sondern die der classischen Alterthumswissenschaft schreiben, für welche alle diese poetischen und prosaischen Erzeugnisse kaum irgend welche Frucht getragen haben, so genügt es, als Zeugniß wenigstens für die allgemeine Verbreitung des Studiums der lateinischen Sprache in Deutschland die Thatsache zu constatiren, daß dieselbe nicht nur in den für die Gelehrten aller Fächer bestimmten Schriften ausschließlich herrschte, sondern auch in den Werken, welche sich an den weiteren Kreis der Gebildeten der deutschen Nation überhaupt wendeten, trotz der Bemühungen eines Ulrich von Hutten, Martin Luther und anderer Männer, der Muttersprache zu ihrem Rechte zu verhelfen, dieser erfolgreiche Concurrenz machte. Der Grund dieser Erscheinung liegt darin, daß man auf allen Gebieten des Wissens in der Theorie wie in der Praxis, in der Lehre wie im Leben, an die Errungenschaften des classischen Alterthums, welche man zunächst durch das Medium der lateinischen Sprache, aus römischen Schriftstellern oder aus lateinischen Uebersetzungen der griechischen Originalwerke, kennen gelernt hatte, anknüpfte und daß es auch auf dem Felde der Poesie leichter und bequemer war, seine Gedanken in bestimmt gegebene und allgemein als mustergültig anerkannte Formen einzukleiden, die noch dazu wie faltige Gewänder die Mängel des Inhalts dem flüchtigeren Blicke verhüllen konnten, als neue Formen aus dem noch ziemlich spröden Thon der Muttersprache zu bilden.

Eines Mannes aber müssen wir noch gedenken, der sich um die Erforschung der Geschichte des Alterthums, besonders der von der breiten Heerstraße der Forschung abseits liegenden Gebiete desselben, bleibende Verdienste erworben hat: des Westfalen **Reiner Reineck (Reineccius)**, der am 15. Mai 1541 zu Steinheim geboren, noch nicht 9 Jahre alt auf die Schule zu Lemgo geschickt wurde, von wo er 1555, durch den Ruf Johann Glandorp's (vgl. oben S. 200) angezogen, nach Hannover ging, mit diesem seinem Lehrer, dem er sich eng anschloß, nach Goßlar zog und dort 4 Jahre lang seinen Unterricht genoß, dann die Universitäten Marburg und Wittenberg, später als Begleiter einiger junger Männer von Adel auch Jena und Leipzig besuchte, im Jahre 1578 als Professor der Geschichte an die Universität Frankfurt an der Oder[1], von dort 1583 in gleicher Stellung an die Universität Helmstädt berufen wurde, wo er am 16. April 1595 starb.

---

[1] Aus der Einleitung der Oratio de historia eiusque dignitate, partibus atque inprimis ea quae de gentilitatibus agit nec non aliis quae ad idem argumentum pertinentia moneri utiliter posse visa sunt scripta et recitata praefationis in praelectionum publicarum operas ergo (Frankfurt 1580, deren Vorrede vom 27. Juni 1579 datirt ist, ersieht man, daß R. diese Rede ein Jahr nach seiner Berufung nach Frankfurt a. O. gehalten hat. Eine kurze Narratio de vita Reineri Reineccii quam ipse sua manu scriptam paucis ante obitum mensibus ad H. Meibomium misit ist dem dritten Bande der Historia Julia (Helmstädt 1597) vorgedruckt.

In den Jahren 1570—72 veröffentlichte er eine Reihe von Monographien über die Genealogie der Herrscherhäuser und der angesehensten Familien der Staaten des alten Orients und Griechenlands aus der Zeit der Sage wie der beglaubigten Geschichte, welche er dann, vielfach vermehrt und erweitert, zu einem vierbändigen Werke vereinigte, das unter dem Titel ΣΥΝΤΑΓΜΑ de familiis quae in monarchiis tribus prioribus rerum potitae sunt in Basel 1574—1580 erschien; eine Umarbeitung und Erweiterung desselben ist sein letztes großes Werk Historia Julia (diesen Titel wählte der Verfasser zu Ehren der Academia Julia in Helmstädt, an welcher er damals wirkte) sive Syntagma Heroicum, Helmstädt 1594—97 in drei stattlichen Foliobänden, deren letzter erst nach dem Tode des Verfassers von H. Meibom abgeschlossen und veröffentlicht worden ist. Die Anordnung dieses Werkes sowohl wie seines Vorgängers, des Syntagma, knüpft an die althergebrachte Anschauung von den fünf großen Weltreichen oder Monarchien an; daher behandelt der erste Band die erste Monarchie, d. h. das Reich der Chaldäer und Assyrer, der zweite Band die zweite Monarchie, d. h. die Reiche der Meder und Perser, der dritte Band die dritte Monarchie, d. h. das makedonische Reich und die aus ihm hervorgegangenen Diadochenreiche; aber jeder der drei Hauptmonarchien sind die anderen gleichzeitigen Königreiche, Tyrannenstaaten und Freistaaten aller drei Welttheile angereiht, so daß das Werk eine vollständige, vom genealogischen Gesichtspunkte aus gearbeitete, aber auch die Ethnographie und die Staatengeschichte nicht ausschließende Darstellung der Geschichte des Alterthums von den sagenhaften Anfängen bis zur römischen Weltherrschaft enthält: eine für ihre Zeit wahrhaft großartige Leistung, die Jahrhunderte lang von der Nachwelt als reiche Fundgrube ausgebeutet worden ist.

Fünftes Kapitel.
Buchdruck, Bibliotheken und Kunstsammlungen.

Wir dürfen diesen Abschnitt unserer Darstellung nicht schließen, ohne einige Worte der Anerkennung der Förderung zu widmen, welche durch die Thätigkeit der Buchdrucker sowie durch die Errichtung von Bibliotheken und anderen Sammlungen dem Studium des Alterthums in Deutschland zu Theil geworden ist. Die Buchdruckerkunst, von Deutschen auf deutschem Boden erfunden und von Deutschen alsbald nach den Nachbarländern, besonders nach Italien und Frankreich, verpflanzt, ermöglichte erst durch die weit schnellere und wohlfeilere Herstellung von Lehrbüchern wie von Texten der alten Schriftsteller jene weite Verbreitung der Kenntniß der classischen Sprachen, wie wir sie in Italien, Frankreich und Deutschland seit dem Ende des 15. Jahrhunderts finden; erst jetzt konnten die Lehrer an Schulen und Universitäten das Lehrbuch, welches sie ihrem Unterricht zu Grunde legten, die classische Schrift, welche sie erklärten, in den Händen jedes ihrer Zuhörer voraussetzen und waren so der zeitraubenden Arbeit des Dictirens der Texte (die freilich in Deutschland noch in der ersten Hälfte des 16. Jahrhunderts wegen der Seltenheit und Kostspieligkeit griechischer Bücher bei Vorlesungen über griechische Autoren oft erforderlich war) überhoben. Zugleich war durch die neue Erfindung die Gefahr gänzlichen Unterganges, welche bis dahin die nicht selten nur in einem Exemplar erhaltenen Schriftwerke des classischen Alterthums bedrohte, mit einem Schlage abgewendet: ein in Hunderten von Exemplaren abgezogenes, nach allen Seiten hin verbreitetes Druckwerk konnte nicht so leicht in Vergessenheit gerathen und zu Grunde gehen wie eine im Staube einer Klosterbibliothek vergrabene Handschrift.

Kann auch Deutschland nicht den Ruhm für sich in Anspruch nehmen, daß seine Erfindung auf seinem Boden zuerst im Dienste der classischen Litteratur verwendet worden ist — der erste Druck eines classischen Werkes ist der von Cicero's Schrift de officiis durch Conrad Sweynheym und Arnold Pannartz in Subiaco im Jahre 1465; kurz vorher waren schon die Werke des Lactantius und die Grammatik des Donatus aus derselben Presse hervorgegangen; auch die ersten griechischen Drucke sind in Italien ausgeführt worden —: kann auch keiner seiner zahlreichen Drucker im Zeitalter des Humanismus sich in Hinsicht auf die Zahl und die Correctheit der von ihm gedruckten und verlegten Ausgaben classischer Werke mit einem Aldus und Paulus Manutius messen, so finden wir doch auch in Deutschland seit den letzten Decennien des 15. Jahrhunderts eine nicht geringe Anzahl von Buchdruckern (die, der Sitte jener Zeit gemäß, zugleich die Verleger der in ihren Officinen gedruckten Werke waren), welche die Veröffentlichung möglichst correcter Texte zunächst lateinischer, dann auch griechischer Schriftsteller mit Beihülfe sachkundiger Correctoren und namhafter Gelehrten als Herausgeber als die wichtigste Aufgabe ihres Geschäftes betrachteten. Unter allen deutschen Städten nimmt in dieser Beziehung Basel den ersten Rang ein, wo Männer wie Johannes Amorbach, Johannes Froben nebst seinem Sohne Hieronymus und seinem Schwiegersohne Nicolaus Episcopius, Andreas Cratander, Johannes Hervagius, Johannes Oporinus, Jakob Henricpetri u. a., die theils selbst eine tüchtige philologische Bildung besaßen, theils mit den hervorragendsten Gelehrten ihrer Zeit in Verbindung standen (vgl. oben S. 149 ff.), unermüdlich für die Verbreitung der classischen Schriftsteller in möglichst correcten Drucken Sorge trugen. Mit diesen Baseler Druckereien wetteiferten, wenn auch nicht in Hinsicht auf die Zahl, so doch auf die Correctheit ihrer Publicationen aus dem Gebiete der classischen Litteratur die Druckereien von Chr. Egenolph, Peter Brubach und besonders die von Christian und Andreas Wechel (vgl. oben S. 230) in Frankfurt, welche Stadt seit der Mitte des 16. Jahrhunderts durch die mit ihren seit 1485 bestehenden Messen verbundenen regelmäßigen, nicht nur von den Buchhändlern sondern auch von den Gelehrten zahlreich besuchten Büchermärkte der Mittelpunkt des deutschen Buchhandels geworden war. Namhafte Verdienste um die classische Litteratur hat sich auch der Buchdrucker Hieronymus Commelinus aus Douay, selbst ein tüchtiger Gelehrter, in Heidelberg, dessen Druckerei nach seinem Tode (11. November 1597) durch seinen Schwager Juda Bonutius fortgeführt wurde, erworben. Von den zahlreichen sonstigen Druckereien, die in verschiedenen Städten Deutschlands vom letzten Drittel des 15. bis zum Ende des 16. Jahrhunderts ihre Pressen im Dienste der classischen Litteratur in Bewegung gesetzt haben, erwähnen wir die von Johannes Mentel, Martin Schott, Johannes Grüninger und Matthias Schürer in Straßburg[1]), die von Wolfgang Angst und Johannes Setzer (Secerius) in Hagenau, die von Christoph Froschauer in Zürich, die von Johannes und Ivo Schöffer in Mainz, die von Ulrich Zell, Heinrich Quentell, Gottfried Hittorp und Johannes Gymnicus in Köln, die von Melchior Lotther, Joseph Thanner und Ernst Vögelin in Leipzig, die von Johannes Krafft (Crato) in Wittenberg, die von Johannes Petrejus in Nürnberg, endlich die oben S. 238 besprochene „ad insigne pinus" in Augsburg.

Die Verbreitung der Buchdruckerkunst ermöglichte auch sowohl Privatleuten, als Fürsten, städtischen Gemeinwesen und gelehrten Corporationen wie den Universitäten die Erwerbung größerer Büchersammlungen, die besonders in den protestantischen Gegenden Deutschlands durch die Aufhebung der Klöster beträchtliche Bereicherungen namentlich an Handschriften erhielten. Solche Bibliotheken als wesentliche Hülfsmittel wie für wissenschaftliche Bestrebungen überhaupt so für die classischen Studien insbesondere wurden zunächst an allen deutschen Universitäten theils durch

---

[1]) Vgl. jetzt C. Schmidt, Zur Geschichte der ältesten Bibliotheken und der ersten Buchdrucker zu Straßburg (Straßburg 1882).

Vereinigung der älteren den einzelnen Facultäten gehörigen Büchersammlungen, theils durch Ankäufe, Schenkungen und Vermächtnisse begründet; aber auch Städte die keine eigene Universität besaßen, in deren Bürgerschaft aber Verständniß und Interesse für die Pflege wissenschaftlicher Studien lebte — wir nennen besonders Augsburg, Nürnberg und Zwickau —, hochsinnige für Förderung der Wissenschaft begeisterte Fürsten und einzelne reiche Privatleute brachten namhafte Opfer für die Erwerbung stattlicher Büchersammlungen. Unter allen Bibliotheken Deutschlands nahm gegen Ende des 16. Jahrhunderts namentlich in Bezug auf ihren Reichthum an classischen Handschriften die Heidelberger den ersten Platz ein, welche aus der Vereinigung der älteren Büchersammlungen der Universität, des Stiftes zum heiligen Geist und der kurfürstlich-pfälzischen Privatbibliothek entstanden, durch die Erwerbung der Sammlungen Rudolf Agricola's und Johann v. Dalberg's (welche unter anderen eine beträchtliche Anzahl lateinischer Handschriften aus der Bibliothek des Klosters des heiligen Nazarius zu Lorsch enthielt) sowie der außerordentlich reichen Bibliothek Ulrich Fugger's Freiherren von Kirchberg und Weißenhorn (die allein an Handschriften über 1000 Bände umfaßte) und durch die Freigebigkeit der pfälzischen Kurfürsten, besonders Otto Heinrich's, bereichert und mit großer Liberalität verwaltet — es wurden mit jedesmaliger Genehmigung des Kurfürsten Handschriften auch an auswärtige Gelehrte zur Benutzung bei ihren wissenschaftlichen Arbeiten mitgetheilt — einen weit über die Grenzen Deutschlands hinausreichenden Ruf in der gelehrten Welt besaß[1]. Sehr bedeutend war auch bereits im 16. Jahrhundert die vom Kaiser Maximilian I. begründete und zuerst durch die Büchersammlung des Conrad Celtis, dann durch die des Arztes und Historikers Wolfgang Lazius (geboren zu

---

[1] Vgl. Fr. Wilken, Geschichte der Bildung, Beraubung und Vernichtung der alten Heidelbergischen Büchersammlungen. Ein Beytrag zur Literargeschichte vornehmlich des 15. und 16. Jahrhunderts (Heidelberg 1817).

Wien 31. October 1514, gestorben daselbst am 20. Juni 1565) sowie durch die reiche Sammlung griechischer Handschriften, welche **Augier Ghislain de Busbecq** (geboren zu Comines in Flandern 1522, gestorben auf dem Schlosse Maillot bei Rouen 28. Oct. 1592) während seines Aufenthaltes im Orient als Gesandter Kaiser Ferdinand's I. beim Sultan Soliman II. (1554 bis 1562) zusammengebracht hatte¹), vermehrte kaiserliche Bibliothek zu Wien. Von den von anderen deutschen Fürsten begründeten Bibliotheken mögen noch genannt werden die zu **Dresden** (begründet 1556 durch den Kurfürsten August von Sachsen im Schlosse zu Annaberg, dort noch durch die Büchersammlung von G. Fabricius bereichert, 1586 durch Kurfürst Christian I nach Dresden übergeführt) und die zu **München**, welche, begründet durch Herzog Albrecht V. von Bayern (1550—1579) aus dem von seinen Vorfahren ererbten Bücherschatze und eigenen Ankäufen in Italien, noch im Laufe des 16. Jahrhunderts bedeutend vermehrt wurde durch die Erwerbung größerer Privatbibliotheken, wie der des Nürnberger Arztes Hartmann Schedel [s. oben S. 108], der besonders an orientalischen Handschriften reichen des österreichischen Kanzlers Johann Albert Widmanstadt und der des kaiserlichen Rathes und bayerischen Hofrathspräsidenten Hans Jakob Fugger (geboren 1516, gestorben 1575). Endlich ist auch

---

¹) In seiner Legationis Turcicae epistola IV (Augerii Gislenii Busbequii Omnia quae extant, Amsterdam 1660, p. 391) berichtet Busbecq über seine Sammlung von Münzen und Handschriften Folgendes: Reporto item magnam farraginem veterum numismatum quorum praecipuis donabo dominum meum. Ad haec librorum graecorum manuscriptorum tota planstra, totas naves, sunt, credo, libri haud multo infra 240 quos mari transmisi Venetias, ut inde Viennam deportentur. nam Caesareae bibliothecae eos destinavi. Weiterhin spricht B. von dem alten ganz in Majuskeln geschriebenen, mit Abbildungen von Pflanzen geschmückten Codex des Dioskorides, welchen ein konstantinopolitanischer Jude — ein Sohn des Hamon, des Leibarztes des Sultans Soliman II. — besaß, der 100 Dukaten dafür verlangte, und erklärt, er werde nicht eher ruhen, bis er den Kaiser vermocht habe, den Codex anzukaufen: ein Wunsch der bekanntlich in Erfüllung gegangen ist.

die von dem schlesischen Edelmanne Thomas von Rehdiger (geb. 19. Dec. 1540 zu Striesa bei Breslau, gestorben 5. Januar 1576 zu Köln) mit rühmlichem Eifer und großen Kosten auf seinen Reisen in Frankreich und Italien gesammelte Bibliothek, welche nach der letztwilligen Verfügung ihres Stifters nach seinem Tode in Breslau in einem zweckmäßigen Gebäude für den öffentlichen Gebrauch aller Gelehrten unter dem Namen der Rehdiger'schen Bibliothek aufgestellt werden sollte — eine Bestimmung, der erst im Jahre 1661 wirklich entsprochen wurde — wegen ihres Reichthumes an Handschriften griechischer und lateinischer Schriftsteller zu erwähnen [1]).

Weit geringfügiger als die Büchersammlungen sind die Anfänge von Sammlungen antiker Bildwerke, Geräthschaften, Münzen und Inschriften, welche in Deutschland im Laufe des 16. Jahrhunderts gemacht worden sind. Außer den oben (S. 162 f.) erwähnten Privatsammlungen Wilibald Pirkheimer's, Conrad Peutinger's und Raimund Fugger's sind hier zu nennen die von den österreichischen Fürsten in ihren Schlössern zu Wien, Prag und Ambras angelegten Sammlungen, besonders die des kunstliebenden Kaisers Rudolf II. (1576—1612) zu Prag, welche unter anderen eines der schönsten Denkmäler der griechischen Sculptur, die zwischen 1556 und 1562 in Rom ausgegrabene, jetzt in der Münchener Glyptothek befindliche Marmorstatue des sog. Ilioneus enthielt: die Sammlung ist nach dem Tode des Kaisers vernachlässigt und im Jahre 1648 bei der Eroberung der Kleinseite Prag's durch die Schweden zum größten Theile nach Stockholm entführt worden [2]). Auch der bereits als Stifter der Münchener Hofbibliothek genannte Herzog Albrecht V. von Bayern, ein eifriger Sammler von Münzen und Medaillen, von Anticaglien und Kunst-

---

[1]) Vgl. A. W. J. Wachler, Thomas Rehdiger und seine Büchersammlung in Breslau (Breslau 1823).

[2]) Vgl. L. Urlichs "Beyträge zur Geschichte der Kunstbestrebungen und Sammlungen Kaiser Rudolf's II.", in der Zeitschrift für die bildende Kunst, herausgegeben von C. v. Lützow Bd. 5 (1870, S. 47 ff., S. 81 ff. u. S. 136 ff.

werken aller Art, ließ durch mehrere Unterhändler in Rom und Venedig eine stattliche Anzahl antiker Marmorstatuen und Büsten sowie einige Reliefs und Bronzen ankaufen, welche, größtentheils in sehr willkürlicher Weise ergänzt, zunächst in verschiedenen Räumen seiner Residenz zu München, dann (1600) von Herzog Maximilian in einem besonders zu diesem Zwecke eingerichteten Antikensaal (Antiquarium) aufgestellt wurden[1].

[1] Vgl. W. Christ, Beiträge zur Geschichte der Antikensammlungen München's (Abhandlungen der kgl. bayer. Akad. d. W. 1. Cl. Bd. X Abth. II, München 1864); J. Stockbauer, Die Kunstbestrebungen am bayerischen Hofe unter Herzog Albert V. und seinem Nachfolger Wilhelm V. (Wien 1874) besonders S. 25 ff.

Drittes Buch.

Die Philologie als Dienerin anderer Wissenschaften und in ihrer allmählichen Entwickelung zur Selbständigkeit.

Erstes Kapitel.
Die classischen Studien in Deutschland während des 17. Jahrhunderts.

Am Beginn des 17. Jahrhunderts sehen wir die classischen Studien in fast allen den Ländern, in denen sie überhaupt Wurzel gefaßt hatten, im Zustande des Verwelkens oder höchstens einer schwachen Nachblüthe begriffen. In Italien, der Wiege der Renaissance, dem Lande, wo man energischer als anderswo den Versuch gemacht hatte, das classische Alterthum nicht nur in seiner Sprache und Litteratur, sondern auch in seiner ganzen Lebensanschauung, in seiner Philosophie und in seiner Kunst neu zu beleben, es als ein lebendiges Stück Gegenwart unmittelbar anzuschauen und zu genießen — da war die erst so hoch auflodernde Flamme der Begeisterung durch die kalten Wasserstrahlen, welche die Kirche seit der Mitte des 16. Jahrhunderts aus Furcht, sie möchte das stolze Gebäude ihrer Macht und Herrschaft in Trümmer legen, dagegen gespritzt hatte, fast gänzlich ausgelöscht worden, und da jene begeisterten Verkünder des Evangeliums von der Wiedergeburt des classischen Alterthums sich mit ihren Predigten an den Kreis der Gebildeten ihrer Nation gewendet, es aber versäumt hatten, durch mühevolle pädagogische Arbeit in den Herzen der heranwachsenden Generation das ruhige Feuer der Liebe und Hingebung für das Studium speciell der classischen Sprachen zu entzünden — mit anderen Worten, da man nicht daran gedacht hatte, rechtzeitig den Jugendunterricht auf der Grundlage der classischen Studien zu organisiren, so waren jene von der Kirche ins Werk gesetzten Löschungsversuche nur allzugut gelungen. Mit Männern wie Francesco Robortello (gestorben 1567), Pietro Vettori (gestorben 1584), Carlo Sigonio (gestorben 1584), Onofrio Panvinio (gestorben 1568), Fulvio Orsini (gestorben 1600) ist das einst so zahlreiche Geschlecht wissenschaftlich bedeutender Philologen in Italien ausgestorben; ein Nachwuchs war nicht vorhanden; selbst Männer von so mittelmäßigen Leistungen auf philologischem Gebiete, wie der Jesuit Horatius Tursellinus (geboren 1545, gestorben 1599), der Verfasser eines auch in Deutschland viel gebrauchten Werkes über die lateinischen Partikeln, und der italianisirte Grieche Leo Allatius aus Chios (geboren 1586, gestorben 1669) sind nunmehr Ausnahmen[1]). Nur der Localpatriotismus, der sich in Italien ja immer als ein so mächtiger Hebel zu Gutem und Schlimmen erwiesen hat, erhielt noch ein gewisses Interesse für das Alterthum wach und regte eine Anzahl Männer aus den verschiedensten Berufskreisen, wie Lorenzo Pignoria, Fortunio Liceto, Giambattista Doni, Ottavio Ferrario, Giovanni Pietro Bellori, Sertorio Orsato und — der letzt genannte, aber nicht der letzte — Raffaello Fabretti, zu epigraphischen und antiquarischen Arbeiten an, die aber, abgesehen von den durch gründliche Gelehrsamkeit und Scharfsinn ausgezeichneten Schriften Fabretti's, fast nur noch als Materialiensammlungen einen beschränkten Werth haben.

---

[1]) Vgl. die Aeußerung des Valens Acidalius in einem im Anfang des Jahres 1592 geschriebenen Briefe an J. Caselius (Valentis Acidall epistolarum centuria I. Hanau 1606, p. 19 s.): „Nunc si de Italia me interrogas, libere tibi respondeo: Italiam in media non video Italia. De studiis itidem si quaeris, audacter aio, coli ea rectius et melius in omni Germaniae angulo quam in his ipsis Musarum adytis, nec video qui proficere magis possim in hoc quam Transalpino aere".

In Frankreich[1]) waren die classischen Studien besonders durch Franz I., einen Fürsten voll regen Interesses für Kunst und Wissenschaft, in jeder Weise gefördert worden und hatten in der zweiten Hälfte des 16. Jahrhunderts sich auf eine wenigstens in diesem Lande nie wieder erreichte Höhe erhoben. Was Männer wie Guillaume Budé, Robert Etienne, Elie Vinet und Adrien Tournebus glänzend begonnen hatten, die wissenschaftliche Erforschung des antiken Sprachschatzes und die Feststellung der Methode der Kritik antiker Texte, das wurde in ähnlichem Geiste weiter geführt durch Jean Dorat (Auratus), Denys Lambin, Henri Etienne und die stattliche Reihe der sog. „eleganten", d. h. das Gebäude der Rechtswissenschaft auf dem festen Fundament umfassender Kenntniß des römischen Alterthums aufbauenden Juristen, als deren Haupt Jacques Cujas (Cujacius), erscheint, zur Vollendung gebracht durch Joseph Justus Scaliger, den in den Wolken schwebenden Adler, wie ihn seine voll Bewunderung zu ihm aufschauenden Zeitgenossen nannten, die von ihm vielfach Anleitung und Unterstützung bei ihren eigenen Arbeiten erhielten, einen Mann von großartigem und umfassendem Geiste, der durch seine ungewöhnliche Kenntniß der classischen Sprachen, insbesondere des älteren Latein, und seine geniale Kühnheit mit strenger Methode verbindende Kritik für die Herstellung der Texte und das Verständniß der antiken, namentlich der römischen Schriftsteller, Mustergültiges geleistet, durch seine erst von der Nachwelt in ihrer vollen Bedeutung gewürdigten chronologischen Arbeiten zuerst eine sichere Grundlage für die Erforschung der altorientalischen, griechischen und römischen Geschichte geschaffen hat. Als der Meister den durch die bald hell auflodernde bald unter der Asche fortglimmende Flamme der Religionskämpfe erhitzten Boden Frankreichs mit dem kühleren und sichereren Boden Hollands vertauscht

---

[1]) Für die Geschichte der griechischen Studien in Frankreich vgl. man E. Egger, L'Hellénisme en France (Paris 1869) 2 Bde.; über Scaliger Jacob Bernays, Joseph Justus Scaliger (Berlin 1855).

hatte (1593), ließ er in Frankreich in seinem Freunde Isaac Casaubon einen hervorragenden Vertreter solider Gelehrsamkeit zurück, dem freilich die Genialität und Frische Scaliger's fehlte. Aber im Jahre 1608, als die von Heinrich IV. im Jahre 1594 aus Frankreich verwiesenen, aber von demselben im Jahre 1603 zurückberufenen Jesuiten den Unterricht in den gelehrten Schulen ganz in ihre Hände bekamen, zog sich der friedfertige Casaubon, der fortwährenden Anfechtungen, die er als Reformirter zu erdulden hatte, müde nach England zurück; der jüngere Claude de Saumaise (Salmasius), ein Mann von sehr umfassender, wenn auch etwas diffuser Gelehrsamkeit, folgte 1631, wie vor ihm Scaliger, einem Rufe nach Leyden, und die gelehrten Jesuiten, welche die durch den Verlust dieser Männer in der gelehrten Welt Frankreichs entstandenen Lücken auszufüllen suchten, Jacques Sirmond, François Vigier (Vigerus), Denis Petau, später Pierre Daniel Huet und der Paradoxenjäger Jean Hardouin, boten nur einen schwachen Ersatz für sie: die gute alte Tradition solider Gelehrsamkeit und selbständiger methodischer Forschung verschwand mehr und mehr, und wenn uns auch noch eine nicht geringe Anzahl namhafter Vertreter theils der philologischen Studien im engeren Sinne — wir nennen François Guyet, Nicolas Rigault, Charles du Fresne Sieur du Cange, Gilles Menage, Tanneguy Lefebvre nebst seiner Tochter Anna und deren Gatten André Dacier, Bernard de Montfaucon — theils der historisch-antiquarischen Forschung — Männer wie Didier Heraut, Samuel Petit, Nicolas Claude Fabre de Peiresc, Jacques Lepaumier (Palmerius), Henri de Valois, Jean Foy Vaillant und Jacques Spon — auf französischem Boden begegnen, so sind dies doch ziemlich vereinzelte Erscheinungen, die mehr durch ihre Schriften Bewunderung oder Widerspruch hervorriefen, als durch Lehrthätigkeit an Universitäten oder Gymnasien der jüngeren Generation Anregung und Anleitung zu selbständiger Forschung gaben. Immerhin bewahrte sich die gebildete Gesellschaft Frankreichs durch das ganze 17. Jahrhundert hindurch als Erbtheil des 16. Jahrhunderts ein gewisses Interesse und wenn auch nur oberflächliches Verständniß für das classische Alterthum, das die „classische" Tragödie des durch die rhetorisch gefärbte römische Poesie, besonders des Seneca und Lucan genährten Corneille, und des durch das Studium hellenischer Dichtungen gebildeten Racine hervorwachsen ließ und hinwiederum durch diese neue Nahrung erhielt.

Die Zeit des Rückgangs der classischen Studien in Frankreich ist die Zeit der höchsten Blüthe derselben in den Niederlanden, insbesondere in Holland[1]). Das Vaterland des Erasmus hat seit dem Beginn des 16. Jahrhunderts eine nicht geringe Anzahl Männer hervorgebracht, welche durch kritisch-exegetische und historisch-antiquarische Arbeiten das Verständniß der antiken Litteratur und die Kenntniß des antiken Lebens in anerkennenswerther Weise gefördert haben: es genügt die Namen **Peter Nanninck** (Nannius), **Jakob de Crusque** (Cruquius), **Paul Leopardus**, **Adrian de Jonghe** (Junius), **Stephan Winants Pighe** (Vinandus Pighius), **Laevinus Torrentius** (van der Becke), **Theodor Pölmann** (Pulmannus), **Lucas Fruterius** (Fruitiers), **Wilhelm und Theodor Canter, Ludwig Carrion, Andreas Schott und Franz Modius** zu nennen. Der Mittelpunkt dieser Studien für die ganzen Niederlande bis zum Beginn des Unabhängigkeitskampfes gegen Spanien, für die dem Hause Habsburg und dem Katholicismus treu gebliebenen südlichen Provinzen nach dieser Zeit, war die Universität Löwen. In den nördlichen Provinzen wurde ein neuer Mittelpunkt dafür, der den alten alsbald an Ruhmesglanz überstrahlte, geschaffen durch die Gründung der Universität Leyden (1575), welche in **Bonaventura Vulcanius** (de Smet) und **Justus Lipsius** (Lips) hervorragende Vertreter

---

[1]) Vgl. zu dem Folgenden Lucian Müller, Geschichte der classischen Philologie in den Niederlanden (Leipzig 1869).

der griechischen und römischen Litteratur und der römischen Antiquitäten, in Janus Douja (van der Does) einen ebenso sehr als Staatsmann wie als Kenner der lateinischen Poesie ausgezeichneten Curator besaß. Als Lipsius im Jahre 1591 in Folge seines Rücktritts zum Katholicismus seine Professur niedergelegt hatte, erhielt die Universität in Paulus Merula (van Merle) einen seinem Vorgänger allerdings bei Weitem nicht ebenbürtigen Nachfolger; aber dieser Ausfall wurde mehr als aufgewogen durch die Berufung Scaliger's, der vom Sommer 1593 an bis an seinen Tod (21. Januar 1609) Leyden zum Mittelpunkt der philologischen Studien für ganz Europa machte. Ohne Vorlesungen zu halten, war er das anerkannte Haupt der Universität, der gefeierte Führer und Berather eines Kreises begabter und strebsamer junger Männer, unter denen die Söhne Janus Douja's, Janus der Jüngere und Franz, Hugo Grotius der Begründer der Rechtsphilosophie, das delphische Orakel, wie ihn bewundernde Zeitgenossen mit Anspielung auf seine Geburtsstadt Delft nannten, und Daniel Heinsius hervorzuheben, auch andere wie der fleißige Sammler besonders für griechische Alterthümer Jan de Meurs (Meursius) und der durch seine seinen und scharfsinnigen „Lectiones Venusinae" und „Variae lectiones" bekannte Jurist und Diplomat Jan Rutgers zu nennen sind. Aber nicht nur Studirende aus allen Gegenden zog damals Leyden an, sondern auch ältere Männer, die in freier Verbindung mit der Universität ganz ihren wissenschaftlichen Studien lebten, wie Peter Schryver (Scriverius) aus Harlem, der Herausgeber des Martialis und der Fragmente der römischen Tragiker, und der Deutsche Philipp Klüwer (Cluverius, geboren zu Danzig 1580, gestorben zu Leyden 1623), der Begründer der wissenschaftlichen historischen Geographie, der Verfasser der „Germania antiqua" (Leyden 1616), der „Sicilia antiqua" (mit der Beschreibung von Sardinien und Corsica, Leyden 1619), der „Italia antiqua" (Leyden 1624) und der „Introductio in universam geographiam tam veterem quam novam" (Leyden 1629 u. ö.), schlugen hier ihren bleibenden Wohnsitz auf und trugen dadurch zur Vermehrung des Ruhmes der Universität bei. Diese sozusagen internationale Bedeutung, welche sich auch in den Persönlichkeiten der namhaftesten Vertreter der classischen Studien wiederspiegelt — neben Holländern wie Justus Lipsius, Daniel Heinsius, Johannes Meursius, Gerardus Johannes Vossius, Jakob Perizonius, Peter Burman, Tiberius Hemsterhuys und Ludwig Caspar Valckenaer, wirkten hier Franzosen wie Scaliger und Salmasius, Deutsche wie Johann Friedrich Gronov aus Hamburg (geboren 8. September 1611, gestorben 28. December 1671) und David Ruhnken aus Stolp in Pommern (geboren 2. Januar 1723, gestorben 14. Mai 1798), und ein Schweizer Daniel Wyttenbach aus Bern (geboren 7. August 1746, gestorben 17. Januar 1820) — hat sich die Universität Leyden bis gegen Ende des 18. Jahrhunderts bewahrt. Mit ihr wetteiferten die anderen jüngeren holländischen Hochschulen — die noch im Jahre 1585 gestiftete Akademie zu Franeker und die im Laufe des 17. Jahrhunderts gegründeten Universitäten Groningen, Utrecht und Harderwyk nebst den Athenäen zu Deventer und Amsterdam —, an denen auch mehrere in Deutschland geborene Gelehrte als Lehrer wirkten — so Janus Gebhard aus Schwarzhofen in der Pfalz (geboren 8. Februar 1592, gestorben 3. October 1632) in Groningen: Johann Georg Grävius aus Naumburg (geboren 29. Januar 1632, gestorben 11. Januar 1703) in Deventer und Utrecht: Marcus Meibom (geboren 1630 zu Tönningen im Schleswig'schen, gestorben 1710) in Amsterdam: Karl Andreas Duker aus Unna in Westfalen (geboren 1670, gestorben 5. November 1752) in Utrecht; Peter Wesseling aus Steinfurt in Westfalen (geboren 7. Januar 1692, gestorben 9. November 1764) in Deventer, Franeker und Utrecht; endlich Christoph Sachse (Saxius, geboren 13. Januar 1714 zu Eppendorf in Sachsen, gestorben 3. Mai 1806) in Utrecht — um Holland den Ruhm, die eifrigste Pflegstätte der classischen Studien zu sein — freilich mit einseitiger Beschränkung auf die formale Seite derselben, auf eine mehr und mehr handwerksmäßig geübte Kritik und Exegese der alten Schriftsteller sowie auf oft kleinliche und immer innerhalb eines beschränkten Gesichtskreises gemachte sprachliche Beobachtungen — zu gewinnen und zu erhalten.

Von den übrigen Ländern germanischer Nationalität kommen für die Geschichte der classischen Studien im 17. Jahrhundert außer Deutschland noch England und Schweden in Betracht. In England war der von Erasmus und seinen humanistischen Freunden ausgestreute Same auf nicht eben fruchtbaren Boden gefallen; der Schotte Georg Buchanan verwendete seine durch humanistische Studien erworbene Kunst poetischer und prosaischer Darstellung in lateinischer Sprache mehr im Dienste der Kirche und der Geschichte und des Staatsrechts seines Vaterlandes als in dem der Alterthumswissenschaft. Erst seit Beginn des 17. Jahrhunderts treten eine Anzahl Männer auf, die für die Herstellung der Texte besonders griechischer Schriftsteller mit Eifer und nicht ohne Glück sich bemühen, Männer wie Thomas Gataker, Thomas Stanley, Thomas Gale, James Hudson und Josua Barnes; neben ihnen arbeitet Harris Dodwell, an Scaliger's Forschungen anknüpfend, aber ohne dessen Besonnenheit und umfassende Gelehrsamkeit, eifrig auf dem Felde der griechischen und römischen Chronologie. Aber erst seit dem letzten Decennium des 17. Jahrhunderts zog die englische Philologie die Augen des Auslandes auf sich durch das Auftreten Richard Bentley's (geboren 27. Januar 1662, gestorben 14. Juli 1742), dessen erste kritische Schrift, die im Jahre 1691 als Anhang zu H. Hody's Ausgabe der Chronik des Malalas veröffentlichte „Epistola ad Io. Millium", durch den Scharfsinn, das gereifte Urtheil und die vielseitige Gelehrsamkeit ihres Verfassers solches Aufsehen erregte, daß Männer wie Ez. Spanheim und G. Grävius denselben als „novum et lucidum litteratae Britanniae sidus." als „splendidissimum Britanniae lumen" begrüßten. Die durch diese kleine Erstlingsarbeit erregten Erwartungen hat Bentley in glänzendster Weise erfüllt durch seine kritischen Ausgaben, beziehendlich von Anderen zum Theil erst nach seinem Tode veröffentlichten kritischen Bemerkungen zu griechischen und römischen Dichtern — Homer, Aristophanes, Menander und Philemon, Kallimachos, Nikandros; Terentius, Phaedrus, Publilius Syrus, Horatius, Lucanus und Manilius — welche eine in jener Zeit ungewöhnliche Sorgfalt und Klarheit in der Benutzung und Würdigung der Handschriften in Verbindung mit einer geradezu einzigen, von der Voraussetzung der Mustergültigkeit der antiken Schriftsteller ausgehenden, auf ausgebreiteter Kenntniß des Sprachgebrauches und der erst von Bentley wieder entdeckten Gesetze der Metrik der Alten fußenden Leichtigkeit und Sicherheit der Emendation zeigen, sowie durch seine für die sog. höhere Kritik, d. h. für die Untersuchung über Abfassungszeit und Verfasser unter falschen Namen überlieferter antiker Schriftwerke, geradezu mustergültige Dissertation über die Briefe des Phalaris, Themistokles, Sokrates, Euripides und die Fabeln des Aesop (London 1699)[1]). Trotz der vielfachen Anfechtungen, welche Bentley besonders auch von seinen eigenen Landsleuten zu erfahren hatte, ist seine epochemachende Bedeutung für die Methode grammatischer, metrischer und litterarhistorischer Forschung bald anerkannt worden, sowohl in England, wo Männer wie Jeremiah Markland, John Taylor, Richard Dawes, Jonathan Toup, Thomas Tyrwhitt, Richard Porson, Peter Elmsley und Peter Paul Dobree ihm nachgefolgt sind auf der von ihm eröffneten Bahn, als auch in Holland, wo die durch Tiberius

---

[1]) Von dem in Deutschland längere Zeit hindurch fast nur in der ungenauen lateinischen Bearbeitung Daniel van Lennep's (R. Bentleii Opuscula philologica, Leipzig 1781) gelesenen, erst durch Woldemar Ribbeck's sorgfältige deutsche Uebersetzung (Leipzig 1857) genauer bekannt gewordenen Original liegt jetzt ein diplomatisch getreuer Neudruck vor u. d. T.: "Dr. Richard Bentley's Dissertations upon the epistles of Phalaris, Themistocles, Socrates, Euripides, and upon the fables of Aesop. Edited, with an introduction and notes, by Wilhelm Wagner, Ph. D. (Berlin 1874).

Hemsterhuys bewerkstelligte Neubelebung der fast erstorbenen griechischen Studien hauptsächlich auf Bentley's Anregungen zurückzuführen ist: zuletzt aber am vollständigsten und tiefsten in Deutschland durch Männer wie Wolfgang Reiz, Friedrich August Wolf und Gottfried Hermann.

In Schweden haben die classischen Studien, einer exotischen Pflanze vergleichbar, die im Treibhaus plötzlich ihre Blüthe entfaltet, aber ebenso schnell wieder verblüht und abstirbt, nur etwa 10 Jahre hindurch (1644—1654) eine Stätte gefunden. Die Pflegerin dieses „Adonisgärtchens", um einen sprüchwörtlichen Ausdruck der Griechen zu gebrauchen, war Christine, die Tochter Gustav Adolph's (geboren 8. December 1626), die von Jugend auf mit den classischen Sprachen vertraut, nach ihrem Regierungsantritt die Hebung der gelehrten Studien, die in Schweden eigentlich erst durch Gustav Adolph das Bürgerrecht erlangt hatten, als ihre Hauptaufgabe betrachtete und zu diesem Zwecke eine Reihe namhafter auswärtiger Gelehrter an ihren Hof berief. So sammelte sie um sich die Holländer Isaak Vossius (einen Sohn des Gerard Vossius, einen Mann von sehr zweideutigem Charakter und Lebenswandel, aber von großem Scharfsinn und ausgebreiteter Gelehrsamkeit), Nicolaus Heinsius (den Sohn Daniel's, den trefflichsten Kenner der lateinischen Dichter) und Hugo Grotius, die Franzosen Salmasius, Samuel Bochart (Orientalist), Daniel Huet (Theolog, Philolog und Mathematiker), René Descartes (Mathematiker und Philosoph) und Gabriel Naudé (Mediciner und Philolog), die Deutschen Marcus Meibom (bekannt durch seine Studien über die antike Musik), den schon um 1642 als Professor der Politik und Eloquenz an die Universität Upsala berufenen Johann Freinsheim u. a. Aber mit der Thronentsagung Christinens (6. Juni 1654), welcher ihre Abreise aus Schweden auf dem Fuße folgte, löste dieser schon vorher theils durch den Tod, theils durch Weggang stark gelichtete Kreis gelehrter Männer sich völlig auf — als der letzte verließ Isaak Vossius, der schon früher bei der

Königin in Ungnade gefallen war, aber eine Professur in Upsala erhalten hatte, Schweden 1658 — ohne nachhaltige Einwirkungen auf die Hebung der classischen Studien in Schweden zu hinterlassen; auch die reichhaltigen Sammlungen von Handschriften und Alterthümern, welche Christine theils während ihrer Regierung, theils nach ihrer Abdankung während ihres Aufenthaltes in Frankreich und Italien zusammengebracht hatte, kamen nicht ihrem Vaterlande — das, wie oben S. 258 bemerkt, eine Anzahl antiker Bildwerke als Beutestücke von der Eroberung Prag's erhalten hatte — zu Gute: ihre Bibliothek wurde von Papst Alexander VIII. angekauft und als eine besondere Abtheilung (bibliotheca Reginensis oder Alexandrina) der Vaticana einverleibt; ihre Antikensammlung erwarb der römische Fürst Odescalchi [1]).

Wenden wir von diesem Ausblick auf das Ausland unsere Augen nach Deutschland zurück, so sehen wir hier am Beginn des 17. Jahrhunderts die classischen Studien in den protestantischen Ländern in der oben S. 219 f. charakterisirten Weise mit Emsigkeit, wenn auch ohne höheren Schwung, ohne Verständniß für den Zusammenhang und Zweck der in Details sich verlierenden Einzelforschungen, vielfach auch ohne eigentliche geistige Selbständigkeit betrieben. Der Einfluß Scaliger's, der trotz seiner ächt französischen Geringschätzung und Abneigung gegen die Deutschen im Allgemeinen doch aus religiösen und wissenschaftlichen Interessen mit vielen deutschen Gelehrten in regem brieflichen Verkehr stand, war für diese maßgebend, für keinen mehr als für den Mann, der zwar nicht an Begabung und Kenntnissen, aber wenigstens an Arbeitskraft und Emsigkeit den ersten Rang unter den Philologen Deutschlands in jener Zeit einnimmt, Janus Gruterus. Derselbe gehört freilich seiner Geburt und Erziehung nach Holland und England an, denn er war geboren in Antwerpen am 3. December 1560 als Sohn des Bürgermeisters Walter Gruntere und einer Engländerin Catharina Tishem, einer hochgebildeten,

---

[1]) Vgl. H. W. Grauert, Christine Königin von Schweden und ihr Hof 2 Bde. (Bonn 1837—42).

ja gelehrten Frau, von welcher der Sohn den ersten Unterricht nicht nur in den modernen, sondern auch in den classischen Sprachen erhielt; seine Kinderzeit verlebte er von seinem 7. Jahre an in England, wohin seine Eltern aus politischen Gründen sich geflüchtet hatten, begann seine Universitätsstudien in Cambridge und setzte sie von 1576 an in Leyden fort, wo er sich die juristische Doctorwürde erwarb: indeß seiner Thätigkeit als akademischer Lehrer und Schriftsteller nach hat Deutschland vollgültigen Anspruch ihn zu den Seinigen zu zählen. Nachdem er nämlich schon im Jahre 1586 in Rostock historische Vorlesungen gehalten hatte, wurde er (wahrscheinlich) im Herbst 1589) als Professor der Geschichte an die Universität Wittenberg berufen: hier veröffentlichte er im Jahre 1591, nachdem schon früher lateinische Gedichte von ihm in Druck erschienen waren, seine erste wissenschaftliche Arbeit, die Suspicionum libri IX, deren acht erste Bücher Emendationen und Erklärungen zahlreicher Stellen des Plautus und Apuleius, gelegentlich auch anderer Schriftsteller (z. B. des Petronius) enthalten, während das letzte, an den Juristen Dionysius Gothofredus (mit welchem er dadurch in eine heftige litterarische Fehde gerieth) gerichtete, als Suspicionum extraordinarium liber singularis bezeichnete Buch sich ganz mit der Kritik und Interpretation der Werke des Philosophen Seneca (nur beiläufig des Rhetors) beschäftigt. Nachdem Gruter in Wittenberg wegen seiner Weigerung, die Concordienformel zu unterschreiben, seinen Abschied erhalten hatte, zog er im Mai 1592 nach Heidelberg. Diese Stadt übte damals schon durch ihre Bibliothek eine starke Anziehungskraft auf die Gelehrten aus, die noch durch die lebhafte Theilnahme, welche die Fürsten von der Pfalz und einzelne ihrer einflußreichsten Räthe, wie Georg Michael Lingelsheim und der durch seine Forschungen auf dem Gebiete des deutschen Rechtes und der deutschen Geschichte berühmte Marquard Freher, den historischen und philologischen Studien schenkten, verstärkt wurde. Hier fand Gruter, der bald zum Professor der Geschichte an der Universität, im Jahre

1602 zum Bibliothekar der Bibliotheca Palatina ernannt wurde, mit seiner wahrhaft erstaunlichen Arbeitskraft ein reiches Feld der Thätigkeit in den handschriftlichen Schätzen jener Bibliothek, welche er allerdings nach der Weise seiner Zeit nur sporadisch, ohne strenge Consequenz und ohne jene genaueren Angaben, welche es anderen Gelehrten möglich machen die Thätigkeit des Kritikers zu controliren, für die Verbesserung der Texte zahlreicher lateinischer Schriftsteller benützte. So entstanden seine Ausgaben des Sallustius, des Livius, des Velleius Paterculus, des Suetonius, des Florus, der Scriptores historiae Augustae, des Ammianus Marcellinus, des Aurelius Victor, des Jornandes und Paulus Diaconus[1]), des Cicero (mit den Anmerkungen von Gulielmus: vgl. oben S. 241 f.), des Philosophen Seneca, der Briefe des Plinius, der römischen Panegyriker, des Plautus (mit Taubmann's Commentar: vgl. oben S. 244, Anm. 1), der Tragödien des Seneca nebst den Sentenzen des Publilius Syrus, der Epigramme des Martialis, die größtentheils in wiederholten Auflagen erschienen sind. Noch größeren Ruhm und Dank aber hat ihm bei Mit- und Nachwelt seine große Sammlung der lateinischen und

---

[1]) Historiae Augustae scriptores latini minores a Julio fere Caesare ad Carolum Magnum. — Hanau 1611 (1610) fol. Der erste Band dieses Werkes enthält Florus, Velleius, Suetonius und die scriptores historiae Augustae, der zweite Band Ammianus, Messala Corvinus de progenie Augusti, Julius Exsuperantius, Aurelius Victor, „Paullus Diaconus et Landulphus Sagax: auctores historiae vulgo dictae miscellae", Jornandes de regnorum ac temporum successione und de rebus Geticis, Paullus Warnefridus de gestis Langobardorum, Sextus Rufus; ferner Gruter's Notae zu sämmtlichen vorausgehenden Texten und einen äußerst reichhaltigen Index rerum et verborum. — Ohne selbständige Bedeutung ist Gruter's Ausgabe des Tacitus: C. Cornelii Taciti opera quae exstant ex recognitione Jani Gruteri. Cum indice rerum ac nominum accuratissimo. Accedunt seorsim ad eundem emendd. castigg. observatt. notae virorum doctissimorum Alciati, Rhenani, Ferretti, Vertranii, Ursini, Donati, Merceri, Pichenae, Coleri, Gruteri. (Frankfurt 1607: Noten Gruter's sind wenigstens in dem mir vorliegenden Exemplar nicht vorhanden). Eine Art sachlicher Commentar in Form weitschweifiger Excurse zu einzelnen Stellen des Tacitus sind seine „Discursus politici in C. Cornel. Tacitum" (Heidelberg 1604, Leipzig 1679).

griechischen Inschriften eingebracht, welche er auf Anregung sowie unter thätiger Mitwirkung Joseph Scaliger's (der nicht nur einen großen Theil des Materiales geliefert, sondern auch bei der Ausarbeitung des Werkes Gruter fortwährend durch briefliche Mittheilungen unterstützt und geleitet, endlich die trefflichen der Sammlung beigegebenen 24 Indices angefertigt hat) und Marcus Welser's (welcher ihm hauptsächlich Abschriften von Inschriftensammlungen italienischer Bibliotheken lieferte) herausgegeben hat. Die Inschriften — in weit überwiegender Zahl lateinische, verhältnissmäßig wenig griechische, einige umbrische (die sog. Eugubinischen Tafeln), endlich ein paar gothische Sprachdenkmäler — sind hier nicht, wie in der Sammlung von Apianus und Amantius, geographisch, sondern nach sachlichen Gesichtspunkten geordnet; eine besondere Abtheilung (die 18., besonders paginirt) enthält die „spuria aut supposita", deren Ausscheidung wohl zum großen Theil dem Scharfblick Scaliger's zu danken ist. Der zweite Band bringt reichhaltige Nachträge, die schon erwähnten musterhaften Indices — ein vollständiges Repertorium alles dessen, was die in der Sammlung vereinigten Inschriften in sachlicher und sprachlicher Hinsicht bemerkenswerthes enthalten — und eine Sammlung der tachygraphischen Zeichen des römischen Alterthums, der sog. „notae Tironis et Senecae" [1]). Eine unbedeutende Arbeit ist Gruter's

---

[1]) Inscriptiones antiquae totius orbis Romani in corpus absolutissimum redactae ingenio ac cura Jani Gruteri: auspiciis Josephi Scaligeri ac Marci Velseri. Ex officina Commeliniana 1602 (die Jahreszahl fehlt auf manchen Exemplaren). Dazu zweiter Band: Inscriptionum antiquarum appendix una cum XXIV indicibus accuratissimis minima maxima tomis istis comprehensa statim ante oculos ponentibus. — Accedunt notae veterum Romanorum insignitae nominibus Annaei Senecae ac Tullii Tyronis Ciceronis liberti: nunquam antehac editae. In Bibliopolio Commeliniano 1603. In einer zweiten Ausgabe s. a. (1616) sind nur der Titel, die Dedication und die Vorrede des ersten Bandes verändert, alles Uebrige ist völlig unverändert geblieben. Eine neue vermehrte Ausgabe des Werkes hat J. G. Grävius besorgt: Inscriptiones antiquae — cum notis Marq. Gudii et tabula aenea Boissardi, ex recensione J. G. Graevii (Amsterdam 1707) 4 Voll.

Commentar zum Στρατηγικός des Onesandros (Heidelberg 1604), ein bloßes Sammelwerk ohne jede eigene Zuthat des Herausgebers die „Lampas sive fax artium liberalium," eine Sammlung von Abhandlungen verschiedener Gelehrten des 15. und 16. Jahrhunderts [1]). Ein schwerer Schlag nicht nur für Gruter persönlich, sondern für die Alterthumsstudien in Deutschland überhaupt war die Erstürmung Heidelberg's durch die Truppen Tilly's (16—19 Sept. 1622), bei welcher die Privatbibliothek Gruter's, der sich beim Heranrücken der Feinde zu seinem Schwiegersohne Oswald Smend nach Bretten geflüchtet hatte, zum Theil vernichtet wurde, und die Wegführung der berühmten Palatinischen Bibliothek, welche Herzog (bald darauf Kurfürst) Maximilian von Bayern, dem sie als Beute zugefallen war, dem Papste Gregor XV. zum Geschenke machte [2]): dieser sandte noch im Spätherbst 1622 den Scrittore der Vaticanischen Bibliothek Leo Allatius nach Heidelberg, der die kostbare Beute in Empfang nahm und im Anfang des Jahres 1623 nach Rom transportiren ließ, wo sie in einem besonderen Saal der Vaticana aufgestellt wurde. Gruter kehrte zwar einige Zeit nach dem Abzug der Feinde nach Heidelberg zurück, aber seine Arbeitskraft war gebrochen; er kaufte sich ein Landhaus in der Nähe der Stadt und lebte dort, hauptsächlich mit Gartenbau beschäftigt, bis zum 20. Sept. 1627 [3]).

---

[1]) Lampas sive fax artium liberalium h. e. thesaurus criticus in quo infinitis locis theologorum, philosophorum, oratorum, historicorum, poetarum, grammaticorum scripta supplentur, corriguntur, illustrantur, notantur, Frankfurt a. M. 1602—1612 VI Voll.; ein siebenter Theil ist 1634 von J. Ph. Pareus hinzugefügt worden. Eine vollständige Inhaltsübersicht des ganzen Werkes gibt J. G. Walch in seiner Historia critica latinae linguae (ed. III, Leipzig 1761) p. 491 ss.

[2]) Vgl. Fr. Wilken, Geschichte der Bildung, Beraubung und Vernichtung der alten Heidelbergischen Büchersammlungen (Heidelberg 1817) S. 190 ff.; Ch. F. Bähr, „Zur Geschichte der Wegführung der Heidelberger Bibliothek nach Rom im Jahre 1623" in den Heidelberger Jahrbüchern 1872, N. 31 S. 481 ff.

[3]) Die sehr wortreichen Lobschriften auf Gruter von Fr. Herm. Flaydes (Vita, mors et opera maximi virorum Jani Gruteri, Tübingen 1528) und von Balthasar Venator (Panegyricus Jano Grutero scriptus, Genf 1531),

Weniger umfassend in seinen litterarischen Arbeiten als Gruter, aber gründlicher und sorgfältiger in der Benutzung und Mittheilung des handschriftlichen Apparates war (Johann) **Philipp Pareus** (Wängler), ein Sohn des durch zahlreiche theologische Schriften bekannten Heidelberger Professors David Pareus[1]). Geboren am 24. Mai 1576 zu Hemsbach an der Bergstrasse, wo sein Vater damals Pfarrer war, durch philologische und theologische Studien in Heidelberg, Basel und Genf ausgebildet, übernahm er 1600 das Rectorat der Schule zu Kreuznach, später das zu Neuhaus, 1610 das zu Neustadt an der Hardt, welches er 12 Jahre lang, bis zum Juli 1622, wo er bei der Eroberung der Stadt durch die Spanier flüchten musste, verwaltete; 1623 wurde ihm die Direction des Gymnasiums zu Hanau übertragen, wo er im Jahre 1648, nachdem er schon einige Zeit vorher sein Amt niedergelegt hatte, starb. Den Mittelpunkt seiner litterarischen Thätigkeit bildet Plautus, um dessen Kritik und Erklärung er sich bedeutende Verdienste erworben hat, welche Gruter vergeblich durch hämische Bemängelungen und Schmähungen zu verkleinern versucht hat[2]). Unter den Ausgaben des Dichters,

---

beide wieder abgedruckt hinter Jani Gruteri Discursus politici in C. Corn. Tacitum et notae maximae ex parte politicae in T. Liv. Patavinum historicorum principes, Leipzig 1679, sind sehr arm an thatsächlichen Mittheilungen und fliessen, ihrem Zwecke gemäss, über von masloser Bewunderung Gruter's. Vgl. jetzt Eckstein in der Allgemeinen Encycl. d. Wiss. u. K. S. 1 Bd. 95 S. 356 ff.

[1]) Diesem hat der Sohn ein biographisches Ehrendenkmal gesetzt in seiner Narratio historica de curriculo vitae et obitu reverendissimi patris D. Davidis Parei sacrarum literarum olim in antiquissima academia archi-palatina doctoris et professoris primarii (1633), welche auch einige Notizen zur Lebensgeschichte des Philipp Pareus enthält. Vgl. über diesen Eckstein in der Allgem. Encycl. d. W. u. K. S. 3 Bd. 12 S. 31 ff.

[2]) Gegen die zweite Auflage von Pareus' Erstlingsschrift, den „Electa Plautina" (Neustadt 1617) schrieb Gruter die Spottschrift „Asini Cumani fraterculus e Plauti electis electus per Eustathium Swartium" (1619), worauf Pareus durch seine „Ad senatum criticum adversus personatos quosdam Pareomastigas provocatio pro Plauto et electis Plautinis a Pareo nuper evulgatis" (Frankfurt 1620) erwiderte. Gegen Gruter's hämische Be-

welche er veröffentlicht hat (Frankfurt 1610. 8. Neustadt an der
Hardt 1619. 4. Frankfurt 1641. 8), ist die von 1619 besonders
wichtig durch die für jene Zeit geradezu einzige Vollständigkeit
und Genauigkeit in der Angabe der Varianten der palatinischen
Handschriften; für die Kenntniß des Sprachgebrauches des Plautus
aber bietet sein „Lexicon Plautinum in quo velut thesauro
antiquae linguae romanae elegantiae quotquot exstant in latinorum comicorum principe M. Accio Plauto Sarsinate ac-
curatim eruuntur et explicantur" (Frankfurt 1614; zweite ver=
mehrte Ausgabe Hanau 1634) auch jetzt noch das reichhaltigste
Material dar. Weniger als Plautus verdankt ihm Terentius;
doch verdient seine Ausgabe dieses Schriftstellers (Neustadt 1619;
angehängt sind ihr die Anmerkungen zu Terenz von Johann
Rivius, Gabriel Faërnus, M. Antonius Muretus und Georg
Fabricius) immerhin Erwähnung wegen der Benutzung von vier
palatinischen Codices und der Beigabe eines sorgfältigen Index;
desgleichen seine Ausgaben des Sallustius (Neustadt 1617; Frank=
furt 1649) und der Briefe des Symmachus mit den Anhängen
„Electa Symmachiana", „Calligraphia Symmachiana" und
„Lexicon Symmachianum" (Neustadt 1617 und 1628). Sehr
verdienstlich für jene Zeit waren seine Arbeiten zur lateini=
schen Lexikographie, die „Calligraphia romana sive thesaurus
linguae latinae" (Neustadt 1616) und das „Lexicon criticum
sive thesaurus linguae latinae" (Nürnberg 1645) mit der dazu
gehörigen „Mantissa" (ebd. 1646). Dem Gebiete der griechischen
Litteratur gehören außer einer Analyse des aristotelischen Organon

---

merkungen über des Pareus' Plautusausgabe in seiner Ausgabe des Plautus
mit Taubmann's Commentar (Wittenberg 1621) richtete Pareus seine „Analecta Plautina in quibus Plauti editt. Pareanae a virulentis J. Gruteri
cavillationibus ac strophis rite vindicantur" (Frankfurt 1623). — Vgl.
dazu Gruter's Aeußerungen in seinen Briefen an Joh. Kirchmann in Marquardi Gudii et doctorum virorum ad eum epistolae — curante P. Burmanno (Haag 1714) N. 121—125 (p. 204—210) und die Aeußerung Michael
Piccart's in einem Briefe an Kirchmann ebd. N. 187 (p. 260). — S. über
den ganzen Streit Ritschl, Opuscula philol. II p. 125 ss.

(Frankfurt 1614) zwei wenig bedeutende Arbeiten über die griechische Aussprache (Declamatio pro assertione pronunciationis linguae graecae, Hanau 1640) und über die Elemente der griechischen Grammatik (Clavis et fundamenta linguae graecae, Frankfurt 1643) an.

In die Fußstapfen des Vaters trat der im Jahre 1605 zu Neuhaus geborene, schon im 30. Jahre seines Alters von Mörderhand getödtete Sohn Daniel Parens besonders durch seine mit kurzen Randnoten und mit einem sehr ausführlichen „Lexicon Lucretianum" ausgestattete Ausgabe des Lehrgedichtes des T. Lucretius Carus (Frankfurt 1631). Sonst hat sich derselbe, abgesehen von einer unbedeutenden Ausgabe des Quintilian (Frankfurt 1629) und einigen historischen Arbeiten, mehrfach aber freilich ohne Gewinn für die Wissenschaft mit der griechischen Litteratur beschäftigt, wovon seine mit sehr weitschweifigem Commentar versehene Ausgabe des Gedichtes des Musäos von Hero und Leander (Frankfurt 1627), seine Ausgaben der Kaisergeschichte des Herodian (ebd. 1627 und 1630) und der Aethiopika des Heliodoros (ebd. 1631), endlich seine „Mellificium atticum" betitelte Blumenlese aus griechischen Schriftstellern (ebd. 1627) Zeugniß geben.

Zu dem Heidelberger Kreise, insbesondere zu Gruter, zu welchem sie als die jüngeren mit pietätsvoller Verehrung aufblickten, standen in engen Beziehungen zwei unter sich nahe befreundete, durch den Tod zu früh der Wissenschaft entrissene Männer: Helias van Putschen (Putschius) aus Antwerpen (geboren 5. November 1580) und Gottfried Jungermann aus Leipzig (geboren im Jahre 1577 oder 1578)[1]. Ersterer kam, nachdem er seine juristischen und philologischen Studien in Leyden, wo er Scaliger persönlich näher getreten war, und in Jena vollendet hatte, Ende 1602 oder Anfang 1603 nach Leipzig, wo er mit dem damals noch ohne Amt im elterlichen Hause lebenden

---

[1] Vgl. meinen Artikel in der Allgemeinen deutschen Biographie Bd. 14 S. 709 f.

Jungermann (dessen Mutter eine Tochter von Joachim Camerarius war) enge Freundschaft schloß; beide reisten zur Ostermesse 1603 zusammen nach Frankfurt und von da nach Heidelberg, wo sie bei Gruter freundliche Aufnahme fanden [1]). Putschius hatte sich damals bereits durch eine Ausgabe des Sallustius (Leyden 1602, mit den Fragmenten der Historien) in der gelehrten Welt bekannt gemacht; Jungermann arbeitete eben an einer Ausgabe des Hirten=romanes des Longos mit lateinischer Uebersetzung und kritischen Anmerkungen, die erst später (Hanau 1605) in Druck erschienen ist [2]). Im Jahre 1604 kam Putschius wieder zu etwas längerem Aufenthalt nach Heidelberg, wo er außer in Gruter besonders in Marquard Freher und in dem französischen Gesandten Jac=ques de Bongars, einem der eifrigsten Pfleger und Förderer historisch=philologischer Studien [3]), Freunde und Gönner fand; von letzterem erhielt er insbesondere aus dessen reicher Bibliothek (die später, im Jahre 1628, durch Schenkung in den Besitz der Stadt Bern gelangte) handschriftliche Hülfsmittel zu seinem großen, für das Studium der lateinischen Sprache und ihrer Geschichte Epoche machenden Werke, das ihm für alle Zeiten einen Ehren=platz in der Geschichte unserer Wissenschaft gesichert hat: der Sammlung der Schriften der römischen Grammatiker, welche unter dem Titel „Grammaticae latinae autores antiqui opera Heliae Putschii" in Hanau 1605 erschien. Die von ihm selbst beab=sichtigte, von allen seinen Freunden dringend gewünschte Ver=öffentlichung eines zweiten Bandes mit kritischen Anmerkungen zur Rechtfertigung seiner Recension der Texte wurde durch den am 9. März 1606 zu Stade im Hannoverischen erfolgten Tod

---

[1]) Ich entnehme dies aus einem ungedruckten Briefe Jungermann's an Dr. med Joachim Camerarius in Nürnberg d. d. Lipsiae 22. Juli 1603, welcher sich in der handschriftlichen Sammlung der Camerarii in der kgl. Staatsbibliothek zu München (Vol. XV n. 129) befindet.

[2]) Auf diese Arbeit bezieht sich ein Brief J.'s an Scaliger d. d. Lipsiae 27. Mai 1603 in der Camerarius'schen Sammlung Vol. XV n. 130.

[3]) Vgl. über ihn H. Hagen, Zur Geschichte der Philologie und zur römischen Litteratur. Vier Abhandlungen (Berlin 1879) S. 53 ff.

des jungen Gelehrten vereitelt ¹). — Jungermann war 1604 seinem Freunde nach Heidelberg gefolgt und trat 1605 oder Anfang 1606 in die damals dem Schwiegersohne Andreas Wechel's Claude Marny gehörige Wechel'sche Druckerei in Hanau als Corrector und wissenschaftlicher Leiter ein. Durch diese seine Stellung wurde er mehrfach genöthigt, größere wissenschaftliche Arbeiten wie eine Ausgabe des Julius Cäsar mit der (wahrscheinlich von Maximus Planudes herrührenden) griechischen Uebersetzung des bellum Gallicum und den Anmerkungen früherer Herausgeber ²), ferner eine Ausgabe des Herodotos mit Valla's lateinischer Uebersetzung und den Fragmenten des Ktesias ³), ohne längere Vorbereitung zu übernehmen; daher dieselben nur sehr wenige Resultate der eigenen Studien des Herausgebers enthalten; während er seine eigenen Jahre lang mit größtem Eifer und voller Hingebung unter den schweren körperlichen Leiden, die seine letzten Jahre trübten, gepflegten Arbeiten zu den Lexicis des Julius Pollux und des Harpokration immer wieder bei Seite legen mußte und endlich

---

¹) Vgl. über Putschius: „Leben der berühmten Lindenbrogiorum, nebst einer Nachricht vom Leben Geverharti Elmenhorstii, Joachimi Moersii, Heliae Putschii und Cornelii Dalii (Hamburg 1723: der Verfasser ist Nic. Wildens I. V. D. und Archivar in Hamburg) S. 82 ff.

² Der Text dieser Ausgabe (Frankfurt 1606, 4°) ist aus der in demselben Jahre von Scaliger ohne seinen Namen bei Raphelengius in Leyden veröffentlichten wiederholt; von Jungermann rührt nur die Eintheilung in Kapitel und die Beifügung der von ihm zuerst aus einem durch Bongars ihm vermittelten Codex aus der Bibliothek D. Petau's an's Licht gestellten griechischen Uebersetzung der ersten sieben Bücher des bellum Gallicum mit kritischen Noten her. Der zweite Band enthält Anmerkungen und Commentare zu Cäsar von folgenden Gelehrten: Rhellicanus, Glareanus, Glandorp, Camerarius, Brutus, Manutius, Sambucus, Ursinus, Ciacconius, Fr. Hotomanus, Joh. Brautius.

³) Frankfurt 1608, fol.: der griechische Text, der ebenso wie die lateinische Uebersetzung Valla's nach der Recension des H. Stephanus gegeben ist, ist von Jungermann in Kapitel eingetheilt; derselbe hat hinter den Prolegomenen des Stephanus p. 35 s. ein kurzes Λεξικὸν τῶν Ἡροδοτείων λέξεων aus einer Handschrift M. Goldast's (vgl. darüber H. Stein in seiner größeren kritischen Ausgabe des Herodot, Vol. II, Berlin 1871, p. 443 ss.), außerdem knappe kritische Bemerkungen zu den Fragmenten des Ktesias beigefügt.

durch seinen frühen Tod (16. August 1610) am Abschluß derselben gehindert wurde: seine Arbeiten zum Harpokration sind gar nicht an die Oeffentlichkeit getreten, seine reichhaltigen und gehaltvollen Anmerkungen zum Pollux erst im Jahre 1706 in der von J. H. Lederlin und Tib. Hemsterhuys besorgten Ausgabe des Onomastikon veröffentlicht worden.

In regem Verkehr stand auch mit dem Heidelberger Kreise, insbesondere mit dem durch Gemeinsamkeit der wissenschaftlichen Interessen ihm eng verbundenen Marquard Freher, sowie mit Jungermann, mit seinem Lehrer Conrad Ritterhaus und mit vielen anderen namhaften Gelehrten jener Zeit der Schweizer Melchior Heimensfeld Goldast (oder, wie er seinen Namen auch schrieb, Melchior Guldinast von Haiminsfeld), der im Jahre 1578 (oder 1576) in Erpen bei Bischofszell im Thurgau geboren, auf den Universitäten Ingolstadt und Altdorf gebildet, nach mannigfachem Wechsel des Aufenthalts 1606 sich in Frankfurt a. M. niederließ, wo er zum Theil unter den drückendsten Verhältnissen sich eifrig mit litterarischen Arbeiten beschäftigte, von 1611 an verschiedenen deutschen Fürsten seine Dienste als Rath und Diplomat widmete und 1635 in Gießen starb. Um die Erforschung der deutschen Geschichte, des deutschen Rechts und der älteren deutschen Sprache hat er sich unbestreitbare, freilich durch Mangel an Zuverlässigkeit und an Wahrheitsliebe beeinträchtigte Verdienste erworben; dem Gebiete der classischen Philologie gehören, abgesehen von der Unterstützung, welche er anderen Gelehrten bei ihren Arbeiten durch Mittheilung von Handschriften und von Abschriften aus seiner reichhaltigen Bibliothek (welche sich jetzt wenigstens zu einem großen Theile in der Stadtbibliothek zu Bremen befindet) zu Theil werden ließ, nur folgende seiner zahlreichen Publicationen an: die Veröffentlichung eines Theiles des dritten Buches der Hermeneumata des Grammatikers Dositheus aus einer St. Galler Handschrift (Dosithei magistri lib. III continens Divi Adriani Imp. sententias et epistolas. Genf 1601); eine Sammlung von theils aus dem späten Alterthum, theils aus dem Mittelalter stammenden lateinischen Dichtungen (Ovidii erotica et amatoria opuscula. Frankfurt 1610: ein äußerst seltenes, mir nicht zugängliches Buch); eine im gleichen Jahre von ihm unter dem Pseudonym Georgius Erhardus „Helenopoli" (d. i. in Frankfurt) veröffentlichte und mehrfach wiederholte Ausgabe des satirischen Romanes des Petronius mit den Anmerkungen verschiedener Gelehrter, wozu er handschriftliche Hülfsmittel aus der Bibliothek von Bongars erhalten hatte; endlich eine Sammlung von Briefen italienischer, französischer und deutscher Gelehrter des 15. und 16. Jahrhunderts (Philologicarum epistolarum centuria una diversorum a renatis literis doctissimorum virorum — edita ex bibliotheca M. Haiminsfeldi Goldasti, Frankfurt 1610; wieder abgedruckt mit einer kurzen Vorrede von Hermann Conring, Frankfurt und Leipzig 1729) [1]).

Auch dem schon mehrfach erwähnten kurpfälzischen Rath Marquard Freher (geboren 26. Juli 1565 in Augsburg, gestorben 13. Mai 1614 in Heidelberg,) ist die classische Alterthumswissenschaft zum Danke verpflichtet für das Interesse, welches er, der selbst eine Sammlung von Münzen und kleineren Alterthümern besaß, für die Erforschung des römischen Münzwesens durch seine kleine Schrift „De re monetaria veterum Romanorum et hodierni apud Germanos imperii libri duo (Ladenburg 1605) [2]),

---

[1]) Vgl. über Goldast Escher in der Allgem. Encycl. d. W. u. K. S. 1 Bd. 73 S. 203 ff.; R. v. Raumer, Geschichte der germanischen Philologie S. 52 ff.; Gonzenbach in der Allgem. deutsch. Biographie Bd. 9 S. 327 ff.

[2]) Freher hat seiner Schrift zwei ältere von ihm mit Anmerkungen versehene Schriften über Münzwesen von Nicolaus Oresmius, Bischof von Lisieux (14. Jahrh.) und von Gabriel Byel aus Speier, Licentiaten der Theologie in Tübingen (15. Jahrh.), beigegeben. Angebunden ist dem von mir benutzten Exemplar der Münchener Staatsbibliothek folgendes Schriftchen: Constantini Imp. Byzantini Numismatis argentei expositio duplex, Josephi Scaligeri Jul. Caes. f. Marquardi Freheri M. f. 1604. Der Gegenstand dieses aus dem Briefwechsel Freher's mit Scaliger (vgl. J. Bernays, J. J. Scaliger S. 184) hervorgegangenen Schriftchens ist ein darin abgebildetes sehr großes Silbermedaillon der Sammlung Freher's, welches dieser einem der späteren byzantinischen Kaiser Namens Konstantin zuschreibt.

für die römischen Denkmäler des Neckarlandes in seinem Werke
über die älteste Geschichte der Pfalz (Originum Palatinarum pars
prima. Editio secunda innumeris locis melior et locupletior.
1613. pars secunda 1612)¹), in seinem posthumen Schriftchen
über die Geschichte der Stadt Ladenburg am Neckar (De Lupo-
duno antiquissimo Alemaniae oppido commentariolus. 1618)
und durch seine ebenfalls posthume mit reichhaltigen, besonders
historisch-geographischen Anmerkungen ausgestattete Ausgabe der
Mosella des Ausonius (1619) bewiesen hat. Ueberdies hat er,
ohne Nennung seines Namens, zuerst die den Namen des Hierokles
tragende Sammlung griechischer Anekdoten aus einem codex Palatinus veröffentlicht (Ladenburg 1605).

Der Jurist Dionysius Gothofredus, der, obgleich
Franzose von Geburt (er hieß eigentlich Denis Godefroy) und
war geboren zu Paris 17. October 1549), doch über 30 Jahre
als Lehrer an deutschen Universitäten (Straßburg und Heidelberg)
thätig gewesen ist (er starb zu Straßburg am 7. September 1622),
würde schon wegen seiner für das Studium der römischen Rechtsquellen sehr förderlichen Arbeiten, besonders seiner öfter wiederholten Ausgaben des Corpus juris civilis mit Anmerkungen (zuerst
Lyon 1583) hier eine Erwähnung verdienen; dazu kommen aber
noch eine Anzahl speciell philologischer Schriften, die freilich durchgängig den Charakter übereilter Hast und Oberflächlichkeit, besonders
einer starken Leichtfertigkeit im Conjecturenmachen an sich tragen: so
die Ausgabe der Werke des Philosophen Seneca (Basel 1590,
6 Bde.; im 6. sind Gothofredus' eigene conjecturae et variae
lectiones in L. Annaei Senecae opera enthalten), die im Wesentlichen
an Lambin's Textesrecension sich anschließende Ausgabe der Werke
des Cicero (Genf 1594 u. ö.) und die Sammlung römischer Grammatiker (Auctores latinae linguae cum notis D. G., Genf 1622).

Der Gruppe der pfälzischen Gelehrten gehört durch Geburt
und Erziehung an der noch mehr durch seine litterarischen Fehden,

---

¹) Römische Inschriften und Bildwerke finden sich hier t. I p. 26, 28 s.,
31; t. II p. 39.

welche ihm den Spitznamen canis grammaticus eingetragen haben, als durch seine wirklichen Leistungen für die Wissenschaft bekannte Caspar Schoppe (später italienisirte er seinen Namen in Scioppius)[1], ein frühreifes Ingenium, der zu Neumarkt in der Oberpfalz am 27. Mai 1576 geboren, schon während seiner Studienzeit in Heidelberg (1593), in Altdorf (1594) und in Ingolstadt (1595) verschiedene lateinische Gedichte sowie unter dem Titel „Verisimilium libri quatuor" eine Sammlung von Verbesserungsvorschlägen zu verschiedenen lateinischen Prosaikern veröffentlichte, die ebenso sehr von seinem Scharfsinn und seiner Belesenheit als von seiner Eitelkeit und Selbstgefälligkeit Zeugniß gibt[2]: freilich behaupteten seine Gegner, deren er sich bald durch seine polemischen Schriften eine stattliche Anzahl zuzog, daß er sich darin mit fremden, besonders seinem Lehrer Hubert Giphanius in Ingolstadt entrissenen Federn geschmückt habe. Eine Jugend= arbeit Schoppe's aus demselben Jahre 1596, ein Commentar zu den sog. Priapeia, in welchem die schmutzigsten Dinge mit einem gewissen Behagen erörtert werden, wurde eine Reihe von Jahren später (wahrscheinlich 1606) ohne Wissen und Willen, ja sogar zum größten Aerger Schoppe's, der nach seiner Conversion sich mit dem Heiligenschein strenger Sittenreinheit zu schmücken suchte, von Melchior Goldast veröffentlicht[3]. Das Jahr 1597

---

[1] Vgl. über ihn Ch. Nisard, Les gladiateurs de la republique des lettres aux XV*e*, XVI*e* et XVII*e* siècles t. II (Paris 1860) p. 1—206; H. Kowallek „Ueber Gaspar Scioppius" in den Forschungen zur deutschen Geschichte Bd. 11 (Göttingen 1871) S. 401—482.

[2] Gasperis Schoppi Franci Verisimilium libri quatuor. In quibus multa veterum scriptorum loca, Symmachi maxime, Cor. Nepotis, Propertii, Petronii aliorum emendantur, augentur, illustrantur (Nürnberg 1596); die Vorrede ist datirt „Ingolstadi in aedibus communibus. Anno MDXCVI m. Martio".

[3] Priapeia sive diversorum poetarum in Priapum lusus illustrati commentariis G. Schoppi Franci (Frankfurt MDVI): dieselbe wohl ab= sichtlich falsche Jahreszahl findet sich unter dem Holzschnitt des Schlußblattes; am Schlusse der Vorrede steht „Ingolstadio Anno MDXCVI". Aus Goldast's Bibliothek stammte die Handschrift, aus welcher im Anhange des Büchleins

brachte zwei neue philologische Arbeiten Schoppe's: eine Fortsetzung seiner Verisimilia unter dem Titel „Suspectarum lectionum libri quinque" (Verbesserungen besonders zu Plautus und Apuleius in Form von Briefen an verschiedene namhafte Gelehrte jener Zeit, u. a. an Scaliger und Casaubonus, die er später in der schamlosesten Weise angriff) und ein methodologisches Schriftchen über die Handhabung der Kritik, speciell über die Verbesserung der Schreibfehler lateinischer Handschriften, mit zahlreichen hauptsächlich aus Handschriften des Plautus und des Symmachus entnommenen Beispielen [1]). Darauf folgte 1598 ein „Spicilegium in Phaedri fabulas", welches der von seinem Lehrer und Freunde Conrad Rittershausen veröffentlichten Ausgabe der Fabeln des Phaedrus (vgl. oben S. 248) einverleibt ist. In demselben Jahre trat Schoppe in Prag zum Katholicismus über und ging im Gefolge des kaiserlichen Rathes und Gesandten am päpstlichen Hofe, Wacker von Wackenfels, nach Rom, wo er durch den Feuereifer, mit welchem er in mehreren Schriften für seinen neuen Glauben in die Schranken trat, bald die Auf-

---

(p. 157 ss.) die Briefe des Kaisers Heraclius, des Sophisten Sophocles, des Antonius, der Cleopatra und des Soranus „de Priapismo Cleopatrae reginae eiusue (sic) remediis" veröffentlicht sind; daß auch die Herausgabe des ganzen Büchleins Goldast, der Schoppe damit einen Streich spielen wollte, zur Last fällt, beweisen einige Aeußerungen von Freunden G.'s in Briefen an denselben: von Taubmann (Virorum cll. et doct. ad M. Goldastum epistolae N. 129 19. Dezember 1606), von Lingelsheim (ebd. N. 133 16. Januar 1607) und von Jungermann (ebd. N. 256 1. März 1609). Eine Aeußerung in einem undatirten, aber offenbar vor der Conversion geschriebenen Briefe Schoppe's an Rittershausen (in B. G. Struvii Acta litteraria t. II p. 471) bezieht sich offenbar auf das **Manuscript** des Commentars zu den Priapeia.

[1]) Suspectarum lectionum libri quinque in centum et quatuordecim epistulas ad celeberrimos quosque aevi nostri viros aliosque amicos, facti. in quis amplius ducentis locis Plautus, plurimis Apuleius, Diomedes grammaticus, alii corriguntur (Nürnberg 1597). — De arte critica et praecipue de altera eius parte emendatrice; quaenam ratio in latinis scriptoribus ex ingenio emendandis observari debeat commentariolus (desgl. u. Amsterdam 1662).

merksamkeit der Curie auf sich zog. Papst Paul V. sandte ihn im September 1607 nach Deutschland, um für den Katholicismus Propaganda zu machen, ein Auftrag, dem er durch zahlreiche heftige Schmähschriften gegen die Protestanten [1]) und durch diplomatische Thätigkeit im Dienste des Erzherzogs Ferdinand von Steiermark (des späteren deutschen Kaisers Ferdinand II.), die ihn 1609 wieder nach Italien, 1613 nach Madrid führte, gerecht zu werden sich bemühte. Doch fand er mitten unter dieser agitatorischen Thätigkeit auch Zeit zu gelehrten Arbeiten, wie seine „Symbola critica in L. Apuleii opera" (Augsburg 1605), seine Ausgaben des M. Terrentius Varro de lingua latina, wofür ihm Fulvius Ursinus handschriftliche Hülfsmittel zu Gebote stellte (Ingolstadt 1605), und der Briefe des Symmachus (Mainz 1608), seine „Epitheta et synonyma poetica" (1606) und seine „Observationes linguae latinae" (Frankfurt 1609) beweisen. Von 1618 bis 1630 lebte er zurückgezogen in Mailand, von wo er 1619 seine heftigste Brandschrift gegen den Protestantismus, das „Clas-

---

[1]) Zu diesen gehört auch die von Schoppe in Rom verfaßte im Jahre 1607 zu Mainz gedruckte Schmähschrift gegen J. Scaliger „Scaliger hypobolimaeus hoc est Elenchus Epistolae Josephi Burdonis Pseudoscaligeri De Vetustate et splendore gentis Scaligerae", über welche Nisard a. a. O. p. 43. ss. und J. Bernay's „Joseph Justus Scaliger" (Berlin 1855) S. 85 f. und S. 212 f. zu vergleichen sind. Als Antwort darauf erschienen zwei Satiren von Daniel Heinsius („Hercules tuam fidem" und „Virgula divina" betitelt), die wahrscheinlich ebenfalls von D. Heinsius mit Beihülfe Rittershausen's verfaßte „Vita et parentes Gasp. Sciopii a Germano quodam contubernali eius conscripta" und die von Scaliger selbst geschriebene „Confutatio stultissimae Burdonum fabulae auctore I. R. Batavo iuris studioso" (Leyden 1608), worauf Schoppe durch seine unter dem Pseudonym „Operinus Grubinius" veröffentlichte Schrift „Amphotides Scioppianae" (Paris 1611) antwortete. — Eine ähnliche giftige Schmähschrift wie gegen Scaliger schrieb Sch. im Zusammenhang mit seinen Streitschriften gegen König Jakob I. von Großbritannien gegen Isaac Casaubonus unter folgendem Titel: Holofernis Kriegsoederi Landspergensis Bavari Scholae Meitingensis Monarchae Responsio ad Epistolam Isaaci Cazoboni, Regii in Anglia Archipaedagogi. Pro viro cl. Gaspare Scioppio Patricio Romano, Caesario, Regio et Archiducali Consiliario (Ingolstadt 1615); vgl. Nisard a. a. O. p. 99 ss.

sicum belli sacri" in die Welt schleuderte, später hauptsächlich
mit Studien über die lateinische Grammatik und die Methode des
Unterrichts beschäftigt, aus denen unter anderen seine öfter ge=
druckte philosophische Grammatik der lateinischen Sprache (Grammatica philosophica sive institutiones grammaticae latinae,
zuerst Mailand 1628) hervorgegangen ist, ein Werk, das neben
vielen Paradoxien auch manche scharfsinnige und fruchtbare Be=
merkungen enthält. Die Grundlage desselben bildet das berühmte,
auch in Deutschland viel gebrauchte Werk des Fr. Sanctius
(Francisco Sanchez, geboren 1523 zu Las=Brozas, gestorben
17. Januar 1601 als Professor der Rhetorik und der griechischen
Sprache an der Universität Salamanca) „Minerva seu de causis
linguae latinae commentarius", zu welchem Schoppe eine Reihe
Zusätze und Verbesserungen gemacht hat, die erst nach seinem Tode
(in der Ausgabe Amsterdam 1663) veröffentlicht worden sind.
Im Jahre 1630 nach Deutschland zurückgekehrt, widmete er seine
schriftstellerische Thätigkeit wiederum der politischen und der theolo=
gischen Polemik, die er jetzt hauptsächlich gegen die Jesuiten,
deren Unterrichtsmethode er schon in seinen didaktischen Schriften
heftig bekämpft hatte, richtete; vor den Feindseligkeiten und Nach=
stellungen dieser flüchtete er 1636 nach Padua, wo er bis zu
seinem Tode (19. Nov. 1649) seine schriftstellerische Thätigkeit
auf dem didaktischen, politischen und theologischen Gebiete mit
staunenswerther Productivität fortsetzte: viele seiner Schriften
aus dieser Periode, besonders theologische, sind ungedruckt ge=
blieben; unter den gedruckten mag die „Paedia humanarum ac
divinarum litterarum" (Padua 1636), eine Art Programm seiner
Methode des Unterrichts, nicht sowohl wegen ihres wissenschaft=
lichen Werthes, als wegen der erstaunlichen Unbefangenheit, mit
welcher der Verfasser darin seine angeblichen Vorzüge und Tu=
genden der Welt anpreist, erwähnt werden.

Der Hochmuth und die Geringschätzung, mit welcher Schoppe
seine Gegner aus dem jesuitischen Lager behandelt, kann uns
freilich nicht allzusehr befremden, wenn wir auf die wissen=

schaftlichen Arbeiten dieser auf philologischem Gebiete einen Blick
werfen. Wir führen hier nur ein Werk aus diesem Kreise an,
weil sein Verfasser wenigstens von Geburt ein Deutscher und
das Buch auch in Deutschland gedruckt ist: die „Historiae sacrae
latinitatis libri VI lectiunculis exquisitis iucundisque narrationibus animum relaxantes" (München 1638) von Melchior
Inchofer, der um das Jahr 1584 in Wien geboren, von 1607
an, wo er in Rom in den Jesuitenorden eintrat, bis zu seinem
Tode (er starb in Mailand am 28. Sept. 1648) in Italien sich
aufgehalten hat. Das erste Buch seiner Schrift, „de origine et
vario progressu latinitatis", will eine Geschichte der lateinischen
Sprache von ihren ersten Anfängen bis auf die Zeit des Verfassers herab geben: bei der Lectüre weiß man nicht ob man mehr
staunen soll über die Naivetät, mit welcher es der Verfasser als
eine zweifellose Sache hinstellt, daß die lateinische Sprache durch
Noah (den er nach der zu seiner Zeit sehr verbreiteten Auffassung
der antiken Mythologie als einer Verderbniß der jüdischen Tradition in dem italischen Saturnus wiedererkennt) nach Italien
gebracht und unter dessen Enkel Jāvan (=Janus) über die ganze
Halbinsel verbreitet worden sei, oder über die Aermlichkeit der
historischen Notizen, welche in einer Anzahl ganz kurzer Kapitel
über die Entwickelung der lateinischen Sprache und Litteratur
während eines zweitausendjährigen Zeitraumes mitgetheilt werden.
Ebensowenig können die fünf übrigen Bücher des Werkes, welche
von den Ursachen des Verfalles der lateinischen Sprache, von der
Bildung der (italienischen) Vulgärsprache, von der Majestät und
von der Heiligkeit der lateinischen Sprache, endlich von verschiedenen auf dieselbe bezüglichen Einrichtungen (von der Pflege
des Studiums derselben im Alterthum, dann durch die Päpste,
die Kaiser und die Jesuiten) handeln, auf wissenschaftlichen Werth
Anspruch machen.

 Mit Caspar Schoppe zeigt in Hinsicht der Begabung, des
Charakters und der schriftstellerischen Thätigkeit mannigfache Verwandtschaft der Norddeutsche Caspar von Barth (geboren zu

Küstrin 21. Juni 1587). Auch er besaß ein sehr früh entwickeltes Talent, insbesondere für die lateinische Poesie, so daß er schon auf der Universität Wittenberg, die er im Jahre 1607 bezog, die Bewunderung seiner Lehrer, namentlich Taubmann's, erregte, der in ihm einen neuen Acidalius und Guilelmus erblickte¹): bereits im Jahre 1607 veröffentlichte er eine Sammlung lateinischer Gedichte (Juvenilia sylvarum, sermonum, elegiarum etc.), welcher er im Jahre 1608 einen weitläufigen Commentar zu dem pseudo= virgilischen Gedicht Ciris folgen ließ. Nachdem er dann noch die Universität Jena besucht hatte, brachte er von 1610 an zehn Jahre auf Reisen in Deutschland, Italien, Holland und Frank= reich zu und lebte nach seiner Rückkehr ohne Amt und festen Beruf zuerst in Leipzig, dann abwechselnd in Halle und auf seinem Gute Sellerhausen in der Nähe von Leipzig. Als am 18. Juli 1636 dieses Gut abgebrannt war, wobei seine Bibliothek und der größte Theil seiner Manuscripte zu Grunde gegangen sein soll²), zog er sich in das Paulinum in Leipzig zurück und wohnte dort, eifrig mit Schriftstellerei besonders auch über mittelalterliche Lit=

---

[1] Vgl. die Briefe Taubmann's an Goldast (in Virorum doctorum ad M. Goldastum epistolae N. 149 p. 184) und an Jungermann (in Fr. et Joh. Hotomanorum epistolae p. 459).

[2] Mit dieser Angabe, welche ich der freundlichen Mittheilung A. F. Eck= stein's verdanke, steht im Widerspruch folgender Passus aus des Stephanus Johannes Stephanius „Notae uberiores in historiam Danicam Saxonis grammatici, una cum prolegomenis ad easdem notas" (Sorae 1645), Proleg. p. 8: „O nos felices, si bina illa exemplaria MS nobiscum tempestive communicasses quibus te, Nobilissime Barthi, benignior fortuna beaverat! Id quod de humanitate tua facile nobis polliceri licuisset, nisi si volu- bilis deae inconstantia eadem qua dedit celeritate invidendum hoc munus tibi abstulisset. Ita enim conqueruntur literae ad me Anno Christi. MDCXXXIII scriptae: Saxonis vestri exemplaria duo manu exarata in villa prope hanc civitatem (Lipsiam) cum ipso codice cui varia margines compleverant, et maiore parte inclutae meae Bibliothecae funesto flebi- lique incendio perierunt". Offenbar hat Stephanius durch ein Versehen das Datum des Barth'schen Briefes falsch wiedergegeben. — Daß übrigens Barth überhaupt keine Handschrift des Saxo Grammaticus besessen und den Brand nur als gelegene Ausflucht zur Vertuschung seiner Lüge benutzt hat, scheint mir zweifellos.

teratur und theologische Dinge beschäftigt, bis an seinen Tod (17. Sept. 1658). Unter seinen philologischen Arbeiten sind die wichtigsten die mit äußerst weitschichtigen Commentaren versehenen Ausgaben der Dichtungen des Claudian (zuerst Hanau 1612; darin ist der Text der Pulmannschen Ausgabe wiederholt; dann mit Benutzung zahlreicher, aber meist werthloser Handschriften und mit sehr erweitertem Commentar Frankfurt 1650) und des Statius (Zwickau 1664, drei Theile in vier Bänden) und seine Adversariorum libri LX. (Frankfurt 1624 und 1658; weitere 120 Bücher hat er handschriftlich hinterlassen), eine massenhafte Sammlung von Verbesserungsvorschlägen zu verschiedenen, besonders lateinischen Schriftstellern und von Notizen aus allen möglichen Gebieten der philologisch-historischen Wissenschaft, ein Werk, das man füglich mit einem aus allen Räumen einer weiten Scheuer zusammengesetzten Kehrichthaufen vergleichen kann, in welchem unter einer Masse von Spreu und Stroh eine verhältnißmäßig geringe Menge von Getreidekörnern verborgen ist. Nur kurz erwähnen wollen wir seine Ausgaben der Poetae venatici et bucolici latini (Hanau 1613), des Itinerarium des Rutilius Namatianus (Frankfurt 1623), des christlichen Gedichtes des Claudianus Ecdicius Mamertus „de statu animae" (Zwickau 1655) und die lateinische Uebersetzung des griechischen Dialoges des Aeneas von Gaza über die Unsterblichkeit der Seele (Leipzig 1655). Ueber Barth's wissenschaftliche Arbeiten fällte ein Zeitgenosse, der Antwerpener Jean Gaspard Gevaerts, das richtige Urtheil, sie seien „multae lectionis sed exigui iudicii"[1]: sie zeugen von großer Belesenheit aber von wenig Urtheil. Er überschüttet den Leser mit massenhaft aufgehäuftem Material besonders von Citaten; seine zahlreichen Verbesserungsvorschläge sind nur selten glücklich und zutreffend. Besondere Rüge aber verdient sein Mangel an

---

[1] S. Caspar Gevartius' Brief an Nicolaus Heinsius in Burmann's Sylloge epistolarum II. ep. 469 p. 763. — Barth selbst rühmt sich daß er gegen 16000 Schriftsteller aller Art (ad vicies octies centum omnis generis auctores) gelesen habe.

Wahrheitsliebe, der mit einer anderen üblen Charaktereigenschaft, der übermäßigen Eitelkeit und Selbstgefälligkeit, welche in seinen Schriften ebenso wie in seinem persönlichen Verkehr hervortrat, eng zusammenhängt. Um seinen Einfällen mehr Gewicht bei dem gelehrten Publicum zu geben, hat er öfters sich nicht gescheut, dieselben als aus Handschriften, welche Niemand weder vor noch nach ihm gesehen, die er vielmehr offenbar selbst erdichtet hat, geschöpft darzustellen, ja sogar ganze Gedichte in dieser Weise alten Dichtern wie z. B. dem nur aus Plin. epist. III, 1. bekannten Lyriker Vestricius Spurinna) unterzuschieben [1]).

Mit C. v. Barth war von Jugend auf durch die Bande der Freundschaft, welche später hauptsächlich durch die Schuld des ersteren gelöst wurden, eng verbunden der gelehrte Arzt Thomas Reinesius (geboren zu Gotha 13. Dec. 1587, gestorben als kurfürstlich sächsischer Rath zu Leipzig 17. Januar 1667), der sich in seinen philologischen Arbeiten, welche er in dem von einer ausgedehnten medicinischen Praxis ihm übrig gelassenen Mußestunden ausführte, sowie in seinem sehr ausgebreiteten, ebenfalls zum größten Theil philologischen Interessen gewidmeten Briefwechsel [2]) als einen Mann von sehr umfassenden Kenntnissen und

---

[1]) Man findet diese „carmina a Caspare Barthio primum edita" zusammengestellt in A. Riese's Ausgabe der Anthologia latina Vol. II p. 336 ss.: Riese's Urtheil über diese Fälschungen Barth's (Praefatio vol. II p. XXXIV) ist, wie mir scheint, ein allzu vorsichtiges und zaghaftes. Ueber die schon von mehreren Gelehrten (z. B. O. Jahn in den Prolegomena zu seiner Ausgabe des Censorinus p. XVII) anerkannte mala fides Barth's in Bezug auf seine Angaben über angeblich von ihm benutzte Handschriften s. die Nachweise in meinem Programm „Ex Hygini genealogiis excerpta" (Zürich 1868) p. VII s.

[2]) Mir liegen folgende Sammlungen vor: 1. Th. ReinesI D. ad viros clariss. D. Casp. Hoffmannum Christ. Ad. Rupertum. Profess. Noricos Epistolae (Leipzig 1660). 2. Thomae ReinesI medici ac polyhistoris excellentissimi epistolae ad cl. v. Christianum Daumium — e museo Jo. And. Bosii (Jena 1670). 3. Thomae Reinesii polyhistoris et summi viri epistolarum ad Johannem Vorstium scriptarum fasciculus (Cöln in Brandenburg 1667). 4. Thomae Reinesii phil. ac med. doctoris, critici atque polyhistoris famigeratissimi epistolarum ad Nesteros patrem et filium

von großer Sorgfalt und Gewissenhaftigkeit der Forschung erweist. Mit besonderem Eifer pflegte er die epigraphischen Studien, zu welchen er wohl bei seinem Aufenthalte in Italien — er hatte seine medicinischen Studien in Padua vollendet — die erste Anregung erhalten hatte: die Resultate seiner Arbeiten auf diesem Gebiete, von welchen bei seinen Lebzeiten nur einzelne Proben durch den Druck veröffentlicht worden sind [1]), während sehr reiche Specimina sich in seinem Briefwechsel, besonders in dem mit dem Professor der Geschichte in Altdorf Joh. Adam Rupertus (geboren 1612, gestorben 1647) und mit dem Professor der Geschichte in Jena Johann Andreas Bose (s. unten), finden, sind nach seinem Tode an das Licht getreten in einem stattlichen Foliobande, welcher den Titel führt „Syntagma inscriptionum antiquarum cum primis Romae veteris quarum omissa est recensio in vasto Jani Gruteri opere cuius isthoc dici possit supplementum" (Leipzig 1682). Das Werk enthält eine große Anzahl lateinischer und einige griechische Inschriften, die in Gruter's Sammlung entweder ganz fehlen oder ungenau publicirt sind, nach den Gegenständen, welche sie betreffen, in 20 Classen geordnet,

---

conscriptarum farrago (Baireuth 1669). 5. Thomae Reinesii et Jo. Andr. Bosii virorum celeberrimorum epistolae mutuae — publicae luci dat Jo. Andr. Schmidius. D. (Jena 1700).

[1] Mir liegen folgende vor: 1. Th. Reinesi D. de deo Endovellico cuius memoria nullibi veterum monumentorum praeterea quam in inscriptionibus antiquis in Villa Vizosa Lusitaniae repertis et post Resendium a cl. Grutero editis exstat commentatio parergica 1637 (in Syntagma variarum dissertationum rariorum quas viri doctissimi superiore seculo elucubrarunt ex musaeo I. G. Graevii. Utrecht 1702, p. 92 ss.). 2. Inscriptio vetus Augustae Vindelicorum haud pridem eruta cum commentariolo summi viri D. Th. Reinesii archiatri et consulis Altenburgici. Accessit ad eandem inscriptionem annotatio viri docti antehac edita. Leipzig 1655 (herausgegeben von J. A. Bose). 3. Aenigmati Patavino Oedipus e Germania. Hoc est marmoris Patavini inscripti obscuri interpretatio triplici commentariolo confecta e museo Reinesi. Cum mantissa ad cc. vv. philologos Patavinos. Leipzig 1661 (herausgegeben von Th. Reinesius' Großneffen Joh. Moritz Reinesius).

mit gründlichen und gelehrten Erläuterungen, gesunder Kritik (abgesehen davon, daß Reinesius noch so wenig als irgend einer seiner Zeitgenossen von den Fälschungen Pirro Ligori's eine Ahnung hatte und in seinen Emendationsversuchen der ihm in mangelhaften Abschriften vorliegenden Inschriften öfter das Maß erlaubter Kühnheit überschreitet) und mit sorgfältigen genau nach dem Vorbilde der zur Gruter'schen Sammlung gehörigen eingerichteten Indices. Daran sollte sich nach dem Plane des Verfassers ein vollständiges alphabetisches Verzeichniß der in der alten Litteratur und den Inschriften vorkommenden römischen Cognomina sowie der griechischen und barbarischen Namen mit sprachlichen, historischen, antiquarischen und kritischen Bemerkungen unter dem Titel „Eponymologicum" anschließen: aber das von Reinesius hinterlassene Manuscript dieses groß angelegten Werkes, das am Anfang des 18. Jahrhunderts von Christian Schöttgen, in der zweiten Hälfte desselben Jahrhunderts von Christoph Saxius fortgesetzt und ergänzt worden ist, liegt noch jetzt ungedruckt auf der Bibliothek im Haag [1]). Auch seine Berichtigungen und Ergänzungen zu des Gerhard Johannes Vossius Werk de historicis graecis, welche er durch J. Fr. Gronov's Vermittelung in den Niederlanden drucken lassen wollte, liegen wahrscheinlich noch handschriftlich auf irgend einer holländischen Bibliothek [2]). Von dem staunenswerthen Umfang seines Wissens legen besonders seine „Variarum lectionum libri III priores" ein glänzendes Zeugniß ab, worin nicht nur zahlreiche Stellen griechischer und römischer Schriftsteller verbessert und erklärt, sondern auch lexikographische, epigraphische, litterarhistorische und historische Fragen in umsichtiger und gründlicher Weise erörtert werden, wobei der Verfasser auch eine nicht unbedeutende Kenntniß der orientalischen und slavischen Sprachen sowie der

---

[1]) Vgl. Jahrbücher für classische Philologie Bd. 87 (1863) S. 716 ff.
[2]) Vgl. A. Westermann in der Vorrede zu seiner Ausgabe von J. G. Vossius „De historicis graecis libri tres" (Leipzig 1838) p. XI s.

mittelalterlichen Litteratur und Geschichte zeigt ¹). Ein Denkmal seiner eingehenden und fruchtbringenden Beschäftigung mit dem Lexikon des Suidas sind seine einem jetzt der Zeitzer Stiftsbibliothek gehörigen Exemplar der Ausgabe von Aem. Portus (Genf 1619) beigefügten Randbemerkungen historischen Inhalts, welche neuerdings von Christian Gottfried Müller veröffentlicht worden sind ²). Endlich verdient auch seine Ausgabe des um 1650 von Marinus Statilius in Trau in Dalmatien in der Bibliothek von Nicolaus Cippicus entdeckten, zuerst in Padua im Jahre 1664 im Druck erschienenen umfänglichen Fragmentes des satirischen Romans des Petronius, der „cena Trimalchionis" Erwähnung ³) wegen seiner für die Kritik und Erklärung des Textes vielfach förderlichen Anmerkungen: seine Ansicht über die Authenticität dieses Stückes, welches er zwar als der Hauptsache nach dem Petronius Arbiter angehörig, aber manche Interpolationen aus ganz später Zeit (dem 15. Jahrhundert) enthaltend betrachtete, ist zwar verfehlt, aber immerhin gegenüber der seines nächsten Vorgängers in der Behandlung dieser Frage, Johann Scheffer's, welcher das Bruchstück einem neueren

---

¹) Thomae Reinesi D. Variarum lectionum libri III priores in quibus de scriptoribus sacris et profanis classicis plerisque disseritur: loca obscura multa illustrantur, difficilia explicantur, corrupta emendantur: recentiorum etiam quorundam circa ea frustrationes interpretumque in quamplurimis graecis alucinationes notantur (Altenburg 1640 4º). Ein weiteres Specimen seiner Kenntniß der orientalischen Sprachen gibt seine Abhandlung Ἰστορούμενα linguae Punicae: errori populari, arabicam et punicam esse eandem, opposita. Ad cl. Theol. D. Vitum Wolfrum, 1630 (wiederholt in Grävius' Syntagma variarum dissertationum rariorum p. 1 ss.). Dem Gebiete der Rechtsgeschichte gehört folgende Abhandlung an: Tho. Reinesii de Palatio Lateranensi eiusque comitiva commentatio parergica e museo Bosiano primum edita. Accedit Georgii Schubarti de comitibus Palatinis Caesareis exercitatio historica (Jena 1679).

²) Thom. Reinesii observationes in Suidam. Enotavit, digessit notisque suis adspersis edidit M. Chr. G. Müller (Leipzig 1819).

³) T. Petroni Arbitri in Dalmatia nuper repertum fragmentum cum epicrisi et scholiis Th. Reinesi. — Accesserunt ex edit. Upsaliensi v. c. Joh. Schefferi Argentin. notae (Leipzig 1666).

Gelehrten, der nur eine Anzahl ächt petronischer Fragmente benutzt und zusammengearbeitet habe, zuschreibt, als ein Fortschritt zur Erkenntniß des Richtigen anzuerkennen.

Unbedeutend sind die philologischen Leistungen des Andreas Bachmann genannt Rivinus (geboren in Halle 14. October 1601, gestorben in Leipzig 4. April 1656), eines litterarischen Gegners des Reinesius[1]), der wie dieser philologische und medicinische Studien verband: nachdem er drei Jahre lang Rector des Gymnasiums zu Nordhausen gewesen, erhielt er 1631 die Professur der Poesie an der Universität Leipzig, die er 1654 mit der vierten Professur in der medicinischen Facultät daselbst vertauschte. Er hat eine Anzahl spätlateinischer Dichtungen, wie das Pervigilium Veneris (mit sehr weitschweifigem Commentar Leipzig 1644, wiederholt in der Ausgabe Haag 1712), zwei Dichtungen des Dracontius (Dracontii libellorum biga. Leipzig 1651) und andere Stücke christlicher Dichter herausgegeben, eine Abhandlung über Aristoteles und Platon (Comparatio Aristotelis cum Platone, 1629) und ein paar andere über Gegenstände aus sehr abgelegenen Gebieten der Alterthumswissenschaft verfaßt: eine „Diatribe de Majumis, Maicampis et Roncaliis" (Leipzig 1651, wiederholt in Grävius' Syntagma variarum dissertationum rariorum p. 537 ss.), worin er das im Codex Theodosianus erwähnte Spiel „Majumae" (eine Art Fischerstechen) durch abenteuerliche Combinationen mit den Maifeldern der fränkischen Könige in Verbindung setzt, und „Dissertationes duae de Venilia et Salacia nec non Malacia" (ebb. p. 677 ss.), worin die Aeußerungen und Ansichten alter und neuerer Schriftsteller über die Erscheinung der Ebbe und Fluth des Meeres und ihre Ursachen zusammengestellt und erörtert werden.

---

[1]) Rivinus schrieb gegen Reinesius' Variae lectiones eine (mir nicht vorliegende) Streitschrift u. d. T. „Lanx satura", auf welche Reinesius durch seine „Defensio variarum lectionum" (Rostock 1653) antwortete. Vielfache Beziehungen auf den Streit zwischen beiden Männern finden sich in der oben S. 290 Anm. 2 u. 5 angeführten Correspondenz zwischen Reines und J. A. Bose. Vgl. auch Reinesii Epistolae ad Daumium ep. 44 p. 122 ss.

Ein gründlicher Kenner der classischen und der orientalischen Sprachen, auch gewandter lateinischer Dichter und gelehrter Theolog war der mit C. v. Barth und mit Th. Reines eng befreundete, mit diesen beiden wie mit zahlreichen anderen gelehrten Zeitgenossen in reger Correspondenz[1] stehende Lehrer (seit 1642) und (seit 1662) Rector des Gymnasiums zu Zwickau in Sachsen Christian Daum (geboren 29. März 1612, gestorben 15. December 1687). Von seinen philologischen Arbeiten, für welche ihm eine sehr reiche, auch manche Handschriften enthaltende Bibliothek zu Gebote stand, die nach seinem Tode nebst den von ihm handschriftlich hinterlassenen Arbeiten der Zwickauer Rathsbibliothek einverleibt wurde, ist nur wenig veröffentlicht worden: eine lexikologisch-grammatische Abhandlung über gewisse aus dem Gebrauch verschwundene Wörter der lateinischen Sprache (de causis amissarum quarundam latinae linguae radicum uti et multarum vocum derivatarum, Zwickau 1642, wiederholt in Grävius' Syntagma variarum dissertationum rariorum p. 447 ss.), ein bloßes Bruchstück eines vom Verfasser begonnenen aber nicht vollendeten größeren Werkes „de latinae linguae analogia et usu": ferner eine Ausgabe der Distichen des sog. Dionysius Cato de moribus, worin dem lateinischen Texte mehrfache griechische Uebersetzungen, die deutsche Uebersetzung von Martin Opitz und eine Anzahl kleiner lateinischer Dichtungen ähnlichen Inhaltes beigefügt sind (Zwickau 1672), mehr ein Schulbuch als eine eigentlich gelehrte Arbeit.

Außer den bisher Genannten verdienen aus dem Kreise der sächsisch-thüringischen Gelehrten, die in der ersten Hälfte des 17. Jahrhunderts mitten unter den Stürmen und Verheerungen des großen, nicht nur den Wohlstand der Bevölkerung vernich-

---

[1] Vgl. außer der S. 290 Anm. 2 N. 2 erwähnten Publication: Christiani Daumii philologi et polyhistoris celeberrimi epistolae philologico-criticae — in lucem publicam emissae a Jo. Andr. Gleich (Chemnitz 1709). — S. über Daum F. Th. H. Ilberg im Programm zur Einweihung des neuen Gymnasiums zu Zwickau (Inest Chr. Daumii — de rectoris officio scholastico oratio aditialis), Zwickau 1869, p. 5 ss.; Kämmel in der Allgem. deutschen Biographie Bd. 4 S. 770 f.

tenden, sondern auch die geistige Thätigkeit so vielfach hemmenden und niederdrückenden Krieges mit Fleiß und Beharrlichkeit dem Dienste der classischen Studien sich weihten, noch folgende wegen ihrer zwar nicht hervorragenden aber immerhin achtungswerthen litterarischen Leistungen Erwähnung: der Gräcist Wolfgang Seber aus Suhl (geboren 4. October 1573, 1599 Conrector am Gymnasium zu Schleusingen, 1601 Rector daselbst, 1610 Superintendent in Wasungen, 1612 Superintendent und Ephorus des Gymnasiums in Schleusingen, wo er am 1. Januar 1634, nachdem er schon einige Zeit vorher erblindet war, starb) [1], der Verfasser eines vollständigen homerischen Wörterverzeichnisses, in welchem jede Form unter Anführung aller Belegstellen aber ohne Uebersetzung und Erklärung aufgeführt wird [2], Herausgeber des Onomastikon des Julius Pollux (Frankfurt 1608: S. hatte dazu zwei codices Palatini von Gruter, einen codex Augustanus von D. Höschel zur Benutzung erhalten; letzterer hatte ihm auch zahlreiche eigene Bemerkungen, Bongars ein Exemplar der Baseler Ausgabe mit Randbemerkungen von Fr. Sylburg mitgetheilt), der Gedichte des Theognis (Leipzig 1603, angehängt sind die griechischen Scholien dazu von J. Camerarius), der unter dem Namen des Pythagoras und des Phokylides gehenden Lehrgedichte (Leipzig 1604, ebenfalls mit den griechischen Anmerkungen von Camerarius) und einer alphabetisch nach den Anfangsbuchstaben je des ersten Wortes geordneten Blumenlese von Sentenzen und

---

[1] Vgl. Dr. G. Weicker, Abriß der Geschichte des Henneberg'schen Gymnasiums zu Schleusingen. 1. Theil (Festschrift zur Feier des 300jährigen Jubiläums dieses Gymnasiums am 2., 3. und 4. Juli 1877) S. 37 f. und S. 45 ff.

[2] Index vocabulorum in Homeri non tantum Iliade atque Odyssea sed caeteris etiam quotquot extant poematis. Cum rerum epithetorum et phrasium insigniorum annotatione studio M. Wolfgangi Seberi editus. In bibliopolio Commeliniano (Heidelberg) 1604. Eine bloße neue Titelauflage davon mit einer Vorrede von Georg Andreas Richter erschien in Amsterdam 1649 u. d. T. Argus Homericus sive index vocabulorum in omnia Homeri poemata.

anderen kurzen Stücken aus den epischen und elegischen Dichtern der Griechen (Florilegium graecolatinum e poetis epicis et elegiacis ordine alphabetico digestum — Leipzig 1605), Ausgaben, welche außer lateinischen Uebersetzungen der griechischen Texte sehr sorgfältige Indices enthalten. Mehr als Curiosum denn als wissenschaftliche Leistung erscheint uns sein „Discursus philologicus de agricultura." (Leipzig 1613), worin der Ursprung, die Wichtigkeit, der Nutzen und die Annehmlichkeit des Ackerbaues durch Aussprüche griechischer und lateinischer Schriftsteller belegt werden, nebst einer für Theologen bestimmten „Mantissa" über die auf den Ackerbau bezüglichen biblischen Parabeln.

Vorwiegend Latinist war Johannes Weiß (geboren zu Hohenkirch in Thüringen 1. September 1576, Lehrer, seit 1631 Rector des Gymnasiums zu Gotha, wo er am 24. April 1642 starb)[1], als dessen bedeutendste Leistung seine Ausgabe des Prudentius mit reichhaltigem Commentar (Hanau 1613) zu bezeichnen ist, wobei ihm für die Herstellung des Textes die Varianten einer nicht geringen Anzahl von Handschriften zu Gebote standen; doch wurde seine Arbeit in dieser Beziehung bald durch die Ausgabe von Nic. Heinsius (Amsterdam 1667), der nicht nur bessere handschriftliche Hülfsmittel, sondern auch einen schärferen kritischen Blick besaß, in den Schatten gestellt. Der spätlateinischen Litteratur gehört noch seine Ausgabe des kleinen Gedichtes des Rhetors Severus Sanctus Endelechius „de mortibus boum" an, zu welcher der eben erwähnte Wolfgang Seber einige Anmerkungen beigesteuert hat (1611, wiederholt Leyden 1717). Zeugnisse seines Studiums der älteren lateinischen Dichter sind seine „Notae et animadversiones" zu Terenz' Adelphen

---

[1] Eine Anzahl Briefe von Weiß an den Professor der Medicin in Altdorf Dr. Caspar Hofmann (einen an G. Elmenhorst in Hamburg) enthält die handschriftliche Sammlung der Camerarii in München Vol. XV N. 138. Der früheste, ein Gedicht in lateinischen Distichen, ist datirt „Gothae XXVII. Decemb. a. 1615", der nächste (an Elmenhorst), worin der Verfasser von seinen „opellae scholasticae" spricht, Gotha 19. März 1619, der letzte vom 15. Januar 1642.

(Jena 1607), sein „Commentarius de laudibus vitae rusticae" zur zweiten Epode des Horatius (Frankfurt 1625) und seine „Conlectanea" zu den Argonautica des Valerius Flaccus (in der von dem Holsteiner Lambert Alard besorgten Ausgabe dieses Gedichtes, Leipzig 1630), lauter unbedeutende Arbeiten. Als nur dem Titel nach mir bekannt erwähne ich seine Anmerkungen zum 16. Idyll des Theokrit[1]) und seine historischen Abhandlungen über das Leben und die Thaten der Königin Semiramis und über das Leben des Epameinondas[2]).

Eine große Fruchtbarkeit in der Abfassung von kurzen Programmen[3]) sowie von Reden, Briefen und Gedichten in lateinischer Sprache entwickelte der Professor der Poesie an der Universität Wittenberg (seit 1616) Aug. Buchner (geboren zu Dresden 2. November 1591, gestorben zu Wittenberg 12. Februar 1661), dessen gezierter und schwülstiger lateinischer Stil von seinen Zeitgenossen vielfach bewundert wurde. Als wissenschaftliche Arbeiten von ihm sind anzuführen eine im Wesentlichen an Gruter sich anschließende Ausgabe der Briefe des Plinius (Frankfurt 1644), Ausgaben der Ars poetica des Horatius und des Agricola des Tacitus und seine Bearbeitung von Faber's Thesaurus eruditionis scholasticae (Leipzig 1654: vgl. oben S. 215).

Auf dem Gebiete der lateinischen Sprachwissenschaft verdienen auch Erwähnung die Arbeiten Christian Beckmann's (Beccmanns) aus Steinbach bei Borna in Sachsen (geboren 20. September 1580), der, nachdem er das Rectorat verschiedener Schulen (zu Naumburg, Mühlhausen, Amberg und Bernburg)

---

[1]) In einem Briefe an C. Hofmann vom 19. September 1624 schreibt Weiß, daß er Noten zu den Idyllen Theokrit's fertig aber noch nicht veröffentlicht habe.

[2]) An C. Hofmann übersandt mit Begleitschreiben vom 8. Sept. 1622.

[3]) Zusammengedruckt u. d. T.: A. Buchneri Dissertationes academicae sive programmata in incl. Wittebergensi academia publico olim nomine scripta editaque (Frankfurt und Leipzig 1679). Wissenschaftliche Stoffe sind darin nicht behandelt. Vgl. über Buchner Palm in der Allgem. deutschen Biographie Bd. 3 S. 485 ff.

verwaltet hatte, im Jahre 1627 als Professor der Theologie nach Zerbst berufen wurde und dort als Superintendent am 17. März 1648 starb. Im Jahre 1608 wurden zwei nachher öfter wieder aufgelegte Werke von ihm veröffentlicht: „Manuductio ad linguam latinam" (von Taubmann, der das Werk vom Verfasser zur Durchsicht erhalten hatte, ohne dessen Wissen in Druck gegeben) und „De Originibus latinae linguae".[1]) Die „Manuductio", welche eine allgemeine Einleitung in das Studium der lateinischen Sprache bieten will, handelt in einer Reihe einzelner Capitel über den Werth und die Bedeutung, über die Benennungen und über den Ursprung dieser Sprache, über die Schriftsteller, welche besonders zu lesen seien, über alterthümliche und griechische Worte im Latein, über Nachahmung des Cicero, über die Deutlichkeit, Reinheit und Eleganz, Kürze und Ausführlichkeit und Genauigkeit des lateinischen Ausdrucks, endlich über die Aussprache und Orthographie des Latein. Als bezeichnend für den Standpunkt nicht nur des Verfassers, sondern der Mehrzahl der damaligen Gelehrten überhaupt mag erwähnt werden, daß Beckmann die lateinische Sprache als zunächst aus der griechischen, in weiterem Abstand aus der hebräischen entstanden ansieht. Dieser Standpunkt ist im einzelnen durchgeführt in dem sehr umfänglichen Buche „De Originibus latinae linguae", worin nach einer einleitenden Abhandlung „De propria significatione vocum in latina lingua, quod et qui ex originibus eliciatur" eine große Anzahl lateinischer Wörter in alphabetischer Ordnung (mit der Präposition ab beginnend) nach ihrer ursprünglichen Bedeutung, Orthographie und Etymologie behandelt wird. Außerdem hat Beckmann eine Sammlung von Abhandlungen, Reden,

---

[1] Beide zusammen sind zuletzt, so viel mir bekannt, in Hanau 1629 erschienen unter folgendem Titel: „Christiani Beemani Bornensis Manuductio ad latinam linguam nec non de originibus latinae linguae quibus passim alia multa philologiae propria pro meliori vocum ac rerum cognitione inserta sunt. Ambo nunc quartum et quidem multo auctius sed et melius edita.

Gedichten und Briefen veröffentlicht, aus welcher die „Schediasma philologicum" betitelte Abhandlung über die Grammatik als Wissenschaft, ihre Aufgabe und Eintheilung, sowie über zahlreiche einzelne grammatische Fragen nebst zwei Vertheidigungsschriften dieser Abhandlung gegen einen gewissen Johann Becherer aus Mühlhausen zu erwähnen sind[1]).

Ein grammatisches Werk von höherer und nachhaltigerer Bedeutung als die Arbeiten Beckmann's war des Schlesiers Daniel Vechner[2]) „Hellenolexias sive parallelismi graeco-latini libri duo" (zuerst Frankfurt 1610: vom Verfasser selbst verbessert und erweitert Straßburg 1630; mit Zusätzen eines Anonymus [Joh. Nic. Werner's] Leipzig 1680; mit Berichtigungen und Zusätzen von Joh. Mich. Heusinger, Gotha

---

[1]) Christiani Becmani Bornensis schediasma philologicum: apologia pro eodem: de usu logices: exegesis psalmi XCI: orationes et dissertationes: poemata et epistolae. Partim antehac non edita, partim vero melius iam edita (Hanau 1619). Auf das schediasma philologicum (datirt anno 1612 Cal. Maij) folgt zunächst „Apologia prima pro schediasmate philologico anno 1613 mense Julio et apologia secunda pro utrinsque ampliori assertione anno 1615 mense decembri: utraque nunc simul edita et opposita Johanni Becherero Muhlhusano in qua eius nugae et cavilla pro re nata diluuntur et tironum causa ζητήματα quaedam philologica uberius declarantur." Die orationes et dissertationes sind meist theologischen, einzelne historischen Inhaltes. Unter den epistolae finden sich auch Briefe verschiedener Gelehrter (von Taubmann, Adam Theod. Siber, Scaliger, Caselius, Casaubonus, Rittershusius, Kirchmann u. a.) an Beckmann.

[2]) Nach der der Heusinger'schen Ausgabe der Hellenolexia vorausgeschickten Vita Danielis Vechneri war derselbe geboren zu Goldberg in Schlesien am 7. (oder 11.) Januar 1572, wurde, nachdem er eine Reihe von Jahren hindurch in seiner Vaterstadt ein Lehramt bekleidet hatte, im October 1610 als Rector nach Jauer berufen, kehrte im Juli 1618 als Professor und Prorector des Gymnasiums nach Goldberg zurück, lebte, nachdem das Gymnasium im November 1622 in Folge der Kriegsnöthe aufgelöst worden war, als Privatmann daselbst, wurde 1625 zum Rathsherrn und zweiten Bürgermeister erwählt und starb im Bade zu Hirschberg 23. Juni 1632. Außer seinem Hauptwerke hat er Reden und kleinere didaktische Schriften, darunter Ausgaben von Cicero's Reden pro Archia poeta und pro Marcello für den Schulgebrauch veröffentlicht.

[1733]). Dieses Buch enthält eine sehr reichhaltige und wohlgeordnete Zusammenstellung der Erscheinungen auf dem Gebiete des Wortschatzes, der Formenlehre, der Syntax und der Wortbedeutung der lateinischen Sprache, welche der Verfasser als durch die Nachahmung oder doch durch die Einwirkung der griechischen Sprache entstanden ansieht, wobei allerdings namentlich aus dem syntaktischen Gebiete vieles aufgenommen ist, was als ächt und ursprünglich lateinisch zu betrachten ist; doch sind auch diese Partien als Materialiensammlungen sehr dankenswerth, wie überhaupt das ganze Buch für die feinere Kenntniß des griechischen sowohl als des lateinischen Sprachgebrauches sehr förderlich geworden ist.

Der Theolog und Orientalist Jacob Weller (geboren 5. December 1602 zu Neukirchen im Voigtlande, studirte von 1623 an in Wittenberg, wo er 1627 Magister, 1631 Adjunct der philosophischen Facultät, 1635 ordentlicher Professor der orientalischen Sprachen wurde, ging 1640 als Superintendent nach Braunschweig, 1646 als Oberhofprediger nach Dresden, wo er 6. Juli 1664 starb) verdient Erwähnung als Verfasser einer in lateinischer Sprache geschriebenen „neuen griechischen Grammatik" (Grammatica graeca nova, zuerst Leipzig 1635, binnen Jahresfrist neu herausgegeben von M. Abraham Teller aus Wurzen, ebd. 1636), die durch die einfachere und übersichtlichere Darstellung der Laut- und Formenlehre [1]), der (allerdings ziemlich dürftigen) Syntax und der Prosodie sich schnell große Verbreitung nicht nur im mittleren und nördlichen Deutschland, sondern auch in Holland erwarb und in immer wiederholten mit Zusätzen von Chr. Daum, dem Niederländer Lambert Bos, dem Lehrer an der Leipziger Thomasschule Abraham Krigel und dem Rector dieser Anstalt Joh. Friedr. Fischer (letzte

---

[1]) Weller beschränkt, wie schon früher N. Frischlin gethan hatte (vgl. S. 226), die Zahl der Declinationen auf drei und nimmt nur eine Hauptconjugation an, als deren Paradigma er das Verbum τύπτω benutzt; die Verba auf -μι sind ihm nur Nebenformen der Verba auf -ω.

von diesem besorgte Ausgabe Leipzig 1781) versehenen Auflagen
bis gegen Ende des 18. Jahrhunderts behauptete.

Der Einfluß Scaliger's, welchen wir bei der Gruppe der
pfälzischen Gelehrten beobachtet haben, tritt uns nicht minder
bedeutsam in einer Gruppe norddeutscher, speciell Hamburger
Philologen entgegen, deren mehr umfassende als tief eindringende,
mehr compilatorische als scharf sichtende und geschmackvolle litte=
rarische Thätigkeit hauptsächlich den späteren lateinischen Schrift=
stellern zugewandt ist. Die umfassendste Thätigkeit unter den
Mitgliedern derselben entfaltete Johann van Wouweren
(Wowerius)[1]), der in Hamburg 10. März 1574 geboren, von
1592 an 5 Jahre hindurch in Leyden studirte, sich dann einige
Zeit lang in Antwerpen, dann in Frankreich und 2 Jahre hin=
durch in Italien aufhielt, nach der Rückkehr in die Heimath zu=
erst in die Dienste des Grafen Enno von Ostfriesland, dann in
die des Herzogs Johann Adolph von Holstein=Gottorp trat und
als Schloßhauptmann zu Gottorp am 30. März 1612 starb.
Seiner Erstlingsarbeit, einer mit Unterstützung Jos. Scaliger's
und des jüngeren Janus Dousa ausgeführten Ausgabe des Pe=
tronius (Leyden 1595), die er selbst später als eine „vorzeitige
Geburt" bezeichnet hat[2]), folgten die Ausgaben einiger Schriften
lateinischer Kirchenväter[3]) und die Ausgabe der Werke des Apu=

---

[1]) Der Name ist gewöhnlich „Joannes a Wower" oder „Wowerius"
gedruckt: „Joanni de Wouweren" lautet die Adresse eines Briefes von Fr.
Lindenbruch (Parisiis Eidib. August. 1600) in der Collectio Camerariana
Vol. XV n. 105. — Vgl. „Vita Joannis Wowerii per Geverhartum Elmen-
horstium" in J. Thomasius' Ausgabe von W.'s Schrift de Polymathia
(Leipzig 1665).

[2]) In der Tractatio de polymathia c. I (p. 10 ed. Lips. 1665): „Nuper
exactis pueritiae annis ductus amabili insania passus sum frangi famae
meae florem editione abortivi libelli qui mihi quasi tentanti vadum futuri
favoris praemissus, infelicibus auspiciis praelusit".

[3]) Firmicus Maternus de errore profanarum religionum (Basel 1603):
M. Felix Minucius, Octavius et Cyprianus, de idolorum vanitate. s. l.
1603. Eine Ausgabe des Tertullian, an welcher er schon im Jahre 1602
arbeitete (s. den Brief G. Elmenhorst's an Scaliger in P. Burmann's Sylloge

leius (Basel 1606). Von größerem Interesse als diese durchgängig wenig bedeutenden Arbeiten ist seine „Tractatio de polymathia" (Hamburg 1604, neue Ausgabe von Jacob Thomasius, Leipzig 1665), welche durch einen Beisatz auf dem Titel (integri operis de studiis veterum ἀποσπασμάτιον) als Fragment eines größeren Werkes über die gelehrten Studien der Alten bezeichnet wird, der erste Versuch einer Systematik und Encyclopädie der philologischen Wissenschaft, deren Gebiet er, dem antiken Sprachgebrauch und der herrschenden Anschauung seiner Zeit gemäß, so weit ausdehnt, daß sie im Wesentlichen mit der Polymathie, der „variarum rerum cognitio", zusammenfällt. Diese theilt er in 2 Theile: in die „minus perfecta", die Grammatik, deren Aufgabe die Sprachkenntniß und die Erläuterung der Dichter sei (recte loquendi scientia et poetarum enarratio), und die „perfecta et philosophiae proxima", welche als „notitia variarum rerum ex omni genere studiorum collecta, latissime sese effundens" oder auch „scientia rerum ipsarum inquisitione parata" so ziemlich das ganze Gebiet des menschlichen Wissens umfaßt. In den Capiteln IV—XIX wird dann die Aufgabe, die Methode und der Werth der Grammatik, mit Einschluß der Exegese und der Kritik, eingehender erörtert, so daß dieser Theil des Werkes als Versuch einer encyclopädischen Darstellung der Philologie, wenigstens der formalen Seite derselben, bezeichnet werden kann, während der Rest des Werkes (C. XX—XXXI) sich mit der Dialektik (Logik), Rhetorik und den übrigen sogenannten freien Künsten, mit der Philosophie und mit dem vom Verfasser aufgestellten zweiten Theile der Polymathie beschäftigt[1]).

---

epistolarum a viris illustribus scriptarum t. II ep. 113 p. 356) ist nicht erschienen, sondern nur „Ad Tertulliani opera emendationes epidicticae" (Frankfurt a. M. 1612).

[1]) Ueber den wegen dieser und anderer Schriften von verschiedenen Seiten gegen W. erhobenen Vorwurf des Plagiats vgl. J. Thomasius in der Vorrede zu seiner Ausgabe der Polymathia. Am stärksten spricht sich über W. (den er nach einem bekannten plautinischen Ausdrucke als „hominem illum cum

Im Wesentlichen dieselbe Aufgabe wie Wouweren's Tractat über die Polymathie verfolgt in weiterem Umfang und mit mehr Klarheit und Schärfe des Urtheils Daniel Georg Morhof's „Polyhistor"[1]). Der Mann, auf welchen der Titel seines Hauptwerkes mit vollem Recht angewandt werden kann — er hat außer diesem und einem größeren Werke über deutsche Sprache und Poesie lateinische und deutsche Gedichte, juristische, medicinische, naturwissenschaftliche und philologische Schriften verfaßt — war am 6. Februar 1639 in Wismar geboren, wirkte seit 1661 als Professor der Poesie an der Universität Rostock, folgte im Jahre 1665 einem Rufe als Professor der Poesie und Beredtsamkeit an die vom Herzog Christian Albert von Holstein-Gottorp begründete, am 5. October 1665 feierlich eröffnete Universität Kiel, wo ihm 1673 auch die Professur der Geschichte, 1680 die Aufsicht über die Universitätsbibliothek übertragen wurde; er starb auf der Rückkehr von einer Badekur in Pyrmont in Lübeck am 30. Juli 1690. Von den 3 Theilen, in welche er sein Hauptwerk gegliedert hat — Polyhistor literarius, philosophicus, practicus — haben wir nur den ersten, der als eine Art Encyclopädie der Philologie bezeichnet werden kann, etwas näher in's Auge zu fassen, während der zweite, eine Geschichte und Encyclopädie der Philosophie mit Einschluß der Naturwissenschaften (nebst ihren Verirrungen in Wahrsagerei und Zauberei)

---

latrante nomine" bezeichnet) aus Fr. Lindenbruch in einem Briefe an J. Gruter (M. Gudii epistolae p. 286): „Nihil enim boni in illo authore (Cicerone) falsiloquum os praestitisset, nisi quod ab aliis furatus fuisset, quod pro suo venditasset".

[1]) Ueber die Geschichte dieses Werkes, dessen erste allein vom Verfasser selbst publicirte Abtheilung (t. I lib. I und II) in Lübeck 1688 erschien, sowie über des Verfassers Leben und gesammte litterarische Thätigkeit handeln ausführlich des Flensburger Rectors Johann Moller Prolegomena in D. G. Morhofii Polyhistorem literarium (in der in Lübeck 1747 erschienenen vierten Ausgabe des Morhof'schen Werkes im t. II wieder abgedruckt). Ueber Morhof's Leistungen für die deutsche Sprache und Litteratur vgl. R. v. Raumer, Geschichte der germanischen Philologie S. 155 ff.

und der Mathematik, und der dritte, eine kurze Uebersicht der Litteratur der Ethik, Politik, Oekonomik, Geschichte, Theologie, Jurisprudenz und Medicin, außerhalb der Grenzen unserer Aufgabe liegen. Jener erste Theil nun, der Polyhistor literarius, ist in 7 Bücher getheilt, von denen das erste, „Bibliothecarius" betitelt, die Litterargeschichte, Bibliographie und Bibliothekwissenschaft umfaßt. Das zweite Buch, methodologischen Inhaltes, daher „Methodicus" genannt, giebt Anweisungen zum richtigen Betreiben der Studien, darunter auch des Erlernens der griechischen und lateinischen Sprache; daran schließt sich das dritte (παρασκευαστικός) an, welches von der Verwerthung der Lectüre, insbesondere von der Anlegung von Excerpten aus allen Wissensgebieten handelt: hier findet man im Anschluß an den Abschnitt „de excerptis poeticis" als Kap. 11 den Versuch eines Wörterbuches der poetischen metaphorischen Ausdrücke (Idea lexici poetici pro translatis) und als Kap. 12 eine Stoffsammlung für poetische Erfindung (Hyle inventionum poeticarum). Speciell philologischen Inhaltes sind die Bücher IV (Grammaticus) und V (Criticus): in jenem wird zunächst über die Schreibkunst, über den Ursprung der Sprache, über die europäischen Volkssprachen und über die orientalischen Sprachen, dann über die griechische Sprache (speciell über alte und neuere griechische Grammatiker und Lexikographen) und über die lateinische Sprache (wobei nicht nur die lateinischen Grammatiker, sondern alle namhafteren römischen Schriftsteller nach den vier Zeitabschnitten des goldenen, silbernen, ehernen und eisernen Zeitalters aufgezählt werden) gehandelt; im 5. Buche werden die Schriftsteller über Kritik und über antiquarische Gegenstände aufgeführt. Das sechste und siebente Buch endlich (Oratorius und Poeticus) sind der Redekunst und der Poesie gewidmet: in dem letzteren wird auch von den griechischen und von den modernen Dichtern gehandelt; die römischen sind übergangen, weil sie schon im 4. Buche bei der Aufzählung der römischen Schriftsteller überhaupt vorgekommen sind.

Von Morhof's übrigen Arbeiten ist mit besonderer Anerkennung die Schrift über die Patavinität des Livius zu erwähnen, worin er unter Erörterung der Begriffe urbanitas, rusticitas und peregrinitas in Bezug auf den lateinischen Ausdruck den Livius gegen den von Asinius Pollio ihm gemachten Vorwurf des Provinzialismus vertheidigt [1]). Eine ähnliche Arbeit ist die aus Morhof's hinterlassenen Papieren von Johann Lorenz Mosheim herausgegebene Schrift „de pura dictione latina liber" (Hannover 1725), worin über die Kennzeichen des reinen lateinischen Ausdruckes und über die beste Art und Weise sich denselben anzueignen, mit bibliographischen Excursen über Lexika und Phraseologien, gehandelt wird.

Eine ähnliche Tendenz verfolgen die beiden von gründlicher Kenntniß des lateinischen Sprachgebrauches zeugenden Schriften des Rectors des Joachimsthal'schen Gymnasiums in Berlin, späteren kurfürstlich brandenburgischen Bibliothekars Johannes Vorst (geboren 1623 zu Wesselburg in Dithmarschen, gestorben 4. August 1696) „De latinitate falso suspecta deque latinae linguae cum germanica convenientia liber" (Berlin 1665, 2. Aufl. 1678) und „De latinitate merito suspecta deque vitiis sermonis latini quae vulgo fere non animadvertuntur liber" (ebd. 1669, 2. Aufl. 1682), zu denen nach des Verfassers Tode noch eine von dem Rector des Gymnasiums zum grauen Kloster in Berlin Christoph Friedrich Bodenburg aus seinem Nachlasse herausgegebene „De latinitate selecta et vulgo fere neglecta liber" [2]) hinzukam. Außer diesen stilistischen Arbeiten

---

[1]) De Patavinitate Liviana liber (Kiel 1685), wiederholt in den „Dissertationes academicae et epistolicae" (Hamburg 1699) p. 471—592.

[2]) Joannis Vorstii cl. viri de latinitate selecta et vulgo fere neglecta liber nunc primum editus. Accessit Andr. Jul. Dornmeieri (starb als Rector am Friedrichs-Gymnasium in Berlin 1717) dissertatio de vitioso Ciceronis imitatore cui ob materiae cognationem et insignem raritatem iunctus est dialogus festivus de Cicerone relegato et revocato. (Der Verfasser dieser witzigen Schrift ist, was dem Herausgeber entgangen ist, der Mailänder Hortensius Landus). Addidit praefationem Chr. Fr. Bodenburg, gymnas. Berolin. rector (Berlin 1718).

Vorst's verdienen auch die von ihm besorgten Ausgaben des Valerius Maximus (Berlin 1672 und Antwerpen 1678), des Justinus (Leipzig 1673) und des Sulpicius Severus (Berlin 1668 und Leipzig 1703), sowie eine von ihm für Unterrichtszwecke veranstaltete Sammlung ausgewählter größerer Stücke griechischer Dichter von Homer bis auf Oppian und die Anthologie herab, mit beigefügter prosaischer lateinischer Uebersetzung [1]), Erwähnung.

Von den anderen Mitgliedern des Hamburger Philologenkreises hat sich Geverhard (Gerhard) Elmenhorst (geboren um 1580, gestorben 1621) durch seine mehr Sammelfleiß als kritischen Tact und Scharfsinn bekundenden Ausgaben des Arnobius (Hanau 1603 u. ö.) und des Apuleius (Frankfurt 1621), Heinrich Lindenbrog oder Lindenbruch (geboren 10. Februar 1570, gestorben als Bibliothekar zu Gottorp 15. Juli 1642) durch eine in kritischer Hinsicht sehr ungenügende, aber reichhaltiges Material zur Erklärung enthaltende Ausgabe der Schrift des Censorinus de die natali (Hamburg 1614 und Leyden 1642), dessen Bruder Friedrich, der seinen Familiennamen bisweilen in Tiliobroga latinisirte (geboren 28. December 1573, gestorben 9. September 1648)[2]), außer durch eine Sammlung der ältesten deutschen Geschichtschreiber (Jornandes, Isidorus und Paulus Diaconus) und der altgermanischen Volksrechte (Codex legum antiquarum), durch mehrere Ausgaben lateinischer Schrift-

---

[1]) Veterum poetarum graecorum poemata aut poematum ἀποσπασμάτια selecta eo consilio hunc in modum congesta ut iuventus iam in scholis non unum sed plerosque omnes veteres poetas graecos quorum quidem scripta supersunt cognoscere possit atque ita mature ad legenda eorum cetera alliciatur, cura Johannis Vorstii (Berlin 1674).

[2]) Vgl. über diese drei Männer die oben S. 279 Anm. 1 citirte Schrift. Die Ausgabe der Werke des Patriarchen Proklos von Konstantinopel (Leyden 1616) und andere mehr dem theologischen als dem philologischen Gebiete angehörige Arbeiten Elmenhorst's habe ich wissentlich übergangen. Ueber Fr. Lindenbrog's germanistische Studien vgl. R. v. Raumer, Geschichte der germanischen Philologie S. 49 f.

steller bekannt gemacht, unter denen die der Gedichte des Statius mit den Scholien des Lactantius Placidus zur Thebais und zur Achilleis (Paris 1600), die der Komödien des Terentius mit den Commentaren des Donatus und des Eugraphius (Paris 1602 und Frankfurt 1623), sowie die des Geschichtswerkes des Ammianus Marcellinus (Hamburg 1609) wegen der von dem Herausgeber benutzten handschriftlichen Hülfsmittel von Wichtigkeit sind.

Den vorher genannten Hamburger Gelehrten war sowohl an Umfang des Wissens als an geistiger Kraft überlegen ein anderer Hamburger, der freilich den größten Theil seines Lebens außerhalb Deutschlands zugebracht hat: Lucas Holste (Holstenius). Geboren im Jahre 1596 unternahm er im December 1617 von Leyden aus, wo er studirte, eine Reise nach Italien, durchreiste dies und die Insel Sicilien in Begleitung des bekannten Geographen Philipp Klüwer (vgl. oben S. 265), kehrte 1619 nach Leyden zurück, gieng Ende 1623 nach kurzem Aufenthalt in der Heimath nach England (Oxford und London), 1624 nach Frankreich und nachdem er dort Ende 1624 oder Anfang 1625 zum Katholicismus übergetreten war, zog er im Jahre 1627 nach Rom, das ihm allmählich, nachdem die ihm von Seite der Curie gemachten Hoffnungen auf eine höhere geistliche Stelle in Norddeutschland durch die Kriegsereignisse vereitelt worden waren, zur zweiten Heimath wurde: 1636 erhielt er die Bibliothekarstelle der Barberinischen Bibliothek; Papst Urban VIII. verlieh ihm ein Canonicat an der Vaticanischen Basilika, Papst Innocenz X. machte ihn zum Custos der Vaticanischen Bibliothek, Papst Alexander VII. gab ihm im Jahre 1655 den ehrenvollen Auftrag, die Exkönigin Christine von Schweden in Innsbruck in den Schooß der katholischen Kirche aufzunehmen. Holste starb zu Rom am 2. Februar 1661 ohne die umfassenden wissenschaftlichen Aufgaben, die er sich gestellt, wie namentlich die Sammlung der kleineren griechischen Geographen, wofür er seit früher Zeit in den Bibliotheken Englands, Frankreichs und Italiens reichhaltiges Material gesammelt hatte, vollendet zu haben: doch legen seine zahlreichen veröffentlichten Schriften (von denen wir die auf die ältere Kirchengeschichte bezüglichen hier übergehen) wie auch seine Briefe und sein sonstiger (jetzt zum Theil in der Hamburger Bibliothek befindlicher) handschriftlicher Nachlaß vollgültiges Zeugniß ab von seiner umfassenden Gelehrsamkeit, seiner unermüdlichen Arbeitskraft und seinem scharfen Urtheil[1]). Proben seiner den griechischen Philosophen gewidmeten Studien sind seine Ausgabe einiger Schriften des Porphyrius (Πυθαγόρου βίος, ἀφορμαί πρὸς τὰ νοητά und περὶ τοῦ ἐν Ὀδυσσείᾳ τῶν Νυμφῶν ἄντρου nebst dem Fragment περὶ Στυγός) mit lateinischer Uebersetzung, kritischexegetischem Commentar zum ersten Drittel der Lebensbeschreibung des Pythagoras und einer trefflichen Dissertation über das Leben und die Schriften des Porphyrios (Rom 1630), sowie die Sammlung der Sprüche der späten Pythagoräer Demophilos, Demokrates und Secundus, welche er nebst einem Gedicht des Byzantiners Johannes Pediasimos zum ersten Male aus einem Vaticanischen, einem Barberinischen und einem Pariser Codex griechisch mit lateinischer Uebersetzung und kurzen Noten herausgegeben hat (Rom 1638). Anmerkungen von ihm zu des Neuplatonikers Sallustius Schriftchen περὶ θεῶν καὶ κόσμου sind in der von G. Naudé besorgten Ausgabe desselben mit der lateinischen Uebersetzung des Leo Allatius veröffentlicht (Rom 1638). Von seinen Arbeiten zu den griechischen Geographen sind nur die reichhaltigen „Notae et castigationes in Stephani Byzantii ethnica" nach seinem Tode von Theodor Ryckius publicirt worden (Leyden 1684 fol.). Proben seiner gründlichen Kenntniß der alten Geographie, insbesondere Italiens, geben die ebenfalls erst nach seinem Tode gedruckten „Annotationes in

---

[1]) Vgl. Leben des gelehrten Lucae Holstenii, Protonotarii apostolici, S. Petri basilicae canonici und bibliothecae Vaticanae custodis (Hamburg 1723). Joh. Molleri Cimbria literata, Vol. III p. 321 ss. Lucae Holstenii epistolae ad diversos, quas ex editis et ineditis codicibus collegit atque illustravit J. Fr. Boissonade (Paris 1817).

Italiam antiquam Philippi Cluverii" (Rom 1666), worin er
zahlreiche Irrthümer Klüwer's theils aus den alten Schriftstellern
und Inschriften, theils aus eigener Anschauung des Landes —
er hatte namentlich das mittlere Italien sorgfältig durchforscht
— verbessert hat, sowie die diesem Werke beigefügten „Annotationes in Thesaurum geographicum Ortelii" [1]). Endlich ist
noch zu erwähnen, daß er Arrian's Schriftchen über die Jagd
(κυνηγετικός) aus dem Codex Palatinus, in welchem es allein
erhalten ist, zuerst griechisch und lateinisch herausgegeben hat
(Paris 1644).

Die Kenntniß der alten Geographie und der antiken Denk=
mäler des mittleren Italiens ist auch durch einen anderen deutschen
Gelehrten, der gleichzeitig mit Holste in Rom lebte, gefördert
worden: den Jesuiten Athanasius Kircher (geboren zu Geisa
bei Fulda 2. Mai 1601, zuerst Professor in Würzburg, 1635
als Professor der Mathematik an das Collegium Romanum
nach Rom berufen, gestorben 28. November 1680). Die Haupt=
verdienste dieses Mannes, dessen umfassende Gelehrsamkeit durch
den gänzlichen Mangel an Kritik beeinträchtigt wurde, liegen
auf den Gebieten der Physik, sowie der orientalischen Sprach=
und Alterthumskunde; aber auch in der Geschichte der classischen
Alterthumswissenschaft verdient er einen Platz zwar nicht wegen
seiner seltsamen Träumereien über antike Mythologie und Re=
ligionsgeschichte, aber doch wegen seiner mit zahlreichen Plänen,
Ansichten und Abbildungen versehenen historisch=topographischen
Darstellung von Latium (Latium id est nova et parallela
Latii tum veteris tum novi descriptio, Amsterdam 1671 fol.),
in welcher namentlich die Alterthümer von Tibur (Tivoli) aus=
führlich behandelt sind, sowie wegen der im Collegium Romanum
zu Rom von ihm begründeten Sammlung antiker Bronzewerke

---

[1]) Der niederländische Geograph Abraham Ortel (geboren zu Ant=
werpen 1527, gestorben 1598) hatte unter anderem ein geographisches Lexikon
in alphabetischer Ordnung u. d. T. „Thesaurus geographicus" (Antwerpen
1596) verfaßt.

und alter gegossener Erzmünzen Mittelitaliens (aes grave), welche noch heute seinen Namen trägt (Museo Kircheriano).

Hoste's Schwestersohn, der am 13. April 1628 in Hamburg geborene Peter Lambeck, wandte sich unter dem Einfluß und der Leitung seines Oheims frühzeitig philologischen Studien zu und veröffentlichte schon im Jahre 1647 in Paris, wo er damals dem Studium des classischen Alterthumes und dem der Jurisprudenz oblag, kritische Bemerkungen zu den Noctes atticae des Gellius nebst einer Abhandlung über das Leben und den Namen dieses Schriftstellers, worin er besonders die richtige Namensform Aulus Gellius gegen die von verschiedenen Gelehrten, namentlich von J. Lipsius bevorzugte Schreibung Agellius vertheidigte¹). Nachdem er dann zwei Jahre (Winter 1647 bis 1649) bei seinem Oheim in Rom verlebt, dann noch ein Jahr lang in Toulouse die Rechte studirt hatte, kehrte er in seine Vaterstadt zurück, wo ihm am 2. September 1651 die Professur der Geschichte am Gymnasium, am 12. Januar 1660 das Rectorat dieser Anstalt übertragen wurde. Noch während seiner Reisen hatte er, abgesehen von anderen angefangenen, später liegen gebliebenen philologischen Arbeiten, eine Ausgabe der Schrift des Georgios Codinos „de antiquitatibus Constantinopolitanis" vollendet, welche zusammen mit einigen anderen byzantinischen Schriften ähnlichen Inhaltes unter dem Titel „Syntagma originum et antiquitatum Constantinopolitarum" in Paris 1655 erschienen ist. In Hamburg warf er sich mit großem Eifer auf

---

¹) Petri Lambecii Prodromus lucubrationum criticarum in Auli Gellii noctes atticas: eiusdem Lambecii dissertatio de vita et nomine A. Gellii (Paris 1647); das Schriftchen ist „clarissimo doctissimoque viro Lucae Holstenio avunculo carissimo" dedicirt. Vgl. über L. „Leben des gelehrten Petri Lambecii, sacrae Caesareae maiestatis Consiliarii, Historiographi und Bibliothecarii" Hamburg 1724); Friedr. Lorenz Hoffmann, Peter Lambeck (Lambecius) als bibliographisch-literarhistorischer Schriftsteller und Bibliothekar. Nebst biographischen Notizen (Soest 1864); Th. G. v. Karajan, Kaiser Leopold I. und Peter Lambeck Wien 1868, Separatabdruck aus dem Almanach der kais. Akademie der Wissenschaften für 1868.

das Studium der vaterländischen Geschichte sowie der allgemeinen Litteraturgeschichte, einer Disciplin die er nach Konrad Gesner (vgl. oben S. 216 f.) zuerst gefördert und zur allgemeinen Anerkennung gebracht hat durch seinen „Prodromus historiae literariae" (Hamburg 1659), ein sehr umfänglich angelegtes Werk, welches die gesammte Geschichte der wissenschaftlichen und litterarischen Thätigkeit der Menschheit von der Weltschöpfung bis auf die Zeit des Verfassers nebst einer Aufzählung aller namhaften Schriftsteller geben sollte, ein Plan, den der Verfasser freilich nur zu einem sehr geringen Theile ausgeführt hat: das erste Buch seines Prodromus nämlich behandelt mit zahlreichen Excursen (z. B. über Zoroaster p. 71—118, wobei allerhand demselben untergeschobene spätgriechische Schriften abgedruckt sind) die älteste Geschichte der menschlichen Cultur von Erschaffung der Welt bis zur Geburt des Moses, die vier ersten Kapitel des zweiten Buches führen diese Darstellung weiter bis auf Minos, Daedalos und Evander; von den weiteren 32 Kapiteln, die noch folgen sollten, werden nur ganz kurze Skizzen (wesentlich Namensverzeichnisse der Schriftsteller, beziehendlich bloße Ueberschriften) gegeben und zum Schluß ein Paar umfassende Zeittafeln für die Welt- Kirchen- und Litterargeschichte von der Weltschöpfung bis zum Jahre 1651 n. Chr. angefügt [1]).

Am 25. April 1662 verließ Lambeck, nachdem er am 18. Januar d. J. eine unglückliche Heirat geschlossen hatte, plötzlich Ham-

---

[1]) Der vollständige Titel des Werkes, der nach der Sitte jener Zeit zugleich eine Uebersicht des Inhaltes gibt, lautet folgendermaßen: Petri Lambecii Hamburgensis liber primus prodromi historiae literariae nec non libri secundi capita quatuor priora cum appendice quae sciagraphiam continet sive primam delineationem praecipuarum personarum ac rerum de quibus volente Deo reliquis triginta duobus eiusdem libri capitibus plenius et accuratius agetur. Accedunt insuper tabulae duae chronographiae universalis quarum priori successio omnium seculorum a creatione mundi usque ad initium vulgaris aerae Christianae, posteriori autem continuatio eorundem ab initio vulgaris aerae Christianae usque ad nostram aetatem exhibetur. Hamburgi sumptibus autoris. Typis Michaelis Piperi (1659 fol). — Eine zweite vermehrte und verbesserte Ausgabe des Werkes hat J. A. Fabricius besorgt (Lipsiae et Francofurti 1710 fol.).

burg, begab sich — wahrscheinlich auf Rath der Königin Christine von Schweden, mit welcher er in Hamburg verkehrt hatte — nach Wien, wo er beim Kaiser Leopold I., dem eifrigen Sammler von Münzen, Alterthümern, Handschriften und Büchern, durch dessen Beichtvater, den Jesuiten Philipp Miller, Audienz erhielt, gieng von da auf einige Monate nach Italien, wo er öffentlich zur katholischen Kirche, der er im Geheimen schon seit dem Jahre 1647 angehört zu haben scheint, übertrat, und wurde bald nach seiner Rückkehr nach Wien zum kaiserlichen Historiographen und Vicebibliothekar, am 26. Mai 1663 zum wirklichen Bibliothekar ernannt. Durch diese seine amtliche Stellung wurde seine bedeutendste wissenschaftliche Arbeit hervorgerufen, die „Commentarii de augustissima bibliotheca Caesarea Vindobonensi", von denen der erste Band im Jahre 1665, der achte, an dessen Schluß der Verfasser erklärt, daß er wegen starker Ermattung sich für einige Zeit Ruhe gönnen müsse, im Jahre 1679 erschien: die weitere Fortsetzung wurde durch den am 4. April 1680 erfolgten Tod Lambeck's verhindert. Nach dem vom Verfasser selbst im V. Bande (p. 299 s.) dargelegten Plane sollte das ganze Werk 25 Bücher (Bände) umfassen, von denen die ersten 16 der Beschreibung der Handschriften der Bibliothek, das 17. der der Münzen und sonstigen Alterthümer, welche daselbst aufbewahrt wurden, gewidmet sein sollten; Buch 18 sollte 10 Centurien ausgewählter Briefe, die Bücher 19—24 die Cataloge der gedruckten Bücher enthalten: ein „Syntagma universae historiae litterariae", eine Neubearbeitung des Prodromus historiae literariae, sollte als XXV. Buch das Werk abschließen. Von den vorliegenden 8 Büchern geben die beiden ersten in ziemlich bunter Reihenfolge Mittheilungen über die Lebensschicksale des Verfassers, über die Geschichte der Bibliothek, die Neuerwerbungen für dieselbe, über besonders merkwürdige, namentlich mit Malereien verzierte griechische und orientalische Handschriften (z. B. den berühmten Codex des Dioskorides), Auszüge aus mittelalterlichen lateinischen und deutschen Handschriften, Bemerkungen über den altrömischen Namen der Stadt Vindobona, über die Alterthümer von Carnuntum u. a. m. Mit Buch III beginnt der Katalog zunächst der griechischen Handschriften nach ihrer neuen von Lambeck herrührenden Aufstellung und Numerirung, und zwar werden die den Gebieten der Theologie, der Jurisprudenz, der Medicin, der Philosophie (im engeren Sinne) und der Kirchengeschichte angehörigen griechischen Codices in ausführlicher und sorgfältiger Weise — wenn auch die Altersbestimmungen den strengeren Anforderungen, welche wir jetzt zu stellen pflegen, meist nicht entsprechen — beschrieben[1]). Auch als Torso legt das Werk von der umfassenden Gelehrsamkeit und der erstaunlichen Arbeitskraft seines Verfassers ein glänzendes Zeugniß ab.

Während P. Lambeck den Grundriß des gewaltigen Gebäudes der allgemeinen Litteraturgeschichte vorzeichnete und Materialien zu demselben herbeischaffte, machte sich ein anderer norddeutscher Gelehrter, Johann Jonsen (Jonsius) aus Rendsburg (geboren 20. October 1624, gestorben als Prorector am Gymnasium zu Frankfurt a. M. im April 1659), um den Ausbau eines Theiles desselben verdient durch sein Werk „De scriptoribus historiae philosophicae libri IV [2]), worin die Schriftsteller über die Geschichte der Philosophie und der Wissenschaften und Künste überhaupt von den ältesten griechischen Zeiten an bis auf die Zeit des Verfassers herab mit ebenso viel Belesenheit als sorgfältiger Kritik (die sich namentlich in der Unterscheidung mehrerer Schrift-

---

[1]) Theils ein bloßer Auszug aus Lambeck's Werk, theils eine Fortsetzung desselben nach einem viel knapperen Plane ist seines Nachfolgers, Daniel von Nessel's „Breviarium et supplementum commentariorum Lambecianorum sive catalogus aut recensio specialis codicum manuscriptorum graecorum nec non linguarum orientalium augustissimae bibliothecae Caesareae Vindobonensis (Wien und Nürnberg 1690, 2 Bde. fol.).

[2]) Frankfurt a. M. 1659, 4°; eine neue bis in's zweite Decennium des 18. Jahrhunderts fortgeführte Ausgabe erschien zu Jena 1716 u. d. T. „Joannis Jonsii Holsati de scriptoribus historiae philosophicae libri IV nunc denuo recogniti atque ad praesentem aetatem usque perducti cura Jo. Christophori Dornii cum praefatione Burcardi Gotthelfii Struvii".

steller desselben Namens zeigt) behandelt werden. Außer diesem seinem Hauptwerke, das an wissenschaftlichem Werth seinem Vorbilde, den libri quatuor de historicis graecis des Joannes Gerardus Vossius (zuerst Leyden 1624), zur Seite gestellt werden kann, hat der zu frühe der Wissenschaft durch den Tod entrissene Verfasser nur zwei ebenfalls auf die Geschichte der griechischen Philosophie bezügliche Abhandlungen[1]), sowie eine „Epistola de Spartis" (Erörterung über das von Aristot. poet. c. 16 erwähnte lanzenförmige Muttermal, das Kennzeichen der Nachkommen der thebanischen Sparten)[2]) hinterlassen.

Was Jonsius für die Geschichte der Philosophie, das hat für die Geschichte des römischen und des byzantinischen Reiches der schlesische Historiker Martin Hanke (geboren 15. Februar 1633 zu Born bei Breslau, seit 1661 Professor am Elisabethanum zu Breslau, gestorben 24. April 1709) geleistet. Er veröffentlichte im Jahre 1669 zu Leipzig unter dem Titel „De Romanarum rerum scriptoribus liber" ein Werk, worin er über das Leben und die Schriften von 92 antiken und modernen Schriftstellern, welche über die Geschichte Roms von der Gründung der Stadt bis zum Untergange des weströmischen Reiches und über römische Alterthümer geschrieben haben, von C. Fabius Pictor an bis auf Johann Freinsheim herab, sowie in 8 weiteren Kapiteln über einige dahin gehörige Schriftsteller und Schriftwerke unbekannter Zeit Nachricht gab. Dazu kam im Jahre 1675 ein zweites Buch (De Romanarum rerum scriptoribus liber secundus), in welchem zunächst 50 im ersten

---

[1]) Disputatio de syllogismo ex mente Aristotelis (Königsberg 1651). Dissertationum de historia peripatetica partis primae prima in qua recensentur qui Aristoteli fuerunt homonymi et unde eius secta peripatetica fuerit appellata indicatur (Hamburg 1652).

[2]) Die in Form eines Briefes an Marquard Gudius eingekleidete, von diesem zugleich mit einem „Fragmentum de ordine librorum Aristotelis", das er ebenfalls von Jonsius erhalten hatte, im Jahre 1655 veröffentlichte Abhandlung ist wiederholt in J. G. Grävius „Syntagma variarum dissertationum rariorum" (Utrecht 1702) p. 205 ss.

Buche übergangene Schriftsteller, von Ennius an bis auf Johann Conrad Dieterich, behandelt, sodann zu sämmtlichen 100 Kapiteln des ersten Buches theils längere theils kürzere Zusätze und Berichtigungen gegeben werden. Noch mehr in's Detail eingehend ist sein „De Byzantinarum rerum scriptoribus graecis liber" (Leipzig 1677), ein noch jetzt beachtenswerthes Buch, worin zunächst in 40 Kapiteln die griechischen Schriftsteller über die Staats- und Kirchengeschichte des byzantinischen Reiches von Eusebius Pamphili (dem allein 130 Seiten des Buches gewidmet sind) bis auf Georgios Phrantzes, sodann in weiteren 10 Kapiteln die griechischen Schriftsteller über denselben Gegenstand, über deren Lebensgeschichte nichts Genaueres bekannt ist, abgehandelt werden.

Neben den literarhistorischen fanden auch die antiquarischen Studien im engeren Sinne, welche vorzugsweise auf die Erkenntniß der Aeußerlichkeiten des antiken Lebens ihr Augenmerk richten, bei den deutschen Gelehrten Aufnahme: wie auf jenem Gebiete die Schriften von Gerhard Johannes Vossius, so dienten ihnen auf diesem besonders die antiquarischen Arbeiten von Justus Lipsius (De militia Romana libri V; de Vesta et Vestalibus syntagma; de amphitheatro) zum Vorbilde. Einer der ersten, der auf diesem Gebiete in Deutschland Nennenswerthes leistete, war der unter seinen Zeitgenossen sehr hoch angesehene[1] Johannes Kirchmann (geboren zu Lübeck 18. Januar 1575, Professor der Poesie an der Universität Rostock seit 1603, Rector der Schule zu Lübeck seit 1613, gestorben 20. März 1643), der außer verschiedenen lateinischen Reden und Gedichten und ein Paar Lehrbüchern der Rhetorik und der Logik zwei antiquarische Schriften verfaßt hat: „De funeribus Romanorum libri IV"

---

[1] Das beste Zeugniß dafür geben die sehr zahlreichen Briefe namhafter Gelehrter an Kirchmann, welche in „Marquardi Gudii et doctorum virorum ad eum epistolae — curante P. Burmanno" (Haag 1714) abgedruckt sind. — Vgl. dazu Jakob Stolterfoth's Oratio funebris in M. Henning Witten's Memoriae philosophorum etc. Decas IV (Frankfurt 1677) p. 516 ss.

(zuerst Hamburg 1605, dann öfter wiederholt, zuletzt Leyden 1672, 12) und „De annulis liber" (zuerst Lübeck 1623, dann öfter, zuletzt Leyden 1672, 16)[1]). Die erstere hat als eine äußerst reichhaltige Zusammenstellung der bei den alten Schriftstellern und in Inschriften erhaltenen Notizen über Bestattungsgebräuche, Begräbnißstätten und Todtenehren bei den Alten, insbesondere bei den Römern, immer noch Werth, wenn auch seitdem unsere Kenntniß dieses Gegenstandes durch zahlreiche Gräberfunde in allen Ländern der antiken Cultur an Umfang und Deutlichkeit außerordentlich gewonnen hat. Die Schrift über die Ringe enthält eine ziemlich bunte, aber ebenfalls von großer Belesenheit und verständigem Urteil zeugende Sammlung von Notizen über die Formen und den Gebrauch dieses Schmuckgegenstandes bei verschiedenen Völkern des Alterthumes und der neueren Zeit. Eine von Kirchmann handschriftlich hinterlassene Abhandlung über die römische Verfassungsgeschichte befand sich in der Bibliothek von Marquard Gudius[2]).

Aehnliche Gegenstände wie Kirchmann hat, freilich in viel weniger gründlicher und wissenschaftlicher Weise, der Leipziger Heinrich Kitsch (von 1600 an Rector in Dessau, später Professor und Bibliothekar in Zerbst) behandelt in seinen Abhand-

---

[1]) Beigefügt sind dieser Ausgabe drei denselben Gegenstand betreffende Schriften von dem Italiener Georgius Longus (Tractatus de annulis signatoriis antiquorum sive de vario obsignandi ritu), dem Niederländer Abraham Gorläus aus Antwerpen (Dactyliotheca sive tractatus de annulorum origine, variis eorum generibus et usu apud priscos) und dem Deutschen Heinrich Kornmann aus Kirchhain in Hessen (De annulo triplici: usitato, sponsalitio, signatorio: tractatus absolutissimus in tres partes divisus).

[2]) S. Catalogus insignium ac praestantissimorum codicum mstorum graecorum, arabicorum, latinorum ut et librorum cum mstis collatorum vel notis autographis doctorum virorum illustratorum hactenus partim ineditorum quos dum viveret colligere licuit v. i. et generoso domino Marquardo Gudio — (Kiel 1709): hier wird p. 52 unter den Codices latini als N. 301 aufgeführt: Johann Kirchmannus de reipublicae romanae forma et mutationibus.

lungen „De magistratibus reipublicae romanae eiusque criteriis" (Leipzig 1607) und „De annulorum aureorum origine, varietate, usu, abusu, iure, efficacia" (Leipzig 1614)[1]).

Von den zahlreicheren und weit bedeutenderen antiquarischen Arbeiten Johann Scheffer's wird später bei der Straßburger Schule die Rede sein.

Eine sehr knappe und magere Uebersicht über das ganze Gebiet der römischen Alterthümer nach den vier Rubriken der Sacral=, Staats=, Kriegs= und Privatalterthümer gab Philipp Carl (Carolus) aus Neuburg in der Pfalz in seinem Büchlein „Antiquitates romanae ecclesiasticae, civiles, militares et oeconomicae ex variis autoribus conquisitae et in quatuor libros perspicua brevitate congestae" (Frankfurt 1643, 16. 120 S.), welchem einige Abhandlungen italienischer Gelehrter über die römischen Magistrate, H. Bebel's Tractat „De sacerdotiis et magistratibus romanis" und des Valerius Probus Schrift „De literis [notis] antiquis" angehängt sind.

Die Topographie der Stadt Rom und die antiken Denk=mäler derselben behandelte nicht nach Autopsie sondern nach den älteren Werken von G. Fabricius, J. J. Boissard und Franz Schott der Marburger, später Gießener Professor Johann Conrad Dieterich (geboren zu Butzbach 19. Januar 1612, gestorben in Gießen 24. Juni 1669) in seiner Schrift „Antiquitates Romae veteris — novae" (Frankfurt 1643. 16); beigegeben hat er derselben eine Reihe kurzer Aufsätze über die verschiedensten Gegenstände besonders des römischen Alterthums, welche er aus einer im 16. Jahrhundert in Lyon veröffentlichten

---

[1]) Die erstere Abhandlung, welche auf dem Titel als „dissertatio aphoristica, numeralis, in gratiam studiosae iuventutis horis subsecivis instituta ab Henrico Kitschio Lipsico philiatro" bezeichnet ist, behandelt ihren Gegenstand auf 102 S., 12, in 464 ganz kurzen Paragraphen in durchaus elementarer Weise. Die zweite Abhandlung, die ich nicht selbst habe einsehen können, wird in H. W. Rotermund's Fortsetzung und Ergänzungen zu Jöcher's Gelehrten=Lexicon Bd. 3 S. 430 (wo der vollständige Titel angegeben ist) als „rar, aber schlecht" bezeichnet.

Schrift von Peter Sainct Fleur aus Montpellier „De illustrioribus rebus memorabilibus libellus" entnommen hat. Von den übrigen Schriften Dieterich's verdient seine ausführliche Darstellung der Geschichte der römischen Kaiser aus dem julischen Hause (Historia Augusti, Tiberii, Tiberii Claudii, C. Caligulae, Domitii Neronis, in 5 besonders paginirten Abtheilungen, Gießen, s. a., zusammen 648 S., 4.) Erwähnung.

Großen Beifall fand, wie die zahlreichen Auflagen beweisen, des Rostocker Heinrich Kipping (gestorben als Conrector des Gymnasiums zu Bremen 26. Februar 1678) „Antiquitatum Romanarum selectarum recensus novus", ein aus fleißigem Quellenstudium hervorgegangenes Handbuch der römischen Alterthümer, das zuerst in Bremen im Jahre 1664 veröffentlicht, im Verlaufe des 17. Jahrhunderts noch sechsmal wieder gedruckt, endlich im Jahre 1713 von einem ungenannten Gelehrten vielfach verbessert und mit Illustrationen nach antiken Bildwerken bereichert herausgegeben worden ist [1]). Die Anordnung des Stoffes ist dieselbe wie in Carl's Leitfaden: denn das erste der vier Bücher, in welche das Werk getheilt ist — das umfänglichste von allen — behandelt die Religion und den Cultus, das zweite das Staats- und Rechtswesen, das dritte das Kriegswesen, das vierte das Privatleben der Römer. Die starke theologische Färbung, die insbesondere auch in der Herleitung der meisten römischen Götternamen aus den semitischen Sprachen hervortritt, ist eine Eigenthümlichkeit, welche der Verfasser mit vielen namhaften Gelehrten seiner Zeit theilt, wofür namentlich Gerhard Johann

---

[1]) Henrici Kippingii L. A. M. et Philos. Doctoris antiquitatum Romanarum libri quatuor. Quibus continentur res sacrae, civiles, militares, domesticae Loca plurima sacrarum literarum et celebrium auctorum exponuntur, defenduntur, corriguntur; et multa in theologicis et philosophicis controversa accurate deciduntur. Editio novissima et multo studio passim emendata cui accesserunt vita Kippingii, elenchus librorum ab ipso editorum, notae quaedam viri docti, figurae ex antiquis monumentis selectissimae et Justi Lipsii opuscula rariora quae in corpore reliquorum eius operum non extant (Leyden 1713).

Vossius durch sein Werk „De theologia gentili et physiologia christiana sive de origine et progressu idololatriae libri IX" (Amsterdam 1642 u. ö.) den Ton angegeben hatte.

Dem Gebiete der Antiquitäten gehört wenigstens zum Theil an der „Antiquarius" des besonders durch seine niederländischen und lateinischen „Scherzgedichte" (satirae) bekannten Johann Lauremberg (geboren 26. Februar 1590 zu Rostock, Professor der Poesie daselbst seit 1618, Professor der Mathematik an der Universität zu Soroe in Seeland seit 1623, gestorben 28. Februar 1658)[1]): ein lateinisches Wörterbuch, in welchem außer alterthümlichen Worten und Redensarten auch allerhand in's Bereich namentlich der römischen Antiquitäten gehörige Ausdrücke erläutert werden. Der Verfasser hat dafür besonders Plautus, Lucretius und die Fragmente der anderen älteren lateinischen Dichter, die römischen Lexikographen und griechisch-römische Glossarien fleißig ausgebeutet; auch lateinische Inschriften werden öfter angezogen. Derselbe Lauremberg hat ferner außer den oben erwähnten Satiren noch eine beträchtliche Anzahl anderer lateinischer und einige griechische Gedichte, welche durchgängig mehr Gelehrsamkeit als poetische Begabung zeigen, verschiedene mathematische Werke (darunter eine Ausgabe des griechischen Textes der Sphära des Proklos Diadochos mit lateinischer Uebersetzung, Ro=

---

[1]) Vgl. „Von des Joh. Lauremberg Leben und Schriften" in „Scherzgedichte von Johann Lauremberg, herausgegeben von J. M. Lappenberg" (Stuttgart 1861, Bibliothek des litterarischen Vereins Bd. LVIII) S. 153 ff. Der vollständige Titel des Antiquarius lautet: Jani Gulielmi f. LaurembergI Antiquarius in quo praeter antiqua et obsoleta verba ac voces minus usitatas dicendi formulae insolentes, plurimi ritus Pop. Rom. ac Graecis peculiares exponuntur et enodantur. Opus ex plurimis latinae linguae auctoribus multo labore concinnatum et iuxta alphabeticam seriem digestum quod cuiuis prolixi commentarii loco esse potest. Adiecta est in fine vetustiorum vocum ex glossariis aliquot collecta farrago. Lugduni typis Joannis Anard (1622). Das Werk ist übrigens nicht vom Verfasser selbst veröffentlicht worden, sondern von einem gewissen J. Febe, der, wie er im Vorwort bemerkt, dasselbe damals schon fast drei Jahre lang in Händen hatte.

stock 1611, seine Erstlingsarbeit) und einige geographische Arbeiten verfaßt: von letzteren ist für uns die erst nach des Verfassers Tode durch den berühmten Lehrer des Natur- und Völkerrechtes, Samuel Pufendorf, veröffentlichte „Graecia antiqua" (Amsterdam 1660) von Interesse, eine Sammlung von Karten der einzelnen Landschaften des antiken Hellas, mit Einschluß der Landschaften Epirus, Makedonien und Thrakien und der wichtigeren Inseln, nebst Plänen der Tempeschlucht und der Städte Theben und Korinth, mit kurzen, stark rhetorisch gefärbten Erläuterungen, deren Stelle bei der Tempeschlucht ein hexametrisches Gedicht vertritt. Das Werk steht in Hinsicht des Textes sowohl als der Karten hinter den Arbeiten von Philipp Klüwer und Johann Meursius weit zurück und wurde durch die bald darauf (Leyden 1668, 2. Aufl. 1678) veröffentlichte „Descriptio Graeciae" des Franzosen Jacques Le Paulmier de Grentemesnil (Palmerius) in noch tieferen Schatten gestellt. Johann Lauremberg's älterer Bruder Peter (geboren 26. August 1585, gestorben 15. Mai 1639), der, obgleich Mediciner von Fach, im Jahre 1624 die Professur der Poesie an der Universität Rostock übernahm, hat sein Interesse für das classische Alterthum außer durch einige lateinische Uebersetzungen aus dem Griechischen durch zwei Sammlungen „auserlesener, nützlicher, lustiger und denkwürdiger Historien und Discursen, zusammengebracht aus den berühmsten (so!) Griechischen und Lateinischen Scribenten" bewiesen, welche er unter dem Titel „Acerra philologica" „allen Liebhabern der Historien zur Ergetzung: insonderheit der studierenden Jugend zur mercklichen Übung und nothwendigem Unterricht in allen Stücken zur Gelartheit befoderlich" herausgegeben hat [1]), ein Buch,

---

[1]) Das erste, 200 Historien enthaltende Bändchen, trägt in dem mir vorliegenden Exemplare die Jahreszahl 1638, das zweite, welches das dritte Hundert enthält und in dessen Vorrede über den Nachdruck des ersten Bändchens geklagt wird, ist von 1637 datirt. In späteren Auflagen ist die Zahl der „Historien" beträchtlich vermehrt: eine mir vorliegende Ausgabe vom Jahre 1667 (Frankfurt und Leipzig bei Joachim Wild) enthält 600, eine vom Jahre 1684 (ebd.) 650 Stück.

das freilich mehr für den Culturhistoriker als für den Geschichtschreiber der Philologie von Interesse ist.

Als erster Versuch eines vollständigen Lehrgebäudes der griechischen Alterthümer verdient Beachtung das Werk des Professors der Theologie und Bibliothekars in Königsberg Johann Philipp Pfeiffer (geboren zu Nürnberg 19. Februar 1645, starb, nachdem er im Jahre 1694 zum Katholicismus übergetreten war, als Canonicus zu Gutstadt in Preußen 10. September 1695): „Libri IV antiquitatum graecarum gentilium sacrarum, politicarum, militarium et oeconomicarum" (Königsberg und Leipzig 1689; 2. Aufl. 1707). Im Vorwort spricht der Verfasser seine Ansicht über den Begriff, die Aufgabe und die Stellung der Philologie aus. Er erklärt sie als die Kenntniß der Sprachen und der alten Geschichte im weitesten Sinne [1]) und betrachtet sie zunächst als Hülfswissenschaft für die verschiedensten anderen Wissenschaften, heilige wie profane, ist indessen nicht abgeneigt, ihr gewissermaßen auch die Bedeutung einer selbständigen Wissenschaft zuzugestehen [2]). In dem Werke selbst behandelt er im ersten Buche die gottesdienstlichen Alterthümer (Opfer und Feste), im zweiten die Staats- und Rechtsalterthümer (mit Einschluß der Metrologie), im dritten das Kriegswesen, im vierten das häusliche Leben der alten Griechen, überall auf Grund selbständiger und umfassender Quellenstudien, besonders der alten Grammatiker und Lexikographen, aber in sehr ungelenker Darstellung, ohne alle Frische, ohne klare Anschauung des antiken griechischen Lebens und ohne Verständniß für den hellenischen Geist, nur an den Aeußerlichkeiten haftend.

---

[1]) „Linguarum et ἁπάσης ἀρχαιολογίας h. e. antiquitatis et historiarum (verarum, fictarum) notitia".

[2]) „Est namque et ipsa Philologia suo modo quaedam scientia" und an einer späteren Stelle: „Quae omnia vero iam argumento sunt, Philologiam esse in numero scientiarum reponendam, ad minimum earum quae, ut Aristoteles loquitur I. Topic. c. IX συνεργά δέ ἐστι, adiumentum aliquod conferunt superioribus scientiis tum profanis tum sacris.

Mehr als eifriger und glücklicher Sammler von Handschriften und Inschriften sowie als liberaler Förderer der Studien anderer Gelehrten denn als Schriftsteller verdient Erwähnung der schon mehrfach gelegentlich von uns genannte Rendsburger Marquard Gude (Gudius, geboren 1. Februar 1635, gestorben als dänischer Etatsrath in Glückstadt 26. November 1689). Auf den Reisen, die er mehrere Jahre hindurch als Begleiter eines reichen jungen Holländers, Samuel Schaß, machte, schrieb er besonders in Italien zahlreiche lateinische und einige griechische Inschriften theils nach den Originalen, theils aus handschriftlichen Sammlungen (namentlich des berüchtigten Fälschers Pirro Ligori) ab; nach seinem Tode kamen diese von ihm in zwei stattlichen Bänden vereinigten, auch mit einem Index und einigen Anmerkungen versehenen Abschriften, an deren Veröffentlichung ebenso wie an der anderer handschriftlich vollendeter litterarischer Arbeiten ihn seine diplomatischen Geschäfte verhindert hatten, durch Georg Graevius' Vermittelung in die Hände des niederländischen Gelehrten Johannes Kool aus Utrecht, Rathsherrn zu Amorfort, der aber mit der Herausgabe nicht zu Stande kam; aus dessen Nachlaß erwarb der Buchhändler Halma das Manuscript, dessen Erben es endlich durch den Utrechter Kanonikus Franz Hessel in einem stattlichen Foliobande im Jahre 1731 herausgeben ließen¹). Seine sehr reichhaltige und werthvolle Sammlung griechischer und lateinischer Manuscripte (unter denen sich auch die Handschrift des gewöhnlich nach ihm als Etymologicum Gudianum bezeichneten griechischen Wörterbuches befand) ist zum größten Theil im Jahre 1710 für die Bibliothek in Wolfenbüttel angekauft worden;

---

[1] Antiquae inscriptiones quum graecae tum latinae olim a Marquardo Gudio collectae nuper a Joanne Koolio digestae hortatu consilioque Joannis Georgii Graevii nunc a Francisco Hesselio editae cum adnotationibus eorum (Leovardiae 1731). Die von Kool herrührende Anordnung der Inschriften nach sachlichen Rubriken schließt sich an die der Gruter'schen Sammlung an; die nach dem Muster der Scaliger'schen ausgearbeiteten sehr reichhaltigen Indices sind zum größten Theil ein Werk Hessel's.

die Mehrzahl der gedruckten Ausgaben griechischer und lateinischer Schriftsteller, in welche Collationen von Handschriften verschiedener Bibliotheken eingetragen waren, hat J. A. Fabricius erworben, dessen handschriftlicher Nachlaß sich jetzt in der Bibliothek zu Kopenhagen befindet[1]). Gude selbst hat, abgesehen von einer von ihm verfaßten, aber unter dem Namen seines Landsmannes Joh. Brandshagen gedruckten Dissertation „De clinicis sive grabatariis veteris ecclesiae" (Jena 1657), nur eine Ausgabe der bis dahin ungedruckten Schrift des Hippolytus über den Antichrist veröffentlicht (Paris 1661); nach seinem Tode sind seine Anmerkungen zu den Fabeln des Phaedrus in der Ausgabe von P. Burmann (Amsterdam 1698 u. ö.), die zu Valerius Maximus (für welchen er 25 allerdings zum größten Theil werthlose Handschriften verglichen hatte) in der Ausgabe von Abraham Torrenius (Leyden 1726) gedruckt worden.

Dem Hamburger Gelehrtenkreise, von welchem wir bei dieser Musterung der norddeutschen Philologen des 17. Jahrhunderts ausgegangen sind, gehört endlich nach Geburt und Erziehung auch Johann Friedrich Gronov (vgl. oben S. 266) an, ein Mann von gründlicher Gelehrsamkeit und geläutertem Geschmack, von schlichtem und einfachem Wesen, verständig und klar wie im Leben und Lehren, so auch in seinen schriftstellerischen Arbeiten. Durch seine Ausgaben zahlreicher lateinischer Schriftsteller, Prosaiker (Livius, Plinius des älteren, beider Seneca, Tacitus, Gellius) und Dichter (Plautus, Phaedrus, Statius, Martialis), durch seine „Observationum libri IV", endlich durch seine Untersuchungen über das antike Geldwesen hat er sich um das Verständniß und die Würdigung speciell der römischen Litteratur hervorragende Verdienste erworben, von deren Darlegung im Einzelnen wir hier aber absehen müssen, da Gronov wegen seines langjährigen Auf-

---

[1]) Vgl. den oben S. 317 Anm. 2 erwähnten Katalog; dazu F. A. Ebert, Zur Handschriftenkunde. Erstes Bändchen (Leipzig 1825) S. 134 ff. und dessen Verzeichniß der Wolfenbütteler Handschriften (Bibliothecae Guelferbytanae codices graeci et latini classici, Leipzig 1827).

enthaltes in Holland, wegen seiner Stellung als Lehrer an dortigen höheren Lehranstalten (zuerst in Deventer, dann in Leyden) und wegen des bedeutsamen Einflusses, den er als solcher auf die Entwickelung der philologischen Studien in Holland ausgeübt hat, mit Fug und Recht nicht sowohl den deutschen, als den holländischen Philologen zuzuzählen ist.

Einen nicht unbedeutenden Einfluß auf die philologischen Studien in Deutschland hat mehrere Generationen hindurch die Straßburger Schule geübt, die wir als philologisch=historische oder auch als die philologisch=politische bezeichnen können, weil die ihr angehörigen Gelehrten bei der Erklärung antiker Schriftsteller, insbesondere der römischen Historiker, denen sie mit Vorliebe ihre Thätigkeit zuwandten, auf die politischen Gesichtspunkte, nicht eben zum Vortheil einer gründlichen Exegese, besonderes Gewicht legten[1]). Als eine immerhin beachtenswerthe Aeußerlichkeit sind die äußerst umfänglichen und sorgfältigen Indices zu erwähnen, welche diese Männer gewissermaßen als Ergänzung ihrer weit mehr die sachliche als die sprachliche Seite berücksichtigenden Commentare ihren Ausgaben antiker Schriftsteller beizugeben pflegten. Als das Vorbild, gewissermaßen den geistigen Vater dieser Schule können wir Justus Lipsius bezeichnen, dem freilich von den Mitgliedern der Schule nur Freinsheim an gründlicher Kenntniß des römischen Alterthumes, insbesondere des römischen Staatslebens, zur Seite gestellt werden kann.

Der Begründer dieser Schule ist Matthias Bernegger aus Hallstadt in Oberösterreich (geboren 8. Februar 1582, gestorben 3. Februar 1640), der von 1608 an als Lehrer am Gymnasium, von 1615 an als Professor der Geschichte und Redekunst an der Universität zu Straßburg mit großem Erfolg thätig war.

---

[1]) Fr. Aug. Wolf in der Einleitung zu seiner Ausgabe des Herodian (p. LXVIII) charakterisirt diese Richtung folgendermaßen: „qui tum prāgmaticam quandam explicandi rationem magno hominum plausu sequebantur et interpretationem verborum dignitate sua inferiorem rati libros veterum novae politicae sapientiae fundum faciebant".

Außer einigen mathematischen und politischen Schriften hat er mehrere Arbeiten zu römischen Historikern geliefert, worin er, ohne Selbständigkeit in der Texteskritik, eine Auswahl des zur Erklärung des Schriftstellers Dienlichen aus den Commentaren früherer Herausgeber mit einigen eigenen Zusätzen und sehr genaue Indices giebt: eine Ausgabe des Justinus (Straßburg 1631, wiederholt ebd. 1653), eine Bearbeitung der Vita Caesaris, der ersten 36 Capitel der Vita Augusti und der Vita Titi des Suetonius (vereinigt unter dem Titel Diatribae in C. Suetonii Tranquilli C. Julium Caesarem, Augusti quaedam et Titum Vespasianum. Ex auctoris adnotationibus passim auctae et emendatae. Straßburg 1654), einen umfänglichen Index zu den sämmtlichen Werken des Suetonius (gedruckt in der Ausgabe von Joh. Georg Graevius, Utrecht 1672), endlich eine Ausgabe des Tacitus (Straßburg 1638 u. ö.), welche auch eine Anzahl trefflicher Emendationen und Bemerkungen von Bernegger's Schüler und Schwiegersohn, Johannes Freinsheim, enthält [1]). Dieser um die Kritik römischer Historiker sowie um die Erforschung der alten Geschichte hoch verdiente Mann, geboren in Ulm am 16. November 1608, lebte, nachdem er auf den Universitäten Marburg, Gießen und Straßburg studiert, sodann fast drei Jahre in Frankreich zugebracht hatte, mehrere Jahre ohne Amt in Straßburg in engem persönlichen und wissenschaftlichen Verkehr mit Bernegger, dessen Tochter Elisabeth er im Jahre 1637 heirathete. 1642 folgte er einem Rufe als Professor der Staatswissenschaft und Beredtsamkeit an die Universität Upsala, wurde 1647 von der Königin Christine als Bibliothekar und Historiograph an den Hof gezogen, trat aber gegen Ende des Jahres 1650 in seine Stellung in Upsala zurück. Nachdem er diese im Jahre 1651 aus Rücksicht auf seine schwankende Gesundheit aufgegeben hatte und nach Deutschland zurückgekehrt war, lebte er wiederum ohne

---

[1]) Auch „Quaestiones miscellaneae ex Cornelii Taciti Germania et Agricola" von Bernegger hat Freinsheim kurz nach B.'s Tode (Straßburg 1640) veröffentlicht.

Amt an verschiedenen Orten bis zum Jahre 1656, in welchem er zum kurpfälzischen Rath und zum Honorarprofessor an der durch den Kurfürsten Karl Ludwig aus dem tiefen Verfalle, ja gänzlicher Auflösung, welche der dreißigjährige Krieg über sie gebracht hatte, wieder hergestellten Universität Heidelberg ernannt wurde; hier starb er am 31. August 1660[1]). Seine erste Arbeit, durch welche er sich der gelehrten Welt bekannt machte, war eine von Matthias Bernegger bevorwortete Ausgabe des Geschichtswerkes des Florus (Straßburg 1632, wiederholt 1638 u. 1655), in welcher der Text der Gruter'schen Ausgabe durch mehrere sichere Emendationen des Herausgebers verbessert ist und außer reichhaltigen eigenen und fremden Anmerkungen „Excerptiones chronologicae ad Florum" (nach dem Muster der „Excerptiones chronologicae", welche Jacob Bongars seiner im Jahre 1581 erschienenen Ausgabe des Justin beigegeben hatte) beigefügt sind. Es folgte dann, abgesehen von einer Dissertation über den Gebrauch des mit Wein gemischten warmen Wassers bei den Alten[2]), eine Ausgabe des Curtius mit ausführlichen Prolegomenis, umfänglichem Commentar und mit Ergänzung der beiden verlorenen ersten Bücher sowie einiger kürzerer in allen unseren Handschriften fehlender Stücke des 5., 6. und 10. Buches (ebd. 1639, wiederholt 1640), eine Arbeit, die ebenso von dem gründlichen Quellenstudium des Verfassers als von seiner Vertrautheit mit dem Stil des von ihm ergänzten Autors Zeugniß giebt: für die Constituirung des Textes der erhaltenen Partien hat er außer dem von Gruter gesammelten Apparat, von welchem er durch den Dr. iuris Johann Adam Schrag aus Straßburg eine Ab-

---

[1]) Vgl. Halm in der Allgem. deutschen Biographie Bd. 7 S. 318 f.

[2]) De calidae potu dissertatiuncula (Straßburg 1636) wieder abgedruckt in J. Gronov's Thesaurus antiquitatum graecarum Vol. IX p. 493—515. Denselben Gegenstand hat fast ein Jahrhundert später der berühmte Jurist Georg Christian Gebauer (geboren in Breslau 26. October 1690, gestorben als Professor in Göttingen 27. Januar 1773) in einer besonderen Schrift behandelt: De caldae et caldi apud veteres potu liber singularis (Leipzig 1721).

schrift erhielt, eine von dem Professor Conrad Schoppe in
Bern gemachte Abschrift der von Bongars selbst angefertigten
Collationen der codices Bongarsiani benutzt. Einen geschmack=
vollen Commentar zu den 4 ersten Büchern der Annalen des
Tacitus gab er in seinem „Specimen paraphrasis Cornelianae"
(Straßburg 1641). Während seines Aufenthaltes in Schweden
begann er die weit umfänglichere und schwierigere Arbeit einer
Ergänzung der verlorenen Bücher des Livius, deren erste, die
Bücher XI—XX umfassende Decade in Stockholm 1649 erschien:
in Deutschland wurde dann die Arbeit von Buch XLVI bis zum
Buch XCV fortgeführt und die sämmtlichen 60 von Freinsheim er=
gänzten Bücher zuerst im Jahre 1654 zu Straßburg veröffent=
licht [1]), ein Werk, das wenn es auch die Anmuth der Livianischen
Darstellung bei Weitem nicht erreicht, doch wegen des Reichthumes
des Inhaltes und der Sorgfalt der Forschung Bewunderung ver=
dient. Auch seine nach Inhalt und Form gleich trefflichen lateini=
schen Reden [2]) verdienen rühmende Erwähnung. Erst nach Freins=
heim's Tode wurde aus seinem Nachlaß von Heinr. Holst eine
Ausgabe der Fabeln des Phaedrus veröffentlicht (Straßburg 1664):
darin ist jeder Fabel eine „historia", ein mehr oder weniger
passendes Beispiel aus der alten oder neueren Geschichte, mit
den eigenen Worten des Gewährsmannes, aus dem es ge=
schöpft ist (jedoch bei griechischen Quellen in lateinischer Ueber=
setzung) beigefügt, weiter sind „Notae variorum" (darunter
viele eigene Bemerkungen Freinsheim's) und ein sehr ausführ=
licher, vieles zur Erklärung des Textes Gehörige enthaltender
Index beigegeben.

---

[1]) „Supplementorum Livianorum tomus prior libros sexaginta continens", wiederholt 1662 und 1674 (diese letztere mir vorliegende Ausgabe führt
den Titel: „Vetus Romana historia sive supplementorum Livianorum libri
sexaginta auctore Joanne Freinshemio"), vervollständigt aus seinem Nachlaß
zuerst in der Ausgabe des Livius von Doujat (Paris 1679), dann in der
von A. Drakenborch (Amsterdam 1738- 46).

[2]) Orationes in Suetia habitae cum quibusdam declamationibus
(Frankfurt 1655).

Ein anderer Schüler Bernegger's und wie dieser selbst einer der angesehensten und einflußreichsten Lehrer der Straßburger Hochschule (der er von 1631 bis 1648, wo er als Professor der Geschichte nach Upsala berufen wurde, als Professor der Beredt= samkeit, von 1652 an bis zu seinem Tode als Professor der Ge= schichte angehörte) war Johann Heinrich Boecler aus Cron= heim in Franken (geboren 1610 oder 1611, gestorben 1672), der auch als Schriftsteller auf politischem, historischem und philologi= schem Gebiete eine ausgebreitete Thätigkeit entfaltet hat. Von seinen Arbeiten zu römischen Historikern ist die bedeutendste seine mit reichhaltigem Commentar und ausführlichem Index versehene Aus= gabe des Velleius Paterculus (Straßburg 1642, ed. II 1663); historisch=politische Erörterungen über denselben Schriftsteller ent= halten seine „Characteres politici in Velleio Paterculo expo- sitione quadam demonstrati" (ebd. 1672). Ferner hat er einen sehr ausführlichen historisch=politischen Commentar zu den ersten 15 Kapiteln des ersten Buches der Annales und einen kürzeren Commentar gleicher Tendenz zu den fünf Büchern der Historiae des Tacitus (zusammen gedruckt ebd. 1664), einen „Liber com- mentarius" zu Cornelius Nepos, welcher Betrachtungen über den Stil und die historische Kunst dieses Schriftstellers enthält (wiederholt in der Ausgabe des Cornelius von Joh. Andr. Bose, Jena und Leipzig 1675) und „Dissertationes politicae" zu den Caesares des Suetonius (in der von Boecler selbst besorgten Ausgabe des Sueton mit den Anmerkungen des Isaac Casau= bonus, Straßburg 1674) verfaßt. Von griechischen Historikern haben ihn Polybius und Herodian beschäftigt: zu jenem hat er die Varianten eines von ihm mit der Casaubonus'schen Ausgabe verglichenen Codex Augustanus (N. 89) nebst zwei ganz kurzen Aufsätzen über das Verhältniß des Livius und des Diodor zu Polybius[1]) veröffentlicht, von Herodian eine Ausgabe besorgt,

---

[1]) Lectiones Polybianae msc. codicis Augustani ad ill. v. Joannem Capellanum christianissimo Galliarum et Navarrae regi a consiliis. Ac- cesserunt et alia ad Polybium spectantia, Argentorati 1670; von den

welche den griechischen Text mit der lateinischen Uebersetzung des
Angelus Politianus, Boecler's hauptsächlich die Erläuterung
des historischen Stoffes bezweckende Anmerkungen und einen
von dessen Collegen, dem Professor der hebräischen und [griech]i-
schen Sprache Dr. theol. Balthasar Scheid mit peinlicher
Kleinigkeitskrämerei ausgearbeiteten griechisch=lateinischen Index zu
Herodian enthält (Straßburg 1662: in der 18 Jahre früher erschienenen ersten Ausgabe fehlt dieser Index). Von seinen Arbeiten zu lateinischen Dichtern gibt seine Ausgabe der Komödien
des Terenz (1657), welche außer seinen eigenen Anmerkungen und
einer den Sprachgebrauch des Dichters erläuternden „Chrestomathia Terentiana" die durchgängig scharfsinnigen aber oft
übermäßig kühnen Verbesserungsvorschläge des Franzosen François Guyet enthält, manches Brauchbare für das Verständniß
sowohl der künstlerischen Composition der Stücke als der Einzelheiten; seine Ausgabe des astronomischen Gedichtes des Manilius
(1655) bietet durchaus nichts Eigenes, sondern ist nur eine
nach Scaliger's handschriftlichem Nachlaß veränderte Wiederholung von dessen zweiter Ausgabe dieses Dichters (vom Jahre
1600), welcher Bemerkungen von dem Astronomen Ismael
Bouilleau (Bullialdus) und wenige aber zum Theil vortreffliche Emendationen zum fünften Buche von Thomas Reines
beigefügt sind. Ganz unbedeutend sind endlich zwei posthume Arbeiten Boecler's: seine nach einem Collegienheft veröffentlichte
Einleitung in Ovid's Metamorphosen (kurze Bemerkungen zur sachlichen Erläuterung der einzelnen von Ovid behandelten Fabeln) [1])

angehängten zwei Aufsätzen umfaßt der erste „De Polybii Liviique diversa
scribendi ratione et huius imitatione" 3, der zweite „Diodori Siculi imitatio Polybiana" 5 Seiten in 4°. Eine im Uebrigen ganz unveränderte
neue Titelauflage dieser Schrift ist: Jo. Henr. Boecleri Animadversiones
in Polybium accessit eiusdem de Polybii Liviique diversa scribendi ratione
dissertatio itemque Diodori Siculi Polybiana imitatio. Argentinae 1681.

[1]) Ad inaccessum opus metamorphoseon Ovidianarum per loca a
Joh. H. Boeclero privato in collegio subnotata aditus. Cui ob doctrinae
paritatem subinncta est Georgii Sabini earundem fabularum in academia
Regiomontana olim tradita interpretatio. Lipsiae 1699 (vgl. oben S. 181).

und die von seinem Schwiegersohne Ulrich Obrecht herausgegebene „Commentatio de scriptoribus graecis et latinis ab Homero ad initium saeculi post Chr. nat. decimi sexti" (1708), eine knappe und magere Uebersicht über die wichtigeren griechischen, lateinischen und mittelalterlichen Schriftsteller.

Jener Schwiegersohn Boecler's, das Glied einer Straßburger Familie, welche mehrere Generationen hindurch in der Geschichte ihrer Vaterstadt wie auch der Gelehrsamkeit eine bedeutende Rolle gespielt hat, geboren 23. Juli 1646, folgte im Jahre 1673 seinem Schwiegervater in der Professur der Geschichte und Beredtsamkeit, zu welchem Amte ihm 1681 noch die Professur des Staatsrechtes und der Institutionen übertragen wurde. Nach der Einnahme Straßburgs durch die Franzosen trat er zum Katholicismus über und wurde 1685 zum königlichen Prätor der Stadt ernannt, welches Amt er bis zu seinem Tode (6. August 1701) verwaltete. Wie auf den Gebieten des römischen Rechtes, des Staatsrechtes und der Geschichte hat er sich auch auf dem der classischen Philologie durch seine schriftstellerischen Leistungen ein ehrenvolles Andenken gesichert, besonders durch seine Ausgabe der Scriptores historiae Augustae mit kurzen historischen und kritischen Anmerkungen (Straßburg 1677) und die Ausgabe der Institutio oratoria des Quintilian sowie der demselben Verfasser beigelegten 19 größeren und 145 kleineren Declamationen nebst den Excerpten des Calpurnius Flaccus und dem Dialog de oratoribus des Tacitus (ebd. 1698, 2 Bde. 4°), worin dem Texte ein Verzeichniß der wichtigeren vom Herausgeber nach Handschriften (er hat für die Institutio oratoria einen freilich sehr jungen Straßburger Codex zuerst benutzt) oder nach Conjectur verbesserten Stellen, dem der Declamationen auch Varianten zu den 19 größeren Declamationen aus 2 Codices der Bibliothek Colbert und einem Codex der Bibliothek St. Victor in Paris vorausgeschickt sind. Dazu kommen eine Ausgabe der historischen Romane des Dares Phrygius und des Dictys Cretensis, deren Text er mit Hülfe einer Straßburger Handschrift vielfach verbessert hat (ebd. 1691), eine lateinische Uebersetzung von Jamblichus' Leben des Pythagoras (ebd. 1700, wiederholt in der Ausgabe von L. Küster, Amsterdam 1707) und eine Reihe von Abhandlungen über Gegenstände hauptsächlich des römischen Alterthumes, welche in die von seinem Nachfolger in der Professur der Geschichte und Beredtsamkeit Johann Caspar Khunn veranstaltete Sammlung seiner akademischen Schriften aufgenommen sind[1]).

Ein anderer Schüler Boecler's war der Straßburger Johann Scheffer (geboren 2. Februar 1621), der im Jahre 1648 zugleich mit seinem Lehrer als Professor der Eloquenz und Politik nach Upsala berufen wurde und dort, nachdem ihm auch die Stelle des Bibliothekars der Universität und eine Professur des Natur- und Völkerrechtes übertragen worden war, am 26. März 1679 starb. Neben einer Reihe von Schriften zur älteren Geschichte Schwedens hat er eine große Anzahl philologischer Arbeiten — theils Ausgaben griechischer und römischer Schriftsteller, theils Abhandlungen über einzelne Partien der sog. Antiquitäten — veröffentlicht, die durchgängig ebensowohl von ausgebreiteter Belesenheit als von verständiger Kritik Zeugniß geben; doch war seine Kenntniß der griechischen Sprache eine ziemlich mangelhafte, wie die übrigens für die Sacherklärung viel Brauchbares enthaltenden Ausgaben der Varia historia des Aelian (Straßburg 1647 u. ö.), der taktischen Werke des Arrian und des Mauricius (Upsala 1664), der Progymnasmata des Aphthonios und des

---

[1]) Vlrici Obrechti Academica in unum volumen collecta dissertationes, orationes, programmata etc. complexum cum praefatione Johannis Caspari Khunii, historiarum et eloquentiae prof. publ. (Straßburg 1704). Dem philologischen Gebiete gehören von den in diesem stattlichen Quartbande vereinigten Schriften folgende an: Dissertatio VI de legibus agrariis populi Romani (p. 109 ss.); diss. IX de censu Augusti (p. 193 ss.); diss. XVIII de legione fulminatrice M. Antonini Philos. (p. 361 ss); diss. XX de extraordinariis populi romani impensis (p. 388 ss.); diss. XXI sacra Termini (p. 406 ss.); diss. XXII de tribunicia Caess. Romm. potestate (p. 426 ss.); ferner die epistola de nummo Domitiani Isiaco (p. 459 ss.), endlich seine Erstlingsarbeit (aus dem Jahre 1665), das $\sigma\chi\epsilon\delta\iota\alpha\sigma\mu\alpha$ in M. T. Ciceronis somnium Scipionis (p. 561 ss.).

Theon (ebd. 1670 und 1680) beweisen. In das Bereich der römischen Litteratur gehören seine Ausgabe der sog. Fabulae und des mythologisch-astronomischen Werkes des Hyginus (Hamburg 1674) mit kritischen Anmerkungen und einer „Dissertatio de Hygini scriptoris fabularum aetate atque stylo", worin er nachweist, daß der Verfasser dieser Schriften nicht der Freigelassene des Augustus Julius Hyginus sein könne, sondern nach Plinius gelebt haben müsse; seine Ausgabe des in Trau entdeckten Fragmentes des satirischen Romanes des Petronius (Upsala 1665) mit einer Abhandlung „De vero fragmenti auctore" (vgl. oben S. 293) und kritischen Anmerkungen, zu denen er später in seinem gleich weiter zu besprechenden „Lectionum academicarum liber" (p. 227 ss.) eine Nachlese gegeben hat; ferner seine Ausgaben des Schriftchens des Julius Obsequens de prodigiis (Amsterdam 1679), des Panegyricus des Latinus Pacatus auf den Kaiser Theodosius (Stockholm 1651, zweite verbesserte Ausgabe Upsala 1668), des Geschichtswerkes des Justinus (Hamburg 1678) und der Fabeln des Phädrus (mit den Bemerkungen von Fr. Guyet, Upsala 1667 u. ö.), Arbeiten, welche sämmtlich werthvolle Beiträge zur Herstellung der Texte der betreffenden Schriftsteller enthalten. Recht brauchbar sind auch die exegetischen und kritischen Bemerkungen zu den Briefen des Plinius, zu Curtius, zu Cicero's Büchern de legibus und zu Seneca's Satire auf den Tod des Kaisers Claudius, welche neben dem schon erwähnten Spicilegium notarum in Petronii fragmentum Traguriense und für den Standpunkt von Schülern berechneten Anmerkungen zu des Cornelius Nepos vita Miltiadis den Inhalt des „Lectionum academicarum liber" (Hamburg 1675) bilden[1]. Viel

---

[1] Angehängt ist der Sammlung (nach p. 336) mit besonderer Paginirung: „Graeci scriptoris incerti compendium rhetoricae", ein kurzes Compendium der Rhetorik, dessen griechischen Text zuerst Dav. Höschel, (Augsburg 1595) unter dem Namen des Matthäos Kamariotes herausgegeben hatte, mit lateinischer Uebersetzung und Noten von Scheffer (p. 2—96), endlich ein vollständiges Verzeichniß der von Scheffer bis zum Jahre 1675 veröffentlichten

Beifall unter den Zeitgenossen muß, wie die wiederholten Auf=
lagen zeigen, sein Werk über den Stil und die richtige Art der
Stilübung gefunden haben ¹). Als Vorläufer eines von ihm be=
absichtigten aber nicht vollendeten großen Werkes über das Leben
des Pythagoras, die berühmten Pythagoreer und die pythago=
reische Philosophie, welches er auf den Wunsch der Königin
Christine unternommen hatte, veröffentlichte er im Jahre 1664
eine gelehrte Schrift über den Ursprung und das Wesen der
pythagoreischen Philosophie ²). Auf dem Gebiete der Antiquitäten
verdienen die beiden reichhaltigen mit Holzschnitten nach Münzen
und anderen antiken Bildwerken illustrirten Werke über das See=
wesen der Alten mit besonderer Rücksicht auf Kriegsflotten und
auf den Seekrieg ³) und über das Fuhrwesen der Alten ⁴), ebenso
auch die Schrift über die Halsketten der alten Völker ⁵) ehren=
volle Erwähnung. Endlich enthält auch Scheffer's Schrift über
die Malerei ⁶) — eine Kunst die er selbst von Jugend auf mit

Schriften unter Beifügung derjenigen, welche er damals schon druckfertig hatte,
sowie derjenigen, welche noch „manum ultimam desiderant".

¹) De stylo illiusque exercitiis ad veterum consuetudinem liber, Up=
saliae 1653; umgearbeitet und vermehrt ebd. 1657; wiederholt ebd. 1665;
endlich mit einer Dissertation Boecler's de comparanda lingua latina
herausgegeben von A. Bose (Jena 1670).

²) De natura et constitutione philosophiae Italicae seu Pythagoricae
liber (Upsala 1664); neue Ausgabe mit einer Vorrede von C. S. Schurz=
fleisch (Wittenberg 1701).

³) De militia navali veterum libri quatuor ad historiam graecam
latinamque utiles (Upsaliae 1654 4°). Auf die von Marcus Meibo=
mius in seinem Buche „De fabrica triremium" (Amsterdam 1671) gegen
Scheffer's Werk gerichteten Angriffe antwortete dieser durch folgendes pseudo=
nyme Schriftchen: „Constantini Opelii de fabrica triremium Mei=
bomiana epistola perbrevis ad amicum, Eleuteropoli 1672.

⁴) De re vehiculari veterum libri duo. Accedit Pyrrhi Ligorii v. c. de
vehiculis fragmentum numquam ante publicatum ex bibliotheca ser. reg.
Christinae cum eiusdem I. Schefferi Arg. annotationibus (Frankfurt 1671 4°).

⁵) De antiquorum torquibus syntagma (Stockholm 1656); neue Aus=
gabe mit umfänglichen Anmerkungen von Joh. Nicolai (Hamburg 1707).

⁶) Graphice id est de arte pingendi liber singularis (Nürnberg 1669).

Eifer geübt hatte — manches auf die Geschichte und die Technik dieser Kunst im classischen Alterthum Bezügliche.

Aus Boecler's Schule ist ferner hervorgegangen Johann Andreas Bose (geboren zu Leipzig 17. Juni 1626, Professor der Geschichte in Jena seit 1656, gestorben am 29. April 1674), dessen Thätigkeit als akademischer Lehrer wie als Schriftsteller sich vornehmlich auf Geschichte und Staatswissenschaft bezog; philologische Arbeiten von ihm sind eine Ausgabe des Cornelius Nepos, welche außer einem umfänglichen Commentar des Herausgebers (für welchen ihm, wie er ausdrücklich im Vorwort bemerkt, die von M. Bernegger und Joh. Freinsheim veranstalteten Ausgaben als Muster gedient haben) eine chronologische Uebersicht der von Cornelius erwähnten griechischen Feldherrn von Andreas Schott, kurze Anmerkungen zu Cornelius von dem Dr. juris Heinrich Ernst und den „liber commentarius" Boecler's (vgl. oben S. 329), endlich einen sehr reichhaltigen Index enthält (Jena 1657, 2. Ausg. 1675) und eine Ausgabe von Tacitus Agricola mit dem Commentar des Holländers Marcus Zuerius Boxhorn (Jena 1664). Die von ihm beabsichtigten Ausgaben der Schriften des Flavius Josephus und des byzantinischen Historikers Genesios, von welchen in seinem Briefwechsel viel die Rede ist [1]), hat er nicht vollendet.

Auch Bose's Nachfolger auf dem Lehrstuhl der Geschichte zu Jena, Caspar Sagittarius (geboren 23. September 1643 in Lüneburg, gestorben 9. März 1694), hat neben sehr zahl-

---

[1] Vgl. Th. Reinesii et Jo. Andr. Bosii virorum celeberrimorum epistolae mutuae varia philologica et historica complexae quas e scriniis B. Casp. Sagittarii una cum excerptis epistolarum clarissimorum virorum ad editionem Josephi facientibus publicae luci dat Jo. Andr. Schmidius, Dr. (Jena 1700). Ganz unbedeutend sind die kurzen Bemerkungen zu Petronius, welche aus Bose's Nachlaß veröffentlicht worden sind in folgender Ausgabe: Titi Petronii Arbitri eq. R. Satyricon puritate donatum eiectis obscoenis commentisque cll. virorum — cum fragmentis Trajur. (sic) et Albae Graeciae recuperatis usibus invenum restitutum. Accesserunt annotationes e msc. Joh. Andr. Bosii polyhistoris celeberrimi, Jenae 1701. (Die Vorrede ist von Georgius Phädrus unterzeichnet).

reichen geschichtlichen und kirchengeschichtlichen Arbeiten einige philologische Schriften veröffentlicht, von denen wenigstens die antiquarische über die Thüren bei den Alten, worin nicht nur von der Einrichtung der antiken Thüren, sondern auch von den verschiedensten zu denselben in Beziehung stehenden Sitten und Gebräuchen bis zu den Thorheiten der vor der Thüre der Geliebten vergeblich um Einlaß bittenden Liebhaber hinab gehandelt wird[1]), sowie die litterarhistorischen über das Leben und die Schriften der ältesten römischen Dichter und des Marcus Porcius Cato, des Plautus und Terentius und des Cicero[2]) als fleißige Materialiensammlungen Erwähnung verdienen.

Die Vorliebe für die historisch-politische Seite der classischen Alterthumswissenschaft, welche für die Straßburger Schule charakteristisch ist, finden wir auch in den philologischen Arbeiten des großen Polyhistors Hermann Conring (geboren am 7. November 1606 zu Norden in Ostfriesland), der größten Zierde der Universität Helmstädt, der er fünf Jahre lang (1620—25) als Student, von 1632 an bis zu seinem Tode (12. December 1681) als Professor zuerst der Naturphilosophie (Physik), dann der Medicin, daneben später noch der Politik angehörte. Wenn schon dieser Wechsel der Aemter für die Universalität seines Geistes und Wissens charakteristisch ist, so tritt uns dieselbe besonders deutlich in seiner ausgebreiteten litterarischen Thätigkeit entgegen, die sich auf fast alle Gebiete des Wissens — Staats- und Rechts-

---

[1]) De ianuis veterum liber singularis cum dissertatione epistolica et analectis in eundem ad v. cl. Theod. Jansonium ab Almeloven — Jena 1694 (schon früher gedruckt Altenburg 1672).

[2]) Commentatio de vita et scriptis Livii Andronici, Naevii, Ennii, Caecilii Statii, Pacuvii, Attii, Attilii, Lucilii, Afranii, M. Porcii Catonis (Altenburg 1672). Commentatio de vita, scriptis, editionibus, interpretibus lectione atque imitatione Plauti, Terentii, Ciceronis (Altenburg 1671). Commentatio de lectione atque imitatione Ciceronis in qua praeter alia singularia facilis et expedita excerpendi ratio ostenditur (ebd. 1671): die letztgenannte Schrift ist eigentlich nur ein Nachtrag zu der vorhergenannten, obgleich sie einige Monate vor derselben im Druck erschienen ist. Ein vollständiges Verzeichniß der Schriften des S. gibt Joh. Andr. Schmid Commentarius de vita et scriptis Caspari Sagittarii . . (Jena 1713) p. 126 ss.

wissenschaft, Volkswirthschaftslehre, Philosophie, Philologie, Geschichte, Medicin und Theologie; auch in lateinischer Dichtung hat er sich nicht ohne Glück versucht — erstreckte. Dem philologischen Gebiete im engeren Sinne gehören seine Ausgaben der Politik des Aristoteles (mit der lateinischen Uebersetzung des Petrus Victorius) nebst den Fragmenten der Politien (Helmstädt 1656) und der Germania des Tacitus (ebd. 1652) an. In dem Werke des Aristoteles hat Conring, wenn er auch in der Annahme von Lücken im Texte entschieden zu weit geht, doch die Verderbniß der Ueberlieferung an nicht wenigen Stellen richtig erkannt und in seinen „Emendationes Politicorum Aristotelis" (p. 655—748) einige beachtenswerthe Verbesserungsvorschläge gegeben, besonders aber hat er in seiner „Introductio in Politica Aristotelis" (p. 557—652) durch sorgfältige Analyse des Inhaltes des Werkes die allerdings schon vor ihm von französischen und italienischen Gelehrten vermuthete richtige Anordnung der einzelnen Bücher (die Stellung des siebenten und achten Buches zwischen dem dritten und vierten) in selbständiger und eingehender Weise begründet. Die Ausgabe der Germania enthält außer dem Texte der Taciteischen Schrift (welcher eine doppelte Vorrede und Notae criticae vorausgeschickt sind) auf das alte Germanien bezügliche Excerpte aus den Werken des Caesar, Strabon, Pomponius Mela, Plinius und Ptolemaeus und aus Ph. Klüver's „Introductio in Geographiam", bildet also ein ziemlich vollständiges Urkundenbuch für die älteste Geschichte und Geographie Deutschlands. Von Conring's historischen Arbeiten fallen in unser Bereich die Abhandlung über die Chronologie der ältesten Dynastien Asiens (Meder, Assyrier, Babylonier) und Aegyptens, in welcher er die Richtigkeit der chronologischen Angaben des Herodot gegenüber denen des Ktesias besonders durch die Uebereinstimmung der ersteren mit denen der Bibel vertheidigt[1]), und die bei Univer-

---

[1]) De Asiae et Aegypti antiquissimis dynastiis adversaria chronologica (Helmstädt 1648), abgedruckt in J. G. Grävius' Syntagma variarum dissertationum rariorum (Utrecht 1702) p. 138—204.

sitätsfeierlichkeiten in Helmstädt von ihm gehaltenen, unter dem Titel „De antiquitatibus academicis" im Druck erschienenen Vorträge über die Geschichte des Schul- und Universitätswesens, besonders der erste, welcher über das Schulwesen bei den Völkern des Alterthumes sowie im Mittelalter bis zur Gründung der Universitäten handelt, und der siebente, welcher sich mit der Constitution der Kaiser Valentinianus, Valens und Gratianus über die Bildungsanstalten in Rom und Constantinopel aus dem Jahre 370 n. Chr. beschäftigt[1]); endlich von den medicinischen ein Werk über die dem Hermes Trismegistus beigelegten Schriften und die sogenannte hermetische Medicin des Paracelsus[2]).

An der Universität Helmstädt erlangte, nachdem er vorher in Königsberg studirt hatte, im Jahre 1666 die Magisterwürde Friedrich Bessel aus Königsberg, der schon wenige Jahre darauf in Holland starb. Er selbst hat nur Einhart's Lebensbeschreibung Karl's des Großen herausgegeben, aber aus seinem reichhaltigen handschriftlichen Nachlasse ist später von einem Ungenannten ein „Miscellaneorum philologico-criticorum syntagma" veröffentlicht worden (Amsterdam 1742), welches hauptsächlich kritische Bemerkungen zu zahlreichen Stellen römischer Schriftsteller, vornehmlich der Tragödien des Seneca und der vier Bücher des Flavius Vegetius Renatus de re militari ent-

---

[1]) De antiquitatibus academicis dissertationes sex habitae in academia Iulia (Helmstädt 1651, zweite vermehrte Ausgabe 1674). Dissertatio ad legem I codicis Theodosiani de studiis liberalibus urbis Romae et Constantinopolis (Helmstädt 1655, zweite vermehrte Ausgabe 1674). Alle 7 Dissertationes mit Conring's Supplementen und einer epistola ad Conringium de scholis veterum von Joachim Johann Mader (früher Professor der Geschichte in Helmstädt, seit 1651 Rector in Schöningen) finden sich in folgender Ausgabe: H. Conringii de antiquitatibus academicis dissertationes septem una cum eius supplementis. Recognovit Chr. Aug. Heumannus adiecitque bibliothecam historicam academicam (Göttingen 1739).

[2]) De Hermetica Aegyptiorum vetere et Paracelsicorum nova medicina liber unus quo simul in Hermetis Trismegisti omnia ac universam cum Aegyptiorum tum Chemicorum doctrinam animadvertitur (Helmstädt 1648).

hält, die von der Belesenheit und dem kritischen Tact des jungen Gelehrten ein günstiges Zeugniß geben.

Zu Straßburg wirkte seit 1676 als Lehrer der griechischen Sprache am obern Gymnasium, seit 1686 als Professor der orientalischen Sprache an der Universität, ohne jedoch der Straßburger Schule im engeren Sinne anzugehören, der Greifswalder Joachim Kühn (geboren 1647, gestorben 11. December 1697), der sich durch seine griechisch-lateinischen Ausgaben der Varia historia des Aelian, welche er als einen ungeschickt gemachten Auszug aus dem verlorenen ächten Werke des Aelian betrachtete (Straßburg 1685 und 1713), und der Descriptio Graeciae des Pausanias (Leipzig 1696) sowie durch seine Bemerkungen zu Julius Pollux (gedruckt in der von Kühn's Schüler Joh. Heinr. Lederlin[1]) begonnenen, von Tib. Hemsterhuys beendigten Ausgabe, Amsterdam 1706) und zu Diogenes von Laerte (gedruckt in der Ausgabe von M. Meibom, Amsterdam 1692, Vol. II, p. 509—556) als tüchtigen Kenner der griechischen Sprache und des griechischen Alterthumes erwiesen hat.

In letzterer Hinsicht überragt ihn noch weit Ezechiel Spanheim, der, obgleich in Genf geboren (7. December 1629), doch aus einer deutschen Familie stammte — sein Vater, der reformirte Theolog Friedrich Spanheim, war aus Amberg in der Oberpfalz gebürtig — und den größten Theil seines Lebens dem Dienste deutscher Fürsten — erst des Kurfürsten Karl Ludwig von der Pfalz, dann des großen Kurfürsten Friedrich Wilhelm von Brandenburg und dessen Sohnes, des Kurfürsten Friedrich's III., später Königs Friedrich's I. von Preußen, als dessen Gesandter am englischen Hofe er in London 7. November 1710 starb — gewidmet hat. Während seines Aufenthaltes in Rom, wohin er 1663 vom Kurfürsten von der Pfalz gesandt worden war, um die Rückgabe der Heidelberger Bibliothek zu erwirken, sammelte er nicht nur antike Münzen für

---

[1] Vgl. über diesen Gelehrten (geboren zu Straßburg 18. Juli 1672, gestorben 3. September 1737) Th. Chr. Harles, De vitis philologorum nostra aetate clarissimorum Vol. III p. 1 ss.

das Münzkabinet des Kurfürsten, sondern machte auch umfassende und eingehende Studien auf dem Gebiete der antiken Numismatik, als deren Frucht er zuerst in Rom im Jahre 1664 seine berühmten „Dissertationes de praestantia et usu numismatum antiquorum" veröffentlichte, welche erweitert in Amsterdam 1671, dann nochmals vom Verfasser umgearbeitet in London 1706 herausgegeben worden sind. (Ein zweiter nach den vom Verfasser hinterlassenen Materialien von Isaac Verburg bearbeiteter Band erschien Amsterdam 1717.) Das auch äußerlich glänzend ausgestattete, mit zahlreichen Münzbildern illustrirte Werk enthält eine Reihe gelehrter Untersuchungen, die von antiken Münzen ausgehend über verschiedene Punkte der Geschichte, des Staatswesens und des Cultus der antiken Völker Licht verbreiten. Einige Arbeiten ähnlicher Art sind nicht von Spanheim selbst, sondern als Beigaben zu Schriften anderer ihm befreundeter Gelehrter veröffentlicht worden; so seine „Diatriba de nummo Smyrnaeorum seu de Vesta et prytanibus Graecorum" in des französischen Geistlichen Pierre Seguin „Selecta numismata" (Paris 1672, ed. II. 1684)[1]), zwei Briefe numismatischen Inhaltes von ihm an L. Beger in dessen „Observations et coniecturae in numismata quaedam antiqua" (Berlin 1691) und seine „Epistolae quinque ad Andream Morellium" hinter dem von diesem gelehrten Numismatiker[2]) herausgegebenen „Specimen universae rei nummariae antiquae" (Leipzig 1695). Von den griechischen Schriftstellern hat Spanheim sich besonders mit den Werken des Kaisers Julian beschäftigt. Nachdem er früher eine französische Uebersetzung der satirischen Schrift desselben über die

---

[1]) Sp.'s Abhandlung ist auch abgedruckt in Grävius' Thesaurus V col. 659—702.

[2]) Andreas Morell, geboren zu Bern 9. Juni 1646, lebte längere Zeit in Paris, wo er Antiquar des Königs Ludwig XIV. war, floh, als er bei diesem in Ungnade gefallen war, nach Lyon und dann nach seiner Heimath, folgte 1693 einem Rufe des Grafen von Schwarzburg als Hofrath und Antiquar nach Arnstadt und starb daselbst 16. April 1703. Sein Specimen universae rei nummariae antiquae erschien zuerst Paris 1683.

Kaiser mit umfänglichen Anmerkungen und angehängten eingehenden Erörterungen einzelner Stellen herausgegeben hatte [1]), veröffentlichte er die sämmtlichen Werke des Julian in einem dem Kurfürsten Friedrich III. von Brandenburg dedicirten stattlichen Foliobande (Leipzig 1696), welcher den besonders mit Hülfe eines Codex Vossianus berichtigten griechischen Text nebst der lateinischen Uebersetzung von Dionysius Petavius, die 10 Bücher des Erzbischofs Cyrillus von Alexandria gegen Julian mit der lateinischen Uebersetzung von Nicol. Borbojius und Joh. Aubert, die Anmerkungen verschiedener Gelehrter, besonders des Petavius, zu Julian und Spanheim's eigene „observationes ad Juliani opera", 309 Seiten stark, die sich ausschließlich auf die erste Rede desselben beziehen, enthält. Ferner lieferte Spanheim einen ausführlichen Commentar zu den Hymnen des Kallimachos, welcher als zweiter Band der von Theodor Graevius besorgten Ausgabe des Kallimachos erschien [2]), und Anmerkungen zu drei Komödien des Aristophanes, die in der Ausgabe von L. Kuster (Amsterdam 1710), und zu Josephus, die in der Ausgabe von Sig. Havercamp (Amsterdam 1726) gedruckt sind. In allen diesen Arbeiten legt Spanheim das Hauptgewicht auf die Sacherklärung, besonders auf die historische Seite, und benützt als Hülfsmittel dafür mit Vorliebe die antiken Münzen, von denen er gern Abbildungen seinen Commentaren einfügt. Eine für ihre Zeit bedeutende Leistung endlich auf dem Gebiete des römischen Staatsrechtes ist Spanheim's „Orbis romanus", eine Darstellung der staatsrechtlichen Stellung der römischen

---

[1]) Mir liegt folgende Ausgabe davon vor: Les Césars de l'empereur Julien traduits du grec par feu Mr. le baron de Spanheim avec des remarques et des preuves enrichies de plus de 300 medailles et autres anciens monuments gravés par Bernard Picart le Romain (Amsterdam 1728).

[2]) Ez. Sp. in Callimachi hymnos observationes (Utrecht 1697). Auch der erste Band dieser Ausgabe enthält die von Spanheim gesammelten Fragmente des Call. (p. 273—302), eine Arbeit die freilich durch die unmittelbar daneben stehende Sammlung derselben durch Bentley (p. 303—429) sehr in den Schatten gestellt wird.

Bürger im römischen Reiche von den Anfängen der Stadt bis zur spätesten Kaiserzeit in zwei „Exercitationes" (I, de civibus Romanis ab urbis natali ad Imp. Antoninum Pium; II, de civibus Romanis ab Antonini Pii temporibus) [1]).

In Spanheim's Fußstapfen trat zunächst der ihm freilich weder an Gelehrsamkeit noch an Geschmack und Verständniß für das antike Leben überhaupt ebenbürtige Lorenz Beger [2]) aus Heidelberg, der am 19. April 1653 geboren, schon im Jahre 1675 vom Kurfürsten Karl Ludwig zum Bibliothekar und Antiquar (Aufseher der Gemmen- und Münzsammlung) ernannt wurde, eine Stellung, die er auch nach dem Tode Karl Ludwig's, der es nicht verschmäht hatte, ihm persönlich Anleitung zur Kenntniß der antiken Münzen zu geben, unter dessen Nachfolger, dem Kurfürsten Karl (1680—85), behielt; in dessen Auftrag veröffentlichte er im Jahre 1685 unter dem Titel „Thesaurus ex thesauro Palatino selectus sive gemmarum et numismatum quae in electorali cimeliarchio continentur elegantiorum aere expressa et convenienti commentario illustrata dispositio" (Heidelberg, fol.) eine Anzahl ausgewählter antiker Gemmen und Münzen griechischer Könige und Städte sowie der römischen und byzantinischen Kaiser aus dieser Sammlung in schönen, dem mehr Phrasen als solide Gelehrsamkeit enthaltenden Texte eingedruckten Kupferstichen. Nach dem Tode des Kurfürsten Karl, mit welchem die Pfalz-Simmerische Linie erlosch, wurde diese Sammlung von Heidelberg entfernt: die Gemmen erhielt Karl Ludwig's Schwester, die an den Herzog Philipp von Orleans, Bruder Ludwig's XIV. von Frankreich, vermählte Prinzessin Elisabeth Charlotte, die Münzen fielen dem großen Kurfürsten Friedrich Wilhelm von Brandenburg zu und wurden den durch diesen erst begründeten

---

[1]) Ez. Sp. — Orbis romanus seu ad constitutionem Antonini Imperatoris de qua Ulpianus leg. XVII Digestis de statu hominum exercitationes duae. Cum figuris numismatum. Accedit Joh. Gottl. Heineccii I. C. — praefatio. Editio novissima (Halle und Leipzig 1728).

[2]) Vgl. Jul. Friedländer in den Berliner Blättern für Münz-, Siegel- und Wappenkunde Bd. 3 (1866) Heft 1 S. 1 ff.

kurfürstlich brandenburgischen Kunst= und Alterthumssammlungen einverleibt. Beger, der sie im Jahre 1686 persönlich dem großen Kurfürsten in Cleve übergeben hatte, trat nun, durch Empfehlungen von Seiten Spanheim's und Pufendorf's unterstützt, in dessen Dienste als Bibliothekar und „Antiquar" mit dem Titel eines kurfürstlichen Rathes ein; im Jahre 1693 wurde ihm die Ober= aufsicht über die ganze „Kunst= und Raritäten=Kammer" über= tragen, insbesondere aber verwaltete er bis zu seinem Tode (20. Februar 1705) die Sammlung von Münzen, Gemmen und antiken Bildwerken aller Art, welche besonders unter dem kunst= und prachtliebenden Nachfolger des großen Kurfürsten, Friedrich III. (König Friedrich I. von Preußen) durch Ankäufe ganzer Samm= lungen, wie der Gemmensammlung des Hofrathes Joh. Gebhard Rabener, der Münzsammlungen des Malers Joseph Werner und des kurfürstlichen Residenten in England Fr. Bonnet (eines Neffen Spanheim's), sowie der besonders an Bronzen reichen Antiken= sammlung des Bibliothekars der Königin Christine in Rom, Gio= vanni Pietro Bellori, beträchtlichen Zuwachs erhielt[1]). Aber nicht nur der Verwaltung dieser Sammlung widmete Beger seine Thä= tigkeit; er suchte auch hier, wie er dies schon in Heidelberg ge= than hatte, den Inhalt derselben in weiteren Kreisen bekannt und der wissenschaftlichen Benutzung zugänglich zu machen. Er ver= öffentlichte nämlich, unterstützt durch die Freigebigkeit des Kur= fürsten Friedrich III., unter dem Titel "Thesaurus Branden- burgicus selectus sive gemmarum et numismatum graecorum in cimeliarchio electorali Brandenburgico elegantiorum series commentario illustratae" (Berlin 1696—98, 2 Bde. fol.) eine stattliche Anzahl antiker und moderner geschnittener Steine, grie= chischer Königs= und Städtemünzen, römischer Familien= und Kaiser= münzen und byzantinischer Kaisermünzen (von diesen Münzen sind

---

[1]) Vgl. „Zur Geschichte der königlichen Museen in Berlin. Festschrift zur Feier ihres 50jährigen Bestehens am 3. August 1880" (Berlin 1880). 1. Abschn.: Die kgl. Kunst= und Alterthumssammlungen bis zum Jahre 1830, von J. Friedländer.

viele schon im Thesaurus Palatinus publicirt), dazu in einem dritten Bande (1701) Nachträge aus den neuen Erwerbungen, sowie eine Reihe von „Antiquitates variae": Statuen und Statuetten aus Marmor und Bronze, Büsten, Köpfe, Gefäße (darunter auch eine bemalte griechische Vase S. 391) und Geräthe aller Art. Die Abbildungen sind durchgängig nicht stilgetreu (wie jene Zeit überhaupt von einer künstlerischen Würdigung der antiken Bildwerke, von einem Verständnisse der Stilunterschiede derselben nach den verschiedenen Epochen der Entwickelung der alten Kunst keine Ahnung hatte), sondern nach einer bestimmten Manier, schablonenartig ausgeführt; der Text ist inhaltreicher und gelehrter als der zum Thesaurus Palatinus, aber durch die große Breite, mit welcher oft gar nicht zur Sache gehörige Dinge erörtert werden, und durch die Einkleidung in die Form eines Gespräches zwischen Archäophilus, dem Alterthumsfreunde (dessen Stelle in anderen Schriften Beger's gewöhnlich Etastes, der Frager, vertritt) und Dulodorus, d. i. Beger selbst, ermüdend, ja abstoßend. Trotz dieser Mängel, die sich auch in den übrigen archäologischen und numismatischen Arbeiten Beger's wiederfinden, sind die Verdienste desselben um die Alterthumswissenschaft nicht gering anzuschlagen; denn er hat, auch abgesehen von den beiden bisher besprochenen größeren Werken, unermüdlich durch zahlreiche meist wenig umfängliche Schriften für die Kenntniß der bildlichen Ueberreste des Alterthumes und für die Erklärung der auf denselben befindlichen Darstellungen aus den antiken Schriftstellern, sowie für die Veranschaulichung der von den Schriftstellern berichteten Mythen und sonstigen Ueberlieferungen durch die Bildwerke, also für die Erkenntniß des engen Zusammenhanges zwischen den antiken Schrift= und Bildwerken, für welchen nur sehr wenige seiner Zeitgenossen Sinn und Verständniß hatten, gearbeitet. Das Material zu diesen Publicationen lieferte ihm außer den Brandenburgischen Sammlungen besonders die unter dem Namen des Codex Pighianus bekannte Sammlung von Zeichnungen antiker Monumente, welche von dem Niederländer

Stephanus Vinandus Pighius[1]) während seines Aufenthaltes in Italien angelegt und, nachdem ein Theil davon zu Grunde gegangen, durch den Prediger Hermann Ewich in Wesel gerettet und durch dessen Sohn 1680 in die Bibliothek zu Berlin gelangt war. Die Titel der einzelnen Schriften, aus denen meist auch der Inhalt im Wesentlichen erkennbar ist, sind nach der Zeit der Veröffentlichung geordnet folgende: Observationes et coniecturae in numismata quaedam antiqua. Berlin 1691 (vgl. oben S. 340). — Spicilegium antiquitatis sive variarum ex antiquitate elegantiarum vel novis luminibus illustratarum vel recens etiam editarum fasciculi. ebd. 1692 (behandelt im ersten Abschnitt griechische Münzen, im zweiten Gemmen, im dritten lateinische und griechische Inschriften theils mit, theils ohne Bildwerke, im vierten Reliefs, im fünften Statuen; der die Abbildungen begleitende Text ist knapper als in den meisten anderen Beger'schen Arbeiten und ohne die geschmacklose dialogische Einkleidung). — Meleagrides et Aetolia, ex numismate ΑΥΤΙΕΩΝ apud Goltzium: interspersis marmoribus quibusdam de Meleagri interitu et apri Calydonii venatione in lucem vindicatae. ebd. 1696 (eine von dem niederländischen Maler und Alterthumsforscher Hubert Goltz publicirte falsche Münze giebt Beger Veranlassung, eine Anzahl auf die Meleagerjagd bezüg-

---

[1]) Stephan Vinand, nach seiner Mutter auch Pighe genannt, geboren zu Campen 1520, lebte von 1547 an acht Jahre in Italien, besonders in Rom, von 1555 an in Brüssel als Secretär und Bibliothekar des Cardinals Granvella, begleitete 1574 den Prinzen Karl Friedrich von Cleve nach Italien, kehrte aber, da dieser auf der Reise starb, bald zurück und wurde Canonicus in Xanten, wo er 1604 starb. Seine bedeutendsten Arbeiten sind die „Annales Romanorum" (3 Voll. 1599—1615) und die Ausgabe des Valerius Maximus (Antwerpen 1585). — Vgl. O. Jahn, „Ueber die Zeichnungen antiker Monumente im Codex Pighianus" in den Berichten der kgl. sächs. Ges. d. Wiss. philol.-histor. Cl. 1868 S. 161 ff. und über eine ähnliche jetzt im Besitze des Herzogs von Coburg befindliche Sammlung von Zeichnungen, die zum großen Theil von demselben Zeichner, der für Pighius gezeichnet hat herrühren, Fr. Matz in den Monatsberichten der Berliner Akademie 1871, S. 445 ff.

licher Bildwerke zu publiciren und zu erläutern). — Cranae insula Laconica eadem et Helena dicta et Minyarum posteris habitata: ex numismatibus Goltzianis contra communem opinionem quae ad Helenam Atticae respexit, demonstrante L. B. ebd. 1696 (numismatisch, verfehlt). — Contemplatio gemmarum quarundam dactyliothecae Gorlaei ante biennium et auctae et illustratae. ebd. 1697. — Bellum et excidium Troianum ex antiquitatum reliquiis — delineatum et illustratum. ebd. 1699. — Colloquium quorundam de tribus primis thesauri antiquitatum graecarum voluminibus ad eorum authorem relatio amico Dulodori calamo eum in finem scripta et publicata ut iustae defensioni locus detur tantique operis dignitas discussis utrinque dubiorum nebulis eo clarius patescat. 1702. (Kritik der 3 ersten Bände von J. Gronov's Thesaurus antiquitatum graecarum eingekleidet in die Form einer Unterredung Beger's mit seinen Freunden Critarchaeus, Etastes, Alethophilus, Oxycritus, Philomathetes und Taumatoscopus, mit zahlreichen eingestreuten Abbildungen von Münzen und anderen antifen Bildwerken). — De nummis Cretensium serpentiferis disquisitio antiquaria qua Cretensium ab Asia Asiaticorumque a serpentibus credita origo adstruitur indeque et numismatibus serpentiferis Antonii et Augusti aliorumque sua lux affunditur. Berlin 1702 (Erörterungen über die sog. Cistophoren, für welche wiederum einige Goltzische gefälschte Münzen den Ausgangspunkt bilden.). — Alcestis pro marito moriens et vitae ab Hercule restituta. Ex manuscripto quod inter regioelectoralia Brandenburgica asservatur Pighiano publici iuris fecit et dialogo illustravit L. B. ebd. 1703. — Ulysses Sirenes praetervectus ex delineatione Pighiana subiectis aliis quibusdam de Ulysse antiquitatibus dialogo illustratus. ebd. 1703. — Poenae infernales Ixionis, Sisyphi, Ocni et Danaidum ex delineatione Pighiana desumtae et dialogo illustratae. ebd. 1703. — Examen dubiorum quorundam: I. An Cicero proconsul Asiae appellari possit? II. An Quirinus Memmii cognomen sit? et nomina tribuum nominibus Romanorum adiecta etiam cognominum formam admittant? III. An corona Isthmiaca ex selini semine, an ex foliis plexa fuerit? IV. An hemistichium Statii „nec adhuc implere tiaram" Paschalius recte pro „munera regia obire" sumserit? Accedit conjectura in locum Lycophronis hactenus non satis dilucidatum. ebd. 1704. — Hercules ethnicorum ex variis antiquitatum reliquiis delineatus. ebd. 1705. — Zu diesen selbständigen Arbeiten Beger's, zu denen noch der Anfang einer Publication der modernen Münzen des Berliner Cabinets hinzuzufügen ist, kommen noch hinzu die von ihm besorgten Wiederholungen eines numismatischen Werkes von Albert Rubens, dem Sohne des berühmten Malers Peter Paul Rubens (Regum et Imperatorum Romanorum numismata ab Alb. Rubenia edita recusa et annotationibus illustrata. 1700) und der Sammlung antiker Lampen von P. Santi Bartoli und G. P. Bellori (Lucernae veterum sepulcrales iconicae a Petro Santi Bartoli cum observationibus J. P. Bellorii editae nunc versis ex italico in latinum observationibus recusae. 1702), endlich eine von Beger auf Befehl des Königs von Preußen für den Kronprinzen nach Analogie der französischen Ausgaben „in usum serenissimi Delphini" bearbeitete Ausgabe der beiden ersten Bücher des Geschichtswerkes des L. Annaeus Florus (1704).

Den numismatisch-archäologischen Arbeiten Beger's sind ihrem Inhalt nach nahe verwandt einige Abhandlungen des durch mehrjährige Reisen in Italien, Frankreich und Spanien ausgebildeten Bremischen Stadtschreibers Johann Heinrich Eggeling (geboren 13. Mai 1639, gestorben 15. Februar 1713), besonders die „Mysteria Cereris et Bacchi in vasculo ex uno onyche — evoluta" betitelte (Bremen 1682, mit einer Kupfertafel), in welcher er auf Befehl des Herzogs Ferdinand Albert von Braunschweig die Bildwerke eines in der Kunstkammer des Herzogs befindlichen Onyxgefäßes (des sogenannten Mantuanischen Gefäßes) zu deuten versuchte. Die kritische Besprechung dieser und einer früheren Schrift Eggeling's über einige angebliche Münzen des Kaisers Nero[1]) in den Acta Eruditorum (April 1683) durch den Leipziger Professor der Poesie und Universitätsbibliothekar Joachim Feller (geboren in Zwickau 30. November 1628, gestorben 5. April 1691), den Verfasser eines Kataloges der Handschriften der Leipziger Universitätsbibliothek (Leipzig 1686), führte zu einem erbitterten, für die Wissenschaft wenig fruchtbaren, aber für die Art und Weise der litterarischen Fehden jener Zeit charakteristischen Schriftenwechsel zwischen beiden Gelehrten[2]).

Dem Kurfürsten Friedrich III. von Brandenburg verdankt Deutschland auch die Stiftung einer neuen Stätte für wissenschaftliche Bildung, der Universität Halle, welche im Jahre 1693 zunächst auf Anlaß des Juristen Christian Thomasius, der von der Universität Leipzig vertrieben seit 1690 an der Ritterakademie zu Halle unter großem Beifall Vorlesungen hielt, besonders unter Mitwirkung des uns schon bekannten, damals als Geheimrath im Dienste des Kurfürsten stehenden Ezechiel

---

[1]) De numismatibus quibusdam abstrusis Imp. Neronis disquisitio per epistolas inter v. cl. Carolum Patinum d. m. P. et Johann. Henr. Eggelingium reipubl. Brem. secret. harum editorem (Bremen 1681). Außerdem kenne ich noch von Eggeling eine Abhandlung über ein zinnernes Medaillon mit dem Bilde des Antinous u. d. T.: De orbe stagneo Antinoi ad illustrissimum Luccensium abbatem epistola (Bremen 1691).

[2]) Eggeling schrieb gegen Feller's anonyme Anzeige die Schrift: Censura censurae mysteriorum Cereris et Bacchi ac inprimis disquisitionis epistolicae de numismatibus quibusdam Neronis Imp. sub umbone tituli Actorum eruditorum Lipsiae haud ita pridem a Malevolente quodam divulgatae 1684. Darauf antwortete Feller mit folgender Schrift: Vindiciae adversus Johann. Henrici Eggelingii iniquissimam insulsissimamque censuram, ut vocat, censurae mysteriorum Cereris et Bacchi, nec non disquisitionis epistolicae de numismatibus quibusdam quae pro Neronianis ille venditat (Leipzig 1685). Darauf erschien folgende Duplik Eggeling's: Abstersio fellearum calumniarum atq. acerbiss. iniuriarum quas contra personam, honorem. et opuscula sua hactenus edita; omni Christiana caritate sequestrata, plusquam Cynica procacitate in Publicum enixus est ss. theol. l. Joachimus Fellerus poes. p. p. et acad. Lips. bibliothecarius (Bremen 1689).

von Spanheim begründet und am Geburtstage ihres fürstlichen Stifters, am 1./12. Juli 1694, feierlich eröffnet wurde. Die Professur der Beredtsamkeit und Geschichte sowie die Verwaltung der Universitätsbibliothek wurde Christoph Cellarius (Keller) aus Schmalkalden (geboren 22. November 1638) übertragen, der, nachdem er seine Laufbahn im Jahre 1667 als Lehrer der hebräischen Sprache und der Moral am Gymnasium zu Weißenfels begonnen, als Rector der Gymnasien zu Weimar, Zeitz und Merseburg sich um die Verbesserung des gelehrten Schulunterrichtes große Verdienste erworben, auch bereits durch verschiedene Schriften — besonders Arbeiten zur lateinischen Grammatik und Stilistik und zur Geschichte und Geographie des Alterthumes — sich ehrenvoll bekannt gemacht hatte. Zu Halle hat er bis an seinen Tod (4. Juni 1707) als akademischer Lehrer mit rastlosem Eifer, wenn auch nicht eben mit großem Erfolg, sowohl durch seine öffentlichen Vorlesungen als auch durch das speciell zur Anleitung zu eingehenderen philologischen Studien bestimmte „collegium politioris doctrinae" oder „elegantioris litteraturae" — eine Art Vorläufer der erst später an den deutschen Universitäten begründeten philologischen Seminarien — gewirkt, auch seine schriftstellerische Thätigkeit, bei welcher er in erster Linie die Bedürfnisse des höheren Unterrichtes im Auge hatte, in erweitertem Umfange fortgesetzt. Mehrere seiner Arbeiten auf grammatisch-stilistischem und historisch-geographischem Gebiete, die sich ebensowohl durch Reichhaltigkeit des Inhalts, als durch lichtvolle Anordnung des Stoffes und Reinheit und Einfachheit des lateinischen Ausdruckes empfahlen, sind lange in weiten Kreisen als Hand- und Lehrbücher benutzt worden; so sein „Antibarbarus latinus sive de latinitate mediae et infimae aetatis" (Zeitz 1677 u. ö., ed. IV Jenae 1703), die im Wesentlichen denselben Stoff behandelnden, zunächst durch eine Schrift des Dänen Claus Borrichius veranlaßten „Curae posteriores de barbarismis et idiotismis sermonis latini (Zeitz 1680 u. ö.) und seine „Orthographia latina ex vetustis monumentis hoc est nummis, marmoribus tabulis, membranis veterumque grammaticorum placitis nec non recentium ingeniorum curis excerpta" (Halle 1700 u. ö.), seine Neubearbeitung des Faber'schen Thesaurus (vgl. oben S. 215), sein aus gründlichen Quellenstudien hervorgegangenes, in Hinsicht der Anordnung des Stoffes mustergiltiges[1]) Compendium der allgemeinen Geschichte in drei Abtheilungen (Historia antiqua. Zeitz 1685; Historia medii aevi, ebb. 1688; Historia nova h. e. XVI et XVII saeculorum, Halle 1696), die oft theils einzeln, theils zusammen wiederholt, auch in das Deutsche übersetzt worden sind, und sein Leitfaden für die alte und neue Geographie (Geographia antiqua iuxta et nova in zwei gesonderten Abtheilungen, Geographia antiqua zuerst Zeitz 1686 und Geographia nova zuerst ebb. 1687, dann oft wiederholt, auch deutsch u. d. T. „Alte und neue Geographie" Jena 1709). Der alten Geographie ist auch sein umfänglichstes, in Bezug auf Sorgfalt und Umsicht der Forschung bedeutendstes Werk gewidmet, die „Notitia orbis antiqui sive geographia plenior ab ortu rerum publicarum ad Constantinorum tempora orbis terrarum faciem declarans (2 Bde., 4., Leipzig 1701 und 1706, mit zahlreichen Karten, neu herausgegeben von J. C. Schwarz, Leipzig 1731 u. ö.). Weit unbedeutender ist der knappe Leitfaden für die Kenntniß der römischen Alterthümer, welcher nach seinen Vorlesungen zuerst von einem Ungenannten unter dem Titel „Christophori Cellarii Antiquitates romanae ex veterum monumentis ac legibus Romanis digestae quibus appendix de re Romanorum nummaria et inscriptionibus accessit (Halle 1710), dann in etwas erweiterter Gestalt (unter Hinzufügung zweier Kapitel „De sacris Romanorum" und „De provinciis Romanorum") unter dem Titel „C. C. Breviarium antiquitatum Romanarum" von dem Inspektor am königlichen Pädagogium zu Halle, Hieronymus Freyer (Halle 1722) veröffentlicht worden ist. Ferner verdankt man Cellarius eine große Anzahl von Aus-

---

[1]) Vgl. darüber M. Büdinger in v. Sybel's Historischer Zeitschrift Bd. 7 S 129 f.

gaben lateinischer Schriftsteller, in welchen, meist ohne besondere Fortschritte in der Texteskritik, das zum Verständniß des Textes Nöthige in verständiger und geschmackvoller Auswahl zusammengestellt ist: mehreren dieser Ausgaben sind — für jene Zeit etwas ganz Neues — Karten zur Veranschaulichung der im Texte berührten geographischen Verhältnisse beigefügt. So hat Cellarius von Prosaikern Cicero's Epistolae ad familiares (Leipzig 1698 u. ö.) und 12 ausgewählte Reden (Jena 1678 u. ö.), Julius Caesar (Leipzig 1705), Cornelius Nepos (ebd. 1689 u. ö.), Velleius Paterculus (ebd. 1707), Curtius Rufus (ebd. 1688 u. ö.), Plinius' Episteln und Panegyricus (ebd. 1693 u. ö.), Eutropius mit der griechischen Uebersetzung des Päonios (Zeitz 1678 und Jena 1698), Sextus Rufus (desgl.), die 12 Panegyriker (Halle 1703), Lactantius (Leipzig 1698) und Minucius Felix (Halle 1699), von Dichtern den Silius Italicus (Leipzig 1695), den Prudentius (Halle 1703) und den Sedulius (Halle 1704) bearbeitet. Dem Gebiete der griechischen Litteratur gehören von Cellarius' größeren Arbeiten nur eine Ausgabe des Geschichtswerkes des Zosimus (mit der lateinischen Uebersetzung von J. Leunclavius, Zeitz 1679) und ein Compendium der griechischen Prosodie (Jena 1675) an. Bedeutendes dagegen hat er für die Förderung der orientalischen Studien in zahlreichen Schriften geleistet. Ein klares Bild endlich von dem weitem Umfange der Studien des Cellarius giebt die von Johann Georg Walch veranstaltete Sammlung seiner „Dissertationes academicae varii argumenti" (Leipzig 1712)[1], welche Abhandlungen aus der Geschichte und Culturgeschichte des alten Orientes sowohl als der classischen Völker, aus der römischen Litteraturgeschichte und Sprachwissenschaft, aus der Pädagogik und Theologie enthält.

Daß neben der neugegründeten Universität Halle auch die Nachbaruniversität Wittenberg ihren alten Ruhm als Pflegerin

---

[1] Vorausgeschickt ist derselben eine „Dissertatio de vita et scriptis Christophori Cellarii conscripta a Jo. G. Walchio". Vgl. auch H. Keilii Oratio de Christophori Cellarii vita et studiis im Index schol. un. Halensis 1875 76.

nicht nur der theologischen, sondern auch der philologischen und historischen Studien sich bewahrte, das verdankte sie hauptsächlich einem Manne, auf welchen man nicht mit Unrecht die von Eunapius in Bezug auf den Philologen Longinus gebrauchte Bezeichnung einer lebendigen Bibliothek und eines wandelnden Museums angewandt hat: dem Polyhistor Conrad Samuel Schurtzfleisch (geboren 3. December 1641 zu Corbach im Waldeckischen), der ihr von 1671 an bis zu seinem Tode (7. Juli 1708) als Professor der Geschichte, der Poesie, der griechischen Sprache, endlich der Beredtsamkeit angehört hat; in seinen letzten Jahren hatte er auch die Direction der Weimarischen Bibliothek, welche er im Auftrage des Herzogs Wilhelm Ernst durch Ankäufe aus dem Nachlaß von Marquard Gude bedeutend bereichert hatte, mit dem Titel eines herzoglichen Rathes übernommen. Von dem weiten Umfange seiner litterarischen Interessen giebt schon die von ihm gesammelte äußerst reichhaltige Bibliothek, welche nach seinem Tode der herzoglich weimarischen einverleibt worden ist, Zeugniß: dieselbe enthielt außer älteren Handschriften und gedruckten Büchern aus fast allen Wissensgebieten über 80 meist dicke Bände, in welchen er seine Studien und Arbeiten auf den Gebieten der Geschichte aller Zeiten, der Jurisprudenz, der classischen Sprachen und Alterthümer niedergelegt hatte [1]. Von seinen schriftstellerischen Arbeiten gehören die bedeutendsten, wie die die Geschichte der Jahre 1669—1676 umfassende Fortsetzung von Sleidanus' Werk de quattuor summis imperiis, dem historischen Gebiete an; wie er dieses nach allen Richtungen hin beherrschte, beweist besonders die Sammlung seiner kleinen historischen Schriften (Opera historica politica antehac separatim sub variis titulis

---

[1] Vgl. J. M. Gesner, Ad Wilhelmum Ernestum Saxon. ducem de bibliotheca sibi commissa gratiarum actio (in I. M. Gesneri Opuscula minora varii argumenti t. V) p. 9 ss. Ausführlich handelt über Sch.'s Leben und Schriften die „Lebensbeschreibung des weltberühmten Polyhistoris — s. t. Herrn Conrad Schurtzfleischens — entworfen von Adolpho Clarmundo (J. Ch. Rüdiger) Dresden und Leipzig 1710.

edita, nunc uno volumine coniuncta. Berlin 1699, 4°: 1094 S.), welche 86 theils längere theils kürzere Abhandlungen und Aufsätze aus der alten (besonders orientalischen und römischen), mittleren und neueren Geschichte umfaßt. Speciell philologisch ist seine „Orthographia Romana", welche M. Johann David Coeler[1]) nach seinen Vorlesungen zugleich mit einer Schrift über den gleichen Gegenstand von dem Italiener H. Noris herausgegeben hat (Wittenberg 1707): Bemerkungen über die Rechtschreibung einzelner lateinischer Wörter in alphabetischer Reihenfolge mit vorausgeschickten kurzen Erörterungen über Lautwechsel und über die Aussprache verschiedener Buchstaben; Supplemente dazu aus Schurtzfleisch's handschriftlichem Nachlaß erschienen in Halle 1712. Außerdem hat sein jüngerer Bruder, Heinrich Leonhard Schurtzfleisch (Professor der Geschichte in Wittenberg, seit dem Tode seines Bruders Director der Bibliothek zu Weimar, wo er 1723 gestorben ist), der sich selbst durch ein gelehrtes Werk über die alte, speciell die römische Chronologie[2]), eine Ausgabe der Werke der Nonne Roswitha und zahlreiche historische und litterarhistorische Abhandlungen bekannt gemacht hat, in den von ihm herausgegebenen „Acta literaria, quibus anecdota animadversionum spicilegia e codd. mss. quorundam eruta comprehenduntur" (Wittenberg 1714) Bemerkungen seines Bruders zu einer Anzahl lateinischer Inschriften, zu den Briefen des Aristaenetos und zu Tacitus' Dialogus de oratoribus veröffentlicht, auch manche Bemerkungen desselben in Cl. Salmasius' Verbesserungen und Anmerkungen zu den Chroniken

---

[1]) Dieser wird ausdrücklich als der Herausgeber der Orthographia genannt in der Vorrede der Supplementa, während Clarmund a. a. O. S. 94 einen M. Samuel Cnauthius als Herausgeber der Orthographia aufführt.

[2]) Annus Romanorum Iulianus libro commentario illustratus cum rationibus et tabulis compluribus ad praesentem statum seculumque accomodatis. Accesserunt Fasti marmorei et Calendarium Constantii Imperatoris — (Wittenberg 1704). Dasselbe Werk ist ohne jede Veränderung wieder herausgegeben u. d. T. „Doctrina temporum optime faciens ad explicandum annum Romanorum Iulianum etc. (Wittenberg 1717).

des Eusebius und Hieronymus, die er in seiner „Notitia bibliothecae principalis Vinariensis iussu ducis serenissimi Wilhelmi Ernesti conscripta" (Frankfurt 1712; 2. Ausg. Jena 1715) mittheilt, eingefügt.

Die Kunst der lateinischen Versification, die im 16. Jahrhundert in Deutschland eine so bedeutende Rolle spielte, wurde auch während des 17. Jahrhunderts, das trotz des schweren Druckes, welcher damals auf fast allen Gliedern der Nation lastete, eine stattliche Anzahl wenn auch 'nicht von Dichtern, so doch von Versmachern aufzuweisen hat, daselbst eifrig gepflegt. Männer, welche unserer deutschen Dichtung neue Bahnen eröffnet haben, wie **Martin Opitz von Boberfeld** und **Paul Fleming**, haben nicht bloß antike Dichtwerke als Vorbilder für ihr Schaffen in deutscher Poesie benutzt, sondern auch neben der deutschen der lateinischen Form der Dichtung sich bedient: insbesondere hat der letztere, trotz der kurzen ihm vom Schicksal vergönnten Lebenszeit (er war geboren 5. October 1609 und starb bereits 2. April 1640) mehrere umfängliche Sammlungen lateinischer Dichtungen hinterlassen, in welchen er sich als kühner Wortbildner besonders aus dem Schatze des archaischen Lateines erweist [1]). Der universellste Geist, den Deutschland hervorgebracht hat, **Gottfried Wilhelm Leibnitz**, hat auch auf dem Felde der lateinischen Poesie, besonders durch sein Gedicht auf den Tod des Herzogs Johann Friedrich von Hannover [2]), sich den Lorbeer verdient. Unter denen, welche ausschließlich oder doch hauptsächlich auf diesem Felde ihren Ruhm und ihre Befriedigung suchten, verdient der Jesuit **Jakob Balde**, ein geborener Elsässer (geboren zu Ensisheim 4. Januar 1604), der aber den größten

---

[1]) S. Paul Fleming's lateinische Gedichte, herausgegeben von J. M. **Lappenberg** (Stuttgart 1863, Bibliothek des litterarischen Vereins Bd. LXXIII).

[2]) Epicedium in obitum Joannis Friderici ad rev. ac cels. Principem Dn. Ferdinandum Episcopum etc. gedruckt in Recentiorum poetarum germanorum carmina latina selectiora ex rec. O. T. Roenickii (Helmstädt 1748) I. Heroica p. 3 ss. Vgl. G. E. **Guhrauer**, Gottfried Wilhelm Freiherr von Leibnitz Bd. 1 S. 370 f.

Theil seines Lebens in Bayern zugebracht hat (er starb zu Neuburg an der Donau 9. August 1668), wegen seiner formgewandten und anmuthigen lateinischen Dichtungen, die ebenso sehr von poetischer Empfindung als von sorgfältigem Studium der lateinischen Dichter, besonders des Horatius, Statius und Claudianus Zeugniß geben, Erwähnung¹): unter den Philologen von Fach ist Caspar von Barth (vgl. oben S. 287 ff.) als der fruchtbarste und wohl auch begabteste lateinische Dichter dieses Jahrhunderts in Deutschland zu nennen.

In die beiden letzten Decennien des 17. Jahrhunderts fallen auch die Anfänge des gelehrten Zeitungswesens in Deutschland, dessen Rolle bis dahin wesentlich durch den regen Briefwechsel, welchen die einzelnen Gelehrten unter einander führten, vertreten worden war. Der Leipziger Professor der Moral Licentiat Otto Mencke (Menkenius) begründete mit Unterstützung des sog. Collegium Anthologicum oder Gellianum, einer zum Zwecke gegenseitiger Mittheilung litterarischer Neuigkeiten gestifteten Gesellschaft von Gelehrten in Leipzig, im Jahre 1682 nach dem Vorbilde des im Jahre 1665 von dem Parlamentsrath Denys de Sallo in Paris begonnenen, von dem Abbé Jean Gallois fortgesetzten französischen Journal des savans die Acta eruditorum, ein Organ, welches über die neuen Erscheinungen auf den verschiedensten Gebieten der Wissenschaft aus allen Ländern Bericht erstatten, daneben auch kürzere Originalarbeiten zur Kenntniß des größeren Publikums bringen sollte. Die Ausführung dieses seit 1691 durch regelmäßige Mittheilungen von litterarischen Neuigkeiten (Nova literaria) und Notizen aus dem Kreise der Gelehrten erweiterten Planes fand, Dank der Mitwirkung der hervorragendsten Gelehrten Deutschlands — Männer wie Gottfried Wilhelm Leibnitz, Benedict Carpzov, Veit Ludwig von Seckendorf, Christian Thomasius gehörten zu den ersten Mitarbeitern

---

¹) Vgl. G. Westermayer, Jacobus Balde, sein Leben und seine Werke (München 1868); L. Spach, Oeuvres choisies t. V (Paris und Straßburg 1871) p. 25—59.

der Acta — den allgemeinsten Beifall in Deutschland wie im Auslande. Noch war die Arbeitstheilung im Reiche der Wissenschaft nicht so durchgeführt, die Grenzen zwischen den einzelnen Disciplinen nicht so scharf gezogen, wie dies heut zu Tage der Fall ist, daher eine für alle Zweige des menschlichen Wissens gleichmäßig bestimmte Zeitschrift in weiten Kreisen auf Theilnahme und Unterstützung rechnen konnte. 50 Jahrgänge dieser ersten wissenschaftlichen Zeitschrift Deutschlands sind unter der Leitung ihres Begründers und nach dessen Tode (20. Januar 1707) unter der Leitung seines Sohnes, des Professors der Geschichte an der Universität Leipzig und sächsischen Historiographen Johann Burkhard Mencke (geboren 8. April 1674, gestorben 1. April 1732)[1] erschienen, bis sie (seit 1733) als „Nova acta eruditorum" unter der Leitung Friedrich Otto Mencke's (geboren 3. August 1708, gestorben 13. März 1754), des Sohnes Joh. Burckhard's, eine neue Laufbahn begann. Nach dessen Tode übernahm die Redaction der Professor Karl Andreas Bel (geboren 13. Juli 1717 in Preßburg, starb durch Selbstmord in Leipzig 5. April 1782), unter welchem theils durch die Schuld des Redacteurs, theils durch die Ungunst der Zeitverhältnisse die Zeitschrift bald in Verfall gerieth und mit dem erst im Jahre 1782 veröffentlichten Jahrgange 1776 ganz einging. Daß in den älteren Jahrgängen die philologisch-historischen Disciplinen gegen die mathematisch-physikalischen etwas zurücktreten, daran ist nicht die Anlage und Tendenz der Acta Schuld, sondern es ist dieß nur der Wiederschein der Thatsache, daß die letzteren Disciplinen damals unter Leibnitz's Führung einen bedeutenden Aufschwung genommen und die besten Köpfe der Nation sich dienstbar gemacht hatten.

---

[1] Vgl. über ihn R. Treitschke, Burkhard Mencke, Professor der Geschichte zu Leipzig und Herausgeber der Acta Eruditorum (Leipzig 1842).

Zweites Kapitel.
Die classischen Studien in Deutschland im 18. Jahrhundert bis auf Fr. Aug. Wolf.

Unmittelbar an der Schwelle des 18. Jahrhunderts steht ein Ereigniß der deutschen Culturgeschichte, dessen hohe Bedeutung für die verschiedenen Gebiete der Wissenschaft erst in beträchtlich späterer Zeit klar zu Tage treten sollte: die Stiftung der ersten Akademie der Wissenschaften in Deutschland, der vom Kurfürsten Friedrich III. von Brandenburg am 11. Juli 1700 begründeten „Societät der Wissenschaften" zu Berlin. Zum Präsidenten der neuen Stiftung wurde naturgemäß der Vater des vom Kurfürsten zur That gemachten Gedankens ernannt, der Mann welcher, wie der große Kurfürst Friedrich Wilhelm von Brandenburg auf dem politischen, so seinerseits auf dem wissenschaftlichen Gebiete zuerst das tief gesunkene Ansehen des deutschen Namens wieder gehoben und dadurch der deutschen Nation die Selbstachtung und das Vertrauen zu sich selbst zurückgegeben hat: Gottfried Wilhelm Leibnitz. Wenn auch die Verdienste dieses Mannes der, nach einem Ausdrucke Friedrich's des Großen, für sich allein eine Akademie vorstellte, auf dem mathematisch-physikalischen und dem philosophischen Gebiete am glänzendsten strahlen, so sind doch auch seine auf verständige Kritik der Urkunden basirten Forschungen über die Geschichte des Mittelalters und seine Untersuchungen über den Ursprung und Zusammenhang der menschlichen Sprachen, für welche er die Sprachen der entlegensten Völker herbeizog, bedeutend genug, um ihm auch auf dem Felde historisch-philologischer Forschung einen Ehrenplatz zu sichern, wie er einen solchen nach dem früher Gesagten auch unter den lateinischen Dichtern der Neuzeit einnimmt[1]). So zeigt uns denn auch die erste und

---

[1]) Vgl. G. E. Guhrauer, Gottfried Wilhelm Freiherr von Leibnitz Bd. 2 S. 119 ff. und S. 126 ff., über die Stiftung der Berliner Akademie

unter Leibnitz's Präsidium einzige Publication der Societät, der im Jahre 1710 veröffentlichte erste Band der „Miscellanea Berolinensia ad incrementum scientiarum ex scriptis societati regiae scientiarum exhibitis edita", Leibnitz auf allen drei Gebieten, welche die Arbeiten der Akademie umfassen (literaria; physica et medica; mathematica et mechanica) thätig: in der Abtheilung „Literaria", welche der philologisch=historischen Classe nach der späteren Eintheilung entspricht, finden wir von ihm Gedanken über den Ursprung der Völker hauptsächlich nach den Spuren der Sprachen (Brevis designatio meditationum de originibus gentium ductis potissimum ex indicio linguarum p. 1—16), einen Aufsatz über den Sinn eines griechischen und eines deutschen Räthsels (Oedipus chymicus aenigmatis graeci et germanici p. 16—22) und Bemerkungen über gewisse Spiele, besonders über ein chinesisches Spiel (Annotatio de quibusdam ludis inprimis de ludo quodam Sinico differentiaque scachici et latrunculorum et novo genere ludi navalis p. 22—26). Daneben enthält diese Abtheilung nur noch zwei Aufsätze von dem seit Januar 1697 an der kurfürstlichen Bibliothek angestellten ehemaligen Benedictiner der Abtei St. Germain des Prèz in Paris, Maturin Veyssière la Croze (Specimen observationum historicarum in Lucianum p. 27—32 und de libris Sinensibus bibliothecae Berolinensis p. 84—88), einen numismatischen von Johann Carl Schott, einem Neffen Beger's (De nummo Phidonis argenteo etc. p. 33—59), endlich einen aus dem Gebiete der deutschen Etymologie von dem um die deutsche Sprachforschung hochverdienten Conrector (seit 1727 Rector) des Gymnasiums zum grauen Kloster in Berlin Johann Leonhard Frisch aus Sulzbach (Origo quorundam vocabulorum germanicorum et

---

ebd. S. 180 ff.; über L.'s Verdienste um die Sprachwissenschaft Th. Benfey, Geschichte der Sprachwissenschaft und orientalischen Philologie in Deutschland S. 243 ff.; auch M. Haupt, „über Leibnitzens Beziehungen zur classischen Philologie" in den Opuscula Bd. III, I, S. 215 ff.

cum aliis linguis affinitas p. 60—83) ¹). Auch die in den Jahren 1723—1743 in sechs Bänden erschienenen Fortsetzungen der Miscellanea geben für die classische Alterthumswissenschaft nur eine sehr geringe Ausbeute, so daß man sieht, daß das Interesse dafür in dem Schooße der Akademie hinter dem an Germanistik, Sinologie und Aegyptologie zurückstand. Abgesehen von ein Paar ganz unbedeutenden Aufsätzen des schon erwähnten J. C. Schott und zwei wichtigeren von dem im Jahre 1731 zum Mitglied der Societät ernannten, durch seine Schriften zur Geschichte der Philosophie, insbesondere durch seine grundlegende „Historia critica philosophiae a mundi incunabulis ad nostram usque aetatem deducta" rühmlich bekannten Augsburger Theologen Jakob Brucker (geboren 22. Januar 1696, starb als Pastor in seiner Vaterstadt 26. November 1770) ²) ist nur eine größere Arbeit zu verzeichnen, welche als besonderes Heft dem siebenten Bande der Miscellanea beigegeben ist: des Dr. theol. Jacob Elsner ³) „Schediasma criticum quo auctores aliaque

---

¹) Vgl. über L. Frisch, dessen Hauptwerk, das „Teutsch-lateinische Wörterbuch" Berlin 1741) für die Geschichte der deutschen Lexikographie eine ungleich höhere Bedeutung hat als für die der lateinischen, R. v. Raumer, Geschichte der germanischen Philologie S. 188 ff.

²) Von J. B. findet sich in der Continuatio IV sive tomus V der Miscellanea (1737) eine „Dissertatio historico-critica de secta Elpisticorum" (über die von Plutarch q. conv. IV, 4 erwähnten Ἐλπιστικοί φιλόσοφοι, p. 222—236) und in der Continuatio V sive tomus VI ein Aufsatz „de vestigiis philosophiae Alexandrinae in libro sapientiae" (p. 150—179). — B.'s erste Schrift war die „Historia philosophica doctrinae de ideis" (Augsburg 1723), darauf folgte „Otium Vindelicum sive meletematum histor. philos. triga" (Augsburg 1729). Die „Historia critica philosophiae" erschien Leipzig 1742—44 in 5 Bänden 4°, eine zweite unveränderte aber durch eine einen besonderen Band füllende „Appendix" vermehrte Ausgabe ebd. 1766—67. Ein Auszug aus dem großen Werke erschien u. d. T. „Institutiones historiae philosophicae" (Leipzig 1747 und 1756). 28 früher einzeln erschienene Abhandlungen B.'s sind vereinigt in den „Miscellanea historiae philosophicae litterariae criticae olim sparsim edita nunc uno fasce collecta" (Augsburg 1748).

³) Jacob Elsner, geboren zu Saalfeld im März 1692, war 1722—30 Rector des Joachimsthalischen Gymnasiums in Berlin, dann Prediger und

antiquitatis monumenta, inscriptiones item et numismata emendantur, vindicantur et exponuntur" (Berlin 1744, 166 S. 4°), eine Sammlung von Verbesserungsvorschlägen zu zahlreichen Stellen meist späterer griechischer Prosaiker und zu einigen Stellen lateinischer Schriftsteller nebst Bemerkungen zu einigen griechischen und lateinischen Inschriften.

Während also die erste gelehrte Gesellschaft Deutschlands in dem ersten halben Jahrhundert ihres Bestehens der classischen Alterthumswissenschaft nur geringe Aufmerksamkeit zuwandte, wurde dieselbe anderwärts, besonders in den Kreisen der Schulmänner, mit Eifer, wenn auch ebenso wie im 17. Jahrhundert nicht sowohl um ihrer selbst willen, als vielmehr im Dienste anderer Wissenschaften, besonders der Theologie und der allgemeinen Litteraturgeschichte, gepflegt. Die letztere Disciplin insbesondere wurde in jener mehr äußerlichen, auf vollständige Sammlungen biographischer und bibliographischer Notizen abzielenden Richtung, welche ihr ihre Begründer Lambeck und Morhof angewiesen hatten, in hervorragender Weise gefördert durch den Professor am akademischen Gymnasium zu Hamburg Johann Albert Fabricius aus Leipzig (geboren 11. November 1668, gestorben 30. April 1736), einen Mann von staunenswerthem Fleiß und unermeßlicher Belesenheit, auf den mehr als auf irgend einen der neueren Gelehrten der Beiname „Chalkenteros" (Mann mit ehernen Eingeweiden), durch welchen das Alterthum den Grammatiker Didymos charakterisirte, paßt. Unter seinen zum Theil sehr bänderreichen Werken ist das umfänglichste und wichtigste die „Bibliotheca graeca seu notitia scriptorum veterum graecorum" (14 Bde., Hamburg 1705—28; neue [vierte] sehr erweiterte aber unvollendete Bearbeitung von G. Chr. Harles, 12 Bde., Hamburg 1790—1809; ein Registerband dazu

---

Consistorialrath, seit 1743 Director der histor.-philol. Classe der kgl. Societät der Wissenschaften, starb 8. October 1750. Außer dem „Schediasma" hat er in der Fortsetzung der Miscellanea, der „Histoire de l'academie de Berlin" 1747 und 1748 zwei Abhandlungen über die Göttin Hertha (nach Tacitus' Germania), sonst zahlreiche theologische Schriften veröffentlicht.

erschien erst 1838), ein vollständiges Repertorium biographischer und bibliographischer Notizen über die ganze profane und kirchliche griechische Litteratur mit Einfügung zahlreicher meist spät griechischer Inedita; eine auch jetzt noch nicht ganz erschöpfte Fundgrube einer freilich durchaus compilatorischen und übel geordneten Gelehrsamkeit. Aehnliche Repertorien, nur weit weniger reichhaltig, sind seine „Bibliotheca latina" (zuerst Hamburg 1697, Ausgabe letzter Hand ebd. 1721 f., 3 Bde., neu herausgegeben von Joh. Aug. Ernesti, 1773, 3 Bde.) und deren Fortsetzung, die „Bibliotheca latina mediae et infimae aetatis" (5 Bde., Hamburg 1734 ff.); seine „Bibliotheca antiquaria" (Hamburg 1713 und 1716, neu herausgegeben von dem Hamburger Professor P. Schafshausen 1760), eine Sammlung von Büchertiteln und sonstigen Notizen über hebräische, griechische, römische und christliche Alterthümer; die von ihm besorgte neue Ausgabe der „Bibliotheca nummaria" (Hamburg 1719), eines Verzeichnisses von Schriften numismatischen Inhaltes, welches Anselm Banduri seinem stattlichen Werke über die späteren römischen Kaisermünzen (Numismata imperatorum Romanorum a Traiano Decio ad Palaeologos Augustos. Paris 1718, II Voll.) beigegeben hatte; sein „Menologium" (Hamburg 1713), eine sehr fleißige, aber freilich ohne genügende Sachkenntniß unternommene Zusammenstellung der aus dem Alterthum überlieferten Monatsnamen und anderer Notizen über das Kalenderwesen der Alten und neuerer Völker; endlich zahlreiche auf die kirchliche und die neuere Litteratur bezügliche Arbeiten, die außerhalb der Grenzen unserer Darstellung liegen. Außerdem hat Fabricius noch durch seine Ausgaben einiger spätgriechischer Schriftsteller mit lateinischen Uebersetzungen die gelehrte Welt zu Dank verpflichtet, nämlich durch die des Sextus Empiricus (Leipzig 1718), der Lebensbeschreibung des Proklos von Marinos (Hamburg 1700), der Werke des Bischofs Hippolytus (2 Bde., ebd. 1716—1718; Vol. II p. 225 ff. enthält den Commentar des Chalcidius zu Platon's Timaeus), besonders aber durch die mit einem sehr reichhaltigen Commentar ausgestattete Ausgabe des Geschichtswerkes des Cassius Dio, welche erst nach Fabricius' Tode durch seinen Schwiegersohn und Biographen Hermann Samuel Reimarus[1]) vollendet worden ist (Hamburg 1750—52).

Zur Vervollständigung des Gesammtbildes der litterarischen Thätigkeit des Fabricius müssen wir noch des umfangreichen Briefwechsels gedenken, den derselbe mit einer großen Anzahl von Gelehrten unterhielt, die er vielfach durch Mittheilungen aus Handschriften oder aus seinen Collectaneen unterstützte. Wenn demnach der Umfang dieser Thätigkeit das Maaß der Kräfte eines einzelnen Menschen zu überschreiten scheint, so dürfen wir dem gegenüber nicht übersehen, daß auch Fabricius bei seinen Arbeiten Unterstützung von manchen seiner Fachgenossen fand. Insbesondere ging ihm bei der Ausarbeitung der Bibliotheca Graeca eine Zeit lang ein Mann zur Hand, der an Talent und Kenntnissen, wenigstens auf dem Felde der griechischen Sprache und Litteratur, den Besten seiner Zeit, selbst dem Regenerator der griechischen Studien in Holland, Tiberius Hemsterhuys, ebenbürtig, durch eigene Schuld, in Folge seines ungeregelten Lebenswandels, insbesondere seiner Neigung zum Trunk, genöthigt war, sein ganzes Leben hindurch als eine Art litterarischer Tagelöhner — bald als Corrector für Buchhändler, bald als Handlanger für andere besser gestellte Gelehrte — zu arbeiten: Stephan Bergler aus Kronstadt in Siebenbürgen. Geboren um das Jahr 1680 bezog er beim Beginn des 18. Jahrhunderts die Universität Leipzig, wo er bei dem Buchhändler Th. Fritsch als Corrector Beschäftigung fand. 1705 wanderte er von hier nach Amsterdam, wo er mit dem für die classische Litteratur sehr thätigen Buchhändler Johann Heinrich Wetstein, einem geborenen Baseler, in Verbindung trat: für ihn lieferte er Indices zu der schon mehrfach erwähnten Lederlin-Hemsterhuys'schen Ausgabe des Pollux und führte eine von Lederlin begonnene griechisch-lateinische

---

[1]) H. S. Reimari p. p. de vita et scriptis I. A. Fabricii commentarius (Hamburg 1737).

Ausgabe des Homer selbständig fort (2 Bde., 1707). Von Amsterdam kam er nach Hamburg zu Fabricius, mit welchem er auch später in litterarischem Verkehr blieb, von da wiederum nach Leipzig. Dieser sein zweiter Leipziger Aufenthalt ist die Periode seiner eifrigsten und reifsten litterarischen Thätigkeit. Hier veröffentlichte er im Jahre 1715 eine um zahlreiche bis dahin ungedruckte Stücke vermehrte, mit lateinischer Uebersetzung und einem trefflichen Commentar versehene Ausgabe der Briefe des Alkiphron. Schon im Frühjahr desselben Jahres hatte er eine Ausgabe der Komödien des Aristophanes für den Druck vollendet, welche den Text der Küster'schen Ausgabe nach alten Ausgaben und eigenen Conjecturen verbessert, eine neue lateinische Uebersetzung von acht Komödien (nur zu den Vögeln, den Ekklesiazusen und den Thesmophoriazusen wurden frühere Uebersetzungen wiederholt) und einen fortlaufenden, besonders exegetischen Commentar enthalten sollte: der Druck unterblieb aber und erst lange nach Bergler's Tode wurde dessen Arbeit von P. Burmann dem jüngeren, der das Manuscript erworben hatte, veröffentlicht [1]). Auch an einer Ausgabe des Herodotos arbeitete Bergler zu derselben Zeit: leider ist von diesen Arbeiten nichts außer kritischen Bemerkungen zu der Ausgabe von Jac. Gronov (Acta Eruditorum vom Jahre 1716) gedruckt worden. Dasselbe Schicksal hat Bergler's Arbeiten zu den Homerscholien, für welche er eine Handschrift der Leipziger Universitätsbibliothek benutzt hatte, betroffen. Aus einem andern Codex derselben Bibliothek schrieb Bergler das damals noch ungedruckte Werk des byzantinischen Historikers Genesios „De rebus

---

[1]) Aristophanis comoediae undecim graece et latine ad fidem optimorum codicum mss. emendatae cum nova octo comoediarum interpretatione latina et notis ad singulas ineditis Stephani Bergleri nec non Caroli Andreae Dukeri ad quatuor priores. Accedunt deperditarum comoediarum fragmenta a Theod. Cantero et Gul. Coddaeo collecta earumque indices a Joh. Meursio et Joh. Alb. Fabricio digesti curante Petro Burmanno Secundo qui praefationem praefixit. 2 Bde. (Leyden 1760). Bergler's Vorrede ist unterzeichnet: Lips. Cal. Maji MDCCXV. Burmann handelt in seiner Vorrede p. 2—14 über Bergler's litterarische Thätigkeit.

Constantinopolitanis libri IV", mit welchem schon J. A. Bose sich beschäftigt hatte (vgl. oben S. 335), ab, übersetzte es in's Lateinische und fügte eine Anzahl kritischer Bemerkungen zum griechischen Texte bei; diese Arbeit kam in den Besitz Johann Burkhard Mencke's, der sie später dem venezianischen Buchhändler Pasquale überließ, welcher sie, ohne Bergler's Namen zu nennen, in flüchtiger Weise abdruckte (Venedig 1733). Auch die bereits im Jahre 1718 vollendete lateinische Uebersetzung des Geschichtswerkes des Herodian ist erst lange nach Bergler's Tode in der großen Ausgabe von G. W. Irmisch (V Bde., Leipzig 1789 ff.) veröffentlicht worden [1]. Viel wichtiger als diese erst von der Nachwelt gewürdigten Arbeiten wurde für Bergler's Lebensgeschick die von ihm angefertigte lateinische Uebersetzung einer von dem Hospodar der Wallachei Nicolaos Mavrokordatos in griechischer Sprache verfaßten Schrift über die Pflichten (περὶ τῶν καθηκόντων), welche in Leipzig 1722 gedruckt wurde. In Folge dessen berief ihn dieser Fürst zu sich nach Bukarest, wo er als Secretär des Fürsten und Lehrer der Söhne desselben eine behagliche Stellung erhielt. Von dort aus gab er noch ein Lebenszeichen durch Mittheilungen über Handschriften der von den Fürsten gesammelten Bibliothek an J. A. Fabricius [2]); dann aber ist er verschollen: nach einer nicht sicher verbürgten Nachricht soll er nach dem Tode des Fürsten (14. September [a. St.] 1730) nach Konstantinopel gezogen sein; ja es war einige Zeit nach seinem Tode sogar das Gerücht verbreitet, daß er zum Islam übergetreten sei.

Ein anderer tüchtiger Hellenist, der ebenfalls den Fabricius bei der Ausarbeitung der Bibliotheca graeca wenn auch nicht durch persönliche Mitarbeit so doch durch schriftliche Mittheilungen mehrfach unterstützt hat, ist der Westfale Ludolph Küster (geboren zu Blomberg im Lippe'schen im Februar 1670). Derselbe

---

[1] Vgl. über diese Arbeiten B.'s Brief an J. A. Fabricius bei Reimarus De vita Fabricii p. 222 s.

[2] Vgl Reimarus De vita Fabricii p. 169 s.

hielt sich nach Vollendung seiner Studien in Frankfurt an der Oder, wo er 1696 seine Erstlingsschrift, die „Historia critica Homeri" veröffentlichte, abwechselnd in Holland, Frankreich und England auf, bis er im Jahre 1705 von König Friedrich I. von Preußen, dem er seine nach guten handschriftlichen Hilfsmitteln, die er aber aus Mangel an strenger Methode nicht gehörig verwerthet hat, verbesserte, mit einer lateinischen Uebersetzung und Anmerkungen ausgestattete Ausgabe des Lexikon des Suidas dedicirt hatte (Cambridge 1705, 3 Bde.)[1]), als Gymnasialprofessor und Bibliothekar nach Berlin berufen wurde. Aus persönlichen Gründen verließ er schon nach einem Jahre Berlin, ging wieder nach Holland und von da nach Paris, wo er, nachdem er zum Katholicismus übergetreten war, zum außerordentlichen Mitgliede der Académie des inscriptions ernannt wurde: hier starb er mitten in der Arbeit an einer neuen Ausgabe des Lexikon des Hesychius[2]) 12. October 1716. Von seinen früheren Arbeiten ist neben der Ausgabe des Suidas die bedeutendste die Ausgabe der Komödien des Aristophanes (Amsterdam 1710), welche Varianten aus 9 Handschriften, die griechischen Scholien und eine lateinische Uebersetzung sowie außer den eigenen Bemerkungen des Herausgebers Anmerkungen von Is. Casaubonus, Ez. Spanheim und R. Bentley — dessen hohe wissenschaftliche Bedeutung unter den deutschen Gelehrten Küster zuerst erkannt und öffentlich anerkannt hat — enthält. In der Ausgabe der Lebensbeschreibungen des Pythagoras von Jamblichus und Porphyrius (Amsterdam 1707) hat Küster wenigstens für das Werk des Jamblichus neue handschriftliche Hülfsmittel benutzt, während er für die Schrift des Porphyrius im Wesentlichen nur die Ar-

---

[1]) Ueber den an diese Ausgabe sich knüpfenden, von beiden Seiten mit wachsender Erbitterung geführten Streit Küster's mit Jacob Gronov vgl. Bernhardy in seiner Ausgabe des Suidas t. I p. XCIII ss.

[2]) K.'s Bemerkungen zu Hesychius, die nur bis in den Buchstaben Θ reichen, sind veröffentlicht in der Ausgabe des H. von Joh. Alberti (Leyden 1746).

beiten von C. Rittershausen und L. Holste wiederholt. In seiner Abhandlung über den richtigen Gebrauch der medialen Verba im Griechischen und den Unterschied derselben von den activen und passiven Verbis[1]) hat er neue und fruchtbringende wenn auch von seinen Nachfolgern mehrfach bestrittene Gesichtspunkte für den von ihm erörterten Punkt der griechischen Syntax aufgestellt und durch eine Sammlung von Beispielen erläutert. Küster's schwächste Arbeit ist die schon erwähnte „Historia critica Homeri", welche nach einer ziemlich flüchtigen Kritik der Ueberlieferungen über das Vaterland und das Zeitalter Homer's die Geschichte seiner Dichtungen und der an diese sich anschließenden Studien in wenig selbständiger Weise behandelt. Der Verfasser hält fest an der herkömmlichen Vorstellung von einem historischen Homer als dem Dichter der nach einem einheitlichen Plane componirten, wenn auch vom Dichter selbst nur bruchstückweise vorgetragenen Ilias und Odyssee und von der ursprünglichen schriftlichen Aufzeichnung dieser Dichtungen, so daß seine von den Zeitgenossen viel benutzte Schrift nicht einmal als Vorläufer der 100 Jahre später erschienenen Wolf'schen Prolegomena betrachtet werden kann.

Zu den Förderern der Arbeiten von J. A. Fabricius gehörten endlich auch dessen Landsmann und Studiengenosse Gottfried Oehlschläger genannt Olearius (geboren 23. Juli 1672 in Leipzig, seit 1699 Professor der griechischen Sprache, seit 1708 Professor der Theologie an der dortigen Universität, gestorben 13. November 1715) und die Brüder Johann Christoph Wolf (geboren 21. Februar 1683 in Wernigerode, gestorben als Hauptpastor an der Katharinenkirche zu Hamburg 25. Juli 1739) und Johann Christian Wolf (geboren 8. April 1689 in Wernigerode, gestorben als Professor am akademischen Gymnasium in Hamburg 9. Februar 1770), alle drei

---

[1]) De vero usu verborum mediorum apud Graecos eorumque differentia a verbis activis et passivis (Paris 1714; ed. II Leyden 1717; wiederholt nebst mehreren anderen Abhandlungen über denselben Gegenstand in der Schrift von Ch. Wolle, De verbis Graecorum mediis, Leipzig 1733).

Männer die, wie Fabricius selbst, theologische und philologische, besonders griechische Studien vereinigten. Clearius hat auf classisch-philologischem Gebiete nur eine größere Arbeit hinterlassen: eine in Hinsicht der Textkritik sehr schwache Ausgabe der Werke des älteren und des jüngeren Philostratus (Leipzig 1709), für welche er handschriftliche Aufzeichnungen von Th. Reines, ohne diesen zu nennen, benutzt zu haben scheint [1]). Von den Gebrüdern Wolf hat der ältere sich um die spätere griechische Litteratur, die profane sowohl als die christliche, bleibende Verdienste erworben durch seine „Anecdota graeca sacra et profana ex codd. mss. primum in lucem edita versione latina donata et notis illustrata" (4 Bde., Hamburg 1722 ff.) und durch seine Ausgaben der Philosophumena des Origenes (Hamburg 1706), der Schrift des Theophilus an Autolycus (Hamburg 1724) und der Briefe des Libanius (Amsterdam 1738); der jüngere hat mit großem Fleiß in mehreren Sammlungen [2]) die Ueberreste der schriftstellerischen Thätigkeit griechischer Frauen zusammengestellt.

Wichtige Beiträge zur römischen Litteraturgeschichte, zum Theil in ergänzendem Anschluß an Fabricius' Bibliotheca latina, lieferte der gleichfalls zu dem Kreise der gelehrten Correspondenten des Fabricius gehörige Däne Christian Falster (geboren in Brandeslev auf Laaland 1. Januar 1690, gestorben als Rector der Schule zu Ripen 24. October 1752) in mehreren Schriften, welche sich auch durch eine tiefere Auffassung der Ausgabe der Litteraturgeschichte, als man dies in den polyhistorisch-compila-

---

[1]) Vgl. F. Jacobs Praefatio ad Philostr. Imag. p. XLVII u. 24.

[2]) Sapphus poetriae Lesbiae fragmenta et elogia quotquot in auctoribus antiquis graecis et latinis reperiuntur (London 1733). — Poetriarum octo — fragmenta et elogia graece et latine cum virorum doctorum notis; accedit G. Olearii dissertatio de poetriis graecis (Hamburg 1734). — Mulierum graecarum quae oratione prosa usae sunt fragmenta et elogia graece et latine — accedit catalogus feminarum sapientia artibus scriptisve apud Graecos Romanos aliasque gentes olim illustrium (Göttingen 1739).

torischen Werken der früheren Litteraturhistoriker findet, durch Rücksichtnahme auf die äußeren Bedingungen, unter welchen die Entwickelung der Litteratur der classischen Völker erfolgt ist, insbesondere auf den Einfluß, welchen die Erziehungs- und Bildungsweise auf dieselbe ausgeübt hat, auszzeichnen. Die Schrift „Quaestiones Romanae sive idea historiae litterariae Romanorum" (Leipzig und Flensburg 1718) entspricht ihrem Inhalte nach etwa dem, was wir jetzt als Einleitung in die römische Litteraturgeschichte und allgemeine (oder innere) Geschichte der römischen Litteratur bezeichnen würden. Der Verfasser handelt im ersten Buche von der lateinischen Sprache und Schrift und von den Schulen, im zweiten von den Bibliotheken und dem Bücherwesen, den öffentlichen Lehrern, den Gymnasien und den zum Behuf wissenschaftlicher Ausbildung unternommenen Reisen der Römer; im dritten Buche (de studiis Romanorum) giebt er eine kurze Uebersicht der litterarischen und wissenschaftlichen Thätigkeit derselben nach den Rubriken Theologie, Philosophie, Poesie, Geschichte, Beredtsamkeit, Jurisprudenz und Mathematik (mit Einschluß der Arithmetik, Musik, Geometrie und Astronomie). Ein ganz gleiches Schema stellt der Verfasser in einer zweiten Schrift, den „Cogitationes variae philologicae" (Leipzig und Flensburg 1719), welche in anderen Abschnitten beherzigenswerthe Winke für die philologische Technik und Methode enthält [1]), für eine griechische Litteraturgeschichte auf, deren Abfassung er als eines

---

[1]) Man vgl. z. B. in P. II cogit. III die Anforderungen, welche F. an eine gute Ausgabe der Werke eines classischen Schriftstellers stellt: accurata textus emendatio, solida momentorum singulorum praecipue obscuriorum enarratio non neglectis quae ad antiquitatem pertinent, historiam tam litterariam quam civilem, grammaticam, philologiam etc. — index phrasium, verborum et rerum omne punctum ferens et amussitatus. Ebd. cogit. V (In re philologica redundant variae lectiones saepissime onera et vana tantum ingenii operaeque exuberantis spectacula) eifert, wenn auch in einseitig übertreibender Weise, mit Recht gegen den Wust von Varianten, der sich besonders in den Ausgaben der holländischen Philologen jener Zeit breit machte. P. III cogit. III weist auf die Wichtigkeit der von den Alten selbst über die Erscheinungen ihrer Litteratur gefällten Urtheile hin.

der dringendsten Bedürfnisse seiner Zeit bezeichnet, nur daß hier im dritten Buche (de studiis Graecorum) neben der Astronomie noch Geographie und Medicin aufgeführt werden. Dankenswerthe Beiträge zur genaueren Kenntniß der Litteratur und der wissenschaftlichen Studien der Römer im Einzelnen giebt in alphabetischer Ordnung Falster's Schrift „Memoriae obscurae" (Hamburg 1722)[1]. Specielle Studien hat er den Noctes atticae des A. Gellius gewidmet: Proben davon gab er in seiner „Vigilia prima noctium Ripensium" (Kopenhagen 1721), worin er den Inhalt des verlorenen achten Buches dieses Werkes nach den erhaltenen Ueberschriften der einzelnen Kapitel desselben erörtert, sowie in zwei Abhandlungen, welche er dem zweiten und dritten Bande seiner „Amoenitates philologicae sive discursus varii", einer Sammlung von kurzen Reden und Aufsätzen sehr mannigfaltigen Inhaltes in lateinischer Sprache (3 Bde., Amsterdam 1729 bis 1732), beigefügt hat: „Libellus commentarius de vita et rebus A. Gellii ad virum cl. Sigeb. Havercamp" und „Admonitiones ad interpretes A. Gellii cum epistola ad virum cl. Joannem Gottlieb Krause cel. in acad. Wittenberg. historiae professorem". Ein von Falster druckfertig ausgearbeiteter vollständiger Commentar zu Gellius, für welchen er keinen Verleger finden konnte, befindet sich in der Universitätsbibliothek in Kopenhagen, welcher Falster drei Jahre vor seinem Tode seine ganze Bibliothek geschenkt hat[2].

---

[1] Eine Uebersicht des Inhaltes gibt der Titel der Schrift, der vollständig so lautet: „Memoriae obscurae quarum p. I scriptores quosdam Romanos hactenus fere incognitos, II ingenia quaedam Rom. quae litterarum gloria absque scriptis floruerunt, III monumenta nonnulla incertorum auctorum, titulos et fragmenta, IV urbes imperii Rom. studiorum laude florentissimas complectitur".

[2] Vgl. über F.'s Leben und Schriften die Abhandlung von Chr. Thaarup vor seiner Ausgabe der dänischen satirischen Dichtungen F.'s (Christian Falsters Satirer med en Afhandling om Digteren Levnet og Skrifter udgivne og ved Anmaerkninger oplyste af Christen Thaarup, Kopenhagen 1840. S. XI—XXXVI).

Neben der Litterargeschichte wurden besonders die sog. Antiquitäten von den deutschen Gelehrten in der ersten Hälfte des 18. Jahrhunderts eifrig behandelt. In zahlreichen meist kürzeren Abhandlungen stellte man aus den antiken Schriftstellern und Inschriften Notizen über Einzelheiten besonders des Cultus und des Privatlebens der Griechen und Römer, der Hebräer und Aegypter zusammen, oder man suchte die Geschichte bestimmter Sitten, des Gebrauches einzelner Kleidungs- oder Schmuckgegenstände (z. B. der Handschuhe, der Sporen) von den Völkern des Alterthumes an bis zur Neuzeit herab zu verfolgen. Ganze Reihen solcher jetzt vergessener Abhandlungen lieferten der Professor der Alterthümer und Ephorus des evangelischen Stiftes in Tübingen Johann Nicolai aus Stadt-Ilm im Schwarzburgischen (geboren 1665, gestorben 12. August 1708)[1]) und der Professor der Beredtsamkeit an der Universität Wittenberg Johann Wilhelm von Berger (geboren zu Halle 1. September 1672, gestorben 28. April 1751)[2]). Von größerer Bedeutung sind durch gründ-

---

[1]) Von Joh. Nicolai sind mir folgende Schriften bekannt: Tractatio de Mercurio et Hermis (Frankfurt 1687). Romanorum triumphus solennissimus quo ceremoniae, vestitus, currus aliaque quae ad honorem hunc summum requirebantur ornamenta et antiquitates illustrantur (Frankfurt 1696). Tractatus de Graecorum luctu lugentiumque ritibus variis (Marburg 1696: darin wird nicht nur von den Gebräuchen der Trauer, sondern auch von der Bestattung der Todten bei den Griechen und zuletzt von den Ansichten derselben über den Zustand der Verstorbenen gehandelt). Tractatus de phyllobolia seu florum et ramorum sparsione in sacris et civilibus rebus usitatissima (Frankfurt 1698: angehängt ist eine ältere Abhandlung von Joh. Conrad Dieterich de sparsione florum). Disquisitio de nimbis antiquorum imaginibus deorum imperatorum olim — adpictis (Jena 1699). De iuramentis Ebraeorum, Graecorum, Romanorum aliorumque populorum (Frankfurt 1700). De chirothecarum usu et abusu (Gießen 1701). Tractatus de calcarium usu et abusu nec non iuribus illorum (Frankfurt 1702). Tractatus de siglis veterum (Leyden 1703). Selectae quaedam antiquitates ecclesiasticae (Tübingen 1705). De sepulchris Hebraeorum libri IV (Leyden 1706). Tractatus de synedrio Aegyptiorum illorumque legibus insignioribus (ebd. 1706).

[2]) S. das Verzeichniß der Schriften Berger's in Adelung's Fortsetzung zu Jöcher's Gelehrtenlexikon Bd. 1 S. 1717 f.

liche Gelehrsamkeit und durch Berücksichtigung auch der bildlichen Denkmäler des Alterthumes die Schriften von Christian Gottlieb Schwarz aus Leisnig in Sachsen (geboren 5. September 1675), der von 1709 an bis zu seinem Tode (24. Februar 1751) an der Universität Altdorf, die durch ihn zu neuer Blüte gelangte, als Professor der Beredtsamkeit, der Geschichte und der Moralphilosophie wirkte. Von seinen außerordentlich zahlreichen Programmabhandlungen, in denen er abwechselnd antiquarische, historische, litterarhistorische und rechtsgeschichtliche Stoffe behandelte, hat er selbst nur fünf, mit Ausnahme der letzten antiquarischen Inhaltes, unter dem Titel „Miscellanea politioris humanitatis in quibus vetusta quaedam monimenta et variorum scriptorum loca illustrantur" (Nürnberg 1721) vereinigt einem größeren Leserkreise zugänglich gemacht; sechs andere, auf die Schreibkunst und das Bücherwesen der Hebräer, Griechen und Römer bezügliche, hat der Prorector am Gymnasium zu Hirschberg, spätere Rector am Magdalenengymnasium zu Breslau Johann Christian Leuschner (geboren zu Gablenz bei Freiberg 6. December 1719, gestorben 13. December 1792) unter dem Titel „De ornamentis librorum et varia rei librariae veterum supellectile dissertationum antiquariarum hexas" (Leipzig 1756) herausgegeben; drei größere Sammlungen derselben endlich hat Gottlieb Christoph Harles, von dem noch später die Rede sein wird, veranstaltet: „Dissertationes selectae quibus antiquitatis et iuris romani nonnulla capita explicantur" (Erlangen 1778, 4°; enthält 11 Abhandlungen); „Exercitationes academicae quibus antiquitatis et iuris romani nonnulla capita explicantur" (Nürnberg 1783, 8°; enthält neun Abhandlungen von Schwarz und eine juristische von Heinrich Breukmann) und „Opuscula quaedam academica varii argumenti" (Nürnberg 1793, 4°; enthält zuerst die Miscellanea politioris humanitatis, sodann fünf Abhandlungen antiquarischen Inhaltes und drei zur Geschichte der Buchdruckerkunst). Wie diese Programme, so zeigen auch Schwarz's von seinem Schüler und späteren Collegen Johann

Andreas Michael Nagel aus Sulzbach (geboren 29. September 1710, gestorben 29. September 1788), der zur Förderung des Studiums der lateinischen Sprache an der Universität Altdorf eine „Societas latina" begründete, herausgegebenen Bemerkungen und Zusätze zu dem damals sehr verbreiteten Compendium der römischen Alterthümer des Holländers Willem Hendrik Nieupoort (Altdorf 1757) eine reiche Fülle von Gelehrsamkeit, deren Bewältigung dem Leser nicht immer leicht wird. Fast erdrückend wirkt diese Fülle in Schwarz's kritisch-exegetischer Ausgabe des Panegyricus des Plinius (Nürnberg 1746), der reifsten, wir möchten fast sagen überreifen Frucht seiner Studien über die römischen Panegyriker, deren andere Früchte, Bemerkungen zu den späteren Panegyrikern, die Schwarz zum Theil selbst in einzelnen Programmen veröffentlicht hat, in der Ausgabe der Panegyrici veteres von Wolfgang Jäger (Nürnberg 1779, 2 Bde.) mitgetheilt sind [1]).

Auf dem den classischen Philologen und den Juristen gemeinsamen Gebiete der römischen Rechtsalterthümer ist als eine hervorragende Erscheinung zu bezeichnen das Werk von Johann Gottlieb Heineccius (Heinecke: geboren in Eisenberg 11. September 1681, gestorben als Professor iuris et philosophiae an der Universität Halle 31. August 1741) „Antiquitatum Romanarum iurisprudentiam illustrantium syntagma secundum ordinem institutionum Justiniani digestum" (zuerst Halle 1719), welches nach einer einleitenden Uebersicht über die Gesetzsammlungen und Rechtsbücher der Römer das gesammte öffentliche und Privatrecht derselben nach der Reihenfolge der einzelnen Titel der Institutionen Justinian's darstellt. Das Werk wurde nicht nur im 18. Jahrhunderte sehr häufig neu aufgelegt, sondern auch im Jahre 1822 von dem Leipziger Professor iuris Christ. Gottl. Haubold und nochmals im Jahre 1841 von dem berühmten Göttinger Rechtslehrer Christ. Friedrich Mühlen-

---

[1]) Vgl. über Schwarz's Leben und Schriften Th. Ch. Harles De vitis philologorum Vol. I p. 1 ss.; über J. A. M. Nagel ebd. p. 77 ss.

bruch vermehrt und verbessert herausgegeben, hat also weit über ein Jahrhundert lang sich als Lehrbuch im Gebrauch erhalten. Es verdankt diese Langlebigkeit neben den Vorzügen seines Inhaltes und der wenigstens für Juristen bequemen Anordnung auch seinem eleganten lateinischen Stil, der auch in den anderen juristischen Werken Heinecke's hervortritt; wie vielen Werth der Verfasser selbst darauf legte, beweist auch der Umstand, daß er selbst eine Anweisung zum Lateinschreiben unter dem Titel „Fundamenta stili cultioris" verfaßt hat, welche später wiederholt von Joh. Matthias Gesner (Leipzig 1748) und von Joh. Nicolaus Niclas (Leipzig 1766) herausgegeben worden ist.

Ein nützliches Hülfsmittel zur Verbreitung antiquarischer Kenntnisse in weiteren Kreisen und dadurch zur Förderung des Verständnisses der antiken Schriftsteller war die „Neue Acerra philologica oder gründliche Nachrichten aus der Philologie und den römischen und griechischen Antiquitäten, darinn die schwersten Stellen aller autorum classicorum der studirenden Jugend zum Besten in einer angenehmen Erzehlung kürzlich und gründlich erklärt werden", eine Sammlung meist kürzerer, in deutscher Sprache (die allmälig auch in den Grammatiken und anderen Lehrbüchern die lateinische aus ihrer Alleinherrschaft zu verdrängen begann) verfaßter, mit Anmerkungen, in welchen die Belegstellen der alten Schriftsteller im Wortlaut angeführt werden, versehener, hie und da durch Abbildungen erläuterter Abhandlungen über die verschiedensten Gegenstände hauptsächlich des römischen Alterthumes, welche in zwei Serien, jede zu 6 Stück, in den Jahren 1715—1723 in Halle herauskam. Der Verfasser und Herausgeber der ersten Serie, der Pastor in Aschersleben (später Rector, dann Pastor und Consistorialrath in Halberstadt) Peter Adolph Boysen (geboren 15. November 1690, gestorben 12. Januar 1743), bezeichnet als Zweck dieses nur äußerlich an Peter Lauremberg's „Acerra philologica" (vgl. oben S. 321) anknüpfenden Unternehmens „der studirenden Jugend eine kurze Anleitung zu geben, wie sie die Antiquitäten in Erklärung derer Auctorum classicorum nützlich gebrauchen könne und müsse", und auch der ungenannte Herausgeber der zweiten Serie hat die gleiche Tendenz festgehalten.

Dasselbe Bestreben, das Verständniß der alten Schriftsteller insbesondere nach der sachlichen Seite zu fördern, die Jugend zur Kenntniß nicht nur der alten Sprachen, sondern auch der Litteratur, Mythologie, des öffentlichen und Privatlebens der classischen Völker anzuleiten, tritt in der schriftstellerischen Thätigkeit des wackeren Rectors der lateinischen Schule zu Großenhain in Sachsen Benjamin Hederich (geboren 12. December 1675 in Geithain, gestorben 18. Juli 1748) hervor. Sein „Reales Schul=Lexikon" (Leipzig 1717 u. ö.), sein „Gründliches Lexikon mythologicum" (Leipzig 1724 u. ö.) und sein „Gründliches Antiquitäten=Lexicon" (Leipzig 1743), ferner seine „Anleitung zu den fürnehmsten historischen Wissenschaften" (Zerbst 1709 u. ö.), seine „Kenntniß der vornehmsten Schriftsteller" (3. Ausgabe Wittenberg 1767), endlich seine „Fasti consulares romani oder Chronologie der römischen Bürgermeister" (Wittenberg 1713) sind zwar jetzt längst veraltet und durch bessere Hülfsmittel ersetzt, die ganze Art und Weise der Betrachtung und Auffassung des Alterthumes darin ist eine beschränkte, philisterhafte, zopfige; aber sie haben lange Zeit hindurch Schülern und Lehrern, welche die alten Classiker nicht bloß zur Einübung und Exemplification grammatischer Regeln benutzen wollten, als die zuverlässigsten und bequemsten Hülfsmittel und wenigstens zum Theil nach Anlage und Ausführung ihren Nachfolgern als Vorbild gedient. Auch Hederich's deutsch=lateinisches und sein lateinisch=deutsches Wörterbuch haben große Verbreitung gefunden: ja sein griechisch=lateinisches und lateinisch=griechisches Handwörterbuch, das zuerst 1722 erschien, ist sogar noch in unserem Jahrhundert in der Erneuerung durch G. Pinzger und Franz Passow vielfach benutzt worden [1]).

---

[1]) B. Hederich Novum lexicon manuale graeco-latinum et latino-graecum per G. Pinzger et Franc. Passow. III Voll. (Leipzig 1825—27).

Pädagogisch weit bedenklichere und wissenschaftlich werthlosere Hülfsmittel für den classischen Unterricht waren die sog. editiones ad modum Minellii (benannt nach dem im Jahre 1625 geborenen, im Jahre 1683 verstorbenen Rector der Erasmus-Schule zu Rotterdam Jan Minell), Ausgaben classischer, hauptsächlich lateinischer Schriftsteller[1]) mit lateinischen Anmerkungen, welche den Text Satz für Satz, ja fast Wort für Wort paraphrasirend begleiten; nicht selten sind auch deutsche Uebersetzungen einzelner Worte oder Redensarten eingestreut, so daß dem Schüler die Mühe eigenen Nachdenkens fast ganz erspart wird. Der Plan zur Veranstaltung dieser Ausgaben war von dem vielseitig gebildeten Leipziger Rathsherrn Friedrich Benedict Carpzov (geboren 1. Januar 1649, gestorben 20. Mai 1699) ausgegangen; ausgeführt wurde er vom Jahre 1699 an von dem Leipziger Buchhändler Moritz Georg Weidmann, anfangs in Gemeinschaft mit dem Buchhändler Johann Ludwig Gleditsch, später unter seiner eigenen Firma. Der Herausgeber der Mehrzahl dieser Ausgaben, für deren Beliebtheit in der ersten Hälfte des 18. Jahrhunderts die wiederholten Auflagen Zeugniß geben, war der Schulmann Christian Juncker aus Dresden (geboren 16. October 1668, gestorben als Rector des Gymnasiums zu Altenburg 19. Juni 1714), ein unter seinen Zeitgenossen angesehener Historiker, Historiograph des herzoglich sächsischen Gesammthauses Ernestinischer Linie und Mitglied der königlich preußischen Societät der Wissenschaften: neben ihm betheiligten sich als Herausgeber der wegen seiner bedenklichen religiösen Anschauungen emeritirte Conrector der Leipziger Thomasschule Andreas Stübel (geboren in Dresden

— Vgl. über Hederich's Leben und Schriften M. Joh. Gottlieb Biedermann's Nova acta scholastica oder zuverläßige Nachrichten von Schul-Sachen Bd. 1 (Leipzig 1749) St. XI S. 873 ff.

[1]) Der griechischen Litteratur gehört nur die von Chr. Juncker besorgte Ausgabe von Plutarch's Schrift de puerorum educatione und den drei ersten Reden des Isokrates (Leipzig 1704) an. Ein Verzeichniß aller bis zum Jahre 1712 erschienenen derartigen Ausgaben gibt der Verleger in der Vorrede zu der Ausgabe des Terenz (Leipzig 1726).

15. December 1653, gestorben 31. Januar 1725), der Rector des Gymnasiums zu Merseburg Erdmann Uhse, der Historiker Wilhelm Ernst Tenzel (geboren 11. Juli 1659 zu Greußen in Thüringen, gestorben 24. November 1707) und der Rector zu Meiningen Johann Michael Weinrich.

Noch mehr als die Editiones ad modum Minellii tragen den Charakter sog. Eselsbrücken an sich einige in der ersten Hälfte des 18. Jahrhunderts erschienene Ausgaben lateinischer Schriftsteller mit deutschen Einleitungen und deutschen auf Sprach- und Sacherklärung abzielenden Anmerkungen, geographischen Karten und ähnlichen Beigaben, auf deren Titel ein Emanuel Sincerus als Herausgeber genannt ist. Unter diesem Pseudonym birgt sich der Diaconus an der Kirche zu St. Ulrich in Augsburg Esaias Schneider; aber nur die Ausgaben des Cornelius Nepos (1715) und des Curtius (1716) sind von diesem besorgt; von ihm sollen das Pseudonym zwei Württembergische Gelehrte, ein gewisser Schoenemann und der Diaconus und Präceptor zu Schorndorf Wishacke für ihre Ausgaben des Justin und Terenz entlehnt haben. Der Germanicus Sincerus endlich, welcher ähnlich angelegte Ausgaben des Caesar, des Velleius Paterculus und des Florus herausgegeben hat, ist der als Historiker und Philolog angesehene Professor der Universität Gießen Christoph Friedrich Ayrmann (geboren 22. März 1695 in Leipzig, gestorben 25. März 1747), der sich auf philologischem Gebiete besonders durch eine Schrift über das Leben des Dichters Tibullus (Wittenberg 1719) bekannt gemacht hat; ein „Sylva emendationum criticarum" betiteltes kurzes Programm von ihm (Gießen 1726. 8 S. 4°) enthält Verbesserungsvorschläge zu einer Anzahl Stellen der Gedichte des Propertius [1]).

---

[1]) Vgl. über die Sincerus-Ausgaben Ch. A. Heumann, Conspectus reipublicae literariae p. 361 ed. VII (p. 431 ed. Eyring); Gottfried Ephraim Müller, Historisch-critische Einleitung zu nöthiger Kenntniß und nützlichem Gebrauche der alten lateinischen Schriftsteller Th. I (Dresden 1747) S. 184 f. Ich selbst kenne nur die Ausgabe des Justinus „nach Art des durch Emanuel

Unter den mit Commentaren "ad modum Johannis Minellii" versehenen Ausgaben lateinischer Classiker zeichnen sich die in den Jahren 1712—1715 erschienenen Ausgaben des Velleius Paterculus, der Fabeln des Phädrus (denen die Räthsel des Symposius, die Tetrasticha des sog. Gabrias, die Metamorphosen des Antoninus Liberalis und die die Namen des Seneca und P. Syrus tragenden Sentenzensammlungen beigefügt sind), der Metamorphosen des Ovid und der Dichtungen des Claudian sehr zu ihrem Vortheil vor den übrigen aus durch die entschieden wissenschaftliche Haltung und größeren Inhaltsreichthum der Commentare, in denen besonders die historisch-antiquarische Seite der Erklärung einen großen Raum einnimmt und auch die Textestritik Berücksichtigung findet. Der Herausgeber dieser Ausgaben war ein junger Gelehrter aus Meiningen, Johann Georg Walch (geboren 17. Juni 1693), der sich seit 1710 als Student, seit 1713 als Privatdocent an der Universität Leipzig aufhielt. Es waren nur äußere Gründe, welche den Herausgeber bewogen, jenen Zusatz "ad modum Jo. Minellii" auf dem Titel seiner Ausgaben sich gefallen zu lassen, denn gleich in der Vorrede seiner Erstlingsarbeit, der Ausgabe des Velleius, spricht er sich entschieden gegen die in den übrigen Ausgaben dieser Kategorie herrschende Manier der Erklärung aus[1]) und in der Vorrede zur Ausgabe des Phädrus gibt er kurze, verständige Bemerkungen über die Regeln der Textestritik und der Interpretation. Daß er auch für die Beobachtung

---

Sincerum editum Cornelii Nepotis und Q. Curtii der studirenden Jugend zum Besten an's Licht gegeben" (1731 Berlin), deren Herausgeber sich in der lateinischen Dedication M. C. F. K. P. G. unterzeichnet. — Ein Verzeichniß der Schriften Ayrmann's gibt Adelung's Fortsetzung zu Jöcher Bd. 1 S. 1304 ff.

[1]) "Abhorreo autem ab illorum adnotationes componendi forma qui paraphrasi quadam, ut Graecorum voce utar, ac barbaro nostroque loquendi generi accomodato sermone verba auctorum explicare eaque inlustriora reddere conantur. Istae enim observationes sive dicantur grammaticae, sive conscribantur in usum tironum, nullam utilitatem, sed damnum potius adolescentibus adferunt, quod pace eorum dixerim qui adhuc istum auctores inlustrandi modum observarunt." Ganz ähnlich äußert sich Walch in seiner Historia critica latinae linguae p. 463 s. ed. III.

der sprachlichen Eigenthümlichkeiten der einzelnen Schriftsteller seinen Blick schon frühzeitig geübt hatte, beweist die der Ausgabe des Phädrus vorausgeschickte „dissertatio de stilo Phaedri" (p. 1—95) sowie die ähnlichen Arbeiten über den Stil des Lactantius (Diatribe de Lactantio eiusdemque stilo 64 S.), die er seiner mit kurzen kritisch-exegetischen Noten versehenen Ausgabe der Werke dieses Kirchenvaters vorgesetzt hat (Leipzig 1715 und 1735), und über die lateinische Dichtersprache (Diatribe critica de latinitate poetica 47 S.), welche das erste Bändchen der von Walch besorgten Textausgabe der Werke des Ovid (Leipzig 1719 und 1739, 3 Bde.) eröffnet[1]). Bald darauf gab Walch ein größeres litterarhistorisch-stilistisches Werk heraus unter dem Titel „Historia critica latinae linguae" (Leipzig 1716; dritte vermehrte und verbesserte Auflage 1761). Nachdem er in den Prolegomenen das Wesen der Philologie (die er als Sprachkenntniß überhaupt auffaßt)[2]) und die Art des Studiums derselben erörtert hat, handelt er im ersten Kapitel vom Ursprunge und den Schicksalen der lateinischen Sprache bis zur Wiederherstellung der Wissenschaften, wobei er zugleich eine Uebersicht über die wichtigsten lateinischen Sprachdenkmäler und Schriftsteller nach sechs Hauptperioden (1. Barbarisches Zeitalter von Romulus bis auf Livius Andronicus; 2. mittleres oder halbbarbarisches Zeitalter von

---

[1]) Daß diese Diatribe critica schon im Jahre 1714 vollendet war, ersieht man aus der Vorrede zu der oben erwähnten Ausgabe der Metamorphosen, worin Walch bemerkt, es sei seine Absicht gewesen, jene Abhandlung dieser Ausgabe einzuverleiben, der Buchhändler habe dies aber nicht zugegeben

[2]) P. 3 ed. III: „Nunc vocis huius (philologiae) is usus est, ut tantum partem litterarum humaniorum significet, eam quippe quae linguarum naturam earumque culturam docet ac declarat quomodo ea quae cogitamus ope illarum varia ratione et scribendo et loquendo aliis aperire queamus. Dividi potest in philologiam generalem ac specialem: illa generatim linguarum naturam illarumque cultum demonstrat; haec partes eiusdem interpretatur quae sunt grammatica, rhetorica, philologia stricte sic dicta et critices ars." Und p. 9: „Philologia strictiori sententia dicta ea est doctrina quae viam monstrat qua eiusmodi linguarum cognitionem sibi quis comparare potest, ut vocum locutionumque fata, auctoritatem, diversas significationes alaque momenta accurate intelligat".

Livius Andronicus bis auf Cicero; 3. goldenes Zeitalter von Cicero bis auf Augustus' Tod; 4. silbernes Zeitalter von Augustus' Tode bis auf Antoninus Pius; 5. ehernes Zeitalter von Antoninus Pius bis auf Honorius; 6. eisernes Zeitalter vom 5. Jahrhundert n. Chr. bis zur Wiederherstellung der Wissenschaften) gibt. Darauf wird in Kap. 2 das Wesen des eleganten lateinischen Stiles, in Kap. 3 die Nothwendigkeit der Erlernung der lateinischen Sprache und die richtige Methode dazu im Allgemeinen dargelegt; die folgenden Kapitel sind dann einer eingehenden Erörterung der dafür zu Gebote stehenden Hülfsmittel gewidmet, indem Kap. 4 von den lateinischen Grammatikern (alten und neueren), Kap. 5 von den lateinischen Lexicis, Kap. 6 von der Lectüre und Interpretation der lateinischen Schriftsteller überhaupt, Kap. 7 von den Ausgaben der lateinischen Schriftsteller, Kap. 8 von den Kritikern, deren Arbeiten sich auf die römische Litteratur beziehen, Kap. 9 von der Lectüre der alten Prosaiker, Kap. 10 von der Lectüre der lateinischen Dichter, Kap. 11 von der Lectüre der christlichen, Kap. 12 von der der neueren Schriftsteller, Kap. 13 von stilistischen Beobachtungen, Kap. 14 von der Nachahmung, Kap. 15 von Stilübungen handeln; angefügt ist eine „Diatribe philosophica de litteris humanioribus". Nachdem Walch im Jahre 1718 als Professor der Philosophie nach Jena berufen worden war, richtete er seine Studien hauptsächlich auf die Geschichte der Philosophie; die Früchte dieser Studien, unter denen besonders eine umfängliche Geschichte der Logik (Historia logicae) zu erwähnen ist, sind in seinen „Parerga academica ex historiarum atque antiquitatum monimentis collecta" (Leipzig 1721) vereinigt, einer Sammlung von Abhandlungen zur Geschichte der litterarhistorischen Studien der Alten, besonders der Römer, und der Philosophie; nur die erste Abhandlung, die „Exercitatio historica de fabulosa historia Semiramidis adversus Ctesiam Cnidium" (die Leipziger Habilitationsschrift Walch's) gehört der Geschichte im engeren Sinne an. Im Jahre 1724 trat Walch zunächst als außerordentlicher Professor in die theologische Facultät über, der er, von 1728 an als ordentlicher Professor, bis an seinen Tod (13. Januar 1775) angehörte: mit dieser Veränderung seiner amtlichen Stellung ging die seiner litterarischen Thätigkeit Hand in Hand, die von da an ganz der Theologie gewidmet war.

Die Geschichte der lateinischen Sprache und Litteratur von den ersten Anfängen bis auf die Gegenwart herab behandelte im Wesentlichen nach denselben Gesichtspunkten wie Walch, aber in viel eingehenderer Weise Johann Nicolaus Funck (Funccius) aus Marburg (geboren 29. März 1693, gestorben als Professor der Beredtsamkeit, Geschichte und Politik und Bibliothekar an der Universität zu Rinteln 26. December 1777) in einer Reihe meist sehr umfänglicher Abhandlungen, welchen er selbst in dem der dritten Abhandlung vorgesetzten Programm der ganzen Arbeit den Gesammttitel „De variis latinae linguae aetatibus atque satis" giebt. Die erste dieser Abhandlungen „De origine latinae linguae" (Gießen und Frankfurt 1720) kann man allerdings heutzutage nicht ohne Lächeln lesen. Der Verfasser sucht nämlich die paradoxe Ansicht, daß die lateinische Sprache eine Tochter der deutschen sei, theils auf etymologischem Wege, durch Vergleichung ähnlich lautender lateinischer und deutscher Wörter (wobei ursprünglich verwandte und Lehnwörter unterschiedslos durcheinander geworfen werden), theils aus historischen Gründen zu erweisen, indem er den ältesten Bewohnern Italiens, besonders den Aboriginern, skythisch-keltisch-germanischen Ursprung vindicirt; die germanische Ursprache derselben sei dann durch die Einwanderungen trojanischer und griechischer Colonisten modificirt worden. Wissenschaftlich werthvoller als dieser naive Versuch auf sprachvergleichendem Gebiete ist schon die zweite Abhandlung „De pueritia latinae linguae" (Marburg 1720)[1], in welcher der

---

[1] Von der ersten und zweiten Abhandlung hat der Verfasser eine zweite verbesserte Ausgabe veranstaltet u. d. T.: Joh. Nicol. Funccii Marburgensis de origine et pueritia latinae linguae libri duo. Vterque secundum auctior longe et emendatior editus (Marburg 1735). Angehängt ist ein

Verfasser zuerst von der Annahme des griechischen Alphabetes durch die Lateiner und von dem Einflusse der griechischen Bildung auf die noch rohe und ungebildete lateinische Sprache, dann von den ältesten lateinischen Sprachdenkmälern, insbesondere den Zwölftafelgesetzen, der Inschrift der Basis der sog. Columna rostrata des C. Duilius und der Grabschrift des L. Scipio Barbati filius handelt. Die dritte Abhandlung „De adolescentia latinae linguae" (Marburg 1723) giebt zunächst eine Geschichte der Anfänge der römischen Litteratur vom Beginn des zweiten punischen Krieges bis zur Zeit Cicero's und versucht dann, die Eigenthümlichkeiten der lateinischen Sprache dieser Periode in Hinsicht ihres Wortschatzes, der Grammatik und Orthographie darzustellen: zur Charakteristik der letzteren werden das Senatusconsultum de Bacchanalibus und die Lex Antonia de Thermessibus mitgetheilt (p. 326 ss.). In der wegen ihres bedeutenden Umfanges in zwei Abtheilungen (von 336 und 416 S., 4°) getheilten vierten Abhandlung „De virili aetate latinae linguae" (Marburg 1727 und 1730) wird die Geschichte der litterarischen Studien und Schöpfungen der Römer von der Zeit des Sulla und Cicero an bis zum Tode des Augustus dargestellt; die beiden letzten Kapitel handeln vom Stil und seinen verschiedenen Gattungen, von den Anforderungen, welche in lexikalischer, grammatischer und orthographischer Beziehung an lateinische Darstellung zu stellen und den Fehlern, die dabei zu vermeiden sind. In drei weiteren Abhandlungen führt dann der Verfasser seine Darstellung vom Tode des Augustus bis zum Tode Karl's des Großen, indem er immer in den beiden ersten Kapiteln jedes Theiles die litterarischen Zustände des betreffenden Zeitabschnittes überhaupt und das Verhältniß der Fürsten zur Litteratur schildert, sodann die bedeutenderen Vertreter der verschiedenen Zweige der Littera-

---

„Spicilegium literarium", worin der Verfasser seine Behandlung der Fragmente der Zwölftafelgesetze und andere Partien seiner Abhandlung „de pueritia l. l." gegen die Angriffe eines Leydener Juristen Balthasar Brancha vertheidigt.

tur (Dichter, Grammatiker, Rhetoren, Redner, Juristen, Historiker, Philosophen und Aerzte, Schriftsteller über theologische und kirchliche Gegenstände) behandelt, endlich in einem Schlußkapitel die charakteristischen Eigenthümlichkeiten der Sprache während des betreffenden Zeitraumes zusammenstellt. In dieser Weise wird in der fünften Abhandlung „De imminenti latinae linguae senectute" (Marburg 1736. 744 S.) die Periode vom Tode des Augustus bis auf Hadrian, in der sechsten „De vegeta latinae linguae senectute" (Marburg 1744. 1238 S.) die von Hadrian bis auf Honorius und die Eroberung der Stadt Rom durch die Gothen im Jahre 410 n. Chr., in der siebenten „De inerti ac decrepita latinae linguae senectute" (Lemgo 1750. 736 S.) die Zeit vom Beginn des fünften Jahrhunderts nach Christus bis zum Tode Karl's des Großen behandelt. Zwei weitere Abhandlungen, welche unter den Titeln „De latinitate decumbente et quasi in agone versante" und „De restaurata vel ex Orco revocata latinitate" den Faden dieser historischen Darstellung von der Zeit Ludwig's des Frommen bis zum 15. Jahrhundert und von da bis auf die Zeit des Verfassers herab fortspinnen sollten, sind von Funck nicht nur in sein Programm aufgenommen, sondern auch wirklich ausgearbeitet worden, aber aus Mangel an einem opferwilligen Verleger nicht zum Druck gelangt; als ein freilich nur ungenügender Ersatz für den Verlust derselben können die schon in der Einleitung unseres Buches (S. 4) angeführten Schriften Jacob Burckhard's (geboren 1681 in Sulzbach, gestorben als Bibliothekar in Wolfenbüttel 23. August 1753) „De linguae latinae in Germania — fatis" betrachtet werden.

Außer seinem großen, seiner Bedeutung gemäß von uns eingehender besprochenen Werke hat Funck Schulausgaben der Fabeln des Phädrus (Rinteln 1738 u. ö.) und der Briefe Cicero's ad diversos (Marburg 1739) sowie zahlreiche kleine akademische Gelegenheitsschriften veröffentlicht; von den letzteren, welche in überwiegender Zahl paränetischen und panegyrischen Inhaltes sind, zum Theil aber auch philologische Stoffe behandeln, hat er selbst im Jahre

1746 eine 86 Stück enthaltende Sammlung u. b. T.: „Dissertationes academicae" veranstaltet; die später abgefaßten sind nicht gesammelt worden¹).

Für die Sammlung von Materialien zur Aufhellung der älteren Geschichte der Rheinlande, insbesondere des Elsaß, arbeitete mit unermüdlichem Eifer und mit bedeutendem Erfolg Johann Daniel Schöpflin (geboren 24. September 1694 in Sulzburg in der Markgrafschaft Baden-Durlach, seit 1720 Professor in Straßburg, wo er am 7. August 1771 starb)²), der Verfasser der „Alsatia illustrata" (Thl. I Straßburg 1751; Thl. II 1762), einer äußerst reichhaltigen, aus den baulichen und bildlichen Ueberresten, Inschriften, Urkunden und Geschichtswerken geschöpften Darstellung der Geschichte und Geographie des Elsaß in den Zeiten der keltischen, römischen, fränkischen, deutschen und französischen Herrschaft, an welche sich ein Band Urkunden u. d. T. „Alsatia diplomatica" (1767) anschließt. Aus der großen Zahl der sonstigen historischen Arbeiten Schöpflin's heben wir nur als dem Gebiete der römischen Geschichte und Alterthümer angehörig die Abhandlungen über die Apotheose der römischen Kaiser, über die römischen Auspicien, über die Chronologie der römischen Statthalter von Syrien, der jüdischen Hohenpriester und der Proconsuln von Judäa, endlich die über den Untergang und die Wiederherstellung des westlichen (römischen) Reiches hervor³). Eine bleibende Erinnerung an seine Thätigkeit hat Schöpflin auch in dem nach ihm benannten Museum griechischer, römischer und sonstiger Alterthümer hinterlassen, das er zugleich mit seiner reichen Bibliothek der Stadt Straßburg geschenkt hat. Ein beschreibendes und erläuterndes Verzeichniß dieser Sammlung hat

---

¹) Vgl. J. W. Strieder, Grundlage zu einer hessischen Gelehrten- und Schriftsteller-Geschichte Bd. 4 S. 256 ff.

²) Vgl. L. Spach, Biographies alsaciennes (Paris und Straßburg 1866) t. I p. 143 ss.

³) Alle diese Abhandlungen sind neben anderen größtentheils auf die mittelalterliche Geschichte bezüglichen abgedruckt in I. D. Schoepflini Commentationes historicae et criticae (Basel 1741).

Schöpflin's Lieblingsschüler, Jeremias Jacob Oberlin (geboren 8. August 1735 zu Straßburg, Lehrer am Gymnasium daselbst seit 1755, Custos der Bibliothek seit 1763, Professor der Logik und Metaphysik seit 1770, Gymnasiarch seit 1787, gestorben 8. October 1806) bearbeitet; leider ist aber nur der erste Theil desselben, welcher die Bildwerke und Inschriften in Marmor und sonstigem Stein, die Mosaiken, die Gefäße und Geräthe behandelt, veröffentlicht worden[1]). Der Verfasser dieses Kataloges war einer der vielseitigten Gelehrten seiner Zeit: neben den bildlichen und schriftlichen Denkmälern des classischen Alterthumes studirte er eifrig und mit Erfolg die Sprache und Litteratur des deutschen Mittelalters, die französischen Dialekte und die allgemeine Litteraturgeschichte. Aus dem Gebiete der classischen Alterthumswissenschaft sind zu nennen seine vielfach als Leitfaden für Vorlesungen gebrauchten Tabellen über die römischen Alterthümer (Rituum romanorum tabulae, Straßburg 1773, 2. Aufl. 1784), sein Lehrbuch der alten Geographie mit Beschreibung der in den verschiedenen Ländern erhaltenen Denkmäler aller Art (Orbis antiqui monumentis suis illustrati primae lineae, 1775, 2. Aufl. 1790), seine Ausgabe des Vibius Sequester mit umfänglichem, Sammlungen von Notizen für die alte Geographie enthaltenden Commentar (1778), ferner seine Ausgaben der Tristien und pontischen Briefe des Ovidius (1778) und der Gedichte des Horatius (1788), endlich die Neubearbeitungen der Ernesti'schen Ausgabe des Tacitus (Leipzig 1801) und der Cellarius-Morus'schen Ausgabe des Cäsar (ebd. 1805)[2]).

Ein unermüdlicher Sammler und eifriger Forscher auf dem Gebiete der römischen Epigraphik war der Schweizer Johann

---

[1]) Museum Schoepflini recenset I. I. Oberlin. Tomus prior: lapides marmora vasa. Sumtibus auctoris, Argent. 1773. Der zweite Theil sollte nach der Vorrede „lares, nummos, gemmas" enthalten.

[2]) Vgl. über Oberlin L. Spach, Biographies alsaciennes t. I p. 323 ss.; über seine altdeutschen Studien R. v. Raumer, Geschichte der germanischen Philologie S. 263 ff.

Kaspar Hagenbuch (geboren in Glattfelden bei Zürich 20. August 1700, gestorben als Canonicus und Professor der Theologie in Zürich 6. Juni 1763), dem aber die Gabe versagt war oder der sich nicht die Zeit nahm, die Resultate seiner Forschungen in guter Ordnung und abgeklärter Form der gelehrten Welt vorzulegen. In der einzigen größeren Arbeit, die er neben einigen Abhandlungen epigraphisch=topographischen und antiquarischen Inhaltes im Druck veröffentlicht hat, den „Epistolae epigraphicae ad Joh. Bouhierium et Ant. Franc. Gorium" (Zürich 1747), überschüttet er den Leser mit einer ungeordneten Masse von Gelehrsamkeit, die häufig an die kleinlichsten Dinge verschwendet ist. Eine große Anzahl ähnlicher Briefe sowie eine Sammlung der damals bekannten römischen Inschriften der Schweiz von ihm sind handschriftlich auf der Stadtbibliothek zu Zürich erhalten [1]).

Den an fast allen Lehranstalten Deutschlands tief darnieder liegenden griechischen Unterricht zu heben und die Kenntniß der griechischen Litteratur in weiteren Kreisen zu fördern, war das unablässige und anerkennenswerthe Bestreben des im Jahre 1766 aus theologischen Gründen quiescirten Rectors des kölnischen Gymnasiums in Berlin Christian Tobias Damm (geboren in Geithain in Sachsen 9. Januar 1699, gestorben 27. Mai 1778). Als Hülfsmittel für die niedere Stufe des Unterrichtes lieferte er eine Neubearbeitung des im Jahre 1640 von dem Professor an der Universität in Leipzig, Zacharias Schneider, nach der Methode des berühmten Pädagogen Johann Amos Comenius (aus Komna in Mähren) [2]) ausgearbeiteten griechischen Elementarbuches (Berlin und Potsdam 1732), sowie eine Ausgabe der Batrachomyomachie mit Anmerkungen (ebd. 1735); einer höheren Stufe sollte sein „Lexicon Homerico-Pindaricum" (Berlin 1765, wiederholt 1774) dienen, ein nach freilich seltsamen

---

[1]) Vgl. Allgem. Encycl. d. W. u. K. Sect. II Bd. 1 S. 168 f.; Inscriptiones confoederationis Helveticae latinae ed. Th. Mommsen p. XII s.
[2]) Vgl. K. v. Raumer, Geschichte der Pädagogik Bd. 2 S. 39 ff.

etymologischen Grundsätzen angeordnetes Wörterbuch) des homerischen und pindarischen Sprachgebrauches, das noch neuerdings in der von dem Engländer J. M. Duncan ihm gegebenen alphabetischen Anordnung von V. C. F. Rost neu bearbeitet worden ist (Leipzig 1831—33). Weiteren Kreisen suchte er den Homer und Pindar zugänglich zu machen durch Uebertragungen der Dichtungen derselben in deutsche Prosa, welche die Originale wort- und sinngetreu, aber freilich ohne Verständniß für Ton und Färbung derselben wiedergeben und daher für die Gegenwart völlig ungenießbar sind, ja uns häufig durch die Vorliebe des Uebersetzers für Ausdrücke und Wendungen der niedrigen Volkssprache ein Lächeln abnöthigen. In ähnlicher Weise hat er auch die Reden des Maximus von Tyrus in das Deutsche übertragen. Den Antrieb zu diesen Arbeiten schöpfte er aus der Ueberzeugung von der hohen Vorzüglichkeit der griechischen Sprache und Litteratur gegenüber der römischen und von der Nothwendigkeit der Nachahmung griechischer Muster für die Hebung unserer nationalen Bildung, einer Ueberzeugung, der zwar Winckelmann und Lessing bald überall in Deutschland Bahn brachen, die aber mit der herrschenden Anschauung nicht nur der großen Menge, sondern auch sehr vieler Gelehrter jener Zeit, welche die griechischen Klassiker mehr lobten als lasen, im Widerspruch stand. Daß Damm übrigens auch die römische Litteratur und ihre Bedeutung für die moderne Bildung nicht geringschätzte, hat er durch seine mit einer fortlaufenden Paraphrase des Textes versehene Ausgabe des Gedichtes des Claudius Rutilius Namatianus „De reditu suo" (Brandenburg 1760) und durch seine deutschen Uebersetzungen der Briefe des Cicero (an welche sich ein heftiger Streit zwischen dem Uebersetzer und Gottsched knüpfte), zweier Reden desselben und der Lobrede des jüngeren Plinius auf den Kaiser Trajan bewiesen. In den weitesten Kreisen endlich ist Damm's Name bekannt geworden durch seine „Einleitung in die Götter-Lere (sic!) und Fabelgeschichte der ältesten Griechischen und Römischen Welt" (zuerst Berlin 1763), ein kurzes und allgemein verständliches Handbuch der Mythologie der Griechen und Römer, welches seit 1786 von Friedrich Schulz, seit 1803 von Konrad Levezow neu bearbeitet und mit nach antiken Bildwerken ausgeführten Abbildungen anstatt der ursprünglich modernen, in ganz unantikem Geiste gezeichneten versehen, in immer neuen Auflagen (zuletzt unseres Wissens 1820) verbreitet worden ist [1]).

Große und bleibende Verdienste um die Hebung des gelehrten Schulwesens überhaupt, wenigstens in den Anstalten des mittleren und nördlichen Deutschlands, hat sich durch seine Thätigkeit als Lehrer wie als Schriftsteller Joh. Mathias Gesner erworben, der in mehrfacher Beziehung als Reformator der classischen Studien betrachtet werden kann. Geboren 9. April 1691 in dem damals zum Markgrafthum Ansbach gehörigen, jetzt bayerischen Städtchen Roth an der Rednitz, veröffentlichte er noch als Student in Jena im Jahre 1714 eine Abhandlung über die Abfassungszeit der unter Lucian's Werken überlieferten Schrift „Philopatris", welche als Muster einer methodischen litterarhistorisch-kritischen Untersuchung bezeichnet werden kann [2]), und bald darauf (1715) „Institutiones rei scholasticae", Grundzüge der Pädagogik, welche ebenso von ausgebreiteten Kenntnissen wie von ungewöhnlicher Reife des Urtheils Zeugniß geben. Nachdem er dann von 1715 an fast 20 Jahre lang mit ebensoviel Eifer als Erfolg als Gymnasiallehrer gewirkt hatte — 1715—29 als Con-

---

[1] Vgl. über Damm C. Justi, Winckelmann. Sein Leben, seine Werke und seine Zeitgenossen Bd. 1 S. 31 ff.

[2]) M. Joh. Matth. Gesneri Anspacensis de aetate et auctore dialogi Luciani qui Philopatris inscribitur dissertatio (Jena 1714). Die Abhandlung wurde das Jahr darauf unter neuem Titel (Φιλόπατρις ἢ διδασκόμενος. Philopatris dialogus Lucianeus. Disputationem de illius aetate et auctore praemisit versionem ac notas adiecit M. I. M. Gesnerus, Jena 1715) unter Beifügung des Textes des Dialoges mit lateinischer Uebersetzung und Anmerkungen ausgegeben. G. kam nochmals auf den Gegenstand zurück in einem Programm, welches er beim Antritt seines Amtes als Rector der Thomasschule in Leipzig am 28. October 1730 herausgab: „De Philopatride dialogo Lucianeo nova dissertatio".

rector in Weimar, 1729—30 als Rector in Ansbach, 1730—34 als Rector der Thomasschule in Leipzig, die er aus tiefem Verfall zu einer Musteranstalt erhob — wurde er im Jahre 1734 an die eben damals von Georg II. König von England und Kurfürsten von Hannover unter der umsichtigen Leitung seines trefflichen Ministers Gerlach Adolph von Münchhausen gegründete Universität Göttingen berufen, wo er bis zu seinem Tode (3. August 1761) als Professor der Poesie und Beredtsamkeit, als Leiter des speciell für die Bildung tüchtiger Gymnasiallehrer gestifteten philologisch-pädagogischen Seminars¹), als Vorstand der Bibliothek, endlich als Oberaufseher der hannöver'schen Landesschulen eine ausgebreitete und segensreiche Thätigkeit entfaltete, auch an den Arbeiten der im Jahre 1751 gestifteten Societät der Wissenschaften — der zweitältesten Deutschlands — mit regem Eifer sich betheiligte²). Ueberblicken wir seine schriftstellerische Thätig-

---

¹) Für die Einrichtung derselben vgl. man Gesner's Programma quo post brevem prolusionem de felicitate docentium in scholis Seminarii philologici regiis auspiciis in academia G. A. constituti ratio paucis explicatur (Göttingen 1738), wieder abgedruckt in Gesner's Opuscula minora Vol. I p. 59 ss.

²) Die societas regia scientiarum Gottingensis wurde vom König Georg II. gestiftet auf Anregung Gerlach Adolph's von Münchhausen unter Beirath des damaligen Rathes am Oberappellationsgericht in Celle Günther von Bünau, des Kanzlers der Universität Johann Lorenz Mosheim und des Professors der Anatomie, Botanik und Chirurgie Albrecht von Haller, welchen letzteren der König zum fortwährenden Vorsitzenden der Gesellschaft ernannte. Von Gesner, der von Anfang an der Gesellschaft angehörte, sind folgende Arbeiten in den Schriften der Gesellschaft veröffentlicht:

    a) in den Commentarii soc. regiae sc. Gott.:

T. I (vom Jahre 1751) p 67—156: „De animabus Heracliti et Hippocratis ex huius libro I de diaeta disputatio", mit einem Corollarium „De animarum repraesentatione sub imagine papilionis".

Ebd. p. 245—262: „Γραμματικὰ θεολογούμενα. De laude Dei per septem vocales et septem spiritibus apocalypticis".

T. II (vom Jahre 1752) p. 1—35: „Socrates sanctus paederasta" mit einem Corollarium „De antiqua asinorum honestate".

Ebd. p. 281—324: „Marmoris Cassellani quo Aesculapius, Hygea et Telesphorus celebrantur explicatio" (Behandlung der im Museum zu Cassel befindlichen Inschrift C. Inscr. gr. N. 511).

keit, so begegnen wir auf dem Gebiete der griechischen Litteratur von ihm außer den oben erwähnten Erstlingsschriften und einigen seiner Abhandlungen in den Schriften der Göttinger Gesellschaft der Wissenschaften Arbeiten zu Lucian und zu den sog. Orphica. Für die in der Kritik und Erklärung des Lucian Epoche machende Ausgabe der sämmtlichen Werke desselben, welche von Tib. Hemsterhuys begonnen, dann, weil sie bei dessen Art zu arbeiten gar zu langsam vorrückte, von Johann Friedrich Reitz[1]) vollendet wurde (Amsterdam 1743, 3 Bde.), hat er die lateinische Uebersetzung des Textes und eine Anzahl trefflicher Anmerkungen, die auch manche schöne Verbesserungen des Textes enthalten, geliefert. Eine Ausgabe der unter dem Namen des Orpheus überlieferten Dichtungen, welche er in seinen letzten Lebensjahren bearbeitete, wurde erst nach seinem Tode von seinem Schüler und späteren Collegen, dem Professor Georg Christoph Hamberger herausgegeben (Leipzig 1764). Nicht für die Wissenschaft, aber für den Unterricht in der griechischen Sprache, der damals, wie schon bemerkt, auf den Gymnasien ganz darnieder-

T. III (vom Jahre 1753) p. 67—114: „De electro veterum".

Ebd. p. 223—284: „Cicero restitutus" (Vertheidigung der von Jeremias Markland bestrittenen Aechtheit der vier Ciceronischen Reden post reditum).

T. IV (vom Jahre 1754), Pars philologica et historica, p. 24—56: „De marmore Cassellano gymnastico disputatio" (Behandlung der Inschrift C. I. gr. n. 277).

Ebd. p. 104—126: „De deo bono puero phosphoro disputatio".

b) In den Commentationes soc. r. sc. Gott.:

T. IV (vom Jahre 1781) sind als „Commentationes antiquiores" angefügt Gesner's „Commentationes II de Sileno et Silenis" (vorgetragen im Jahre 1758).

T. V (vom Jahre 1782) desgl. 3 Commentationes Gesner's aus den Jahren 1759 und 1760: „Inscriptiones aliquot Pocockianae ilustratae".

[1]) Dieser Gelehrte, obgleich Deutscher von Geburt (geboren zu Schloß Braunfels in der Wetterau 23. September 1695), hat von seinem 19. Jahre an, wo er die Universität Utrecht bezog, in Holland eine zweite Heimath gefunden, gehört also wie Gronov, Grävius, Wesseling, Duker, Ruhnken u. a. der Geschichte der holländischen Philologie an.

lag und sich fast nur auf die Lectüre einiger Stücke des neuen Testamentes beschränkte, war von größter Wichtigkeit die Sammlung ausgewählter Stücke aus griechischen Classikern, welche er unter dem Titel „Chrestomathia graeca sive loci illustres ex optimis scriptoribus dilecti" im Jahre 1731 herausgab. Auf dem Gebiete der römischen Litteratur verdankt man ihm, abgesehen von den für die Zwecke der Schule berechneten Chrestomathien aus Cicero und Plinius und von einer Wiederholung der Ausgabe des Livius von Johannes Clericus (Leipzig 1735), zu welcher er nur eine für die Methode der Lectüre der classischen Schriftsteller beim Unterricht bedeutsame Vorrede[1]) geliefert hat, kritisch-exegetische Ausgaben folgender Schriftsteller: der Scriptores rei rusticae veteres latini (Leipzig 1735, 2. von J. A. Ernesti besorgte Auflage 1773 f., 2 Bde., 4°); der Institutio oratoria des Quintilianus (Göttingen 1738); der Briefe und des Panegyricus des jüngeren Plinius (Leipzig 1739; 2. Auflage besorgt von Aug. Wilh. Ernesti 1770); der Gedichte des Horatius, wofür er die Ausgabe des Engländers W. Baxter zu Grunde legte (Leipzig 1752 u. ö.); endlich der Dichtungen des Claudianus (Leipzig 1759). An allen diesen Arbeiten ist die Texteskritik die schwächere Seite, indem der Herausgeber durchgängig in mehr eklektischer als streng methodischer Weise verfährt: die Vulgata wird an einzelnen Stellen theils aus Handschriften, theils nach eigenen Conjecturen verbessert, aber man vermißt eine Sichtung der handschriftlichen Ueberlieferung und eine consequente Verwerthung derselben für die Herstellung des Textes. Vortreffliches dagegen hat Gesner durchweg für die Erklärung der von ihm behandelten Schriftsteller geleistet, indem er in einfacher und geschmackvoller Sprache das zum Verständniß des Textes nach Form und Inhalt Nothwendige vorträgt, insbesondere den Gedankengang des Autors klar entwickelt, hie und da auf Vorzüge oder Mängel desselben hinweist, alle nicht diesem Zwecke dienen-

---

[1]) Abgedruckt in den Opuscula minora t. VII p. 289 ss.

den Erörterungen sprachlicher und sachlicher Art, wie sie namentlich die Holländer gelegentlich in ihren Commentaren anzustellen liebten, bei Seite läßt, auch in der Anführung von Parallelstellen und sonstigen Citaten sich auf das knappste Maaß beschränkt. Dieselbe weise Maaßhaltung zeigen auch die seinen Ausgaben (mit Ausnahme der des Horaz) beigefügten Indices, in welchen er das in sprachlicher und sachlicher Hinsicht Wichtige zusammenstellt und die Anmerkungen zu den einzelnen Stellen ergänzende Winke für das richtige Verständniß einstreut. Was er in diesen Indices für einzelne Schriftsteller geleistet hat, das wollte Gesner für die gesammte römische Litteratur leisten durch seinen „Novus linguae et eruditionis Romanae thesaurus" (Leipzig 1749, 4 Bde., fol.), eine Frucht zehnjähriger Arbeit, welcher gegenüber seinen Vorgängern, insbesondere auch dem früher zweimal (1726 und 1735) von Gesner selbst neu herausgegebenen Faber'schen Thesaurus, einen bedeutenden Fortschritt bezeichnet durch Verbesserung zahlreicher Irrthümer, durch Ausmerzung der dem römischen Alterthum fremden Worte und Namen, endlich durch großartige Bereicherungen aus dem Gebiete der Phraseologie, der Wort- und der Sacherklärung. Läßt auch das Gesner'sche Werk sowohl in Hinsicht der Anordnung des Stoffes als in Bezug auf die Gleichmäßigkeit der Berücksichtigung der Schriftsteller verschiedener Gattungen und Zeiten noch vieles zu wünschen übrig (im Allgemeinen sind die Dichter gegenüber den Prosaikern bevorzugt), vermißt man auch namentlich die historische Entwicklung des Gebrauches der einzelnen Worte und Redensarten, so bezeichnet es doch ohne Zweifel den bedeutendsten Fortschritt, welcher auf dem Gebiete der lateinischen Lexikographie seit dem Begründer derselben, Robert Estienne (Stephanus) gemacht worden ist.

Noch müssen wir, um von den zahlreichen akademischen Reden, Programmen und ähnlichen Gelegenheitsschriften Gesner's[1]) zu

---

[1]) Dieselben sind wenigstens zum größten Theile vereinigt in folgenden zwei Sammlungen: Kleine deutsche Schriften (Göttingen und Leipzig 1756),

schweigen, einer Seite der akademischen und schriftstellerischen Thätigkeit desselben gedenken, worin er allerdings mehr als Nachfolger der Polyhistoren des 17. Jahrhunderts denn als Vorläufer der neueren Methodiker, insbesondere Fr. Aug. Wolf's, betrachtet werden kann: der encyclopädisch-methodologischen. Auf Wunsch des Curators der Universität Göttingen hielt er daselbst regelmäßig Vorlesungen zur Einführung der Studirenden in das Studium der Philologie, der Geschichte und der Philosophie, wofür er einen von ihm in lauter einzelnen knappen Paragraphen abgefaßten Leitfaden, die „Primae lineae isagoges in eruditionem universalem nominatim philologiam, historiam et philosophiam in usum praelectionum ductae" als Grundlage benutzte: die Ausfüllung dieser Umrisse, welche er im mündlichen Vortrage gab, wurde von seinem Schüler Johannes Nicolaus Niclas (geboren 5. April 1733 in Gräfenwart bei Schleiz, 1760 Collaborator in Ilfeld, 1763 Conrector in Lüneburg, seit 1770 Rector daselbst, starb, nachdem er seit Februar 1806 geistesschwach geworden, am 22. Juni 1808), dem unsere Wissenschaft auch eine kritisch-exegetische Ausgabe der auf Befehl des Kaisers Konstantin VI. Porphyrogennetus veranstalteten Auszüge aus den griechischen Schriftstellern über die Landwirthschaft, der sog. Geoponika, verdankt [1]), in genauem Anschlusse an die Worte des Vortragenden veröffentlicht (2 Bde., Leipzig, 1774—75; zweite ver-

und Opuscula minora varii argumenti (Breslau 1743—45, 8 Theile in 2 Bänden; der 8. Theil enthält G.'s lateinische Gedichte).

[1]) Γεωπονικά. Geoponicorum seu de re rustica libri XX Cassiano Basso scholastico collectore — gr. et lat. post P. Needhami curas ad mss. fidem denuo rec. et ill. ab Jo. N. Niclas (Leipzig 1781, 4 Bde.). — Ein im Jahre 1763 veröffentlichtes „Specimen Theocriteum" von Niclas ist nebst einigen kritischen Bemerkungen von ihm zu anderen griechischen Schriftstellern abgedruckt bei Friedemann und Seebode Miscellanea maximam partem critica Vol. II p. 401—421. Ueber seine Vorarbeiten zu einer neuen Ausgabe von Stephanus' Thesaurus linguae graecae vgl. Fr. Hülsemann in Fr. A. Wolf's Litterarischen Analekten Bd. 1 S. 396 ff. Dieser gibt S. 399 das Jahr 1811 als sein Todesjahr an: ich bin oben den Angaben Rotermund's (Fortsetzung und Ergänzungen zu Jöcher Bd. 5 S. 625) gefolgt.

mehrte und verbesserte Ausgabe ebd. 1784). Gesner behandelt in diesen Vorträgen nach einleitenden Bemerkungen über den Umfang des menschlichen Wissens und über die richtige Methode des Lernens überhaupt zuerst die Philologie im Sinne von allgemeiner Sprachkenntniß, die sowohl die alten als die neueren Sprachen zum Gegenstand hat, wobei natürlich der lateinischen und griechischen Sprache, der Methode ihrer Erlernung und der Behandlung ihrer Denkmäler der größte Raum zugemessen wird; daran schließt sich die Betrachtung der Dichtkunst (in welche Bemerkungen über Mythologie, Musik und Malerei eingeflochten sind) und der Redekunst, welche beide als „modi quidam linguarum" aufgefaßt werden. Es folgt dann die Behandlung der Geschichte mit Einschluß der Geographie, Chronologie, Kirchen- und Litteraturgeschichte. Der dritte, umfänglichste Abschnitt gibt eine encyclopädische Uebersicht über das gesammte Gebiet der Philosophie mit Einschluß der Geschichte der Philosophie [1]).

Von Gesner's Collegen, die gleich ihm an der Wiege der Universität Göttingen gestanden haben, verdient in der Geschichte der Philologie Erwähnung Christoph August Heumann (geboren in Allstädt in Thüringen 14. August 1681), der im Jahre 1717 von Eisenach, wo er seit 1709 als Inspector des theologischen Seminares und Collaborator am Gymnasium angestellt war, als Inspector des Gymnasiums nach Göttingen berufen, bei der Gründung der dortigen Universität, mit welcher die Aufhebung des Gymnasiums verbunden war, zum ordentlichen Professor der Litteraturgeschichte und außerordentlichem Professor der Theologie, 1745 zum ordentlichen Professor der Theologie ernannt, Michaelis 1758 auf seinen Wunsch emeritirt wurde und

---

[1]) Vgl. H. Sauppe's Vortrag über J. M. Gesner im Jahresbericht des Gymnasiums zu Weimar 1856 (Weimarische Schulreden S. 57 ff.); derselbe in „Göttinger Professoren. Ein Beitrag zur deutschen Cultur- und Litterärgeschichte in acht Vorträgen" (Gotha 1872) S. 59 ff.; Eckstein in der Allgem. Encycl. d. Wiss. u. K. Sect. I Bd. 64 S. 271 ff. und in der Allgem. deutschen Biographie Bd. 9 S. 97 ff.

1. Mai 1764 starb[1]). Wie seine akademische Lehrthätigkeit, so war auch seine sehr umfängliche litterarische Thätigkeit, die sich mit Vorliebe in Disputationen, Programmen[2]) und Journalartikeln ausprägte — er war namentlich einer der eifrigsten Mitarbeiter der Leipziger Acta eruditorum, deren Jahrgänge 1710 bis 1747 eine sehr große Anzahl von ihm verfaßter Recensionen über theologische, philologische, philosophische, historische und litterarhistorische Schriften enthalten — in erster Linie der Theologie gewidmet. Dem Gebiete der allgemeinen Litteraturgeschichte gehören an seine Erstlingsschrift „De libris anonymis ac pseudonymis schediasma" (Jena 1711)[3]), deren erster Theil über anonyme und pseudonyme Schriftstellerei überhaupt und über die Mittel, die wahren Namen solcher Schriftsteller zu ermitteln handelt, während der zweite Theil Berichtigungen und Nachträge zu des Vincentius Placcius „Theatrum anonymorum et pseudonymorum" gibt; sein „Conspectus reipublicae litterariae sive via ad historiam litterariam inventuti studiosae aperta" (Hannover 1718; ed. VII ebd. 1763: neu bearbeitet von dem Professor der Philosophie in Göttingen Jeremias Nicolaus Eyring ebd. 1791), eine ursprünglich sehr knappe, in den späteren Ausgaben wesentlich erweiterte Anleitung zur allgemeinen

---

[1]) Vgl. G. A. Cassius Ausführliche Lebensbeschreibung des um die gelehrte Welt hochverdienten D. Ch. A. Heumanns — (Cassel 1768).

[2]) H. selbst hat drei Sammlungen derselben herausgegeben: 1) Poecile sive epistolae miscellaneae ad literatissimos aevi nostri viros. T. I in 4 Büchern (Halle 1722—25); T. II desgl. (ebd. 1726—27); T. III desgl. (ebd. 1729—32): Dissertationen in die Form von Briefen an zeitgenössische Gelehrte eingekleidet und Programme, der Mehrzahl nach theologische, daneben auch philologische, historische und litterarhistorische Gegenstände behandelnd. 2) Dissertationum sylloge diligenter recognitarum novisque illustratarum accessionibus. T. I in 4 Abtheilungen (Göttingen 1743—50), fast ausschließlich theologischen Inhaltes. 3) Nova sylloge dissertationum diligenter recognitarum novisque illustratarum accessionibus. P. I Rostock u. Wismar 1752; P. II ebd. 1754, ausschließlich theologischen Inhaltes.

[3]) Wieder abgedruckt vor Joh. Christoph Mylius „Bibliotheca anonymorum et pseudonymorum" (Hamburg 1740).

Litteratur- und Bücherkunde, von deren Brauchbarkeit für ihre Zeit die wiederholten Auflagen hinlänglich Zeugniß geben; endlich die „Bibliotheca historica academica", welche Heumann der von ihm besorgten Ausgabe von H. Conring's Dissertationes de antiquitatibus academicis (vgl. oben S. 338) beigegeben hat. Als philologischer Schriftsteller ist Heumann zuerst mit einer methodologischen Schrift aufgetreten, den Parerga critica (Jena 1712), welche durch eine Abhandlung „De arte critica" [1]) eröffnet wird. Der Verfasser versteht unter „critice" den ganzen formalen Theil der Philologie: Grammatik, Hermeneutik, Texteskritik, historische und ästhetische Kritik; von diesen verschiedenen Zweigen behandelt er speciell die Texteskritik, welche er als „Heilkunst" (ars therapeutica) bezeichnet, sofern sie die Schäden der handschriftlichen Ueberlieferung durch Conjectur zu heilen hat; für die Ausübung dieser Kunst stellt er eine Anzahl verständiger, aber freilich nicht erschöpfender Regeln auf, die er durch fast ausschließlich aus lateinischen Schriftstellern, besonders aus Cicero, entnommene Beispiele erläutert. An diese Abhandlung schließen sich die eigentlichen Parerga critica an: eine „Hebdomadum criticarum hebdomas" — Verbesserungsvorschläge zu je 7 Stellen des Cicero, des Zosimus, des Tacitus (Vita Agricolae), des Jamblichus, des Curtius, des Palaephatus und des Ovidius — und eine „Glossematum decas" (Ausscheidung von Zusätzen der Abschreiber an verschiedenen Stellen lateinischer und griechischer Schriftsteller). Darauf folgt eine Polemik gegen verschiedene von dem Professor am Gymnasium zu Amsterdam Jean Leclerc (Clericus) in seinem weitschichtigen, vieles nicht zur Sache Gehörige enthaltenden Werke „Ars critica" (Amsterdam 1697, 3 Bde.) mitgetheilte Verbesserungsvorschläge zu alten Schriftstellern, endlich zum Schluß eine theologisch-exegetische Abhandlung. Später hat sich dann Heumann noch praktisch als verständiger Kritiker

---

[1]) Diese Abhandlung ist zusammen mit Francesco Robortelli's „de arte sive ratione corrigendi antiquorum libros disputatio" als Leitfaden für Vorlesungen wieder abgedruckt (Nürnberg und Altdorf 1747).

und Exeget bewährt durch seine Ausgaben des von ihm dem Quintilian zugeschriebenen Dialogus de causis corruptae eloquentiae (Göttingen 1719), verschiedener Reden des Cicero [1]) und besonders durch die Ausgabe der Werke des Lactantius (Göttingen 1736), wozu noch eine Sammlung von Sentenzen aus Plautus, Terenz, Publilius Syrus, Phaedrus und Dionysius Cato (Sapientia scenae Romanae. Eisenach 1716) und eine Sammlung lateinischer Epigramme älterer und neuerer Dichter (Anthologia latina hoc est epigrammata selecta cum praefatione de natura et virtutibus epigrammatis. Hannover 1721) hinzuzufügen sind.

Mit Heumann berührte sich in seinen philologischen Arbeiten mehrfach sein Landsmann Johann Michael Heusinger (geboren 24. August 1690 in Sundhausen im Gothaischen), der erst als Rector der Schule zu Laubach (seit 1722), dann als Professor am Gymnasium zu Gotha (seit 1730), endlich von 1738 bis zu seinem Tode, 24. Februar 1751, als Director des Gymnasiums in Eisenach eine höchst anerkennenswerthe pädagogische Thätigkeit entwickelt hat. Unter seinen kritisch-exegetischen Arbeiten, an welchen die sorgfältige Beobachtung des Sprachgebrauches der von ihm behandelten Schriftsteller zu rühmen ist, nimmt die Ausgabe von Cicero's Werk De officiis den ersten Rang ein, welche erst lange nach seinem Tode mit kritischen Bemerkungen seines Neffen Jacob Friedrich Heusinger (geboren 11. April 1719 zu Useborn in der Wetterau, gestorben als Rector in Wolfenbüttel 26. September 1778) von dessen Sohn Konrad heraus-

---

[1]) Ciceronis oratio pro Milone emendata et illustrata. Accessit eius interpretatio germanica (Hamburg 1733). Cic. orationes pro Archia, in Catilinam, post reditum, pro lege Manilia, pro Milone emendatae et illustratae (Eisenach 1735). Cic. orationes tres pro Marcello, Q. Ligario et rege Deiotaro emendatae et illustratae a C. A. Heumanno: duae, pro S. Roscio Amerino et Philippica secunda, recognitae et explanatae a Joh. Mich. Heusingero (Eisenach 1749). — Entschieden ungerecht ist Ruhnken's Urtheil, der in einem Briefe an Heyne Heumann „omnium ineptissimum criticum" nennt (Friedemann und Seebode Miscellanea maximam partem critica Vol. II p. 13).

gegeben worden ist (Braunschweig 1783). Daneben sind seine Ausgaben des Cornelius Nepos (Eisenach 1747) und zweier Reden des Cicero (vgl. S. 396, Anm. 1) und seine „Emendationum libri duo" mit den angehängten „Antibarbarae latini sermonis observationes" (Gotha 1751) zu erwähnen. Das erste Buch der Emendationes ist ganz der kritischen Behandlung der Divinae institutiones des Lactantius und der beiden Bücher desselben Schriftstellers „De ira dei" und „De opificio dei" gewidmet, für welche Heusinger eine freilich ziemlich junge Gothaer Handschrift verglichen hat; das zweite Buch bringt Verbesserungsvorschläge zu den Äsopischen Fabeln, zu einer Declamation des Himerius und zu einer Anzahl lateinischer Schriftsteller, besonders zu Curtius, Seneca und zu den Briefen des Plinius. Die Observationes antibarbarae¹) enthalten Bemerkungen zur Orthographie, Orthoepie und Semasiologie lateinischer Wörter in alphabetischer Reihenfolge. Einen Fortschritt in der Textkritik endlich bezeichnet die Ausgabe der Caesares des Kaisers Julianus, welche von dem Numismatiker **Christian Siegmund Liebe** (geboren in Frauenstein bei Meißen 26. Juli 1687, gestorben als Secretär des Gothaischen Münzcabinetes 7. April 1736), dem Herausgeber eines großen Werkes über die Gothaische Münzsammlung (Gotha numaria, Amsterdam 1730) begonnen, von Heusinger, der eine alte Handschrift der Augsburger Bibliothek dafür benutzt hat, vollendet worden ist (Gotha 1736)²).

Um die Verbesserung der Texte mehrerer lateinischer Schriftsteller hat sich durch fleißiges Sammeln des handschriftlichen Apparates und methodische, durch Scharfsinn und gründliche Kenntniß des lateinischen Sprachgebrauches unterstützte Verwerthung

---

¹) Dieselben sind eine Neubearbeitung zweier früherer Schriften des Verfassers: „de pervulgatioribus aliquot erroribus grammaticorum diatribe" und „Supplementum latinitatis merito falsoque suspectae".

²) Vgl. über J. Mich. Heusinger Th. Chr. Harles, De vitis philologorum t. I p. 284 ss., über Jac. Fr. H. ebd. t. III p. 156 ss.

desselben verdient gemacht **Gottlieb Kortte** (**Cortius**) aus Beeskow in der Niederlausitz (geboren 27. Februar 1698). Die Arbeit, an welcher diese erwähnten Vorzüge am deutlichsten hervortreten, ist seine große Ausgabe des Sallust (Leipzig 1724). Eine von ihm bereits vollendete große Ausgabe der Pharsalia des Lucian nebst den alten Scholien, als deren Vorläufer er eine vielfach berichtigte Textausgabe erscheinen ließ (Leipzig 1726), wurde, nachdem die ersten Bogen gedruckt waren (1727), von dem Verleger, der die Concurrenz der großen von **Fr. Oudendorp** veröffentlichten Ausgabe (Leyden 1728) fürchtete, aufgegeben. Kortte's früher Tod (er starb als außerordentlicher Professor der Jurisprudenz in Leipzig 7. April 1731) gestattete ihm nicht, eine dritte größere Arbeit, die Ausgabe der Briefe des Plinius zu Ende zu führen: dieselbe wurde von seinem Schüler, dem Rector des Gymnasiums in Hof **Paul Daniel Longolius** beendet und veröffentlicht (Amsterdam 1744), während seine Arbeiten zu Lucan, die gegen Ende des 18. Jahrhunderts der Zwickauer **Joh. Aloys Martyni-Laguna** für eine neue kritische Ausgabe dieses Dichters verwerthen wollte[1]), erst 1828 durch C. Fr. **Weber** an's Licht gestellt worden sind.

Ausschließlich der Emendation einiger Stellen lateinischer Schriftsteller, deren Texte er durchgängig als schwer verderbt ansah, galt die philologische Thätigkeit des Professors der Beredtsamkeit, Geschichte und griechischen Sprache an der Universität zu Duisburg am Rhein (seit 19. April 1720) **Johann Hildebrand Withof** (geboren zu Lengerich in der Grafschaft Tecklenburg in Westphalen 27. Juli 1694, gestorben zu Duisburg 13. Februar 1760), der in Utrecht unter P. Burmann studirt, sich aber besonders durch die Lectüre der Schriften Bent-

---

[1]) Vgl. Martyni-Laguna's Brief an Chr. G. Schütz vom 1. Januar 1790 in „Chrst. Gottfr. Schütz. Darstellung seines Lebens, Charakters und Verdienstes, nebst einer Auswahl aus seinem litterarischen Briefwechsel mit den berühmtesten Gelehrten und Dichtern seiner Zeit. Herausgegeben von seinem Sohne Friedr. Karl Julius Schütz", Bd. 1 (Halle 1834) S. 392 f.

ley's gebildet hatte. Diesem hat er freilich weder die strenge Methode in der Prüfung der Ueberlieferung und der Begründung der Nothwendigkeit der Emendation, noch den sicheren Blick, womit er, wenn auch nicht immer das Richtige, so doch stets etwas dem Zusammenhang der Gedanken und der Individualität des Schriftstellers Angemessenes fand, ablernen können; ebensowenig kann er in Hinsicht der Sorgfalt der Beobachtung auf sprachlichem und metrischem Gebiete und des Umfanges seiner gelehrten Studien demselben an die Seite gestellt werden; nur in Bezug auf die Zahl der von ihm gemachten und veröffentlichten Conjecturen kann er wohl mit jenem wetteifern. Immerhin geben seine Arbeiten Zeugniß von einem achtungswerthen Talent, von einer umfassenden Belesenheit in den lateinischen Dichtern des Alterthumes sowohl als des Mittelalters und von einer fast spielenden Leichtigkeit des Conjicirens, die freilich nicht selten in Leichtfertigkeit ausartet; so die Verbesserungsvorschläge zum Hercules furens und zu zahlreichen Stellen der übrigen Tragödien des Seneca, welche er nebst gelegentlichen Emendationen zu anderen römischen Dichtern (besonders zu Ovid) in der Schrift „Praemetium crucium criticarum praecipue ex Seneca tragico" (Leyden 1749. 4°) veröffentlicht hat; ferner die Emendationen zu Manilius, Phaedrus, Seneca und Ovid enthaltende „Dissertatio de maxime necessaria criticorum opera permultis et insignibus emendationum exemplis ubique illustrata", welche er unter dem Pseudonym Claudius Civilis zum ersten Bande der von Jacob Philipp d'Orville in Amsterdam herausgegebenen „Miscellaneae observationes criticae novae in auctores veteres et recentiores" (Amsterdam 1740, p. 113—156) beigesteuert hat, desgleichen das „Specimen emendationum ad Guntheri Ligurinum" (Duisburg 1731), welches an die Emendation zahlreicher Stellen dieses mittelalterlichen Gedichtes und den Nachweis der vom Dichter nachgeahmten antiken Vorbilder Verbesserungsvorschläge zu einzelnen Stellen anderer mittelalterlicher und antiker lateinischer Schriftsteller anreiht ¹). Endlich hat Withof vom Jahre 1737 an in einer Reihe von Jahrgängen der „Duisburgischen Intelligenzblätter" eine ganze Fülle von Conjecturen zu Horaz (im Ganzen, wenn ich richtig gezählt habe, zu 95 verschiedenen Stellen der Dichtungen desselben), zu Ovid, zu vielen anderen römischen Dichtern, zu den kleineren römischen Historikern und zu Cicero mit ausführlicher Motivirung derselben in deutscher Sprache, dabei auch eine kleine Abhandlung „über die wahre Ursache der Landesverweisung des Ovid's" (worin er die Vermuthung ausspricht, daß Ovid bei Agrippa Postumus, als dieser nach Surrentum verwiesen war, etwas wie eine satirische Schrift gegen Augustus gesehen habe) veröffentlicht, welche, da sie an diesem Orte ganz unbeachtet geblieben waren — freilich ist auch nicht gerade viel Beachtenswerthes darunter ²) — lange nach Withof's Tode von dem Professor der Theologie und Bibliothekar an der Universität Duisburg Dr. H. A. Grimm gesammelt und in etwas verkürzter Form neu herausgegeben worden sind ³).

Gesner fand für seine Bemühungen um die Hebung des gelehrten Schulwesens einen eifrigen Mitarbeiter in Johann August Ernesti (geboren zu Tennstädt in Thüringen 4. August 1707), der von 1731 an neben ihm, als Conrector, an der Thomasschule wirkte und bei Gesner's Abgang nach Göttingen dessen Nachfolger in der Leitung dieser Anstalt wurde, ein Amt,

---

¹) W.'s Schrift „Encaenia critica sive Lucanus, Avianus et Maximianus primaevae integritati restituti" (Wesel 1741) ist mir nur dem Titel nach bekannt.

²) Doch finden sich unter den Conjecturen zu Horaz einige die von späteren Kritikern als neue Funde veröffentlicht worden sind. So hat z. B. schon Withof bei Hor. carm. III. 2, 18 interminatis (für intaminatis) und ibid. 4, 10 extra limina patriae vermuthet.

³) Joh. Hild. Withof, Kritische Anmerkungen über Horaz und andere römische Schriftsteller, nebst einer Beschreibung der lateinischen Handschriften der Duisburgischen Universitätsbibliothek von H. A. Grimm: im Ganzen 6 Stück Düsseldorf 1791—1802); die Stücke IV bis VI tragen auch den Titel: „J. H. Withof's Conjecturen über verschiedene lateinische Dichter und Prosaiker".

daß er nach 25 jähriger ehrenvoller Führung im Jahre 1759 bei der Uebernahme einer ordentlichen Professur der Theologie an der Universität (der er schon seit 1742 als außerordentlicher Professor der alten Litteratur, seit 1756 als ordentlicher Professor der Beredtsamkeit angehörte) niederlegte. Von da an bis zu seinem Tode (11. September 1781) gehört nicht nur seine akademische, sondern auch seine schriftstellerische Thätigkeit vorzugsweise, wenn auch nicht ausschließlich (er behielt neben seiner theologischen Professur bis zum Jahre 1770 die Professur der Beredtsamkeit bei) der Theologie, für welche er schon früher in Lehre und Schriften mehrfach thätig gewesen war, an: aber auch auf diesem Gebiete steht ihm das philologische Interesse im Vordergrunde, wie besonders sein Leitfaden für die Exegese des neuen Testamentes (Institutio interpretis Novi Testamenti, Leipzig 1761 u. ö.) beweist. Die Exegese, d. h. das richtige Verständniß der Werke der alten Schriftsteller, und zwar in erster Linie das sprachliche Verständniß, ist ihm auch bei seinen philologischen Arbeiten immer die Hauptsache, der eigentliche Endzweck der Philologie überhaupt; die Kritik sowohl, die er nicht nur ohne jede Spur von Genialität der Divination, sondern auch ohne sichere Methode in der Beurtheilung und Verwerthung der Ueberlieferung handhabte, wie auch die sog. Realien erscheinen ihm nur als Mittel zu jenem Zwecke. Eine nüchtern-verständige, vorwiegend auf das Praktische gerichtete Natur, warf er ebenso wie Gesner — hinter dem er übrigens sowohl an persönlicher Liebenswürdigkeit als an seinem Geschmack entschieden zurückstand — den Ballast gelehrter Erörterungen, womit besonders die holländischen Gelehrten ihre Ausgaben alter Texte zu beschweren liebten, über Bord und begnügte sich mit dem zur Erklärung des Textes Nöthigen; auch die Sammlungen von Varianten führte er, obgleich er durchgängig den Lesarten der alten Ausgaben neben den der Handschriften ein zu großes Gewicht beilegt, auf ein knapperes Maaß zurück. Die Arbeit, welche seinen Ruhm vornehmlich begründet und seinen Namen in den weitesten Kreisen bekannt gemacht hat, ist seine Ausgabe der sämmtlichen Werke des Cicero (zuerst Leipzig 1737—39, 6 Bde.), welche in der dritten Bearbeitung (Halle 1774—77, 5 Bde.) historische Einleitungen zu den einzelnen Schriften und kritische Anmerkungen enthält, mit der dazu gehörigen Clavis Ciceroniana (1739 u. ö., zuletzt herausgegeben von A. H. Rein, Halle 1831), einer Darstellung des Ciceronischen Sprachgebrauches in lexikalischer Anordnung nebst einem Verzeichniß der in Cicero's Schriften erwähnten römischen Gesetze. Es fehlt dieser Ausgabe freilich die sichere diplomatische Grundlage, d. h. die Kenntniß der handschriftlichen Ueberlieferung; dafür entschädigt aber wenigstens bis zu einem gewissen Grade das durch die fleißige Lectüre gebildete feine Gefühl für den ächt ciceronischen Sprachgebrauch, von welchem sich der Herausgeber gewöhnlich bei der Feststellung des Textes leiten läßt. Dieses Correctiv vermißt man in der Ausgabe des Tacitus (Leipzig 1752, neu bearbeitet 1772, 2 Bde.), für dessen Denk- und Schreibweise Ernesti weit weniger Sinn und Verständniß hatte als für die des Cicero, daher er häufig Eigenthümlichkeiten des Taciteischen Stils als Verderbnisse der Ueberlieferung ansieht. Die Anmerkungen von Lipsius und Gronov hat er vollständig in seine Ausgabe aufgenommen und seine eigenen Bemerkungen gewissermaßen als Ergänzungen dazu eingerichtet; die Vergleichung zweier Handschriften (einer Wolfenbütteler für die Annalen und einer Zürcher für die Germania), welche er beigegeben hat, ist ganz werthlos; dagegen gibt er in der Vorrede eine dankenswerthe Uebersicht über die ihm bekannten Handschriften und Ausgaben des Tacitus mit verständigen methodologischen Bemerkungen wie z. B. über die Werthlosigkeit der sog. lectio vulgata. — Auch die Ausgabe des Suetonius (Leipzig 1748 f., neu bearbeitet 1775) bezeichnet weder in Hinsicht der Kritik noch der Erklärung einen wesentlichen Fortschritt gegenüber den früheren Bearbeitungen. Aus dem Gebiete der griechischen Litteratur hat er von Dichtern den Homer (nach der Ausgabe von Sam. Clarke mit den Varianten eines Leipziger Codex und kurzen eigenen Anmerkungen,

Leipzig 1759—64, 5 Bde.), die Wolken des Aristophanes (mit den Scholien, Leipzig 1753) und den Kallimachos (mit den Commentaren der älteren Herausgeber nebst Beiträgen von Hemsterhuys und Ruhnken, Leyden 1761), von Prosaikern die Memorabilien des Xenophon (Leipzig 1737 u. ö.), den Euagoras des Isokrates nebst der Leichenrede des Perikles aus Thukydides (Leipzig 1756 und 1767) und den Polybius (Leipzig 1763 f.) herausgegeben: lauter Arbeiten ohne höhere wissenschaftliche Bedeutung. Ebensowenig kann auf eine solche seine „Archaeologia literaria" (Leipzig 1768, neu bearbeitet von Georg Heinrich Martini 1790) Anspruch machen, ein aus archäologischen Vorlesungen, welche er an der Universität bisweilen gehalten hatte, hervorgegangener dürftiger Leitfaden zur äußerlichen Kenntniß der Schrift- und Bildwerke des Alterthumes, welcher im ersten Abschnitt von dem Material dieser Werke (Schreibkunst und Schreibmaterial, Marmor, Edelsteinen und Metallen), im zweiten von den Werken selbst (Büchern, Inschriften, Urkunden, Münzen, Werken der Toreutik, Plastik, Malerei, Architektur) handelt: im Wesentlichen eine Sammlung von Notizen aus alten Schriftstellern und von Citaten aus neueren Werken, darunter auch aus Winckelmann's Kunstgeschichte, für deren höhere Bedeutung es freilich Ernesti an Verständniß gebrach; warnt er doch in der Vorrede seine Leser ausdrücklich, sich nicht zu tief auf das künstlerische Gebiet einzulassen. Theils biographisch-panegyrischen, theils philologisch-antiquarischen Inhaltes sind die durchgängig in sehr elegantem Latein abgefaßten Schulprogramme und akademischen Gelegenheitsschriften [1]), denen in Hinsicht des Stiles die Vorreden, welche Ernesti auf Wunsch der Verleger zu einigen von anderen

---

[1]) Er gibt davon folgende Sammlungen: Opuscula oratoria, orationes, prolusiones et elogia (Leyden 1762 und 1767). Opuscula philologica critica multis locis emendata et aucta (ebd. 1764 und 1776). Opusculorum oratoriorum novum volumen (Leipzig 1791). Opuscula varii argumenti ed. Th. F. Stange (ebd. 1794). Dazu kommen noch die zwei in den Commentarii soc. reg. sc. Gotting. gedruckten Abhandlungen „de vexillariis" und „de navibus διπρόροις et διπρύμνοις".

Gelehrten besorgten Ausgaben lateinischer Schriftsteller geschrieben hat, und die „Initia doctrinae solidioris" (Leipzig 1736 u. ö.), eine Encyclopädie der damals auf den Gymnasien neben den alten Sprachen gelehrten Disciplinen — Arithmetik, Geometrie, Philosophie mit Einschluß der Physik, Rhetorik — zur Seite zu stellen sind. Endlich mögen die von ihm besorgten und vielfach verbesserten neuen Ausgaben von des Horatius Turselinus Schrift „de particulis latinae orationis"[1]) und von J. A. Fabricius' Bibliotheca latina (vgl. oben S. 361) nur kurz erwähnt werden[2]).

Die „archäologischen" Vorlesungen, welche Ernesti, wie schon bemerkt, bisweilen an der Universität Leipzig hielt, hatte derselbe als eine Art Erbschaft von seinem am 3. September 1756 verstorbenen Collegen, dem Professor der Poesie (seit 1739) Johann Friedrich Christ (geboren in Coburg im April des Jahres 1700) überkommen. Dieser ebenso feinsinnige als gelehrte, namentlich mit der römischen Litteratur wohlvertraute Mann, von Jugend auf in der Praxis verschiedener Künste geübt, durch Reisen in Deutschland, Holland, England und Oberitalien in der Kenntniß antiker und moderner Kunst gefördert, hatte unterstützt durch seine reichhaltige Bibliothek und eine nicht unansehnliche Sammlung von Kupferstichen, Münzen und Gemmen, die er sich selbst erworben, angefangen, in einer Vorlesung, als deren Stoff er die Litteratur (im weitesten Sinne des Wortes) bezeichnete, seine Zuhörer nicht nur mit Büchern, Handschriften, Urkunden, Inschriften und antiken Münzen, sondern auch mit der Architektur,

---

[1]) Leipzig 1769. Diese Schrift war schon vor Ernesti in Deutschland von dem Leipziger Professor und Rector erst der Nicolaischule, dann der Thomasschule Jacob Thomasius (1622—1684), dann von dem Director des Gymnasium Casimirianum in Coburg Johann Conrad Schwartz (gestorben 1747), in Italien von dem Professor in Padua Jacopo Facciolati (1682—1769) herausgegeben worden.

[2]) Vgl. über Ernesti F. A. Eckstein in der Allgem. Encycl. d. W. u. K. S. 1 Bd. 37 S. 250 ff. und in der Allgem. deutschen Biographie Bd. 6 S. 235 ff.

mit den Statuen und Reliefs, den geschnittenen Steinen, der Malerei, den Gefäßen und Geräthen der Alten bekannt zu machen. Diese Vorträge, welche den Anfang des archäologischen Unterrichtes in Deutschland bilden, sind nach Christ's von Ernesti und anderen Gelehrten mehrfach benutzten Heften bearbeitet und mit Anmerkungen versehen und herausgegeben worden von Johann Karl Zeune u. d. T. "Abhandlungen über die Litteratur und Kunstwerke vornehmlich des Alterthums" (Leipzig 1776). Man sieht daraus, daß Christ neben dem Franzosen Claude Philipp de Thubières Comte de Caylus (1692—1765)[1]) der erste war, der bei der Betrachtung der bildlichen Denkmäler des Alterthumes neben dem antiquarischen auch den künstlerisch-ästhetischen Gesichtspunkt zur Geltung brachte; darin wie insbesondere in seinen Bemerkungen über die stilistischen Eigenthümlichkeiten der griechischen Bildwerke gegenüber den römischen wie auch den modernen zeigt er sich als Vorgänger Winckelmann's. Speciellere Studien widmete er, der Liebhaberei seiner Zeit für kunstreich geschnittene Edelsteine und Halbedelsteine gemäß, der antiken Gemmenkunde, wofür eben damals in den von dem Zeichnenlehrer Philipp Daniel Lippert in Dresden (geboren 29. September 1702, gestorben 28. März 1785) aus einer eigenen von ihm erfundenen Masse hergestellten Abdrücken ein äußerst wichtiges Hülfsmittel sich darbot. Zu der von Lippert veröffentlichten in kleinen buchförmigen Schränkchen zu je 1000 Stück vereinigten Sammlung solcher Abdrücke, der sog. Dactyliotheca Lippertiana, hat Christ das von Lippert verfaßte erklärende Verzeichniß der beiden ersten Tausende revidirt und ins Latein übertragen (1755 f.), nachdem er seine Kennerschaft auf diesem Gebiete schon früher durch eine Beschreibung der Gemmen aus der Sammlung des Kammerrathes Johann Thomas Richter in Leipzig (Musei

---

[1]) Winckelmann, der gegen Caylus nicht eben freundlich gesinnt war, sagt doch von ihm in einem Briefe an Bianconi: "ihm gehört zuerst der Ruhm, in das Wesentliche des Stiles der alten Völker eingedrungen zu sein". Vgl. Justi Winckelmann Bd. II, 2 S. 87.

Richteriani Dactyliotheca, 1743) insbesondere durch die derselben vorausgeschickte „super signis e quibus manus agnosci antiquae in gemmis possunt annotatio" an den Tag gelegt hatte. Von der Vielseitigkeit der Studien und Interessen Christ's geben schon seine in den Jahren 1727—29 in Halle in vier Abtheilungen (Specimina) herausgegebenen „Noctes academicae" Zeugniß, eine Sammlung von 32 kürzeren Aufsätzen (Observationes) aus dem Gebiete des Römischen Rechtes, der Antiquitäten, der Texteskritik, der Litteratur- und Gelehrtengeschichte u. dergl. m., welcher eine rechtsgeschichtliche Abhandlung (Historia legis Scatiniae, Halle 1727) vorausgegangen war und Schriften über longobardische Geschichte (De rebus Longobardicis ante expeditionem populi in Italiam disquisitio historica, Leipzig 1730) und über N. Machiavelli (De Nicolao Machiavello libri III, Halle 1731), später auch ein Buch über die Monogramme der Künstler (Leipzig 1747) folgten. Einzelne antiquarische Gegenstände, wie die Darstellung der Musen in antiken Bildwerken, die Vasa murrhina und die Trinkgelage der Alten, hat er in Leipziger Universitätsprogrammen behandelt. Als eine bloße Schrulle müssen wir die in mehreren Schriften[1] von ihm dargelegte Ansicht bezeichnen, daß die den Namen des Phädrus tragenden Fabeln nicht aus dem Alterthum stammen, sondern von einem neueren Gelehrten, wahrscheinlich von dem Italiener Nicolaus Perottus (1430—1480) fabricirt seien[2].

Im gleichen Jahre mit Christ verlor die Universität Leipzig einen anderen namhaften Gelehrten, der in der Geschichte der Philologie nicht übergangen werden darf, den außerordentlichen Pro-

---

[1] Am ausführlichsten in der folgenden: Joh. Frid. Christii ad eruditos quosdam de moribus simul de Phaedro einsque fabulis uberior expositio. Accessit auctarium fabularum quarundam Phaedri nec Phaedri (Leipzig 1747). Als eine Art Ersatz für den von ihm verworfenen Phädrus hat Ch. selbst zwei Bücher Aesopischer Fabeln in lateinischen Senaren gedichtet (I. F. Ch. Fabularum veterum Aesopiarum libri duo, Leipzig 1749).

[2] Vgl. Edmund Dörffel, Joh. Fr. Christ, sein Leben und seine Schriften. Ein Beitrag zur Gelehrtengeschichte des 18. Jahrhunderts (Leipzig 1878).

fessor in der juristischen Facultät Johann August Bach aus Hohendorf bei Lucka (geboren 17. Mai 1721, gestorben 6. December 1756), einen Schüler Ernesti's und Christ's, der sich schon durch seine Erstlingsarbeiten — eine Dissertation über die eleusinischen Mysterien, worin er dieselben gegen den besonders von den christlichen Kirchenvätern erhobenen Vorwurf der Unsittlichkeit in Schutz nahm (Leipzig 1745)[1]; eine Abhandlung über die Gesetze des Kaisers Trajan (Divus Traianus sive de legibus Traiani commentarius. Leipzig 1747) und eine Ausgabe des Oikonomikos des Xenophon (Leipzig 1749) — besonders aber durch sein Hauptwerk, die Geschichte der römischen Rechtswissenschaft (Historia iurisprudentiae Romanae, Leipzig 1754 u. ö., zuletzt herausgegeben von K. Fr. Chr. Wenck, 1822) als einen sehr tüchtigen Kenner des griechischen sowohl als des römischen Alterthumes erwiesen hat[2]).

Ferner besaß Leipzig um die Mitte des 18. Jahrhunderts in Johann Jacob Reiske den hervorragendsten unter den deutschen Hellenisten jener Zeit, den wir getrost den bedeutendsten holländischen Hellenisten, einem Hemsterhuys, Valckenaer und Ruhnken, zur Seite stellen können. Dieser Mann, an welchem der alte Spruch, daß der Prophet nichts gilt in seinem Vaterlande, sich in trauriger Weise bewahrheitet hat, war in dem zum Leipziger Kreise des Kurfürstenthumes Sachsen gehörigen Städtchen Zörbig am 25. December 1716 geboren, besuchte von 1728—32 die Schule des Waisenhauses zu Halle, von wo er nach seiner eigenen Angabe[3]) „einen ganz guten Grund im Latei-

---

[1]) Dieselbe ist wieder abgedruckt in I. A. Bachii Opuscula ad historiam et iurisprudentiam spectantia collegit et praefatus est Chr. Ad. Klotzius (Halle 1767).
[2]) Vgl. Th. Chr. Harles, De vitis philologorum 1 p. 68 ss.
[3]) S. D. Johann Jacob Reiskens von ihm selbst aufgesetzte Lebensbeschreibung (herausgegeben von seiner Gattin Ernestine) (Leipzig 1783, S. 5. Vgl. noch die Lebensbeschreibungen R.'s von Johann Georgius Eccius in Th. Ch. Harles De vitis philologorum t. IV p. 191 ss. und von Sam. Fried. Nath. Morus (Leipzig 1777) (wiederholt in „Vitae hominum quocumque

nischen mit weg brachte, sonst nicht viel mehr", und von Ostern 1733 an die Universität Leipzig, wo er, eine schüchterne, menschenscheue und eigensinnige Natur, keine Collegien hörte, sondern ohne Lehrer und ohne Freund, für sich nach eigenem Gutdünken ohne Ordnung und Endzweck studirte. Dabei verfiel er bald auf das Studium der arabischen Sprache und Litteratur, das er mit so glühendem Eifer trieb, daß er, da er in Leipzig darin nicht mehr weiter kommen konnte, im Mai 1738 ungeachtet seiner Mittellosigkeit sich auf die Wanderung nach Holland machte, um die arabischen Handschriften der Leydener Bibliothek zu benutzen und bei dem dortigen berühmten Orientalisten Albrecht Schultens Vorlesungen zu hören. Durch Correcturen für Buchhändler, Unterricht im Lateinischen und Griechischen und Arbeiten für andere Gelehrte, besonders für Jacques Philipp d'Orville in Amsterdam (für den er unter anderem den Roman des Chariton in's Lateinische übersetzte und kurze kritische Bemerkungen zum griechischen Texte beifügte) erwarb er sich dort seinen Lebensunterhalt und fand dabei noch Zeit, neben dem Studium des Arabischen, worin er bald seinen Lehrer Schultens übersah, als Brotstudium das der Medicin zu betreiben, worin er im Mai 1746 die Doctorwürde erhielt. Bald darauf kehrte er nach Deutschland zurück und ließ sich nach kurzem Aufenthalt in seiner Heimat in Leipzig nieder, wo er zwölf Jahre lang in der äußersten Noth immer zu Lohnarbeiten [1]) gezwungen, deren Lohn meist

litterarum genere eruditissimorum ab eloquentissimis viris scriptae collegit — Frid. Traug. Friedemann Vol. II P. 1, Braunschweig 1825, p. 1—33].

[1]) Außer Correcturen, Anfertigung von Registern und Uebersetzungen in das Deutsche waren dies besonders Recensionen für die Acta eruditorum (wofür er nicht einmal Bezahlung erhielt) und für die von dem Verfasser des Gelehrtenlexikons, dem Professor der Geschichte an der Universität Leipzig Dr. Christian Gottlieb Jöcher herausgegebenen „Zuverlässigen Nachrichten von dem gegenwärtigen Zustande der Wissenschaften" (Leipzig 1740—1757): vgl. R.'s Lebensbeschreibung S. 44 und S. 53 ff. — Wie scharf und treffend R.'s Urtheil über die von ihm besprochenen Werke und deren Verfasser waren, das hat an einem glänzenden Beispiele — der Anzeige von Joh. Caspar Hagenbuch's Epistolae epigraphicae in den Zuverlässigen Nachrichten

kärglich genug ausfiel, von Ernesti und anderen einflußreichen Männern, die ihn hätten fördern können, wegen seiner Selbständigkeit und Freimüthigkeit scheel angesehen lebte, ohne durch den fortwährenden Kampf mit Mangel, Kränklichkeit und Verdrießlichkeiten aller Art die Spannkraft des Geistes und die Begeisterung für den Dienst der Wissenschaft zu verlieren. Zwar wurde er 1748 zum außerordentlichen Professor der arabischen Sprache an der Universität ernannt, aber er erhielt nur eine Besoldung von 100 Thlr., die ihm noch dazu sehr unregelmäßig ausgezahlt wurde; von einer regelmäßigen akademischen Thätigkeit konnte auf diesem Felde damals nicht die Rede sein. Endlich erhielt er im Jahre 1758 das Rectorat der Nicolaischule, ein Amt, das er, Anfangs freilich unter manchen Widerwärtigkeiten, bis zu seinem Tode (14. August 1774) verwaltete und das ihm noch Muße gewährte zur Ausführung einer Reihe stattlicher für die griechische Litteratur hochbedeutsamer Arbeiten, bei welchen ihm seit dem Jahre 1765 seine Gattin, Ernestine Christine, Tochter des Propstes und Superintendenten Dr. August Müller zu Kemberg (geboren 2. April 1735, mit Reiske verheirathet 23. Juli 1764, gestorben 27. Juli 1798), eine Frau von männlichem Geiste, die ihrem Gatten zu Liebe Griechisch und Lateinisch lernte, getreulich zur Hand ging, wie sie auch einige Arbeiten, an deren Vollendung der Tod ihn gehindert hatte, nach seinen hinterlassenen Papieren zu Ende führte. Das erste Werk, durch welches Reiske sich in der gelehrten Welt als tüchtiger Kenner des Griechischen einführte, war die Ausgabe der bis dahin ungedruckten Schrift des byzantinischen Kaisers Konstantinos Porphyrogennetos über die byzantinische Hofordnung, welche nach einem Manuscript der Leipziger Rathsbibliothek auf Veranlassung des Bibliothekars derselben, des Professors des Natur- und Völkerrechtes Hofrath Dr. Gottfried Mascov, von dem Professor

---

Th. CXVI (Leipzig 1749) S. 597 — Th. Mommsen gezeigt in den Inscriptiones confoederationis Helveticae latinae (Zürich 1854) S. XII f.

Johann Heinrich Leich (geboren 6. März 1720)¹) unternommen und bei dessen Tode (10. Mai 1750) von Mascov Reiske übertragen wurde, der den Text nach nochmaliger Vergleichung der Leipziger Handschrift mit lateinischer Uebersetzung (1751) und einem Commentar zum ersten Buche (1754) herausgab; der für einen vom Verleger nicht angenommenen dritten Band bestimmte Rest des Commentars ist erst im Jahre 1829 in dem Bonner Corpus scriptorum historiae Byzantinae nach Reiske's von dem dänischen Geschichtsschreiber Peter Friedrich von Suhm angekauften und dann der Kopenhagener Bibliothek überlassenen Papieren veröffentlicht worden. Daneben ließ Reiske auf seine Kosten ein Bändchen „Animadversiones ad Sophoclem" (1753), sowie ein zweites „Animadversiones ad Euripidem et Aristophanem" (1754) drucken, Schriften, welche neben manchen überflüssigen, haltlosen oder geradezu verfehlten Conjecturen eine ganz beträchtliche Anzahl sicherer und glänzender Emendationen enthalten, die ebensowohl von dem Scharfsinn des Verfassers, als von seiner feinen Kenntniß der griechischen Sprache — nur in Hinsicht der Metrik sind seine Kenntnisse mangelhaft, beziehendlich seine Ansichten zum Theil irrig — Zeugniß geben. Auch seine Ausgabe von drei (unvollständigen) Abschnitten der Anthologie des Konstantinos Kephalas (Anthologiae graecae a Constantino Cephala editae libri tres. Duo nunc primum, tertius post Jensium²) iterum editi, cum latina interpretatione, commentariis et notitia poetarum. Leipzig 1754) enthält, trotz der ungenügenden Hülfsmittel, die ihm dafür zu Gebote standen

---

¹) Derselbe hat eine „Diatribe de diptychis veterum et de diptycho eminentissimi Quirini" (Leipzig 1743), eine Auswahl von Grabgedichten aus der griechischen Anthologie (Sepulcralia carmina ex anthologia manuscripta graecorum epigrammatum delecta, ebd. 1745) und eine Abhandlung „De vita et rebus gestis Constantini Porphyrogenneti (ebd. 1746) veröffentlicht. Vgl. über ihn die Bemerkungen Reiske's in seiner Lebensbeschreibung S 63 f.

²) Der Rector des Gymnasiums zu Rotterdam Johann Jens hatte eine Anzahl epideiktischer Epigramme der Anthologie als Anhang zu seinen „Lucubrationes Hesychianae" (Rotterdam 1742) herausgegeben.

— er benutzte für die beiden ersten, die carmina dedicatoria und sepulcralia enthaltenden Abschnitte eine Leipziger Handschrift, aus welcher er schon in den Miscellanea Lipsiensia Vol. IX, p. 80 ss. die carmina amatoria herausgegeben hatte: für den dritten, die epideiktischen Epigramme enthaltenden Abschnitt war er bloß auf die Jenische Ausgabe angewiesen — in kritischer, exegetischer und litterar-historischer Hinsicht viel Brauchbares. Eine reiche Fundgrube für die Emendation der Texte einer ganzen Reihe griechischer Prosaiker sind die fünf Bände „Animadversiones ad graecos auctores", welche Reiske ebenfalls auf seine Kosten in den Jahren 1757—1766 drucken ließ. Der erste derselben enthält kritische Bemerkungen zu Diodor (S. 1—94), den Charakteren des Theophrast (S. 95—105), Dio Chrysostomus (240 S.) und Dio Cassius (164 S.), der zweite zu Lysias (S. 1 bis 104) und den kleineren Schriften (sog. Moralia) des Plutarch (S. 105—624), der dritte zu Thukydides (S. 1—78), Herodot (S. 79—182) und Aristides (S. 183—567), der vierte zu Polybius (782 S.), der fünfte zu Libanius (S. 1—584), zu Artemidorus (S. 625—722) und zu Kallimachus (S. 723—756), ferner Reiske's Vorwort zu den in Band IV veröffentlichten Polybiana, hauptsächlich textgeschichtlichen Inhaltes (S. 757—802) und Wilhelm Canter's unedirte Bemerkungen zu Aristides (S. 585—624), welche Reiske von dem ihm befreundeten Rector in Zwoll, Friedrich Ludwig Abresch, erhalten hatte [1]). Reiske selbst bezeichnet [2]) nicht mit Unrecht diese Animadversiones als „flos ingenii sui"; wir können es im Interesse unserer Wissenschaft nur beklagen, daß fünf weitere Bände, zu denen er das Material vorräthig hatte, nicht an das Licht getreten sind, müssen aber als Trost beifügen, daß wenigstens ein Theil dieses

---

[1]) Dieser durch seine Arbeiten zu Aeschylus, Thukydides und Aristaenet bekannte Gelehrte war zwar ein geborener Deutscher (geboren 29. December 1699 in Homburg), ließ sich aber, nachdem er in Utrecht seine Studien vollendet hatte, ganz in Holland nieder und starb als Rector in Zwoll 1782.

[2]) Lebensbeschreibung S. 70.

Materiales, die Bemerkungen zu Dionysius von Halikarnassus, zu den kleineren griechischen Rednern und zu Maximus von Tyrus, von Reiske selbst in seinen Ausgaben dieser Schriftsteller veröffentlicht worden sind.

Nach Antritt seines Rectorates widmete Reiske, der sich bis dahin neben der arabischen Litteratur fast ausschließlich mit dem Lesen und Lesbarmachen griechischer Schriftsteller beschäftigt hatte, zunächst durch die Pflichten des Schulamtes veranlaßt, einige Jahre hindurch den größten Theil seiner Muße dem Studium der Ciceronischen Schriften: als Probe davon gab er 1759 die Tusculanae quaestiones mit einem „Libellus animadversionum et variantium lectionum" zu den beiden ersten Büchern — Varianten aus einer Anzahl alter Ausgaben mit eingestreuten kurzen eigenen Bemerkungen — heraus. Aber bald stand er, wie er selbst sagt[1]), wegen Unermeßlichkeit der Arbeit, wegen Mangel an Hülfsmitteln und wegen vorzüglicher Zuneigung zu den Griechen wieder von Cicero ab und wandte sich statt dessen der Bearbeitung des Demosthenes und der übrigen griechischen Redner (mit Ausschluß des Isokrates) zu, eine Arbeit, die ihn mehr als 10 Jahre hindurch in Anspruch nahm: dazwischen hinein fällt seine Ausgabe der Gedichte des Theokrit mit lateinischer Uebersetzung, den griechischen Scholien, den Anmerkungen von H. Stephanus, Scaliger und Casaubonus und Reiske's eigenen Bemerkungen (Wien und Leipzig 1765 u. 1766), ein von Reiske nicht aus eigenem Antriebe, sondern auf Veranlassung des Verlegers mit unzureichenden Hülfsmitteln unternommenes Werk, das er selbst[2]) als eine flüchtige Arbeit von drei Monaten bezeichnet, und doch durch eine große Anzahl scharfsinniger Emendationen für die Herstellung des Textes des Theokrit von großer Bedeutung. Die Zugabe eines dritten Bandes, welcher die Gedichte des Bion und Moschos, unedirte

---

[1]) Lebensbeschreibung S. 71; vgl. S. 83 f.
[2]) Lebensbeschreibung S. 98.

Scholien zu Theokrit aus einem Genfer Codex und Anmerkungen zu den gewöhnlichen Scholien und zur lateinischen Uebersetzung des Textes enthalten sollte, wurde vom Verleger abgelehnt.

Als erste Probe seiner demosthenischen Studien gab Reiske eine deutsche Uebersetzung der Reden des Demosthenes und des Aeschines mit erläuternden Anmerkungen heraus (Lemgo 1764, 5 Bde.), die in kräftiger, bisweilen sogar derber Sprache mehr den Sinn als den Wortlaut und das Colorit des Originales wiedergibt. Es war dies nicht der erste Versuch Reiske's auf diesem Gebiete: schon im Jahre 1758 hatte er eine deutsche Uebersetzung der in dem Geschichtswerke des Thukydides enthaltenen Reden vollendet, die er mit Rücksicht auf den ihm persönlich befreundeten Göttinger Professor Johann David Heilmann (geboren 13. Januar 1727 in Osnabrück, gestorben 22. Februar 1764)[1], der eben damals mit einer deutschen Uebersetzung des ganzen thukydideischen Werkes beschäftigt war, erst nach der Veröffentlichung dieser für das Studium des Thukydides in Deutschland sehr förderlichen Uebersetzung (Lemgo 1760; wiederholt mit Verbesserungen und Zusätzen von Gottfried Gabriel Bredow, 1808 u. 1823) im Jahre 1761, nebst kritisch-exegetischen Bemerkungen zu dem gesammten Werke des Thukydides in lateinischer Sprache, im Druck erscheinen ließ. — Für seine große kritische Ausgabe der griechischen Redner, das umfänglichste Denkmal seines Scharfsinnes und seiner Gelehrsamkeit, sammelte Reiske mit dem größten Eifer, was er an handschriftlichen Hülfsmitteln auftreiben konnte. Die wichtigsten darunter waren der Codex Bavaricus des Demosthenes, welchen er durch die Liberalität des Bibliothekars der Münchener kurfürstlichen Bibliothek, des Hofrathes Andreas Felix von Oefele[2], und vier Augsburger

---

[1] Vgl. über Leben und Schriften dieses Gelehrten Th. Ch. Harles, De vitis philologorum Vol. II p. 43 ss

[2] Von der feinen classischen Bildung dieses Mannes geben drei lateinische Briefe desselben an R., welche hinter dessen Lebensbeschreibung (S. 630 ff.) abgedruckt sind, Zeugniß.

Codices desselben Redners, welche er durch Vermittelung des oben (S. 359) erwähnten J. Brucker zugeschickt erhielt; ferner vermittelte ihm Lessing — dessen Freundschaft für Reiske und seine Gattin zu den ehrendsten Zeugnissen für den von vielen Zeitgenossen verkannten Werth dieser beiden Menschen gehört [1] — die Benutzung eines Helmstädter Codex des Aeschines, und ein Londoner Arzt, den er in Leyden kennen gelernt hatte, A. Askew, übersandte ihm den zum Theil noch ungedruckten Apparat des englischen Gelehrten John Taylor. Mit diesen und einigen anderen Hülfsmitteln ausgerüstet veröffentlichte Reiske, wiederum auf seine eigenen Kosten, die er, freilich vergeblich, durch Pränumerationen und Subscriptionen zu decken suchte, im Jahre 1770 die beiden ersten Bände des großen Werkes [2], welche die Reden des Demosthenes nebst den griechischen Scholien enthalten; im Jahre 1771 folgten im Band 3 und 4 die Reden des Aeschines, Dinarchus, Lykurgus und Andotides mit den Scholien zu Aeschines, ausführlichem kritischen Apparat und einigen erläuternden Abhandlungen, 1772 in Band 5 und 6 Lysias mit lateinischer Uebersetzung und Apparat, 1773 in Band 7 und 8 die Reden des Isaeus und Antiphon mit lateinischer Uebersetzung und Apparat, die Declamationen des Lesbonax, Herodes Atticus, Antisthenes, Alkidamas und Gorgias und des Gregorius Corinthius Commentar zu Hermogenes' Schrift $\pi\varepsilon\varrho\grave{\iota}$ $\mu\varepsilon\vartheta\acute{o}\delta o\nu$ $\delta\varepsilon\iota\nu\acute{o}\tau\eta\tau o\varsigma$, nebst einigen Nachträgen zu früheren Bänden. Von den attischen Rednern ist demnach nur Isokrates nicht in die Sammlung auf-

---

[1] Briefe von Reiske an Lessing und umgekehrt finden sich im zweiten Theile des „Gelehrten Briefwechsels zwischen D. J. J. Reiske, Moses Mendelssohn und Gotthold Ephraim Lessing" (Berlin 1789), der den Titel führt: „Gelehrter Briefwechsel zwischen D. J. J. Reiske, Conrad Arnold Schmid und G. E. Lessing".

[2] Der vollständige Titel desselben lautet: Oratorum graecorum, quorum princeps est Demosthenes, quae supersunt monumenta ingenii, e bonis libris a se emendata, materia critica, commentariis integris H. Wolfii. I. Taylori, Ier. Marklandi, aliorum et suis indicibus denique instructa ed. I. I. Reiske. XII Voll. 8° (Leipzig 1770—75).

genommen. Da den beiden ersten Bänden der ausführliche kritische Apparat fehlt, so wollte Reiske diesen als Nachtrag zu der Sammlung unter dem Titel „Apparatus criticus ad Demosthenem" veröffentlichen, konnte aber nur den ersten Band davon selbst herausgeben (1774); die beiden folgenden und der die Indices zu Demosthenes enthaltende letzte (12.) Band der ganzen Sammlung wurden erst nach seinem Tode (1774 u. 1775) von seiner Gattin herausgegeben. Noch kurz vor seinem Tode übernahm Reiske, der Aufforderung eines Leipziger Buchhändlers entsprechend, die Besorgung neuer Ausgaben der Werke des Dionysius von Halikarnaß, des Maximus von Tyrus und des Plutarch. Davon hat er nur die Ausgabe des Maximus von Tyrus — eine Wiederholung der zweiten Ausgabe von J. Davis mit kurzen Anmerkungen Reiske's am Schlusse jedes Bandes — selbst vollendet (2 Bde., 1774 und 1775); von der des Dionysius (6 Bde., 1774—77) sind nur die beiden ersten Bände, von der des Plutarch (12 Bde., 1774—82) nur der erste Band von Reiske selbst herausgegeben und auch bei diesem hat Reiske wesentlich nur als Corrector fungirt und nur gelegentlich eigene Verbesserungen eingestreut.

Schon frühzeitig hatte Reiske angefangen, den Werken des Sophisten Libanius, in welchem er einen der letzten Vertreter des reinen Geschmackes in der griechischen Litteratur erkannte, specielle Studien zu widmen; die ersten Resultate derselben sind die Animadversiones ad Libanium, welche den größten Theil des fünften Bandes der Animadversiones ad graecos auctores (vgl. oben S. 411) einnehmen[1]. Nachher gelang es Reiske, für die Reden und Declamationen dieses Schriftstellers sechs Handschriften — zwei Augsburger, darunter eine von großer Wichtigkeit, drei Münchener

---

[1] Auch die beiden im Jahre 1759 erschienenen Abhandlungen R.'s „De Zenobio sophista Antiocheno" und „De quibusdam e Libanio repetitis argumentis, ad historiam ecclesiasticam christianam pertinentibus, inprimis de optimo episcopo" sind aus dem Studium der Werke des Libanius hervorgegangen.

und eine Wolfenbütteler — zur Benutzung zu erhalten; mit Hülfe dieser hat er in den Jahren 1770 und 1771 den Text neu constituirt und kritisch-exegetische Anmerkungen dazu abgefaßt, ist aber nicht dazu gekommen, die von ihm vorbereitete Ausgabe selbst zum Druck zu befördern. Dies geschah erst durch seine Wittwe, welche im Jahre 1784 den ersten Band von „Libanii Sophistae orationes et declamationes ad fidem codicum mspt. recensuit et perpetua adnotatione illustravit J. J. Reiske" in größtem Quartformat auf starkem Papier gedruckt in Altenburg erscheinen ließ. Durch die Kostspieligkeit der Herstellung aber gerieth diese Ausgabe alsbald in's Stocken; der erste Band wurde 1791 in Octav auf geringerem Papier neu abgedruckt und in gleicher Ausstattung folgten ihm in den Jahren 1793, 1795 und 1797 die drei übrigen Bände. Wenn man auch an dieser Ausgabe die letzte Feile und die Gleichmäßigkeit der Behandlung vermißt (im vierten Bande sind die Anmerkungen weit spärlicher als in den drei früheren, und zu den letzten Stücken, den $\delta\iota\eta\gamma\eta\mu\alpha\tau\alpha$ und $\pi\rho\text{o}\gamma\upsilon\mu\nu\acute{\alpha}\sigma\mu\alpha\tau\alpha$, fehlen sie ganz), so bezeichnet dieselbe doch durch die Veröffentlichung mehrerer bis dahin ungedruckter Stücke, durch die Ausfüllung beträchtlicher Lücken in den schon früher gedruckten aus den von Reiske zum ersten Mal benutzten Handschriften und durch zahlreiche Verbesserungen des Textes nach Handschriften und eigenen Vermuthungen einen so bedeutenden Fortschritt gegen die früheren, daß man Reiske wohl den Ehrentitel eines „sospitator Libanii" geben darf.

Endlich trägt Reiske's Namen noch eine im Jahre 1784 in Leipzig in zwei Bänden erschienene Ausgabe der Reden des Dio Chrysostomus, welche, von Reiske's Wittwe besorgt, die schon im ersten Bande der Animadversiones ad graecos auctores veröffentlichten Emendationen und Bemerkungen desselben enthält.

Ebenfalls ein gründlicher Kenner der griechischen Sprache, für deren Studium besonders auf den gelehrten Schulen er als Lehrer wie als Schriftsteller unermüdlich wirkte, aber ein Mann ohne Scharfsinn und ohne Geschmack, ein ächter Pedant, der bei jeder Gelegenheit durch Anhäufung von Citatenmassen eine etwas wohlfeile Gelehrsamkeit auszukramen liebte, war Johann Friedrich Fischer aus Coburg (geboren 10. October 1726). Nachdem er in Leipzig unter Christ's und Ernesti's Leitung seine Studien vollendet hatte, habilitirte er sich 1748 als Privatdozent an der dortigen Universität, wurde 1751 als Conrector an der Thomasschule angestellt, erhielt 1762 den Titel eines außerordentlichen Professors und wurde 1767 nach dem Tode des Nachfolgers Ernesti's im Rectorat, des M. Johann Friedrich Leißner, zum Rector der Thomasschule ernannt, welches Amt er bis zu seinem Tode (11. October 1799) versah. Sein bekanntestes und verhältnißmäßig bedeutendstes Werk sind seine Anmerkungen zu der von ihm selbst zweimal (1756 und 1780) neu herausgegebenen griechischen Grammatik von Jacob Weller (vgl. oben S. 301): sehr reichhaltige Sammlungen von Belegen aus alten Schriftstellern und von Citaten aus alten Grammatikern zur griechischen Lautlehre, Formenlehre und Syntax, welche sich nach der Art von Scholien an einzelne Worte des Weller'schen Textes anschließen[1]). Von griechischen Schriftstellern hat er besonders Platon behandelt, von dem er erst vier kleinere Dialoge (Euthyphron, Apologie, Kriton und Phaedon, 1759 u. ö), sodann den Kratylos (zu dem er auch kritische und grammatische Bemerkungen in 14 Programmen, 1792—98, veröffentlicht hat) nebst Theaetetos (1770), darauf den Sophistes, Politikos und Parmenides (1774), endlich den Philebos und das Symposion (1776) mit kritischen Anmerkungen herausgegeben hat. Mit diesen Platonischen Arbeiten zunächst verwandt ist die Bearbeitung der dem Sokratiker Aeschines beigelegten Dialoge (zuerst Leipzig 1753;

---

[1]) Animadversionum ad Iac. Velleri grammaticam graecam specimen I Leipzig 1798; spec. II (1799); spec. III pars prior ed. Chr. Th. Kuinoel (1800 mit einer vom Herausgeber verfaßten Narratio de I. Fr. Fischero; pars posterior 1801. Die Animadversiones waren schon 1750—52 in weit unvollkommnerer Gestalt erschienen.

wesentlich erweitert und verbessert 1766, 1786 und 1788), sowie die Ausgabe der Charaktere des Theophrast mit dem Commentar von Is. Casaubonus (Koburg 1763). Viel Beifall fanden, wie die oft wiederholten Auflagen beweisen, die anfangs sehr knappen und schmächtigen, mit jeder neuen Auflage an Umfang zunehmenden Ausgaben der Anakreontischen Gedichte (zuerst 1754, 3. Aufl. 1793) und des mythologischen Werkchens des sog. Palaiphatos (zuerst 1761, 6. Aufl. 1789). Im Wesentlichen bloße Wiederholungen fremder Arbeiten sind die Ausgaben des Atticisten Moeris (Leipzig 1756 nach J. Hudson's Ausgabe mit Beifügung des zuerst von D. Ruhnken edirten Lexicon Platonicum des Timaeus) und einiger kleinerer griechischer Rhetoren (Leipzig 1773 nach der Ausgabe von Th. Gale). Dasselbe gilt von Fischer's Arbeiten aus dem Gebiete der römischen Litteratur: den Ausgaben des Justin nach Graevius (1757), des Florus nach demselben (1760; darin rührt außer der Praefatio der angehängte libellus variarum lectionum ex libris cum scriptis tum editis Flori von Fischer her), des Cornelius Nepos nach Bose (1759 u. ö.) und des Ovid nach Heinsius (2 Bde., 1758; nur der Index ist Fischer's Arbeit). Sehr unbedeutend sind auch zwei nach Fischer's Tode von seinem getreuen Schüler, dem Professor der Poesie und Beredtsamkeit (1801—1806), später der Theologie in Gießen Christian Gottlieb Kühnoel (geboren 2. Januar 1768 in Leipzig, gestorben 16. October 1841 in Gießen)[1], aus übelangebrachter Pietät nach dessen Heften veröffentlichte Arbeiten: ein Commentar zu Xenophon's Cyropädie (1803) und eine Ausgabe des Plutus des Aristophanes mit Commentar (1804—5). Daß endlich Fischer wie Ernesti neben den philologischen auch die theologischen Studien pflegte, beweisen verschiedene Arbeiten von ihm zum Neuen Testament, die außerhalb unseres Bereiches liegen.

---

[1] Vgl. über ihn und seine Schriften: Neuer Nekrolog der Deutschen, 19. Jahrgang (1841) S. 985 ff.

Dieselbe Verbindung philologischer und theologischer Studien, aber mit entschiedenem Uebergewicht der theologischen, finden wir bei einem anderen Schüler Ernesti's, der Fischer an gründlicher Kenntniß der griechischen Sprache ebenbürtig, an Geschmack und Divinationsgabe entschieden überlegen war, dem Professor der griechischen und lateinischen Sprache, seit 1782 der Theologie an der Universität Leipzig Samuel Friedrich Nathanael Morus (geboren zu Lauban 30. November 1736, gestorben zu Leipzig 11. November 1792), von welchem wir Ausgaben des Panegyricus des Isokrates (1766 u. ö.), der Longin'schen Schrift vom Erhabenen (1769; dazu einen Libellus animadversionum ad Longinum 1773) und der griechischen Geschichte des Xenophon (1778), sowie eine ohne seinen Namen erschienene der Schrift des Kaisers Marcus Antoninus (1775), aus dem Bereich der römischen Litteratur eine Ausgabe der Werke des Julius Caesar (Leipzig 1780) besitzen.

Morus' Nachfolger auf dem Lehrstuhle der griechischen und lateinischen Sprache an der Universität Leipzig war der Franke Friedrich Wolfgang Reiz (geboren zu Windsheim 2. September 1733, seit 1766 Privatdocent, seit 1772 außerordentlicher Professor in Leipzig), der diese Stelle im Jahre 1785 mit der durch den Tod von Christian August Clodius erledigten Professur der Poesie und Beredtsamkeit vertauschte, die er bis zu seinem Tode (2. Februar 1790) bekleidete. Für die hervorragende Bedeutung dieses Mannes als akademischen Lehrers hat sein großer Schüler Gottfried Hermann das glänzendste Zeugniß abgelegt, indem er es als sein höchstes Glück bezeichnet, daß er Reiz zum Lehrer gehabt habe, dem er besonders zweierlei verdanke: einmal, daß er nicht viele Schriftsteller auf einmal, sondern immer nur einen gelesen, sodann, daß er sich gewöhnt habe, nichts auf Treu und Glauben hinzunehmen, sondern nach den Gründen jeder Sache zu forschen[1]). Trotz des bedeutenden Umfanges seines

---

[1]) Vgl. G. Hermann in der Praefatio zu den Acta societatis graecae edd. A. Westermannus C. H. Funckhaenel Vol. I (Leipzig 1836) p. VII ss

Wissens war Reiz der polyhistorischen Richtung, die auch noch bei Ernesti deutlich hervortritt, völlig fremd und beschränkte sich in seinen litterarischen Arbeiten, bei denen er mit großer Bedächtigkeit, Gründlichkeit und Gewissenhaftigkeit zu Werke ging und nie seinen Ruhm, sondern stets nur die Erforschung der Wahrheit im Auge hatte, wesentlich auf das philologische Gebiet im engeren Sinne, d. h. auf Grammatik, Metrik und Textkritik; und auch auf diesem beschränkten Gebiete steht seine schriftstellerische Thätigkeit in Hinsicht des Umfanges wie der Zahl seiner Schriften hinter der seiner philologischen Zeitgenossen weit zurück, eine Erscheinung, die theils aus der in seiner ganzen Natur begründeten Langsamkeit des Arbeitens, theils aus der Bereitwilligkeit zu erklären ist, mit welcher er auch außerhalb der Vorlesungen seinen Schülern seine Zeit widmete. Dem grammatikalischen Gebiete gehören an seine Abhandlung „De temporibus et modis verbi graeci et latini" (Leipzig 1766), worin er die Ansichten der Stoiker über das Wesen der grammatischen Tempora und Modi vertrat, und die von Fr. A. Wolf mit eigenen Zusätzen neu herausgegebene, für die wissenschaftliche Behandlung der Lehre vom Accent der griechischen Sprache Bahn brechende Schrift „De prosodiae graecae accentus inclinatione" (Leipzig 1791)[1]). Auf dem Gebiete der antiken Metrik vertrat er zuerst in Deutschland die von R. Bentley, den er überhaupt seinen Zuhörern als das voll-

---

und in den Verhandlungen der siebenten Versammlung deutscher Philologen und Schulmänner in Dresden 1844 S. 6 ff. (Opuscula Vol. VIII S. 453 ff.). Höchst ehrenvoll lautet auch das Urtheil von Fr. Aug. Wolf (s. dessen Kleine Schriften herausgegeben von G. Bernhardy Bd. 2 S. 1155) über Reiz; er nennt ihn „einen Mann den das Publikum aus seinen sehr wenigen Schriften nur sehr unvollkommen kennt, der so viele zum Theil neue und selbst erforschte Kenntnisse mit aus der Welt nimmt, daß ein kleiner Theil davon in Schriften vorgetragen hinreichen würde einem Gelehrten bleibenden Ruhm zu erwerben".

[1]) Dieselbe ist von Reiz in drei Programmen veröffentlicht worden: Pars I 27. September 1775; partis I epimetron 21. August 1782; pars II 28. August 1782. Der Wolf'schen Ausgabe ist ein lateinisches Gedicht von Reiz über die Erfindungen der Neuzeit (Saeculum ab inventis clarum, vom 10. Februar 1785) mit Anmerkungen dazu von Georg Simon Klügel beigefügt.

kommenste Muster eines Kritikers darzustellen pflegte, aufgestellten Grundsätze in der kurzen Abhandlung „Burmannum de Bentleii doctrina metrorum Terentianorum iudicare non potuisse" (Leipzig 1787), und verwerthete dieselben praktisch in seiner Ausgabe des Rudens des Plautus (Leipzig 1789), welche außer dem vielfach verbesserten Texte und einem Index metrorum Bentley's Schediasma de metris Terentianis enthält[1]). Auch zu den meisten übrigen Stücken des Plautus hatte er zahlreiche Verbesserungen in sein Handexemplar der Gronov'schen Ausgabe, welches nach seinem Tode Fr. A. Wolf erwarb, eingetragen. Von griechischen Schriftstellern hat er sich besonders mit Aristoteles beschäftigt: nachdem er im Jahre 1772 im Vereine mit seinem Freunde und Collegen Christian Garve[2]) ohne Nennung seines Namens die Rhetorik, 1776 ebenfalls anonym Excerpte aus dem siebenten und achten Buche der Politik mit kritischen Anmerkungen zum Gebrauche für Vorlesungen herausgegeben hatte, ging er an eine Bearbeitung der Poetik, von der er 1786 eine Textausgabe veröffentlichte: seine unvollendete lateinische Uebersetzung und Aufzeichnungen zur Erklärung einzelner Stellen, welche er sich für seine Vorlesungen gemacht hatte, übergab er kurz vor seinem Tode Fr. A. Wolf. Auch die von ihm begonnene Bearbeitung des Geschichtswerkes des Herodot hat er nicht vollendet, sondern nur den Text der ersten vier Bücher mit kurzen lateinischen Inhaltsangaben herausgegeben (Leipzig 1778). Daß

---

[1]) Ein Recensent in der Jenaer Allgemeinen Litteraturzeitung 1791 N. 116 (Bd. 2 S. 121 ff.) bezeichnet dieselbe mit Recht als „den Anfang der wahren Kritik des Plautus".

[2]) Dieser durch zahlreiche philosophische Schriften bekannte Gelehrte, dem Reiz seine Ausgabe des Herodot dedicirt hat, war geboren zu Breslau 7. Januar 1742, erhielt 1768 eine außerordentliche Professur der Philosophie an der Universität Leipzig, die er aber wegen Kränklichkeit bald wieder niederlegte, und starb zu Breslau 1. December 1798. Das philologische Gebiet berühren seine Uebersetzung von Cicero de officiis (4 Theile, Breslau 1783; 6. Aufl. 1819) und die nach seinem Tode veröffentlichten Uebersetzungen der Ethik des Aristoteles (2 Bde., Breslau 1798—1801) und der Politik desselben (2 Bde., Breslau 1799—1801).

er aber auch in den sog. Realien der Alterthumswissenschaft, in der Kenntniß des öffentlichen und Privatlebens der alten Völker, wenigstens der Römer, und der antiken Kunst wohl bewandert war, beweisen seine in Anschluß an J. J. Oberlin's „Rituum Romanorum tabulae" (vgl. oben S. 384) gehaltenen Vorlesungen über römische Alterthümer, welche nach seinem Tode im Druck veröffentlicht worden sind[1]), sowie die von ihm übernommene und auch zum Theil ausgeführte Beschreibung der von dem Kammerrath und Schatzmeister der Kaiserin Maria Theresia Joseph de France in Wien begründeten Sammlung antiker Münzen, Gemmen, Statuen, Köpfe und Büsten, Reliefs, Gefässe und Geräthe[2]).

Während wir Reiz als den Vorläufer der neuen von G. Hermann begründeten Leipziger Philologenschule betrachten können, sehen wir in seinem jüngeren Amtsgenossen Christian Daniel Beck (geboren 22. Januar 1757 in Leipzig, gestorben 13. December 1832) den letzten Ausläufer der alten Leipziger Schule, ja den letzten Vertreter der polyhistorischen Richtung der Philologie überhaupt. Die große Mannigfaltigkeit seines wissenschaftlichen Interesses, bei dessen Verfolgung er freilich nirgends in die Tiefe eindrang, sondern sich mit skizzenhaften Entwürfen oder mit Compilationen begnügte, spiegelt sich in dem erstaunlichen Umfange seiner litterarischen wie akademischen Thätigkeit wieder. Nachdem er sich im Jahre 1779 mit einer Abhandlung über die Geschichte der alexandrinischen Bibliotheken (Specimen historiae bibliothecarum Alexandrinarum) als Privatdocent in der philo-

---

[1]) Reiz's Vorlesungen über die römischen Alterthümer, nach Oberlin's Tafeln. Hauptsächlich zur Erleichterung des Studiums der römischen Klassiker, für Lehrer und Lernende (Leipzig 1796): der Herausgeber hat die Vorrede mit den Buchstaben A. Z. unterzeichnet.

[2]) Musei Franciani descriptio (2 Bde., Leipzig 1781): der erste Band enthält nach einer kurzen von Reiz verfassten Vorrede die Beschreibung der Münzen von J. Eckhel und der Gemmen von Reiz; die im zweiten Bande enthaltene Beschreibung der übrigen Gegenstände der Sammlung ist nach kurzen Notizen von Reiz von dem Rector der Nicolaischule zu Leipzig Georg Heinrich Martini (geboren 1722 in Tanneberg bei Annaberg, gestorben in Leipzig 23. December 1794) ausgeführt.

sophischen Facultät der Universität Leipzig habilitirt hatte, begann er Vorlesungen über philologische, historische und theologische Gegenstände zu halten. Eine im Jahre 1780 veröffentlichte Abhandlung „De lege regia" trug ihm einen Ruf als außerordentlicher Professor der Rechte nach Göttingen ein, den er ablehnte, worauf er 1782 eine außerordentliche Professur in Leipzig, 1785 die ordentliche Professur der griechischen und lateinischen Sprache erhielt. Neben seinen Vorlesungen, in welchen er der Reihe nach eine große Anzahl griechischer und lateinischer Schriftsteller und verschiedene Bücher des neuen Testamentes erkärte, Einleitung in die Litteratur und Theorie der Dichtkunst, lateinische Stilistik, römische Alterthümer, Archäologie, allgemeine Weltgeschichte, Hodegetik und Pädagogik behandelte — er las in der Regel vier bis fünf Stunden täglich — leitete er seit dem Jahre 1784 regelmäßig die Uebungen einer philologischen Gesellschaft, in deren Namen er in den Jahren 1801—1804 eine theils selbständige Abhandlungen verschiedener Gelehrter theils Kritiken über die wichtigeren Erscheinungen auf philologisch-antiquarischem Gebiete enthaltende philologische Zeitschrift herausgab[1]). Nachdem diese Gesellschaft im Jahre 1809 in das königliche philologische Seminar, dessen Leitung gleichfalls Beck zufiel, übergegangen war, veröffentlichte dieser in den Jahren 1811 und 1813 zwei Bände „Acta seminarii regii et societatis philologicae Lipsiensis adiecta bibliotheca critica". Eine weit umfassendere redactionelle Thätigkeit entwickelte er als Hauptredacteur der „Leipziger Litteraturzeitung" (deren Mitherausgeber er schon von 1803 an gewesen war) von 1812—1818, und des „Allgemeinen Repertoriums der in- und ausländischen Litteratur", von welchem er 14 Jahrgänge (von 1819 bis zu seinem Tode) „in Verbindung mit einer Gesellschaft Gelehrter" herausgegeben hat. In seiner akademischen

---

[1]) Commentarii societatis philologicae Lipsiensis, Vol. I—IV (Leipzig und Plauen). Ueber den Plan und die Thätigkeit der Gesellschaft handelt Beck's Aufsatz „Historia, consilia et instituta philologicae societatis eiusque exercitationum" Vol. I p. 5—15.

Thätigkeit trat im Jahre 1819 eine Veränderung ein, die wieder für seine polyhistorische Richtung bezeichnend ist: der in verschiedenen Sätteln gerechte Mann überließ seine Professur an Fr. Aug. Wilh. Spohn und übernahm dafür die Professur der Geschichte, trat aber im Jahre 1825, nachdem Spohn gestorben und Wilhelm Wachsmuth als Professor der Geschichte nach Leipzig berufen worden war, in seine frühere Stellung zurück.

Auch die schriftstellerische Thätigkeit Beck's, die sich, abgesehen von seiner Thätigkeit als Redacteur und als Uebersetzer, auf theologischem, philologischem und historischem Gebiete bewegt, macht den Eindruck großer Rührigkeit und Emsigkeit, aber einer gewissen Zerfahrenheit, die immer Neues unternimmt, bevor das früher Unternommene vollendet ist[1]). Speciell auf philologischem Gebiete hat Beck eine Reihe größerer Arbeiten begonnen, wie die Ausgaben des Pindar, Aristophanes, Euripides, Apollonius von Rhodus, des Platon und Cicero, die entweder gar nicht oder doch nicht von ihm vollendet worden sind. Seine Ausgabe des Pindar (Leipzig 1792 u. ö.) enthält Text und Scholien der Olympien, Pythien und Nemeen, außerdem kritische Anmerkungen zu den Olympien; die Isthmien fehlen ganz. Von Aristophanes, dessen Vögel er separat herausgegeben hat (Leipzig 1782), unternahm er auf Wunsch des Verlegers die Fortsetzung der von dem römischen Advocaten Phil. Invernizzi begonnenen Ausgabe mit den Commentaren der früheren Herausgeber: er hat davon die die Commentare zu Plutos, Wolken, Fröschen, Vögel enthaltenden Bände III—V (Leipzig 1809—1811), von Band VI (ebd. 1819) noch die Commentare zu den Rittern und dem Frieden geliefert, dann aber die Fortsetzung der Arbeit W. Dindorf überlassen. Mit Euripides hatte er sich schon als Gymnasiast beschäftigt und als Probe seiner Studien beim Abgange von der Thomasschule ein „Specimen observationum criticarum in Euripidis fabulam

---

[1]) Diese Eigenheit Beck's hat Fr. Dübner treffend durch den nach plautinischer Manier gebildeten Spitznamen „Omniincipides Nihilabsolvides" characterisirt.

quae inscribitur Hippolytus" (1775) herausgegeben, welchem er 1780 eine „Exercitatio critica de Rheso supposititio Euripidis dramate" folgen ließ; ferner vollendete er den von seinem Lehrer Morus begonnenen vermehrten und verbesserten Abdruck der Ausgabe Sam. Musgrave's (3 Bde., Leipzig 1778—88) und unternahm dann selbst die Bearbeitung einer neuen kritischen Ausgabe, von der nur ein Band (Hekabe, Orestes, Phoenissen, Medea, Königsberg 1792) nebst einem Bande „Commentarii in Euripidis tragoedias" (1799) erschienen ist. Von Beck's Ausgabe der Argonautica des Apollonius von Rhodos ist nur der erste den Text mit der lateinischen Uebersetzung enthaltende Band an's Licht getreten (Leipzig 1797), die in Aussicht gestellten griechischen Scholien, Commentar und Indices sind ausgeblieben; ebenso die Fortsetzungen der Ausgaben des Platon, von welcher nur drei im Ganzen 16 Dialoge enthaltende Bändchen (Leipzig 1813—16), und des Cicero, von welcher vier Bände (Leipzig 1795—1807; darin sind die Reden, mit kritischem Apparat, grammatischen und historischen Erläuterungen, noch nicht ganz vollständig enthalten) erschienen sind. Dagegen hat Beck die große von Johann Christoph Gottleber (geboren zu Chemnitz 27. November 1733, gestorben als Rector der Landesschule zu Meißen 1. Mai 1785) vorbereitete Ausgabe des Thukydides, deren erster Band von Carl Ludwig Bauer[1]) herausgegeben worden war (Leipzig 1790), durch Veröffentlichung des zweiten Bandes (1804), der freilich sehr wenig eigene Zugaben des Herausgebers enthält, zu Ende geführt. Kleinere selbständige philologische Arbeiten Beck's sind seine Ausgaben von Demosthenes' Rede über den Frieden (Leipzig 1799), von Plutarch's Schrift über die An-

---

[1]) Geboren in Leipzig 18. Juli 1730, studirte daselbst besonders unter Ernesti's Leitung, habilirte sich 1753 als Docent an der Universität, wurde 1756 Rector in Laubau, 1767 Rector in Hirschberg, wo er 3. September 1799 starb. Schon 1759 hatte er „Thucydidis orationes cum animadversionibus et indicibus" herausgegeben. Sein bekanntestes Werk ist ein viel gebrauchtes „Deutsch-lateinisches Lexikon" (1778); außerdem hat er sehr zahlreiche Programme und einige größere theologische und patristische Arbeiten veröffentlicht.

sichten der älteren griechischen Philosophen (Plutarchi de physicis philosophorum decretis libri V, Leipzig 1787), des „Consolatio ad Liviam de morte Drusi" oder „Epicedion Drusi" betitelten lateinischen Gedichtes (ebd. 1783) und der bukolischen Gedichte des Calpurnius (ebd. 1803: enthält außer Adnotationes auch ein sehr ausführliches Glossarium); ferner die Grundrisse für seine Vorlesungen über griechische Litteraturgeschichte [1]), über lateinische Stilistik [2]) und über Archäologie [3]); endlich eine beträchtliche Anzahl von Programmen [4]). Keine dieser Schriften kann auf eine bleibende Bedeutung Anspruch machen; überhaupt erscheint Beck, der in einem früheren Zeitalter unter den Polyhistoren eine ehrenvolle Stelle eingenommen haben würde, neben Männern wie Fr. Aug. Wolf und Gottfried Hermann als ein durchaus untergeordneter Geist, ja fast als ein fleischgewordener Anachronismus.

Die künstlerische Seite der antiken Cultur, für welche in den akademischen Kreisen zuerst J. Fr. Christ das Verständniß zu wecken suchte, in ihrer hohen Bedeutung für die Erkenntniß des gesammten Geisteslebens der antiken Völker, speciell der Griechen, zur allgemeinen Anerkennung gebracht zu haben: das ist das unvergängliche Verdienst Johann (Joachim) Winckelmann's (geboren zu Stendal 9. December 1717, ermordet zu

---

[1]) Commentarii de litteris et auctoribus graecis atque latinis scriptorumque editionibus. P. I. historiam litterarum graecarum et scriptorum graecorum complectens. Sectio I (Lips. 1788). — Beck hat auch zu der neuen Ausgabe von Fabricius' Bibliotheca graeca von Harles zahlreiche Beiträge geliefert.

[2]) Artis latine scribendi praecepta suis scholis proposuit Ch. D. Beck (Lips. 1801).

[3]) Grundriß der Archäologie oder Anleitung zur Kenntniß der Geschichte der alten Kunst und der Kunstdenkmähler und Kunstwerke des classischen Alterthums 1. Abtheilung (Leipzig 1816).

[4]) Ein chronologisches Verzeichniß sämmtlicher Schriften Beck's gibt C. Fr. Aug. Nobbe in seiner stark panegyrisch gefärbten „De Christiano Daniele Beckio Narratio" (in drei Programmen der Leipziger Nicolaischule 1833, 1834 und 1837) als Anhang zu P. II. Vgl. auch Eckstein in der Allgemeinen deutschen Biographie Bd. 2 S. 210 ff.

Triest 8. Juni 1768)¹), des Mannes, der seit der Periode des Humanismus zuerst wieder das Studium des Alterthumes durch enge Bande mit den höchsten geistigen Interessen der Gegenwart zu verbinden und dadurch auf das litterarische und künstlerische Schaffen seiner Zeit einen tiefen und nachhaltigen Einfluß auszuüben gewußt hat. Wesentlich Autodidakt — von den Lehrern seiner Jugend hatte nur Chr. T. Damm in Berlin, dessen Unterricht er kaum ein Jahr lang (1735—36) genossen hat, von Universitätslehrern der Philosoph Alexander Gottlieb Baumgarten in Halle, der Begründer der Aesthetik, und der Mediciner Georg Erhard Hamberger in Jena, der Vertreter der sog. mathematischen Medicin, auf seine Studien fördernd eingewirkt — gehörte Winckelmann in seinen früheren Jahren der polyhistorischen Richtung an: doch wandte er sich frühzeitig mit besonderer Vorliebe dem Studium der griechischen Litteratur zu, dem er während der fünf Leidensjahre, als er unter den härtesten Entbehrungen und Widerwärtigkeiten aller Art als Conrector an der Schule zu Seehausen in der Altmark wirkte (1743—1748), den größten Theil seiner Nächte widmete: daneben beschäftigte er sich mit Vorliebe mit historischen Studien sowohl auf dem Gebiete der älteren deutschen Reichsgeschichte als auf dem der neueren Geschichte der außerdeutschen Staaten. Die sechs Jahre, welche er als Hülfsarbeiter in der außerordentlich reichen Bibliothek des Grafen Heinrich von Bünau in Nöthenitz bei Dresden zubrachte (1748—54), konnten ihn in dieser polyhistorischen Richtung nur bestärken, indem ihm hier namentlich zum Studium der Geschichte und der Politik, sowie der französischen, englischen und italienischen Litteratur sich Gelegenheit bot. Von besonderer Wichtigkeit war aber für ihn die Nähe Dresdens, damals derjenigen Stadt Deutschlands, welche die reichsten Kunstschätze ent-

¹) Vgl. Karl Justi, Winckelmann. Sein Leben, seine Werke und seine Zeitgenossen. Bd. 1 (auch u. d. T. „Winckelmann in Deutschland") Leipzig 1866; Bd. 2 (auch) u. d. T. „Winckelmann in Italien") in zwei Abtheilungen 1872. B. Stark, Systematik und Geschichte der Archäologie S. 193 ff.

hielt und wo ein mehr oder weniger aufrichtiger Kunstenthusiasmus in allen vornehmeren und gebildeteren Kreisen Modesache geworden war. Die großartig barocken Bauwerke, mit welchen der pracht- und kunstliebende August der Starke seine Residenz geschmückt, die Sammlung antiker Statuen und Büsten, welche derselbe Fürst durch Ankauf der besten Stücke der alten Brandenburgischen Sammlung (1723—26) und der Antikensammlungen des Fürsten Agostino Chigi und des Cardinales Alessandro Albani in Rom (1728) begründet und sein Nachfolger August III. durch die Erwerbung der berühmten drei Frauenstatuen aus Herculaneum aus dem Nachlasse des Prinzen Eugen von Savoyen (1736) und einiger vom Grafen Wackerbarth aus Italien mitgebrachter antiker Bildwerke (1740) vermehrt hatte[1]), die Gemäldegalerie, welche aus unbedeutenden Anfängen unter August dem Starken von August III. durch den Ankauf der modenesischen Galerie und zahlreiche andere bedeutende Erwerbungen zu einer Sammlung ersten Ranges erhoben worden war, endlich die nicht geringe Zahl von kunstsinnigen und kunstverständigen Männern, welche damals in Dresden lebten — dies alles rechtfertigte die Bezeichnung der sächsischen Hauptstadt als des deutschen Florenz. Waren auch die Antiken durch ihre Aufstellung in einem Bretterschuppen und in den Pavillons des großen Gartens für ein eingehenderes Studium fast unzugänglich, so bot doch die Gemäldegalerie nebst dem Kupferstichcabinet dem Besucher Dresdens reiche Gelegenheit, den künstlerischen Sinn zu erwecken und auszubilden. Auf Winckel

---

[1]) Abbildungen der wichtigeren Stücke der Sammlung, die freilich kein Verständniß für den Stil der Antike zeigen, veröffentlichte der frühere französische Ingenieurofficier, spätere Galeriedirector Raymond le Plat, welcher im Auftrage des Kurfürsten die Chigi'sche und Albani'sche Sammlung angekauft hatte, in seinem Werke: Recueil des marbres antiques qui se trouvent dans la Galerie royale et electorale de Dresde 1733 (ohne Text). Ueber einzelne Werke der Sammlung, insbesondere über die damals als Vestalin Tuccia erklärte Frauenstatue, handelt die Schrift des Wittenberger Professors J. W. von Berger (s. oben S. 370) „De monumentis veteribus musei Dresdensis regii" (Wittenberg 1745).

mann wirkte die Betrachtung der Kunstwerke wie eine Art göttlicher Erleuchtung: jetzt erst wurde es ihm klar, daß das Studium der Kunst seine eigentliche Lebensaufgabe sei, zugleich aber erkannte er, daß er das in das Auge gefaßte Ziel nur durch einen Aufenthalt in dem Heimathlande der Kunst, in Italien, erreichen könne. Da er keinen anderen Weg nach dem Lande seiner Sehnsucht zu gelangen vor sich sah, entschloß er sich nach langen Kämpfen zum Uebertritt zum Katholicismus (11. Juli 1754), ein Schritt, der zunächst die Lösung seines Verhältnisses zum Grafen Bünau, aber noch nicht sofort seine Abreise nach Italien zur Folge hatte: vielmehr weilte W. noch ein volles Jahr in Dresden, bis ihm im Herbste 1755 die Verleihung einer jährlichen Pension von 200 Thlr. vom Kurfürsten von Sachsen die Reise nach Rom ermöglichte. Die Muße dieses Jahres benutzte Winckelmann nicht nur zu eifrigen Studien auf dem Gebiete der Kunst, wobei namentlich der Verkehr mit Künstlern und Kunstkennern, wie mit dem Maler Adam Friedrich Oeser, dessen Hausgenosse er war, mit dem Schriftsteller Christian Ludwig von Hagedorn (Generaldirector der Kunstakademien Sachsens seit 1764), dem gemmenkundigen Sammler Philipp Daniel Lippert (vgl. oben S. 405), fördernd auf ihn einwirkte, sondern auch zur Ausarbeitung und Veröffentlichung seines Erstlingswerkes, der anonym erschienenen kleinen Schrift „Gedanken über die Nachahmung der griechischen Werke in der Malerei und Bildhauerkunst" (Dresden 1755), worin er die Vorzüge der griechischen Kunst, als deren Grundzug er „edle Einfalt und stille Größe" bezeichnet[1]), vor der modernen in Hinsicht der Formengebung und des Ausdruckes, sowie die äußeren Umstände, welchen die griechische Kunst diese Vorzüge verdankt, darlegt und schließlich die Anwendung der Allegorie als ein Mittel zur Hebung der modernen Kunst empfiehlt. Bald nach dem Erscheinen dieser Schrift stellte Winckelmann selbst die Einwen-

---

[1]) Diese Bezeichnung hat W. wahrscheinlich von Oeser (auf dessen Einfluß auch W.'s Vorliebe für die Allegorie zurückzuführen ist, überkommen; vgl. Justi, Winckelmann Bd. 1 S. 349 und S. 410.

dungen und Widersprüche, welche dagegen erhoben worden waren oder nach seiner Meinung erhoben werden könnten, zusammen in dem „Sendschreiben über die Gedanken von der Nachahmung der griechischen Werke in der Malerei und Bildhauerkunst" und beantwortete sie sogleich in der „Erläuterung der Gedanken von der Nachahmung" u. s. w.: diese beiden mitten unter den Vorbereitungen zur Abreise von Dresden etwas eilfertig ausgearbeiteten Schriften erschienen anonym (die erstere wurde anfangs von einigen Kritikern für eine Arbeit Hagedorn's gehalten) zu Dresden im Frühjahre 1756 zugleich mit einer zweiten vermehrten Ausgabe der „Gedanken".

Die zwei ersten Jahre seines Aufenthaltes in Rom, wo er am 18. November 1755 anlangte, verwandte Winckelmann, abgesehen von einem Ausfluge nach Tivoli, ganz auf das Studium der in den Galerien des Vatican und des Capitoles und in den Palästen, Gärten und Villen einiger römischer Großen vereinigten antiken Bildwerke; er entwarf ausführliche Beschreibungen einzelner besonders bedeutender Statuen, wie der im Hofe des Belvedere des Vatican aufgestellten, die zunächst als Vorarbeit zu einem großen Werke „vom Geschmack der griechischen Künstler" dienen sollten und die er später, nachdem dieser Plan von dem größeren seines Hauptwerkes verdrängt worden war, wesentlich umgestaltet in seine Geschichte der Kunst aufgenommen hat [1]). Daß neben der Begeisterung, welche aus den in fast dithyrambischem Stile geschriebenen Beschreibungen hervorleuchtet, bei der Betrachtung der antiken Bildwerke auch die nüchterne Kritik zu ihrem Rechte kam, beweist die von ihm schon druckfertig ausgearbeitete aber ungedruckt gebliebene Abhandlung „von der Restauration der Antiken" [2]). Reiche Förderung gewährte ihm bei diesen Studien der tägliche Gedankenaustausch mit Raphael Mengs, einem mehr noch über seine Kunst denkenden als in ihr schaffenden Maler, dessen Anschauungen namentlich vom Wesen des Idealen den nach-

---

[1]) Vgl. die eingehende Darlegung bei Justi, Winckelmann Bd. 2 S. 38 ff.
[2]) Vgl. ebd. S. 71 ff.

haltigsten Einfluß auf Winckelmann geübt haben. Auch von der Technik der Marmorarbeit erhielt er durch den Verkehr mit einem jungen Bildhauer, Hans Wiedewelt, mit dem er ein halbes Jahr lang zusammen wohnte, nähere Kenntniß. Daneben wurden griechische Schriftsteller, besonders Pausanias und Platon, mit Rücksicht auf die Geschichte der griechischen Kunst und auf die hellenische Auffassung der Schönheit von Neuem gelesen, wozu die Bibliothek des Cardinals Passionei, zu welcher Winckelmann freien Zutritt erhielt, die beste Gelegenheit bot. Eine Fülle neuer Anschauungen gewährte ihm ein dreimonatlicher Aufenthalt in Neapel und Umgegend (Februar bis Mai 1758): die Bildwerke, Gemälde und Geräthschaften im Museum zu Portici, welche seit 20 Jahren aus den unter der Asche des Vesuv begrabenen Städten Herculaneum und Pompei an das Tageslicht gefördert worden waren, die Denkmäler altgriechischer Baukunst zu Pästum ergänzten auf das Glücklichste die in Rom gewonnenen Erfahrungen. Berichte über die in Neapel empfangenen Eindrücke und insbesondere über die Herculanischen Entdeckungen, die für den sächsischen Kurprinzen Friedrich Christian bestimmt waren, sandte Winckelmann an den sächsischen Leibarzt Bianconi in Dresden und setzte diese Berichterstattung über den Fortgang der Entdeckungen mehrere Jahre hindurch fort[1]): im Druck veröffentlichte er zunächst nichts darüber, sondern erst nach einer zweiten im Anfang des Jahres 1762 ausgeführten Reise nach Neapel verfaßte er während eines Landaufenthaltes ohne alle litterarischen Hülfsmittel das an seinen Begleiter auf dieser Reise, den Grafen Heinrich von Brühl, gerichtete „Sendschreiben von den Herculanischen Entdeckungen" (Dresden 1762), dem er nach einer dritten Reise (1764) Nachträge u. d. T. „Nachrichten von den neuesten herculanischen Entdeckungen an Herrn Heinrich Füeßly in Zürich" (Dresden 1764) folgen ließ.

---

[1]) Die Briefe an Bianconi sind, vom Bibliothekar Daßdorf in Dresden in das Deutsche übersetzt, in die Ausgaben der Werke W.'s aufgenommen worden; in der Ausgabe von Joseph Eiselein (Donauöschingen 1825 ff., 12 Bde Bd. 2 S. 5 ff.

Eine andere erst nach einigen Jahren gereifte Frucht der ersten neapolitanischen Reise, insbesondere des Besuches von Pästum, war die Schrift „Anmerkungen über die Baukunst der Alten" (Dresden 1761), welche außer Beobachtungen und Sammlungen über griechische Bauwerke allgemeine Betrachtungen über die Grundelemente und über Entwickelung des Geschmackes in der Baukunst enthält: vorausgegangen war derselben eine im Jahre 1759 veröffentlichte kürzere Abhandlung: „Anmerkungen über die Baukunst der alten Tempel zu Girgenti in Sicilien". Einige Monate nach seiner Rückkehr von der ersten neapolitanischen Reise, im September 1758, folgte Winckelmann einer Einladung von Wilhelm Muzell-Stosch, dem Neffen und Erben des größten Gemmenkenners und -Sammlers seiner Zeit, des Baron Philipp von Stosch[1], mit welchem Winckelmann seit einigen Jahren im Briefwechsel gestanden hatte, nach Florenz, wo er binnen neun Monaten ein beschreibendes Verzeichnis der von Stosch hinterlassenen großen Gemmensammlung entwarf, welches er dann in Rom zum Druck ausarbeitete, die „Description des pierres gravées du feu baron de Stosch" (Florenz 1760), worin die in künstlerischer und antiquarischer Hinsicht wichtigsten Stücke der über 3400 Nummern enthaltenden Sammlung (die im Jahre 1770 von Friedrich dem Großen für den Preis von 30,000 Ducaten angekauft wurde) ausführlich beschrieben und erläutert, die übrigen einfach nach den von Stosch selbst hinterlassenen Notizen verzeichnet sind. Winckelmann widmete dieses Werk, das als erster Versuch der Behandlung

---

[1] Geboren zu Küstrin 1. April 1691, lebte, nachdem er verschiedenen Regierungen als politischer Agent gedient hatte, seit 1731 in Florenz wo er am 7. November 1757 starb. Publicirt hat er in jüngeren Jahren eine Anzahl Gemmen mit den Namen von Steinschneidern u. d. T.: „Gemmae antiquae caelatae scalptorum nominibus insignitae — delineatae et aeri incisae per Bern. Picart — selegit et commentario illustravit Philipp. de Stosch (Amsterdam 1724). — Vgl. C. Justi, Antiquarische Briefe des Baron Philipp von Stosch, Programm der Universität Marburg 1871, und derselbe, Philipp von Stosch und seine Zeit, in Lützow's Zeitschrift für bildende Kunst 1872, Juli und August.

einer bisher ausschließlich vom antiquarischen Standpunkte betrachteten Denkmälergattung nach kunstgeschichtlichen Gesichtspunkten als ein würdiger Vorläufer der Kunstgeschichte bezeichnet werden kann, dem Cardinal Alessandro Albani, welcher ihn gleich nach seiner Rückkehr von Florenz als Bibliothekar in sein Haus aufgenommen hatte und nicht als seinen Beamten oder Diener, sondern als seinen Gesellschafter und Freund behandelte, insbesondere bei der Anlage seiner berühmten, mit einer Fülle antiker Kunstwerke geschmückten Villa vor der Porta Salara zu Rathe zog. Im Hause des Cardinales, welches nun auch nach seiner Ernennung zum Commissär der Alterthümer (1763) bis zu seinem Tode seine Heimath blieb, arbeitete Winckelmann nach der Vollendung des Kataloges, welchem zunächst ein Paar kleinere Aufsätze („Erinnerung über die Betrachtung der Werke der Kunst" und „von der Grazie in Werken der Kunst"), die in der von Christian Felix Weiße in Leipzig redigirten „Bibliothek der schönen Wissenschaften" erschienen, vorausgegangen waren, bis zum Ende des Jahres 1761 sein Hauptwerk die „Geschichte der Kunst des Alterthumes" in der Gestalt aus, in welcher es nach langer Verzögerung des Druckes zuerst gegen Ende des Jahres 1763 (mit der Jahreszahl 1764) zu Dresden an das Licht trat[1], ein Werk, das grundlegend für die archäologische Wissenschaft geworden ist, weil darin zuerst die historische Entwickelung der Kunst der Völker des Alterthumes (Aegypter, Phönikier und Perser, Etrusker, Griechen und Römer) in ihrem Zusammenhange mit der Entwickelung des politischen und Kulturlebens derselben überhaupt dargelegt und die verschiedenen Stufen dieser Entwickelung wenigstens für die griechische Kunst — älterer Stil, hoher Stil, schöner Stil und Stil der Nachahmer — trotz der Unvollständigkeit des damals bekannten Materiales an den Monumenten selbst in ihren Grundzügen fest und anschaulich bestimmt worden sind. Es ist ein von den Fundamenten bis zum Dach neues und eigenartiges Gebäude, daß Winckelmann

[1] Ueber das allmähliche Entstehen und die verschiedenen Bearbeitungen des Werkes vgl. Justi, Bd. II, 2 S. 74 ff.

in dieser seiner Kunstgeschichte errichtet hat: die ästhetischen Grund=
lagen und der antiquarische Unterbau sind ebenso wie der historische
Aufbau von ihm aus selbst gesammelten und bearbeiteten Ma=
terialien nach einem selbständigen Plane ausgeführt worden. Er
selbst bezeichnet es in der Vorrede als seine Absicht „einen Versuch
eines Lehrgebäudes zu liefern". „Dieses habe ich in dem ersten
Theile, in der Abhandlung von der Kunst der alten Völker, von
jedem insbesondere, vornehmlich aber in Absicht der griechischen
Kunst, auszuführen gesucht. Der zweite Theil enthält die Ge=
schichte der Kunst im engeren Verstande, das ist, in Absicht der
äußeren Umstände, und zwar allein unter den Griechen und Rö=
mern. Das Wesen der Kunst aber ist in diesem sowohl, als in
jenem Theile, der vornehmste Endzweck, in welches die Geschichte
der Künstler wenig Einfluß hat, und diese, welche von anderen
zusammengetragen worden [1]), hat man also hier nicht zu suchen:
es sind hingegen auch in dem zweiten Theile diejenigen Denkmäler
der Kunst, welche irgend zur Erläuterung dienen können, sorg=
fältig angezeigt." Was Winckelmann hier als ersten Theil be=
zeichnet, umfaßt die ersten sieben Bücher des Werkes, in welchen
von dem Ursprunge der Kunst und den Ursachen ihrer Verschieden=
heit unter den Völkern, von der Kunst unter den Aegyptern,
Phönikiern und Persern, von der Kunst der Etrurier und ihrer
Nachbaren (Samniter und Campaner), endlich und hauptsächlich
von der Kunst unter den Griechen, und zwar von den Ursachen
des Vorzuges derselben vor anderen Völkern, von dem Wesent=
lichen der Kunst (d. i. nach Winckelmann's Auffassung der Schön=
heit), von der Bekleidung, von dem mechanischen Theile der
griechischen Kunst (mit Ausschluß der Architektur, aber mit Ein=
schluß der Malerei und Mosaik) gehandelt wird. Den zweiten
Theil bilden die Bücher 8—12, welche „von dem Wachsthume
und dem Falle der griechischen Kunst, in welcher vier Zeiten und

---

[1]) W. denkt hier offenbar hauptsächlich an den „Catalogus artificum",
den Fr. Junius der zweiten Ausgabe seines Werkes „De pictura veterum"
(1694) beigefügt hatte.

vier Stile können gesetzt werden", zuerst im Allgemeinen, dann im Einzelnen handeln.

Als eine Art Ergänzung zur Kunstgeschichte betrachtete Winckelmann die kurz vor dem Erscheinen des großen Werkes im Jahre 1763 verfaßte und veröffentlichte ästhetische Abhandlung „von der Fähigkeit der Empfindung des Schönen", deren letzter Abschnitt Bemerkungen über das „besondere Schöne", d. h. über das Schöne in der Malerei, Bildhauerei und Baukunst enthält.

Sobald die Kunstgeschichte in zwei Quartbänden gedruckt vorlag, dachte Winckelmann, trotz der fast einstimmigen Bewunderung, mit welcher das Werk wie eine Art Offenbarung aufgenommen wurde, an die Bearbeitung einer neuen vermehrten und verbesserten Ausgabe derselben, die vor seinem Tode im Wesentlichen vollendet war, deren Erscheinen er aber nicht mehr erleben sollte: sie ist erst im Jahre 1776 auf Veranstaltung und unter Leitung der Akademie der bildenden Künste in Wien aus Winckelmann's hinterlassenem Manuscript durch einen dieser Aufgabe keineswegs gewachsenen Mann, den Klotzianer Friedrich Just Riedel, an das Licht befördert worden. Um aber wenigstens die wichtigsten Zusätze den Lesern nicht zu lange vorzuenthalten, veröffentlichte er im Anfang des Jahres 1767 „Anmerkungen zur Geschichte der Kunst", welche theils Berichtigungen einiger Stellen des Hauptwerkes enthalten, theils neue früher nicht erwähnte Monumente zur Bestätigung seiner stilistischen Anschauungen heranziehen. Noch vor diesen Anmerkungen aber erschien (im Frühling 1766) als Ausführung eines Gedankens, den Winckelmann schon von Dresden nach Rom mitgebracht hatte, der „Versuch einer Allegorie, besonders für die Kunst", eine zunächst für Künstler bestimmte Sammlung empfehlenswerther allegorischer Darstellungen, die zum größten Theile aus antiken Bildwerken geschöpft, zum kleineren Theile von neueren Künstlern entnommen oder von Winckelmann selbst erfunden sind: unter allen Werken Winckelmann's dasjenige, welches bei den Zeitgenossen am wenigsten Beifall fand, wie es auch am wenigsten auf eine bleibende Bedeutung Anspruch machen kann.

Ein ebenso selbständiges, durchaus Neues und Eigenes enthaltendes Werk wie die Kunstgeschichte ist Winckelmann's letzte wissenschaftliche Arbeit, die „Monumenti antichi inediti" (Rom 1767, 2 Bde.; für einen dritten Band hatte er schon reiches Material gesammelt), eine Sammlung von mehr als 200 vorher unedirten und unerklärten antiken Denkmälern (größtentheils Reliefe von römischen Sarkophagen), mit einer einleitenden Abhandlung (Trattato preliminare) „von der Kunst der Zeichnung der alten Völker", worin er zunächst für italienische Leser die Hauptresultate seiner kunsthistorischen Forschungen, gewissermaßen die Quintessenz der „Kunstgeschichte", mit einigen Berichtigungen und Ergänzungen zusammengefaßt hat. Bei der Erklärung jener Denkmäler hat Winckelmann im Gegensatz zu der früheren Art der Kunsterklärung, welche in den antiken Bildwerken mit Vorliebe Darstellungen historischer Begebenheiten oder Illustrationen von Sitten und Gebräuchen des täglichen Lebens gesucht hatte, den Grundsatz durchgeführt, daß die Gegenstände der antiken Kunst im Wesentlichen aus dem Kreise der griechischen Mythologie, d. h. der Götter- und Heldensage von der Theogonie bis zum Ende des troischen Krieges entnommen seien. Dadurch ist das Werk, trotz mancher Mängel in der Methode — worunter als der wichtigste der Mangel der Unterscheidung zwischen den ursprünglichen und den restaurirten Bestandtheilen der Bildwerke hervorzuheben ist — und mehrfacher Versehen in der Anwendung derselben, für die archäologische Hermeneutik bahnbrechend geworden: die folgenden Generationen von Archäologen haben in Hinsicht der Kunsterklärung ebenso wie in Hinsicht der Kunstgeschichte auf den von Winckelmann gelegten Fundamenten weiter gebaut.

Mit noch weit stärkeren Banden als Winckelmann hat Gotthold Ephraim Lessing (geboren in Kamenz 22. Januar 1729, gestorben in Braunschweig 15. Februar 1781)[1] das classische

---

[1] Vgl. Th. W. Danzel, Gotthold Ephraim Lessing, sein Leben und seine Werke 1. Bd. (Leipzig 1850); 2. Bd. von G. E. Guhrauer in zwei Abtheilungen (1853 und 1854).

Alterthum an die Gegenwart seiner Nation geknüpft und dadurch auf die Hebung der deutschen Litteratur nach Inhalt und Form sowie auf die Entwickelung des deutschen Nationalgeistes überhaupt den mächtigsten Einfluß ausgeübt. Wie Winckelmann auf dem Gebiete der bildenden Kunst, so hat er auf dem Gebiete der Dichtkunst das Griechenthum und zwar das von modernen Mißverständnissen und Entstellungen gereinigte Griechenthum als Muster hingestellt. Während bei Winckelmann immer mehr Phantasie und Anschauung in den Vordergrund traten, überwogen bei Lessing durchaus Verstand und Kritik: der Grundzug seines Wesens, das Suchen der Wahrheit auf dem Wege kritischer historischer Forschung, ist ein echt philologischer. Doch es kann hier nicht unsere Aufgabe sein, darzulegen, was der Schriftsteller Lessing dem classischen Alterthum, sondern vielmehr, was die Wissenschaft vom classischen Alterthum dem Schriftsteller Lessing verdankt [1]. Da stehen in erster Linie dessen Leistungen für die Theorie und die Geschichte des antiken Drama's. Schon auf der Fürstenschule zu St. Afra in Meißen hatte Lessing beim Privatstudium mit Vorliebe die Komödien des Plautus und des Terenz und die in der Hauptsache von der neueren attischen Komödie abhängigen Charakterschilderungen des Theophrast gelesen; in Leipzig, wo er auch Gelegenheit fand, das Theater praktisch kennen zu lernen, beschäftigte er sich mit Uebersetzung und Bearbeitung plautinischer Komödien: zu den ersten Arbeiten, die er drucken ließ, gehören die „Abhandlung von dem Leben und den Werken des M. Accius Plautus" (Beyträge zur Historie und Aufnahme des Theaters, 1750, 1 Stück, S. 11 ff.), die Uebersetzung der

---

[1] Vgl. dazu Dietsch in den Verhandlungen der 22. Versammlung deutscher Philologen und Schulmänner in Meißen 1863, S. 18 ff. — Bemerkungen Lessing's zu einzelnen Stellen griechischer und römischer Schriftsteller sind als „Lessing's philologischer Nachlaß" gedruckt in G. E. Lessing's Nachlaß zur Deutschen Sprache, alten Litteratur, Gelehrten- und Kunstgeschichte geordnet von Georg Gustav Fülleborn (G. E. Lessing's Leben, nebst seinem noch übrigen litterarischen Nachlasse herausgegeben von K. G. Lessing, 3. Theil Berlin 1795) S. 251—312.

Captivi des Plautus (ebd., 2 Stück, S. 143 ff.) und die „Critik über die Gefangenen des Plautus" (ebd., 3 Stück, S. 369 ff., und 4. Stück S. 573 ff.); auch den Tragödien des Seneca hat er einen besonderen Aufsatz gewidmet („Von den lateinischen Trauerspielen, welche unter dem Namen des Seneca bekannt sind", in der Theatralischen Bibliothek, 1754, 2. Stück, S. 3 ff.). Die nachhaltigste Wirkung aber übte auf seine schriftstellerische Thätigkeit die Beschäftigung mit Aristoteles (von welchem er seit dem Jahre 1757 zuerst die Poetik, dann die Rhetorik und nikomachische Ethik, später auch die Politik im Urtexte las)[1] und mit den Meisterwerken der griechischen Tragiker, besonders des Sophokles, aus welcher zunächst die leider nicht vollendete Schrift über Sophokles (geschrieben 1760, aber erst nach Lessing's Tode herausgegeben von J. J. Eschenburg, Berlin 1790) hervorgegangen ist, deren reifste Früchte wir aber im „Laokoon" und in der „Hamburgischen Dramaturgie" finden. Die erstgenannte Schrift, welche, wie schon der Titel „Sophokles. Erstes Buch. Von dem Leben des Dichters" zeigt, nur die Einleitung zu einem größeren Werke — einer Analyse sämmtlicher Dichtungen des Sophokles — bilden sollte, besteht aus einem kurzen biographischen Artikel nach Art der in P. Bayle's Dictionnaire historique et critique[2] enthaltenen — das Fehlen des Artikels „Sophokles" im Bayleschen Wörterbuche wird von Lessing selbst in den einleitenden Bemerkungen zu seiner Schrift gerügt — und der „Ausführung" dazu, welche, nach Lessing's eigenem Ausdruck, dieses Gerippe mit Fleisch und Nerven bekleiden soll: umfänglichen Anmerkungen, in welchen die Aufstellungen des Artikels Punkt für Punkt aus den Quellen gerechtfertigt werden, woraus namentlich die Untersuchung über die erste Aufführung des Sophokles hervorzuheben ist.

[1] Vgl. Dr. Em. Gotschlich, Lessing's Aristotelische Studien und der Einfluß derselben auf seine Werke (Berlin 1876).

[2] Ueber den Einfluß, welchen dieses Werk auf die ganze Bildung des 18. Jahrhunderts und speciell auf Lessing ausgeübt hat, vgl. man die Bemerkungen Danzel's, Lessing Bd. 1 S. 220 ff.

Die im Jahre 1766 veröffentlichte Schrift „Laokoon oder über die Grenzen der Malerei und Poesie. Mit beiläufigen Erörterungen verschiedener Punkte der alten Kunstgeschichte", welche auf drei Theile berechnet war, von denen Lessing aber nur den ersten ausgearbeitet hat, geht bekanntlich aus von einer Aeußerung Winckelmann's in seiner Erstlingsschrift, den Gedanken von der Nachahmung der griechischen Werke in der Malerei und Bildhauerkunst, worin nach einem mißbilligenden Seitenblick auf den schreienden Laokoon des Virgil das Leiden des Laokoon in der berühmten Gruppe mit dem des Philoktetes des Sophokles verglichen wird. Daran knüpft Lessing, der auf eine scharfe Bestimmung und Abgrenzung der verschiedenen Kunstgattungen ein großes Gewicht legt, eine ursprünglich ohne jede Beziehung auf die Laokoongruppe angestellte eindringende Untersuchung über die Grenzen der Poesie und der Malerei (unter welchem Namen er hier die bildenden Künste überhaupt begreift), worin jener die Darstellung des Successiven, dieser die des Coexistirenden als ihre Aufgabe zugewiesen oder, mit anderen Worten, Körper mit ihren sichtbaren Eigenschaften als die eigentlichen Gegenstände der Malerei, Handlungen als der eigentliche Gegenstand der Poesie bezeichnet werden. Dadurch hat Lessing der in seiner Zeit sehr beliebten Vermengung des Dichterischen und des Malerischen, die theils dazu führte, die antiken Kunstwerke als Illustrationen zu den Werken der antiken Dichter zu betrachten, theils dazu, die Brauchbarkeit für den Maler als Maßstab für die Schätzung dichterischer Werke hinzustellen, ein für allemal ein Ende gemacht. Eingeflochten sind in diese Untersuchung, abgesehen von zahlreichen Bemerkungen zu einzelnen Stellen antiker Schriftsteller und über einzelne antike Bildwerke, Erörterungen über die Schönheit als das höchste Gesetz der bildenden Künste bei den Alten, über die Darstellung des körperlichen Schmerzes im Philoktetes des Sophokles, über den Einfluß der Religion auf die Kunst bei den Alten, über die Beschreibungen in den homerischen Dichtungen, insbesondere über die Beschreibung des Schildes des Achilles in der Ilias, und andere Erörterungen, welche für die richtige Auffassung der Poesie und der bildenden Kunst des classischen Alterthumes von der nachhaltigsten Wirkung gewesen sind. Auch die in den letzten Abschnitten des ersten Theiles des Laokoon enthaltenen, durch Winckelmann's Kunstgeschichte (welche während Lessing die Schrift ausarbeitete erschienen war) hervorgerufenen Erörterungen über die Zeit der Verfertigung der Laokoongruppe und über die Bedeutung der Statue des sog. borghesischen Fechters (in welcher Lessing eine Darstellung des athenischen Feldherrn Chabrias sehen wollte)[1]) und die Berichtigungen einiger Irrthümer Winckelmann's sind für unsere Wissenschaft nicht ohne Frucht geblieben. Der zweite Theil des Laokoon sollte nach Lessing's Entwurf[2]) die Begriffe der Schönheit und des Ideales für die Poesie wie für die Malerei eingehender behandeln, woran sich Erörterungen über die successiven Gemälde in der Poesie (besonders bei Milton, bei Homer und bei Ovid), über collective Handlungen, welche der Malerei und Poesie gemein sind, über die Bewegung in der Malerei und andere anschließen sollten. Im dritten Theile endlich wollte Lessing von der Verschiedenheit der Zeichen — theils willkürlicher, theils natürlicher — deren sich die schönen Künste bedienen und von der Verbindung mehrerer Künste mit einander zu einer gemeinschaftlichen Wirkung handeln und daraus die Richtigkeit des schon von Aristoteles aufgestellten Satzes, daß die dramatische Poesie die höchste Gattung der Poesie sei, ableiten[3]).

Anstatt der Fortsetzung des Laokoon hat uns Lessing ein Werk gegeben, das an Bedeutung für die richtige Erkenntniß

---

[1]) Diese Vermuthung hat Lessing selbst später in seiner ausführlichen Erörterung über den Borghesischen Fechter (Briefe antiquarischen Inhalts 2. Theil, Brief 35—39) zurückgenommen.

[2]) Vgl. den Anhang „Materialien, Entwürfe und Notizen den Laokoon betreffend aus Lessing's handschriftlichem Nachlaß" in Lessing's Werke, Berlin, G. Hempel, Theil IV S. 173 ff., insbesondere S. 264 ff.

[3]) Vgl. die Aeußerungen Lessing's in dem auf Garve's Recension des Laokoon bezüglichen Briefe an Nicolai vom 26. März 1769 (Lessing's Werke herausgegeben von K. Lachmann Bd. 12 S. 224 ff).

der Gesetze der dramatischen Poesie, insbesondere der Tragödie, und der Schauspielkunst der Poetik des Aristoteles zur Seite gestellt werden kann: die hamburgische Dramaturgie, welche er als Dramaturg und Consulent des deutschen Nationaltheaters in Hamburg im Anschluß an die ersten 52 Vorstellungen auf dieser Bühne (vom 22. April bis 28. Juli 1767) stückweise in der Zeit von Ende April 1767 bis Ostern 1769 geschrieben und veröffentlicht hat. Als das Fundament der constructiven Kritik, welche Lessing in diesem Werke geübt hat, kann man die Poetik des Aristoteles bezeichnen, welche 14 Jahre vor dem Beginn der Dramaturgie durch eine mit Anmerkungen und eigenen Abhandlungen versehene deutsche Uebersetzung von Michael Konrad Curtius[1], auf die Lessing bisweilen in achtungsvoller Weise Bezug nimmt, auch dem nichtphilologischen deutschen Publikum zugänglich gemacht worden war: eine Anzahl Abschnitte der Dramaturgie können geradezu als eingehende Commentare zu einzelnen Partien jenes Werkes betrachtet werden. So, um nur die wichtigeren Beispiele hervorzuheben, die an Voltaire's Merope geknüpfte Erörterung von Aristoteles Kap. 14 in St. 36—40 (wobei auch die falsche Zusammenfügung zweier nicht zusammen gehöriger Stücke in der 184. der sog. Fabeln des Hygin richtig erkannt ist); die berühmte Untersuchung über die Begriffe des ἔλεος und φόβος und der κάθαρσις dieser Affecte in der Definition der Tragödie bei Aristoteles Kap. 6 (St. 74—83), deren Bedeutung für alle Zeiten auch durch Lessing's Irrthum in der

---

[1] Geboren 18. August 1724 zu Jechent in Mecklenburg, gestorben 22. August 1802 als Professor der Geschichte, der Poesie und Beredtsamkeit an der Universität Marburg. Von seinen schriftstellerischen Arbeiten ist außer der Uebersetzung der Poetik des Aristoteles (Hannover 1753) die Schrift über den römischen Senat seit dem Untergange der römischen Republik (Commentarii de Senatu romano sub imperatoribus — post tempora eversae reipublicae ad nostram aetatem, Halle 1768, mit einer ohne Wissen und Willen des Verfassers auf Wunsch des Verlegers beigefügten Vorrede von Chr. Ad. Klotz) zu erwähnen. Vgl. L. Wachler, Biographische Aufsätze Leipzig 1835) S. 167 ff.; Creuzer, Memoria M. C. Curtii in den Opuscula selecta (Leipzig 1854) p. 129 ss.

Auffassung der Katharsis nicht vermindert wird; die Erläuterung der Stelle des Aristoteles Kap. 9 über den Unterschied zwischen Poesie und Geschichte (St. 89—91). Daneben finden sich auch andere streng philologische Erörterungen in der Dramaturgie, wie über den Titel des Miles gloriosus des Plautus (St. 21), über die Adelphi des Terentius (St. 70 ff. und St. 97 ff.) und über Terentius' Hautont. prol. v. 6 (St. 87 und 88).

Von geringerer Erheblichkeit, aber immerhin auch der Erwähnung werth ist, was Lessing für andere Gattungen der antiken Poesie, wie für die äsopische Fabel und das Epigramm, und speciell für Horatius geleistet hat. Von den „Abhandlungen über die Fabel", welche Lessing seinen eigenen, größtentheils aus griechischen Quellen geschöpften, prosaischen Fabeln beigegeben hat (1759), sind die vier ersten (von dem Wesen der Fabel; von dem Gebrauche der Thiere in der Fabel; von der Eintheilung der Fabeln; von dem Vortrag der Fabeln) ganz auf die Vorschriften und Beispiele des classischen Alterthumes gegründet; die etwas hyperkritischen Ausstellungen, welche in der vierten gegen einige Fabeln des Phaedrus (von denen Lessing eine eigene Ausgabe zu veranstalten gedachte) erhoben werden, sind wohl auf den Einfluß Christ's zurückzuführen. Auf die Geschichte der äsopischen Fabel im späteren Alterthume und im Mittelalter bezieht sich der Aufsatz über Romulus und Rimicius im ersten Bande der „Beiträge zur Geschichte und Litteratur aus den Schätzen der herzoglichen Bibliothek zu Wolfenbüttel" (1773) und der erst nach Lessing's Tode von Eschenburg herausgegebene unvollendete Aufsatz über den Anonymus des Nevelet. In den „Zerstreuten Anmerkungen über das Epigramm und einige der vornehmsten Epigrammatisten", welche Lessing dem ersten Theile der neuen Ausgabe seiner vermischten Schriften (1771) beigegeben hat, gibt er zunächst, von der ursprünglichen Bedeutung des Wortes ausgehend, eine Definition des Epigrammes und seiner Aftergattungen, welche er durch Analysen zahlreicher Beispiele antiker und moderner Epigramme zu rechtfertigen sucht. In einem zweiten Abschnitte erörtert er kurz die Frage, wie weit Catull unter die Epigrammatisten gerechnet werden könne, und stellt Vermuthungen auf über das bekannte auf die Wiederauffindung der Catullischen Gedichte bezügliche Epigramm, die sich freilich durch die genauere Prüfung der Ueberlieferung als unhaltbar erwiesen haben. Der dritte Abschnitt ist dem Martialis gewidmet, dessen dichterischer und moralischer Charakter in wesentlich apologetischer Weise erörtert wird; Lessing sucht dann einige zuerst von Hadrianus Junius dem Martial beigelegte Epigramme als aus der verlorenen Sammlung der Jugendgedichte desselben stammend zu retten, gibt Beiträge zur Erklärung einiger Epigramme, Notizen über vier Martialhandschriften der Wolfenbütteler Bibliothek und über Uebersetzungen des Martial. Der kurze vierte Abschnitt enthält einige Bemerkungen zur Textkritik der sog. Priapeia, der fünfte und letzte Beiträge zum Verständniß und zur Würdigung verschiedener Epigramme der griechischen Anthologie.

Dem Horatius sind zwei Jugendschriften Lessing's gewidmet: das „Vade Mecum für den Herrn Sam. Gotth. Lange, Pastor in Laublingen" und die „Rettungen des Horaz" (beide zuerst 1754 gedruckt). Die elende poetische Uebersetzung der Oden, Epoden und der Ars poetica des Horaz, welche S. G. Lange, einer der Stifter der hallischen Dichterschule, Verfasser „Horazischer Oden", im Jahre 1752 nebst beigefügtem lateinischen Texte mit einer Widmung an Friedrich den Großen und einer stolzen Vorrede veröffentlicht hatte, war kurz nach ihrem Erscheinen von Lessing (in den Briefen aus dem zweiten Theile der Schriften, 24. Brief) zahlreicher Verstöße gegen die elementarsten Regeln der Grammatik bezichtigt worden. Da der Uebersetzer nicht nur diese Angriffe als unbegründet zu erweisen, sondern auch Lessing's Charakter zu verdächtigen suchte, heftete ihm Lessing in dem „Vade Mecum" einen Denkzettel für alle Zeiten an, indem er nicht nur die Berechtigung seiner früheren Ausstellungen, sondern auch noch eine ganze Reihe weiterer Fehler allein in der Uebersetzung des ersten Buches der Oden nachwies und zum Schluß noch den Ueberseher als Verläumder brandmarkte. Daß dabei für die Interpretation des Horaz kaum etwas Neues herausgekommen ist, ist aus der Grobheit der vom Ueberseher begangenen Schnitzer zu erklären; immerhin und troh einiger Irrthümer, die Lessing selbst begegnet sind, ist die kleine Schrift für die richtige Methode der Interpretation von Wichtigkeit. In den „Rettungen des Horaz" sucht Lessing den Horaz gegen die Vorwürfe der Unkeuschheit, Feigheit und Irreligiösität durch Ausscheidung einer Stelle aus der Sueton'schen Vita Horatii und durch richtige Interpretation einiger Stellen der Horazischen Gedichte zu vertheidigen — ein Versuch, der ebenso dem Herzen wie dem Scharfsinn des Verfassers zur Ehre gereicht.

Indem wir noch nur mit einem Worte einer Jugendarbeit Lessing's — der Uebersetzung des Anfanges der Klopstock'schen Messiade in lateinische Hexameter, die er zu Beginn des Jahres 1752 in Gemeinschaft mit seinem jüngeren Bruder Johann Gottlieb ausführte[1]) — sowie einiger auf die Litteratur des späteren Alterthumes bezüglicher kleinerer philologischer Arbeiten in den schon erwähnten Beiträgen zur Geschichte und Litteratur aus den Schätzen der herzoglichen Bibliothek zu Wolfenbüttel[2]) gedenken, wenden wir uns zu der zweiten Hauptgruppe der das classische Alterthum betreffenden Schriften Lessing's, der antiquarischen, zu deren Abfassung Lessing durch seine Streitigkeiten mit Chri-

---

[1]) Vgl. darüber Franz Muncker, Lessing's persönliches und litterarisches Verhältniß zu Klopstock (Frankfurt a. M. 1880) S. 94 ff.

[2]) Es sind folgende Stücke des ersten Bandes: N. V. das iambische Gedicht des Paulus Silentiarius auf die pythischen Bäder (ἐκφρασις εἰς τὰ ἐν Πυθίοις θερμά) mit Scholien und kritischen Anmerkungen; N. VI. über die von Bandini im dritten Bande seines Kataloges der griechischen Handschriften der Laurentianischen Bibliothek in Florenz herausgegebenen angeblichen Anekdota des Antoninus, die Lessing als Excerpte aus Aelian's Thiergeschichte erwiesen hat: N. XIII. „Zur griechischen Anthologie" (vier ungedruckte griechische Epigramme aus einem Codex Gudianus); N. XIX, Ergänzungen zu der astrologischen Schrift des Julius Firmicus (Matheseos libri VIII) nach handschriftlichen Eintragungen in ein der Wolfenbütteler Bibliothek gehöriges Exemplar der editio Aldina.

stian Adolph Klotz veranlaßt worden ist. Dieser Gelehrte, welcher heut zu Tage den meisten nur aus den Schriften seines ihm weit überlegenen Gegners bekannt ist, während er seiner Zeit eine der ersten Rollen auf der litterarischen Bühne Deutschlands gespielt hat, war am 13. November 1738 zu Bischofswerda in Sachsen geboren¹). Schon während seiner Studienzeit in Leipzig (1758—60) veröffentlichte er außer zahlreichen Recensionen in den Acta eruditorum und den Leipziger gelehrten Zeitungen, einem Bändchen lateinischer Gedichte und zwei philologischen Dissertationen²), eine anonyme Schrift „Mores eruditorum" (s. l. 1760), satirische Schilderungen aus den akademischen und sonstigen gelehrten Kreisen (worin unter anderem in einem Todtengespräch zwischen Christ und Burman Reiske, zwar ohne Nennung seines Namens, aber deutlich genug, wegen seiner Vorliebe für die Conjecturalkritik verhöhnt wird), der er noch in demselben Jahre eine zweite, gleichfalls anonyme satirische Schrift ähnlichen Inhaltes u. d. T. „Genius seculi" folgen ließ. Auch eine dritte u. d. T. „Somnium, in quo, praeter cetera, genius seculi cum moribus eruditorum vapulat" (Altenburg 1761) gleichfalls anonym erschienene Schrift, worin der Verfasser (der sich am Schlusse der Vorrede unter dem Namen „H. G. Zamarosciobaphus senior" verbirgt) berichtet, daß er im Traume in die elysäischen Gefilde entrückt von Hugo Grotius mit den Philologen der früheren Jahrhunderte bekannt gemacht worden sei und schließlich einem unter dem Vorsitz von J. Douja über jene beiden Schriften, die Mores

¹ Feindselig gegen K. ist Karl Renatus Hausen, Leben und Character Herrn Christian August Klotzens, königlich-preußischen Geheimden Raths u. s. w. Halle 1772 (vgl. dazu Briefe Deutscher Gelehrten an den Herrn Geheimen Rath Klotz, herausgegeben von J. J. A. v. Hagen, 2 Theile, Halle 1773); die Lebensbeschreibung Klotz's bei Harles De vitis philologorum t. I p 168 ss. hat dagegen eine stark panegyrische Färbung. Vgl. meinen Artikel in der Allgem. deutschen Biographie Bd. 16 S. 228 ff.

²) Pro M. Tullio Cicerone adversus Dionem Cassium et Plutarchum dissertatio (Görlitz 1758). Ad vir. d. — J. Chr. Reichelium epistola qua de quibusdam ad Homerum pertinentibus disputatur (Leipzig 1758).

eruditorum und den Genius seculi, abgehaltenen Gericht bei=
gewohnt habe, welches damit endet, daß der Verfasser derselben
in einen Klotz verwandelt wird — auch diese Schrift scheint, trotz
der Angriffe, welche sie gegen den Verfasser jener Schriften ent=
hält und trotz des bitteren, ja höhnischen Tones, in welchem Klotz
in zwei weiteren, unter seinem eigenen Namen veröffentlichten
satirischen Schriften (Libellus de minutiarum studio et rixandi
libidine grammaticorum quorundam, Jena 1761, und Ridicula
litteraria. Altenburg 1762) von diesem Somnium und seinem
Verfasser spricht, doch von Klotz selbst verfaßt zu sein, dem jedes
Mittel recht war, um die Aufmerksamkeit des gelehrten Publicums
auf sich und seine Schriftstellerei zu lenken. Gleichzeitig führte
er eine erbitterte Fehde gegen Peter Burmann den jüngeren
in Amsterdam (P. Burmannus Secundus, wie er sich zum
Unterschied von seinem Oheim, dem älteren P. Burmann, zu
nennen pflegte), der eine von Klotz verfaßte Anzeige seiner Aus=
gabe der lateinischen Anthologie (in den Acta eruditorum vom
December 1759) mit einem plumpen Ausfall gegen Klotz und
gegen den Professor Christoph Saxe in Utrecht, den er für den
intellectuellen Urheber jener Anzeige hielt, beantwortet hatte. Klotz
schrieb deshalb seinen „Antiburmannus" (Jena 1761), worin er
Burmann's wissenschaftlichen und sittlichen Charakter — die beide
freilich viele Blößen darboten — heftig angreift und seine An=
merkungen zur lateinischen Anthologie einer scharfen Kritik unter=
zieht. Als darauf Burmann mit einem „Anticlotzius" drohte
(der auch in Amsterdam 1762 erschienen ist) fügte Klotz eine zweite
noch bitterere Schmähschrift u. d. T. „Funus P. Burmanni Se=
cundi" (Altenburg 1762). worin besonders Burmann's (dessen
Tod er fingirt) Neigung zum Trunke verhöhnt wird, hinzu[1].

[1] Erwähnungswerth ist das Urtheil, welches Ruhnken in einem Briefe
an Heyne vom 27. April 1764 über diese Schrift Klotz's fällt (Ruhnkenii
Epistolae ad diversos ed. Mahne, Vlissingen 1834, p. 5): „Vere iudicas,
mi Heyni, Klotzium excellenti praeditum esse ingenio, quod non conferri
debuisset ad futiles libellos scribendos. Equidem hoc ipsi consilium

Anfang 1761 war Kloß nach Jena übergesiedelt, wo er alsbald von der dortigen „Lateinischen Gesellschaft" zum Mitglied ernannt wurde und am 2. April 1762 durch Vertheidigung der Dissertation „De felici Horatii audacia" (wieder abgedruckt in den Opuscula varii argumenti, Altenburg 1766, p. 114 ss.) sich die Venia legendi erwarb; außer dieser hat er dort noch zwei andere philologische Dissertationen „Animadversiones in Theophrasti characteres ethicos" (Jena 1761) und „De nemoribus in tectis aedium Romanarum observatio" (ebd. 1762, wiederholt in den Opuscula p. 174 ss.) veröffentlicht. Herbst 1762 folgte er einem Rufe als außerordentlicher Professor der Philosophie an die Universität Göttingen, wo er 1763 nach Ablehnung zweier auswärtiger Berufungen zum Ordinarius ernannt wurde. Aber die Berufung Heyne's als Nachfolgers Geßner's und die Weigerung der Societät der Wissenschaften, ihn unter ihre Mitglieder aufzunehmen, verleideten ihm bald seine dortige Stellung und bewogen ihn, 1765 die ihm zum zweiten Mal angetragene Professur der Beredtsamkeit an der Universität Halle anzunehmen. Als akademischer Lehrer hat er, da diese Thätigkeit seiner Eitelkeit, der Haupttriebfeder aller seiner Arbeiten, keine genügende Befriedigung gewährte, hier ebensowenig Bedeutendes geleistet als in Göttingen: aber als Schriftsteller erwarb er sich durch die Fähigkeit, sich auf verschiedenen Gebieten ohne tief eindringende Forschung zu orientiren, durch die Gabe lebhafter und witziger Darstellung in lateinischer wie in deutscher Sprache, durch seine in jener Zeit der „schönen Geister" ganz zeitgemäße ästhetisirende Behandlungsweise des classischen Alterthumes[1]), endlich

darem, ut per sexennium in legendis antiquis scriptoribus severa lege proficiat et tum demum doctrinae suae specimen edat. Qua ratione nulla erit ad Burmanni iniurias ulciscendas efficacior". (Ich verdanke den Nachweis dieser Stelle meinem Freunde Professor Mich. Bernays).

[1]) Welchen Werth man anfangs in Deutschland auf diese Seite der schriftstellerischen Thätigkeit Kloß's legte, zeigt besonders folgende Aeußerung Herder's in einem Briefe an Kloß (Briefe deutscher Gelehrten an den Herrn Geheimen Rath Kloß herausgegeben von J. J. A. v. Hagen, 2. Theil S. 96.:

auch durch das von ihm auf das Höchste ausgebildete litterarische Cliquenwesen — er gab gleichzeitig drei litterarische Zeitschriften, die Acta litteraria (7 Bde. Altenburg 1764—72)[1], die Neuen hallischen gelehrten Zeitungen (6 Theile, Halle 1766—71) und die Deutsche Bibliothek der schönen Wissenschaften (24 Stücke in 6 Bänden, Halle 1767—71) heraus — bald ein ganz außerordentliches Ansehen, das erst durch seine Fehde mit Lessing eine schwere Einbuße erlitt, so daß sein früher Tod (er starb wenig über 33 Jahre alt am 31. December 1771) für seinen Ruhm schon fast zu spät erfolgte. Trotz oder vielmehr gerade in Folge seiner litterarischen Vielgeschäftigkeit hat er freilich auf keinem Felde der classischen Alterthumswissenschaft etwas Nachhaltiges und

„O wie viel erwartet man, mein theurer Freund, von Ihnen, was uns kein anderer liefern kann. Vorzüglich in Materien die die Geschichte des Geschmacks der Alten in Werken der Dichterey und der Kunst betreffen. Und wie viel können Sie uns geben, wenn Sie es als einen Beruf ansehen, den Ihnen die günstige Muse gab, unsrer Zeit die Augen darinn zu öfnen, was man an den Griechen und Römern sehen sollte, und so selten sieht — nachahmen sollte, und so selten empfindet" (vgl. auch Herder „Ueber die neuere deutsche Litteratur, 2 Sammlung, 1767, S. 260). Bald freilich urtheilte Herder anders, wie er denn in einem Briefe an Nicolai vom 13. Mai 1768 in Bezug auf Klotz schreibt (J. G. v. Herder's Lebensbild — von seinem Sohne Dr. E. G. v. Herder Bd. 1 Abth. II S. 319): „Indessen kann ich mir keinen Schriftsteller denken, der bei seiner Seichtigkeit und wenigen Verdiensten sich so hinauf hat schreiben (schrauben?) können, als Orakel des guten Geschmacks, als der Castigator Aller vor ihm, und der Morgenstern der besten Epoche"; in einem Briefe an Scheffner aus dem gleichen Jahre (ebd. S. 359) nennt er ihn einen „nach Seele, Geist und Herz unwürdigen Gelehrten". Aehnlich lautet das Urtheil Ruhnken's, der in seinen Briefen an Heyne über die „belli homines qui nunc in Germania bellas litteras colunt voluntque Graecis et Romanis, a quibus toto differunt coelo, similes videri" spottet (Epist. ad diversos p. 30; vgl. oben S. 446 Anm. 1) und Klotz „hominem vanissimum et vix mediocriter eruditum" nennt (ebd. p. 25).

[1]) Von dem siebenten Bande ist nur das erste Stück, welches die Jahreszahl 1772 trägt, noch von Klotz selbst verfaßt und herausgegeben, die drei folgenden Stücke (1772, 1773 und 1776) rühren von dem Helmstädter Professor Gottlob Benedict S c h i r a c h (geboren 13. Juni 1743 zu Holzkirch in der Oberlausitz, gestorben als österreichischer Legationsrath in Altona 7. December 1804) her.

Dauerndes geleistet, aber er hat dadurch, daß er als einer der ersten unter den zünftigen Philologen die Ansicht aussprach, daß zum richtigen Verständnisse des classischen Alterthumes auch ein gewisses Maß von Kenntniß der Litteratur der modernen Völker sowie der antiken und modernen Kunst nothwendig sei[1]), für eine höhere und freiere Auffassung der Aufgabe unserer Wissenschaft die Bahn brechen geholfen. Seine schwächste Seite war die Textkritik, daher auch seine Arbeiten auf diesem Gebiete, wie die Miscellanea critica (Utrecht 1763: kritische Bemerkungen zu einzelnen Stellen hauptsächlich lateinischer Schriftsteller, besonders zur Thebais des Statius) und die Ausgabe von 45 Epigrammen des Straton und anderer griechischer Dichter aus dem 12. Abschnitt der griechischen Anthologie nach einer Handschrift der weimarischen Bibliothek (Altenburg 1764) ganz unbedeutend sind. Auch an der mit ausführlichem Commentar, zwei Dissertationen (De Tyrtaeo und De carminibus bellicis quorundam populorum) und Christian Felix Weisse's Uebersetzung der größeren Fragmente in deutsche Reimverse versehenen Sammlung der Fragmente des Tyrtäos (Bremen 1764, 2. ganz umgearbeitete Ausgabe Altenburg 1767) ist außer dem besonders in den Anmerkungen hervortretenden Sammlerfleiße und der eleganten äußeren Ausstattung namentlich der zweiten Ausgabe nicht viel zu loben. Mehr Anerkennung verdienen, wenigstens vom historischen Standpunkte aus, die Schriften Klotz's, welche sich hauptsächlich auf dem Gebiete der ästhetischen Kritik der antiken Schriftsteller bewegen, wie die „Epistolae Homericae" (Altenburg 1764), in welchen der Verfasser sich über einige angebliche Mängel[2]) und besondere Schönheiten der

---

[1]) Man vgl. Klotz's kleine Schrift „Ueber das Studium des Alterthums" (Halle 1766).

[2]) Als Stellen in welchen der Dichter „ad ea descendit quae epici carminis gravitatem et dignitatem minime decere puto" (p. 24 ss.) bezeichnet Klotz die Schilderungen des Streites zwischen Zeus und Odysseus in Odyss. XVIII, des den Göttern zum Gelächter dienenden Hephästos in Ilias I, 595 ff. und des Thersites in Ilias II, 211 ff. In Bezug auf letztere widerspricht ihm Lessing im Laokoon K. XXIV, wo er Klotz als „einen Gelehrten von sonst sehr richtigem und feinem Geschmack" bezeichnet.

homerischen Gedichte — die er freilich durchaus von dem Standpunkte der Kunstdichtung aus betrachtet — ausspricht; die Abhandlung über die Sittsamkeit des Virgil (Libellus singularis de verecundia Virgilii, Göttingen 1763, mit drei Excursen zu Virgil's Eclogen; wiederholt in den Opuscula varii argumenti p. 242 ss.) und die gegen die paradoxe Behauptung J. Harbouin's, daß nur die Epistolae und Sermones echte Werke des Horaz seien, gerichtete Schrift „Vindiciae Q. Horatii Flacci" (Bremen 1764), welche zugleich Beiträge zur Erklärung zahlreicher Stellen der Oden, Epoden, des Carmen saeculare und der Ars poetica des Dichters, besonders aus Münzen und Inschriften, enthält. Mit der Münzkunde, der antiken sowohl als der modernen, hat sich Klotz mehr compilirend als forschend beschäftigt, wofür sowohl eine Anzahl in lateinischer Sprache abgefaßte Abhandlungen über verschiedene Punkte der Numismatik[1]) als auch die Schrift „Beytrag zur Geschichte des Geschmacks und der Kunst aus Münzen" (Altenburg 1767), worin Klotz die Münzen sowohl in Bezug auf die „Vorstellungen, Sinnbilder und Aufschriften" als auch in Hinsicht auf das Mechanische (Zeichnung und technische Ausführung) als Gradmesser des Geschmackes und der Kunst der verschiedenen Völker des Alterthumes und der Neuzeit betrachtet, Zeugniß geben. Endlich wurde Klotz auch besonders durch Lippert's Daktyliothek (vgl. oben S. 405) zur Beschäftigung mit den antiken Gemmen angeregt, und wie er seine Sammlungen und Studien alsbald schriftstellerisch zu verwerthen liebte, veröffentlichte er auch aus diesem Gebiete eine allerdings mehr durch die darin zur Schau getragene „zierliche" Gelehrsamkeit blendende als durch

---

[1]) Dieselben sind gesammelt u. d. T.: Chr. Ad. Klotzii Opuscula nummaria quibus iuris antiqui historiaeque nonnulla capita explicantur (Halle 1772). Diese Sammlung umfaßt folgende fünf Abhandlungen: 1. De numis contumeliosis et satyricis (p. 1—167); 2. Varia iuris veteris capita monimentis antiquis illustrata (— p. 200); 3. Monimenta principum super clypeo inauguratorum (— p. 226); 4. Iurisprudentiae numismatibus a Car. Ferd. Hommelio v. cl. illustratae uberior expositio (— p. 266); 5. De numis necessitate urgente cusis, castrensibus et obsidionalibus (— p. 352).

Gründlichkeit der Forschung befriedigende Schrift „Ueber den Nutzen und Gebrauch der alten geschnittenen Steine und ihrer Abdrücke" (Altenburg 1768), worin er nach einer kurzen Uebersicht der Geschichte der Steinschneidekunst bei den alten Völkern und Aufzählung der berühmtesten antiken Steinschneider über die von den alten Steinschneidern verwendeten Steine, über die Technik der Steinschneidekunst, über Abdrücke und Abbildungen antiker geschnittener Steine, über den Nutzen des Studiums derselben für die Kunstgeschichte, die Alterthümer, die Mythologie und die Bildung des Geschmackes handelt.

Diese letztgenannte Schrift weist uns von dem Seitenwege, den wir schon fast zu lange verfolgt haben, auf die Hauptstraße unserer Darstellung, zu Lessing und dessen antiquarischen Schriften zurück. Klotz hatte in jener Schrift (S. 140 ff.) gegen einige von ihm nicht ganz richtig aufgefaßte Aeußerungen in Lessing's Laokoon polemisirt. Diese Polemik ärgerte Lessing trotz der Höflichkeit, womit sie überzuckert war („einen unserer besten Kunstrichter" hatte ihn Klotz genannt, wie er auch früher in der Recension des Laokoon in seinen Acta litteraria Vol. III p. III und in einem Corollarium animadversionum ad Laocoonta Lessingii ebd. Vol. IV p. I ihm das höchste Lob gespendet hatte); noch mehr reizte ihn die von einem Recensenten der Klotzischen Schrift im Altonaer „Reichspostreuter" von 1768 St. 24 gethane Aeußerung, Klotz habe ihn eines „unverzeihlichen Fehlers" überwiesen. Nimmt man dazu noch das Mißfallen, welches der von Klotz und seinen Schildknappen in ihrer „Deutschen Bibliothek der schönen Wissenschaften" von Anfang an gegen die Berliner Litteraturschule, zu der sie ohne Weiteres auch Lessing rechneten, angeschlagene Ton bei diesem erregen mußte, so kann man sich nicht wundern, daß derselbe den Entschluß faßte, die durch Klotz's Polemik ihm gebotene Gelegenheit zu benutzen, um ein scharfes Gericht über diesen und sein Buch zu halten. Dies hat er gethan in den „Briefen antiquarischen Inhaltes" (erster Theil, Berlin 1768; zweiter Theil 1769), in welchen er nach Widerlegung der von

Klotz gegen seine Aufstellungen erhobenen Einwände (die allerdings wenigstens in Bezug auf die Frage über die Bildung der Furien durch die alten Künstler [Brief 6—8] von dem Vorwurf sophistischer Kampfesweise nicht ganz freigesprochen werden kann) die ganze Schrift desselben über die geschnittenen Steine in Hinsicht auf die Benutzung der Quellen sowie auf die Kenntnisse des Verfassers von den antiken Edelsteinen und von der Technik der alten Steinschneider einer strengen Prüfung unterzieht. Wie anderwärts so ist auch hier Lessing's Kritik nicht blos destruktiv, sondern zugleich construktiv: er hat sich mit der ihm eigenen Energie selbständiger Forschung des Gegenstandes bemächtigt und ist dadurch in den Stand gesetzt, dem Leser neben dem Nachweis von der Unwissenheit Klotz's in der von ihm behandelten Materie zugleich reiche Belehrung über dieselbe darzubieten. Auch die zweite antiquarische Schrift Lessing's, welche dem zweiten Theile der Briefe antiquarischen Inhaltes noch im gleichen Jahre nachfolgte, „Wie die Alten den Tod gebildet. Eine Untersuchung" (Berlin 1769) ist durch Klotz hervorgerufen worden. Dieser hatte in einem Vorworte zum zweiten Theile der von seinem Anhänger Joh. Georg Meusel[1]) gefertigten deutschen Uebersetzung von des Grafen Caylus Abhandlungen zur Geschichte und zur Kunst (Altenburg 1768—69, 2 Bde. 4°) die von Lessing im Laokoon (Abschnitt XI, Anm. 6) gelegentlich aufgestellte Behauptung, daß die alten Künstler den Tod nicht als ein Skelet vorgestellt haben, durch Anführung einiger Darstellungen von Skeleten auf antiken Bildwerken zu widerlegen versucht. Als Antwort darauf gibt Lessing eine sorgfältige und methodische Untersuchung über die Darstellungen des als Genius, als Bruder des Schlafes, personi-

---

[1]) Geboren 17. März 1743 in Eyrichshof bei Bamberg, 1769 Professor der Geschichte in Erfurt, 1780 desgleichen in Erlangen, wo er 19. September 1820 starb. Er hatte auch eine gleichfalls von Klotz bevorwortete deutsche Uebersetzung der mythischen Bibliothek des Apollodor herausgegeben, an welcher Lessing (s. Werke herausgegeben von Lachmann Bd. 7 S. 461 f.) in einer einzigen Stelle drei Fehler nachwies. Später hat er eine große Anzahl sehr fleißiger Arbeiten zur Gelehrten= und Künstlergeschichte veröffentlicht.

ficirten Todes durch die alten Künstler und führt dann aus, daß die auf antiken Bildwerken dargestellten Gerippe nicht als Repräsentanten des Todes oder Todesgottes, sondern als Darstellungen einer Art abgeschiedener Seelen (larvae) aufzufassen seien. In dieser Schrift findet sich die für Lessing's würdige Ansicht von der Aufgabe der Alterthumsstudien charakteristische Aeußerung: „Ein anderer ist der Alterthumskrämer, ein anderer der Alterthumskundige. Jener hat die Scherben, dieser den Geist des Alterthumes geerbt. Jener denkt nur kaum mit seinen Augen, dieser sieht auch mit seinen Gedanken. Ehe jener noch sagt, „so war das!" weiß dieser schon, ob es so sein könne" [1]).

Mit dieser Abhandlung hat Lessing von Klotz — der seine öffentlich angekündigte [2]) Absicht, in einer besonderen Schrift auf die antiquarischen Briefe zu antworten, nicht ausgeführt, sondern sich durch gelegentliche Ausfälle gegen Lessing [3]) gerächt hat — und damit, abgesehen von einigen durch seine antike Stellung als Bibliothekar in Wolfenbüttel (seit dem Frühjahre 1770) hervorgerufenen kleineren philologischen Aufsätzen, deren wir schon oben (S. 444, Anm. 2) gedacht haben, von der classischen Alterthumswissenschaft als Schriftsteller Abschied genommen; doch be-

---

[1]) Lessing's Werke herausgegeben von Lachmann Bd. 8 S. 243.

[2]) In der kurzen meist persönliche Bemerkungen enthaltenden Anzeige des ersten Theiles der antiquarischen Briefe in der Deutschen Bibliothek der schönen Wissenschaften, Stück VII S. 465 ff.

[3]) Zwei Proben solcher aus dem 5. Bande der Acta litteraria (1768—69) mögen genügen. P. 123: „qui antiquarum rerum scientiam e taberna libraria bellissimi Sosiae Berolinensis Friderici Nicolai hausit, omnium bipedum ingeniosissimus Lessingius, quem quidem acutulum doctorem ideo huic aetati donasse videntur Musae, ut exstaret exemplum veterum sophistarum; nam contortis et aculeatis sophismatibus fallacibusque conclusiunculis quis illum superet?" und p. 467: „Quid enim credamus dicturos esse viros doctos et a partium studiis alienos si comparaverint illam quae in Caylusii libris eminet artium operumque veterum scientiam non haustam e Junio aut Banierio sed derivatam e fontibus limpidissimis coniunctamque cum longo artis linearis usu cum tenuitate Epistolarum Antiquariarum similiumque libellorum quorum auctores pauperculi nil prope habent quo se ostentent praeter dicacitatem scurrilem et scenicam."

weisen seine Collectaneen, daß er auch unter den theologischen und geschichtsphilosophischen Studien und Kämpfen, welche ihn in seinen letzten Lebensjahren vorwiegend beschäftigten, das Interesse für antike Litteratur und Kunst sich bewahrt hat.

Lessing's bedeutendster Bundesgenosse in dem Kampfe gegen Klotz und seine Anhänger war Johann Gottfried Herder (geboren zu Mohrungen in Ostpreußen 25. August 1744, gestorben als Präsident des Oberconsistoriums zu Weimar 18. December 1803) ¹). Dieser hatte während seiner Studienzeit in Königsberg (1762—64) neben der Philosophie Kant's, von der er sich aber später, besonders durch den Einfluß des „Magus im Norden", Johann Georg Hamann's ²), wieder abwandte, sich besonders mit der hebräischen und altgriechischen Poesie (namentlich war Pindar sein Lieblingsdichter) beschäftigt. Von Riga aus, wo er 1764 bis 1769 als Lehrer und Geistlicher wirkte, veröffentlichte er zuerst 1766—1767 anonym die drei Sammlungen von Fragmenten „Ueber die neuere deutsche Litteratur", welche er selbst als „Beilagen" zu den gleichfalls anonym erschienenen Lessing'schen „Litteraturbriefen" bezeichnete ³). Die erste Sammlung handelt von der

---

¹) Vgl. die beiden Aufsätze von S ch ö ll „Herder's Verdienst und Würdigung der Antike und der bildenden Kunst" und von G e r n h a r d „Herder als Humanist" im Weimarischen Herder-Album (Jena 1845) S. 193 ff. und S. 255 ff.

²) Trotz des Titels „Kreuzzüge des Philologen", womit dieser originelle aber barocke Denker und Schriftsteller eine seiner Schriften bezeichnet hat (Hamann's Schriften herausgegeben von Fr. R o t h Bd. 2 S. 103 ff.), hat die Geschichte der Philologie keine Veranlassung, näher auf die schriftstellerische Thätigkeit desselben einzugehen.

³) Diese Bezeichnung hat Herder in der im Jahre 1768 veranstalteten zweiten Auflage, die nicht in den Buchhandel gekommen ist (Klotz hatte sich durch einen Druckerjungen ein Exemplar zu verschaffen gewußt), deren Text aber, mit einigen Veränderungen von Heyne, in die Ausgabe der Gesammtwerke Herder's aufgenommen worden ist (Joh. G. v. Herder's sämmtliche Werke. Zur schönen Litteratur und Kunst Bd. 1 und 2) weggelassen. [Von der neuen Gesammtausgabe der Werke Herder's von B. S u p h a n, welche auch jetzt noch nicht vollständig vorliegt, war zur Zeit der Ausarbeitung dieser Partie unseres Buches noch nichts erschienen, so daß sie leider nicht mehr benutzt werden konnte].

Sprache — die der Fragmentist als ein Werkzeug der Wissenschaften und als einen Theil derselben betrachtet — und der Entwickelung derselben, mit besonderer Rücksicht auf die deutsche Sprache und die Mittel zur Vervollkommnung derselben: das Gewicht, welches hier auf den Zusammenhang der Entwickelung der Sprache mit der Entwickelung des Geistes jeder Nation gelegt wird, erinnert deutlich an Winckelmann's Auffassung der Entwickelung der Kunst, so daß man sagen kann: der Verfasser gibt Fragmente einer Geschichte der Sprache nach dem Muster der Winckelmann'schen Geschichte der Kunst. Die zweite Sammlung enthält zwei größere Fragmente: „Von den deutsch-orientalischen Dichtern" und „Von der griechischen Litteratur in Deutschland", worin ähnlich wie vorher bei der Sprache, der Zusammenhang des Geschmackes der Völker und unter einem Volke des Geschmackes der Zeiten mit Denkart und Sitten betont, also das eigenthümlich Nationale in seiner Berechtigung aber auch in seiner nothwendigen Beschränkung hervorgehoben wird. Im zweiten Fragment speciell wird bei der Beantwortung der Frage: „wie weit kennen wir die Griechen"? die Aufgabe einer von einem zweiten Winckelmann zu schreibenden „Geschichte der griechischen Dichtkunst und Weisheit" dahin festgestellt: „sie soll den Ursprung, das Wachsthum, die Veränderungen und den Fall derselben, nebst dem verschiedenen Stil der Gegenden, Zeiten und Dichter lehren und dieses aus den übrig gebliebenen Werken des Alterthumes durch Proben und Zeugnisse beweisen. Sie sei keine bloße Erzählung der Zeitfolge und der Veränderungen in derselben, sondern das Wort Geschichte behalte seine weitere griechische Bedeutung, um einen Versuch eines Lehrgebäudes liefern zu wollen" (S. 273 f.). Fragmentarische Beiträge zur Lösung dieser Aufgabe gibt sodann der Verfasser selbst bei Beantwortung der weiteren Frage: „wie weit haben wir die Griechen nachgebildet?" durch Charakteristiken einzelner griechischer Dichter und bestimmter Dichtungsarten (besonders des Dithyrambus und der Idylle) im Vergleich zu ihren deutschen Nachahmern. Aehnliche Beiträge zur Charakteristik einiger römischer

Dichter[1]) und Dichtungsgattungen (Ode, Lehrgedicht, Elegie, Satire) und der ciceronischen Beredtsamkeit gibt das dritte Fragment der dritten Sammlung, welches „von einigen Nachbildungen der Römer" (durch deutsche Dichter) handelt, während im ersten Fragment dieser Sammlung von dem nachtheiligen Einflusse des „lateinischen Geistes" auf die neuere deutsche Bildung und Litteratur und von dem richtigen Gebrauche der antiken Mythologie in der modernen Poesie die Rede ist. Die in der Vorrede zur ersten und in der Nachschrift zur dritten Sammlung in Aussicht gestellte vierte Sammlung, welche von den Morgenländern handeln sollte, ist nicht zu Stande gekommen: der dafür bestimmte Stoff ist von Herder später in anderen Schriften, besonders in der „Aeltesten Urkunde des Menschengeschlechts" (1774—1776; in den Sämmtlichen Werken. Zur Religion und Theologie Bd. 5 und 6) und in der Schrift „Vom Geist der ebräischen Poesie" (1782—83; ebd. Bd. 1 u. 3) behandelt worden. Herder's zweite größere Schrift „Kritische Wälder oder Betrachtungen die Wissenschaft und Kunst des Schönen betreffend, nach Maßgabe neuerer Schriften" (3 Bde. 1769)[2]), die er nicht nur, wie die Fragmente, anonym erscheinen ließ, sondern deren Autorschaft er auch anfangs be-

---

[1]) Wir heben daraus das treffende Urtheil über Lucretius hervor (S. 208 f.): „Lucrez ist in meinen Augen nach dem Feuer seiner Bilder einer der ersten Genies unter den Römern. Wenn man die trockene Philosophie sieht, mit der er kämpfen mußte, die Schwierigkeiten mit denen er stritte — propter egestatem linguae ac rerum novitatem — und die er doch überwand, die Strenge mit der er seiner Schule gnug thut, und die herrlichen Gemälde und Ausschweifungen, die er einstreuet, so" u. s. w. Fein sind auch die Bemerkungen über Ovid's Heroiden (S. 240 f.): „siehe die Heldenbriefe an, die Ovid in Gang gebracht, ein Dichter, der in mehr als einer Absicht mit der Poesie gespielt hat. Betrachte diese Heroiden als rührende Situationen: so sind sie eine dramatische Uebung, die für junge Dichter nützlich sein können: aber höher stelle sie nicht als unter Uebungen, denn sie borgen fremde Situationen und leyern im Ganzen ungefühlte Empfindungen und zeichnen ungesehene Charaktere".

[2]) In den Sämmtlichen Werken. Zur schönen Litteratur und Kunst Bd. 4 und 5 (herausgegeben von Heyne).

harrlich ableugnete, knüpft unmittelbar an Lessing und Klotz an. Das „erste Wäldchen, Herrn Lessing's Laokoon gewidmet" ergreift, bei der höchsten Anerkennung dieser Schrift, die als ein Werk bezeichnet wird „an welchem die drei Huldgöttinnen unter den menschlichen Wissenschaften, die Muse der Philosophie, der Poesie und der Kunst des Schönen, geschäftig gewesen" zunächst in einem Punkte die Partei Winckelmann's, auf dessen Kosten manche Kritiker Lessing gelobt hatten, gegen letzteren, den er als „den Kunstrichter des poetischen Geschmackes" dem „Lehrer griechischer Kunst" Winckelmann gegenüberstellt [1]. Die Bedeutung der Ausbrüche des Schmerzes bei den homerischen Helden und bei dem Philoktetes des Sophokles wird Lessing gegenüber auf ein richtiges Maß zurückgeführt und dadurch Winckelmann's Vergleichung des Laokoon mit dem Philoktetes gerechtfertigt. Weiterhin wird Lessing's Behauptung, daß die Schönheit das höchste Gesetz der bildenden Künste bei den Alten sei, auf anderem Wege als dies von Lessing geschehen ist, zu erweisen gesucht und werden mehrere auf die Verschiedenheit künstlerischer und dichterischer Darstellung bezügliche Sätze Lessing's im Einzelnen geprüft und theils modificirt theils bekämpft, wobei namentlich eine Reihe beachtungswerther Bemerkungen zum ästhetischen Verständnisse der homerischen Gedichte eingeflochten sind; auch eine horazische Ode (I, 35) wird einer eingehenden Erörterung unterzogen (S. 138 ff). Das zweite und dritte Wäldchen sind, wie schon die Zusätze zum Titel „über einige Klotzische Schriften" und „noch über einige Klotzische Schriften" anzeigen, ganz der Polemik gegen Klotz gewidmet, und zwar werden im zweiten Wäldchen zuerst die Epistolae Homericae (gegen welche Herder schon im ersten Wäldchen wegen

---

[1] Eine durch das erste Preisausschreiben der „Hessischen Gesellschaft der Alterthümer" vom Jahre 1777 veranlaßte, nicht gekrönte Preisschrift Herder's: „Denkmal Johann Winckelmann's" ist im Jahre 1881 in Kassel im Originalmanuscript aufgefunden und darnach von Dr. Albert Duncker veröffentlicht worden u. d. T.: „Joh. Gottfr. Herder, Denkmal Johann Winckelmann's. Eine ungekrönte Preisschrift aus dem Jahre 1778", herausgegeben von A. Duncker (Kassel 1882).

der Bemerkungen über die Thersites-Episode polemisirt hatte), dann die Abhandlung über die Schamhaftigkeit Virgil's, darauf „einige horazische Rettungen und Erläuterungen" (die Vindiciae Horatii Flacci), im dritten Wäldchen die Schrift vom Münzgeschmacke (Geschichte des Geschmackes und der Kunst aus Münzen) kritisch beleuchtet und schließlich einige Proben von der Gründlichkeit und Unparteilichkeit des kritischen Urtheiles der Acta litteraria aus verschiedenen Wissensgebieten dem Leser vorgelegt. Wie Lessing's, so ist auch Herder's Kritik nicht eine bloß negative, sondern die gegen Klotz ausgesprochenen Rügen geben ihm Anlaß zu principiellen Erörterungen über die Berechtigung des Komischen in der Epopöe, über die Verwendung der classischen Mythologie bei neueren Dichtern, über den Begriff der Schamhaftigkeit bei verschiedenen Nationen und zu verschiedenen Zeiten, über die richtige Art den Horaz zu lesen und zu verstehen, über die Ursachen der Vorzüglichkeit der griechischen und römischen Münzen — Erörterungen, durch welche sich überall der für das richtige Verständniß des classischen Alterthumes so bedeutsame Grundsatz hindurch zieht, daß jedes Werk der Poesie und der bildenden Kunst aus der Denk- und Anschauungsweise der Nation, bei welcher und der Zeit in welcher es entstanden ist erklärt und gewürdigt werden muß. Besonders eindringlich warnt Herder davor, die aus einer von der unsrigen himmelweit verschiedenen Weltanschauung hervorgegangenen homerischen Gedichte vom Standpunkte des modernen Geschmackes aus zu beurtheilen [1].

Ein viertes kritisches Wäldchen, das von Herder noch während seines Aufenthaltes in Riga ausgearbeitet aber, weil er der Polemik müde wurde, zurückgelegt und erst lange nach seinem Tode durch seinen Sohn bekannt gemacht worden ist [2], unterwirft J.

---

[1] Zweites Wäldchen S. 10: „Wir sind nicht nur nicht höher hinauf, wir sind gewissermaßen **aus der Welt hinaus** gerückt, in der Homer dichtete, schilderte und sang"!

[2] J. G. v. Herder's Lebensbild. Sein chronologisch-geordneter Briefwechsel — herausgegeben von seinem Sohne Dr. E. G. v. Herder Bd. 1 3. Abth., 2. Hälfte (Erlangen 1846) S. 217—520. [Jetzt in wesentlich ver-

J. Riedel's, eines der eifrigsten Anhänger von Klotz, „Theorie der schönen Künste und Wissenschaften" (1767) einer eingehenden Zergliederung, welche wiederum dem Kritiker zu selbständigen Erörterungen über die Grundbegriffe der Aesthetik Veranlassung gibt. Einige Stücke daraus finden sich, allerdings beträchtlich umgestaltet, in der nach der ausdrücklichen Bemerkung des Verfassers größtentheils in den Jahren 1768—70 geschriebenen aber erst im Jahre 1778 anonym veröffentlichten Schrift „Plastik. Einige Wahrnehmungen über Form und Gestalt aus Pygmalions bildendem Traume"¹), welche die Grundbegriffe der Bildhauerei in ihrem wesentlichen Unterschiede von der Malerei — jene soll nach dem Verfasser ursprünglich auf das Gefühl, diese auf das Gesicht wirken —, die Begriffe der plastischen Formenschönheit und des Charakters mit besonderer Rücksicht auf die griechische Plastik — in deren Kenntniß und Beurtheilung der Verfasser durchaus von Winckelmann abhängig ist — behandelt und mit „einigen allgemeinen Anmerkungen über mißverstandene, folglich scharfbestrittene Gegenden der Kunstgeschichte" (Ursprung der bildenden Kunst, Kolossalität, Allegorie) schließt. Die von Herder im Jahre 1770 in Straßburg zur Lösung einer von der Berliner Akademie gestellten Preisfrage verfaßte, von der Akademie gekrönte Abhandlung „Ueber den Ursprung der Sprache" (Berlin 1771, 2. Aufl. 1789)²) beantwortet zunächst die Frage: Haben die Menschen, ihren Naturfähigkeiten überlassen, sich selbst Sprache erfinden

---

besserter Gestalt abgedruckt in „Herder's sämmtliche Werke herausgegeben von B. Suphan" 4. Bd., Berlin 1878]. — Eine ausführliche Darstellung seiner ästhetischen Anschauungen hat Herder gegeben in der im Jahre 1800 verfaßten, gegen Kant's Kritik der Urtheilskraft gerichteten Schrift „Kalligone" (S. W. Zur Philos. und Geschichte Bd. 15), welche im ersten Theile vom Angenehmen und Schönen, im zweiten von Kunst und Kunstrichterei, im dritten vom Erhabenen und vom Ideal handelt.

¹) Sämmtliche Werke. Zur schönen Litteratur und Kunst Bd. 11 S. 237 ff.

²) Nach der zweiten Auflage wieder abgedruckt im zweiten Band der Sämmtlichen Werke. Zur Philosophie und Geschichte (S. 1—183), welcher den besonderen Titel führt „Präludien zur Philosophie der Geschichte der Menschheit".

können? in bejahendem Sinne und stellt dann zur Lösung der weiteren Frage: Auf welchem Wege der Mensch sich am füglichsten hat Sprache erfinden können und müssen? vier „Naturgesetze" über die Entstehung und Fortbildung der Sprache und ihre Trennung in verschiedene Sprachen auf [1]).

Unter den sehr zahlreichen und zum Theil umfänglichen Schriften, welche Herder in seinen reiferen Jahren während seiner amtlichen Thätigkeit in Bückeburg (1771—76) und Weimar verfaßt hat, nimmt in wissenschaftlicher Beziehung überhaupt und für unsere Betrachtung insbesondere das Werk „Ideen zur Philosophie der Geschichte der Menschheit" (vier Theile, Riga 1784—91) [2]) den ersten Platz ein. Ein Vorläufer dieses großen, von Herder selbst nicht vollendeten Werkes (zu einem fünften Theile, welcher die Bücher 21—25 enthalten sollte, haben sich nur kurze Andeutungen unter seinen Papieren gefunden) war die im Jahre 1774 verfaßte kleine Schrift „Auch eine Philosophie der Geschichte zur Bildung der Menschheit. Beitrag zu vielen Beiträgen des Jahrhunderts" [3]), in welcher Herder die Entwickelung der Menschheit parallel mit der des einzelnen Menschen nach ihrem Kindesalter (Morgenland), Jünglingsalter (Griechen), Mannesalter (Römer) und späteren Alter (Mittelalter und Neuzeit) darstellt. Dabei berührt er kurz die von ihm auch in anderen Schriften, besonders in der „Aeltesten Urkunde des Menschengeschlechts", und nach ihm so vielfach erörterte Frage über die Originalität der Griechen oder ihre Nachahmung fremder Nationen, über die er sich in folgenden bemerkenswerthen Worten äußert: „Daß Griechenland Saamenkörner der Cultur, Sprache, Künste und Wissenschaften anders woher erhalten, ist, dünkt mich, unläugbar, und es kann bei einigen,

---

[1]) Vgl. über die Bedeutung dieser Schrift für die allgemeine Sprachwissenschaft Benfey, Geschichte der Sprachwissenschaft und orientalischen Philologie in Deutschland S. 293 ff.

[2]) Sämmtliche Werke. Zur Philosophie und Geschichte Bd. 3—6.

[3]) Abgedruckt in den Präludien zur Geschichte der Menschheit (S. W. Zur Philosophie und Geschichte Bd. 2) S. 239 ff.

Bildhauerey, Baukunst, Mythologie, Litteratur, offenbar gezeigt werden. Aber daß die Griechen dies alles so gut als nicht erhalten, daß sie ihm ganz neue Natur angeschaffen, daß in jeder Art das „Schöne" im eigentlichen Verstande des Wortes ganz gewiß ihr Werk sei — das, glaube ich, wird aus einiger Fortleitung der Ideen eben so gewiß. Nichts Orientalisches, Phönitisches und Aegyptisches behielt seine Art mehr: es ward griechisch, und in manchem Betracht waren sie fast zu sehr Originale, die alles nach ihrer Art um= und einkleideten." — Die „Ideen" selbst handeln im ersten Theil, den „Propyläen der Geschichte der Menschheit" (Buch 1—5), von der Organisation der Erde, des Pflanzenreiches, Thierreiches und des Menschen überhaupt; im zweiten Theil (Buch 6—10) von der Organisation der Völker in verschiedenen Gegenden der Erde, von dem Einfluß des Klima's auf die Menschen[1]), von der Erziehung des Menschengeschlechtes zur Humanität durch die Sprache, durch Künste und Wissenschaften, staatliche Ordnung und Religion; ferner von der Bildungsstätte und dem ersten Wohnsitze der Menschheit in Asien und von den asiatischen Traditionen über die Schöpfung der Erde und den Ursprung des Menschengeschlechtes. Im dritten und vierten Theile, welche die Bücher 11—15 und 16—20 umfassen, gibt Herder dann einen Ueberblick der Culturentwickelung der Völker des Alterthumes und des Mittelalters nach den Eigenthümlichkeiten jedes Volkes und jedes Zeitalters; als Resultat dieser Betrachtungen ergibt sich ihm, daß Humanität der Zweck der Menschennatur und ein auf Vernunft und Billigkeit gegründeter Zustand die Bestimmung des Menschengeschlechtes sei. Von den Ausführungen im Einzelnen kommen für unseren Zweck nur die Bücher 13 und 14, welche sich mit Griechenland und

---

[1]) Eine bemerkenswerthe Aeußerung über diesen Punkt findet sich auch in Herder's Schrift vom Geiste der ebräischen Poesie (S. W. Zur Religion und Theologie Bd. 1 S. 49): „Ueberhaupt habe ich's bemerkt, daß die Poesie jedes Volks sich nach dem Clima richtet in dem sie ist gebildet worden. Ein niedriger, kalter, neblichter Himmel giebt auch Bilder und Empfindungen der Art; wo er rein, frei, weit ist, bekommt auch die Seele Umkreis und Flügel."

den italischen Staaten beschäftigen, in Betracht. Im ersteren handelt Herder, nach treffenden Bemerkungen über den Einfluß der geographischen Gestaltung Griechenlands auf die Culturentwickelung seiner Bewohner, von Griechenlands Sprache, Mythologie und Dichtkunst, von den Künsten, der Sitten- und Staatenweisheit und den wissenschaftlichen Uebungen der Griechen, gibt eine Uebersicht der Geschichte der Veränderungen Griechenlands und schließt mit allgemeinen Betrachtungen über die Geschichte desselben. In Hinsicht der Erforschung des Thatsächlichen ist er hier im Wesentlichen von Winckelmann und von Heyne abhängig; aber seine Darstellung beruht durchgängig auf eigenthümlicher und geistvoller Auffassung und Verarbeitung des ihm durch die Arbeiten jener Fachmänner dargebotenen Stoffes. In ganz ähnlicher Weise behandelt das 14. Buch die Etrusker und Lateiner, Roms Einrichtungen zu einem herrschenden Staats- und Kriegsgebäude, die Eroberungen der Römer, Roms Verfall, den Charakter, die Wissenschaften und Künste der Römer[1]) und schließt ebenfalls mit allgemeinen Betrachtungen über das Schicksal Roms und seine Geschichte.

Auch in den übrigen Arbeiten Herder's, soweit sie auf das classische Alterthum Bezug haben, tritt die Vorliebe für die historische Betrachtung des Entwickelungsganges der griechischen Cultur, insbesondere der Poesie und der bildenden Kunst der Griechen, und die Auffassung derselben als einer Schule der Humanität hervor. So in der von der Berliner Akademie der Wissenschaften gekrönten Abhandlung über die „Ursachen des gesunkenen

---

[1]) Wir heben aus diesem Abschnitte ein Paar treffende Aeußerungen über die römische Poesie hervor: „Die Poesie der Römer war nur eine ausländische Blume, die in Latium zwar schön fortgeblühet und hie und da eine feinere Farbe gewonnen hat, eigentlich aber keine neuen eignen Fruchtkeime erzeugen konnte". — „Das römische Volk erfreuete sich an Possen und Pantomimen, an circensischen oder gar an blutigen Fechterspielen viel zu sehr, als daß es für's Theater ein griechisches Ohr und eine griechische Seele haben konnte. Als eine Sclavin war die scenische Muse bei den Römern eingeführt und sie ist bei ihnen immer auch eine Sclavin geblieben."

Geschmacks bei den verschiedenen Völkern da er geblühet" (1773)[1]), worin nach Aufstellung der „Grundsätze zur Betrachtung der Frage aus der Seelenlehre" die Bildung des Geschmackes und das Sinken desselben bei den Griechen, den Römern und im neueren Europa kurz in den Hauptzügen dargelegt und aus den politischen und socialen Verhältnissen sowie aus dem Charakter der Völker erklärt wird, endlich in einem kurzen Schlußabschnitte aus diesen historischen Betrachtungen praktische Folgerungen für das gegenwärtige Zeitalter gezogen werden; ferner in den „Ideen zur Geschichte und Kritik der Poesie und der bildenden Künste. In Briefen" (1794—96)[2]), worin zunächst von der Humanität der griechischen und römischen Schriftsteller überhaupt und Homer's in der Iliade insbesondere die Rede ist, sodann die Frage, inwiefern die griechische Kunst eine Schule der Humanität sei, durch Erörterungen über die Idealbildungen der Menschen, der Heroen und der Götter in der griechischen Kunst und über einige auf Kunstwerke bezügliche Gedichte der griechischen Anthologie beantwortet wird. Verwandten Inhaltes ist auch die im Jahre 1778 von der bayerischen Akademie der Wissenschaften gekrönte Preisschrift „Ueber die Wirkung der Dichtkunst auf die Sitten der Völker"[3]), welche in drei Abschnitten folgende Fragen behandelt: 1. Was ist wirkende Poesie und wie wirkt sie auf die Sitten und Völker der Menschen? 2. Wie wirkte Poesie bei den vornehmsten Nationen der alten Welt, die wir näher kennen, bei Ebräern, Griechen, Römern und nordischen Völkern? 3. Welche Veränderung geschah mit der Poesie in den mittleren und neuen Zeiten? und wie wirkt sie jetzo?

Auf dem Gebiete der **griechischen Poesie** hat sich Herder speciell mit den homerischen Gedichten, mit Pindaros und der griechischen Anthologie beschäftigt. Den Homer, dessen Rhapsodien

---

[1]) S. W. Zur schönen Litteratur und Kunst Bd. 7 S. 1 ff.
[2]) A. a. O. S. 65 ff., aus den „Briefen zur Beförderung der Humanität", 3. bis 8. Sammlung.
[3]) S. W. zur schönen Litteratur und Kunst Bd. 9 S. 353 ff.

er in dem im Jahre 1772 geschriebenen Aufsatze „Ueber Ossian und die Lieder alter Völker"¹) mit den bekanntlich von dem Schotten James Macpherson fingirten, von Herder aber ebenso wie von der großen Mehrzahl seiner Zeitgenossen als ächte Erzeugnisse altgälischer Volkspoesie betrachteten und bewunderten Liedern Ossian's verglichen hatte, bezeichnet er in der 1778 abgefaßten Vorrede seiner Sammlung von Volksliedern (Stimmen der Völker in Liedern)²) als den größten Sänger der Griechen und zugleich den größten Volksdichter, der sang, was er gehört, darstellte, was er gesehen und lebendig erfaßt hatte, dessen Rhapsodien im Ohr und im Herzen lebendiger Sänger und Hörer blieben, aus denen sie spät gesammelt wurden und zuletzt, überhäuft mit Glossen und Vorurtheilen, zu uns kamen. Auch mit Hesiodus und Orpheus — die unter dem Namen des letzteren gehenden Dichtungen betrachtet Herder als „spätere, vielleicht sechs- sieben- und meinethalb hundertmal aufgefrischte Kopien alter Gesänge und Sagen" — sei es in ihrer Art ein Gleiches. Etwas mehr in das Detail der sog. homerischen Frage geht freilich ohne eigene historische Forschung die kurz nach dem Erscheinen von Fr. A. Wolf's Prolegomena im Jahrgange 1795 der von Schiller herausgegebenen Monatsschrift „die Horen" (Bd. 3 Stück 9 S. 53—88) veröffentlichte Abhandlung „Homer ein Günstling der Zeit"³) ein. Hier weist Herder zunächst hin auf die große innere und äußere Verschiedenheit zwischen Ilias und Odyssee, deren eingehendere Darstellung er anderen überläßt, und auf den großen Umfang der Dinge in Homer's Gedichten, woraus man sehe, daß bei der Zusammenordnung seiner Gesänge eine gewisse Universalität beabsichtigt sei, betrachtet dann Homer als Sänger, dessen Gesänge

---

¹) Zuerst in der von Herder in Verbindung mit Goethe herausgegebenen Schrift „Von deutscher Art und Kunst. Einige fliegende Blätter" (Hamburg 1773); wieder abgedruckt vor den „Stimmen der Völker in Liedern" (S W. Zur schönen Litteratur und Kunst Bd. 8 S. 1 ff.; s. besonders S. 24).

²) A. a. O. S. 67—96, besonders S. 71 f.

³) S. W. Zur schönen Litteratur und Kunst Bd. 10 S. 251 ff.

ursprünglich nicht gedichtet waren um g e l e s e n, sondern um g e h ö r t zu werden, und macht auf die Bedeutung von Villoison's Ausgabe der Ilias mit den alten Scholien aus dem Codex Venetus aufmerksam, wobei in einer Anmerkung [1]) auch der Arbeit Wolf's, deren tiefere Bedeutung Herder freilich nicht zu würdigen vermocht hat, einige anerkennende Worte gewidmet sind. Im weiteren Verlaufe der Abhandlung finden sich Betrachtungen über die homerischen Bilder und Gleichnisse, über die lose Verknüpfung der Gesänge, über den Werth und die Wirkung der homerischen Schule auf Griechenland, über den homerischen Gedankenkreis; endlich Bemerkungen über die Verdienste des Lykurgus, des Solon und der Pisistratiden um die homerischen Gedichte: diese haben nach Herder für die Erhaltung der Gedichte gesorgt, dieselben nicht geschaffen, sondern die vorhandenen Rhapsodien redigirt, revidirt, geordnet. Herder's letzte Schrift über Homer, die Abhandlung „Homer und das Epos" [2]), handelt nach einer einleitenden Uebersicht über die neueren Arbeiten für Homer, in welcher Wolf's mit keiner Silbe gedacht wird [3]), im ersten Abschnitt von der Natur

---

[1]) A. a. O. S. 263 Anm. **: „Wer die Ursachen hiervon (von den großen Abweichungen des homerischen Textes) sammt einer ideenreichen und bündigen Geschichte der Behandlung Homer's lesen will, lese Wolf's Einleitung zu seiner Ausgabe Homeri et Homeridarum opera et reliquiae P. I. Hal. 1794. Er wird vortreffliche Winke, die der weiteren Untersuchung vorzüglich werth sind, darin finden." Vgl. dazu die Aeußerungen Herder's in einem Briefe an Heyne bei R. Volkmann, Geschichte und Kritik der Wolf'schen Prolegomena zu Homer (Leipzig 1874) S. 81.

[2]) S. W. Zur schönen Litteratur und Kunst Bd. 10 S. 291 ff. (aus der Adrastea V, 1, 1803).

[3]) Diese aus sachlichen Gründen durchaus nicht zu rechtfertigende Uebergehung ist jedenfalls auf ein persönliches Motiv zurückzuführen: auf Herder's Erbitterung über das abschätzige, ja höhnische Urtheil, welches Wolf bei der Ankündigung eines beabsichtigten deutschen Auszuges aus seinen Prolegomena im Intelligenzblatt der Allgemeinen Litteraturzeitung Nr. 122 vom 24. October 1795 über Herder's Aufsatz ausgesprochen hatte; s. Kleine Schriften in lateinischer und deutscher Sprache von F. A. Wolf, herausgegeben durch G. Bernhardy (Halle 1869) Bd. 2 S. 724 ff. Selbst Wolf's nächste Freunde, wie W. v. Humboldt, mißbilligten dieses sein Auftreten gegen Herder: s. den Brief in W. v. Humboldt's Gesammelten Werken Bd. 5 S. 141 ff.

und dem Ursprunge des Epos, als dessen Ausgangspunkt die an bestimmte Localitäten geknüpfte lebendige Volkssage bezeichnet wird; den Namen Homeros betrachtet Herder, freilich ohne sich recht klar und bestimmt darüber auszusprechen, als eine Art Collectivum, indem er ihn als die „Gesammtstimme (Homophonie) der Gesanges= vorwelt, das aus vielen und vielerlei Sagen älterer Zeit kunstreich emporgehobene Epos" deutet (a. a. O. S. 304). Im zweiten Abschnitte spricht er wieder vom Unterschiede der Ilias und Odyssee und sucht die Zurückführung beider Gedichte auf einen Dichter durch eine gewisse Gleichartigkeit des Stiles zu erklären; „Homerische Form, sagt er (S. 306 f.), ist im Epos, was in der Kunst der alte heilige Styl heißt; bei großen Verschiedenheiten der Kunst= werke selbst nach Meistern und Zeiten ist er allenthalben derselbe." Die ferneren Abschnitte handeln vom Kunstbau des Epos, vom Unterschied des epischen Gedichtes von der Geschichte, endlich vom Unterschied der Tragödie[1]) und des Epos.

Von Pindar hat Herder eine Anzahl Gedichte (Olymp. I. II. III. IV. V. VIII. XI. XII. XIV. Pyth. XI.) metrisch, aber ohne Wiedergabe der Originalrhythmen übersetzt und in einem kurzen Aufsatze „Pindar ein Bote der Götter"[2]) eine enthusiastische Charakteristik von dessen Poesie gegeben.

Nicht eigentlich Uebersetzungen, sondern freie Nachbildungen einer größeren Anzahl von Epigrammen der griechischen Anthologie enthalten die „Blumen aus der griechischen Anthologie gesammelt"[3]), welchen „Anmerkungen über die Anthologie der Griechen, besonders über das griechische Epigramm" beigegeben sind, worin Herder

---

[1]) Eine eingehende Erörterung der aristotelischen Definition der Tragödie, worin die κάθαρσις als „Läuterung, Besänftigung und Ordnung der Leiden= schaften" erklärt wird, findet sich in dem Aufsatz über das Drama (S. W. Zur schönen Litteratur und Kunst Bd. 12 S. 223 ff.).

[2]) S. W. Zur schönen Litteratur und Kunst Bd. 10 S. 325 ff. (aus der Adrastea XI 1803); die Uebersetzungen ebd. S. 333 ff.

[3]) S. W. Zur schönen Litteratur und Kunst Bd. 10 S. 1 ff. (nach der zweiten Ausgabe von 1791); dazu S. 119 ff.: „Nachlese zur griechischen An= thologie" und S. 141 ff. „Anmerkungen".

nicht ohne Glück Lessing's zu sehr von den römischen Dichtern, besonders von Martialis, abhängige Theorie dieser Dichtungsgattung (s. oben S. 442 f.) bekämpft. Nach einem kurzen Ueberblick der Geschichte der griechischen Anthologie von der Corona des Meleagros bis auf Konstantinos Kephalas und Planudes entwickelt Herder zunächst das Wesen des Epigrammes auf psychologischem Wege und stellt dann durch historische Betrachtung des Ursprunges, der ersten Gestalt und der verschiedenen Gattungen den Begriff desselben dahin fest, daß es „ein gegenwärtiges Object zu einem einzelnen fest bestimmten Punkt der Lehre oder der Empfindung poetisch darstelle oder wende und deute" (a. a. O. S. 197). Zum Schluß wird die Bedeutung der griechischen Art des Epigrammes gegenüber der des Martialis hervorgehoben.

Beachtenswerthe Aperçus über die Geschichte der lyrischen Poesie der Griechen enthält der Aufsatz „Alcäus und Sappho. Von zwei Hauptgattungen der lyrischen Dichtkunst"[1], worin Herder drei Perioden der lyrischen Kunst der Griechen aufstellt: 1) die episch-elegische, 2) die lesbische Kunst, 3) die der öffentlichen Wettkämpfe. In der zweiten Periode unterscheidet er zwei Hauptgattungen, als deren Repräsentanten er den Alkäos und die Sappho betrachtet: a) die Empfindungen aufregende und das Gemüth gleichsam über sich erhebende, b) die solche niederlegende und besänftigende Lyrik.

Von römischen Dichtern hat nur Horaz Herder stärker angezogen und beschäftigt. Außer der schon erwähnten Kritik der Klotz'schen Rettungen und Erläuterungen im zweiten kritischen Wäldchen hat er eine Anzahl Oden, einige Briefe und Satiren des Dichters metrisch übersetzt[2] und in den „Briefen über das Lesen des Horaz an einen jungen Freund" eine Anleitung zum richtigen Verständniß insbesondere der Oden durch eine Charakte-

---

[1] S. W. Zur schönen Litteratur und Kunst Bd. 13 S. 123 ff. (aus dem zweiten Bande der Terpsichore 1795).
[2] A. a. O. Bd. 11 S. 1 ff.; die „Briefe" ebd. S. 65 ff.

ristik der metrischen Form, der dichterischen Composition und des Inhaltes derselben gegeben. Sonst hat er noch von Persius den Prolog, die 1. und 3. Satire übersetzt [1]). Daß er auch für die philologische Kritik („die Wissenschaft und Kunst, Schriften insonderheit älterer Zeiten und fremder Sprachen genau zu verstehen und zu beurtheilen") Sinn und Verständniß hatte, zeigt der Aufsatz „Bemühungen des vergangenen Jahrhunderts in der Kritik" [2]), welcher kurze Charakteristiken der englischen Kritiker R. Bentley (dessen Bedeutung Herder nach Verdienst würdigt), W. Baxter und Th. Creech enthält.

Die bildende Kunst der Alten war für Herder, abgesehen von der ästhetischen Betrachtungsweise, welche uns in mehreren seiner frühesten Schriften entgegentritt, besonders als der Ausdruck der religiösen und sittlichen Ideen von Interesse. Aus diesem Interesse sind die beiden „Antiquarischen Aufsätze" „Nemesis. Ein lehrendes Sinnbild" und „Wie die Alten den Tod gebildet?" hervorgegangen [3]). Im ersteren betrachtet Herder die Darstellung der Nemesis bei den griechischen Dichtern und in der bildenden Kunst und entwickelt daraus den Begriff derselben als „der Göttin des Maßes und Einhaltes". Im zweiten Aufsatze, der ausdrücklich als „ein Nachtrag zu Lessing's Abhandlung desselben Titels und Inhaltes" bezeichnet ist, führt Herder Lessing gegenüber aus, daß die Gestalt eines Jünglinges mit gesenkter Fackel in der antiken Kunst nicht bloß zur Darstellung des Todes, sondern auch anderer allegorischer Wesen, wie des Schlafes, des Komos, des Eros verwendet worden sei. Die Idee des Todes werde eigentlicher durch die Gestalten der Moiren und Keren, durch symbolische Darstellungen des zerstörenden Schicksales, durch Scenen des Abschiedes ausgedrückt. Wo der Tod als Persönlichkeit, als Thanatos,

---

[1]) A. a. O. Bd. 11 S. 137 ff.

[2]) Ebd. S. 181 ff. (aus der Adrastea IX).

[3]) S. W. Zur schönen Litteratur und Kunst Bd. 11 S. 385—426 und S. 427—494 (aus den Zerstreuten Blättern, 2. Sammlung 1786 nach der zweiten Ausgabe 1796).

bei den Griechen auftrete, erscheine er durchaus als ein **furcht-
bares** Wesen; seine Darstellung durch den die Fackel senkenden
Jüngling sei nur ein Euphemismus der Kunst, welche das schreck-
lichere Bild des Todes durch das mildere des Schlafes ersetze.
Weiter handelt Herder noch von den Symbolen, durch welche die
alte Kunst die Idee des Fortlebens nach dem Tode ausdrückt,
und von einigen anderen Gräbersymbolen, zuletzt von den auf
antiken Bildwerken erscheinenden Skeletten, in welchen er nicht,
wie Lessing, Larven oder Lemuren, sondern Darstellungen wirk-
licher Leichname erkennt: in der modernen Darstellungsweise des
Todes als Gerippe mit Stundenglas und Hippe seien zwei verschiedene Wesen, die Personification der Zeit und das Bild eines
Leichnames vermischt.

Ueber die Wichtigkeit, ja Nothwendigkeit des Studiums der
antiken Kunstwerke zum Verständniß der classischen Schriftsteller
möge noch folgende gelegentliche Aeußerung Herder's[1]) angeführt
werden: „Vollends Jünglinge, die die Alten lesen, können die
Kunstvorstellungen der Alten gar nicht entbehren. Ohne sie wird
sich ihr Geschmack nie wohl befestigen; die Komposition der griechischen und römischen Schriftsteller wird ihnen ohne Kenntniß der
Komposition ihrer Künstler nie helle werden".

Endlich ist Herder, auf welchen der Orient überhaupt eine
besondere Anziehungskraft ausübte, einer der ersten gewesen, welcher
der altpersischen Kunst Aufmerksamkeit gewidmet hat. Die genaueren
Mittheilungen über die Ruinen des alten Persepolis, insbesondere
über die dortigen Sculpturreste, welche Carstens Niebuhr,
der im Auftrage des Königs Friedrich V. von Dänemark in den
Jahren 1761—67 den Orient, insbesondere Arabien durchreist
hatte, verdankt werden, riefen Herder's Aufsatz „Persepolis. Eine
Muthmaßung" hervor, an welchen sich dann eine Reihe „Perse-
politanischer Briefe", an Niebuhr, Tychsen, Heyne und andere

---

[1]) In einer Recension von C. A. Böttiger's Griechischen Vasengemälden
Bd. 1 Heft 1 in den Erfurtischen Nachrichten, 46 Stück; wiederholt in den
S. W. Zur schönen Litteratur und Kunst Bd. 13 S. 308 ff.

Gelehrte (die letzten an Zoroaster und an Homer) gerichtet, an=
schlossen [1]).

Auch Christoph Martin Wieland (geboren zu Ober=
holzheim bei Biberach 5. September 1733, gestorben in Weimar
20. Januar 1813) hat namentlich in der späteren Periode seiner
langen litterarischen Laufbahn eifrig dafür gearbeitet, Interesse
und Verständniß für das classische Alterthum, welches er, wie
Lessing und Herder, als die echte Quelle reinen Geschmackes und
wahrer Bildung betrachtete, in weiteren Kreisen zu erwecken und
zu verbreiten. Aber ihm selbst fehlte das tiefere Verständniß
für den Geist des classischen, insbesondere des griechischen Alter=
thumes, als dessen höchste Entfaltung ihm die sokratische Kaloka=
gathie des Xenophon (der von früh an sein Lieblingsschriftsteller
gewesen war und den größten Einfluß auf ihn geübt hatte) und
der verständige Lebensgenuß eines Aristippos erschien, und anstatt
sich in die eigenthümliche nationale Denk= und Anschauungsweise
der classischen Völker zu vertiefen, trug er seine eigenen, wesentlich
modernen, namentlich durch die französische Litteratur beeinflußten
Anschauungen in das Alterthum hinein und betrachtete demnach
dasselbe nicht von einem objectiven, sondern von einem subjectiven
Standpunkte. Daher fehlt es seinen romanhaften Darstellungen
aus dem griechischen Alterthum (Geschichte des Agathon; Geschichte
der Abderiten; Menander und Glycerion; Krates und Hipparchia;
Agathodämon; Aristipp; Peregrinus Proteus u. a. m.) insofern
an innerer Wahrheit, als die darin auftretenden Persönlichkeiten
trotz ihrer griechischen Namen und des griechischen Schauplatzes
in ihrer Denk= und Anschauungsweise, ihrem Charakter und in
ihren Beziehungen zu einander vielfach moderne Züge erkennen
lassen — ein Mangel, von dem auch die am meisten von attischer
Feinheit und Anmuth durchdrungenen Schöpfungen der Wieland=
schen Muse, wie die anmuthige Dichtung „Musarion", nicht ganz

---

[1] S. W. Zur Philosophie und Geschichte Bd. 1 S. 51 ff. (mit Nachtrag
von Niebuhr S. 89 ff.) und S. 111 ff.

freizusprechen sind. Am nächsten stand seiner eigenen Individualität von allen antiken Schriftstellern Lucian: die mit einer Einleitung „Ueber Lucian's Lebensumstände, Charakter und Schriften" (Bd. I, S. III—XLVI) und mit erläuternden, hie und da zur Rechtfertigung der Uebersetzung auch den griechischen Text berücksichtigenden, bisweilen zu kleinen Excursen über Fragen der historischen und ästhetischen Kritik sich erweiternden Anmerkungen begleitete Uebersetzung der sämmtlichen Werke desselben[1]), die freilich mehr als eine von einem geistesverwandten Künstler gefertigte Nachschöpfung eines fremden Originales denn als eine Uebersetzung im gewöhnlichen Sinne zu betrachten ist, bildet in philologischer Hinsicht die bedeutendste Leistung Wieland's. In den mit Einleitungen und erläuternden Anmerkungen zu den einzelnen Stücken versehenen Uebertragungen der Satiren und der Briefe des Horatius[2]), in welcher der Hexameter durch den „freien Jambus" vertreten wird, ist gleichfalls im Ganzen der Geist des Originales richtig verstanden und der Ton desselben glücklich getroffen, wenn auch manche für die antiken Verhältnisse gar zu fremdartige Ausdrücke — wie z. B. „Füchse" für „nummos", „Zigeuner" für „mendici" u. a. — mit unterlaufen. Aus den besonders die historischen Beziehungen in eingehender Weise berücksichtigenden Anmerkungen verdient die Ehrenrettung des Geschichtsschreibers Sallustius (zu Sat. 1, 2, 48) hervorgehoben zu werden, welche zu der „Ehrenrettung dreier berühmter Frauen

---

[1]) Lucians von Samosata sämmtliche Werke. Aus dem Griechischen übersetzt und mit Anmerkungen und Erläuterungen versehen von C. M. Wieland, 6 Bde. (Leipzig 1788—89). Ausgelassen sind nur das fünfte Hetärengespräch und der Dialog Erotes als aus Sittlichkeitsrücksichten, der Proceß der Vokale, der Lexiphanes und der Soloitistes als aus grammatischen Gründen unübersetzbar.

[2]) Horazens Briefe aus dem Lateinischen übersetzt und mit historischen Einleitungen und anderen nöthigen Erläuterungen versehen von C. M. Wieland, 2 Theile (Dessau 1782 u. ö.). — Horazens Satiren aus dem Lateinischen übersetzt und mit einleitenden und erläuternden Anmerkungen versehen von C. M. Wieland, 2 Theile (Leipzig 1786 u. ö.).

des Alterthumes, der Aspasia, Julia, und der jüngeren Faustina [1])" eine Parallele bildet; auch der Aufsatz über Diagoras den Melier [2]) ist in demselben apologetischen Geiste, welcher bei der Prüfung der Ueberlieferung das Glaubwürdige von läppischem Anekdotenkram zu scheiden und die überlieferten Thatsachen psychologisch zu erklären sucht, geschrieben. Nicht eben Rettungen, aber treffende Charakteristiken des Maecenas und des Augustus gibt Wieland in seiner Uebersetzung der horazischen Briefe in den Einleitungen zum ersten und zum zweiten Buche. Endlich ist auch die von Wieland in seinem 75. Lebensjahre begonnene, nach seinem Tode von **Friedrich David Gräter** (Rector in Schwäbisch-Hall, dann in Ulm) vollendete Uebersetzung sämmtlicher Briefe des Cicero in chronologischer Ordnung mit historischen Einleitungen und Erläuterungen [3]), obgleich im Einzelnen nicht selten ungenau und mehr den Charakter einer Paraphrase tragend, eine respectable philologische Leistung. Dem Interesse der Alterthumswissenschaft sowohl als der allgemeinen Bildung wollte Wieland dienen durch die Gründung des **attischen Museums** [4]), einer in zwanglosen Heften erscheinenden Zeitschrift, die er hauptsächlich zu neuen sorgfältig ausgearbeiteten Uebersetzungen der vorzüglichsten Werke attischer Schriftsteller aus dem Jahrhundert des Perikles und Alexander, mit Einleitungen und Anmerkungen, bestimmte, die daneben aber auch selbständige Aufsätze über in-

---

[1]) C. M. Wieland's sämmtliche Werke herausgegeben von J. G. Gruber Bd. 43 S. 45—116.

[2]) Ebd. Bd. 47 S. 168—179.

[3]) M. Tullius Cicero's sämmtliche Briefe übersetzt und erläutert von C. M. Wieland, 7 Bde. (Zürich 1808—1821). Von den 18 Büchern, in welche hier der Inhalt der vier ciceronischen Briefsammlungen vertheilt ist, sind 14 von Wieland selbst übersetzt; die Erläuterungen zu den Büchern 13 und 14 sowie die Uebersetzung und Erläuterungen der Bücher 15—18 rühren von Gräter her.

[4]) Attisches Museum herausgegeben von C. M. Wieland, 4 Bde., zu je 3 Heften (Zürich, Lucern und Leipzig 1796—1803). Neues attisches Museum herausgegeben von C. M. Wieland, J. J. Hottinger und F. Jacobs, 3 Bde., zu je 3 Heften (Zürich und Leipzig 1805—1811).

teressante Gegenstände der Mythologie, Geschichte, politischen Verfassung, Litteratur und Kunst, Philosophie, Sitten und des häuslichen Lebens der Griechen überhaupt und der Athener insbesondere enthalten sollte. Von Wieland selbst, der bei der Herausgabe dieser Zeitschrift von einigen Philologen von Fach, namentlich von C. A. Boettiger, Fr. Jacobs und J. J. Hottinger unterstützt wurde, finden sich darin folgende Arbeiten: Uebersetzung des Panegyrikos des Isokrates mit Einleitung und Anmerkungen (Bd. 1 Heft 1 S. I—XL und S. 1—120); Sokratische Gespräche aus Xenophon's denkwürdigen Nachrichten von Sokrates (Bd. 3 Heft 1 S. 101—168 und Heft 2 S. 296—336); Xenophon's Gastmahl übersetzt (Bd. 4 Heft 1 S. 65—148) nebst einem „Versuch" über das Xenophontische Gastmahl als Muster einer dialogisirten dramatischen Erzählung betrachtet" (ebd. Heft 2 S. 99 bis 124); freie metrische Uebersetzungen der Ritter (Bd. 2 Heft 1 S. III—XXXIII und S. 1—144), der Wolken, (ebd. Heft 2 S. 49—174 und Heft 3 S. 1—124; dazu „Versuch über die Frage: ob und inwiefern Aristophanes gegen den Vorwurf, den Sokrates in den Wolken persönlich mißhandelt zu haben, gerechtfertigt oder entschuldigt werden könne?" in Bd. 3 Heft 1 S. 57—100) und der Vögel (Neue Folge Bd. 1 Heft 3 S. 49 ff. und Bd. 2 Heft 1 S. 107 ff.) des Aristophanes (eine Uebersetzung der Acharner desselben Dichters hatte Wieland schon im Neuen Teutschen Merkur vom Jahre 1794 veröffentlicht) [1]), des Ion des Euripides (Bd. 4 Heft 4 S. 1 ff.; dazu „Grundriß und Beurtheilung der Tragödie Ion von Euripides", Neue Folge Bd. 1 Heft 1 S. 1 ff.) und der Helena desselben Dichters (Neue Folge Bd. 1 Heft 1 S. 47 ff.; dazu „Grundriß und Beurtheilung der Helena des Euripides" Neue Folge Bd. 2 Heft 2 S. 1 ff.). Hat auch Wieland in diesen

---

[1]) Ein Nachdruck dieser Uebersetzungen u. d. T.: „Vier Komödien des Aristophanes übersetzt und erläutert von Ch. M. Wieland, 2 Bde. (Wien 1813/14) ist mir nur dem Titel nach bekannt. — Die Uebersetzung der Acharner ist nebst dem einleitenden Schreiben an Voß und den „Vorerinnerungen" aufgenommen in Wieland's sämmtliche Werke herausgegeben von J. G. Gruber Bd. 46 S. 81 ff.

und den früher erwähnten Uebersetzungen das von Fr. A. Wolf vorgezeichnete und in einzelnen Proben dargestellte Ideal einer Nachbildung, worin Stoff und Form dergestalt sich durchdringen, daß dem Kenner, dem alterthümlichen Leser des Dichters ein völlig gleicher Genuß wie durch die Urschrift ohne irgend eine Störung bereitet werde [1]), nicht erreicht, so bezeichnen diese seine Arbeiten doch in Hinsicht der Lesbarkeit und der Gleichmäßigkeit des allerdings dem des Originales nicht immer conformen Eindruckes, welchen der Leser davon empfängt, einen entschiedenen Fortschritt gegen fast alle früheren Versuche auf diesem Gebiete. In Hinsicht der Würdigung der Originale stellt er den ihm geistig näher verwandten Euripides, dessen Alkestis er schon im Jahre 1773 in seinem Singspiel Alceste frei nachgebildet und in seinen Briefen über dieses Singspiel (im Teutschen Merkur 1773) einer trotz ihrer subjectiven Färbung nicht unberechtigten Kritik unterzogen hatte [2]), in diesen späteren Aufsätzen eher zu hoch als zu tief, während er der Bedeutung des Aristophanes und der altattischen Komödie überhaupt nicht gerecht geworden ist, indem er diese im Wesentlichen als eine Belustigung für den Pöbel, jenen als einen Mann betrachtet, der trotz seiner Genialität von Seiten des Herzens, der Sinnesart und des sittlichen Charakters wenig oder gar keine Ansprüche an die Achtung edler und guter Menschen zu machen habe.

Mit der griechischen Kunst beschäftigen sich einige kleinere Arbeiten Wieland's: die gegen die Behauptung Lavater's, daß die Idealbildungen der griechischen Künstler nichts anderes gewesen seien als Nachahmungen der schöneren Natur, gerichtete Abhandlung „über die Ideale der griechischen Künstler" [3]) und

---

[1]) S. F. A. Wolf's Kleine Schriften in lateinischer und deutscher Sprache herausgegeben von G. Bernhardy Bd. 2 S. 993.

[2]) Diese Kritik, durch welche bekanntlich Goethe's Farce „Götter, Helden und Wieland" (Werke Bd. 16 S. 187 ff. der Ausgabe in 36 Bänden) hervorgerufen wurde, ist wieder abgedruckt in W.'s sämmtl. Werken Bd. 47 S. 204 ff.

[3]) Sämmtliche Werke Bd. 45 S. 153 ff.; der Aufsatz Lavater's (aus dessen Physiognomischen Fragmenten Bd. 3 S. 40 ff.) ist in den Anmerkungen dazu S. 241 ff. wieder abgedruckt.

die kleineren Aufsätze „über die Perspective in den Werken der griechischen Maler (deren Vorhandensein Wieland aus einer Stelle des Cicero de oratore II, 87, 358 erweisen will[1]), „Apelles" (Erzählung einer Künstleranekdote von diesem[2]) und „auch die Griechen hatten ihre Teniers und Ostaden" (über Pyreikos und einige andere weniger bekannte griechische Maler)[3].

Eine in Wieland's Manier aber mit größerer Freiheit in der Wiedergabe der Einzelheiten und mit viel weniger Rücksicht auf die modernen Begriffe von Sittsamkeit und Anstand, als Wieland zu nehmen pflegte, gearbeitete Uebersetzung ist die des satirischen Romanes des Petronius von Wilhelm Heinse (geboren 16. Februar 1746 zu Langenwiesen im Schwarzburg-Sondershausen'schen, gestorben 22. Juli 1803 zu Mainz)[4], einem Schüler Wieland's aus der Zeit von dessen Lehrthätigkeit an der Universität Erfurt (1769—72), der aber eben wegen dieser Uebersetzung mit seinem alten Lehrer eine Zeit lang gänzlich zerfallen war. Bald wandte sich auch Heinse selbst von dem Schmutze des sinkenden Römerthumes ab und dem blühenden jugendfrischen Leben von Hellas, das er freilich fast ausschließlich von der Seite des sinnlich Reizenden auffaßte, zu; durch eifrige Studien in der Düsseldorfer Gemäldegalerie, deren Meisterwerke er in einer Reihe trefflicher Briefe an Gleim geschildert hat[5], und durch einen fast dreijährigen Aufenthalt in Italien bildete er seinen Geschmack und erwarb sich nicht gemeine Kenntnisse in antiker und moderner Kunst, wovon die lebendigen und sachkundigen Schilderungen an-

---

[1]) Sämmtliche Werke Bd. 45 S. 143 ff.
[2]) Sämmtliche Werke Bd. 46 S. 73 ff.
[3]) Sämmtliche Werke Bd. 47 S. 276 ff.
[4]) Die Uebersetzung erschien anonym und mit falscher Angabe des Druckortes (Rom statt Schwabach) u. d. T. „Begebenheiten des Enkolp. Aus dem Satyricon des Petron übersetzt", 2 Bde. (1773). Wiederholt u. d. T. „Geheime Geschichte des römischen Hofs unter der Regierung des Kaisers Nero, aus dem Lateinischen des Petron übersetzt mit einigen Anmerkungen" (1783).
[5]) Briefe zwischen Gleim, Wilhelm Heinse und Johann von Müller. Aus Gleim's litterarischem Nachlasse herausgegeben von Wilh. Körte (Zürich 1806) Bd. 1 S. 246 ff.

tiker Denkmäler, die feinen und originellen Bemerkungen über die Entwickelung der antiken Kunst sowie über das Wesen und die Grenzen der Bildhauerei, Malerei und Poesie Zeugniß geben, welche sich in seinen Briefen aus Italien und besonders in seinem von glühender Sinnlichkeit getränkten Roman „Ardinghello oder die glücklichen Inseln. Eine italienische Geschichte aus dem sechszehnten Jahrhundert" (2 Bde., 1787 u. ö.) eingestreuet finden[1]). Wir heben als Probe einige Bemerkungen über Schönheit, Charakter und Ausdruck in der bildenden Kunst hervor: „Der schöne Mensch im bloßen Gefühl seiner Existenz ohne Leidenschaft in Ruhe ist der eigentliche Gegenstand der Nachahmung des bildenden Künstlers—. Alle Leidenschaft, alle Handlung zieht, leitet unsere Betrachtung von ihren schönen körperlichen Formen ab. Zur Schönheit selbst gehört der Charakter oder das wodurch sich eine Person von der andern unterscheidet. Schönheit mit lebendigem Charakter ist das Schwerste der Kunst" (Ardinghello, Bd. 1 S. 323). — „Wenn das Kunstwerk eine Geschichte darstellen soll, so muß der Ausdruck herrschen; denn dieses ist alsdann der Hauptzweck und Schönheit in Stellung und Formen und Gestalten muß hier der Wahrheit aufgeopfert werden. Allein Geschichte, Scenen aus Dichtern bleiben immer die letzten Vorwürfe der bildenden Kunst, weil sie dieselben nie ganz und nie so mit dem ergreifenden Leben darstellen kann, wie ein Herodot und Homer" (ebd. S. 325).

Unter den Philologen von Fach hat keiner das Interesse für das classische Alterthum und die Kenntniß desselben in weiteren Kreisen durch Lehre und schriftstellerische Thätigkeit in so hohem Grade gefördert wie Christian Gottlob Heyne

---

[1]) Vgl. die Schilderung der Villa Hadrian's in Tivoli mit Excursen über Hadrian und über die Bilder des Antinous in einem Briefe an Gleim a. a. O. Bd. 2 S. 413 ff.; die Notizen über Roms antike Denkmäler im Ardinghello Bd. 1 S. 287 ff.; die Bemerkungen über die altgriechische Kunst und ihre Entwickelung ebd. Bd. 2 S. 55 ff.; über die Laokoongruppe ebd. S. 65 ff.; über Wesen und Grenzen der Malerei, Bildhauerei und Poesie ebd. Bd. 1 S. 311 ff.

(geboren zu Chemnitz 25. September 1729)¹). Seitdem dieser durch den hannöver'schen Minister Gerlach Adolph von Münchhausen auf die Empfehlung David Ruhnken's in Leyden, der durch Heyne's erste, in Deutschland ganz unbeachtet gebliebene philologische Arbeiten, die Ausgaben der Gedichte des Tibullus (Leipzig 1755) und des Encheiridion des Epiktetos (Dresden und Leipzig 1756), auf ihn aufmerksam geworden, aus dem tiefsten Elend als Nachfolger Gesner's an die Universität Göttingen berufen worden war (1763), hat er an dieser Anstalt, mit der er bald auf das Engste gleichsam verwuchs und die ihm einen großen Theil ihres wissenschaftlichen Rufes verdankte, fast fünfzig Jahre lang als Professor der Beredtsamkeit und Director des philologischen Seminares, als Oberbibliothekar, als Secretär der Gesellschaft der Wissenschaften und Redacteur der von derselben herausgegebenen „gelehrten Anzeigen" (die viele Tausende von ihm verfaßter Recensionen enthalten), endlich als Geschäftsmann in verschiedenen Zweigen der Verwaltung gewirkt. Seine Vorlesungen, die trotz der wenig imponirenden Erscheinung und des schwachen Organes des Vortragenden, trotz der ziemlich unbehülflichen Form und des Mangels strenger Ordnung des Vortrages durch Lebendigkeit und Natürlichkeit, durch die Wärme, womit er den Gegenstand erfaßte, und durch ihren inneren Gehalt zahlreiche Zuhörer anzogen und fesselten, umfaßten ziemlich alle Disciplinen der Alterthumswissenschaft: Erklärung der griechischen und römischen Schriftsteller, insbesondere der Dichter, griechische und römische Litteraturgeschichte, griechische und römische Alterthümer, endlich Kunstarchäologie (wobei er die Geschichte und die Technologie der alten Kunst, unter Ausschluß der Architektur, kürzer und ziemlich fragmentarisch, ausführlicher und eingehender

---

¹) Vgl. Chr. G. Heyne. Biographisch dargestellt von Arn. Herm. Lud. Heeren (Göttingen 1813); F. Hand in der Allgem. Encycl. d. W. u. K. Sect. II Bd. 7 S. 369 ff.; H. Sauppe in „Göttinger Professoren" (Gotha 1872) S. 78 ff.; W. Herbst, Joh. Heinr. Voß Bd. 1 (Leipzig 1872) S. 68 ff., und meinen Artikel in der Allgem. deutschen Biographie Bd. 12 S. 375 ff.

die sog. Kunstmythologie behandelte) ¹). Dazu kamen die Uebungen des philologischen Seminares, worin er die Mitglieder dieses besonders zur Bildung tüchtiger Gymnasiallehrer bestimmten Institutes durch Interpretation antiker Schriftsteller und Disputationen über von den Mitgliedern verfaßte auf die classische Litteratur bezügliche Aufsätze zur richtigen Methode und zu selbständiger wissenschaftlicher Thätigkeit anleitete, auch wenigstens in früheren Jahren bisweilen Vorträge über Kritik und über griechische Mythologie hielt. Diese Thätigkeit als Leiter des philologischen Seminares, auf welcher besonders das hohe Ansehen beruhte, welches er innerhalb wie außerhalb Deutschlands genoß — wurde doch viele Jahre hindurch kaum eine öffentliche Lehrstelle in Deutschland besetzt ohne daß man Heyne deshalb um Rath gefragt hätte — hat er auch in seinen letzten Lebensjahren, nachdem er den Kreis seiner Vorlesungen wesentlich beschränkt und die Funktion eines Professors der Beredtsamkeit einer jüngeren Kraft, seinem Schüler Christoph Wilhelm Mitscherlich überlassen hatte (1809), fortgeführt und erst am Tage vor seinem am Morgen des 14. Juli 1812 erfolgten Tode abgeschlossen.

---

¹) Heyne's Vorlesungen über Archäologie, wie er sie im Jahre 1792 gehalten hatte, sind, allerdings sehr unzeitgemäß, nach einem Hefte veröffentlicht worden u. d. T.: Akademische Vorlesungen über die Archäologie der Kunst des Alterthums, insbesondere der Griechen und Römer. Ein Leitfaden für Leser der alten Klassiker, Freunde der Antike, Künstler und diejenigen, welche Antikensammlungen mit Nutzen betrachten wollen von Chr. G. Heyne (Braunschweig 1822). Heyne selbst hat nur einen kurzen Abriß von 24 Seiten als Leitfaden für seine Vorlesungen drucken lassen u. d. T.: Einleitung in das Studium der Antike oder Grundriß einer Anführung zur Kenntniß der alten Kunstwerke, Göttingen und Gotha o. J. (1772). Dieser Abriß bildete auch die erste Grundlage für die Vorlesungen über Archäologie, welche Johann Philipp Siebenkees (geboren 14. October 1758 in Nürnberg, lebte 1782—90 in Italien, starb in Altdorf 25. Juni 1796) als Professor der Philosophie und der occidentalischen Sprachen an der Universität Altdorf hielt und die nach seinem Tode nach seinen Manuscripten gedruckt worden sind u. d. T.: „Joh. Ph. Siebenkees ehemaligen Professors der Philosophie zu Altdorf Handbuch der Archäologie oder Anleitung zur Kenntniß der Kunstwerke des Alterthums und zur Geschichte der Kunst der alten Völker" (Nürnberg 1799. Zweite Abtheilung ebd. 1800).

Wenn wir auch bei Heyne, der überhaupt kein eigentlich schöpferischer Geist war, jenes einheitliche Princip, durch welches Fr. A. Wolf die Alterthumsstudien zum Range einer selbständigen, in sich geschlossenen Wissenschaft erhoben hat, noch vermissen, so verdient derselbe doch wegen des in seiner ganzen wissenschaftlichen Thätigkeit hervortretenden Strebens, die verschiedenen Seiten des antiken Culturlebens in ihrer historischen Entwickelung zu erfassen und selbständig darzustellen, als der bedeutendste Vorläufer Fr. A. Wolf's und als der Begründer der sog. realen Disciplinen der Philologie bezeichnet zu werden.

Fassen wir nun Heyne's schriftstellerische Thätigkeit in das Auge und zwar zunächst seine Leistungen für die Kritik und Erklärung antiker Dichter, wie sie uns in seinen Ausgaben der homerischen Ilias [1]), der Gedichte des Pindar [2]), des Virgil [3]) und des Tibull [4]) entgegentreten. Seine schwächste Seite ist hier wie bei seinem Vorgänger Gesner die Textkritik. Obgleich er den kritischen Anmerkungen, die er auch äußerlich von den exegetischen zu sondern pflegt, einen nicht unbeträchtlichen Raum einräumt, so fehlt es ihm doch an sicherer Methode und Konsequenz in der Verwerthung des kritischen Apparates; er entschließt sich ungern von der sog. Vulgata abzuweichen und läßt sich bei der Auswahl der Lesarten nicht selten von einem ziemlich äußerlichen Gefühl

---

[1]) Homeri carmina cum brevi annotatione. Accedunt variae lectiones et observationes veterum grammaticorum cum nostrae aetatis critica curante Ch. G. Heyne (Lips. 1802) 8 Bde.; ein neunter Band, die Indices von E. A. G. Gräfenhahn enthaltend, erschien 1822: das Ganze enthält nur die Ilias. Handausgabe: Homeri Ilias cum brevi annotatione (Lips. 1804) 2 Bde.

[2]) Pindari carmina cum lectionis varietate, adnotationibus et indicibus iterum curavit C. G. H. (Göttingen 1798), 3 Theile in 5 Bänden (über H.'s frühere Arbeiten zu Pindar vgl. Heeren a. a. O. S. 495).

[3]) P. Virgilii Maronis opera varietate lectionis et perpetua adnotatione illustrata, 4 Bde., zuerst Lips. 1767—75, ed. III novis curis emendata et aucta ib. 1803.

[4]) Albii Tibulli quae extant carmina novis curis castigata, zuerst Lips. 1755; ed. III et emendatior 1798.

für Eleganz statt von einer unbefangenen Würdigung des Werthes der Ueberlieferung leiten.

Bei der Exegese tritt die grammatische und metrische Erklärung etwas in den Hintergrund: Grammatik und Metrik sind eben Felder, auf denen Heyne kaum selbständig gearbeitet hat; für die Ausgabe des Pindar, in welcher eine Darlegung der metrischen Kunst dieses Dichters nicht wohl zu umgehen war, steuerte auf seine Aufforderung der damals 25jährige Gottfried Hermann die Abhandlung De metris Pindari bei. Das Hauptgewicht legt Heyne auf die Sacherklärung, wobei er alles, was nicht unmittelbar zum Verständniß des Dichters nothwendig ist, aus dem Commentar selbst ausschließt und in besonderen Excursen abhandelt, sowie auf die rhetorische und poetische oder, wie man es auch genannt hat, die ästhetische Erklärung, welche den Leser auf die Schönheiten des Textes aufmerksam macht und zum Verständniß desselben anzuleiten sucht. Auch die Interpretation Heyne's leidet übrigens, ähnlich wie sein kritisches Verfahren, an einer gewissen Unsicherheit des Urtheiles: sie schwankt nur zu häufig zwischen verschiedenen Möglichkeiten der Erklärung hin und her.

Wenn wir die vier oben angeführten Ausgaben unter einander vergleichen, so müssen wir die Ausgabe des Virgil (abgesehen von der in Hinsicht der Sacherklärung sehr mangelhaften Bearbeitung der Georgica) als die verhältnißmäßig bedeutendste, die der Ilias, trotz des bedeutenden Aufwandes von Zeit und Kraft, welche Heyne ihr gewidmet hat, und trotz der hohen Erwartungen, mit welchen die Zeitgenossen ihr entgegensahen[1], trotzdem endlich, daß auch grammatische Fragen hier in mehreren Excursen ausführlich, freilich nicht erschöpfend und ohne rechte Schärfe

---

[1] Heeren a. a. O. S. 207 sagt von der Bearbeitung des Homer: „Er widmete ihr einen bedeutenden Theil seines Lebens, seiner Kräfte, seiner Studien". Und Ruhnken schreibt an Heyne 24. Juli 1789 (Ruhnkenii Epistolae ad diversos ed. Mahne p. 44): „Te video uno omnium ore ad Homerum recensendum vocari; quod onus dii faciant ut tibi imponi patiaris."

behandelt sind¹), als die am wenigsten bedeutende Leistung bezeichnen. Die Gründe dafür sind theils der wesentlich compilatorische Charakter der Arbeit, theils der Umstand, daß dieselbe schon durch den Zeitpunkt ihres Erscheinens unmittelbar zu einer Vergleichung mit den Arbeiten Fr. A. Wolf's auf dem gleichen Gebiete aufforderte, eine Vergleichung, die in Bezug auf die Textkritik sowohl als auf die sog. höhere Kritik durchaus zu Ungunsten Heyne's ausfallen muß. In ersterer Hinsicht hat Heyne, weil er die von Villoison entdeckten venezianischen Scholien zur Ilias nicht in ihrer vollen Bedeutung würdigte²), sich nicht entschließen können mit der sog. Vulgata, wie sie besonders in der Clarke=Ernestischen Ausgabe vorlag, zu brechen und auf den von den alexandrinischen Grammatikern constituirten Text zurückzugehen. Die Frage nach der Entstehung und älteren Geschichte der homerischen Gedichte, speciell der Ilias, welche Wolf in seinen Prolegomena in so eingehender und methodisch mustergültiger Weise behandelt, hat Heyne nur summarisch und in etwas unsicherer, mehr tastender als den Gegenstand fest anfassender Weise erörtert, zunächst in der kurz nach dem Erscheinen der Prolegomena am 1. August 1795 der Göttinger Gesellschaft der Wissenschaften vorgelegten Abhandlung „De antiqua Homeri lectione indaganda, diiucidanda et restituenda"³), sodann in ein paar Excursen zum 24. Buch der Ilias im 8. Bande seiner Ausgabe⁴). Er betont scharf, daß wir

---

¹) Man vgl. besonders die Excurse „de digammo placita quae in Homero probanda esse videntur" (t. VII p. 708 ss.) und „Recensus vocum Homericarum quae digammi vestigia servare videntur" (ebd. p. 726 ss.), ferner „de dialecto Homeri Ionica" (t. VIII p. 226 ss.) und „Salebrae interpretationis et criticae ex grammatica Homeri imperfecta" (ibid. p. 540 ss.).

²) Man vgl. seinen Excurs „de usu grammaticorum veterum in interpretatione Homerici carminis" t. VIII p. 554 ss.

³) S. Commentationes societatis regiae scientiarum Gottingensis ad a. 1795—98 t. XIII class. hist. et phil. p. 159—182.

⁴) Exc. II (ad Il. Ω) „de Iliade universe et de eius partibus rhapsodiarumque compage" t. VIII p. 770 ss., und Exc. III „de Homero Iliadis auctore" ibid. p. 819 ss.

eine glaubwürdige historische Ueberlieferung über Homer's Persön=
lichkeit, über den Ursprung und die ältesten Schicksale der seinen
Namen tragenden Gedichte nicht besitzen, sondern auf Vermuthungen
darüber uns beschränken müssen, die nicht über die Grenzen der
Wahrscheinlichkeit hinausgehen können. Als eine solche bezeichnet
er die Annahme, daß Homer überhaupt keine historische Persön=
lichkeit, sein Name von der Zusammenfügung der Gedichte
herzuleiten sei[1]), daß die einzelnen Partien (Rhapsodien) der Ilias
zu verschiedenen Zeiten von verschiedenen Dichtern verfaßt, längere
Zeit hindurch nur vereinzelt von den Rhapsoden vorgetragen und
erst verhältnißmäßig spät, etwa durch Peisistratos und seine Söhne,
zu einem zusammenhängenden Ganzen verbunden und durch schrift=
liche Aufzeichnung allgemein bekannt gemacht worden seien. Wie
weit Heyne zu diesen mit den Ansichten Wolf's im Wesentlichen
übereinstimmenden Annahmen unabhängig von diesem gelangt ist,
läßt sich nicht sicher feststellen[2]); jedenfalls hat Wolf sie zuerst
und weit schärfer und bestimmter ausgesprochen und wissenschaft=
lich begründet; man kann daher Wolf keinen Vorwurf deshalb

---

[1]) Commentat. p. 172: „Ita dubitare licet, an omnino aliquis hoc
nomine homo fuerit; licet suspicari nomen Homeri ab ipsa re conseren-
dorum carminum et ab etymo ductum esse videri; affirmari tamen potest
nihil."

[2]) In der am 6. September 1777 in der Societät vorgetragenen Ab=
handlung „De origine et caussis fabularum Homericarum" (Novi commentarii soc. r. sc. Gotting. t. VIII, cl. hist. et phil. p. 34—58), worin Heyne
nachzuweisen sucht, daß Homer theils aus einer alten Kosmogonie und anderen
älteren Dichtungen, theils aus mündlichen Erzählungen geschöpft habe, findet
sich noch keine Spur eines Zweifels an der historischen Persönlichkeit des
Dichters. Dagegen finden wir in einem von Welcker (Zoega's Leben Bd. 2
S. 60 ff.) mitgetheilten Briefe Heyne's an G. Zoega vom 22. September 1790
folgende Aeußerung: „Wie sollte es mir einfallen, über das Zeitalter der
Homerischen Gedichte weiter zu gehen als Data vorhanden sind? Alles
Uebrige heißt geträumt. Mir ist es wahrscheinlich: es sind erst einzelne
Gesänge gewesen, die man nachher verband. Im Grunde ist es doch nur
eine Möglichkeit. Ein Hälmchen im Ocean ist noch kein Fahrzeug bis
an das andere Ende zu schwimmen. Genug die Stücke sind da und ich habe
den Genuß, kann sie verstehen ohne alle jene weitgesuchte Hypothesen".

machen, daß er durch die Andeutungen Heyne's, derselbe habe diese Anschauungen schon seit dreißig Jahren gehegt und mündlich und schriftlich geäußert, zur Polemik gegen diesen seinen alten Lehrer gereizt wurde, wenn man auch den Ton dieser Polemik durchaus nicht billigen kann.

Von griechischen Prosaikern hat Heyne, abgesehen von den Beiträgen, welche er zu der Ausgabe des Geschichtswerkes des Zosimus von seinem Schüler Johann Friedrich Reitemeier (Leipzig 1784), dem Verfasser eines für seine Zeit sehr verdienstlichen Buches „Geschichte und Zustand der Sclaverei und Leibeigenschaft in Griechenland" (Berlin 1789) und einer „Geschichte des Bergbaues und Hüttenwesens bei den alten Völkern" (Göttingen 1785), zu der Ausgabe der Erzählungen des Konon von Johann Arnold Kanne (Göttingen 1798)[1]) und zu der der Liebesgeschichten des Parthenios von Lucas Legrand (ebb. 1798)[2]) geliefert, nur das Encheiridion des Epiktetos (Leipzig 1756; ed. II emendatior et auctior Warschau und Dresden 1776) und die mythologische Bibliothek des Apollodoros (Göttingen 1782—87. ed. II 1803) herausgegeben. Die letztere Ausgabe, für welche Heyne zur Herstellung des Textes durch Ruhnken's Vermittelung den von dem Holländer Gerhard Jakob van Swinden gesammelten handschriftlichen Apparat benutzen konnte, ist besonders werthvoll durch den im zweiten Bande enthaltenen sachlichen Commentar, welcher ein äußerst reichhaltiges Repertorium

---

[1]) Die von demselben Gelehrten (geboren zu Detmold im Mai 1773, gestorben als Professor der orientalischen Sprachen in Erlangen 17. December 1834) verfaßte „Mythologie der Griechen. Erster Theil", Leipzig 1805 (mehr ist nicht erschienen) zeigt keinen directen Einfluß Heyne's. Der Verfasser nimmt zwei Stufen der religiösen Entwickelung an: den Thierfetischismus und den reineren Fetischismus oder Anthropomorphismus. Die Mythologie ist ihm Belebung der Natur, die aber weder auf Personification noch auf Armuth der Sprache, sondern auf den lebendigen Glauben an eine lebende Natur zurückzuführen sei.

[2]) Vgl. über diesen W. Vischer, Lucas Legrand, ein Gelehrtenbild aus dem XVIII. Jahrhundert. Nebst einer Beilage, enthaltend einen Briefwechsel zwischen Legrand und Chr. G. Heyne (Basel 1862).

der uns von den alten Schriftstellern erhaltenen mythischen Tradition bildet, nebst dem „Index scriptorum ab Apollodoro in bibliotheca laudatorum" (p. 351—363) und den genealogischen Tafeln zur Götter- und Heroensage (p. 364—400).

Aber nicht bloß um die Sammlung des mythischen Stoffes, sondern auch um die tiefere wissenschaftliche Erforschung der griechischen Mythologie hat sich Heyne große Verdienste erworben, ja er kann geradezu als der Begründer einer wahrhaft wissenschaftlichen Behandlung der griechischen Mythologie bezeichnet werden, deren Grundlinien er in einer Anzahl der Göttinger Gesellschaft der Wissenschaften vorgelegten und in den „Commentationes" derselben abgedruckten Abhandlungen vorgezeichnet hat. Gleich in dem ersten Vortrage, welchen er in der Gesellschaft gehalten, der am 10. December 1763 vorgetragenen Abhandlung „Temporum mythicorum memoria a corruptelis nonnullis vindicata"[1] eifert er gegen die gewöhnliche Auffassung der Mythologie als eines Systemes willkürlicher Erdichtungen, bezeichnet vielmehr die Mythen als den Inbegriff der Erzählungen und Anschauungen eines Volkes aus den ältesten Zeiten vor der Einführung des Gebrauches der Schrift und hebt die wesentliche Verschiedenheit der religiösen Begriffe jener ältesten Zeit von denen der neueren Zeiten hervor. Darauf folgten zunächst einige speciellere Untersuchungen, wie über die Sage von Hellen und seinem Geschlecht (De Graecorum origine e septentrionali plaga repetenda suspiciones)[2], über den Musencult (Musarum religio eiusque origines et caussae)[3] und über Herakles Musagetes (De Hercule Musageta nominisque caussis)[4]. Die Reihe der späteren und reiferen mythologischen Arbeiten Heyne's eröffnet die am 17. Februar 1798 der Gesellschaft vorgetragene Abhandlung „De fide historica

---

[1] Commentationes soc. reg. sc. Getting. t. VIII, commentationes antiquiores p. 3—19.
[2] A. a. O. p. 20—32.
[3] A. a. O. p. 33—46.
[4] Commentat. soc. reg. sc. Getting. t. III p. XXIII—XXX.

aetatis mythicae commentatio"¹), die uns zugleich als den Ausgangspunkt der mythologischen Studien Heyne's die Kritik der Quellen der ältesten griechischen Geschichte kennen lehrt. Der Verfasser bringt hier zunächst auf eine Untersuchung der ältesten Quellen der Ueberlieferung über die Begebenheiten des mythischen Zeitalters, wobei man zu prüfen habe, ob dieselben das, was sie überliefern, aus der Erinnerung des Volkes oder aus alten Gedichten geschöpft haben; vom Ersteren seien die Ueberlieferungen über die Schicksale und Wanderungen einzelner Geschlechter glaubwürdig, weniger die über die Anfänge und Urheber derselben. Bei dem durch alte Gedichte Ueberlieferten müsse man die mythische Einkleidung, die eine nothwendige aus dem Mangel an eigentlichen Ausdrücken in jener Zeit hervorgegangene sei, von dem thatsächlichen Kerne unterscheiden; ein weiteres Element dabei seien Philosopheme, die gemäß der Sprachweise der alten Zeit als Begebenheiten und Thatsachen dargestellt seien (wie der Feuerraub des Prometheus, der Ursprung der Welt, die Weltalter, die Erfindungen der Künste und Lebenseinrichtungen). Außerdem hätten die Griechen auch manche Mythen von auswärtigen Völkern (Aegyptern, Phöniken, Thrakern, Phrygern, vielleicht auch aus Libyen) angenommen. Bei manchen Mythen sei es zweifelhaft, ob sie auf einer wirklichen Begebenheit beruhen oder bloß eine Meinung repräsentiren; bei nicht wenigen sei beides vermischt: Begebenheiten der Vorzeit, die in der Erinnerung der Menschen fortlebten, und Erfindungen, wodurch man Begriffe in Persönlichkeiten und Ereignisse verwandelt habe, wie besonders in den Sagen von Perseus, Herakles, Theseus, den Argonauten, dem thebanischen und dem troischen Kriege.

An diese Abhandlung, welcher ein Epimetrum über die historische Grundlage der Sagen vom troischen Kriege beigefügt ist, schließt sich zunächst die in der Sitzung vom 1. März 1799

---

¹) Commentationes soc. reg. sc. Gotting. t. XIV cl. hist. et philol. p. 107—120.

vorgetragene „Historiae scribendae inter Graecos primordia" [1]) an, worin der Verfasser, nachdem er dargelegt hat, woher es komme, daß die älteste griechische Geschichte ein mythisches Gepräge habe, über die ältesten historischen Aufzeichnungen bei den Griechen handelt. Als Fortsetzung dieser beiden Abhandlungen hat Heyne in demselben Bande der Commentationes (p. 143—157) drei kurze, nicht in der Societät vorgetragene Aufsätze drucken lassen, welche in kurzen Zügen die Grundgedanken seiner Auffassung der griechischen Mythen enthalten: „De opinionibus per mythos traditis tanquam altero secundum historicum mythorum genere"; „De mythorum poeticorum natura origine et caussis" und „De Homericorum mythorum natura origine et caussis". Die in der ersten Abhandlung begründete Scheidung der Mythen in historische und philosophische, d. h. solche, welche Ansichten und Meinungen der Menschen über physische oder ethische Dinge enthalten, wird hier bestimmt ausgesprochen und die Entstehung der zweiten Gattung daraus erklärt, daß auf die noch ungebildeten Menschen zunächst die Naturerscheinungen, besonders die ungewöhnlichen und die bedeutend wirkenden, dann alles was die Leidenschaften, insbesondere Zorn, Haß und Rachegefühl aufregt, einen mächtigen Eindruck machten und daß sie die dadurch erregten Empfindungen nothwendiger Weise, ihrem Bildungszustande gemäß, durch uneigentliche, symbolische Worte figürlich ausdrückten [2]): so sei die mythische Redeweise (der sermo mythicus) entstanden, welche nur eine Art roherer Vorstufe der dichterischen Ausdrucksweise (der oratio poetica) sei. Als man nämlich angefangen habe, die Mythen als Stoff für dichterische Schöpfungen zu benutzen, sei allmählich aus den beiden

---

[1]) A. a. O. p. 121 ss.
[2]) Ueber die aus Naturerscheinungen hervorgegangenen Mythen hat Heyne schon in einem Göttinger Universitätsprogramm vom Jahre 1764 („Proluduntur nonnulla ad quaestionem de caussis fabularum seu mythorum veterum physicis", abgedruckt nebst einem Epimetrum über den religiösen Charakter dieser Mythen in den Opuscula academica t. I p. 184—206) gehandelt.

ursprünglichen Mythengattungen, der historischen und der philosophischen, eine dritte, die poetische hervorgegangen: dabei seien die Mythen verändert und ausgeschmückt und der sermo mythicus zum sermo poeticus, einer nicht mehr nothwendigen und unwillkürlichen, sondern freiwilligen, mit Urtheil und Auswahl gemachten Ausdrucksweise umgebildet worden. Am geringsten seien diese Veränderungen noch in den homerischen Gedichten; die homerischen Mythen, die ältesten der poetischen Gattung, seien noch enger mit den Mythen im strengeren Sinne des Wortes, aus denen allmählich religiöse Vorstellungen geworden seien, verbunden.

Eine weitere Entwickelung und schärfere Fassung dieser Grundanschauungen finden wir in der letzten und reifsten mythologischen Abhandlung Heyne's, der in der Festsitzung der Societät im November 1807 vorgetragenen Commentatio „Sermonis mythici seu symbolici interpretatio ad caussas et rationes ductasque inde regulas revocata" [1]). Hier spricht sich Heyne zunächst einleitungsweise gegen die vorschnelle Vergleichung der Mythen verschiedener Völker sowie gegen die Herleitung der Hauptmasse der griechischen Mythen von fremden Völkern aus und handelt dann im ersten Abschnitt vom Begriffe des Mythos und der Verschiedenheit der Mythen. Die Mythen sind ihm die einer gewissen frühen Entwickelungsperiode des Menschengeistes eigenthümlichen Ausdrucksweisen für Gedanken und sinnliche Wahrnehmungen, hervorgegangen aus einer gewissen Nothwendigkeit und aus der Dürftigkeit der Sprache; der sermo mythicus wird definirt als „ea oratio formaque consuetudoque loquendi qua primum rudes incultique populi usi sunt et utuntur in iis quae aut maiores aut ipsi de eventis naturae et hominum, adeoque de rebus physicis, historicis, ethicis seu visa et audita seu cogitata et opinata animis conceperant, per nominum

---

[1]) Commentationes soc. reg. sc. Gotting. ad a. 1804—1808 t. XVI cl. hist. et philol. p. 285—323.

autem vocumque penuriam sermonisque egestatem et infantiam verbis propriis et idoneis enuntiare haud possent, per rerum iam tum notarum similitudines declarare allaborarunt". Das Wesen dieses sermo mythicus besteht darin, daß Gedanken in Erzählungen von Begebenheiten und Handlungen verwandelt, sinnliche Wahrnehmungen als Handlungen bestimmter handelnder Persönlichkeiten dargestellt werden. So wird der Begriff der Ursache und Wirkung zur Erzählung von Zeugung und Geburt, der der Verschiedenheit und des Gegensatzes zur Darstellung von Kampf und Krieg, der der Unterbrechung oder Vollendung zur Schilderung von Alter und Tod. Im zweiten Abschnitt der Abhandlung, der „De mythica interpretatione eiusque natura et caussis" handelt, stellt Heyne einige Grundregeln für die Mythendeutung auf und spricht von der Entwickelung und Umgestaltung der Mythen, auf welche man bei der Erklärung derselben stets Rücksicht zu nehmen habe.

Schon vor der Veröffentlichung der eben besprochenen Abhandlungen hatte Heyne sich ganz kurz über die Behandlungsweise und Bedeutung der griechischen Mythologie geäußert in dem Vorworte, durch welches er den ersten Band des von seinem Schüler Martin Gottfried Hermann verfaßten Handbuches der Mythologie [1]) in der gelehrten Welt einführte. Der Verfasser, sagt er, habe aus seinen Lehrstunden den Gedanken gefaßt, daß, wenn die Mythologie recht behandelt werden solle, man nicht alle

---

[1]) Handbuch der Mythologie aus Homer und Hesiod als Grundlage zu einer richtigen Fabellehre des Alterthumes mit erläuternden Anmerkungen begleitet von M. G. Hermann. Nebst einer Vorrede des Herrn Hofrath Heyne (Berlin und Stettin 1787, zweite verbesserte Auflage 1800). Handbuch der Mythologie enthaltend die Mythen aus den lyrischen Dichtern der Griechen mit erläuternden Anmerkungen von M. G. Hermann Zweiter Band. Nebst einer Vorrede des Herrn Hofrath Heyne (Berlin 1790). Handbuch der Mythologie enthaltend die astronomischen Mythen der Griechen mit erläuternden Anmerkungen begleitet nebst einer Sterncharte und Einleitung von M. G. Hermann Dritter Band (Berlin 1795). — Ein anderes Werk desselben Verfassers ist betitelt: Die Feste von Hellas historisch-philosophisch bearbeitet und zum erstenmal nach ihrem Sinn und Zweck erläutert, 2 Bde. (Berlin 1801).

Zeitalter, alle Arten von Dichtern mit den Erklärungen und Träumen der Grammatiker in Eins werfen, noch weniger nach dem Gebrauche der neueren mythologischen Werke Erläuterungshypothesen einer fremden Art beimischen, sondern erst die Mythologie der älteren Zeitalter, insonderheit Homer's, ausziehen und abhandeln müsse; dann könne man zu den Fabeln der Lyriker und Tragiker fortgehen und so endlich Licht und Ordnung in eine Art der Kenntnisse bringen, welche gemeiniglich ein verworrenes Chaos aus ganz heterogenen Theilen sei. An und für sich sei die Mythologie die älteste Geschichte und älteste Philosophie, der Inbegriff der alten Volks- und Stammessagen, ausgedrückt in der alten rohen Sprache; von dieser Seite erhalte sie einen neuen Werth als Ueberbleibsel der ältesten Vorstellungsarten und Ausdrücke. Freilich hätten die Mythen durch die Behandlung der Dichter allmählich eine andere Gestalt gewonnen. Hermann's Handbuch selbst behandelt im ersten Bande die Mythen der homerischen und hesiodischen Dichtungen in der Weise, daß nach einer allgemeinen Abhandlung über die Götter Homer's zunächst die „älteste Mythologie ohne Lokal über Theogonie und Kosmogonie", dann die Mythen von bestimmtem Lokal nach diesen Lokalen (Peloponnes, Mittel- und Nordgriechenland, Thrakien, Asien, Inseln, unbekannte Westwelt Homer's und Hesiod's, Unterwelt Homer's, Aeaea, Okeanosgegend, Afrika) geordnet dargestellt werden; im zweiten Bande werden in gleicher Anordnung die Mythen der griechischen Lyriker, im dritten Bande die astronomischen Mythen der Griechen nach Aratos, Eratosthenes, Hygin u. a. abgehandelt. Die vom Verfasser in Aussicht gestellte Behandlung der Mythen der Tragiker, der älteren nachhomerischen Epiker und der ältesten Geschichtsschreiber ist nicht erschienen. Der Gedanke, die ganze Masse des mythischen Stoffes nach dem Zeitalter und den Gattungen der Quellen, in welchen er überliefert ist, sowie nach den Lokalen, an welche die einzelnen Mythen geknüpft sind, zu ordnen, muß als ein durchaus berechtigter und fruchtbringender bezeichnet werden: Heyne, von dem dieser Plan ausgegangen ist, für die vielfachen Mängel und Verkehrtheiten, welche die Ausführung desselben in dem Werke seines offenbar wenig begabten Schülers zeigt, verantwortlich zu machen, wie dies Johann Heinrich Voß in seinen mythologischen Briefen unter Benutzung eines Collegienheftes aus Heyne's Vorlesungen über griechische Alterthümer gethan hat, ist eine jener Ungerechtigkeiten und Gehässigkeiten, wie sie sich Voß in seiner Leidenschaftlichkeit mehrfach gegen Heyne hat zu Schulden kommen lassen.

Sehr zahlreich und mannigfaltig sind Heyne's Arbeiten auf dem Gebiete der Geschichte des Alterthumes im weitesten Sinne. Die umfassendste — freilich eine durch den Zwang äußerer Verhältnisse veranlaßte, nicht aus freiem Entschlusse erwachsene Arbeit — ist die Uebersetzung der vier ersten Theile sowie des sechsten und siebenten Theiles der allgemeinen Weltgeschichte von W. Guthrie und J. Gray (1765—1772)[1], worin das englische Original nicht nur mehrfach berichtigt, sondern auch durch fortlaufende chronologische Angaben am Rande und durch Anmerkungen bereichert ist. Selbständige Erzeugnisse des Heyne'schen Geistes sind die theils in den Abhandlungen der Göttinger Gesellschaft der Wissenschaften, theils in den Opuscula academica[2] abgedruckten Untersuchungen über einzelne Punkte der politischen und Culturgeschichte des Alterthumes, von den alten Aegyptern an (ein Aufsatz über das Todtengericht der ägyptischen Könige nach Diodor steht im ersten Bande der Opuscula academica, zwei über ägyptische Mumien in den Commentationes soc. reg. sc. Getting. t. III und IV) bis zu den Byzantinern herab. Die

---

[1] Der fünfte Theil des Werkes ist von dem Professor der Geschichte an der Universität Wittenberg Johann Daniel Ritter, und nach dessen Tode von J. F. Reitemeier (4 Bde., 1768—83), der achte (1770) von Joh. Matth. Schröckh, der neunte (1767) von Joh. Renatus Hansen übersetzt, die weitere Fortsetzung des Werkes von Heinrich u. a. selbständig bearbeitet worden.

[2] Chr. G. Heynii Opuscula academica collecta et animadversionibus locupletata. Vol. I (Göttingen 1785), Vol. II (1787), Vol. III (1788), Vol. IV 1796), Vol. V (1802), Vol. VI (1812).

wichtigsten darunter — denn auf alle einzeln einzugehen würde viel zu weit führen — sind aus dem Gebiete der alten Chronologie die beiden akademischen Abhandlungen über die von dem Chronographen Kastor aufgestellten Epochen der Thalassokratie¹); auf dem der politischen Geschichte die beiden akademischen Abhandlungen über die spartanische Staatsverfassung und ihre Umwandlungen (De Spartanorum republica et institutis iudicium sine cupiditate et ira factum comm. I und II in Commentationes soc. reg. sc. Gotting. t. IX cl. hist. et phil. p. 3—42), die zwei Programmabhandlungen „De veterum coloniarum iure eiusque caussis" (Opusc. acad. I, p. 290—329) und die fünfzehn „De civitatum Graecarum per Magnam Graeciam et Siciliam institutis et legibus" (Opusc. acad. II, p. 1—298), die Erörterungen über den Charakter und die politische Thätigkeit des Phokion (Res a Phocione in republica Atheniensium gestae in disceptationem vocatae, Opusc. acad. III, p. 344—364) und über die Ursachen des Wachsthumes und Verfalles der Macht des makedonischen Reiches (Opum regni Macedonici auctarum, attritarum et euersarum caussae probabiles, Opusc. acad. IV p. 159—177), die Untersuchungen über die Handelsverträge zwischen Karthago und Rom (Foedera Carthaginiensium cum Romanis super navigatione et mercatura facta illustrantur, comm. I und II, Opusc. acad. III p. 39—78), die Schilderung der verderblichen Wirkungen der leges agrariae bei den Römern (Leges agrariae pestiferae et execrabiles, Opusc. acad. IV p. 350—373), die Darstellung der Geschichte der Stadt Alexandreia und Aegyptens in der römischen Kaiserzeit (Vrbis Alexandriae et Aegypti res et vicissitudines sub imperatoribus Romanis ad tempora sua revocatae,

---

¹) Super Castoris epochis populorum θαλαττοκρατησάντων h. e. qui maris imperium tenuisse dicuntur commentatio I, in den Novi commentarii soc. reg. sc. Gotting. t. I, cl. hist.-phil. p. 66—95 ss.; comment. II ibid. t. II cl. hist.-phil. p. 40—71. In einem Epimetrum zur ersten Abhandlung legt Heyne seine Ansicht über die ältesten Einwanderungen thrakisch-phrygischer, pelasgischer (zu denen er auch Karer und Leleger rechnet) und hellenischer Stämme nach Griechenland dar.

in Commentationes soc. reg. sc. Gotting. recertiores, Vol. II
cl. litterarum antiquarum et artium: 19 S.); ferner aus dem
Gebiete der Culturgeschichte die Untersuchungen über die Anfänge
des Ackerbaues und der Brotbereitung (Origines panificii fru-
gumque inventarum initia. 3 prolusiones, Opusc. acad. I
p. 330—382), zur Geschichte des griechischen Kriegswesens (Nova
armorum inventa in vetere Graecia quid ad rerum summam pro-
fecerint in Commentationes soc. reg. sc. Gotting. t. V. cl. hist.-
phil. p. 3—17, und De acie Homerica et de oppugnatione cast-
rorum a Troianis facta ibid. T. VI, cl. hist.-phil. p. 137—163),
über den Geist und die Cultur des Zeitalters der Ptolemäer
(De Genio saeculi Ptolemaeorum, Opusc. acad. I p. 76—134),
über den Cult der Göttin von Komana und die verschiedenen
vorderasiatischen Religionen und Culte überhaupt (De sacerdotio
Comanensi omninoque de religionum cis et trans Taurum
consensione in Commentationes soc. reg. sc. Gotting. t. XVI.
cl. hist.-phil. p. 101—149), über die religiösen Anschauungen
des Kaisers Alexander Severus und seiner Zeit (Alexandri Se-
veri Imperatoris religiones miscellas probantis iudicium illustratum et ad caussas suas reuocatum, p. I und II mit VI
Epimetra, Opusc. acad. VI, p. 169—281); endlich aus dem Gebiete der Litteraturgeschichte die Abhandlung über die hesiodische
Theogonie (De Theogonia ab Hesiodo condita ad Herodoti
lib. II, c. 52 in Commentationes soc. reg. sc. Gotting. t. II,
cl. hist.-phil. p. 125—154), die Untersuchungen über die Quellen
des Diodoros (De fontibus et auctoribus historiarum Diodori et
de eius auctoritate ex auctorum quos sequitur fide aestimanda,
3 Commentationes in Commentationes soc. reg. sc. Gotting.
t. V cl. hist.-phil. p. 89—130 und t. VII cl. hist.-phil.
p. 75—120) und die Charakteristiken (Censura ingenii et morum)
einer Reihe spätrömischer Schriftsteller: des L. Aurelius Symmachus, des D. Magnus Ausonius, des Ammianus Marcellinus,
der Scriptores historiae Augustae, der 12 Panegyriker, des Salvianus von Marseille, des Boethius (Opusc. acad. t. VI p. 1 ss).

Fast alle diese Untersuchungen betreffen Gegenstände, die bis dahin von den Philologen Deutschlands noch gar nicht oder doch in völlig ungenügender Weise behandelt worden waren. Keine derselben kann als ihren Gegenstand ganz erschöpfend und abschließend bezeichnet werden; aber sie haben den folgenden Generationen die Pfade der Forschung gewiesen und so eine allseitige, wahrhaft historische Auffassung des gesammten antiken Lebens angebahnt.

Nicht selbst bahnbrechend, aber die von Winckelmann eröffnete Bahn an vielen Stellen ebenend, stützend und bessernd sind die zahlreichen die antike Kunstgeschichte und Kunsterklärung betreffenden Arbeiten Heyne's. Allerdings fehlte diesem sowohl die schwungvolle Begeisterung und das tiefe Verständniß für die Kunst, welche Winckelmann, als auch die Schärfe des philosophischen Denkens und die Combinationsgabe, welche Lessing auszeichneten; aber er übertraf diese beiden Männer an Reichthum und Exaktheit der antiquarischen Detailkenntnisse und an Uebung in methodischer historischer Forschung. Er selbst kennzeichnet seine Art der Betrachtung und Behandlung der antiken Kunstwerke in der Einleitung seines Aufsatzes „Irrthümer in Erklärung alter Kunstwerke aus einer fehlerhaften Ergänzung" [1]) richtig mit folgenden Worten: „Bei diesem Aufsatz sowie bei allen übrigen verwahre ich mich nochmals gegen alle Mißdeutung, als gedächte ich von Dingen zu sprechen, die ich doch nicht gesehen habe. Ich bleibe bloß und allein bei dem gelehrten Theile des antiquarischen Studiums stehen. Wenn ich über Schönheit, Styl, Kunst der Arbeit urtheilen wollte, handelte ich thöricht; aber über Künstleridee, über Fabel, über Costüme kann man auch auf seiner Studirstube Betrachtungen und Bemerkungen machen, die nicht ganz unstatthaft sein können, weil man sie von denen, die an Ort und Stelle waren, in ihren Nachrichten nicht beigebracht sieht." Dieser Art seiner Begabung entsprechend, hat Heyne

---

[1]) Sammlung antiquarischer Aufsätze von Chr. G. Heyne. Zweites Stück (Leipzig 1779) S. 172 ff.

zunächſt in Hinſicht der Chronologie und der äußeren Geſchichte der antiken Kunſt die Darſtellung Winckelmann's vielfach berichtigt und ergänzt, beſonders in der Abhandlung „Antiquior artium inter Graecos historia ad tempora sua probabiliter revocata" (Opusc. acad. V, p. 338—391) mit der hauptſächlich die etruskiſche und griechiſche Kunſt in Italien behandelnden Fortſetzung „Origines, vestigia et memoriae artium et litterarum in Italia antiqua per tempora sua descriptae" (ebd. p. 392—456), und in dem Aufſatz „Ueber die Künſtlerepochen beim Plinius" (Sammlung antiquariſcher Aufſätze, erſtes Stück, Leipzig 1778, S. 165—235), zu welchem der „Von den Schriftſtellern, denen Plinius in ſeiner Kunſtgeſchichte folgt" (ebd., zweites Stück, S. 76—126) eine Art Ergänzung bildet[1]). Die hiſtoriſche Entwickelung der Kunſt und des Kunſthandwerkes bei den Etruskern hat er in einer Reihe von Abhandlungen[2]) genauer als dies von Winckelmann geſchehen war beſtimmt und durch die Erforſchung der religiöſen Anſchauungen dieſes Volkes einen ſicheren Grund für die Erklärung ſeiner Denkmäler zu legen verſucht. Andere Aufſätze beſchäftigen ſich mit der Geſchichte und Technik gewiſſer Kunſtzweige, wie der Bearbeitung des Elfenbeines[3])

---

[1]) Die in den „Teutſchen Schriften der Göttinger Societät der Wiſſenſchaften" Bd. 1 (1771) abgedruckten „Berichtigungen und Ergänzungen der Winckelmann'ſchen Geſchichte der Kunſt des Alterthums" ſind mir nicht zu Geſicht gekommen.

[2]) De fabularum religionumque graecarum ab etrusca arte frequentatarum naturis et caussis, in Novi commentarii soc. r. sc. Gotting. t. III cl. hist. et phil. p. 32—55. Monumentorum etruscae artis ad genera sua et tempora revocatorum illustratio, specimen prius antiquiorum ibid. t. IV. cl. hist. et phil. p. 65—88; specimen alterum idque recentiorum ibid. t. V, cl. hist. et phil. p. 37—52. Commentatio de vestigiis domesticae religionis patriique ritus in artis etruscae operibus ibid. t. VI, cl. hist. et phil. p. 35—58. Etrusca antiquitas a commentitiis interpretamentis liberata. commentatio novissima ibid. t. VII, cl. hist. et phil. p. 17—47.

[3]) Commentatio prior super veterum ebore eburneisque signis in Novi commentarii soc. reg. sc. Gotting. t. I, cl. hist. et phil. p. 96—110; commentatio posterior ibid. p. 111—125; Ergänzungen und weitere Ausführungen dazu gibt der Aufſatz „Noch einige Erläuterungen über die alten Kunſt-

und der Toreutik¹), oder mit der richtigen Herstellung und Erklärung einzelner antiker Kunstwerke, theils erhaltener, wie der Laokoongruppe²), des sog. Farnesischen Stieres u. a.³), theils solcher, welche wir nur aus den Beschreibungen alter Schriftsteller kennen, wie der Lade des Kypselos⁴) und des amykläischen Thrones⁵); eben dahin gehören 10 Programm=abhandlungen zur Erläuterung der Gemäldebeschreibungen der Philostrate nebst einer elften zur Erläuterung der Statuen=beschreibungen des Kallistratos⁶) und zwei Abhandlungen über die in griechischen Epigrammen erwähnten Werke der Plastik und Malerei⁷). Daran schließt sich dann eine Reihe von Abhand=lungen, welche auf das Fortleben der griechisch=römischen Kunst in Konstantinopel und auf die Schicksale der dort befindlichen älteren griechischen Kunstwerke Bezug haben⁸). Dem Gebiete der

werke aus Elfenbein" in Sammlung antiquarischer Aufsätze. Zweites Stück S. 149—171.

¹) Von der Toreutik, insbesondere bei Plinius, a. a. O. S. 127—148.
²) Prüfung einiger Nachrichten und Behauptungen vom Laokoon im Bel=vedere, a. a. O. S. 1—52.
³) Irrthümer in Erklärung alter Kunstwerke aus einer fehlerhaften Er=gänzung, a. a. O. S. 172—258.
⁴) Ueber den Kasten des Cypselus, ein altes Kunstwerk zu Olympia, nach dem Pausanias. Eine Vorlesung gehalten in der kgl. deutschen Gesellschaft zu Göttingen den 24. Februar 1770.
⁵) Ueber den Thron des Amycläus, ein altes Kunstwerk zu Amyclä im Laconischen Gebiete, nach dem Pausanias, in Sammlung antiquarischer Auf=sätze, erstes Stück, S. 1—114.
⁶) Philostrati imaginum illustratio, part. I—VIII und Philostrati iunioris imaginum illustratio p. I und II in Opusc. acad. V p. 1—195. Callistrati statuarum illustratio, ebb. p. 196—221. Epimetrum p. 222—225.
⁷) Priscae artis opera ex epigrammatibus graecis partim eruta par=tim illustrata, comm. I und II, in Commentat. soc. reg. sc. Gotting. t. X, cl. hist. et phil. p. 80—120.
⁸) Priscae artis opera quae Constantinopoli extitisse memorantur in Comment. soc. reg. sc. Gotting. t. XI, cl. hist. et phil. p. 3—38. Se=rioris artis opera quae sub imperatoribus Byzantinis facta memorantur ebb. p. 39—62. De interitu operum cum antiquae tum serioris artis quae Constantinopoli fuisse memorantur eiusque caussis ac temporibus ebb. t. XII, cl. hist. et phil. p. 273—308. Artes ex Constantinopoli

Kunstmythologie gehören außer der akademischen Festrede über die Schöpfung der typischen Idealgestalten der griechischen Gottheiten und einiger Heroinen (De auctoribus formarum quibus dii in priscae artis operibus efficti sunt in den Commentationes soc. reg. sc. Gotting. T. VIII, p. XVI—XXX) die beiden Aufsätze über die in der Kunst üblichen Arten die Venus vorzustellen (Sammlung antiquarischer Aufsätze, I Stück, S. 115—164) und „vom vorgeblichen und wahren Unterschiede zwischen Faunen, Satyren, Silenen und Panen" (ebd., II Stück, S. 53—75) an. Daß Heyne endlich auch auf dem Gebiete der antiken Numismatik kein Fremdling war, hat er durch sein Verzeichniß der im akademischen Museum zu Göttingen befindlichen römischen Familienmünzen und durch ein Paar Abhandlungen über römische Kaisermünzen [1]) bewiesen; ebenso durch die rückhaltlose Anerkennung, mit welcher er die bei seinen Lebzeiten erfolgte Reform dieser Disciplin der Alterthumswissenschaft begrüßte. Der Urheber dieser Reform, der Begründer einer wissenschaftlichen systematischen Behandlung der antiken Numismatik, die seitdem in der Theorie sowohl als in der Praxis — der Anordnung der Münzsammlungen — überall Eingang gefunden hat, war Joseph (Hilarius) Eckhel (geboren zu Enzesfeld in Niederösterreich 13. Januar 1737, gestorben zu Wien 16. Mai 1798) [2]). Unter Anleitung des Biblio-

---

numquam prorsus exulantes usque ad instauratas in occidente artium officinas ebd. t. XIII. cl. hist. et phil. p. 3—22. Den Abschluß dieser byzantinischen Studien Heyne's geben die beiden Abhandlungen Antiquitatis Byzantinae recognitio historica et critica in den Commentationes soc. reg. sc. Gotting. recentiores t. I, cl. hist. et phil. p. 1—38 und Monumentorum et operum artis antiquae Byzantii ante novam Romam conditam recensus mit drei Excursen ebd. p. 39—53, welche die Geschichte der Stadt von den ältesten Zeiten an mit besonderer Rücksicht auf die Bauten und sonstigen Denkmäler behandeln.

[1]) Saeculi felicitas in numis in Opusc. acad. III p. 328—343. De numo Juniae Fadillae Augustae et de numo Othonis aereo graeco e museo illustrissimae comitis de Bentinck in Commentat. soc. reg. sc. Gotting. T. IV, cl. hist. et phil. p. 113—124.

[2]) Vgl. Jos. Bergmann, Pflege der Numismatik in Oesterreich im XVIII. Jahrhundert, mit besonderem Hinblick auf das k. k. Münz- und Me-

thekars und Professors der Alterthumskunde am Collegium Theresianum in Wien, des Paters Joseph Khell, hatte er sich schon während seiner Lehrthätigkeit an verschiedenen Lehranstalten mit dem Studium der alten Münzen beschäftigt; zur weiteren Ausbildung darin reiste er 1772 nach Italien, wo er vom Großherzog von Toscana Peter Leopold (dem späteren Kaiser Leopold II.) den ehrenvollen Auftrag erhielt, seine Münzsammlung neu zu ordnen. Nach seiner Rückkehr nach Wien von der Kaiserin Maria Theresia zum Professor „der Alterthümer und der historischen Hülfsmittel" an der Universität und zum Director der Antikenabtheilung des k. Münz= und Antikencabinets ernannt, ordnete er auch hier die reichhaltige Sammlung antiker Münzen neu nach seinem Systeme und veröffentlichte zunächst eine Auswahl unedirter Münzen aus dieser und anderen Sammlungen[1]), sodann einen vollständigen Katalog der antiken Münzen dieser Sammlung, der das Muster für alle derartige Arbeiten der Folgezeit geworden ist[2]). Das von ihm begründete System der Anordnung der alten Münzen, worin er nur zum Theil in dem französischen Numismatiker Joseph Pellerin einen Vorgänger hatte, ruht auf der Scheidung der gesammten Masse der antiken Münzen in zwei Hauptclassen: I. die Münzen der Städte, Völker und Könige (d. h. im Wesentlichen die griechischen Münzen), und zwar die autonomen wie auch

---

baillen=Cabinet in Wien II, in den Sitzungsberichten der phil.=hist. Classe der kaiserl. Akad. d. Wiss. Bd. XXIV S. 296 ff. (Wien 1857); F. Kenner in der Allgem. deutsch. Biographie Bd. 5 S. 633 f.

[1]) Numi veteres anecdoti ex museis Caesareo Vindobonensi, Florentino magni ducis Etruriae, Granelliano nunc Caesareo, Vitzaiano, Festeticsiano, Savorgnano Veneto aliisque collegit et animadversionibus illustravit Jos. Eckhel (Wien 1775). Die Granelli'sche Sammlung war von dem Beichtvater der Kaiserin Amalia, Pater Granelli, begründet, durch die Jesuiten Erasmus Frölich und Christian Edschlager — beide tüchtige Numismatiker — beträchtlich bereichert und nach der Aufhebung des Jesuitenordens mit der kaiserlichen Sammlung vereinigt worden.

[2]) Catalogus musei Caesarei Vindobonensis numorum veterum distributus in partes II quarum prior monetam urbium, populorum, regum, altera Romanorum complectitur, 2 Bde. (Wien 1779).

die Colonial- und Kaisermünzen; II. die römischen Münzen. Die Münzen der ersten Classe werden nach geographischer Reihenfolge angeordnet, die mit dem westlichen Europa (Hispanien) beginnend gegen Osten fortschreitet und nach Durchwanderung Asiens durch Aegypten und Afrika nach Westen zurückkehrt. Die Münzen der zweiten Klasse werden in zwei Haupttheile gesondert: die römischen Consular- und Familienmünzen (nach alphabetischer Ordnung der Namen der Geschlechter) und die römischen Kaisermünzen, letztere natürlich chronologisch geordnet. Dieses System hat Eckhel für den gesammten uns erhaltenen Vorrath antiker Münzen durchgeführt in seinem noch jetzt eine classische Geltung bewahrenden Hauptwerke, der „Doctrina numorum veterum" (8 Bde., Wien 1792—98)[1], einem vollständigen wissenschaftlichen Lehrgebäude der antiken Numismatik. Die den ersten Band eröffnenden „Prolegomena generalia" handeln in 24 Kapiteln über die Geschichte des antiken Münzwesens, über die Technik der Herstellung, das Gewicht, den Werth und die Größe der antiken Münzen, über das Recht der Münzprägung, die Münzbeamten und Münzstätten des Alterthumes, über die Geltung fremder Münzen in den alten Staaten, über die Inschriften und Typen der antiken Münzen, über Münzfälschungen, über die Bestimmung des Alters der Münzen, über die Litteratur der Numismatik, über die wichtigsten Münzsammlungen und die Anordnung solcher. Eine Reihe anderer wichtiger Fragen aus dem Gebiete der griechischen Münzkunde erörtern die den Schluß des ersten Haupttheiles bildenden „Observata generalia" (Vol. IV p. 183—501), worin, um nur das Wichtigste hervorzuheben, von den Magistratsnamen, den Ehrentiteln einzelner Städte und den Epochen, die auf den griechischen Münzen vorkommen, die Rede ist. Der zweite Haupttheil,

---

[1] Die von Eckhel selbst in sein Handexemplar eingetragenen Bemerkungen sind durch den Director des Münz- und Antikencabinetes Anton v. Steinbüchel veröffentlicht worden u. d. T.: „Addenda ad Eckhelii Doctrinam numorum veterum ex eiusdem autographo postumo cum tabula aenea" [Eckhel's Porträt], (Wien 1826).

der die römischen Münzen behandelt, wird wieder durch Prolegomena (20 Kapitel) eröffnet (Vol.V) und durch „Observata generalia ad partem II", die besonders für die römische Kaisergeschichte wichtig sind (Vol. VIII p. 321—526) abgeschlossen.

Als Vorarbeiten für dieses sein Hauptwerk hat Eckhel außer den beiden oben erwähnten Schriften noch eine weitere Sammlung unedirter antiker Münzen aus dem kaiserlichen Cabinet [1]) und eine Beschreibung der Münzen der Stadt Antiochia in Syrien [2]), als Leitfaden für seine numismatischen Vorlesungen an der Universität „Kurzgefaßte Anfangsgründe zur alten Numismatik" (Wien o. J.) veröffentlicht. Seine Stellung als Director des Antikencabinetes veranlaßte ihn, eine Auswahl der interessantesten geschnittenen Steine dieser Sammlung auf 40 Tafeln mit erläuterndem Text in französischer Sprache zu publiciren [3]).

Neben den bahnbrechenden Arbeiten Eckhel's verdient auf dem Felde der antiken Numismatik noch die fleißige und inhaltreiche, allerdings der strengen Kritik in der Scheidung des Aechten vom Unächten ermangelnde Compilation des auch durch einige kleinere numismatische und historische sowie durch zahlreiche belletristische Schriften bekannten Pfarrers zu Maßfeld im Meiningischen, Johann Christoph Rasche [4]) Erwähnung, welche unter dem Titel „Lexicon universae rei numariae veterum et praecipue Graecorum ac Romanorum cum observationibus antiquariis geographicis chronologicis historicis criticis et passim cum

---

[1]) Sylloge II numorum veterum anecdotorum thesauri Caesarei (Wien 1786).

[2]) Descriptio numorum Antiochiae Syriae sive specimen artis criticae numariae (Wien 1786).

[3]) Choix des pierres gravées du cabinet imperial des antiques représentées en XL planches décrites et expliquées par M. l'abbé Eckhel (Wien 1788). Die Durchsicht des französischen Textes hatte Eckhel's gelehrter Freund Alois Emmerich Freiherr v. Locella (geboren in Wien 1733 gestorben ebd. 27. December 1800), der Herausgeber des Xenophon Ephesius (Wien 1796), übernommen.

[4]) Geboren zu Scherbda im Eisenachischen 21. October 1733, gestorben 21. April 1805. Ein Verzeichniß seiner Schriften gibt Rotermund Fortsetzung und Ergänzungen zu Jöcher's Gelehrtenlexikon Bd. 6 S. 1374.

explicatione monogrammatum" (6 Theile in 11 Bänden, Leipzig 1785—95; dazu 3 Bände Supplementa, 1802—5) in alphabetischer Reihenfolge die auf den antiken Münzen vorkommenden Inschriften — abgekürzte wie vollständige — und Typen behandelt, wobei unter den Namen der einzelnen Städte, Länder und Herrscher die von denselben geprägten Münzen, soweit sie dem Verfasser im Original oder durch Kataloge bekannt waren, verzeichnet sind.

Auf dem Gebiete, auf welchem die Leistungen Heyne's am wenigsten befriedigen, dem der Textkritik, insbesondere der griechischen Dichter, hat sich der Elsässer Richard Franz Philipp Brunck (geboren zu Straßburg 30. December 1729, gestorben ebendaselbst 12. Juni 1803)[1] hervorragende Verdienste erworben. Obschon er nie ein Lehramt bekleidet, sondern dem französischen Staate im Verwaltungsfach (anfangs als Kriegscommissär, dann als Steuereinnehmer) gedient hat, hat er 30 Jahre lang (von 1760—1790, wo er in den Strudel der französischen Revolution hineingezogen wurde) seine ganze freie Zeit dem Studium der griechischen Litteratur gewidmet und die Kenntniß derselben durch eine Anzahl zum Theil sehr umfänglicher Arbeiten gefördert. Die erste derselben war eine aus mehreren weder genauen noch vollständigen Abschriften des berühmten früher Heidelberger, später Vaticanischen Codex der Palatinischen Anthologie, aus der Anthologie des Planudes und anderen Quellen geschöpfte Sammlung griechischer Epigramme, nach den Verfassern geordnet, welche er unter Beifügung der wichtigeren Fragmente der älteren griechischen Elegiker und Lyriker sowie der erhaltenen Dichtungen des Kallimachos und der griechischen Bukoliker u. b. T. „Analecta veterum poetarum graecorum", unter Mitwirkung von Johann Gottlob Schneider, den er durch eine von demselben veröffentlichte Abhandlung über die griechische Anthologie[2] bewogen, im Jahre

---

[1] Vgl. F. Jacobs in der Allgem. Encycl. d. W. u. K. S. 1, Bd. 13 S. 220 ff.; Halm in der Allgem. deutschen Biographie Bd. 3 S. 440 f.

[2] J. G. Schneider, Periculum criticum in Anthologiam Constantini Cephalae cum editam tum ineditam. Accedunt emendationes in

1774 zu sich nach Straßburg kommen ließ, herausgab (3 Bde., Straßburg 1772—76). Das Bestreben, einen durchgängig lesbaren und eleganten Text herzustellen, hat den Herausgeber zu zahlreichen willkürlichen und gewaltsamen Aenderungen verleitet, durch welche er häufig nicht die Ueberlieferung, sondern den Dichter selbst corrigirt hat. Auch die Anordnung der Gedichte ist bei der Unsicherheit der Verfasser vieler Epigramme eine willkürliche und unbequeme; aber trotz dieser Mängel gebührt Brunck das Verdienst, zuerst den reichen Schatz der Anthologie des Konstantinos Kephalas nahezu vollständig den Gelehrten zugänglich gemacht und dadurch den Grund zu den weiteren Arbeiten auf diesem Felde gelegt zu haben. Die in die Analekta aufgenommene Sammlung der sog. „Anacreontea" gab er 1778 und in verbesserter Gestalt unter Benutzung des von Joseph Spaletti 1781 veröffentlichten Facsimile des Codex Palatinus 1786, unter Beifügung der Fragmente einiger anderer griechischer Lyriker heraus. Mehrere andere der schon in den Analecta enthaltenen griechischen Dichtungen wiederholte er in der Sammlung der Gnomici poetae graeci (1784), welche außer den kleineren Gedichten der älteren griechischen Elegiker und einzelnen Sentenzen verschiedener griechischer Dichter die Spruchsammlung des Theognis, das Lehrgedicht des Pseudophokylides und die Werke und Tage des Hesiodos nach neuen handschriftlichen Hülfsmitteln berichtigt gibt. Gleichfalls auf der Benutzung neuer handschriftlicher Hülfsmittel basirt seine Ausgabe der Argonautika des Apollonios von Rhodos mit umfänglichem kritischen Commentar (1780). Das Hauptgewicht aber müssen wir auf Brunck's Thätigkeit für die Textkritik der griechischen Dramatiker legen, als deren reifste Früchte die Ausgaben der Komödien und Fragmente des Aristophanes (3 Bde., 4°, 1783) und der Tragödien und Fragmente des Sophokles nebst den alten Scholien (2 Bde., 4°, 1786; 3 Bde. 8°

Aristotelem et Antigonum Carystium (Leipzig 1771). Schon im Jahre vorher hatte Schneider, der damals unter Fischer und Reiz in Leipzig studirte, „Anmerkungen über den Anakreon" veröffentlicht.

1789) zu betrachten sind: beide bezeichnen den Beginn einer neuen Epoche in der Kritik dieser Dichter durch den entschiedenen Bruch mit der sog. Vulgata, an deren Stelle Brunck einen durch Zurückgehen auf die älteren und besseren Handschriften von den Interpolationen späterer Grammatiker (besonders des Demetrios Triklinios bei Sophokles) gereinigten, durch eigene auf seine oder anderer (besonders des englischen Grammatikers Richard Dawes) Beobachtungen des Sprachgebrauches und der Verskunst der attischen Dichter gegründete Conjecturen verbesserten Text zu setzen suchte. Freilich reichen die von Brunck nicht immer mit der nöthigen Sorgfalt und Genauigkeit verglichenen Handschriften nicht aus, um ein durchaus sicheres Fundament für die Herstellung der ächten Ueberlieferung zu schaffen; freilich sind die grammatischen und metrischen Grundsätze, denen er bei seiner Herstellung der Texte zu folgen pflegte, zum Theil irrig oder doch nicht in der von ihm beliebten Ausdehnung anwendbar; aber trotz dieser Mängel gebührt Brunck der Ruhm, durch Zurückgehen auf die handschriftliche Ueberlieferung, durch verständige Beobachtung und geläuterten Geschmack eine wahrhaft wissenschaftliche Behandlung der griechischen Dramatiker angebahnt zu haben, ein Ruhm, den unter seinen Zeitgenossen nur der Holländer Kaspar Ludwig Valckenaer, dessen einschlägige Arbeiten sich aber auf Euripides beschränken, mit ihm theilt.

In seinen späteren Lebensjahren hat Brunck, durch die politischen Ereignisse und trübe persönliche Erfahrungen verstimmt und entmuthigt, sich von den griechischen Studien ganz und von der gelehrten Schriftstellerei überhaupt fast ganz zurückgezogen: das Letzte, was er veröffentlichte, war eine Ausgabe der Komödien des Terentius (Basel 1797), eine Arbeit, die ebensowenig als seine früher erschienenen Bearbeitungen der Komödien des Plautus (3 Bde., Zweibrücken 1788) und der Gedichte des Virgilius (Straßburg 1785) auf höhere wissenschaftliche Bedeutung Anspruch machen kann; doch verdient bei der Virgilausgabe, die im Allgemeinen der Heyne'schen Textesgestaltung folgt, der engere Anschluß an den Codex mediceus, namentlich in orthographischen Dingen, Beachtung.

In ähnlicher Weise wie Brunck um die griechischen Dichter hat sich dessen Landsmann und Freund Johann Schweighäuser (geboren zu Straßburg 24. Juni 1742, gestorben 19. Januar 1830) um eine Anzahl griechischer Prosaiker verdient gemacht; zugleich hat derselbe eine lange Reihe von Jahren hindurch als Lehrer an der Akademie seiner Vaterstadt — seit Ende 1770 als außerordentlicher Professor der Philosophie[1]), von 1775 bis zu den Wirren der Revolution als Professor der griechischen und der orientalischen Sprachen, nach der Reorganisation der Akademie von 1809—1824 als Professor der griechischen Sprache — mit Erfolg und Ruhm gewirkt. Seine erste größere Arbeit war die Ausgabe der Werke des Appianus mit lateinischer Uebersetzung und Commentar (Leipzig 1785, 3 Bde.), für welche er zahlreiche gute Handschriften[2]) sowie ungedruckte Bemerkungen des Engländers Sam. Musgrave benutzt hat. Es folgten dann die gleichfalls auf reiche handschriftliche Hülfsmittel basirten, mit verbesserten lateinischen Uebersetzungen und kritischen Noten ausgestatteten Ausgaben des Polybius (mit neuer Anordnung der Fragmente und einem Lexicon Polybianum, 8 Theile in 9 Bänden, Leipzig 1789—95)[3]), des „Handbuchs" des Epiktet nebst dem

---

[1]) Eine Anzahl philosophischer Abhandlungen Schweighäuser's sind im ersten Bande seiner Opuscula academica (Argent. 1806) enthalten, darunter zwei auf die Geschichte der alten Philosophie bezügliche: „Theologia Socratis ex Xenophontis memorabilibus excerpta" (p. 134 ss.) und „Mores Socratis ex Xenophontis memorabilibus delineati" (p. 164 ss.), die aber beide nicht von ihm selbst, sondern unter seiner Anleitung von Schülern von ihm verfaßt sind.

[2]) Ueber dieselben handelt Schweighäuser in seiner Commentatio historico-critica de impressis ac mss. historiarum Appiani Alex. codicibus (Argent. 1781, wieder abgedruckt in seinen Opuscula academica Vol. II p. 97 ss.). Ebd. p. 3 ss. ist die gleichfalls zuerst 1781 erschienene Abhandlung „Exercitationes in Appiani Alex. romanas historias" wiederholt.

[3]) Eine Frucht der Studien Schweighäuser's zu Polybius und Appian sind auch die „Emendationes et observationes in Suidam" (Opuscula

„Gemälde" des Kebes (Leipzig 1798) und der „Epicteteae philosophiae monumenta" (ebd. 1799—1800, 5 Bde.); sodann die sehr umfängliche Ausgabe des Athenäos (Straßburg 1801—7, 14 Bde.) in zwei Abtheilungen, von denen die erste in 5 Bänden den mit Hülfe zweier von Schweighäuser's Sohn, Gottfried Schweighäuser, in Paris verglichener Handschriften (des für die Kritik des Athenäos maßgebenden Codex Marcianus und eines Codex der Excerpte) verbesserten Text mit den Varianten und einer völlig umgearbeiteten lateinischen Uebersetzung, die zweite, welche den besonderen Titel führt „Animadversiones in Athenaei Deipnosophistas post Is. Casaubonum conscripsit J. Schw.", in 9 Bänden Commentare und Indices enthält. In ähnlicher Weise hat er dann noch den Herodot bearbeitet (Straßburg 1816, 6 Bde.) und als Nachtrag zu dieser Ausgabe noch ein „Lexicon Herodoteum" (ebd. 1824, 2 Bde.) geliefert[1]).

Aus dem Gebiete der römischen Litteratur hat Schweighäuser nur die Briefe des Seneca an Lucilius in aus Handschriften berichtigtem Text mit kritischen Anmerkungen herausgegeben (Straßburg 1809, 2 Bde.). Diese Ausgabe gehört, ebenso wie die des Athenäus und die Brunck'sche Ausgabe des Plautus, zu der Sammlung der sog. Editiones Bipontinae, welche sich gegen Ende des 18. und am Anfang des 19. Jahrhunderts großer Beliebtheit erfreuten. Diese Ausgaben wurden seit dem Jahre 1779 auf Veranstaltung und auf Kosten einer Gesellschaft patriotischer Freunde der Gelehrsamkeit in dem pfälzischen Städtchen Zweibrücken in einer eigenen der Gesellschaft gehörigen Druckerei unter Leitung des Gymnasialdirectors Georg Christian Croll (gestorben 1790) und der Professoren Joh. Val. Embser (starb schon 1781) und Friedrich Christian Exter (gestorben 1817)

---

academica t. II p. 135 ss.), die sich hauptsächlich auf die bei Suidas öfter ohne Nennung der Namen erhaltenen Fragmente dieser beiden Schriftsteller beziehen.

[1]) Vgl. L. Spach, „Les deux Schweighaeuser" in Oeuvres choisies t. V (Paris und Straßburg 1871) p. 175 ss.

mit deutlichen Lettern auf gutem starken Papier mit hübschen Titelvignetten gedruckt; sie enthalten den Text nach den neuesten und besten Ausgaben, bisweilen auch in neuer Recension und mit eigenen Verbesserungen der Herausgeber, ferner eine „Vita", eine „Notitia litteraria" und einen „Index editionum" für jeden Schriftsteller aus älteren Werken entnommen, aber verbessert und erweitert; manchen sind auch Inhaltsübersichten und kritische und erklärende Anmerkungen (man vgl. die Ausgaben des Tacitus, des Terentius, des Varro de lingua latina nebst den Fragmenten, ferner die des Lucian, des Aristoteles, des Athenäus, des Diodor u. a.), den meisten sprachliche oder historisch-geographische Indices beigegeben. Die durch den Sturm des französischen Revolutionskrieges mehrere Jahre unterbrochene Publication wurde im Jahre 1798 in Straßburg, wohin die Officin, nachdem sie 1794 von den Franzosen ausgeplündert, verlegt worden war, unter Exter's Leitung wieder aufgenommen und während des ersten Decenniums des 19. Jahrhunderts fortgesetzt: eine Anzahl schon früher edirter Schriftsteller wurden in verbesserter Gestalt wiederholt, andere neu hinzugefügt [1]). Die Sammlung umfaßt im Ganzen die Werke von mehr als 50 römischen Schriftstellern in 115 Bänden; von griechischen Schriftstellern gehören dazu die Schweighäuser'sche Ausgabe des Athenäus, eine Ausgabe des Platon, zu welcher außer den drei wissenschaftlichen Leitern der Societät auch Heyne, Ch. W. Mitscherlich und der Tübinger Bibliothekar Jeremias David Reuß (der die Vergleichung des Tübinger Codex besorgte) Beiträge geliefert haben (10 Bde., 1781—87), die unvollendet gebliebene Ausgabe des Aristoteles von Joh. Gottlieb Buhle [2])

---

[1]) Vgl. Fr. Butters, Ueber die Bipontiner und die Editiones Bipontinae, Programm der kgl. Studienanstalt Zweibrücken 1877.

[2]) Geboren 20. (29.) September 1763 in Braunschweig, seit 1787 außerordentlicher, seit 1794 ordentlicher Professor der Philosophie in Göttingen, folgte 1804 einem Rufe als Professor an die Universität Moskau, kehrte 1814 nach Braunschweig zurück, wo er eine Professur am Collegium Carolinum erhielt und als Censor am 11. August 1821 starb. Zu Aristoteles und der Geschichte der alten Philosophie überhaupt haben wir noch folgende Abhandlungen von

(5 Bde., 1791—1800), die Ausgabe der griechischen Romanschriftsteller Achilles Tatius, Heliodorus, Longus und Xenophon von Ephesus von Christoph Wilhelm Mitscherlich [1]) (Scriptores erotici graeci, 3 Bde., 1792—97), die durch ausführliche Prolegomena und Benutzung zahlreicher Handschriften wichtige Ausgabe der Posthomerica des Quintus Smyrnaeus von dem Göttinger Gelehrten Thomas Christian Tychsen (1807: der zweite Band, welcher den Commentar enthalten sollte, ist nicht erschienen): Ausgaben des Thukydides (6 Bde., 1788—89: Wiederholung der Wasse-Duker'schen Ausgabe), des Diodorus Siculus

ihm: De distributione librorum Aristotelis in exotericos et acroamaticos eiusque rationibus et caussis (Göttingen 1788). De ortu et progressu Pantheismi inde a Xenophane Colophonio primo eius auctore usque ad Spinozam in den Commentationes soc. reg. sc. Gotting. t. X p. 157 ss. De studii graecarum litterarum inter Arabas initiis et rationibus ebb. t. XI p. 216 ss. De philosophorum graecorum ante Aristotelem in arte logica invenienda et perficienda conaminibus ebb. p. 234 ss. De librorum Aristotelis qui vulgo in deperditis numerantur ad libros eiusdem superstites rationibus ebb. t. XV p. 57 ss. Außerdem ist als philologische Leistung von ihm zu erwähnen die kritische Ausgabe der Gedichte des Aratos und der lateinischen Bearbeitungen derselben nebst den alten Scholien, 2 Bde., (Leipzig 1793 und 1801).

[1]) Geboren 20. September 1760 zu Weißensee in Thüringen, studirte 1779—82 in Göttingen, ward 1782 Collaborator am Pädagogium zu Ilfeld, 1785 außerordentlicher, 1794 ordentlicher Professor in Göttingen, übernahm 1809 die von Heyne abgegebene Professur der Poesie und Beredtsamkeit, die er 1835 niederlegte; die Mitdirection des philologischen Seminares behielt er bis 1846 bei, während er seine akademischen Vorlesungen schon um den Beginn der dreißiger Jahre allmählich eingestellt hatte; er starb 6. Januar 1854. Seine Erstlingsschrift war eine Epistola critica in Apollodorum ad Chr. G. Heyne (Göttingen 1782), welcher Bemerkungen zu Catull und zu Statius beigefügt sind; dann folgten „Lectiones in Catullum et Propertium" (ebb. 1786), eine Ausgabe des von Christian Friedrich Matthaei im Jahre 1780 in Moskau entdeckten, zuerst von Dav. Ruhnken herausgegebenen homerischen Hymnus an Demeter (Leipzig 1787), endlich, außer den Erotici graeci, eine Ausgabe der Oden und Epoden des Horatius mit umfänglichem, besonders durch die zahlreichen Parallelen aus griechischen Dichtern werthvollen Commentar (Leipzig 1800). Nach 1800 hat er nur noch eine Anzahl Programmabhandlungen veröffentlicht, von denen die „Racemationes Venusinae" (9 Fasciculi. Gotting. 1827—34) Erwähnung verdienen Vgl. Jahrbücher für Philologie Bd. 69 (1854) S. 235 ff.

(mit Beiträgen von Heyne herausgegeben von Jer. Nic. Eyring, 11 Bde., 1793—1807) und des Lucian (Abdruck der Hemsterhuys-Reitz-Gesner'schen Ausgabe mit Beifügung von Varianten aus mehreren Pariser Handschriften, 10 Bde., 1789—93.)

Gleichzeitig mit den Zweibrückern veranstaltete auch eine „societas litterata" zu Mannheim eine Sammlung von Ausgaben der lateinischen Schriftsteller in kleinerem Format als die Bipontinen, welche den Text nach einer früheren Ausgabe ohne kritische Revision und eine Vita des Autors, öfter auch ziemlich planlos angelegte Verzeichnisse von Varianten enthalten. Schon beträchtlich früher, in den Jahren 1745—72, war auf Wunsch Friedrich's des Großen in der Buchhandlung von Haude und Spener in Berlin unter der Leitung von Johann Peter Miller (geboren 31. October 1705 in Schaarenstetten bei Ulm, seit 1740 Subrector, seit 1752 Rector des Gymnasiums zu Ulm, gestorben 17. November 1781) eine Sammlung der wichtigsten lateinischen Klassiker in hie und da verbesserten, aber nicht durchgreifend revidirten Texten mit sorgfältigen Indices (sog. „Chrestomathien") erschienen, welche im Ganzen 33 Bände umfaßt[1]).

Mehr als die Veranstalter dieser Ausgaben haben für die Erleichterung und Hebung der classischen Studien besonders in den Schulen zwei Männer gewirkt, deren Namen lange Zeit hindurch gewissermaßen typisch für die von ihnen mit außerordentlichem Erfolg bearbeiteten Fächer waren: der Grammatiker Christian Gottlob Broeder und der Lexikograph Immanuel Johann Gerhard Scheller. Der erstere, geboren zu Harthau bei Bischofswerda 2. Februar 1745, seines Berufes Theolog (er war erst Diaconus in Dessau, dann Pastor in Beuchte und Weddingen im Hildesheimischen, wo er als Superintendent 18. Februar 1819 starb), hat in seiner praktischen Grammatik der lateinischen Sprache (zuerst Leipzig 1787) und seiner kleinen lateinischen Grammatik mit leichten Lectionen für Anfänger (zuerst Leipzig 1795)

---

[1]) Vgl. F. A. L. Schweiger, Handbuch der classischen Bibliographie Thl. II Bd. 2 S. 1269.

Unterrichtsmittel geschaffen, welche trotz der besonders in der
Formenlehre bemerkbaren Dürftigkeit, trotz des überall zu Tage
tretenden Mangels an tieferer Kenntniß des classischen Lateins
in Folge der verhältnißmäßig präcisen und klaren Fassung der
Regeln und ihrer wohlgewählten Beispiele in den Schulen des
größten Theiles von Deutschland Verbreitung gefunden und lange
Zeit hindurch fast eine Art Alleinherrschaft ausgeübt haben. Als
wissenschaftliche Leistung weit bedeutender ist des tüchtigen Schul=
mannes J. J. G. Scheller (geboren zu Ihlow 22. März 1735,
Rector zu Lübben 1761, zu Brieg 1772, gestorben 5. Juli 1803)
„ausführliches und möglichst vollständiges lateinisch=deutsches
Lexicon oder Wörterbuch zum Behufe der Erklärung der Alten
und Uebung in der lateinischen Sprache" (2 Bde, Leipzig 1783),
ein aus langjähriger selbständiger Lectüre der römischen Schrift=
steller verbunden mit sorgfältiger und verständiger Benutzung der
besten neueren Ausleger derselben und der früheren lexikographischen
Arbeiten hervorgegangenes Werk, das bei jeder neuen Bearbeitung
(2. Aufl. in 3 Bde. 1788, 3. Aufl. in 5 Bde. 1804) nicht nur
an Umfang, sondern auch an innerem Werth und Brauchbarkeit
gewonnen hat. Als Hülfsmittel für die Uebungen im Lateinisch=
Schreiben hat der Verfasser sowohl diesem größeren Werke als
auch dem von ihm selbst angefertigten Auszuge daraus (Lateinisch=
deutsches Handlexikon, 1792) ein deutsch=lateinisches Wörterbuch
angefügt, auch zu dem gleichen Zwecke ein Lehrbuch des latei=
nischen Stiles u. d. T. „Praecepta stili bene latini" (Leipzig
1779 u. ö., 2 Bde.) veröffentlicht. Dieses Werk ist ebenso wie
seine ihrer Zeit viel gebrauchten lateinischen Grammatiken (Aus=
führliche lateinische Sprachlehre, Leipzig 1779 u. ö. und Kurz=
gefaßte lateinische Sprachlehre, ebd. 1780 u. ö.), ferner seine
„Anleitung die alten lateinischen Schriftsteller philologisch und
kritisch zu erklären und den Cicero gehörig nachzuahmen"
(Halle 1770, 2. Aufl. 1783), endlich seine kritische Bemerkungen
hauptsächlich zu den Schriften des Cicero und zu den ersten
6 Büchern des Livius enthaltenden „Observationes in priscos

scriptores quosdam" (Leipzig 1785) jetzt mit Recht vergessen, während seine lexikalischen Arbeiten, welche durchaus die Grundlage für die neueren Arbeiten auf diesem Gebiete gebildet haben, ihm für alle Zeiten ein ehrenvolles Andenken sichern.

Was Scheller für die lateinische, das hat für die griechische Lexikographie der schon oben (S. 500) kurz erwähnte **Johann Gottlob Schneider** geleistet, der sich selbst von seiner Heimath Kursachsen (er war zu Kollmen bei Wurzen am 18. Januar 1750 geboren und starb als Professor und Oberbibliothekar zu Breslau am 12. Januar 1822)[1], den Zunamen **Saxo** beilegte. Sein kritisches griechisches Wörterbuch[2] bezeichnet nicht nur gegenüber den bis dahin gangbaren Handwörterbüchern eines **Schrevelius**, **Hederich** u. a. einen bedeutenden Fortschritt in Hinsicht der Kritik, des Reichthumes des Stoffes und der Methode der Behandlung, sondern es ist überhaupt die erste umfassende selbständige Arbeit auf diesem Gebiete seit Henricus Stephanus und bildet daher die Grundlage, auf welcher die Nachfolger, vor allen Fr. **Passow** und Val. Chr. Fr. **Rost**, weitergebaut haben. Ein besonderes Verdienst hat sich Schneider um die Sammlung und Erklärung der bisher sehr vernachlässigten technischen und naturwissenschaftlichen Ausdrücke erworben, wozu er durch seine umfassenden und gründlichen Studien auf dem Gebiete der Naturwissenschaften besonders befähigt war. Diese Verbindung naturwissenschaftlicher und philologischer Kenntnisse, durch welche Schneider unter den Philologen der neueren Zeit eine eigenthümliche und bedeutsame Stellung einnimmt, bildet auch den Grundzug seiner sonstigen, außerordentlich reichhaltigen schriftstellerischen Thätigkeit.

---

[1] Vgl. Fr. Passovii Opuscula academica (Lipsiae 1835) p 337 ss.
[2] Zuerst Züllichau 1797—98, 2 Bde., 8°; 2. Aufl. Jena 1805—6, 2 Bde., 4°; 3. Aufl. Leipzig 1819: dazu Supplemente 1821. Ein Auszug aus dem Schneider'schen Werke, freilich mit manchen willkürlichen Aenderungen und Zusätzen, ist das Griechisch-deutsche Handwörterbuch von dem bekannten Amanuensis Göthe's, **Friedr. Wilhelm Riemer** (geboren zu Glatz 19. April 1774, gestorben zu Weimar 19. December 1845), das zuerst Jena 1802—4 in zwei Bänden erschien.

Dahin gehören, abgesehen von zahlreichen theils größeren, theils kleineren Beiträgen zur Systematik und Geschichte der Naturwissenschaften, besonders der Kunde von den Amphibien und den Fischen, seine „Eclogae physicae historiam et interpretationem corporum et rerum naturalium continentes ex scriptoribus praecipue graecis excerptae in usum studiosae litterarum iuventutis" oder „Sammlung von Elementarkenntnissen aus der Naturgeschichte und Naturlehre der Alten, besonders der Griechen", eine systematisch geordnete Auswahl theils längerer theils kürzerer Partien aus sehr zahlreichen griechischen und einigen lateinischen Schriftwerken im Originaltext mit Anmerkungen und Erläuterungen dazu in deutscher Sprache, welche, um die Worte des Titels zu gebrauchen, „Verbesserungen und Erklärungen des griechischen Textes, Erklärungen und Vergleichungen der angeführten Lehrsätze und Versuche und mancherley litterarische Beyträge zur Geschichte der Physik aus den Alten" enthalten (2 Bde. Jena und Leipzig 1801); ferner seine mit lateinischen Uebersetzungen und kritisch-exegetischen Commentaren versehenen Ausgaben der Thiergeschichten des Aelian (Leipzig 1784, 2 Bde.) und des Aristoteles (ebd. 1811, 4 Bde.), der beiden Briefe des Epikur, welche Abrisse der Physik und der Meteorologie desselben enthalten (ebd. 1813) und der sämmtlichen Werke des Theophrast (ebd. 1818—21, 5 Bde.); desgleichen seine Bearbeitungen der Lehrgedichte des Nikandros (Alexipharmaka mit den griechischen Scholien, der griechischen Paraphrase des Euteknios, einer lateinischen Paraphrase und Anmerkungen Halle 1792; Theriaka desgl. nebst den Fragmenten Leipzig 1816) und der beiden Oppiane (zuerst mit Unterstützung von Brunck Straßburg 1776; in neuer Bearbeitung Leipzig 1813), des uns erhaltenen Bruchstückes aus dem großen griechischen Lehrgedicht des Arztes Marcellus von Sida (als Anhang zu einer Ausgabe von Plutarch's Schrift über die Kindererziehung, Straßburg 1775) und der Sammlung der römischen Schriftsteller über die Landwirthschaft (Leipzig 1794—97, 4 Bde.), endlich die Ausgabe von Vitruv's Werk über die Baukunst (Leipzig 1807—8°, 3 Bde.) Aber Schneider's kritisch-exegetische Thätigkeit ging auch über den Kreis der naturwissenschaftlichen und technischen Litteratur des Alterthumes und des Mittelalters hinaus; denn wir verdanken ihm auch Ausgaben der sämmtlichen Schriften des Xenophon (erst einzeln Leipzig 1790 ff.; Gesammtausgabe 1815, 6 Bde.), der Politik des Aristoteles (Frankfurt a. d. O. 1809, 2 Bde.), der gewöhnlich als zweites Buch der aristotelischen Oikonomik bezeichneten Schrift eines unbekannten Verfassers (Leipzig 1815) und der Argonautika des sog. Orpheus (Jena 1803), die er schon in einer Jugendschrift (den Analecta critica in scriptores veteres graecos, Frankfurt a. d. O. 1777) als ein Machwerk aus später Zeit bezeichnet und sich dadurch Ruhnken's heftigen Widerspruch und den Scheltnamen „Orpheomastix" zugezogen hatte; endlich einen „Versuch über Pindar's Leben und Schriften" (Straßburg 1774) und eine Sammlung der Fragmente dieses Dichters (ebd. 1776).

Gewissermaßen als ein Gegenstück zu J. G. Schneider kann Johann Beckmann (geboren 4. Juni 1739 zu Hoya im Hannöverschen) bezeichnet werden, der, Naturforscher und Technolog von Fach (er starb als Professor der Oekonomie in Göttingen 4. Febr. 1811), in einigen seiner Schriften mit Erfolg auf das historische und philologische Gebiet hinübergegriffen hat: so durch seine Schrift „De historia naturali veterum libellus primus" (Petersburg und Göttingen 1766), durch seine mit reichhaltigen Commentaren ausgestatteten, freilich in Hinsicht der Textkritik ungenügenden Ausgaben der Pseudoaristotelischen Sammlung von Wundergeschichten (Göttingen 1786) und der ähnlichen Sammlung wunderbarer Erzählungen von Antigonos aus Karystos (Leipzig 1791), ferner durch seine Ausgabe des mittelalterlichen lateinischen Gedichtes des Marbod über die Kräfte der Steine (Göttingen 1799), besonders aber durch seine für die Culturgeschichte des späteren Alterthumes, des Mittelalters und der Neuzeit werthvollen „Beiträge zur Geschichte der Erfindungen" (5 Bde. Leipzig 1780—1805)[1].

---

[1] Vgl. Allgem. Encykl. d. W. u. K. Sect. I Bd. 8 S. 304 ff.

Auch der Mediciner Johann Georg Friedrich Franz (geboren zu Leipzig 8. Mai 1737, gestorben als außerordentlicher Professor der Medicin daselbst 14. April 1789), der sich in seinen früheren Jahren philosophischen und theologischen Studien gewidmet hatte, hat neben seinen zahlreichen medicinischen, theologischen und populär-gemeinnützigen Schriften noch kritisch-exegetische Ausgaben mehrerer antiken Schriftwerke medicinisch-naturwissenschaftlichen Inhaltes geliefert: der kleinen Schrift des Xenokrates über die Wasserthiere, welche als Nahrungsmittel benutzt werden (Leipzig 1774); der unter den Namen des Aristoteles, des Polemon, des Adamantios und des Melampus überlieferten Schriften über Physiognomik (Scriptores physiognomoniae veteres, Altenburg 1780); der Glossare des Erotianos und des Galenos zu Hippokrates (Leipzig 1780)[1] und der Naturalis historia des Plinius (Leipzig 1778—91, 10 Bde.): die letztgenannte Arbeit, welche nach Franz's Tode durch E. Chr. Wendler abgeschlossen wurde, ist im Wesentlichen eine Wiederholung der Hardouin'schen Ausgabe unter Beifügung der Bemerkungen des Hermolaus Barbarus, des Pintianus und anderer älterer Kritiker; Franz's eigene Zuthaten sind ohne Werth.

Ein fleißiger Sammler insbesondere auf dem Gebiete der Litterargeschichte, allerdings im Wesentlichen noch im Stil von J. A. Fabricius, war der Professor der Poesie und Beredtsamkeit und Director des im Jahre 1777 auf seine Anregung gegründeten philologischen Seminares an der Universität Erlangen Gottlieb Christoph Harles (geboren zu Kulmbach 21. Juni 1738, gestorben 2. November 1815). Außer der unvollendet gebliebenen Neubearbeitung der Bibliotheca graeca von J. A. Fabricius (vgl. oben S. 360) hat er mehrere, theils umfassendere, theils

---

[1] Beigefügt ist auch das sog. Glossar des Herodot zu Hippokrates, das Franz unter diesem auf bloßem Mißverständniß beruhenden Titel wiederholt hat, während es längst von Jungermann u. a. als ein Glossar zu Herodot erkannt worden war (vgl. oben S. 279, Anmerk. 3).

kürzere Arbeiten über das ganze Gebiet der römischen und der griechischen Litteraturgeschichte geliefert, welche ohne Rücksichtnahme auf die eigentliche Entwickelung der Sprache und Litteratur sich im Wesentlichen auf Zusammenstellung von Notizen über die Lebensverhältnisse der Schriftsteller, über die Titel und Ausgaben ihrer Werke u. dgl. beschränken; die eingestreuten Urtheile über die behandelten Schriftsteller legen von der Urtheilsfähigkeit des Verfassers kein günstiges Zeugniß ab[1]. In ähnlicher Manier, ohne scharfes Urtheil und häufig stark panegyrisch gefärbt, ist seine Sammlung von Lebensbeschreibungen neuerer Philologen (De vitis philologorum nostra aetate clarissimorum, 4 Bde., Bremen 1764—72, neue Auflage des ersten Bandes 1770) gehalten. Auch die zahlreichen von ihm besorgten Ausgaben von Werken griechischer und römischer Schriftsteller, die durchgängig die Anmerkungen früherer Gelehrter theils vollständig, theils im Auszuge neben den eigenen Bemerkungen des Herausgebers enthalten, zeugen mehr von Sammlerfleiß als von selbständigem Urtheil und von eindringender Forschung, eine Charakteristik, die auch auf die gleichfalls sehr zahlreichen von ihm

---

[1] Introductio in historiam linguae latinae (Bremen 1764, ed. II 1773); eine Umarbeitung dieses Werkes ist die Brevior notitia litteraturae romanae inprimis scriptorum latinorum (Leipzig 1789); dazu Supplementa p. 1 (1799), p. 2 (1801); neue Bearbeitung u. d. T. „Brevior notitia litteraturae romanae inprimis scriptorum latinorum ordini temporis adcommodata in usum scholarum (Leipzig 1803); weitere Supplementa gab Carl Friedr. Heinr. Klügling ebd. 1817 und Additamenta dazu 1819. Ein größeres aber unvollendet gebliebenes Werk über denselben Gegenstand ist die Introductio in notitiam litteraturae romanae inprimis scriptorum latinorum (Nürnberg 1781, 2 Bde.), welche außer umfänglichen Prolegomenen eine Notitia scriptorum latinorum aliorumque hominum ac monumentorum memoratu dignissimorum enthält, die aber nur bis Ovid geht. — Introductio in historiam linguae graecae (Altenburg 1778, ed. II 1792—95: 2 Theile in 3 Bdn.); Supplementa dazu t. I (Jena 1804), t. II (ebd. 1806) Brevior notitia litteraturae graecae inprimis scriptorum graecorum ordini temporis adcommodata in usum studiosae inventutis (Leipzig 1812); Additamenta dazu von Sam. Friedr. Wilhelm Hoffmann (ebd. 1829).

verfaßten Programme Anwendung leidet¹). Der Schwerpunkt seiner akademischen Thätigkeit lag in der Leitung des philologischen Seminares, dessen Mitglieder er zu wissenschaftlichen Arbeiten und zu einer besseren und geschmackvolleren Behandlung der Classiker in den Schulen anzuleiten bestrebt war²).

Eine ganz andere Natur als Harles war Christian Gottfried Schütz (geboren zu Dederstedt im Mansfeldischen 19. Mai 1747), ein Mann von großer Lebendigkeit und Frische, die er sich bis in das höchste Alter (er starb zu Halle 7. Mai 1832) bewahrte, voller Geist und Witz, von sehr umfassenden Kenntnissen — er vereinigte mit den philologischen allgemein litterarhistorische, philosophische und pädagogische Studien — als akademischer Lehrer freilich (er wirkte zuerst in Halle seit 1769 als Inspector des theologischen Seminares, seit 1773 als außerordentlicher, seit 1777 als ordentlicher Professor, seit 1779 in Jena, seit 1804 wieder in Halle), obschon er die Gabe des mündlichen Vortrages in ausgezeichneter Weise besaß, ohne bedeutende Wirkung, weil er selbst eine zu geringe Idee von der Wirksamkeit akademischer Vorlesungen hatte und sie daher ohne rechten Eifer betrieb³), auch in seiner litterarischen Thätigkeit ohne die nöthige Sorgfalt und Genauigkeit in Einzelnheiten, überhaupt ohne strenge Methode; daher seine Ausgaben antiker Schriftwerke zwar viele scharfsinnige Emendationen und geistreiche Erklärungen, aber noch mehr willkürliche Aenderungen und gar manche Versehen und Mißverständnisse enthalten. Am meisten hat er sich wohl um Aeschylos verdient gemacht, dessen Tragödien er wiederholt, in

---

¹) Ein vollständiges Verzeichniß der Schriften H.'s gibt dessen Sohn Chr. Fr. Harles als Anhang zu seiner durchaus panegyrischen Vita seines Vaters (Erlangen 1817, wieder abgedruckt in „Miscellanea maximam partem critica edi curaverunt Fr. Traug. Friedemann et J. D. G. Seebode, Vol. I, Hildesheim 1822, p. 447 ss.).

²) Vgl. Iwan Müller, De seminarii philologici Erlangensis ortu et fatis (Erlangen 1878), und derselbe, Die Universität Erlangen unter dem Markgrafen Alexander (Erlangen 1878) S. 15.

³) Vgl. Fr. Jacobs, Personalien (Vermischte Schriften Bd. 7) S. 22.

der letzten Ausgabe unter Beifügung der Scholien und Fragmente, bearbeitet hat[1]): sind auch die kritischen Hülfsmittel weder mit gehöriger Sorgfalt noch mit richtiger Auswahl benutzt, sind auch zahlreiche Stellen willkürlich geändert, so gibt doch die ganze Arbeit vielfach Zeugniß von glänzendem Scharfsinn und poetischem Takt. Weniger bedeutend ist, abgesehen von zwei wenig Eigenes enthaltenden Specialausgaben der Phoenissen des Euripides (Halle 1772) und der Wolken des Aristophanes (ebd. 1777 u. ö.), seine unvollendet gebliebene Bearbeitung der Komödien des Aristophanes, welche den griechischen Text mit lateinischer Uebersetzung und den alten Scholien, die wichtigsten Commentare der früheren Herausgeber, Schütz's eigene Anmerkungen und ein Lexikon zu Aristophanes enthalten sollte: es sind davon nur 2 Abtheilungen des ersten Bandes (Acharner, Ritter, Wolken, Leipzig 1821) erschienen. Hoch anzuschlagen sind dagegen wiederum Schütz's Verdienste um die Kritik und Erklärung des Cicero, obgleich man auch in den diesen Schriftsteller betreffenden Arbeiten[2] desselben vielfach Besonnenheit und strenge Methode vermißt. Ohne weiter bei seinen Arbeiten zur Lehre von den griechischen und lateinischen Partikeln[3]) und bei den Beiträgen zur Kritik und Exegese zahlreicher einzelner Stellen verschiedener griechischer und lateinischer

---

[1]) Halle 1782—94, III; zweite Ausgabe ebd. 1799—1807, III; dritte Ausgabe ebd. 1809—1822, V; dazwischen erschien eine Textausgabe mit lateinischer Uebersetzung in zwei Bänden (Halle 1800).

[2]) Es sind diese eine Ausgabe der rhetorischen Schriften des Cicero (3 Vol. in 6 Theilen, Leipzig 1804—1808), eine Ausgabe der sämmtlichen Briefe desselben in chronologischer Anordnung (6 Bde., Halle 1809—1813) und eine 20 Bände umfassende Gesammtausgabe der Werke desselben mit einem Lexicon Ciceronianum und verschiedenen Indices (Leipzig 1814—1821).

[3]) Nachdem er schon 1782 einen mit eigenen Zusätzen versehenen Auszug aus des Holländers H. Hoogeveen Doctrina particularum graecarum (2. Aufl. 1806) herausgegeben hatte, veröffentlichte er 1784 ein Werk über die lateinischen Partikeln in alphabetischer Ordnung u. d. T.: „Doctrina particularum latinae linguae. Accedit ratio consecutionis temporum ac modorum latini sermonis nunc primum plene exposita", wovon aber nur der mit den Partikeln modo und mox schließende erste Theil erschienen ist.

Schriftsteller, welche er in den 24 Jahre hindurch von ihm zur Ankündigung des Prorectoratswechsels an der Universität Jena geschriebenen Programmen geliefert hat[1]), zu verweilen, gedenken wir nur noch der großen Verdienste, welche er sich um die Verbreitung der Kenntniß und die richtige Würdigung der neueren Erscheinungen auf allen Gebieten der Wissenschaft und Litteratur des In- und Auslandes durch die von ihm im Verein mit dem Weimarischen Legationsrath Friedrich Justin Bertuch und einigen anderen Gelehrten im Jahre 1784 begründete und von ihrem ersten Erscheinen im Jahre 1785 an von ihm fast 50 Jahre lang, bis zu seinem Tode, geleitete „Allgemeine Litteraturzeitung" erworben hat. Diese Zeitschrift, welche bald die hervorragendsten Schriftsteller und Gelehrten zu ihren Mitarbeitern zählte, war in den ersten 20 Jahren ihres Bestehens das angesehenste kritische Organ Deutschlands; das namentlich auf den Gebieten der Poesie, der Philosophie und der Philologie den Ton angab und die öffentliche Meinung der gebildeten Kreise leitete. Als Schütz gegen Ende des Jahres 1803 von Jena nach Halle, wohin ihm sein Redactionsgehülfe, der als Bibliograph bekannte Joh. Sam. Ersch vorausgegangen war, übersiedelte und nun den Sitz der Redaction und den Druckort der Zeitung dorthin verlegte, erstand dieser in der hauptsächlich durch Goethe's Bemühungen und Einfluß begründeten[2]), von Eichstädt redigirten „Jenaer allgemeinen Litteraturzeitung" seit dem Beginn des Jahres 1804 eine Doppelgängerin, die der älteren Schwester bald erfolgreich Concurrenz machte; doch haben beide neben einander, wenn auch mit mehrfach wechselndem Glück und wechselnder Ehre, bis zum Jahre 1848 das Feld behauptet.

---

[1]) S. Chr. G. Schuetzii Opuscula philologica et philosophica ex iis potissimum quae per XXIV annos Jenae programmatibus novi prorectoratus indicendi causa editis nomine suo haud addito adiecit selecta nunc primum coniunctim edita et aliquot recentioribus aucta (Halle 1830).

[2]) Vgl. „Goethe's Briefe an Eichstädt. Mit Erläuterungen herausgegeben von Woldemar Freiherrn von Biedermann" (Berlin 1872), Einleitung.

Viertes Buch.

Die classische Philologie als Alterthumswissenschaft.

Erstes Kapitel.
Friedrich August Wolf und seine Zeitgenossen.

Unter der großen Anzahl von Schülern, welche während eines Zeitraumes von fast 50 Jahren zu Heyne's Füßen gesessen haben, ragt einer um Haupteslänge hervor, ein Mann, der freilich vom Standpunkt Heyne's aus als ein ungerathener Schüler betrachtet werden muß, da er, von Jugend auf gewöhnt sein eigener Lehrer zu sein, in dem Bewußtsein, daß er alles, was er geworden, sich selbst und seiner Eigenart verdanke, seinen alten Lehrer nicht nur verläugnet, sondern auch auf das Bitterste gekränkt hat: Christian Wilhelm Friedrich August Wolf[1]).

Geboren zu Hainrode bei Nordhausen am 15. Februar 1759 bezog er nach eben vollendetem 18. Lebensjahre, mehr durch Privatstudien als durch den Unterricht, den er im Gymnasium zu Nordhausen genossen hatte, vorgebildet, die Universität Göttingen, wo er am 8. April 1777 trotz Heyne's Abmahnungen und trotz des Widerstrebens des damaligen Prorectors, des Professors der Medicin E. G. Baldinger, sich als Studiosus philologiae

---

[1]) Vgl. Dr. W. Körte, Leben und Studien Friedr. Aug. Wolf's, des Philologen, 2 Theile (Essen 1833). Professor Dr. J. F. D. Arnoldt, Fr. Aug. Wolf in seinem Verhältnisse zum Schulwesen und zur Pädagogik dargestellt, 1 Bd.: Biographischer Theil (Braunschweig 1861), 2. Bd.: Technischer Theil (1862).

immatriculiren ließ: eine Aeußerlichkeit, aber doch ein bedeutsames Anzeichen dafür, daß schon der frühreife Jüngling, im Gegensatz zu der damals allgemein herrschenden Anschauungsweise, die Philologie als eine selbständige Wissenschaft, die ihren Zweck und damit ihre Berechtigung in sich selbst hat, auffaßte. Nach zwei und ein halb Jahren, während deren er nur wenige Vorlesungen besucht, auch dem philologischen Seminar nicht angehört, dagegen die Schätze der Bibliothek in ausgedehntem Maße benutzt hatte, erhielt er eine Stelle als Collaborator am Pädagogium zu Ilfeld, vertauschte diese aber wiederum nach zwei und ein halb Jahren, im März 1782, mit dem Rectorate zu Osterode am Harz. Gleichzeitig erschien seine erste wissenschaftliche Arbeit, eine Ausgabe des Symposion des Platon mit einer Vorrede, zwei Einleitungsschriften und kritischen und erklärenden Anmerkungen in deutscher Sprache (Leipzig 1782)[1]), durch welche er, wie er selbst sagt, „in jungen Leuten den Trieb zum Studium des Platon zu wecken und zu unterhalten" beabsichtigte. Eine neue Textesrecension zu geben lag nicht in seinem Plane; doch hat er den Stephanus'schen Text, den er zu Grunde legte, an manchen Stellen theils aus anderen Ausgaben, theils nach eigenen Muthmaßungen abgeändert, besonders aber unter Berufung auf den Ausspruch eines englischen Philologen „Da codicem probe interpunctum, commentarii iusti vicem habebit" durch sorgfältige Interpunction das Verständniß zu erleichtern gesucht. In den Anmerkungen werden theils abweichende Lesarten anderer Ausgaben besprochen, theils und hauptsächlich wird das Sprachliche und Sachliche eingehend, aber ohne Aufwand überflüssiger Gelehrsamkeit erörtert. Von den beiden „Einleitungsschriften" handelt die erste über den Titel und den Charakter der Schrift, über die darin auftretenden Personen, über das Historische darin, über das Verhältniß des Sym-

---

[1]) Die Vorrede ist abgedruckt in „Kleine Schriften in lateinischer und deutscher Sprache von Fr. Aug. Wolf, herausgegeben von G. Bernhardy" (Halle 1869) Bd. 1 S. 131 ff., die Inhaltsübersicht ebb. Bd. 2 S. 593 ff.

posion des Platon zu dem des Xenophon, endlich über spätere Nachahmungen der platonischen Schrift; die zweite gibt eine sorgfältige Uebersicht des Inhaltes derselben; sie sollte zugleich als Probe dienen von einer von Wolf bereits früher angekündigten aber nicht weiter ausgeführten Arbeit: „Allgemeine Uebersicht oder Grundrisse der Dialogen Platon's: eine Einleitung in das Studium dieses Philosophen"[1]). Wolf's Lehrthätigkeit in Osterode war von kurzer Dauer; denn schon im August 1783 gab er seine dortige Stellung auf, um einem Rufe als ordentlicher Professor der Philosophie und Pädagogik (von 1784 an als Professor der Beredtsamkeit) an die Universität Halle Folge zu leisten. Der fast 25jährige Zeitraum seiner Wirksamkeit an dieser Hochschule (1783—1807) ist die glücklichste und an wissenschaftlichem Ertrag fruchtbarste Periode seines Lebens. Die humanistischen Studien, die in Halle bisher eine sehr untergeordnete Rolle gespielt hatten, wurden durch ihn in scharfer Opposition gegen die damals herrschende sog. philanthropinistische pädagogische Richtung als Grundlage aller wahren Bildung zur Anerkennung gebracht. Sein Hauptaugenmerk richtete er auf die Heranbildung tüchtiger Lehrer, die die Jugend in wissenschaftlichem Geiste erziehen und namentlich den auf den meisten Gymnasien damals noch tief darniederliegenden griechischen Unterricht heben und neu beleben könnten. Es ist im Wesentlichen sein Verdienst, daß der Lehrerberuf, der bis dahin fast nur als ein Anhängsel des geistlichen Berufes betrachtet worden war, als ein selbständiger anerkannt und daß der Gymnasialunterricht, zunächst in Preußen, philologisch gebildeten Lehrern anstatt Theologen, die sich nebenbei etwas mit philologischen Studien beschäftigt hatten, übertragen worden ist. Ein wichtiges Hülfsmittel dafür fand er in dem im Jahre 1787 neu begründeten und seiner Leitung unterstellten philologischen Seminar, das bald

---

[1]) Ungerecht ist das Urtheil Fr. Creuzer's (Deutsche Schriften, 5. Abtheil. Bd. 1 S. 161) über Wolf's Ausgabe des Symposion, daß die Auffassung Wolf's in den Einleitungen und in vielen Anmerkungen zu modern und Wielandisch sei.

zu hoher Blüthe und Ansehen gelangte: namentlich durch diese Anstalt hat Wolf eine philologische Schule gestiftet, aus der eine große Anzahl tüchtiger Gymnasial- und Universitätslehrer hervorgegangen ist.

In seinen Vorlesungen, über deren in geradezu einziger Art die Zuhörer anregende, begeisternde und geistig erziehende Wirkung unter allen, die ihn gehört haben, nur eine Stimme herrscht, behandelte er neben der Erklärung einer großen Anzahl griechischer und römischer Dichter und Prosaiker fast alle wichtigeren einzelnen Disciplinen der Alterthumswissenschaft. Er erklärte theils in besonderen Collegien, theils im Seminar Homer, Hesiod, Theognis, Pindar, ausgewählte Stücke der griechischen Tragiker und des Aristophanes, Kallimachos, Herodot, Xenophon, einzelne Reden des Aeschines und Demosthenes, verschiedene Dialogen Platon's, Aristoteles' Poetik, Longin und Lucian; von Lateinern Plautus, Terentius, Horatius, Cicero, Velleius Paterculus, Tacitus, Sueton und die auf die Kunstgeschichte bezüglichen Abschnitte der Naturalis historia des Plinius; er las über alte Geschichte und Chronologie, griechische und römische Litteraturgeschichte, griechische und römische Antiquitäten, Mythologie, alte Geographie, lateinische Stilistik, ja sogar über die Geschichte der zeichnenden Künste bei den Alten und über antike Numismatik[1]). Dazu kam ein von

---

[1]) S. das chronologische Verzeichniß von Fr. Aug. Wolf's Vorlesungen von 1783—1823 bei Körte Bd. 2 Beilage VIII S. 214 ff.; dazu Verbesserungen und Nachträge bei Arnoldt Bd. 1 S. 119 f. Die Vorlesungen über die Encyclopädie der Alterthumswissenschaft, über die Geschichte der griechischen Litteratur, über die Geschichte der römischen Litteratur, über die Antiquitäten von Griechenland und über die römischen Alterthümer sind nach offenbar sehr mangelhaften Collegienheften im Druck veröffentlicht worden von J. D. Gürtler, Diaconus zu Goldberg in Schlesien (von Bd. 3 an unter Mitwirkung von Dr. S. F. W. Hoffmann in Leipzig) u. d. T.: „F. A. Wolf's Vorlesungen über die Alterthumswissenschaft" 5 Bde. (Leipzig 1831—35). Außerdem hat der Zürcher Leonhard Usteri (geboren 1769, gestorben als Professor am Gymnasium zu Bern 19. September 1833), einer der anhänglichsten Schüler Wolf's, in verständigerer Weise dessen Vorlesungen über die ersten vier Gesänge der Ilias mit Bemerkungen und Zusätzen herausgegeben

Wolf anstatt der „Isagoge in eruditionem universalem", wie
sie Gesner gelesen hatte (vgl. oben S. 392) neu in den Kreis
der Universitätsvorlesungen eingeführtes encyclopädisch=methodo=
logisches Colleg, die „Encyclopaedia philologica", deren Auf=
gabe er gleich bei der ersten Ankündigung im Sommersemester
1785 mit folgenden Worten kennzeichnete: „in qua orbe universo
earum rerum, quae ad humanitatis studia pertinent, peragrato
singularum doctrinarum ambitum, coniunctionem, argumenta,
eius subsidia, denique recte eas et cum fructu tractandi mo=
dum demonstrabit." In diesen Vorlesungen, die bei jeder Wieder=
holung eine bedeutend veränderte Gestalt annahmen, nach denen
auch schon frühzeitig Zuhörer Wolf's encyclopädische Grundrisse
unter eigenen Namen veröffentlichten [1]), gab Wolf nach einleitenden
Bemerkungen über den Namen und Begriff, den Umfang und die
Eintheilung der Alterthumswissenschaft sowie über den Werth
des Studiums derselben — Bemerkungen aus denen später der
Aufsatz „Darstellung der Alterthumswissenschaft nach Begriff, Um=
fang, Zweck und Werth", der gewissermaßen die Summe der
wissenschaftlichen Thätigkeit Wolf's enthält, hervorgegangen ist
— eine „Darstellung der Alterthumswissenschaft" in zwei Haupt=
abschnitten: im ersten behandelte er unter dem Namen „die Fun=
damentaltheile der Alterthumswissenschaft", in eingehender Weise
die Grammatik der beiden classischen Sprachen, sodann die Her=
meneutik und Kritik, im zweiten gab er einen kurzen Abriß der

---

(Bern 1830—31, 2 Bändchen). Wolf's Vorlesungen über Cicero's Tusculanen
— vom Herausgeber richtig als „Nachhall sehr geistreicher, aber nicht ängstlich
vorbereiteter Lehrvorträge" bezeichnet — sind nach der Nachschrift eines Un=
bekannten gedruckt in J. C. Orelli's Separatausgabe dieser Ciceronischen Schrift
(Zürich 1829) S. 324 ff. — Vgl. über Wolf als akademischen Lehrer G. Bern=
hardy in den Verhandlungen der 25. Versammlung deutscher Philologen
und Schulmänner zu Halle (Leipzig 1868) S. 3 ff.

[1]) Besonders Georg Gustav Fülleborn (geboren zu Groß=Glogau
2. März 1768, gestorben als Professor am Elisabethanum in Breslau 16. Fe=
bruar 1803): „Encyclopaedia philologica sive primae lineae isagoges in
antiquarum litterarum studia" (Breslau 1798). Vgl. Körte Bd. 1 S. 193 f.

„Haupttheile der Alterthumswissenschaft" (Geographie, politische Geschichte, Alterthümer, Mythologie, Litteratur und Geschichte der Wissenschaften, Geschichte der Kunst) nebst einem Anhang „Litterärgeschichte der Alterthumswissenschaft oder allgemeine Uebersicht der Bearbeitung der alten Litteratur".

Seiner Lehrthätigkeit gegenüber — die sich übrigens nicht auf die Vorlesungen und Seminarübungen beschränkte, sondern im zwanglosen persönlichen Verkehr mit den Studirenden ihre Fortsetzung und Ergänzung fand — betrachtete Wolf selbst die schriftstellerische Thätigkeit als eine untergeordnete, als Nebensache [1]); und doch sind unter diesen „Parerga" Werke wie die Ausgabe der Rede des Demosthenes gegen Leptines und die Recension der homerischen Gedichte mit den Prolegomenis, die als Muster methodischer historischer Kritik und Exegese anerkannt werden müssen. Das erste, was Wolf in Halle drucken ließ, war eine nur als Hülfsmittel für seine Vorlesungen über Mythologie veranstaltete, von ihm selbst später als „übereilt" und „unreif" bezeichnete [2]) Ausgabe der Hesiodischen Theogonie mit hie und da verbessertem Text, kritisch-exegetischen „Observationes", die nicht wenige feine und treffende Bemerkungen enthalten, und angehängten Stammtafeln der Götter und Heroen nach Hesiod (Halle 1783); im Vorwort zu diesen Observationes [3]) finden sich bemerkenswerthe Andeutungen über die Veränderungen, welche die homerischen und hesiodischen Gedichte durch die Jahrhundert lange bloß mündliche Ueberlieferung erlitten haben müssen. Auf Wunsch der Buchhandlung des Halle'schen Waisenhauses besorgte er sodann 1784—85 eine für den Gebrauch in den Schulen und bei Universitätsvorlesungen bestimmte wohlfeile und correcte Ausgabe der

---

[1]) Vgl. seine Aeußerungen im Vorwort zu den Litterarischen Analekten (Kleine Schriften Bd. 2 S. 1019): „für jemand, der, wie ich, niemals Schriftsteller, sondern nur Lehrer sein wollte".

[2]) Vgl. Briefe an Herrn Hofrath Heyne von Prof. Wolf (Berlin 1797) S. 102; Wolf's Kleine Schriften Bd. 2 S. 1180.

[3]) Dasselbe ist abgedruckt in Wolf's Kleinen Schriften Bd. 1 S. 159 ff.; s. besonders S. 165 ff.

sämmtlichen homerischen Dichtungen in vier Bänden, worin im Wesentlichen der Vulgattext nach der im Auftrag und auf Kosten der Universität Glasgow veranstalteten Prachtausgabe (4 Bde., 1756—58) wiederholt ist: in der Odyssee hat sich der Herausgeber auf Verbesserung der offenbarsten Unrichtigkeiten beschränkt, während er in den kleineren Gedichten und in der Ilias etwas selbständiger in der Textesgestaltung verfahren ist, auch in der Vorrede zur Ilias [1]) über eine Anzahl der von ihm vorgenommenen Textesveränderungen Rechenschaft abgelegt hat. Da er die Resultate seiner eigenen Untersuchungen über die Geschichte des homerischen Textes — die damals gewiß noch nicht jene abgeklärte Gestalt gewonnen hatten, in der er sie zehn Jahre später dem Publikum vorlegte — nicht in wenigen Bogen zusammenfassen zu können glaubte, ließ er als Ersatz dafür L. Küster's „Historia critica Homeri" (vgl. oben S. 365 f.) abdrucken.

Im Jahre 1787 ließ Wolf zu einigen seiner Hauptcollegien (über die Geschichte der griechischen und der römischen Litteratur und über die Antiquitäten von Griechenland) ganz kurze Leitfaden von je 2—3 Bogen sowie auch, gleichfalls „in usum lectionum", eine „Tetralogia dramatum graecorum" drucken, welche den Agamemnon des Aeschylos (nach Schütz's Textesrecension), den König Oedipus des Sophokles, die Phönissen des Euripides und die Ekklesiazusen des Aristophanes (nach Brunck's Textesgestaltung) umfaßt [2]). Die Beschäftigung mit den griechischen Alterthümern führte Wolf auf das eindringende Studium der attischen Redner, insbesondere des Demosthenes: eine reife Frucht dieses Studiums ist seine Ausgabe der Rede des Demosthenes gegen Leptines mit den griechischen Scholien und fortlaufendem kritisch-exegetischem Commentar, welche zugleich die

---

[1]) Abgedruckt in den Kleinen Schriften Bd. 1 S. 175 ff.; die weit kürzere und unbedeutende Vorrede zur Odyssee ebd. S. 169 ff.

[2]) „Ceterum nihil novae dotis ostentat hic libellus" sagt Wolf (dessen Name auf dem Titel nicht genannt ist) in der kurzen in den Kleinen Schriften Bd. 1 S. 286 ff. wieder abgedruckten Vorrede.

wenige Jahre vorher (Venedig 1785) von Jacopo Morelli zum ersten Male veröffentlichte Declamation des Aelios Aristeides über denselben Rechtsfall enthält (Halle 1789); die umfänglichen Prolegomena geben in den eingehenden Untersuchungen über die Leiturgien und über das Verfahren bei Einbringung neuer und Außerkraftsetzung älterer Gesetze in Athen das erste mustergültige Beispiel einer zusammenhängenden, streng wissenschaftlichen Behandlung einzelner Punkte der attischen Staatsalterthümer. In einem diesen Prolegomenen vorausgeschickten Briefe an Fr. W. Reiz in Leipzig [1]), mit dem er in engem freundschaftlichen Verkehr stand, bezeichnet Wolf diese Ausgabe als eine Art Vorläufer einer von ihm selbst in Gemeinschaft mit einigen Freunden zu bearbeitenden Sammlung von Handausgaben griechischer Schriftsteller, welche kritisch berichtigte Texte und wenigstens theilweise auch Commentare von mäßigem Umfange, aber vom Texte losgelöst, enthalten sollte [2]) — ein Plan, der leider ebensowenig zur Ausführung gekommen ist als ein anderer von Wolf einige Jahre später mit David Ruhnken besprochener und gehegter, einen neuen und vollständigeren Thesaurus linguae latinae durch eine Vereinigung von zehn oder mehreren Gelehrten Deutschlands, Hollands, Frankreichs, Italiens und Englands bearbeiten zu lassen, welche ihre Sammlungen zweien selbstgewählten Redactoren überlassen sollten [3]).

Die Jahre 1791 und 1792 brachten der gelehrten Welt einige kleinere Arbeiten Wolf's, unter denen die Ausgabe der Kaisergeschichte des Herodian (Halle 1792) mit kurzen lateinischen Inhaltsangaben unter dem an vielen Stellen verbesserten Texte, einer vorausgeschickten „Narratio de Herodiano et libro eius", und einem Vorwort kritischen Inhaltes [4]) die bedeutendste

---

[1]) Wieder abgedruckt in den Kleinen Schriften Bd. 1 S. 288 ff.

[2]) Vgl. darüber auch die Briefe Wolf's an Schütz in „Chr. Gottfr. Schütz. Darstellung seines Lebens u. s. w." Bd. 1 S. 450 ff. und S. 459 ff.

[3]) Vgl. Kleine Schriften Bd. 2 S. 1192 f.

[4]) Das Vorwort ist wieder abgedruckt in den Kleinen Schriften Bd. 1 S. 333 ff., die Narratio ebd. S. 425 ff. — Wolf selbst war später mit dieser

ist; die übrigen sind Ausgaben einiger Schriften Lucian's für Vorlesungen (Halle 1791), der Reiz'schen Schrift „De prosodiae graecae accentus inclinatione" (vgl. oben S. 420), der „Variae lectiones" des französischen Kritikers Marc Antoine Muret (Vol. I, Halle 1791) und der Tusculanen des Cicero (Leipzig 1792, 2. Ausg. 1807), sowie eine kurze kritische Bemerkungen zu einzelnen Stellen der Hellenika des Xenophon enthaltende „Epistola ad I. G. Schneiderum", welche in dessen Ausgabe dieser Schrift (Leipzig 1791) veröffentlicht wurde [1]).

Mitten unter diesen mannigfaltigen, man möchte glauben zerstreuenden litterarischen Arbeiten, neben einer eifrigen Thätigkeit als akademischer Lehrer — er las in der Regel im Sommer 14, im Winter 17 Stunden wöchentlich — fand Wolf Muße, die homerischen Studien, die ihn schon seit seiner Studentenzeit lebhaft beschäftigt hatten, fortzusetzen und dieselben in den Jahren 1793—95 zu einem wenigstens vorläufigen Abschlusse zu bringen. Zwar in der auf Verlangen der Buchhandlung des Waisenhauses zu Halle von ihm besorgten neuen Ausgabe der Odyssee (1794)[2]) begnügte er sich noch damit, einzelne Fehler des Vulgattextes zu verbessern; aber gleichzeitig kündigte er eine neue Recension der homerischen Gedichte an, welche den Text derselben in der Gestalt herstellen sollte, die ein Kritiker des Alterthumes, dem die Arbeiten der gelehrten Alexandriner zu Gebote standen, ihnen gegeben haben würde [3]), und nach kurzer Frist erschien, dieser Ankündigung

---

Arbeit unzufrieden; in einer von Körte Bd. 2 S. 125 mitgetheilten, aus den Jahren 1816—22 stammenden Aufzeichnung heißt es: „Diu est quod me poenituit v. c. Herodiani, auf den ich fast keine Zeit gewandt".

[1]) Wieder abgedruckt in den Kleinen Schriften Bd. 1 S. 316 ff.

[2]) Die Vorrede dazu, worin Wolf über verschiedene orthographische Fragen (Silbentrennung, Accentuation, $ν\ ἐφελκυστικόν$, Consonantenverdoppelung, Worttrennung, Jota subscriptum) sich äußert, ist wieder abgedruckt in den Kleinen Schriften Bd. 1 S. 212 ff.

[3]) „Nempe hoc plane fuit consilium meum, ut Homerica carmina ad doctioris antiquitatis normam castigarem et fere talia reponerem qualia veteri alicui critico interpretum Alexandrinorum opibus perite moderateque uso non displicere potuisse viderentur" sagt er selbst in der

entsprechend, die neue Ausgabe der Ilias (Homeri Ilias ex veterum criticorum notationibus optimorumque exemplarium fide recensita. Vol. I. II. Halle 1794), welcher die weltberühmten „Prolegomena ad Homerum sive de operum Homericorum prisca et genuina forma variisque mutationibus et probabili ratione emendandi" (Vol. I, Halle 1795) beigegeben sind. Es ist nicht zu leugnen, daß die durch den französischen Gelehrten Jean Baptiste Gaspard d'Ansse de Villoison im Jahre 1788 erfolgte Publication des Textes der Ilias mit den kritischen Zeichen der Alexandriner und den alten Scholien aus einer Venezianischen Handschrift — eine Publication auf deren hohe Bedeutung Wolf selbst durch eine eingehende sachkundige Anzeige in der Jenaer allgemeinen Litteraturzeitung vom Jahre 1791 Nr. 31—33 (Bd. 1, S. 241 ff.) hingewiesen hatte — ein wesentliches Hülfsmittel für diese Epoche machenden Arbeiten Wolf's geliefert hat; aber es war eine wenn auch nicht wissentliche, so doch unwissentliche Ungerechtigkeit, wenn Heyne in seiner Recension dieser Arbeiten in den Göttinger gelehrten Anzeigen (186 Stück den 21. November 1795 S. 1857 ff.) dieselben als „die erste Frucht des beispiellosen Fleißes des um die Litteratur so verdienten Herrn d'Ansse de Villoison" bezeichnete: hatte doch Villoison nichts weiter gethan, als den werthvollsten Theil der Materialien geliefert, aus welchen Wolf als genialer Baumeister nach eigenem, selbständigem Plane ein glänzendes Gebäude aufgeführt hat.

Die hohe Bedeutung der Prolegomena für die Geschichte der Philologie beruht noch mehr auf der von Wolf angewandten Methode der Forschung als auf den dadurch gewonnenen Resultaten: sie gaben das erste, mustergültige Beispiel einer mit richterlicher Strenge und Schärfe durch Abhörung aller Zeugen geführten Untersuchung über die Geschichte eines antiken Geistesproductes von dem Zeitraume seiner Entstehung an nach den verschiedenen

---

Praefatio novae recensionis Homeri A. 1794 p. 3 s. (Kleine Schriften Bd. 1 S. 235) und wiederholt dies fast wörtlich in den Prolegomena p. XXI.

Epochen der Ueberlieferung. Nach einleitenden Bemerkungen über die Methode der Textkritik überhaupt und für die homerischen Gedichte insbesondere stellt Wolf für diese sechs solche Epochen auf: 1. vom Ursprunge der Gedichte bis auf Peisistratos; 2. von Peisistratos bis auf Zenodotos; 3. von diesem bis auf Apion; 4. von diesem bis auf Longinos und dessen Schüler Porphyrios; 5. von letzterem bis auf den Herausgeber der editio princeps, Demetrios Chalkondylas; 6. die letzten drei Jahrhunderte. Von diesen sechs Zeiträumen werden nur die drei ersten in den Prolegomenen behandelt. Für die Erforschung des ersten Zeitraumes bahnt sich Wolf erst den Weg durch eine erneute Untersuchung über die Anfänge der Schreibkunst und des Gebrauches der Schrift bei den Griechen. Das Resultat dieser Untersuchung ist, daß sich weder in den homerischen Gedichten selbst noch in anderen Ueberlieferungen über jene alten Zeiten sichere Spuren vom Gebrauche der Schrift finden; daß eine Verwendung derselben zur Aufzeichnung umfänglicherer Geistesproducte erst seit dem Anfang des 6. Jahrhunderts v. Chr., d. h. mit dem Beginn der prosaischen Schriftstellerei, bei den Griechen anzunehmen ist und daß bis auf diese Zeit herab die Ueberlieferung der homerischen Gedichte nur durch das Gedächtniß und den mündlichen Vortrag der Rhapsoden (die Wolf mit den homerischen Aoeden auf die gleiche Stufe stellt) erfolgt ist. Da man nun unmöglich annehmen kann, daß so umfängliche zusammenhängende Gedichte, wie die Ilias und die Odyssee sind, von einem Dichter ohne eine künstliche Unterstützung des Gedächtnisses hätten entworfen und ausgearbeitet und im Zusammenhange vorgetragen werden können, so wird man zu dem Schlusse gedrängt, daß die zusammenhängende und einheitliche Form dieser Gedichte, die namentlich in der Odyssee hervortretende künstlerische Composition, nicht sowohl dem Geiste desjenigen, dem man sie zuzuschreiben pflegt, als der Geschicklichkeit eines fortgeschrittenen Zeitalters und den vereinten Bemühungen Vieler zu verdanken sei. Finden sich doch in beiden Gedichten Erscheinungen, welche schon an sich den Verdacht einer von fremden Händen gemachten Zusammenfügung erregen: deutlich hervortretende Commissuren, Widersprüche in Einzelheiten, ganze Rhapsodien, die nicht von Homer, d. h. von demjenigen, welcher den größeren Theil der Rhapsodien gedichtet hat, herrühren können — Erscheinungen, die Wolf nur kurz berührt, deren eingehendere Untersuchung er der späteren Forschung überlassen hat. Er wendet sich vielmehr von diesen Erörterungen zur Prüfung der Ueberlieferung der Griechen selbst über die älteste Geschichte der homerischen Gedichte, durch welche sich die durch die Ueberlieferung des ganzen Alterthumes bezeugte Thatsache ergibt, daß Peisistratos zuerst die homerischen Gedichte hat schriftlich aufzeichnen und in die Ordnung, in welcher sie jetzt gelesen werden, bringen lassen. In dem folgenden Zeitraume, von den Peisistratiden bis auf Zenodotos, sind dann die Anfänge der Erklärung der homerischen Gedichte, wie sie bei den Alten im Gebrauch war, zu suchen; zugleich bahnte der Eifer in der Vermehrung der Abschriften durch die Nothwendigkeit, eine Auswahl unter verschiedenen Lesarten zu treffen, den Weg zu einer sorgfältigeren Textkritik. Was sich nun über die ältesten Vertreter der allegorischen Auslegung, über das Verhältniß der bedeutenderen Philosophen zu derselben, über die ersten schwachen Versuche einer mehr gelehrten Interpretation und Kritik durch einige Sophisten, über die theils nach einzelnen Männern, theils nach einzelnen Städten benannten voralexandrinischen Ausgaben, über die Verdienste der alexandrinischen Gelehrten, insbesondere des Zenodotos, Aristophanes, Aristarchos und Krates, um eine constantere Textesgestaltung mit Sicherheit oder Wahrscheinlichkeit ermitteln läßt, das wird von Wolf theils in kürzerer, mehr andeutender, theils in eingehender Weise dargelegt. Mit Krates schließt Wolf seine Untersuchungen ab: die weitere Geschichte der homerischen Gedichte hat er ebensowenig im Einzelnen verfolgt, als er die Ausarbeitung des ursprünglich beabsichtigten zweiten „technischen" Theiles der Prolegomena, in welchem von den Grundsätzen der kritischen Berichtigung selbst gehandelt werden sollte, ernstlich in Angriff genommen hat[1]): was wir von demselben zu erwarten gehabt hätten, können wir aus der später zu besprechenden Vorrede zu Wolf's letzter Recension der homerischen Gedichte abnehmen. Aber auch in dieser unvollendeten Gestalt bilden Wolf's Untersuchungen, wenn sie auch im Einzelnen durch seine Nachfolger mehrfach berichtigt und ergänzt worden sind, die feste Basis aller weiteren Forschung über die Geschichte der homerischen Gedichte im Alterthum, ebenso wie die im ersten Theile der Prolegomena ausgesprochenen Vermuthungen und Andeutungen über die Entstehung dieser Gedichte der Ausgangspunkt für die seitdem so vielfach ventilirte und gleichsam in den Vordergrund der philologischen Interessen gerückte sog. „homerische Frage" geworden sind.

Von dieser nachhaltigen Wirkung der Prolegomena war freilich in den ersten Jahren nach ihrem Erscheinen wenig zu spüren. Wenn auch einige der hervorragendsten Geister unserer Nation, wie Goethe, W. von Humboldt und die Brüder Schlegel — von Herder's sehr unerquicklichem Verhältniß zu Wolf ist schon oben S. 465 die Rede gewesen — in mehr oder weniger unbedingter Weise ihre Zustimmung zu den Resultaten der Wolf'schen Untersuchungen und den daraus gezogenen Folgerungen aussprachen, so verhielten sich doch andere wie Klopstock, Schiller und Voß durchaus ablehnend dagegen[2]). Unter den Fachgenossen erkannte David Ruhnken in Leyden, dem Wolf als dem „princeps criticorum" sein Werk zugeeignet hatte, in

---

[1]) Was neuerdings als Fragmente dieses zweiten Theiles herausgegeben worden ist (Fr. Aug. Wolfii Prolegomena ad Homerum — cum notis ineditis Imm. Bekkeri. Editio II cui accedunt partis secundae prolegomenorum quae supersunt ex Wolfii manuscriptis eruta. Berlin 1876) besteht nur aus durchaus unfertigen Entwürfen: vgl. Ed. K(amme)r im Litterar. Centralbl. 1876, N. 37 S. 1237 f.

[2]) Vgl. R. Volkmann, Geschichte und Kritik der Wolf'schen Prolegomena zu Homer S. 71 ff., der aber für Voß dessen Briefe an Wolf (s. Briefe von Joh. Heinr. Voß nebst erläuternden Beilagen herausgegeben von Abr. Voß Bd. 2 S. 213—254) nicht benutzt hat.

einem Privatbriefe an den Verfasser vom 3. August 1795 ¹) in
demselben zwar „exquisitae doctrinae copiam" und „criseos historicae subtilitatem" an, lehnte aber die Zustimmung zu dem
Resultate seiner Untersuchung über das Alter der Schreibkunst
mit den von einem Unterredner in den tusculanischen Untersuchungen des Cicero in Bezug auf Platon's Phaedon gebrauchten
Worten ab: „dum lego librum assentior; cum posui librum,
prope omnis assensio illa elabitur". Heyne, welchen Wolf
selbst brieflich unter Darlegung des bisherigen Ganges seiner
homerischen Studien gebeten hatte, in einer Anzeige des Werkes
„die Sache in ihren Hauptmomenten und mit den Hauptgründen
einigermaßen vollständig und bestimmt darzulegen", veröffentlichte unmittelbar vor dem Empfang dieses Briefes in den
Göttinger gelehrten Anzeigen die schon oben S. 526 erwähnte
Recension, die weder durch ihren Inhalt noch durch ihren
Ton den Wünschen und Erwartungen Wolf's entsprach. War
dieser schon durch die Recension, in welcher er eine Anzahl
„beträchtlicher Mißverständnisse" zu erkennen glaubte, verstimmt
und gereizt, so wurde diese Verstimmung zur heftigsten Erbitterung
durch die Anzeige, welche Heyne von seiner in der Göttinger
Gesellschaft der Wissenschaften am 1. August 1795 gehaltenen
Vorlesung „De antiqua Homeri lectione indaganda, diiudicanda
et restituenda" (s. oben S. 481 ff.) in den Göttinger gelehrten
Anzeigen Stück 203 vom 19. December 1795 S. 2025 ff. erscheinen ließ. Da Heyne hier seine Meinung über den Ursprung
und die ältesten Schicksale der homerischen Gedichte, deren vielfache Uebereinstimmung mit dem von Wolf in den Prolegomenen
ausführlich Vorgetragenen er ausdrücklich hervorhebt, als eine
gewisse Vorstellungsart bezeichnet, die er schon vor dreißig Jahren
mit sich herumgetragen und im Vortrage wie in Schriften geäußert habe, so konnte leicht in den Lesern der Verdacht auf-
steigen, daß Wolf, der ja allgemein als Schüler Heyne's galt

---

¹) Abgedruckt bei Friedemann und Seebode, Miscellanea maximam
partem critica Vol. II p. 20.

und sich auch selbst öffentlich als solchen bezeichnet hatte, den Ideengang und die Resultate seiner Untersuchungen von Heyne entlehnt, diesem entwendet habe. Um jeden derartigen Verdacht zu ersticken, veröffentlichte Wolf eine Reihe von Briefen an Heyne, welche mit dem wirklich abgesandten, in dem er ihn um eine Anzeige der Prolegomena bittet, beginnend, eben diese Anzeige und die Ankündigung des Vortrages von Heyne einschließend, nach Wolf's eigenen Worten „eine Reihe Scenen ausmachen, die beinahe alle Eigenschaften eines modernen Drama haben"[1]). Liegt auch das Interesse dieser Briefe hauptsächlich in den Streiflichtern, welche sie auf Wolf's Persönlichkeit und den Gang seiner homerischen Studien werfen, so enthalten sie doch auch manches, was als Ergänzung und weitere Ausführung zu den Prolegomenen von Werth ist.

Da Heyne, getreu seinem Grundsatz sich nicht in litterarische Fehden einzulassen, auf Wolf's Briefe die Antwort schuldig blieb, so ruhte der Streit bis zum Jahre 1802, wo das Erscheinen der großen Heyne'schen Ausgabe der Ilias (s. oben S. 479 ff.) den Gegnern desselben neue Gelegenheit zum Angriffe darbot. Die (Jenaer) allgemeine Litteraturzeitung brachte im Mai 1803 eine durch 16 Nummern (Nr. 123—126; 128—131; 133—136; 138—141) sich hindurchziehende Recension des Werkes, welche von dem seit kurzem nach Jena übergesiedelten erbittertsten Gegner Heyne's, Johann Heinrich Voß, unter Mitwirkung Wolf's und des seit 1797 neben Christian Gottfried Schütz bei der Redaction der allgemeinen Litteraturzeitung thätigen vielseitigen, aber auf keinem Gebiete tief eindringenden Gelehrten Heinrich Karl Abraham Eichstädt[2])

---

[1]) Briefe an Herrn Hofrath Heyne von Professor Wolf. Eine Beilage zu den neuesten Untersuchungen über den Homer (Berlin 1797). Ich kann es nur bedauern, daß Bernhardy diese Briefe aus seiner Sammlung der kleinen Schriften Wolf's ausgeschlossen hat.

[2]) Dieser mehr durch seine langjährige Thätigkeit als Redacteur der Jenaer allgemeinen Litteraturzeitung und durch seinen eleganten lateinischen Stil als durch selbständige wissenschaftliche Arbeiten bekannte Gelehrte war geboren zu Oschatz in Sachsen 8. August 1772, habilitirte sich 1793 an der Universität

verfaßt war ¹). Wolf hatte ursprünglich die Beurtheilung des kritischen Verfahrens Heyne's übernommen, führte aber diese Arbeit nicht selbst aus, sondern sandte nur Materialien dazu, welche Eichstädt verarbeitete: das Wichtigste in diesem Theile ist die Polemik gegen die Einführung des „äolischen Hauches", des sog. Digamma, gegen welches sich Wolf, gemäß seiner Ueberzeugung, daß es unmöglich sei den ursprünglichen Text der homerischen Gesänge wiederherzustellen, auch in der Vorrede zu seiner letzten Recension des Homer entschieden ablehnend verhält ²). Auch nach dem Erscheinen der kleineren Ausgabe der Ilias von Heyne (2 Bde. Leipzig und London 1804) brachte die Jenaer allgemeine Litteraturzeitung in den Nummern 45—47 des Jahrganges 1806 eine vielfach in das Detail der grammatischen Erklärung wie der Textkritik eingehende, in ziemlich geringschätzigem Tone gehaltene Anzeige, die zwar nicht direct von Wolf herrührte, aber doch auf seine Veranlassung von seinem vertrautesten Schüler, dem damals noch in Halle studirenden Immanuel Bekker, verfaßt war ³).

Den Abschluß der homerischen Studien Wolf's bildet dessen zweite, von ihm selbst als Ausgabe letzter Hand bezeichnete Recension der sämmtlichen homerischen Gedichte, die in den Jahren 1804—1807 in fünf Bänden bei Göschen in Leipzig in einer für die damaligen Verhältnisse und Gewohnheiten des deutschen Buchhandels ungewöhnlich glänzenden Ausstattung — mit den Umrißzeichnungen des berühmten englischen Bildhauers John Flaxmann

---

Leipzig, erhielt 1795 eine außerordentliche Professur der Philosophie daselbst, siedelte 1797 nach Jena über, wo er nach Schütz's Weggang 1804 die Professur der Poesie und Beredtsamkeit, auch die Stelle als Oberbibliothekar übernahm; er starb 4. März 1848 auf seinem Gute Benndorf. Vgl. Goethe's Briefe an Eichstädt. Mit Erläuterungen herausgegeben von Woldemar Freiherrn von Biedermann, (Berlin, G. Hempel 1872) Einleitung.

¹) S. die ausführlichen Mittheilungen über die Geschichte dieser Recension in J. H. Voß' Antisymbolik Bd. 2 S. 96 ff.; dazu W. Herbst, Johann Heinrich Voß Bd. II, 2 S. 44 ff.

²) Vgl. Wolf's Kleine Schriften Bd. 1 S. 261 f.

³) Die Anzeige ist wieder abgedruckt in J. Bekker's Homerischen Blättern (Bonn 1863) S. 1 ff.

— erschien. Die Vorrede zum ersten Bande¹) gibt uns einigen Ersatz für den versprochenen aber nicht gelieferten zweiten Theil der Prolegomena, indem Wolf sich darin in eingehender Weise über die Aufgabe der Textkritik in den homerischen Gedichten und über die für die Beurtheilung der verschiedenen Lesarten in denselben maßgebenden Grundsätze ausspricht, Grundsätze, die er bei der Constituirung des Textes dieser letzten Ausgabe (von der im Jahre 1817 ein neuer Abdruck mit einigen ganz unbedeutenden, rein sprachlichen Aenderungen in der Vorrede erschien) in weit consequenterer Weise als in seinen früheren Ausgaben durchgeführt hat. Die ausgewählten griechischen Scholien und lateinischen Commentare, welche dieser Ausgabe beigegeben werden sollten, hat Wolf nicht geliefert; wie wenig er sich aus der Nichterfüllung solcher öffentlich gegebener Versprechungen ein Gewissen machte, das spricht er selbst im Vorwort zum ersten Hefte der Litterarischen Analekten (S. XVI) mit folgenden Worten aus: „Allein wegen des Publicums bin ich anderer Meinung, sollte dieses auch größeren Antheil an so etwas nehmen, als es nimmt. Es kauft unsere Schriften, wann sie gedruckt sind, und schaltet dann damit, wie es will; oder läßt sie ungekauft: wo sollte ihm ein besseres Recht herkommen, versprochene Schriften wie alte Schulden einzufordern, oder sich zu beklagen, daß noch nicht alle vollständig seien, als danach zu fragen, ob ein Schriftsteller in seinen Einsichten selbst und überhaupt zu Vollständigkeit oder Ganzheit gelangt sei?"

Neben den homerischen Studien beschäftigten Wolf in den späteren Jahren seines hallischen Aufenthaltes mehrere lateinische Prosaiker. Auf den Wunsch der Besitzer der Weidmann'schen Buchhandlung in Leipzig übernahm er eine Neubearbeitung der Ernesti'schen Ausgabe des Tacitus, die er aber nur bis zum 23. Kapitel des zweiten Buches der Annalen ausführte, dann in Folge von Zerwürfnissen mit dem Verleger liegen ließ; statt seiner trat J. J. Oberlin (vgl. oben S. 384) als Herausgeber

---

¹) Wieder abgedruckt in den Kleinen Schriften Bd. 1 S. 236—278.

ein¹). Ein interessantes wenn auch nicht durchaus mustergültiges Specimen der sog. höheren Kritik lieferte sodann Wolf durch seine Ausgabe der vier von Cicero angeblich nach seiner Rückkehr aus der Verbannung gehaltenen Reden²), die er, nachdem der englische Gelehrte Jeremias Markland ihre Echtheit bestritten, J. M. Gesner dieselbe vertheidigt hatte (vgl. oben S. 388 f. Anm. 2), in einem fortlaufenden Commentar aus stilistischen und historischen Gründen als nichtciceronianisch zu erweisen suchte, ein Erweis, den er für diese vier Reden ebensowenig überzeugend geliefert hat, als für die Rede für Marcellus, die er das Jahr darauf (1802) mit Commentar und Vorwort³) herausgab; doch muß man anerkennen, daß nicht wenige der von Wolf bezeichneten Steine des Anstoßes erst durch das Bekanntwerden besserer handschriftlicher Ueberlieferung aus dem Wege geräumt worden sind. Daß er auch eine der vier Catilinarischen Reden für unecht halte, hat Wolf wiederholt, früher in vertraulichen Gesprächen mit ihm näher stehenden Schülern, später in Berlin öffentlich in seinen Vorlesungen angedeutet, Andeutungen, die zu manchen voreiligen Aufstellungen, über die der Meister selbst gelächelt haben mag, Veranlassung gegeben haben⁴). Während diese ciceronianischen Arbeiten aus der eigenen Initiative Wolf's, wir möchten sagen aus einer Ueber-

---

¹) Wie wenig Wolf mit der Arbeit dieses seines Stellvertreters zufrieden war, zeigt eine Bemerkung in seiner Abhandlung „Von einer milden Stiftung Trajan's" (Berlin 1808) S. 10, Anmerkung in Bezug auf die Stelle Tac. annal. XI, 25: „Aber die Ziffern sind dort in der neuesten Ernesti'schen Ausgabe unrichtig, wo so vieles schlechter ist als in vorigen Ausgaben".

²) M. Tulli Ciceronis quae vulgo feruntur orationes quatuor: I. Post reditum in senatu. II. Ad Quirites post reditum. III. Pro domo sua ad pontifices. IV. De haruspicum responsis. Recognovit animadversiones integras I. Marklandi et I. M. Gesneri suasque adiecit F. A. Wolfius (Berlin 1801). Die Praefatio, in welcher er nach einer eingehenden Darlegung der Geschichte der Streitfrage die für die Entscheidung derselben maßgebenden Gesichtspunkte aufstellt, ist wiederholt in den Kleinen Schriften Bd. 1 S. 369 ff.

³) Wieder abgedruckt in den Kleinen Schriften Bd. 1 S. 389 ff.
⁴) Vgl. Körte Bd. 1 S. 331 f.

feinerung oder Ueberreizung seines Stilgefühles, hervorgegangen sind, verdankt wiederum einer äußeren Anregung — der Aufforderung der Verlagshandlung von Caspar Fritsch in Leipzig — ihre Entstehung die 1802 in vier Bänden erschienene Ausgabe der Werke des Suetonius, eine Neubearbeitung der Ernesti'schen Ausgabe, welche außer dem vielfach von Wolf aus Handschriften berichtigten Texte, den Ernesti'schen und Wolf's eigenen Anmerkungen den vollständigen Commentar des Isaac Casaubonus sowie anhangsweise das sog. Monumentum Ancyranum (das Testament des Augustus) und die Fasti Praenestini gibt. In demselben Jahre veröffentlichte Wolf auch eine Sammlung seiner kleinen lateinischen und deutschen Aufsätze u. d. T. „Miscellanea maximam partem litteraria" (Halle 1802), deren erste Abtheilung zwei im Namen der Universität gehaltene lateinische Gedächtnißreden (auf Friedrich II. und Friedrich Wilhelm II.) und 35 „Prooemia praelectionibus academicis indicendis scripta", kurze Aufsätze theils kritischen und antiquarischen, theils allgemein didaktischen Inhaltes, welche die Studirenden in die Methode des Studiums des classischen Alterthumes einführen sollten, enthält[1]; unter den sieben deutschen Aufsätzen[2], welche die zweite Abtheilung ausmachen, sind in wissenschaftlicher Hinsicht die „über den Ursprung der Opfer" und „Beitrag zur Geschichte des Somnambulismus aus dem Alterthum" die interessantesten.

Mit dem Sommersemester 1806 schloß Wolf's Lehrthätigkeit in Halle: wenige Tage nach der unglücklichen Schlacht bei Jena, am 17. October 1806, wurde die Stadt, die mehr das Aussehen eines Sitzes des Ares als der Musen hatte, von den Franzosen besetzt, drei Tage darauf erging von dem Commandanten der feindlichen Truppen der Befehl, daß alle Vorlesungen eingestellt

---

[1] Die beiden Parentalia sowie die Prooemia, letztere noch um sechs nach dem Jahre 1802 erschienene vermehrt, sind nach den Originalausgaben wieder abgedruckt in Wolf's Kleinen Schriften Bd. 1 S. 3—130.

[2] Dieselben sind in anderer Reihenfolge als in den Miscellaneen wieder abgedruckt in den Kleinen Schriften Bd. 2 S. 593—724.

und die Studirenden nach ihren Heimathsorten geschickt werden sollten; die Universität war factisch aufgehoben und wurde erst nach dem Tilsiter Frieden, aber nicht als preußische, sondern als „westphälische" Universität mit einer gegen die frühere Zeit kläglich geringen Anzahl von Studenten wieder eröffnet. Wolf war durch diese Lahmlegung seiner akademischen Thätigkeit, die sein eigentliches Lebenselement gewesen, auf das Tiefste niedergeschlagen; zwar suchte er, durch brieflichen Zuspruch von Goethe, dem er seit dem Sommer des Jahres 1795 persönlich nahe getreten war, ermuntert [1]), durch wissenschaftliche Arbeiten, insbesondere durch die abschließende Redaction seiner in den Vorlesungen über Encyclopädie der Philologie vorgetragenen Gedanken über die Aufgabe und die Methode der Alterthumsforschung, seinen Kummer zu vergessen; aber der Aufenthalt an der jetzt verödeten Stätte seiner vieljährigen glänzenden Wirksamkeit, der ihm noch durch allerhand häßlichen Klatsch [2]) verleidet wurde, war ihm auf die Dauer unerträglich: er reiste daher Ende April 1807, einer Aufforderung Johannes von Müller's folgend, nach Berlin, zunächst in der Absicht nur kürzere Zeit dort zu verweilen: aber der bald nach dem Tilsiter Frieden von der preußischen Regierung, insbesondere von dem damaligen Leiter des Unterrichtswesens Wilhelm von Humboldt ernstlich in das Auge gefaßte Plan, eine neue Hochschule in Berlin zu gründen, an welcher Wolf dieselbe Stelle zugedacht war die er in Halle eingenommen hatte, fesselte ihn dort und bewog ihn, verschiedene glänzende Anerbietungen von auswärts abzulehnen: zunächst einen wiederholten Ruf nach München als Mitglied der durch den König Maximilian Joseph und seinen Minister Freiherrn von Montgelas am 1. Mai 1807

---

[1]) Vgl. M. Bernays, Goethe's Briefe an Fr. Aug. Wolf (Berlin 1868), besonders S. 69 ff.; der Brief Goethe's ebd. S. 110 f. und in Wolf's Kleinen Schriften Bd. 1, Vorbericht S. XIX f.

[2]) Vgl. das „Schreiben über eine Hallische Erzählung" in den Kleinen Schriften Bd. 2 S. 743 ff.; dazu G. Bernhardy's Vorbericht Bd. 1 S. XIV f.

Friedrich August Wolf und seine Zeitgenossen. 537

neu constituirten Akademie der Wissenschaften; sodann eine Berufung als Professor der lateinischen Sprache und Litteratur an die Universität Charkow[1]), ferner die Einladung Johannes von Müller's, der als Generaldirector der Studien des Königreiches Westphalen fungirte, zur Rückkehr an die wieder eröffnete Universität Halle, endlich einen Ruf als Oberbibliothekar und Professor der Litteratur und Alterthumskunde an die Universität Landshut, d. i. die alte Universität Ingolstadt, die seit dem 4. Juni des Jahres 1800 Behufs einer gründlichen Reform nach Landshut verlegt worden war[2]). Da aber die Eröffnung der Universität in Berlin sich verzögerte, wurde Wolf, um ihm einen vorläufigen Wirkungskreis zu verschaffen, am 14. October 1808 zum Visitator des Joachimsthalischen Gymnasiums, im Februar 1810 zum Director der wissenschaftlichen Deputation bei der Section des öffentlichen Unterrichtes, deren Chef Wolf's treuester Freund, Wilhelm von Humboldt, war, ernannt. Da es sich aber nur allzubald herausstellte, daß Wolf zu geschäftlicher Thätigkeit weder Neigung noch Geschick hatte, legte er schon nach einem Monate unter dem Vorwande, daß seine Gesundheitsumstände ihn verhinderten sich auf die Geschäfte einzulassen, diese ehrenvolle Stellung, in welche nun statt seiner Schleiermacher eintrat, nieder und erbot sich nur zu gelegentlicher Thätigkeit als außerordentliches Mitglied der Deputation. Aber auch seine Thätigkeit an der Mitte October 1810 eröffneten Universität Berlin entsprach weder ganz seinen Wünschen, noch den Erwartungen, die man davon gehegt hatte. Als er einige Wochen nach dem Beginn der Vorlesungen von einer längeren Erholungsreise in Süddeutschland nach Berlin zurückkehrte, fand er zu seinem großen Mißbehagen sich in dem Vorlesungsverzeichnisse einfach als ordentlichen

---

[1]) Vgl. Dr. Georg Schmid, „Fr. A. Wolf der Philologe und die Universität Charkow (1807—1808). Nach bisher ungedruckten Documenten"; in „Russische Revue. Monatsschrift für die Kunde Rußlands herausgegeben von Carl Röttger", VIII. Jahrgang (1879) S. 289—328.

[2]) Vgl. Prantl, Geschichte der Ludwig=Maximilians=Universität in Ingolstadt, Landshut, München Bd. 1 S. 648 f.

Professor der alten Litteratur neben seinen Schülern Boeckh und Heindorf aufgeführt, während er den Wunsch gehegt hatte, an der Universität nicht als ordentlicher Professor zu fungiren, sondern nur in seiner Eigenschaft als Mitglied der Akademie der Wissenschaften, der er bereits seit dem 21. Februar 1799 angehörte, Vorlesungen halten zu dürfen und die Direction eines neu zu errichtenden philologisch-pädagogischen Seminares zugleich mit der Aufsicht über die ersten Gymnasien des Landes zu führen. Als er diese seine Wünsche in einer Eingabe an die Section des öffentlichen Unterrichtes, von deren Leitung unterdessen W. von Humboldt zurückgetreten war, wiederholt betonte, wurde er zwar von der Verpflichtung zur Theilnahme an den Facultäts- und Senatsgeschäften entbunden und demzufolge auch in den Vorlesungskatalogen nicht mehr unter den ordentlichen Professoren aufgeführt, in Hinsicht des Collegienlesens aber wurde ihm die volle Verbindlichkeit eines ordentlichen Professors auferlegt; anstatt der Direction eines Seminares erhielt er den Auftrag, den Candidaten und bereits angestellten Lehrern, welche, um sich nachzuüben, zu einer gewissen Zeit des Jahres nach Berlin berufen werden würden, Unterweisung und Anleitung in den verschiedenen Zweigen seines Faches zu geben, wie es der zu entwerfende Plan eines solchen Cursus mit sich bringen werde. Die Verstimmung, welche Wolf über diese Verpflichtungen empfand, wurde noch gesteigert durch Zwistigkeiten mit der Akademie der Wissenschaften, die ihn nicht als ordentliches Mitglied anerkennen wollte, weil er sich weigerte den Verpflichtungen nachzukommen, welche durch die ohne sein Zuthun entworfenen neuen Statuten vom 24. Januar 1812 den ordentlichen Mitgliedern auferlegt worden waren. Zwar blieb er als Ehrenmitglied in freierer Verbindung mit der Akademie und im Genuß des Jahresgehaltes, den er seit einer Reihe von Jahren aus den Fonds derselben bezogen hatte, aber an den Arbeiten derselben hat er seitdem keinen Antheil mehr genommen; ebensowenig an der Leitung des im Jahre 1812 in das Leben gerufenen philologischen Seminares; vielmehr beschränkte sich seine amtliche Thätigkeit auf seine Universitätsvorlesungen, die aber weder ihm selbst die gleiche Befriedigung gewährten, noch auf seine Zuhörer, abgesehen von einigen wenigen reiferen Geistern[1]), dieselbe mächtige und nachhaltige Wirkung übten, wie dies in Halle der Fall gewesen war. In Folge dessen wuchs seine auch durch körperliche Leiden mancher Art genährte Verstimmung, ja Verbitterung von Jahr zu Jahr und entfremdete ihm allmählich viele seiner näheren Freunde und Schüler. Auch seine litterarische Thätigkeit, welche in den ersten Jahren seines Berliner Aufenthaltes noch einige ihrer schönsten Blüthen trieb, nahm in den späteren Jahren mehr und mehr einen fragmentarischen, um nicht zu sagen desultorischen Charakter an und ging seit dem Jahre 1820 völlig ein, so daß man wohl sagen darf: Wolf hatte in seinen letzten Lebensjahren sich selbst überlebt und der Tod, der ihn am 8. August 1824 auf einer Reise nach dem Süden in Marseille hinwegraffte, kam, wenn auch zu früh für sein Alter — er stand erst im 66. Lebensjahre — doch eher zu spät als zu früh für seinen Ruhm.

Wolf's litterarische Thätigkeit in Berlin begann mit der Veröffentlichung des im Wesentlichen noch in Halle verfaßten Aufsatzes „Darstellung der Alterthumswissenschaft nach Begriff, Umfang, Zweck und Werth"[2]), wodurch er das „Museum der

---

[1]) Fr. Passow, der als 28jähriger Mann im Winter 1814/15 Wolf's Vorlesungen über philologische Encyclopädie, über Aeschylos' Agamemnon und über Bion und Moschos hörte, schreibt darüber am 18. November 1814 an Abr. Voß: „Ist auch die jedesmalige Ausbeute an eigentlichen philologischen Thatsachen, an gelehrter Ausführung ɛc. nicht groß, so ist doch ganz herrlich die heitere Klarheit, die überall durchherrscht, die geistreiche Weise, der Gründlichkeit unbeschadet ein jegliches in der anziehendsten, meist in sehr genialer Form darzustellen, und besonders die eigenthümliche Gabe, so anregend auf seine Zuhörer zu wirken, daß er sie nie — wie Hermann — in den Gränzen eigener Ansichten und Meinungen besängt, sondern im Gegentheil jede gesunde Denkkraft erst recht in volle Freiheit setzt, selbständig zu forschen und zu streben. Dies Eine erscheint mir als etwas so Großes und Tröstliches, daß alles davor verschwinden muß, was beschränkte Ansicht über seine Faulheit, seine Unordnung ɛc. zu verbreiten gesucht hat."

[2]) Abgedruckt in den Kleinen Schriften Bd. 2 S. 808—895.

Alterthumswissenschaft", eine für das ganze Gebiet der antiken Litteratur und Kunst bestimmte Zeitschrift, zu deren Herausgabe er sich mit Philipp Buttmann verbunden hatte [1]), im Jahre 1807 in glänzender Weise eröffnete. Dieser nach Inhalt und Form des großen Namens, den er an der Spitze trägt, würdige Aufsatz — das Museum ist "Goethe, dem Kenner und Darsteller des griechischen Geistes" in einer längeren Zueignung gewidmet — ist gleichsam der Freibrief, durch welchen die Summe von Kenntnissen, welche man bisher bald als Philologie, bald als classische Gelehrsamkeit, bald als alte Litteratur, bald als Humanitäts-Studien, zuweilen auch als "schöne Wissenschaften" bezeichnet und im Wesentlichen nur nach den Diensten, welche sie den sog. Berufswissenschaften leistete, geschätzt hatte, als selbständige Wissenschaft proclamirt und zur allgemeinen Anerkennung gebracht worden ist. Der Gegenstand dieser "Alterthumswissenschaft" ist nach Wolf's Darlegung das Alterthum in dem engeren Sinne der Einschränkung auf die beiden durch Geistescultur, Gelehrsamkeit und Kunst verfeinerten Völker, die Griechen und Römer; sie ist demnach der Inbegriff der Kenntnisse und Nachrichten, die uns mit den Handlungen und Schicksalen, mit dem politischen, gelehrten und häuslichen Zustande derselben, mit ihrer Cultur, ihren Sprachen, Künsten und Wissenschaften, Sitten, Religionen, National-Charakteren und Denkarten bekannt machen, dergestalt,

---

[1]) Museum der Alterthumswissenschaft. Herausgegeben von Fr. A. Wolf und Phil. Buttmann. Erster Band (Berlin 1807). Zweiter Band (ebd. 1808). Wolf hat dazu außer der einleitenden Abhandlung nur noch einen kurzen Aufsatz "Giambattista Vico über den Homer" (Bd. 1 S 555—570 = Kleine Schriften Bd. 2 S. 1157 ff.) beigesteuert; die übrigen in den beiden Bänden enthaltenen Aufsätze sind von Ph. Buttmann, A. Hirt, Fr. Schleiermacher, W. Uhden, A. Boeckh, L. Ideler, C. H. Roloff (Dr. med., Landphysicus des Districtes Magdeburg), B. G. Niebuhr verfaßt. Das gleichfalls von Wolf und Buttmann herausgegebene "Museum antiquitatis studiorum", von welchem nur zwei Hefte erschienen sind (Berlin 1808 und 1811), enthält aus Wolf's Feder nichts als ein kurzes "praemonitum" zu der von Im. Bekker zuerst publicirten Schrift des Apollonios Dyskolos περὶ ἀντωνυμίας (p. 255—260 = Kleine Schriften Bd. 1 S. 415 ff.

daß wir geschickt werden, die von ihnen auf uns gekommenen Werke gründlich zu verstehen und mit Einsicht in ihren Inhalt und Geist, mit Vergegenwärtigung des alterthümlichen Lebens und Vergleichung des späteren und des heutigen zu genießen. Quellen und zugleich Objecte der Alterthumsforschung sind die gesammten Ueberreste der alten Zeiten, die Wolf in drei Klassen theilt: 1. schriftliche Werke; 2. künstlerische, d. h. Werke der Zeichnung und Bildnerei; 3. Ueberbleibsel gemischter Art, an welchen Litteratur und gemeine Technik ungefähr gleichen Antheil haben. Diese drei Klassen von Werken fordern und leiden eine zwiefache Ansicht und Behandlung, indem sie einerseits als Monumente und Zeugnisse vergangener Zustände anzusehen, anderseits als ästhetisch schöne zu betrachten sind.

Was den Umfang und die Gliederung der gesammten Alterthumswissenschaft anbelangt, so stellt Wolf zunächst ein Organon für dieselbe auf, d. h. eine Reihe von Disciplinen, die zum Verständnisse der unter den sämmtlichen Ueberresten den ersten Rang einnehmenden schriftlichen Denkmäler nöthig sind; dieses Organon wird gebildet durch die Grammatik — sowohl die allgemeine oder philosophische, als die besondere der griechischen und lateinischen Sprache —, die auf dieselbe gebaute Hermeneutik, die philologische Kritik, endlich die Kunst des Stils und der Composition sowohl in Prosa als in Versen nebst den Grundsätzen der alten Metrik. Von diesem Organon, dessen sichere Handhabung „die Bedingung gründlicher, das Kennzeichen selbsterworbener Einsichten in das Alterthum" ist, wendet sich Wolf sodann zu den „besondern Doctrinen, welche zu der Contemplation des Alterthums führen". An die Spitze derselben stellt er die alte Erdkunde, bei welcher er zwei Hauptarten unterscheidet: 1. die mythische Geographie und Uranographie; 2. die historische nebst Chorographie und Topographie; daran schließt er zunächst die politische und Völkergeschichte des Alterthumes nebst ihren Hülfsdisciplinen, der Chronologie der alten Zeiten und der historischen Kritik, sodann die sog.

Antiquitäten, d. h. die Kenntniß der Zustände und Verfassungen der Griechen und Römer. Hienächst läßt er die Mythologie folgen, an welche sich unmittelbar die Geschichte der gelehrten Aufklärung bei den Griechen und Römern anschließen könne und zwar nach einer doppelten Abtheilung: 1. äußere Geschichte der Litteratur; 2. innere Geschichte der alten Erudition, d. h. Geschichte des Ursprunges, Wachsthumes, blühenden Zustandes und Verfalles der Litteratur, theils in den redenden Künsten, theils in allen den Kenntnissen und Wissenschaften, die von den Griechen und Römern angebaut worden sind. Nach einer nur beiläufigen Erwähnung der mimetischen Künste — Musik, Declamationskunst, Orchestik —, von denen uns aus unseren Quellen viel zu wenig bekannt sei, um sie einer vollständigen Betrachtung unterwerfen zu können, geht Wolf über zu denjenigen Disciplinen, welche die zweite Gattung der Ueberreste des Alterthumes, die Werke der Zeichnung, Bildnerei und gemeinen Technik, an und in sich selbst betrachten, nicht von Seiten der Ausbeute, die sie den realen Disciplinen schaffen. Als solche Disciplinen, für welche er die gebräuchlichen Gesammtnamen „Archäologie" oder „antiquarisches Studium" als zu unbestimmt und wenig passend bezeichnet, stellt Wolf auf: Einleitung zur Archäologie der Kunst und Technik oder Notiz von den übrig gebliebenen Denkmälern und Kunstwerken der Alten; archäologische Kunstlehre oder Grundsätze der zeichnenden und bildenden Künste des Alterthumes (ein Analogon von demjenigen, was für die schriftlichen Werke Grammatik, Hermeneutik und Kritik leisteten); allgemeine Geschichte der Kunst des Alterthumes; Archäologie der Baukunst, welche wieder vorläufige Notiz des Erhaltenen, Kunstlehre und Geschichte der Architektur umfassen soll. Als Doctrinen, die sich auf die dritte Gattung der Ueberreste des Alterthumes, auf die von gemischter Art, beziehen, werden noch die Numismatik oder Münzkunde und die Epigraphik oder Inschriftenkunde der Griechen und Römer aufgestellt, endlich, „um fremden Händen nichts Wesentliches übrig zu lassen", mit einer

historischen Uebersicht der Schicksale der Alterthums=
wissenschaft nebst der allgemeinen philologischen und anti=
quarischen Bücherkunde der Beschluß gemacht.

Die Frage nach dem Hauptzweck der solcherweise im Grund=
riß dargestellten Kenntnisse beantwortet Wolf nach einem Rück=
blick auf die Zwecke, welche man in früheren Zeiten bei diesen
Studien verfolgte, und nach eingehender Darlegung der Wirkung,
welche dieselben auf die harmonische Bildung unserer edelsten
Kräfte ausüben, dahin, daß das letzte Ziel derselben kein anderes
sei als die Kenntniß der alterthümlichen Menschheit selbst, welche
Kenntniß aus der durch das Studium der alten Ueberreste bedingten
Beobachtung einer organisch entwickelten bedeutungsvollen National=
Bildung hervorgehe.

Wenn wir auch keineswegs blind sind für die Mängel, welche
in der bisher analysirten Darstellung Wolf's sowohl in Bezug
auf das Verhältniß seines rein propädeutischen Zwecken dienenden
Organons zu den Disciplinen der Alterthumswissenschaft selbst,
als auch in der Abgrenzung und Anordnung der einzelnen Dis=
ciplinen hervortreten[1]), so müssen wir doch gerade diese Dar=
stellung als eine wahrhaft schöpferische That Wolf's bezeichnen;
denn er hat durch die Zusammenfassung und Unterordnung der
einzelnen bisher entweder planlos oder aus nebensächlichen Utili=
tätsrücksichten betriebenen Disciplinen unter ein einheitliches Princip
und durch die Aufstellung eines idealen Zieles für dieselben die
Alterthumswissenschaft als solche erst geschaffen und für eine ge=
deihliche Fortentwickelung derselben den Weg gezeigt.

Daß er aber über der zusammenfassenden und ordnenden
Betrachtung des Ganzen auch die Erforschung des Einzelnen
nicht vergaß, das bewies er alsbald durch die in der öffentlichen
Sitzung der Berliner Akademie zur Geburtsfeier des Königs am

---

[1]) Eine herbe Kritik hat Boeckh in seinen Vorlesungen über Encyclopädie
der Philologie an dem Wolf'schen System geübt: s. Encyclopädie und Metho=
dologie der philologischen Wissenschaften von A. Boeckh, herausgegeben von
Ernst Bratuschek (Leipzig 1877) S. 39 ff.

3. August 1808 vorgelesene Abhandlung „Von einer milden Stiftung Trajan's, vorzüglich nach Inschriften"[1]), worin er im Anschluß an die Inschrift einer im Jahre 1747 in der Gegend von Piacenza entdeckten großen Erztafel über die von Trajan begründeten, von seinen Nachfolgern erweiterten Anstalten zur Unterstützung armer Kinder in verschiedenen Gegenden Italiens handelt.

Ferner nahm Wolf in Berlin einen schon früher gefaßten Plan wieder auf, den einer neuen kritisch-exegetischen Ausgabe der Werke des **Platon**. In Halle hatte er einen seiner fleißigsten und begeistertsten Schüler, **Ludwig Friedrich Heindorf** (geboren zu Berlin 21. September 1774), zur Beschäftigung mit diesem Schriftsteller angeleitet und demselben auch in allgemeinen Umrissen den Plan einer Ausgabe zunächst ausgewählter Dialoge, zu welcher er ihn als Genossen annehmen wollte, mitgetheilt. Da Wolf mit der Ausführung dieses Planes zögerte, veröffentlichte Heindorf, der im Jahre 1796 nach Berlin zurückgekehrt war und dort eine Lehrerstelle am Kölnischen Gymnasium erhalten hatte, im Jahre 1802 ohne Wolf's Wissen und Willen einen diesem gewidmeten ersten Band ausgewählter Dialoge des Platon (Lysis, Charmides, Hippias maior und Phaedrus enthaltend) mit lateinischem Commentar, dem er unter fortwährenden Kämpfen mit schweren körperlichen Leiden 1805 einen zweiten (Gorgias und Theaetetus), 1806 einen dritten (Cratylus, Euthydemus, Parmenides), 1809 und 1810 einen vierten Band in zwei Abtheilungen (P. I Phaedo. P. II Protagoras. Sophistes) folgen ließ. Diese Arbeiten, deren Werth wesentlich auf der sorgfältigen Beobachtung einzelner sprachlicher Erscheinungen beruht, befriedigten Wolf durchaus nicht, wie er dies kurz vor Heindorf's Tode mit der ihm eigenen rücksichtslosen Herbigkeit öffentlich aussprach[2]); er brach also die Verbindung mit diesem ab und wählte

---

[1]) In Druck erschienen mit Anmerkungen nebst der lateinischen Stiftungsurkunde (Berlin 1808), wiederholt ohne die Urkunde in den Kleinen Schriften Bd. 2 S. 895 ff.

[2]) Im Vorwort zum ersten Heft seiner Litterarischen Analekten (Berlin 1816) S. XI: „da ich diesen Heindorf, nach ehmaliger sicherer Bekanntschaft,

statt seiner einen anderen seiner Schüler, Immanuel Bekker, der in den Jahren 1810—12 mit der Ausbeutung der damals aus den verschiedensten Bibliotheken nach Paris geschafften handschriftlichen Schätze beschäftigt war, zum Genossen bei der Arbeit, als deren erste Frucht im Jahre 1812 ein den nach neuen handschriftlichen Hülfsmitteln verbesserten Text dreier Dialoge (Euthyphro, Apologie, Krito) mit neuer lateinischer Uebersetzung — die Wolf selbst als das ihm bei weitem Liebste bezeichnet, was er jemals in dieser Sprache geschrieben habe [1]) — enthaltender Band u. d. T. „Platonis dialogorum delectus. Pars I" erschien. Im Vorwort dieses W. von Humboldt gewidmeten Bandes [2]) wird derselbe ausdrücklich als der Vorläufer einer Ausgabe der sämmtlichen Werke des Platon bezeichnet, welche den griechischen Text mit den Varianten zahlreicher Handschriften, eine von Wolf neu gearbeitete lateinische Uebersetzung, die alten Scholien, die Anmerkungen des H. Stephanus, ausgewählte Anmerkungen anderer Herausgeber, fortlaufende von Wolf selbst, J. Bekker u. a. gearbeitete Commentare, die Commentare des Proklos und anderer später Platoniker, eine litterarische Einleitung und die nöthigen Indices enthalten sollte. Aber die Ausführung auch dieses neuen Planes wurde von Wolf zunächst in der Erwartung, daß es ihm möglich sein werde, die Lesarten der wichtigsten von E. D. Clarke aus dem Kloster des h. Johannes auf der Insel Patmos nach England gebrachten Platonhandschrift zu benutzen, aufgeschoben

---

auch noch seit der Erscheinung seines letzten Bandes einzelner Dialogen, bloß zu einer untergeordneten Mitarbeit, etwa zu genauem Excerpiren von Varianten oder zur Fertigung eines tüchtigen Wort-Registers, geschickt hielt." Ueber die Angriffe, welches dieses harte Urtheil Wolf von Seiten Buttmann's und anderer Freunde des schon am 23. Juni 1816 bald nach seiner Ankunft in Halle, wohin er von Breslau aus berufen worden war, verstorbenen Heindorf zuzog s. Körte Bd. 2 S. 106 ff. Vgl. über Heindorf's platonische Arbeiten die Kritik von A. Boeckh, Gesammelte kleine Schriften Bd. 7 S. 46 ff.

[1]) Litterarische Analekten Bd. 1 S. XIII f.
[2]) Wiederholt in den Kleinen Schriften Bd. 1 S. 418 ff.

und unterblieb dann ganz ¹). Eine Probe von der Art, wie er in seinen Vorlesungen platonische Dialoge mit besonderer Rücksicht auf das sprachliche Verständniß erläuterte, hatte Wolf schon 1811 gegeben in dem Schriftchen „Zu Platon's Phaedon" ²), worin die ersten sechs Kapitel dieses Dialoges mit einer gewissen behaglichen Breite nach vorwiegend grammatischen Gesichtspunkten erklärt sowie eine Anzahl Stellen aus den folgenden drei Kapiteln kurz behandelt werden und eine vollständige lateinische Uebersetzung der erläuterten Partie beigefügt ist; eingestreut sind einige methodologische Winke, von denen wir als besonders charakteristisch hervorheben den Zornausbruch gegen „die schlechten, alles gelehrte Sprachstudium vermehrenden Grammatiker, die, ohne der Analogie und aller tieferen Gründe sich zu bemächtigen, immer bloß im Sammeln von Einzelnem befangen, das ihnen sich niemals zu Ideen gestaltet, und auf der Wörter- und Phrasenjagd umherirrend und den Fang von gestern durch den heutigen vernichtend, nie zu Urtheil und Einsicht kommen, warum und unter welchen Bedingungen etwas sprachrichtig sein müsse" (S. 19).

Als zugleich wissenschaftliche und künstlerische Leistungen können wir die metrischen deutschen Uebersetzungen bezeichnen, welche Wolf von den Wolken des Aristophanes³), von den ersten 324 Versen der Acharner desselben Dichters⁴), von der ersten Satire des Horatius⁵) und von den ersten 100 Versen der Odyssee⁶) gegeben hat — Arbeiten, die auch wenn man den

---

¹) Vgl. Bekker's Brief an Schütz vom 8. Juni 1816 in „Christ. Gottfr. Schütz. Darstellung seines Lebens, Charakters und Verdienstes nebst einer Auswahl aus seinem litterarischen Briefwechsel — von Fr. K. Jul. S c h ü t z (Halle 1834) Bd. 1 S. 11.

²) Wiederholt (ohne die lateinische Uebersetzung) in den Kleinen Schriften Bd. 2 S. 962 ff.

³) Aristophanes' Wolken. Eine Komödie. Griechisch und deutsch (Berlin 1811).

⁴) Aus Aristophanes' Acharnern. Griechisch und deutsch. Mit einigen Scholien. (Berlin 1812).

⁵) Horatius' erste Satire. Lateinisch und deutsch, mit einigen Scholien. (Berlin 1813); wiederholt in den Kleinen Schriften Bd. 2 S. 992 ff.

⁶) Anfang der Odyssee nebst „Beiläufigen Anmerkungen meistens für Leser des Textes" in den Litterarischen Analekten Bd. 2 S. 137 ff., wiederholt

Friedrich August Wolf und seine Zeitgenossen. 547

von Wolf selbst festgesetzten Maßstab „einer Nachbildung, worin Stoff und Form dergestalt sich durchdrängen, daß dem Kenner, dem alterthümlichen Leser des Dichters ein völlig gleicher Genuß, wie durch die Urschrift, ohne irgend eine Störung bereitet würde" (Horatius' erste Satire S. III) an sie anlegt, sich als durchaus mustergültig erweisen.

Das letzte von Wolf ins Leben gerufene litterarische Unternehmen war eine Zeitschrift, betitelt „Litterarische Analekten, vorzüglich für alte Litteratur und Kunst, deren Geschichte und Methodik", von welcher in den Jahren 1816—1820 zwei Bände in vier Heften unter seiner Leitung erschienen sind. Das erste Heft eröffnete Wolf selbst durch Mittheilungen zur Lebensgeschichte R. Bentley's (S. 1—89, dazu S. 90—95 ein lateinischer Brief Bentley's an einen jungen deutschen Gelehrten, Gottfried Richter, der für Bentley den Leipziger Codex des Manilius vergleichen wollte, und „Zusätze" S. 493—499), denen er in den späteren Heften ähnliche biographische Skizzen über andere englische Philologen (John Taylor, Jeremias Markland, Thomas Tyrwhitt und Henry Homer) folgen ließ[1]). Von den übrigen Beiträgen, die er zu dieser Zeitschrift geliefert hat[2]), ist, wenn wir von den kurzen Miscellen absehen, die Mehrzahl exegetischen, einige grammatischen Inhaltes: das Bedeutendste darunter ist die „Quaestiones epistolicae de orthographicis quibusdam Graecis" betitelte Abhandlung (I S. 419—471 = Kleine Schriften I S. 529 ff.), die es uns auf das Lebhafteste bedauern läßt, daß der von Wolf in seinen späteren Lebensjahren entworfene Plan, ein ausführliches

---

Kleine Schriften Bd. 2 S. 1131 ff. Obgleich der Aufsatz mit L. unterzeichnet ist und in einer Nachschrift des Herausgebers der Verfasser als „von der Grenze Italiens gebürtig, wo man Romanisch redet" bezeichnet wird, rührt die Arbeit doch wohl sicher von Wolf selbst her. Auch die Uebersetzung von Ovid Amor. I, 5, welche in den Litterarischen Analekten Bd. 1 S. 503 f. u. d. T. „Eine Ovidische Elegie" gedruckt und mit σ unterzeichnet ist, ist wohl von Wolf gefertigt.

[1]) Diese biographischen Aufsätze Wolf's sind abgedruckt in den Kleinen Schriften Bd. 2 S. 1030—1116.

[2]) Sie sind abgedruckt in den Kleinen Schriften Bd. 1 S 485—587; Bd. 2 S. 1116—1154; S. 1166—1193.

Lehrgebäude der griechischen Grammatik für Studirende auszuarbeiten, nicht zur Ausführung gelangt ist¹).

Fassen wir zum Schluß die Bedeutung F. A. Wolf's für unsere Wissenschaft in wenige Worte zusammen, so dürfen wir sagen: er hat nach Bentley, dem er überhaupt am meisten congenial war, die richtige Methode der historischen Kritik antiker Schriftwerke begründet; er hat zuerst die möglichst vollständige Erkenntniß des gesammten Lebens der classischen Völker als das letzte und höchste Ziel der Alterthumsstudien hingestellt und dadurch dieselben zu dem Range einer einheitlichen und selbständigen Wissenschaft erhoben, so daß er es verdient (um ein Wort Niebuhr's zu wiederholen)²), als Heros und Eponymos für das Geschlecht deutscher Philologen von der Nachwelt gefeiert zu werden.

Wie für den Gelehrten der Name Fr. Aug. Wolf's auf das Engste mit den homerischen Gedichten verknüpft ist, so in ähnlicher Weise für den großen Kreis aller Gebildeten unserer Nation der Name des Dichters und Philologen Johann Heinrich Voß. Beide Männer waren freilich an Geist und Charakter weit verschieden: Wolf eine durchaus großartig angelegte Natur, zum Herrschen geboren, voll Feuer und Schwung, von umfassendem Wissen, als Lehrer anregend wie wenige, im Verkehr liebenswürdig, übersprudelnd von geistreichem Witz und frischem, ja keckem Humor, aber nur zu sehr geneigt zum Uebermaß, zu jenem Ueberschreiten der dem Menschen durch göttliche und menschliche Gesetze gesteckten Schranken, das die Griechen als Hybris bezeichneten; Voß dagegen im Dichten und Denken nüchtern und hausbacken, mehr zum Beobachten und Darstellen des Kleinen und Einzelnen als zum umfassenden Ueberblick über ein großes Ganze geeignet, mehr Schulmeister als Lehrer, einseitig und in Folge dessen oft ungerecht gegen andere, aber mit weiser Selbstbeschränkung, derb, ja grob und eckig, aber mit tüchtigem, edelm Kern in der

---

¹) Ueber die von Wolf hinterlassenen Entwürfe für diese Arbeit vgl. Körte Bd. 2 S. 119 ff.

²) Kleine Schriften Bd. 2 S. 227.

rauhen Schale, sicher und bestimmt im Wollen und Handeln. So ist es nicht zu verwundern wenn diese beiden innerlich so verschiedenen Naturen, die nur durch die gemeinsame Neigung für Homer und durch die gemeinsame Abneigung gegen Heyne zusammengeführt worden waren, einander bald wieder abstießen: es ist nicht Wolf's, sondern Voß' und seines Sohnes Heinrich's Schuld, wenn dieser Gegensatz endlich in offene Fehde ausbrach[1]).

Johann Heinrich Voß (geboren 20. Februar 1751 in Sommersdorf bei Waren im Mecklenburgischen)[2]) hatte, als er nach einer unter harten Entbehrungen durchlebten Jugend mit dem Beginn des Sommersemesters 1772 die Universität Göttingen bezogen, mit all' dem Enthusiasmus, dessen er überhaupt fähig war, sich Heyne's Lehren hingegeben, war aber bald durch den Einfluß Hölty's und anderer Mitglieder des Hainbundes, insbesondere auch des von den Gliedern dieses jugendlichen Dichterkreises als Messias verehrten Klopstock, demselben entfremdet und dadurch in die Bahn des Autodidakten gedrängt worden: es fehlte ihm jedoch sowohl die gründliche Vorbildung als auch die Energie der wissenschaftlichen Arbeit um auf dieser Bahn das Ziel zu erreichen zu welchem Wolf auf derselben gelangt ist. Frühzeitig bildete Homer, dessen Gedichte er schon in Göttingen stückweise in metrischer Form zu verdeutschen anfing, den Mittelpunkt seiner Studien; die ersten Proben seiner Verdeutschung gab er in seiner Uebersetzung des Werkes des Engländers Thomas Blackwell „An inquiry into the life and writings of Homer", welche er allerdings mehr um des Honorares willen als aus Geistesver-

---

[1]) Das wichtigste Actenstück in dieser Fehde ist Wolf's Vorwort zu G. Hermann's als Beilage zum ersten Hefte der Analekten erschienenem Briefe „über die bestrittene Cäsur im Trimeter der griechischen Komödie" (= Kleine Schriften Bd. 2 S. 1167ff.); vgl. dazu Körte Bd. 2 S. 86 ff.

[2]) Vgl. W. Herbst, Joh. H. Voß, 1. Bd. 1872 2. Bandes 1. Abth. 1874; 2. Abth. 1876; dazu M. Bernays, „Joh. Heinr. Voß und der Voß'sche Homer", in der Zeitschrift „Im neuen Reich" 1874 Bd. 2 S. 841 ff. und S. 881 ff., und jetzt dessen Einleitung zu „Homers Odyssee von Joh. H. Voß. Abdruck der ersten Ausgabe vom Jahre 1781" (Stuttgart 1881).

wandtschaft mit dem Verfasser unternahm [1]). Bald darauf faßte
er den Plan, die ganze Odyssee unter strenger Bewahrung der
Eigenthümlichkeit der ganzen Darstellungsweise, des sprachlichen
Ausdruckes und der metrischen Form des Originales in das Deutsche
zu übertragen und durch einen dieser Uebertragung beigefügten
umfassenden Commentar dieses Gedicht den Deutschen so verständlich zu geben als es Homer's Zeitgenossen gewesen. An
der Ausführung dieses Planes arbeitete er trotz vieler Hindernisse,
die sich ihm entgegenstellten, mit der ihm eigenen zähen Ausdauer
sowohl während seines Aufenthaltes in Wandsbeck (1775—78)
als während seiner Lehrthätigkeit in Otterndorf (1778—82); ein
Jahr bevor er von dort nach Eutin übersiedelte erschien, freilich
ohne Commentar, da sich für die Anfangs beabsichtigte Ausgabe
in zwei Bänden mit ausführlichem Commentar nicht die nöthige
Zahl von Subscribenten gefunden hatte, die deutsche Uebersetzung
der Odyssee (oder, wie Voß damals nach einer seltsamen orthographischen Grille, die ihm viel Spott und Aerger einbrachte,
schrieb „Odüssee"), die alle früheren Versuche auf diesem Gebiete
— Bürger's Proben einer Uebersetzung der Ilias in Jamben,
Bodmer's hexametrische Uebersetzung des ganzen Homer und des
Grafen Friedrich Leopold von Stolberg Uebersetzung der Ilias
im gleichen Versmaße — in tiefen Schatten stellte. Liegt auch
die Bedeutung der Voßischen Leistung vor allem im Bereiche
der deutschen Poesie, die ihr einen wesentlichen Fortschritt sowohl
in der dichterischen Sprache als in der rhythmischen Behandlung
des Hexameters verdankt, so muß man doch anerkennen, daß auch
das Verständniß des Originales durch die Arbeit des nachdich-
tenden Uebersetzers mannigfach gefördert worden ist. Von dem
schließlich ungedruckt gebliebenen Commentar hatte Voß selbst vor
dem Erscheinen der deutschen Uebersetzung zwei Proben veröffent-

---

[1]) Untersuchung über Homer's Leben und Schriften aus dem Englischen
des Blackwells übersetzt (Leipzig 1776). — Voß selbst sagt in der „Antisym-
bolit" Bd. 2 S. 5: „Wir lachten bald über Heyne's von Hölty ausgekundetes,
mythologisches Geheimorakel, den Traumseher Blackwell."

licht, um dadurch die Aufmerksamkeit der Litteraturfreunde auf sein Unternehmen zu lenken: einen Aufsatz über den Ozean der Alten als Anmerkung zu Odüssee Ges. I, V. 22 ff. in dem von Georg Christoph Lichtenberg herausgegebenen Göttingischen Magazin der Wissenschaft und Litteratur 1780, St. 2 S. 297 ff. — einen Aufsatz, den Voß selbst später[1]) als einen schüchternen, dem Ziele nur annahenden Versuch, das Bild der homerischen Welt zu fassen, bezeichnet — und eine Uebersetzung von Odyss. XV, V. 379—483 mit Commentar, in welchem ausführlich über die homerische Ortygia gehandelt wird, in Heinrich Christian Boie's Deutschem Museum 1780, April, S. 302 ff. Während der erstere dieser beiden Aufsätze ihn in Folge seiner Empfindlichkeit über eine von Heyne erlassene kurze Anzeige desselben in den Göttinger gelehrten Anzeigen mit Heyne für alle Zeiten verfeindete und auch zu einem heftigen Streit mit Lichtenberg Veranlassung gab[2]), knüpfte Voß in demselben Jahre 1780 Beziehungen mit dem angesehensten Vertreter der holländischen Philologie, mit David Ruhnken an. Die Veranlassung dazu gab eine für die Erweiterung unserer Kenntniß der älteren griechischen Poesie hochbedeutsame Entdeckung, welche einem Deutschen, Christian Friedrich Matthäi (geboren zu Gröst in Thüringen 4. März 1744), einem Schüler Ernesti's, der seit 1772 als Rector und Professor in Moskau angestellt war, verdankt wird. Dieser fand nämlich in der dortigen ganz vernachläßigten und vergessenen Büchersammlung der heiligen Synode eine gegen Ende des 14. Jahrhunderts geschriebene griechische Handschrift, welche außer 16 der bereits bekannten homerischen Hymnen einen umfänglichen bisher unbekannten Hymnus an Demeter und ein 12 Verse umfassendes Fragment eines Hymnus an Dionysos enthält. Er

---

[1]) In der Antisymbolik Bd. 2 S. 11. Der Aufsatz selbst ist wieder abgedruckt ebd. S. 145—155.
[2]) Vgl. „Heynianismus. Nach Erfahrungen von Joh. Heinr. Voß" in der Antisymbolik Bd. 2 S. 1 ff.; dazu Herbst Bd. 1 S. 244 ff. und die Mittheilungen aus Heyne's Briefen an Böttiger ebd. Bd. 2 Theil 2 S. 273 f.

sandte sofort eine Abschrift dieser Inedita an Ruhnken, dann eine andere an den Grafen Christian Stolberg, wonach jener den griechischen Text herausgab (Leyden 1780), letzterer eine metrische deutsche Uebersetzung von „Homer's Hümnus an Dämätär" im Deutschen Museum (1780, II, November, S. 385 ff.) veröffentlichte. In der Ausgabe Ruhnken's fehlten in Folge eines Versehens des Abschreibers 21 Verse des Hymnus an die Demeter. Voß, welchem Stolberg die für seine Uebersetzung benutzte Abschrift des Originales mitgetheilt hatte, machte Ruhnken brieflich auf jenen Defect aufmerksam, worauf dieser sogleich alle noch nicht ausgegebenen Exemplare der ersten Ausgabe zurückzog und eine zweite veranstaltete (Leyden 1781), für welche ihm Voß auf seinen Wunsch eine lateinische Uebersetzung des Hymnus sowie auch zahlreiche Textverbesserungen und Anmerkungen geliefert hat[1]). Daß Voß sich auch in seinen späteren Jahren eifrig und anhaltend mit diesem interessanten Denkmale, in welchem er das Werk eines attischen Dichters erkannte, beschäftigt hat, beweist seine erst nach seinem Tode veröffentlichte Ausgabe des Hymnus (Heidelberg 1826), welche den mehrfach verbesserten griechischen Text, eine deutsche Uebersetzung und einen sehr umfänglichen und reichhaltigen Commentar enthält. Der Uebersetzung der Odyssee ließ Voß erst nach 12 Jahren die Uebersetzung der Ilias folgen, die in Verbindung mit einer Neubearbeitung der Uebersetzung der Odyssee an das Licht trat (4 Bde., Altona 1793). Voß hatte nämlich zunächst nach der Vollendung der Uebersetzung der Odyssee den Gedanken gehegt, in Gemeinschaft mit dem Grafen Fritz Leopold Stolberg dessen Uebersetzung der Ilias einer Umarbeitung nach den von ihm bei seiner Uebersetzung befolgten Grundsätzen zu unterziehen; aber dieser Plan war bald an der Abneigung Stolberg's gegen eine solche unselbständige Arbeit gescheitert, so

---

[1]) Wenn Voß über die stillschweigende Annexion mancher seiner Verbesserungsvorschläge durch Ruhnken klagt (s. Herbst Bd. 1 S. 240 u. S. 319) so ist dies jedenfalls dadurch zu erklären, daß Ruhnken noch ehe er Voß' Mittheilungen erhielt selbständig auf die gleichen Emendationen gekommen war.

daß Voß sich entschloß, die Arbeit der Uebersetzung selbständig und allein vorzunehmen. Er verfuhr dabei wie auch bei der Neubearbeitung der Uebersetzung der Odyssee nach strengeren und engeren, wir möchten fast sagen engherzigeren Grundsätzen in sprachlicher wie in metrischer Hinsicht, so daß sein deutscher Gesammthomer — der noch bei seinen Lebzeiten in mehrfachen Auflagen wiederholt wurde und sich bei allen Gebildeten unseres Volkes einen Platz neben den Meisterwerken unserer deutschen Dichter erobert hat — gegenüber der ersten deutschen Odyssee den Eindruck zwar größerer Kunstfertigkeit, aber geringerer Frische und Unmittelbarkeit macht: ein Eindruck, den man auch schon bei der ersten von Voß nach jenen strengeren Grundsätzen ausgeführten Arbeit, der Uebersetzung der Georgica des Virgil empfindet und der sich bei den späteren außerordentlich zahlreichen Producten der Voßischen Uebersetzerthätigkeit — war es doch, wie Fr. Aug. Wolf[1]) sich ausdrückte, zur Voßischen Hausordnung geworden, alljährlich einen Griechen oder Römer einzuschlachten — mehr und mehr zu der Empfindung einer handwerksmäßigen Routine, eines Arbeitens nach der Schablone steigert. Wir können diese Uebersetzerthätigkeit Voß' hier nicht im Einzelnen verfolgen, sondern nur diejenigen seiner Arbeiten auf diesem Gebiete hervorheben, welche durch philologische Beigaben sich auszeichnen. Solche sind aus der Eutiner Periode (1782—1802) die schon erwähnte Uebersetzung der Georgica des Virgil, welche auch den lateinischen Text sowie einen in deutscher Sprache abgefaßten reichhaltigen, hauptsächlich die Sacherklärung in das Auge fassenden Commentar, endlich in der Vorrede die Grundzüge der metrischen Theorie Voß' enthält[2]), und die ganz nach dem gleichen Plane ausgeführte Be-

---

[1]) Oder Daub? Vgl. Voß Antisymbolik Bd. 2 S. 296.
[2]) P. Virgilii Maronis Georgicon libri IV. Des P. Virgilius Maro Landbau; vier Gesänge übersetzt und erklärt (Eutin und Hamburg 1789). Ueber den aus Anlaß dieses Werkes auf das Neue entbrannten Streit mit Heyne, der Voß' kleine Schrift „Ueber des Virgilischen Landgedichts Ton und Auslegung" (Altona 1791) hervorrief, vgl. man Antisymbolik Bd. 2 S. 44 ff.
— Ein Verzeichniß der Schriften von J. H. Voß findet man in „Briefe von

arbeitung der Bucolica desselben Dichters[1]); aus den späteren Lebensjahren, die Voß nach Niederlegung seines Schulamtes Anfangs (1802—5) zu Jena in litterarischer Muße, hauptsächlich mit germanistischen Studien beschäftigt, sodann bis zu seinem Tode (29. März 1826) zu Heidelberg in freier Zugehörigkeit zur Universität als „amtlos förderndes Mitglied" derselben[2]) unter fortwährenden Kämpfen gegen die nach seiner Ueberzeugung verderblichen Bestrebungen der Romantiker in Litteratur, Wissenschaft und Kirche verlebte, die mit erklärenden Anmerkungen ausgestattete Uebersetzung des Tibull, in deren Vorrede Voß zuerst durch chronologische Gründe erwiesen hat, daß die gewöhnlich als drittes Buch des Tibullus bezeichneten Gedichte nicht von diesem, sondern von einem anderen Dichter, der sich selbst Lygdamus nennt, herrühren[3]) — eine Ausgabe des Textes mit reichhaltigem aber wenig werthvollem handschriftlichen Apparat und kritischen Anmerkungen ließ Voß bald darauf folgen —; ferner die Ausgabe des Gedichtes des Aratos über Sternerscheinungen und Wetterzeichen, für dessen Text ihm eine von Dr. Paulsen gefertigte Vergleichung der Heidelberger Handschrift zu Gebote stand, mit deutscher Uebersetzung, eingehendem hauptsächlich sacherklärendem Commentar und griechischem Wortregister (Heidelberg 1824); endlich die schon oben S. 552 besprochene Ausgabe des homerischen Hymnus auf Demeter.

Joh. Heinr. Voß nebst erläuternden Beilagen herausgegeben von Abraham Voß" Bd. 3 Abth. 2 S. 295 ff.

[1]) Des P. Virgilius Maro ländliche Gedichte übersetzt und erklärt. Vier Bände mit erläuternden Kupfern (Altona 1797). Bd. 1 und 2: P. Virgilii Maronis Bucolicon eclogae decem. Des P. Virgilius Maro zehn erlesene Idyllen übersetzt und erklärt. Bd. 3 und 4, die neue Ausgabe der Georgica enthaltend, erschienen erst 1800.

[2]) So bezeichnet Voß selbst seine Stellung in einem Briefe an den badischen Justizminister K. Freiherrn von Zyllnhardt bei Herbst Bd. II, 2 S. 327.

[3]) Albius Tibullus und Lygdamus übersetzt und erklärt von J. H. Voß (Tübingen 1810). — Albius Tibullus et Lygdamus. Nach Handschriften berichtigt von J. H. Voß (Heidelberg 1811).

Was Voß' sonstige Leistungen auf dem Gebiete der Kritik und Exegese anlangt, so ist von der großen von Voß unter Mitwirkung Wolf's und Eichstädt's verfaßten Recension der Heyneschen Ilias, bei welcher Voß entschieden der Löwenantheil — die Einleitung sowie die Kritik der Wort- und Sacherklärung — zufiel¹), schon früher (S. 531 f.) die Rede gewesen. Voß' eigene nur über den ersten Gesang und die ersten 203 Verse des zweiten Gesanges sich erstreckenden „Beiträge zum Kommentar der Ilias", welche die übermäßige Pietät seines Sohnes Abraham der gelehrten Welt sogar in zweimaligem Abdruck mitgetheilt hat²), hätten ebenso wie der weitaus größte Theil der von demselben Sohne aus den nachgelassenen Büchern und Papieren des Vaters veröffentlichten „Anmerkungen und Randglossen zu Griechen und Römern" (Leipzig 1838) ohne Verlust für die Wissenschaft ungedruckt bleiben können. Auch die ausführliche Recension über Schneider's und Hermann's Ausgaben der Orphischen Argonautika, welche Voß in der Jenaischen Allgemeinen Litteraturzeitung vom Juni 1805 veröffentlicht hat³), macht sowohl durch den höhnischen Ton, welchen er beiden Gelehrten, insbesondere dem öffentlich als dankbaren Schüler Heyne's sich bekennenden Schneider gegenüber anschlägt, als durch das vergebliche Bemühen, die von beiden Herausgebern besonders aus dem sprachlichen Charakter des Gedichtes geschöpften Beweise gegen ein höheres Alter desselben zu entkräften und es als „wichtige Urkunde eines höheren, durch Bücherverlust räthselhaft gewordenen Zeitalters" zu retten, trotz mancher richtiger Bemerkungen im Einzelnen einen unerfreulichen Eindruck. Ueberhaupt macht sich bei Voß' grammatischen Arbeiten ein Mangel an philosophischem sowohl als an historischem Sinne bemerkbar; als Textkritiker läßt er nicht nur scharfes Urtheil in der Abwägung

---

¹) Voß' Antheil ist wieder abgedruckt in „Kritische Blätter nebst geographischen Abhandlungen" (Stuttgart 1828) Bd. 1 S. 1—168.

²) In den Kritischen Blättern Bd. 1 S 169—254 und wiederholt in den Anmerkungen und Randglossen zu Griechen und Römern S. 1—42.

³) Wieder abgedruckt in den Kritischen Blättern Bd. 1 S. 255—364.

des Werthes der verschiedenen Zeugnisse und eigene Divinations=
gabe, sondern auch ein Verständniß für solche Eigenschaften bei
anderen Kritikern vermissen, wie ihm denn die Conjecturen des
genialen holländischen Kritikers Joh. Schrader nur „Träume=
reien" und „unnütze Einfälle" sind[1]. Es lag eben in Voß'
Natur ein conservativer Grundzug, der ihn ebenso gegen Con=
jecturen im Einzelnen mißtrauisch, als für neue auf dem Wege
der Hypothese gefundene Anschauungen auf historischem und litterar=
historischem Gebiete, wie für Wolf's Untersuchungen über die Ent=
stehung der homerischen Gedichte und für C. Müller's Forschungen
auf dem Gebiete der altgriechischen Sagengeschichte, unzugänglich
machte[2]. Volle Anerkennung dagegen verdienen Voß' Arbeiten
auf dem Gebiete der alten Welt= und Erdkunde, d. h. unserer
Kenntniß von den Vorstellungen der alten Griechen über die
Gestalt der Erde und ihr Verhältniß zum Weltganzen von den
frühesten Zeiten bis zur Entwickelung der geographischen Wissen=
schaft, ein Gebiet, welches er eigentlich erst für die wissenschaft=
liche Forschung erobert hat. Auf die schon oben (S. 551) er=
wähnten ersten Versuche dieser Art folgte, abgesehen von bei=
läufigen Erörterungen verschiedener dahin einschlagender Fragen
in den Commentaren zu Virgil's Georgica und Bucolica, die
grundlegende Abhandlung „über die Gestalt der Erde nach den
Begriffen der Alten"[3], worin in streng historischem Gange der
Untersuchung die allmälige Entwickelung dieser Begriffe von der

---

[1] S. Virgil's Georgica Vorrede S. XXIII und Anmerkung zu IV, 559
der 1. Ausgabe. Als Probe einer mißlungenen grammatischen Untersuchung
mag der Aufsatz „über das altgriechische Demonstrativ" (Kritische Blätter Bd. 2
S. 111—120) angeführt werden: eine Probe, der gegenüber der Spott über
Buttmann's „Gernwitz" im Lexilogus (s. Herbst Bd. II, 2 S. 201) von wenig
Selbsterkenntniß zeugt.

[2] Ueber Voß' Verhältniß zu Wolf's Prolegomena vgl. oben S. 529
Anm. 2, herbe Urtheile über C. Müller bei Herbst Bd. II, 2 S. 333.

[3] Nur die erste Abtheilung, über die Auffassung der Erde als Fläche, er=
schien im Neuen Deutschen Museum 1790, St. 8 S. 821—847; wiederholt
ist dieselbe unter Beifügung einer weit umfänglicheren zweiten Abtheilung „die
Fläche gegründet" in den Kritischen Blättern Bd. 2 S. 127—244.

noch Jahrhunderte lang nach Homer festgehaltenen Vorstellung von der Erde als „einem flachen Länderkreise um das Mittelmeer, von des Himmels Gewölbe bedeckt, und rings vom Oceanus umströmt, aus welchem die Sonne unter der Veste aufsteige und wieder hinabsinke" bis zu der von Parmenides und mehreren Pythagoräern aufgestellten Annahme von der Kugelgestalt der Erde, sowie der noch von späteren Philosophen und Kirchenlehrern gegen diese Ansicht erhobene Widerspruch dargelegt, sodann die Vorstellungen von den Rändern und der Mitte der Erdscheibe, von dem dieselbe umströmenden Oceanus, der dann bei erweiterter Kenntniß zum Weltmeer wird, von dem Himmelsgewölbe und den Gestirnen im Einzelnen erörtert werden. Eine noch mehr in das Einzelne eingehende historisch-kritische Darstellung der beschränkten Weltkunde der ältesten Griechen und der allmählichen Erweiterung derselben gab Voß in seinem Aufsatz „Alte Weltkunde"[1], dem er eine Zeichnung der hesiodischen Welttafel (als Seitenstück zu der seinem deutschen Homer beigegebenen homerischen Welttafel) beigefügt hat. Den principiellen Unterschied dieser seiner Untersuchungen von denen seiner Vorgänger charakterisirt Voß selbst in der Einleitung (Kritische Blätter Bd. 2 S. 252 f.) in folgender Weise: „So viele auch eine Geographie der Alten ankündigten, alle berührten das Ganze, das ist Umfang und Anordnung des Erdkreises und später der Erdkugel mit ihren Vesten, kaum im Vorbeigehen und wandten sich eilfertig, wo sammelnder Fleiß hinreichte, zu der Beschreibung des Einzelnen nach untergeschobener oder wenig veränderter Gestalt neuer Karten. Alle verwechselten, was Ptolemäus im Anfange seines Werkes so bestimmt unterscheidet, Geografie mit Chorografie, Erdkunde mit

---

[1] Zuerst in der Jenaer Allgemeinen Litteratur-Zeitung 1804; wiederholt in den Kritischen Blättern Bd. 2 S. 245—414 mit mehreren Beilagen (S. 415—451): einigen Wechselbemerkungen zwischen Voß und Joh. v. Müller über den See Accion (oder Accios) und einem Aufsatze von Heinrich Voß (geboren in Otterndorf 29. October 1779, gestorben als außerordentlicher Professor in Heidelberg 20. October 1822) über Homer's Unterwelt.

Länderkunde, und lehrten nicht sowohl jene, wie man das Allgemeine bis zur Grenze des Unbekannten sich gedacht, als vielmehr diese, wie man das Besondere innerhalb des Erdkreises gekannt habe; und auch diese, wie es fiel, aus dem späteren Alterthum oder aus mehreren Zeitaltern durcheinander. Dennoch wagten ein Paar wackere Männer, Schöning und Schlözer, in der Bestimmung des Nordgestades, und Mannert[1]) in der Angabe des ganzen Landumfanges, sich den wechselnden Begriffen des Alterthumes anzunähern; und seit Kurzem drang Gosselin mit Scharfsinn in verschiedene Systeme der alten Geographie. Möchten es solche Männer nicht verschmäht haben, die Weltkunde der Alten in ihrer ursprünglichen Gestalt bei Homer auszuspähn und sie durch alle Erweiterungen und Umbildungen entdeckender und anordnender Jahrhunderte, da die Fabel langsam und widerstrebend in Wahrheit überging, zu verfolgen! Wer mit Herodot, als dem gelobten Vater der historischen Erdkunde, die Untersuchung beginnt, kann selbst Herodot's Vorstellung nicht ganz fassen ohne Kenntniß der vorhergehenden, welche der Weltforscher auch berichtigend nicht aufhob." Als Fehlgriffe Voß' bei diesen Untersuchungen hat schon Niebuhr[2]), bei aller Anerkennung des „unsterblichen Verdienstes" desselben auf diesem Gebiete, zweierlei bezeichnet: zuerst „daß er annimmt, eine Sache, die bei einem Schriftsteller nicht er=

---

[1]) Conrad Mannert, geboren zu Altdorf 17. April 1756, seit 1797 Professor extr. an der dortigen Universität, seit 1805 ordentlicher Professor an der Universität Würzburg, seit 1808 in gleicher Eigenschaft an der Universität Landshut, mit welcher er 1826 nach München übersiedelte, wo er 27. November 1837 starb, hat sich, abgesehen von seinen zahlreichen Arbeiten zur bayerischen, deutschen und alten Geschichte, zur Statistik und Diplomatik, um die classische Alterthumswissenschaft verdient gemacht durch seine „Geographie der Griechen und Römer" (10 Theile in 14 Bänden, Nürnberg und Leipzig 1788—1825; die ersten 6 Theile sind in zweiter Auflage erschienen 1804—31, der 1. Theil in 3. Auflage 1829) sowie durch seine Ausgabe der Tabula Peutingeriana (Leipzig 1824).

[2]) S. Niebuhr's Vorträge über alte Länder= und Völkerkunde, an der Universität zu Bonn gehalten, herausgegeben von M. Isler (Berlin 1851) S. 13 f.

wähnt sei, wenn sie auch nicht in Widerspruch mit ihm stehe, sei zu betrachten, als ob er sie nicht gekannt habe" — also einen Mißbrauch des argumentum ex silentio —, sodann „daß Voß die Ansicht eines bedeutenden Schriftstellers zu einer bedeutenden Zeit für das Maß der Kenntnisse des Zeitalters hält".

Einen würdigen Fortsetzer, Erweiterer und Vertiefer der von ihm begründeten Forschung über die Erdkunde der Alten fand Voß in seinem alten Schüler Friedrich August Ukert (geboren in Eutin 28. October 1780, gestorben als Oberbibliothekar in Gotha 18. Mai 1851), welcher das Interesse für diese Disciplin, das schon auf der Schule in Eutin durch Voß in ihm erweckt worden war, in reiferen Jahren sowohl durch mehrere kleinere Abhandlungen [1]), als durch sein treffliches, leider unvollendet gebliebenes Werk „Geographie der Griechen und Römer von den frühesten Zeiten bis auf Ptolemäus" (4 Thle., Weimar 1816—46) bethätigt, sich aber, da er die Selbständigkeit seiner Forschung auch durch Widerspruch gegen eine der Grundanschauungen seines alten Lehrers bewährt, von diesem eine derbe öffentliche Zurechtweisung zugezogen hat [2]).

Wenden wir uns endlich zur Betrachtung der mythologischen Arbeiten Voß', die, wesentlich polemischen Charakters, die Unfähigkeit des Verfassers, ihm antipathische Anschauungen auch nur zu begreifen, geschweige denn zu dulden, in das hellste Licht stellen, so haben wir hier zwei Perioden zu unterscheiden: die der Fehde gegen Heyne und seine Schule, oder, wie Voß selbst es nennt, gegen die „ältere Symbolik", und die des Kampfes gegen Creuzer oder gegen die „neuere Symbolik". Das Urkundenbuch der ersteren Periode sind die „Mythologischen Briefe" (2 Bde., Königsberg

---

[1]) Ueber die Art der Griechen und Römer die Entfernungen zu bestimmen; Weimar 1813. Untersuchungen über die Geographie des Hekatäus und Damastes; ebd. 1814. Bemerkungen über Homer's Geographie; ebd. 1815. — Vgl. über Ukert H. Döring im Neuen Nekrolog der Deutschen Jahrg. XXIX S. 392 ff.

[2]) „Ueber die Ukert'sche Geographie der Alten" im Intelligenzblatt der Jenaer Allgem. Litt.=Zeit. 1818, N. 43. Vgl. Herbst Bd. II, 2 S. 173 f.

1794), in welchen, laut der Vorrede, der Verfasser den Sachkundigen seine Gedanken vorlegen will, was Homer's Götter waren, untermischt mit einigen Nebenbetrachtungen, was sie nicht waren; bei der Ausführung tritt die negative Seite, d. h. die Polemik gegen Heyne und dessen Schüler M. G. Hermann (vgl. oben S. 488 f.), sehr in den Vordergrund; unter den positiven Resultaten der Untersuchung sind die wichtigsten die auf die äußere Erscheinung der Götter bei Homer und den folgenden Dichtern sowie den Malern und Bildhauern bezüglichen, namentlich die Erörterung über die Beflügelung oder Flügellosigkeit der göttlichen und sonstigen mythischen Wesen sowie über den Ursprung gehörnter, geschwänzter und mannweiblicher Gottheiten. Ueber die Haupt- und Grundfragen der Mythenforschung, die Entstehung und Ausbildung der Mythen, finden sich nur Andeutungen (vgl. besonders Bd. 1, S. 13 ff.), die im Wesentlichen Folgendes lehren: Sobald der rohe Naturmensch angefangen habe, über die Entstehung der Dinge und seinen eigenen Ursprung nachzudenken, habe sich ihm die sinnliche Vorstellung aufgedrängt, daß Alles aus Erde, Wasser und Luft, diese aber aus der Sonderung einer unförmlich gewirreten Masse von rohen Urstoffen entstanden seien. So wirksame Wesen, dachte er ferner, müssen in sich eine Urkraft und davon abhängige Kräfte enthalten; und diese inwohnenden Geister bildeten sich ihm als Personen in Menschengestalt. Daher die Gottheiten Gäa, Uranos, Pontos sammt ihren Zeugungen und Sippschaften, und der Altvater Chaos. Zu diesen göttlichen Fabelpersonen der Weltentstehung gesellten sich andere der Erdkunde und der Sittlichkeit. Wer diese ältesten Erzählungen (die nach Voß' Ansicht alle schon vor Homer in Umlauf gewesen sein sollen), weil Gegenstände der Natur und der Sittlichkeit als handelnde Personen auftreten, allegorische nennen wolle, der möge es, nur dürfe er nicht jede einzelne Handlung, die sie als Personen ausüben, aus den Eigenschaften des Grundwesens deuten. Viel weniger noch sei solches bei den jüngeren, aus vergötterten Vorfahren der verschiedenen Stämme allmählich erhöhten Besitznehmern der alten Naturwürden erlaubt. Am allerwenigsten aber dürfe man Umdeutungen nachhomerischer Jahrhunderte einmengen, „da Weltweisheit und Priesterschaft, mit Wohlwollen jene, diese mit List, den altväterischen Bildern der Anbetung einen vernunftmäßigeren Sinn unterschoben und da vollends die theils von der Mystif theils von der bildenden Kunst veränderten Göttergestalten den Grammatikern die willkührlichsten Einfälle entlockten." „Die Gottheiten des alten Griechenlandes verwalten die mannigfaltigen Bezirke der äußeren Natur und der sittlichen. Sie nehmen wohl Eigenschaften ihrer Verwaltung an, wie Poseidon des stürmischen Meeres, Aides der grauenvollen Schattenbehausung, Aphrodite der Liebe, ihr Gemahl des Kunstfleißes, Ares des Schlachtengewühles: aber sie sind selbständige, nach Willkür und Laune, nicht nach steifem Zwange der Amtspflicht handelnde Personen".

In der erst nach Voß' Tode veröffentlichten zweiten vermehrten Ausgabe der mythologischen Briefe (Stuttgart 1827) sind die beiden ersten Bände mit einigen Verbesserungen und Zusätzen aus Voß' Handexemplar und einem Anhang zum ersten Bande „über den Ursprung der Greife" (zuerst gedruckt in der Jenaer Allgemeinen Litteraturzeitung October 1804) wiederholt; neu hinzugekommen ist ein dritter Band, welcher, abgesehen von einigen schon früher gedruckten, hier als „Anhang" bezeichneten kürzeren Aufsätzen [1]), zwei von Voß selbst als „mythologische Forschungen" bezeichnete größere Abhandlungen enthält: „über den Ursprung mystischer Tempellehren" (S. 1—179) und „Spuren der Wege zum Gedankenverkehr und der Priesterverbindungen entdeckt durch Forschungen über die alterthümlichen Handelsgegenstände" (S. 262 bis 351). Während die letztere Abhandlung sich fast ausschließlich mit dem Anbau und Gebrauch des Byssos bei Griechen und Orientalen

---

[1]) Dieser in der Mitte des Buches eingeschobene Anhang (S. 180—261) enthält folgende Aufsätze: 1. Kekrops; 2. über die Hekate; 3. Dãlos und Ortügia; 4. Nachtrag zu den Forschungen über Okeanos, Dãlos und Ortügia; 5. Heyne und Voß über die Rechtschreibung griechischer Worte im Deutschen.

beschäftigt, bilden den Kern der ersteren die schon am Schluß des zweiten Bandes der mythologischen Briefe angekündigten Untersuchungen über Apollon und Artemis mit besonderer Rücksicht auf die Sagen von Delos und Ortygia; vorausgeschickt sind denselben Erörterungen über das allmähliche Eindringen mystischer Elemente aus barbarischen Religionen, besonders der phrygischen und egyptischen, in die griechische Volksreligion — Erörterungen, die, obgleich von persönlicher Polemik frei, doch offenbar ebenso wie die als vierter und fünfter Band der mythologischen Briefe bezeichneten mythologischen Forschungen über Nysa, den bakchischen Dionysos, Bakchos-Osiris und des dionysischen Weines Ausbreitung in Westgegenden, welche ein Schüler Lobeck's und Verehrer von Voß, Dr. Heinrich Gustav Brzoska[1]), aus dessen Nachlaß zusammengestellt und herausgegeben hat (Leipzig 1834), und wie die von Voß den Akademien der Wissenschaften in Berlin und München, deren auswärtiges ordentliches Mitglied er war, gewidmete „Antisymbolik" (Stuttgart 1824; 2. Th. ebd. 1826) dem von Voß in seinen letzten Lebensjahren mit leidenschaftlicher Heftigkeit geführten Kampfe gegen Creuzer ihren Ursprung verdanken. Es erscheint daher angemessen, ehe wir diese letzten mythologischen Arbeiten Voß' näher in das Auge fassen, unseren Blick auf diesen seinen Gegner und seine wissenschaftliche Thätigkeit zu senken.

Georg Friedrich Creuzer, der Romantiker unter den Philologen, geboren am 10. März 1771 zu Marburg, trug nach seinem eigenen Geständniß[2]) einen angeborenen mystischen Keim

---

[1]) Derselbe Gelehrte (geboren zu Königsberg 5. Juni 1807, gestorben in Jena 12. September 1839) ist auch auf einem anderen Gebiete, dem der alten Weltkunde, in Voß' Fußstapfen getreten in seiner als Habilitationsschrift an der Universität Leipzig veröffentlichten Abhandlung „De geographia mythica specimen I. commentationem de Homerica mundi imagine I. H. Vossii potissimum sententia examinata continens (1831). Ueber die Verdienste des Mannes auf dem Gebiete der Pädagogik vgl. Stark in der Allgem. deutschen Biographie Bd. 3 S. 458 f.

[2]) Aus dem Leben eines alten Professors, in „Fr. Creuzer's Deutsche Schriften, neue und verbesserte". Abth. V 1. Bd. (Leipzig und Darmstadt 1848)

in sich, dessen Entwickelung durch die Eindrücke seiner frühesten Jugend gefördert wurde. Das Studium der Theologie, dem er auf den Universitäten Marburg und Jena oblag, gewährte ihm bei der vorherrschend rationalistischen Richtung jener Zeit keine Befriedigung; das Studium der Kantischen Philosophie kostete ihm, wie er selbst sagt, zuviel Zeit, während er doch nichts darin leistete: dagegen zogen ihn philologische und historische Studien an, namentlich das Studium der griechischen Historiker, aus welchem seine Erstlingsschrift hervorging: „Herodot und Thukydides: Versuch einer näheren Würdigung einiger ihrer historischen Grundsätze, mit Rücksicht auf Lucian's Schrift: wie man Geschichte schreiben müsse" (Leipzig 1798)¹). Auf demselben Gebiet bewegen sich seine nächsten wissenschaftlichen Arbeiten: eine lateinische Abhandlung über Xenophon²), nach deren Veröffentlichung bald seine Ernennung zum außerordentlichen Professor der griechischen Sprache an der Universität Marburg erfolgte, und die einige Zeit nach seiner Beförderung zum ordentlichen Professor der Eloquenz und der alten Litteratur an derselben Anstalt (1802) veröffentlichte bedeutendere Schrift: „Die historische Kunst der Griechen in ihrer Entstehung und Fortbildung" (Leipzig 1803)³).

S. 12. Einige Nachträge zu dieser mit der behaglichen Geschwätzigkeit des Alters und nicht ohne wohlgefällige Selbstbespiegelung geschriebenen Autobiographie gibt der Verfasser in der Schrift „Paralipomena der Lebensskizzen eines alten Professors. Gedanken und Berichte über Religion, Wissenschaft und Leben" ebd. Bd. 3 (Frankfurt a. M. 1858). Vgl. auch den Aufsatz von L. Preller „Fr. Creuzer characterisirt nach seinen Werken" in den Hallischen Jahrbüchern für deutsche Wissenschaft und Kunst, 1. Jahrgang, 1838, N. 101—106 und B. Stark, Fr. Creuzer, sein Bildungsgang und seine wissenschaftliche wie akademische Bedeutung (Heidelberg 1874), wieder abgedruckt in „Vorträge und Aufsätze aus dem Gebiete der Archäologie und Kunstgeschichte" von K. Bernhard Stark, herausgegeben von Dr. G. Kinkel (Leipzig 1880) S. 390 ff.

¹) Wieder abgedruckt in den Deutschen Schriften, Abth. III Bd. 2 S. 591 ff.

²) De Xenophonte historico disserit simulque historiae scribendae rationem quam inde ab Herodoto et Thucydide scriptores graeci secuti sunt illustrare studet G. Fr. Creuzer. P. 1. 2 (Leipzig 1799).

³) Zweite vermehrte und verbesserte Ausgabe besorgt von Jul. Kayser (Darmstadt 1845; Deutsche Schriften Abth. III Bd. 1). Während die erste

Auch nach seiner Uebersiedelung nach Heidelberg, wo er seit 1804 mit der Unterbrechung nur eines Semesters — im Sommer 1809 folgte er einem Rufe an die Universität Leyden, kehrte aber ohne dort auch nur seine Vorlesungen eröffnet zu haben im October desselben Jahres in seine frühere Stellung zurück[1]) — über 40 Jahre lang als ordentlicher Professor der Philologie und alten Geschichte, seit 1807 auch als Director des philologischen Seminares gewirkt und nachdem er auf sein Ansuchen im Jahre 1845 seine Entlassung aus dem activen Staatsdienste erhalten, in nicht müssiger Muße bis zu seinem Tode (16. Februar 1858) gelebt hat, hat er das Studium der griechischen Historiker mit Eifer und Erfolg gepflegt, wie mehrere seiner eigenen Schriften sowie eine Anzahl von Arbeiten, welche Schüler von ihm auf seine Anregung ausgeführt haben, beweisen. Zunächst faßte er den Plan, in Verbindung mit einigen jüngeren Fachgenossen eine vollständige Sammlung der Fragmente der griechischen Historiker zu veranstalten, ein Unternehmen, wovon er einen kleinen Theil, die Sammlung der Fragmente des Hekatäos, Charon und Xanthos, selbst zur Ausführung gebracht hat[2]); einige andere Theile der Arbeit

---

Ausgabe nach den einleitenden Abschnitten über die Entstehung der Historie überhaupt und ihren Bestandtheilen nach nur Herodot, Thukydides und Xenophon eingehend behandelt, sind in dieser zweiten Ausgabe u. d. T. „Nachträge" auch die einzelnen Logographen und die späteren Historiker bis mit Polybius besprochen.

[1]) Eine litterarische Frucht dieser Episode ist die „Oratio de civitate Athenarum omnis humanitatis parente", womit er sein Amt in Leyden antreten wollte und die er, da dies überhaupt nicht geschah, vor seinem Weggang von dort drucken ließ (Leyden 1809) und dem holländischen Studiendirector J. v. Meermann sowie den Curatoren der Universität widmete: eine zweite vermehrte und verbesserte Ausgabe davon erschien Frankfurt a. M. 1826, wiederholt in den Opuscula selecta p. 72 ss.

[2]) Historicorum graecorum antiquissimorum fragmenta, Hecataei historica itemque Charonis et Xanthi omnia ed. collegit emend. expl. ac de cuiusque scriptoris aetate ingenio fide commentatus est Fr. Creuzer (Heidelberg 1806). Karl Gotthold Lenz (geboren in Gera 6. Juli 1763, gestorben als Professor am Gymnasium zu Gotha 27. März 1809), der Urheber der nach seinem Tode von Siebelis vervollständigten und herausgegebenen

wurden nach und nach von Schülern von ihm ausgeführt: eine von Creuzer durch eine Vorrede eingeführte Sammlung der Fragmente des Ephorus gab Meier Marx (Karlsruhe 1815)[1]; die geringen Ueberreste des dem Theopompus beigelegten Auszuges aus Herodot behandelte Wilh. Frommel[2] (in Creuzer's Meletemata e disciplina antiquitatis p. III, 1819, p. 135 ss.); die Fragmente des Ktesias bearbeitete Chr. F. Bähr (Frankfurt a. M. 1824), die Excerpte endlich aus Polybius, Diodorus, Dionysius von Halikarnaß und Nicolaus von Damascus, welche der Kaiser Konstantinos Porphyrogennetos in den περὶ ἐπιβουλῶν betitelten Abschnitt seines großen Excerptenwerkes aufgenommen hatte, veröffentlichte aus einem Codex der Bibliothek des Escurial Karl August Ludwig Feder (3 Abth., Darmstadt 1848—55). Statt der Fortsetzung der Fragmentensammlung unternahm dann Creuzer eine neue Bearbeitung des Geschichtswerkes des Herodot, wovon er in dem ersten Theil seiner Commentationes Herodoteae[3] eine Probe veröffentlichte; aber auch diesen Plan führte er nicht selbst aus, sondern überließ die Ausführung, unter lebhafter eigener Theilnahme an der Arbeit, seinem Schüler und späteren Collegen Christian Felix Bähr (geboren zu Darmstadt 13. Juni 1798, gestorben zu Heidelberg 29. November 1872), einem Manne von

---

Sammlungen der Fragmente des Philochoros und anderer Atthidenschreiber, schreibt am 16. Juli 1807 an Chr. Gottfr. Schütz: „Creuzer wünscht sehr, daß Ihre A. L. Z. doch recht bald Notiz von seinen Fragm. historicorum graecorum nehmen möchte, um das Publicum auf das nützliche Unternehmen aufmerksam zu machen und dem Verleger Muth zu machen; Creuzer, Kayser, Matthiae, Wilke und ich haben uns dazu vereinigt" (Chr. G. Schütz, Darstellung seines Lebens u. s. w. Bd. 1 S. 370).

[1]) Derselbe Gelehrte lieferte eine Bearbeitung der fälschlich dem Dikäarchos beigelegten geographischen Fragmente in Creuzer's Meletemata e disciplina antiquitatis p. III Lips. 1819 p. 171 ss.

[2]) Derselbe Gelehrte hat die Scholien zu Aelius Aristides auf Creuzer's Veranlassung nach den von diesem gesammelten handschriftlichen Hülfsmitteln herausgegeben (Frankfurt a. M. 1826).

[3]) Commentationes Herodoteae. Aegyptiaca et Hellenica. p. I. Subiicinuntur ad calcem summaria, scholia variaeque lectiones codicis Palatini (Leipzig 1819).

umfassender Gelehrsamkeit und großem Sammelfleiße, dem es aber an Schärfe des Urtheiles und an Geschmack der Darstellung gebrach, wie dies außer der Ausgabe des Herodot (4 Bde., Leipzig 1830—35; zweite vielfach umgestaltete und vermehrte Ausgabe ebd. 1855—57), der schon erwähnten Bearbeitung der Fragmente des Ktesias, den Ausgaben einiger Lebensbeschreibungen des Plutarch (Alcibiades, Heidelberg 1822; Philopoemen, Flamininus, Pyrrhus, Leipzig 1826) und verschiedenen kleineren Schriften namentlich sein zweites Hauptwerk, die Geschichte der römischen Litteratur (Karlsruhe 1828; 3. Aufl. 2 Bde. 1844—45) mit den als Supplemente sich daran anschließenden Fortsetzungen über die christlichen Dichter und Geschichtsschreiber Roms (Karlsruhe 1836), über die christlich-römische Theologie (ebd. 1837) und über die Geschichte der römischen Litteratur im Karolingischen Zeitalter (ebd. 1840) beweist [1]).

Zum Studium der römischen Antiquitäten, insbesondere der Rechtsgeschichte und Rechtsalterthümer, wurde Creuzer ebenfalls noch in Marburg angeregt und angeleitet durch seinen dortigen Collegen Friedrich Karl von Savigny, den hervorragendsten Vertreter der historischen Schule der Rechtswissenschaft in Deutschland; Früchte dieses von Creuzer auch nach seiner Trennung von Savigny fortgesetzten Studiums waren außer dem als Leitfaden zum Gebrauche bei seinen Vorlesungen bestimmten „Abriß der römischen Antiquitäten" (Leipzig und Darmstadt 1824; 2. Aufl. 1829) die Abhandlung: „Blicke auf die Sklaverei im alten Rom" (Deutsche Schriften Abth. IV, Bd. 1 S. 1—74), welche er dem französischen Institut (Académie des inscriptions et belles-lettres), zum Dank für seine Ernennung zum auswärtigen Mitgliede dieser gelehrten Körperschaft an der Stelle Fr. A. Wolf's, in einer von Edgar Quinet angefertigten französischen Uebersetzung vor-

---

[1]) Vgl. über Bähr's Leben und Schriften B. Stark in den Heidelberger Jahrbüchern 1872, N. 60 S. 956 ff. und in der Allgem. deutschen Biographie Bd. 1 S. 769 ff.

legte¹), sowie die von ihm in Verbindung mit seinem ältesten und treuesten Schüler, Georg Heinrich Moser,²) veranstalteten Ausgaben von Cicero's Schriften de legibus (Frankfurt a. M. 1824), de republica (ebd. 1826) und der zweiten Rede der Actio secunda gegen Verres (de praetura Siciliensi, Göttingen 1847), Ausgaben, die ebenso wie die von denselben Gelehrten besorgten der Schriften de natura deorum (Leipzig 1818), de divinatione und de fato (Frankfurt a. M. 1828) zwar für die Erklärung viel Brauchbares enthalten, aber durch den massenhaft aufgehäuften Wust von Varianten einen unbehaglichen Eindruck machen.

Creuzer's mythologische Studien reichen in ihren ersten Anfängen zwar ebenfalls noch in die Marburger Zeit zurück³), haben aber erst in Heidelberg ihre Entwickelung und bestimmte Richtung erhalten. Vor allem war es der geistreiche und feurige,

---

¹) Gedruckt in den Mémoires de l'Institut royal de France XIV, Abth. 2 u. d. T.: Explication d'une inscription romaine inédite — sur les causes et l'origine de l'esclavage chez les anciens.

²) Dieser Gelehrte, den Creuzer (Deutsche Schriften V, Bd. 1 S. 40) mit Bezugnahme auf seine hohe Gestalt und eiserne Gesundheit scherzhaft als den ersten Grenadier unter seinen Commilitonen bezeichnet, war geboren 14. Januar 1780, begleitete 1809 Creuzer nach Holland, wo er noch ein Jahr nach dessen Weggang blieb, wurde dann Professor am Gymnasium zu Ulm, dem er 1826—52 als Rector vorstand, und starb im gleichen Jahre mit seinem alten Lehrer, 27. December 1858. Außer den oben genannten Werken hat er Cicero's Tusculanen (3 Bde., Hannover 1836—37) und Paradoxa (Göttingen 1846) und 6 Bücher (VIII—XIII) der Dionysiaka des Nonnus (Heidelberg 1809) herausgegeben, die Fragmente des Stoikers Musonius Rufus übersetzt mit Einleitung über das Leben und die Philosophie desselben (in den Studien, herausgegeben von C. Daub und Fr. Creuzer, Bd. 6, Heidelberg 1811, S. 74 ff.), ein Specimen lectionum Plutarchearum veröffentlicht (in Creuzer's Meletemata e disciplina antiquitatis p. 2. 1817, p. 30 ss.), einen Auszug aus der zweiten Ausgabe von Creuzer's Symbolik und Mythologie angefertigt (Leipzig und Darmstadt 1822), endlich denselben bei der Bearbeitung des Plotin unterstützt (s. unten).

³) Dies beweisen seine beiden auf die Sage vom Delphinritt des Arion bezüglichen Marburger Programme vom Jahre 1803: Exemplum mythorum ab artium operibus profectorum proponitur" (wieder abgedruckt in Fr. Creuzeri Opuscula selecta, Lips. 1854, p. 3—19).

schwärmerische und ganz von den Anschauungen der Mystiker des spätesten Alterthumes getränkte Joseph Görres, der in den Jahren 1806—1808 an der Heidelberger Universität Vorlesungen über Philosophie und Mythologie hielt und dadurch seine Zuhörer zu einer freilich von wirklichem Verständniß seiner tiefsinnigen, in blendender Bildersprache vorgetragenen Gedanken weit entfernten Bewunderung hinriß[1]), durch welchen der mystische Keim, den die Natur in Creuzer gelegt hatte, entwickelt und großgezogen wurde. Neben diesem wirkten in dem gleichen Sinne auf ihn sein Landsmann und Jugendfreund, der in jener Zeit ganz unter dem Einflusse der Schellingischen Philosophie stehende protestantische Theolog Karl Daub, mit welchem er sich zur Herausgabe einer den philologischen und theologischen Interessen gewidmeten Zeitschrift unter dem Titel „Studien" (6 Bde., Frankfurt und Heidelberg 1805—1811) vereinigt hatte, der originelle und tiefe, aber durchaus barocke Professor der Staatswissenschaften Johann Heinrich Jung genannt Stilling, der selbst auf einen so mächtigen Geist wie Goethe einen starken, wenn auch nicht nachhaltigen Eindruck machte, die Dichter Achim von Arnim und Clemens Brentano und andere Mitglieder der jüngeren romantischen Schule. Unter diesen Einflüssen wandte sich Creuzer zunächst der Bearbeitung desjenigen Feldes der griechischen Mythologie zu, das in Folge vielfachen Eindringens egyptischer und orientalischer Vorstellungen am meisten für mystische Speculationen Raum und Stoff darbietet, des dionysisch-bakchischen Sagenkreises. Schon 1806 veröffentlichte er im zweiten Bande der Studien (S. 224—324) einen Aufsatz „Idee und Probe alter Symbolik", welcher nach einigen allgemeinen Betrachtungen über Wesen und Werth der Symbolik den Mythos vom Silen, seine Idee und

---

[1]) Man vgl. besonders Görres' „Mythengeschichte der asiatischen Welt" (2 Bde., Heidelberg 1810), deren erster Abschnitt schon 1807 im dritten Bande der von Daub und Creuzer herausgegebenen „Studien" (S. 313—480) u. d. T. „Religion in der Geschichte. Erste Abhandlung: Wachsthum der Historie" gedruckt ist.

Friedrich August Wolf und seine Zeitgenossen. 569

symbolische Bedeutung behandelt. Aehnliche „vorbereitende Forschungen", wie er sie selbst nennt, gab er in der aus vier Universitätsprogrammen bestehenden, von willkürlichen Hypothesen und seltsamen Phantastereien strotzenden Schrift „Dionysus sive commentationes academicae de rerum Bacchicarum Orphicarumque originibus et causis. Pars prima" (Heidelberg 1808), worin nach einleitenden Bemerkungen über die Wichtigkeit des bakchischen Sagenkreises und über die Quellen unserer Kenntniß desselben hauptsächlich von allerhand in bakchischen und orphischen Culten angewandten Gefäßen und Geräthen und deren angeblichen mystischen Bedeutungen und Beziehungen, dann auch über die Kabiren, den Sarapis und den angeblichen pelasgischen Dionysos (dessen Cult von Melampus, dessen Geburtsjahr auf 1368 v. Chr. angesetzt wird, eingeführt worden sein soll) gehandelt wird [1]). In den Jahren 1810 bis 1812 erschien sodann in vier Bänden Creuzer's Hauptwerk, die „Symbolik und Mythologie der alten Völker, besonders der Griechen" [2]), das in einer völlig umgearbeiteten und vielfach erweiterten Gestalt in den Jahren 1819 bis 1821 [3]), in einer dritten wiederum verbesserten Ausgabe in den

---

[1]) Ganz hübsch äußert sich über diese Untersuchungen Preller in dem oben angeführten Aufsatz über Creuzer (Hallische Jahrbücher 1838, N. 103 S. 823): „Unter dem Zauberstabe der Symbolik verwandelt sich, wie überhaupt, so besonders in Dionysus, nun auch Alles und Jedes in Religion und Naturspeculation; jede Kleinigkeit, jeder Quark wird ein Anknüpfungspunkt für höchst tiefsinnige Inpik. Eine höchst unerfreuliche Ideenreihe von Töpfen, Schalen, Kannen, eierförmigen Hüten, die Weltall, Einheit durch Zweiheit u. s. w. bedeuten. Diogenes in seiner Tonne wird zum Serapis in der ursprünglichen Topfgestalt; die Wolkenkukuksstadt der Vögel des Aristophanes ist eine Anspielung auf Orphische Mystik, denn beim Orpheus ist viel vom Weltei die Rede, und Vögel werden ja aus Eiern ausgebrütet."

[2]) Die erste Ausgabe trägt mit Rücksicht auf die mehr skizzenhafte Ausführung einzelner Partien, besonders der ersten Bücher, auf dem Titel den Beisatz „in Vorträgen und Entwürfen", der in den gleichmäßiger durchgearbeiteten späteren Auflagen verschwunden ist.

[3]) Dieser zweiten Ausgabe ist als fünfter und sechster Band beigegeben die „Geschichte des Heidenthums im nördlichen Europa von Dr. Franz Joseph Mone, Professor der Geschichte und Statistik in Heidelberg" (1822—23),

Jahren 1837—1843 (als erste Abtheilung der Deutschen Schriften Creuzer's) wieder aufgelegt worden ist; außerdem hat G. H. Moser nach der zweiten Ausgabe einen Auszug aus dem großen Werke (Leipzig und Darmstadt 1822), der Franzose Joseph Daniel Guigniaut eine Uebersetzung des Originalwerkes mit zahlreichen eigenen Zusätzen u. d. T. „Religions de l'antiquité considerées dans leurs formes symboliques et mythologiques" (10 Bde. Paris 1825—41) veröffentlicht. Dieser ungewöhnliche Erfolg des Creuzer'schen Werkes beruht, abgesehen davon, daß es von einer zu jener Zeit in den gebildeten Kreisen Deutschlands sehr mächtigen religiösen Strömung getragen wurde, ebenso auf der umfassenden Anlage als auf der tiefen Auffassung des Stoffes: es stellt sich die Aufgabe, das gesammte religiöse Leben der Völker der alten Welt nicht nur nach seiner äußerlichen Seite — dem Cultus und der poetisch ausgestalteten Mythologie — sondern nach seinem innersten Kern von den ersten Anfängen religiöser Ideen bis zum gänzlichen Verfall des Heidenthumes zu verfolgen und darzustellen. Der Verfasser schickt dieser seiner Darstellung in der abschließenden Gestalt, wie sie uns in der dritten Auflage des Werkes vorliegt, einen allgemeinen Theil „zur Naturgeschichte ethnischer Religionen, besonders der griechischen und italischen" voraus. Der besondere Theil, die „ethnographische Betrachtung der alten heidnischen Religionen", wird in der dritten Ausgabe (in den früheren steht Egypten an der Spitze) mit der Darstellung der „arienischen Religion oder baktrisch=medisch=persischen Lehre und Cultus" (Magismus und Mithrasdienst) eröffnet; darauf folgen die Religionen Indiens, die Religion des alten Egyptens und die Religionen des vorderen und mittleren Asiens (Phönikier und Syrier, mit einem Anhang über die Religion der Karthager und einem Nachtrag über armenische, kappadokische und pontische Religionen). Erörterungen über die „asiatisch=lycische Apollore=

---
welche in ihrem ersten Theil „die Religionen der finnischen, slawischen und skandinavischen Völker", im zweiten „die Religionen der südlichen teutschen und der celtischen Völker" behandelt.

ligion", über den ephesischen Artemiscult und die Amazonensage und über die Mythen vom Herakles bilden den Uebergang zur Behandlung der griechischen Religionsinstitute, deren Ursprung nach Herodot vornehmlich aus Egypten und Phönikien hergeleitet wird; hier ist zunächst "von der ältesten Religion der Griechen oder vom pelasgischen Dienst auf Lemnos und Samothrake", dann von der Theogonie des Hesiodus — der nach Creuzer "in Vielem sich mehr als der ältere Homerus der alten Allegorie und Symbolik anschließt und die Theomythie weniger ihrer ursprünglichen Bedeutsamkeit entkleidet" — und den religiösen Anschauungen der homerischen Gedichte die Rede; dann folgt die Uebersicht der griechischen Götter — Zeus-Iuppiter, Here-Iuno, Poseidon-Neptunus, Ares-Mars, Aphrodite-Venus, Hermes-Mercurius, Pallas-Athene-Minerva: Apollon und Artemis sind hier, weil schon früher behandelt, übergangen, Dionysos, Demeter und die Unterweltsgottheiten für einen späteren Theil des Werkes aufgespart — und die Darstellung der alt-italischen Religionen nebst einem "Anhang zur Lehre von den griechischen und italischen Religionen", welcher von den Heroen und Dämonen handelt. In besonders ausführlicher Darstellung werden dann die bakchische Religion und die bakchischen Mysterien sowie der Sagenkreis der Demeter und Persephone und die an diese sich knüpfenden Mysterien — Eleusinien und Thesmophorien — behandelt; auch der Orphischen Kosmogonie und der Sage von Amor und Psyche (welche auf angebliche erotische Mysterien zu Thespiä zurückgeführt wird) sind einzelne kürzere Kapitel gewidmet. Mit kurzen "Rückblicken und Hinweisungen auf das Christenthum" schließt die erste Auflage des Werkes ab; die zweite fügt zwei theologische Anhänge — eine Erörterung der Frage, wie die Apostel den Rathschluß Gottes bei Erschaffung des Menschengeschlechtes in der Erscheinung des Christus enthüllt gefunden haben, von J. Abegg, und eine vergleichende Zusammenstellung des christlichen Festcyclus mit vorchristlichen Festen von C. Ullmann — hinzu, von denen nur der letztere in die dritte Ausgabe aufgenommen worden ist; diese bringt als „Anhang zum allgemeinen Theil" die „allgemeine Beschreibung des symbolischen und mythischen Kreises", welche in den früheren Ausgaben als Buch I an die Spitze des ganzen Werkes gestellt war: Erörterungen über Lehrbedürfnisse und Lehrart der Vorwelt, über Grundlage und Begriff des Symboles und Mythus, über die Arten und Stufen der Symbole und Allegorien, über die Hauptformen des Glaubens und des Cultus, endlich über die verschiedenen Perioden älterer und neuerer Symbolik und Mythologie. Der Hauptmangel des Creuzer'schen Werkes liegt in der **Methode** der Behandlung des Stoffes, die nicht sowohl eine historisch-kritische, als eine theologisch-dogmatische ist. Als Dogma, nicht als Resultat nüchterner Forschung, müssen wir die einen Grundpfeiler des Werkes bildende Annahme einer Periode des **Priesterthumes** bezeichnen, in welcher diese Priester die aus dem Orient, aus Egypten und Phönikien entlehnten Religionslehren dem für jede andere Art der Belehrung noch unzugänglichen griechischen Volke unter der Hülle von Bildern und Symbolen mitgetheilt hätten, deren ursprünglicher tiefer Sinn sich in den (von Creuzer willkürlich in ein hohes Alterthum hinaufgeschraubten) Geheimculten der Mysterien erhalten habe; dogmatisch, nicht historisch, ist fast alles, was über die in diesen Mysterien mitgetheilten Lehren vorgetragen wird; unkritisch ist die Art der Quellenbenutzung, indem der Verfasser mit Vorliebe aus den trüben Quellen des spätesten Alterthumes, besonders den Neuplatonikern schöpft und die Speculationen derselben älteren Schrift- und Bildwerken unterlegt, anstatt diese methodisch, d. h. aus der Denk- und Anschauungsweise ihrer Zeit auszulegen.

Der erste, welcher, zunächst anonym, gegen Creuzer's Methode mythologischer Forschung öffentlich seine Stimme erhob, war **Christian August Lobeck** (geboren 5. Juni 1781 in Naumburg, seit 1802 Privatdocent an der Universität Wittenberg, 1808 Conrector, 1809 Rector des Lyceums, 1810 außerordentlicher Professor daselbst, seit 1814 Professor und Bibliothekar der Universität Königsberg, wo er am 25. August 1860 gestorben ist)¹), über dessen Verdienste um die griechische Grammatik wir später zu sprechen haben werden. In einer mit G. St. unterzeichneten Recension des Creuzer'schen Dionysos in der Jenaischen Allgemeinen Litteraturzeitung 1810, Nr. 18—20 (S. 137 ff.) erstattet er mit seinem Spott Bericht über Creuzer's willkürliche mystische Deutungen der Formen alter Tempelgefäße, Haus- und Küchengeräthe und über seine Phantastereien von in Topfgestalt dargestellten Gottheiten und schließt mit folgenden, die Methode Creuzer's treffend charakterisirenden Worten: „So hat der Wunsch, alles und jedes seinem System anzupassen, unseren Verfasser nach den seltsamsten, erkünsteltsten Deutungen zu haschen verleitet. Ueberall wird von dem Zufälligen auf das Allgemeine, von dem Neuen auf das Alte geschlossen, ohne Prüfung des Zusammenhanges, ohne Kritik der Zeugen. Je sicherer wir erwarten, daß der Verfasser, der sich herablassen konnte, dem Zeitgeschmacke zu fröhnen, in seinem Kreise Beyfall und Nacheiferung finden werde: desto nöthiger finden wir unsererseits zu erklären, daß uns seine Hypothesen völlig grundlos, seine Beweise unpassend, sein Vortrag verworren und oft in grammatischer Hinsicht unrichtig und sein Versuch, ein System zu gründen, aus dessen Mittelpunkte sich ein neues Licht über die dunkeln Regionen des Alterthums verbreite, gänzlich mißlungen scheint." Ueber den ersten Band der Symbolik spricht sich Lobeck in einer in derselben Zeitschrift 1811, Nr. 96 und 97 (S. 185 ff.) unter der gleichen Chiffre erschienenen kurzen Recension aus, worin er, übrigens unter Anerkennung der Bedeutung des Werkes, Creuzer's Annahme von alten den Eingeweihten in den Mysterien vorgetragenen Geheimlehren und dessen Sucht „unter jedem Steine

---

¹) Vgl. Lehrs, Erinnerungen an Lobeck, im Neuen schweizerischen Museum Bd. 1 (1861) S. 49 ff.; L. Friedländer, Mittheilungen aus Lobeck's Briefwechsel. Nebst einem litterarischen Anhange und einer zur Feier seines Gedächtnisses gehaltenen Rede (Leipzig 1861). Dazu: Briefe von Chr. Aug. Lobeck an J. H. Voß. Mitgetheilt von Fr. Rühl, in der Altpreußischen Monatsschrift herausgegeben von R. Reicke und E. Wichert, Bd. 19 S. 555 ff.

ein Symbol zu finden" bekämpft; schärfer geht er ihm zu Leibe in der ausführlicheren Recension des zweiten Bandes und der ersten Abtheilung des dritten Bandes (ebd. 1812, Nr. 71—73 S. 41 ff., wiederum mit G. St. unterzeichnet), in deren Eingange als „Grundsätze der neuesten Allegoreten, welche Creuzer zwar nicht bekannt, doch befolgt habe", folgende aufgestellt werden: Ueberschätzung der späteren Erklärer, hypergrammatische Deutung der unverfälschten Urkunden, Beweise aus Aehnlichkeiten in Namen und Gebräuchen, wie sie sich in der Geschichte der Religionen so oft begegnen". Weiterhin wird bei der Analyse des Inhaltes zuweilen „auf die Kunstgriffe aufmerksam gemacht, deren sich die neue Schule zur Erreichung ihrer Absichten bedient", woraus wir folgende kleine Blumenlese zusammenstellen: „Es ist unbegreiflich, mit welcher Kühnheit hier die willkürlichsten Muthmaßungen an einander gereiht werden." — „Bunt und phantastisch kreuzen hier Namen aus allen Zeiten und Zonen durch einander, deren fernste Aehnlichkeit für Identität, deren zufällige Bildung für das Gepräge einer uralten, tief in Sprache und Sitte der Vorwelt eingreifenden Cultur gelten soll." — „Doch kaum lohnt es die Mühe, die Paralogismen eines Schriftstellers darzulegen, dessen ganzes System ein Gewebe von Scheinbeweisen ist." — „Das Wie und das Also sind die dienstbaren Genien, die mit Zauberschnelle dem Verfasser Schlüsse weben aus Dunst und Nebel." — Die bedeutendste wissenschaftliche That aber, durch welche Lobeck dem Unwesen der Symboliker entgegengearbeitet hat, ist sein „Aglaophamus sive de theologiae mysticae Graecorum causis libri III" (Königsberg 1829, 2 Bde.), ein Werk von staunenswerther Gelehrsamkeit, worin alles, was wir über das Wesen und die Gebräuche der griechischen Mysterien wirklich wissen, den Phantasien der Symboliker gegenüber dargelegt wird: das erste Buch behandelt die eleusinischen, das zweite die orphischen (wobei die uns erhaltenen Ueberreste der sog. orphischen Dichtungen nebst den „Fragmenta incerta" zusammengestellt und kritisch bearbeitet werden), das dritte die samothrakischen Mysterien. Von den zahlreichen den einzelnen Büchern beigegebenen „Epimetra" heben wir speciell das über die „heilige Kuchenlehre" („Pemmatologia sacra", lib. II epim. XIV p. 1050—1085) wegen der überhaupt für Lobeck charakteristischen Vereinigung wissenschaftlicher Forschung und satirischen Humors hervor [1]).

Ein durchaus im Tone freundschaftlicher Hochachtung gehaltener, aber in der Sache entschiedener Widerspruch gegen mehrere fundamentale Sätze der Creuzer'schen Symbolik wurde von G. Hermann erhoben in einer durch eine Anfrage Creuzer's über eine Stelle des homerischen Hymnus auf Demeter hervorgerufenen Reihe von Briefen an Creuzer, welche letzterer zugleich mit seinen ausführlichen Antworten mit Erlaubniß Hermann's durch den Druck veröffentlicht hat [2]), und in seiner gleichsam den Schlußstein dieses Briefwechsels bildenden von ihm selbst veröffentlichten Abhandlung „Ueber das Wesen und die Behandlung der Mythologie. Ein Brief an Herrn Hofrath Creuzer" (Leipzig 1819). Hermann gibt das Dasein einer uralten Poesie zu, die aus Asien besonders von Lykien aus nach Thrakien und von da nach Griechenland gelangt sei; er räumt ein, daß die ersten dieser alten Sänger Priester gewesen seien oder wenigstens von Priestern ihre Kenntnisse und Philosopheme geschöpft haben, behauptet aber, daß dieselben den aus Asien gekommenen Mythen einen ganz

---

[1]) Eine hübsche Satire gegen Creuzer's Symbolik hat auch A. Lehnerdt mitgetheilt in der „Auswahl aus Lobeck's akademischen Reden (Berlin 1865) S. 68 f.

[2]) Briefe über Homer und Hesiodus vorzüglich über die Theogonie von G. Hermann und Fr. Creuzer, Professoren zu Leipzig und Heidelberg. Mit besonderer Hinsicht auf des Ersteren Dissertatio de Mythologia Graecorum antiquissima und auf des Letzteren Symbolik und Mythologie der Griechen (Heidelberg 1818). Die auf dem Titel erwähnte zuerst 1817 veröffentlichte Abhandlung Hermann's ist wieder abgedruckt in dessen Opuscula Vol. II p. 167—194; ebd. p. 195—216 die zuerst 1818 erschienene, gewissermaßen eine Fortsetzung jener bildende Abhandlung, „de historiae graecae primordiis". Dazu sind später einige Abhandlungen über einzelne griechische Gottheiten hinzugekommen: „de Atlante" (Opusc. VII p. 241 ss.); „de Graeca Minerva" (ibid. p. 260 ss.) und „de Apolline et Diana (ibid. p. 285 ss.).

eigenen, eigenthümlich griechischen Charakter gegeben haben. Die älteste griechische Mythologie ist nach seiner Ansicht weder symbolisch, noch allegorisch, sondern poetisch, d. h. personificirend: Personificirung ist das einzige echte Merkmal dieser Mythologie, und daher sind alle Namen und Beinamen der Götter ganz eigentlich, und etymologische Interpretation ist das einzige, was man, um sie zu verstehen, nöthig hat (Briefe S. 13 f.). Homer und Hesiod, d. h. die Dichter aller der diese Namen führenden Gedichte, wußten von Symbolik und Mystik durchaus gar nichts, sondern alles, was sie erzählen, erzählen sie als Thatsachen ganz einfach in vollem Glauben, ohne nach Grund und Ursache oder einer anderen Deutung zu fragen (ebd. S. 2). Jene uralte Lehre der Weisen blieb das Eigenthum der Volkslehrer und Priester; das Volk selbst, sinnlich wie es war, faßte von jenen Lehren bloß die Bilder auf und die von den Dichtern als Personen eingeführten Kräfte und Elemente erschienen ihm bloß noch als Personen, bei denen es an weiter durchaus gar nichts dachte. Die Volkslehrer und Priester aber, die jene Lehre erhalten sollten, mögen nun ebenso wie es mit der christlichen Lehre gegangen ist, dieselbe durch mannigfache Erklärungen und Philosopheme jämmerlich entstellt haben, und daraus entsprangen die uns größtentheils ganz unzugänglichen Dogmen der Mysterien, in die einen Zusammenhang zu bringen, selbst wenn wir genaue Nachrichten davon hätten, völlig unmöglich sein würde (ebd. S. 16 f.). Den Gegensatz zwischen seiner und der Creuzer'schen Methode der Behandlung der Mythologie spricht Hermann am Schärfsten in folgenden Worten aus (ebd. S. 61): „Sie, wie es mir immer vorgekommen ist, sehen die Mythologie als ein System gewisser symbolisch ausgedrückter Lehren an. Indem Sie hier überall aus demselben Symbol auf dieselbe Lehre schließen, kann es nicht fehlen, daß Sie durchgängige Verwandtschaft finden und so alles zu Einem vereinigen. Allein dies hat den Nachtheil, daß dadurch die Unterschiede aufgehoben werden und es nirgends mehr Grenzen gibt. Ich hingegen halte die griechische Mythologie für eine vielartige, zwar ihrem Ursprunge nach verwandte, aber keineswegs ein System ausmachende Masse". Die einzelnen Mythen sind nach Hermann (ebd. S. 64) bildlich dargestellte Philosopheme: aus ihnen ist der Volksglaube, aus ihnen die mystischen Lehren der Priester, aus ihnen die Deutung der exoterischen Schriftsteller (Philosophen und Dichter, Historiker und Grammatiker) entsprungen. Darnach nimmt er drei Theile der griechischen Mythologie und drei Perioden derselben an, von denen jede eine besondere Behandlungsweise erfordert: „die älteste Nationalmythologie der Griechen muß etymologisch-allegorisch, die Lehre der Priester und Mysterien historisch-dogmatisch, und die exoterische Theorie der Dichter und Philosophen philosophisch-kritisch behandelt und erklärt werden" (ebd. S. 86). Was Creuzer in seinen zum Theil sehr umfänglichen Antwortschreiben gegen diese Aufstellungen Hermann's einwendet, sind im Wesentlichen weitere Ausführungen und Erläuterungen seiner in der Symbolik vorgetragenen Anschauungen, die zum Verständniß des Hauptwerkes manchen Beitrag liefern [1]); als charakteristisch für seine Auffassung im Allgemeinen heben wir noch folgende Stelle aus dem sechsten Briefe (S. 89 f.) hervor: „Also vorerst Form und Methode anlangend, so erblicke ich in Ihrem ganzen Briefe eine mythologische Methodik aus bloßer Reflexion und einer Folge von discursiven Begriffen. Begriffe müssen wir haben, wo wir nur irgend wissenschaftlich reden wollen. Aber in derjenigen Wissenschaft, die wir Mythologie nennen, sind mir die Begriffe nicht etwas Constitutives, sondern etwas Leitendes; sie gelten

---

[1]) Man vgl. auch die Aeußerungen W. v. Humboldt's in einem Briefe an Welcker vom 12. März 1822 (W. v. Humboldt's Briefe an F. G. Welcker herausgegeben von R. Haym S. 60 f.) über Creuzer: „Seine Methode, das kann man nicht läugnen, ist nicht vorwurfsfrei. Ein ewiges Häufen von Einzelheiten, oft ohne Athem dazwischen holen zu können, und keine lichtvolle Aufstellung von Resultaten. Ich finde noch immer, daß man sein System am besten aus den Briefen an Hermann erkennt. Dennoch lese ich ihn gern. Ueberall ist große Gelehrsamkeit und Belesenheit und überall eine großartige geistvolle Ansicht, wenn auch nicht immer eine klare und bestimmte. Dies liegt aber auch größtentheils an dem Gegenstand." — Aehnliche Aeußerungen f. ebd. S. 43 und S. 68 f.

mir nicht legislatorisch, sondern nur interpretirend. Es mag Theile des philologischen Wissens geben, und gibt ihrer wirklich, wo Analyse und Begriff Eins und Alles sind, d. h. wo sie Stoff und Form ausmachen. Aber der Richtweg zum höheren Alterthum und mithin zum Gebiete des Mythus ist, meines Bedünkens, die Anschauung, der Sinn. Und wenn wir gleich auch hier, sobald wissenschaftlich verfahren werden soll, in Begriffen reden, so müssen wir uns durch den Sinn doch jederzeit orientiren. Bildet, wie nicht zu läugnen, die Masse der gesammten Mythen ein großes Panoram religiöser Anschauungen, so ist es das Schauen dieser Anschauungen, was hauptsächlich den Mythologen macht. Sagt man daher vom Kritiker, er werde geboren, so muß dies nicht minder vom Mythologen gelten." Der Unterschied zwischen dieser, wir dürfen wohl sagen intuitiven und der von Hermann vertretenen verstandes- und begriffsmäßigen Auffassung wird von dem letzteren in seinem Schlußbriefe (Ueber das Wesen und die Behandlung der Mythologie S. 5) dahin präcisirt: „Ich habe — überall unter Mythologie die Wissenschaft verstanden, welche uns lehrt, was für Ideen und Begriffe gewissen Sinnbildern bei einem gegebenen Volke zu Grunde liegen. Sie hingegen denken unter Mythologie die Wissenschaft der in gewissen Sinnbildern sich aussprechenden allgemeinen Natursprache". Und an einer anderen Stelle (ebd. S. 13): „Mir ist die Mythologie ein Inbegriff von Philosophemen, — Ihnen ist sie Lehre einer Religion, Theologie, und zwar Monotheismus". Müssen wir auch den von Hermann gebrauchten Ausdruck „Philosopheme" als weniger geeignet bezeichnen für die nicht mit bewußter Absichtlichkeit erfundenen, sondern unbewußt mit Naturnothwendigkeit vom Kindesalter des Menschen geschaffenen Mythen; können auch seine eigenen etymologischen Deutungsversuche der mythischen Persönlichkeiten vielfach nur als geistreiche Spielereien betrachtet werden, so gebührt ihm doch das Verdienst, daß er der Mythologie als einem Theile der Alterthumswissenschaft den Charakter einer historischen Wissenschaft, einer Geschichte der Mythen vindicirt und anstatt des einseitig theologischen Gepräges, das Creuzer ihr gegeben, in ihrem Begriff Dichtung, Geschichte, Philosophie und Religion zusammengefaßt, als ihren Inhalt das ganze menschliche Wissen aufgestellt hat.

Während die Polemik zwischen Creuzer und Hermann den Charakter eines nach allen Regeln der Courtoisie mit ritterlichen Waffen ausgeführten Turniers an sich trägt, an dessen Schluß sich die Gegner als Zeichen gegenseitiger Hochachtung die Hände schütteln, gleicht die von Voß gegen die Symbolik und ihren Verfasser geführte Fehde einem Kampfe auf Leben und Tod, in welchem jede Waffe, mit welcher man den Gegner zu vernichten hofft, als erlaubt gilt.

Voß hatte die erste Ausgabe der Symbolik, trotz mancher beiläufiger Herausforderungen, die darin an ihn gerichtet waren, ruhig ihres Weges ziehen lassen und sich bei Lobeck's Kritik der ersten Bände, obschon sie ihm „allzu sanft" und „lange nicht scharf genug" erschien, beruhigt. Erst nach dem Erscheinen der zweiten Ausgabe „stellte sich der oft geforderte Mytholog"; d. h. er veröffentlichte in der Jenaer Litteraturzeitung vom Mai 1821 eine im ersten Bande der „Antisymbolik" in erweiterter Gestalt als „erstes Stück" wieder abgedruckte „Beurtheilung der Creuzerischen Symbolik", in welcher er mit Keulenschlägen auf das „vierschrötige Buch" und seinen Verfasser, den „mystischen Pseudo-Mythologen" losschlägt, auch dessen Freunden, namentlich Görres und dem Oberhofprediger Theodul von Stark in Darmstadt, einige gelegentliche Hiebe applicirt. Er gibt eine natürlich zum Zwecke der Verhöhnung veranstaltete Blumenlese von „Lehrsätzen" aus den einzelnen Bänden der Symbolik, weist in ausführlicherer mit derbem Spott durchtränkter Erörterung die „Lehre von bakchischer Religion", das „Trugbild des thebischen Dionysus" und „den indischen Afterdionysus" mit dem „kalkuttischen Dionysusspuck" zurück, und entläßt schließlich die „Gevattersleute", den „schlaudreisten Görres" und den „kläglich bethörten Creuzer", mit der Mahnung zur Buße und mit dem Abschiedswort: „Geht denn, frömmelnde Fantasiemänner und gehabt euch wohl, bis auf

Wiederſehn". Das zweite Stück der Antiſymbolik bildet eine zum Theil ſchon in der Jenaer Litteraturzeitung vom December 1819 veröffentlichte Abhandlung über „Gottheit und Fortdauer der Seele nach altgriechiſcher Vorſtellung", worin nachgewieſen wird, daß die Myſterien mit ihren Weihungen und den daran ſich knüpfenden Vorſtellungen vom Todtenreiche der homeriſchen und heſiodiſchen Zeit noch ganz fremd und erſt etwa um Olympiade 30 aufgekommen ſind. Das dritte Stück, eine aus der Jenaer Litteraturzeitung vom März 1823 wiederholte Recenſion der von Heyne, Schorn und Creuzer gelieferten Erläuterungen zu dem Werke des Malers Heinrich Wilhelm Tiſchbein „Homer nach Antiken gezeichnet"[1], geht in Ausführung des Satzes, daß von den Heyne'ſchen Erläuterungen wenig Gutes, von den Schorn'ſchen (zu welchen Creuzer mehrfach Bemerkungen und Zuſätze beigeſteuert hatte) viel Schlimmes zu ſagen ſei, der ſymboliſchen Methode von verſchiedenen Angriffspunkten aus zu Leibe. Es folgt dann noch ein „Schlußwort" voll heftiger perſönlicher Invectiven gegen Creuzer mit beſonderer Bezugnahme auf deſſen Selbſtbiographie, und eine „Vorſtellung an die Sprecher", die Voß, welcher ſich in dieſem Kampfe gegen die Symbolik als den berufenen Vertreter des Principes der Geiſtesfreiheit und des Proteſtantismus gegen die „ſo kräftig fortwuchernde Seuche des päbſtelnden Myſticismus" betrachtet, mit folgender Apoſtrophe ſchließt: „Ihr Bekenner des lauteren Evangeliums, ohne Fälſchung der Myſtiker und des Papſtthums, ob ihr chriſtkatholiſch oder evangeliſch-proteſtantiſch euch nennt, ſeid aufmerkſam, daß nicht die afterchriſtliche Symbolik, voll Unwiſſenheit und Betrug, voll ſchmutziger Entweihungen, voll Feindſchaft gegen Vernunft und

---

[1] Die erſten 6 Hefte dieſes Prachtwerkes mit Erläuterungen von Heyne erſchienen in Göttingen 1801—4, eine Fortſetzung (Heft 7—11) mit Erläuterungen von Dr. Ludwig Schorn, damaligem Redacteur des „Kunſtblattes", der ſich bereits durch eine im Sinne und Geiſte Schelling's geſchriebene Schrift „Ueber die Studien der griechiſchen Künſtler" (Heidelberg 1818) bekannt gemacht hatte, in Stuttgart 1821—23.

Wahrheitsforschung, voll Gunst für Hildebrandische Pfaffenherrschaft, in höheren Schulen gebraucht werde, zu verderben die künftigen Lehrer der menschenbildenden Geisteskünste und der gottahnenden Religion!"

Während Creuzer selbst nur auf den ersten Angriff von Voß durch ein von ihm selbst später gemißbilligtes Flugblatt[1]) antwortete, trat als Kämpfer für ihn der damals 27 jährige Historiker und Litterarhistoriker Wolfgang Menzel, der im Jahre 1824 eine Zeit lang sich in Heidelberg aufgehalten hatte und dann nach Stuttgart übergesiedelt war, in die Schranken mit der Streitschrift „Voß und die Symbolik" (Stuttgart 1825), deren Ton durch folgende Stelle (S. 11) hinreichend gekennzeichnet wird: „Es gilt die Ehre der Wissenschaft vor dem Publicum gegen ein um sich wucherndes Gelichter von Schulgelehrten zu retten und darzuthun, daß die Wissenschaft unendlich reicher und tiefer ist, als daß sie in den bornirten und seichten Köpfen dieser Gelehrten nur Raum fände. Woran sie nagen ist die Schale des Wortes; in den Kern der Idee dringen sie nicht!" Die wissenschaftlichen Streitfragen werden, abgesehen von einem vom Verfasser selbst als Nebensache bezeichneten Punkte, der von Voß in der Kritik über die Erläuterungen zu Tischbein's Homer gerügten Verwechselung einer Harpyie mit einer Sirene durch Creuzer, worin Voß Recht gegeben wird, gar nicht berührt, der Verfasser hat sogar an Creuzer's Methode manches auszusetzen[2]) und weist dagegen auf Görres' asiatische Mythengeschichte hin, worin nach

---

[1]) Vossiana mit Anmerkungen. Von Friedrich Creuzer (1821; ohne Druckort; 8 S., 8°). Creuzer selbst schreibt darüber in der Beilage IV zu seiner Autobiographie (Deutsche Schriften, Abth. V Bd. 1 S. 108): „daß ich schon damals besser daran gethan hätte, mich der Aussprüche jener Gelehrten als Waffe zu bedienen, als mir das dumme Blatt Vossiana entfallen zu lassen"!

[2]) S. 41: „Creuzer läßt oft das an sich herrliche Gefühl für sein Lieblingsstudium bis zur Verdunkelung des abstrakten prosaischen Begriffes, in dem der Gegenstand für die Wissenschaft gebannt sein muß, vorwalten; und ebenso oft verliert er sich in ein Detail der critischen Untersuchung, wo es ihm geht, wie dem Zerstreuten, der den Handschuh sucht, während er ihn an hat."

seiner Behauptung (S. 29) „der innerste Grund aller symbolischen Wissenschaft aufgeschlossen ist, deren Ideen Creuzer wie alle neueren Symboliker nur ausspinnen, die Jedem Princip, Richtung, Fach anweist". Gegen Voß wird der Vorwurf erhoben, daß er die wahre Grundfeste des Creuzerischen Systemes als nicht vorhanden ignorire, welche „in der inneren Consequenz aller religiösen Symbole bei allen alten Völkern als einem mit der Natur und dem menschlichen Geiste im Allgemeinen und mit dem Charakter der Länder und Völker insbesondere innig verwachsenen Organismus bestehe" (S. 28). Schließlich wird Voß in Hinsicht auf seine dichterischen Leistungen und seinen Kampf gegen die Romantiker als „beinahe eine völlig reine Incarnation der Antipoesie" bezeichnet (S. 49), welche dem Griechenthum einen großen Zopf angehängt habe. Gegen dieses Pamphlet brach für Voß eine Lanze der damalige Conrector an der herzoglichen Hauptschule zu Zerbst, Wilhelm Adolph Becker (geboren zu Dresden 1796) [1]), ein Schüler G. Hermann's und Fr. A. W. Spohn's, der bis dahin nur der gelehrten Welt durch eine kritisch-exegetische Ausgabe einiger kleinen Schriften des Aristoteles [2]) bekannt, sich später als Professor der Archäologie an der Universität Leipzig (seit 1836) zunächst durch eine Abhandlung über Plautus [3]), ferner durch seine nach dem Muster von C. A. Boettiger's „Sabina" in novellistische Form eingekleideten, mit gelehrten Anmerkungen und Excursen versehenen Darstellungen der römischen und der griechischen Privatalterthümer [4]) und durch mehrere Arbeiten über

---

[1]) Vgl. über ihn Urlichs in der Allgem. deutschen Biograpie Bd. 2 S. 229 f.

[2]) Aristotelis de somno et vigilia, de insomniis et divinatione per somnum libri ad codd. et edd. vett. fidem recensuit atque illustravit Guil. Ad. Becker (Lips. 1823).

[3]) De comicis Romanorum fabulis maxime Plautinis quaestiones (Lips. 1837); auch u. d. T.: „Antiquitatis Plautinae generatim illustratae particula prima qua explicantur atque emendantur loci ad artis opera spectantes".

[4]) Gallus oder römische Scenen aus der Zeit des Augustus (Leipzig 1838) 2 Bde.; 2. Aufl. bearbeitet von W. Rein (1849) 3 Bde.; 3. Aufl. (1863)

die römische Topographie[1]), endlich durch das nach seinem Tode (30. September 1846) von Joachim Marquardt fortgesetzte treffliche „Handbuch der römischen Alterthümer"[2]), eine hoch angesehene Stellung in der Alterthumswissenschaft erworben hat. Das gegen Menzel gerichtete Schriftchen „Der Symbolik Triumph. Vier Briefe herausgegeben von W. A. Becker" (Zerbst 1825) hebt nach spöttischen Seitenhieben auf Menzel's „Geschichte der Deutschen" zuerst einige Irrthümer Creuzer's in Einzelheiten hervor, erörtert dann die Bedeutung der Worte „Allegorie" und „Symbol", legt dar, daß Symbolik und Mysterien in der homerischen Zeit undenkbar seien und beleuchtet zum Schluß die Manier der Polemik Menzel's.

Voß selbst hat den Kampf gegen die Symbolik bis zu seinem letzten Athemzuge, ja gewissermaßen noch aus dem Grabe heraus fortgesetzt. Der von ihm druckfertig hinterlassene, aber erst durch seinen Sohn Abraham veröffentlichte zweite Theil der Antisymbolik wärmt in seiner ersten Abhandlung „Heynianismus nach Erfahrungen von J. H. Voß" den alten Brei des Streites mit Heyne wieder auf; die zweite Abhandlung „der neueren Symbolik Entstehen und Umtriebe" sucht im ersten Abschnitt („neuere Symbolik aus Fäulniß") unter heftigen Ausfällen besonders gegen Görres die Entstehung der Creuzerischen Symbolik aus dem

---

neu bearbeitet von Hermann Göll (Berlin 1881), 3 Bde. Charikles. Bilder altgriechischer Sitte, zur genaueren Kenntniß des griechischen Privatlebens entworfen (Leipzig 1840); 2 Bde.; 2. Aufl. von C. Fr. Hermann (1854) 3 Bde.; neu bearbeitet von H. Göll, (Berlin 1877), 3 Bde.

[1]) De Romae veteris muris atque portis (Lips. 1842). — Die römische Topographie in Rom. Eine Warnung von W. A. B. Als Beitrag zum ersten Theile seines Handbuches der römischen Alterthümer (Leipzig 1844). Als L. Urlichs dagegen die Schrift „Römische Topographie in Leipzig. Ein Anhang zur Beschreibung der Stadt Rom" (Stuttgart 1845) veröffentlicht hatte, antwortete B. mit der Gegenschrift: „Zur römischen Topographie. Antwort an Herrn Urlichs" (Leipzig 1845).

[2]) Handbuch der römischen Alterthümer nach den Quellen bearbeitet (Leipzig 1843—1867), 6 Bde.: davon sind nur Bd. 1 und 2 Abth. I und II von Becker, das Uebrige von Marquardt, der Abschnitt über die Spiele (Bd. 4 S. 471 ff.) von Prof. L. Friedländer bearbeitet.

verderblichen Einfluß Heyne's, dem Sinken der Aufklärung, dem
Auftreten der Romantiker und den durchaus unzuverlässigen
Mittheilungen von William Jones, Franz Wilford und dem
Missionär Paulinus über indische Mythologie zu erklären; im
Weiteren gibt sie eine ganz im Tone persönlichen Gezänkes gehaltene Darstellung des Streites zwischen Voß und Creuzer.
Wissenschaftlichen Inhaltes ist nur die dritte Abhandlung „Uebergang zu den mythologischen Forschungen über Dionysos, Bacchos,
Apollon, Artemis", worin, nachdem „die neugefabelte Pfaffenlehre
von einer aus Indiens Hochgebirgen entsprossenen Urreligion"
für immer abgethan sei, die Frage, ob vorhomerische Mystik sonst
woher aus dem Orient gekommen sei, natürlich in negativem Sinne
beantwortet wird.

Nach Voß' Tode hat sich die litterarische Thätigkeit Creuzer's,
dessen langer Lebensabend nun durch keine weiteren persönlichen
Fehden getrübt wurde, hauptsächlich auf zwei Gebieten bewegt:
auf dem der neuplatonischen Litteratur und dem der Archäologie
oder antiken Denkmälerkunde. Den Schriften der Neuplatoniker,
insbesondere des Plotinus, hatte er frühzeitig ein eingehenderes
Studium gewidmet: theils in Folge einer gewissen Geistesver-
wandtschaft, theils in Verbindung mit seinen mythologischen Studien. Schon 1805 schloß er den Aufsatz „Das Studium des
Alterthumes als Vorbereitung zur Philosophie", mit welchem er
den ersten Band der „Studien" eröffnete, mit einer Hinweisung
auf die wegen ihrer durchgängigen Richtung zum Idealen em-
pfehlenswerthe neuplatonische Philosophie und knüpfte daran eine
Uebersetzung und Erläuterung der Plotin'schen Abhandlung von
der Natur, von der Betrachtung und von dem Einen (Ennead. 3, 8:
s. Studien her. von Daub und Creuzer, Bd. 1 S. 23—103).
Im Jahre 1814 erschien dann seine kritisch-exegetische Ausgabe
von Plotin's Schrift über die Schönheit mit einem unedirte Schriften
des Proklos und des Nikephoros Nathanael enthaltenden Anhang[1]),

---

[1]) Plotini liber de pulchritudine ad codicum fidem emendavit annotationem perpetuam interiectis Dan. Wyttenbachii notis epistolamque

worin er den Plan einer Gesammtausgabe der Werke Plotin's vorlegte; die Veröffentlichung derselben übernahm durch Wyttenbach's Vermittelung die Universitätsbuchdruckerei in Oxford. Vielfältige Hülfsmittel für die große Arbeit — theils Vergleichungen von Handschriften der Werke Plotin's, theils Publicationen unedirter oder nicht genügend publicirter Schriften anderer Neuplatoniker — kamen ihm von allen Seiten, aus Deutschland und Holland, aus Frankreich und Italien zu; er selbst gab zunächst als Vorarbeit u. d. T. „Initia philosophiae et theologiae ex Platonicis fontibus ducta" die Commentare des Proklos und Olympiodoros zu Platon's erstem Alkibiades und des Proklos theologische Grundlegung heraus (3 Bde., Frankfurt a. M. 1820—22), woran sich eine Ausgabe der bis dahin ungedruckten Widerlegung dieser Grundlegung von Nikolaos aus Methone durch Theod. Voemel, einen Schüler Creuzer's, anschloß (ebd. 1825): die Gesammtausgabe des Plotin, welche wie alle textkritischen Arbeiten Creuzer's bei Ueberfülle des kritischen Apparates einen beträchtlichen Mangel an Schärfe des Urtheiles zeigt, erschien mit Beiträgen von Wyttenbach und unter Mitwirkung des getreuen Moser in drei großen Quartbänden zu Oxford 1835, eine zweite Bearbeitung, ebenfalls unter Moser's Mitwirkung, in Paris bei Didot 1855.[1]) Auch zur Beschäftigung mit den

---

ad eundem ac praeparationem cum ad hunc librum tum ad reliquos adiecit Fr. Cr. Accedunt Anecdota graeca: Procli disputatio de unitate et pulchritudine, Nicephori Nathanaelis Antitheticus adversus Plotinum de anima itemque lectiones Platonicae maximam partem ex codd. mss. enotatae (Heidelberg 1814).

[1]) Πλωτίνου ἅπαντα. — Plotini opera omnia, Porphyrii de vita Plotini, cum Marsilii Ficini commentariis et eiusdem interpretatione castigata. Annotationem in unum librum Plotini et in Porphyrium add. Dan. Wyttenbach. Apparatum criticum disposuit, indices concinnavit G. H. Moser. Ad fidem codd. mss. in novae recensionis modum graeca latinaque emendavit, indices explevit, prolegomena, introductiones, annotationes explicandis rebus ac verbis itemque Nicephori Nathanaelis antitheticum adversus Plotinum et dialogum graeci scriptoris anonymi ineditum de anima adjecit Fr. Cr. (Oxonii 1835) III t. — Plotini Enneades cum Mar-

bildlichen Denkmälern des Alterthumes wurde Creuzer zunächst durch seine mythologischen Arbeiten veranlaßt; weiter wirkten äußere Umstände fördernd darauf ein: die Gelegenheit, ausgewählte Antikensammlungen, wie die des Reichsgrafen Franz zu Erbach im Odenwald und die von dem Rittmeister Maler im Königreich beider Sicilien im Auftrage des Großherzoges Leopold von Baden zusammengebrachte, eingehend zu studiren; ferner die Entdeckung antiker Ueberreste in der Nähe von Heidelberg und in andern Orten des Gebietes des Neckars und des Oberrheines. Creuzer's erste selbständige archäologische Schrift [1]) war der Publication und Erklärung eines athenischen Salbgefäßes (Lekythos) gewidmet, das er von einem eifrigen Sammler und tüchtigen Kenner der alten und neueren Kunst, dem Großhändler Johann David Weber in Venedig, zum Geschenk erhalten hatte: schon hier tritt uns als charakteristischer Zug der Kunsterklärung Creuzer's die Neigung zur Annahme dionysisch-mystischer Beziehungen besonders in den Vasenbildern entgegen. Von den weiteren archäologischen Schriften, die ebenso wie die eben genannte in der zweiten Abtheilung der deutschen Schriften Creuzer's wieder abgedruckt sind [2]), bezieht sich auf die griechische Vasenkunde noch die „Zur Galerie der ältesten Dramatiker; Auswahl unedirter griechischer Thongefäße der großherzoglich badischen Sammlung in Karlsruhe" (1839): mit Denkmälern römischer Cultur auf deutschem

---

silii Ficini interpretatione castigata iterum ediderunt Fr. Creuzer et G. H. Moser; primum accedunt Porphyrii et Procli institutiones et Prisciani philosophi solutiones ex cod. Sangermann ed. et annotatione critica instruxit Fr. Dübner (Paris 1855).

[1] Ein alt-athenisches Gefäß mit Malerei und Inschrift bekannt gemacht und erklärt, mit Anmerkungen über diese Vasengattung, von Dr. Fr. Creuzer (Leipzig und Darmstadt 1832); wieder abgedruckt in den Deutschen Schriften Abth. II Bd. 3 S. 1—68.

[2] Fr. Creuzer's Deutsche Schriften, neue und verbesserte. Zweite Abtheilung: Zur Archäologie oder zur Geschichte und Erklärung der alten Kunst (Darmstadt 1846—47) 3 Bde.; dazu füge man noch die lateinisch geschriebene Abhandlung „De vasculo Herculem Buzygen Minoemque exhibente" aus den Annali Vol VII (1835) in den Opuscula selecta p. 52 ss.

Boden beschäftigen sich die Schriften „Zur Geschichte altrömischer Cultur am Oberrhein und Neckar" (1833) und „Das Mithreum von Neuenheim bei Heidelberg" (1838) und einige kleinere Abhandlungen; eine Anzahl größtentheils sehr später antiker Gemmen wird erläutert in der zur sechshundertjährigen Feier der Gründung der Kirche und des Grabmales der heiligen Elisabeth zu Marburg in Hessen abgefaßten Schrift „Zur Gemmenkunde: antike geschnittene Steine vom Grabmal der heiligen Elisabeth in der nach ihr genannten Kirche zu Marburg in Kurhessen" (1834); eine schwierige Frage der römischen Litteratur- und Kunstgeschichte erörtert die Abhandlung „über die Bilderpersonalien des Varro" (1843). Daß es übrigens Creuzer auch für die Meisterwerke der Blüthezeit der griechischen Kunst nicht an Sinn und Verständniß fehlte, beweisen die Aeußerungen über die Grundverschiedenheit der Kunst des Pheidias und seiner Schule von der nach Effect haschenden Kunst der späteren Zeit, welche er auf der Philologenversammlung zu Darmstadt (1845) im Anschluß an einen Vortrag seines Schülers C. Fr. Hermann über die Entstehungszeit der Laokoongruppe gemacht hat[1]). Zum Schluß erwähnen wir noch als eine der letzten Arbeiten Creuzer's die Schrift „Zur Geschichte der classischen Philologie seit Wiederherstellung der Litteratur, in biographischen Skizzen ihrer älteren Häupter und einer litterarischen Uebersicht ihrer neueren", welche den zweiten Band der fünften Abtheilung der Deutschen Schriften (Frankfurt a. M. 1854) ausmacht.

Unter den Zeitgenossen Fr. A. Wolf's, zu denen wir von der durch Voß' mythologische Arbeiten veranlaßten Digression nunmehr zurückkehren, hat keiner demselben näher gestanden und unter schwierigen amtlichen Verhältnissen treuere Freundschaft ihm bewahrt als Wilhelm von Humboldt (geboren in Potsdam 22. Juni 1767, gestorben in Tegel 8. April

---

[1]) S. Verhandlungen der achten Versammlung deutscher Philologen und Schulmänner in Darmstadt 1845 (Darmstadt 1846) S. 59 ff.

1835)¹), der, obgleich nicht Alterthumsforscher von Fach, doch von Jugend auf dem classischen Alterthum ein reges Interesse gewidmet und durch schriftstellerische Arbeiten bethätigt hat. Schon als neunzehnjähriger Jüngling veröffentlichte er als Probe seiner Studien über die antike Philosophie, zu welcher er besonders durch Johann Jakob Engel, den „Philosophen für die Welt", angeleitet worden war, einen Aufsatz „Sokrates und Platon über die Gottheit, über die Vorsehung und Unsterblichkeit", welcher Uebersetzungen zweier Stellen aus den Memorabilien des Xenophon (B. 1 Kap. 4 und B. 4 Kap. 3) und des größeren Theiles des zehnten Buches von Platon's Gesetzen mit einigen einleitenden Bemerkungen enthält²). Während seiner Studienzeit in Göttingen hatten Heyne's Vorlesungen ihn zur Beschäftigung mit den antiken Dichtern, besonders mit Pindar angeregt — eine im Jahre 1792 von ihm veröffentlichte poetische Uebersetzung der zweiten olympischen Ode, der später Uebersetzungen der vierten und neunten pythischen mit Einleitung und Anmerkungen folgten, während andere erst aus seinem Nachlaß veröffentlicht worden sind, legen davon Zeugniß ab³) —: das durch einen Besuch in Halle im Sommer 1792 begründete Freundschaftsverhältniß zu Fr. A. Wolf veranlaßte ihn, seine Muße fast ausschließlich den philologischen Studien, insbesondere dem Studium des griechischen Alterthumes zu widmen, nicht, um als Fachgelehrter auf diesem Gebiete zu wirken, sondern um sich selbst dadurch eine allseitige im schönsten Sinne des Wortes humane Bildung zu erwerben. An Wolf's

---

¹) Vgl. R. Haym, Wilhelm von Humboldt. Lebensbild und Charakteristik (Berlin 1856); C. B. Stark, Handbuch der Archäologie der Kunst I. Abth. (Leipzig 1880) S. 273 ff.

²) Wieder abgedruckt in W. von Humboldt's Gesammelten Werken (Berlin 1841—52) Bd. 3 S. 103—141.

³) S. Gesammelte Werke Bd. 2 S. 264—355, wo sich folgende Pindarische Oden übersetzt finden: Ol. 1, 2, 3, 4, 5, 6 (B. 1—47), 12, 14; Pyth. 1, 2, 4, 9; Nem. 4 (1 Str.), 6 (1 Str.), 10. Dazu füge man noch die Uebersetzung des schönen Fragmentes aus einem Threnos des Simonides über Danae in einem Briefe an Fr. A. Wolf Ges. Werke Bd. 5 S. 66.

encyclopädisch=methodologischen Arbeiten, deren reifste Frucht die oben S. 539 ff. behandelte Darstellung der Alterthumswissenschaft ist, nahm Humboldt durch mündlichen und schriftlichen Gedankenaustausch lebhaften Antheil: Wolf selbst hat an mehreren Stellen seiner Schrift Bruchstücke dieses Briefwechsels, ohne Humboldt's Namen zu nennen (er bezeichnet sie als „in einem Briefwechsel verstreute Gedanken eines Gelehrten, συμφιλολογοῦντος τινός ποθ᾽ ἡμῖν καλοῦ κἀγαθοῦ, wie man deren in unseren Zeiten höchst selten unter Männern seines Standes findet") als Anmerkungen mitgetheilt [1]). Wie speciell Humboldt auf die Einzelheiten der philologischen Technik einging, beweist außer dem Briefwechsel mit Wolf (Ges. Werke Bd. 5 S. 1—316), der eine Fülle von philologischen Specialitäten enthält, Humboldt's in der Jenaischen Litteraturzeitung von 1795 Nr. 167 abgedruckte Recension von Fr. A. Wolf's zweiter Ausgabe der Odyssee (Ges. Werke Bd. 1 S. 262—270), worin er besonders die von Wolf befolgten und in der Vorrede erörterten Grundsätze der Accentuation und Orthographie in zustimmender Weise bespricht; es beweisen dies ferner seine poetischen Uebersetzungen griechischer Dichtungen, in welchen er sich als tüchtigen Kenner der antiken Metrik nach dem Standpunkt seiner Zeit bewährt. Die technisch vollendetste unter diesen ist die Uebersetzung des Agamemnon des Aeschylus (Leipzig 1816 = Ges. Werke Bd. 3 S. 1—96), die freilich durch allzuhäufige Anwendung der Feile den Charakter des Mühsamen und Gekünstelten, ja Gezwungenen erhalten hat und mit der vom Uebersetzer selbst zugestandenen etwas fremdartigen Färbung für den deutschen Leser nicht selten unverständlich ist, wenn sie auch den Ton des Originales im Großen und Ganzen gut wiedergibt; eine vorausgeschickte Einleitung handelt über den Sinn und Begriff der Dichtung, über die Charaktere der darin auftretenden Personen, die Anordnung der Handlung und den Stil, endlich über die Aufgabe, welche sie dem Uebersetzer stellt; ein kurzer

---

[1]) S. Fr. A. Wolf's Kleine Schriften Bd. 2 S. 884 f. und S. 888 ff.

Anhang bringt knappe kritische Bemerkungen zum griechischen Text von G. Hermann, dessen Beihülfe zur Berichtigung und Auslegung des Originales der Uebersetzer in der Einleitung dankbar anerkennt. Von einer Uebersetzung der Eumeniden des Aeschylus ist nur ein Chorgesang (V. 299—396) an das Licht getreten (Ges. Werke Bd. 3 S. 97—102).

Die philologischen Studien wurden bei Humboldt einigermaßen in den Hintergrund gedrängt durch philosophische, speciell ästhetische Interessen und Arbeiten unter dem Einfluß des engen persönlichen Verkehres mit Schiller während seines Aufenthaltes in Jena (1794—95); daß er aber auch dabei immer den Blick auf das griechische Alterthum zurückwandte, beweist der in Schiller's Horen, Jahrgang 1795 (Bd. 1 Stück 3 S. 80—103 und Bd. 2 Stück 4 S. 14—40) gedruckte Aufsatz „über die männliche und weibliche Form" (Ges. Werke Bd. 1 S. 215—261), worin er die Idealbildungen der griechischen Gottheiten zum Ausgangspunkte für seine Charakteristik der Unterschiede der Formen beider Geschlechter nimmt. An die Stelle der Aesthetik trat dann allmählich unter dem Einfluß der neuen Anregungen, welche Humboldt während eines mehrjährigen Aufenthaltes in Paris (1797—1801) und durch eine Reise nach Spanien (vom Spätsommer 1799 bis April 1800) empfangen hatte, die allgemeine Sprachwissenschaft, unstreitig das Gebiet, dem Humboldt's bedeutendste wissenschaftliche Leistungen angehören und auf dem sich überhaupt seine spätere litterarische Thätigkeit, abgesehen von einigen poetischen Schöpfungen und von den durch seine amtliche Thätigkeit hervorgerufenen politischen Denkschriften, fast ausschließlich bewegt. Diese mit dem Studium der baskischen (oder, wie Humboldt schreibt, vaskischen) Sprache begonnenen Arbeiten wurden zunächst in Rom (1802 bis 1808) unter den gewaltigen Eindrücken italienischer Natur und antiker wie moderner Kunst, denen Humboldt sich mit ganzer Seele hingab, sodann auch, soweit die amtlichen Geschäfte dazu Muße gewährten, während Humboldt's Thätigkeit als Leiter des preußischen Unterrichtswesens, als diplomatischer Vertreter Preußens in Wien und auf verschiedenen Congressen, endlich als Mitglied des preußischen Staatsministeriums (bis Ende 1819) fortgesetzt und allmählich durch Hinzuziehung der amerikanischen, der malayischen und polynesischen Sprachen, des Sanskrit und seiner Töchtersprachen, des Chinesischen und der Hieroglyphenforschung erweitert. Litterarisch hat Humboldt diese Studien, abgesehen von einer schon 1817 erschienenen Arbeit über die cantabrische oder baskische Sprache, erst nach seinem Austritt aus dem Staatsdienste verwerthet durch mehrere in den Abhandlungen der historisch-philologischen Klasse der Berliner Akademie der Wissenschaften (zu deren Mitgliedern Humboldt seit dem Jahre 1810 gehörte) veröffentlichte Abhandlungen, einige kürzere Aufsätze in französischer und englischer Sprache, endlich durch das große, erst nach Humboldt's Tode (1836—39) von Ed. Buschmann herausgegebene Werk „über die Kawi-Sprache", dessen umfängliche Einleitung „über die Verschiedenheit des menschlichen Sprachbaues und ihren Einfluß auf die geistige Entwickelung des Menschengeschlechtes" (abgedruckt in den Ges. Werken (Bd. 6 S. 1—425) insbesondere wegen der starken Betonung des innigen Zusammenhanges zwischen der Geisteseigenthümlichkeit und der Sprachgestaltung eines jeden Volkes auch für die Methode der Erforschung der Sprachen der classischen Völker von großer Wichtigkeit ist. Eine eingehendere Würdigung dieser Arbeiten Humboldt's auf dem Felde der allgemeinen Sprachwissenschaft liegt außerhalb der Grenzen unserer Aufgabe — wir verweisen in dieser Beziehung auf die Darstellungen von Haym [1], Benfey [2] und von Pott [3] —;

---

[1] A. a. O. S. 429 ff.
[2] Geschichte der Sprachwissenschaft und orientalischen Philologie in Deutschland S. 515 ff.
[3] Wilhelm von Humboldt und die Sprachwissenschaft (Berlin 1876); auch u. d. T.: Ueber die Verschiedenheit des menschlichen Sprachbaues und ihren Einfluß auf die geistige Entwickelung des Menschengeschlechts Von Wilhelm von Humboldt. Mit erläuternden Anmerkungen und Excursen sowie als Einleitung: Wilhelm von Humboldt und die Sprachwissenschaft. Von A. F. Pott. 1. Band.

nur das wollen wir noch constatiren, daß Humboldt, wie er selbst
an F. G. Welcker schreibt¹), „bei allen diesen Sprachstudien
immer darauf zurückkam, daß die griechische Sprache und das
griechische Alterthum das Vorzüglichste bleiben, was je der mensch=
liche Geist hervorgebracht hat", und daß er bis in seine letzten
Lebensjahre alle hervorragenderen Erscheinungen auf dem Gebiete
der griechischen Alterthumswissenschaft mit lebhaftem Interesse
verfolgte, ja auch an den Arbeiten ihm persönlich nahe stehender
Gelehrten, wie an Welcker's Arbeiten über die griechische Religion
und Mythologie, als sachkundiger Rathgeber und Kritiker Antheil
nahm.

Aber noch ein Größerer als W. von Humboldt hat die bahn=
brechenden Arbeiten Fr. A. Wolf's mit dem lebhaftesten Antheil
persönlicher Freundschaft verfolgt und bei der reifsten derselben,
der Darstellung der Alterthumswissenschaft, wie wir oben (S. 540)
sahen, sogar Gevatter gestanden: Joh. Wolfgang von Goethe²).
Dem Dichter, der unter allen modernen den Griechen am nächsten
innerlich verwandt war, dem Kenner und Vorkämpfer antiker Kunst
gebührt wohl ein Blatt in der Geschichte der classischen Alterthums=
wissenschaft, wenn er auch auf diesem Gebiete nicht wie auf denen der
Farbenlehre und der Morphologie als selbständiger Forscher auf=
getreten ist, vielmehr, wie schon sein schwankendes Verhalten gegen=
über der Wolf'schen Hypothese über die Entstehung der homerischen
Gedichte zeigt, sich wesentlich durch momentane und persönliche
Eindrücke in seinen Anschauungen hat bestimmen lassen. — Schon
während seiner Studienzeit in Leipzig hatte die Lectüre von

---

¹) S. Wilhelm von Humboldt's Briefe an F. G. Welcker herausgegeben
von R. Haym (Berlin 1859) S. 134; vgl. auch Haym's Aeußerungen
ebd. S. 102.

²) Vgl. J. Classen's Vortrag über Goethe's Verhältniß zur classischen
Philologie und Alterthumswissenschaft in den Verhandlungen der 20. Ver=
sammlung deutscher Philologen und Schulmänner in Frankfurt am Main vom
24—27 September 1861 (Leipzig 1863) S. 13—26; L. v. Urlichs, Goethe
und die Antike, im Goethe-Jahrbuch herausgegeben von Ludwig Geiger,
3. Band (Frankfurt a. M. 1882) S. 3—26.

Lessing's Laokoon und von Winckelmann's Schriften einen bedeutenden Eindruck auf ihn gemacht; während seines Straßburger Aufenthaltes war er durch Herder zum Studium der griechischen Dichter, insbesondere des Homer angeregt worden; dieses Studium nahm er, nachdem ihn inzwischen die italienische Reise (1786—88) sozusagen in unmittelbare Berührung mit dem classischen Alterthum gebracht hatte, seit dem Erscheinen der Wolf'schen Prolegomena unter dem Einflusse der näheren persönlichen Beziehungen, welche seit dem Sommer 1795 zwischen ihm und Wolf angeknüpft worden waren[1]), wieder auf, und wie er alles, was er ergriff, seinem eigenen Geiste dienstbar zu machen wußte, so ging ihm aus diesem Studium eine dichterische That, der Versuch einer Wiedergeburt des homerischen Epos in der (unvollendet gebliebenen) „Achilleis" hervor. Welchen Einfluß dieses Studium auf Goethe's theoretische Ansichten über das Wesen der Dichtkunst ausgeübt hat — ein Punkt, den wir hier nicht weiter verfolgen können — das tritt besonders in seinem Briefwechsel mit Schiller hervor; praktisch hat er sonst seine Studien der antiken Dichtwerke, abgesehen von dem Einflusse derselben auf sein eigenes dichterisches Schaffen, nur in einer wohl schon um das Jahr 1772 entstandenen Uebersetzung der fünften olympischen Ode Pindar's[2]), in einer am 18. August 1780 in Ettersburg aufgeführten, zuerst in der Ausgabe der Werke von 1787 wahrscheinlich nicht in der ursprünglichen Fassung gedruckten freien Bearbeitung des ersten Theiles (bis zur Parabase) der Vögel des Aristophanes[3]), die, ohne sich an die Worte des Originales zu halten, nur die Situationen und die Handlung desselben mit durchgehenden Beziehungen auf die Gegenwart wiedergibt, in einer in Schiller's Horen, Jahrgang 1795, Stück 9, S. 30 ff. gedruckten hexametrischen Uebersetzung des homerischen Hymnus auf den delischen Apollon (V. 1—139),

---

[1]) Vgl. Goethe's Briefe an Fr. A. Wolf herausgegeben von M. Bernays (Berlin 1868), besonders S. 26 ff.; über Goethe's spätere Stellung zu Wolf's Ansicht ebd. S. 82 ff.

[2]) Gedruckt bei Bernays a. a. O. S. 122 f.

[3]) Werke Bd. 16 S. 293 ff. der Cotta'schen Ausgabe in 36 Bänden.

endlich in dem durch G. Hermann's Publication zweier größerer Fragmente des Euripideischen Phaethon aus einem Codex Claromontanus (1821) veranlaßten leider nicht vollendeten Versuch einer Wiederherstellung dieser Tragödie aus Bruchstücken[1]) verwerthet. Eine achtungswerthe Vertrautheit mit der naturwissenschaftlichen Litteratur der Griechen und Römer tritt uns in seinen „Materialien zur Geschichte der Farbenlehre. Erste Abtheilung: Griechen und Römer" (Werke Bd. 35 S. 8 ff.) entgegen. Daß er überhaupt bis in seine spätesten Lebensjahre alle bedeutenden oder doch ihm bedeutend erscheinenden Arbeiten[2]) auf dem Gebiete der classischen Philologie mit lebhafter und sachkundiger Theilnahme verfolgte, davon legen zahlreiche kurze Referate und einige selbständige Aufsätze in der von ihm herausgegebenen Zeitschrift „Ueber Kunst und Alterthum" — unter denen wir die wiederum durch ein Hermann'sches Programm hervorgerufenen Bemerkungen über die tragischen Tetralogien der Griechen (Bd. 4 Heft 2 S. 158 ff. = Werke Bd. 29 S. 6 ff.), die „Nachlese zu Aristoteles' Poetik" (Bd. 6 Heft 1 S. 84 ff. = Werke Bd. 29 S. 9 ff.)[3],

---

[1]) Ueber Kunst und Alterthum Bd. 4 Heft 2 S. 5—34 u. S. 152—158; Bd. 6 Heft 1 S. 79 ff.; darnach Werke Bd. 29 S. 17 ff.

[2]) Zu diesem rechnen wir auch das sehr unbedeutende Buch von Karl Ernst Schubarth „Ideen über Homer und sein Zeitalter" (Breslau 1821), welchem Goethe in seinem Briefwechsel mit Zelter (Bd. 3 S. 203 u. S. 204 f.) Lobsprüche spendet; an letzterer Stelle schreibt er davon: „Es ist vermittelnd, einend, versöhnend und heilet die Wunden, die uns von dem Raubgethier geschlagen worden". Aus der Verstimmung gegen F. A. Wolf, die in den letzten Worten hervortritt, ist auch die bekannte ärgerliche Aeußerung Goethe's über die Philologen überhaupt in einem Briefe an Zelter vom 18. Januar 1823 (Briefwechsel zwischen Goethe und Zelter Bd. 3 S. 288) zu erklären: „Mit Philologen und Mathematikern ist kein heiteres Verhältniß zu gewinnen. Das Handwerk der ersteren ist: zu emendiren, der andern: zu bestimmen; da nun am Leben so viele Mängel (mendae) sich finden und ein jeder einzelne Tag genug an sich selbst zu bestimmen hat: so kommt in den Umgang mit ihnen ein gewisses Unleben, welches aller Mittheilung den Tod bringt." Die Aeußerung bezieht sich speciell auf einen Tadel, den Wolf gegen Goethe's Interpunction ausgesprochen hatte; vgl. den Briefwechsel mit Zelter Bd. 2 S. 447.

[3]) Ueber diese vgl. man die Aeußerung Goethe's aus früherer Zeit in einem Briefe an Schiller vom 28. April 1797 (Briefwechsel zwischen Schiller

worin die „Katharsis" als „Ausgleichung", „aussöhnende Abrundung" der Leidenschaften erklärt wird, und den Auszug der Ilias (Bd. 3 Heft 2 S. 1 ff. und Heft 3 S. 1 ff.), eine Uebersicht des ganzen Ganges der Dichtung mit Andeutung der darin verwendeten Gleichnisse, hervorheben — ferner verschiedene Notizen in den „Annalen oder Tag- und Jahresheften" (Werke Bd. 23) und im Briefwechsel mit Zelter, mit H. Meyer und mit Eichstädt, endlich der zweite Theil des Faust, insbesondere die in denselben eingeflochtene classische Walpurgisnacht, Zeugniß ab.

Goethe's künstlerisches Interesse, das er seit seiner Jugendzeit auch praktisch bethätigt hatte, erhielt die Richtung auf die antike Kunst, deren Herrlichkeit ihm zum ersten Male beim Besuche des Antikensaales in Mannheim im Jahre 1768 aufgegangen war, wesentlich durch die italienische Reise, insbesondere durch den Aufenthalt in Rom. Hier lernte er am 2. November 1786 den schweizerischen Maler Heinrich Meyer (geboren 16. März 1760 in Zürich, gestorben 11. October 1832 in Jena)[1] kennen, einen Mann, der, als Künstler ohne Selbständigkeit und Productivität, sich durch die fleißige Lectüre der Winckelmann'schen Schriften und durch eifriges Studium der in Rom vereinigten Denkmäler der antiken Sculptur und der modernen italienischen Malerei gründliche und umfassende Kenntnisse auf dem Gebiet der antiken wie der modernen Kunstgeschichte erworben hatte, welche ihn befähigten, Goethe nicht nur in technischen, sondern auch in historischen Fragen als Führer zu dienen. Auf Goethe's Veranlassung wurde er 1792 als Professor an der neu errichteten Zeichnungsakademie (deren

---

und Goethe in den Jahren 1794—1805 Th. III S. 90): „Ich habe die Dichtkunst des Aristoteles wieder mit dem größten Vergnügen durchgelesen; es ist eine schöne Sache um den Verstand in seiner höchsten Erscheinung. Es ist sehr merkwürdig, wie sich Aristoteles bloß an die Erfahrung hält und dadurch, wenn man will, ein wenig zu materiell wird, dafür aber auch meistens desto solider auftritt."

[1] Vgl. „Neujahrsblatt der Künstlergesellschaft in Zürich für 1852 enthaltend das Leben des Hofraths Heinrich Meyer von Zürich. Der neuen Reihenfolge XII". (Der Verfasser ist Dr. H. Meyer Ochsner).

Direction er 1807 übernahm) nach Weimar berufen, war dort eine Reihe von Jahren hindurch Goethe's Haus- und Tischgenosse und bis zu dessen Tode sein treuester Studiengenosse und Freund; durch ihn wurde er auch bald mit Schiller persönlich bekannt, dem er gleich für den ersten Jahrgang der Horen (1795)[1]) einen Aufsatz „Ideen zu einer künftigen Geschichte der Kunst" lieferte, worin die Entwickelung der griechischen Kunst vom „alten" Stil zum „hohen" und von diesem zum „gefälligen" Stil an einer Reihe von Monumenten dargelegt wird. Goethe benutzte diese Verbindung, um nicht nur sich selbst, sondern auch seine Zeitgenossen in der Erkenntniß des Wesens und der richtigen Ziele der bildenden und zeichnenden Künste zu fördern und auf die Entwickelung der künstlerischen Thätigkeit seiner Zeit im Sinne Winckelmann's, d. h. im Geiste der Antike und im Gegensatz gegen die mittelalterlich-romantische Richtung einzuwirken. Er gab zu diesem Zwecke in Verbindung mit Meyer nach dessen Rückkehr von einem zweiten ganz der Sammlung von Materialien für die Geschichte der Kunst gewidmeten Aufenthalt in Italien (Herbst 1795 bis Sommer 1797) eine periodische Schrift heraus u. d. T. „Propyläen" (3 Bde., Tübingen 1798—1800), welche „Bemerkungen und Betrachtungen harmonisch verbundner Freunde über Natur und Kunst" enthalten und schon durch ihren symbolischen Titel die Kunstfreunde erinnern sollte, „sich so wenig als möglich vom classischen Boden zu entfernen". Des ersten Bandes erstes Stück wird durch einen Aufsatz Goethe's über Laokoon[2]) eröffnet, worin er nachzuweisen sucht, daß die Laokoon-

---

[1]) Bd. 1 Stück II S. 29—50; vgl. dazu den Brief Schiller's an Meyer vom 30. November 1794 in „Briefe von und an Goethe, herausgegeben von Dr. Fr. W. Riemer" (Leipzig 1846) S. 150 f. Schon im Jahre 1794 hatte Meyer eine „artistische Abhandlung über ein altes Gefäß von gebrannter Erde auf welchem der Raub der Cassandra vorgestellt ist" veröffentlicht; s. „Ueber den Raub der Cassandra auf einem alten Gefäße von gebrannter Erde. Zwey Abhandlungen von H. Meyer und C. A. Böttiger. Nebst drey Kupfertafeln" (Weimar 1794) S. 7—22.

[2]) Werke Bd. 26 S. 245 ff. Der Aufsatz läßt deutlich den Einfluß des weiter unten zu besprechenden gleichnamigen Hirt'schen Aufsatzes erkennen.

gruppe alle Bedingungen, welche man von einem hohen Kunst=
werke fordern könne, erfülle und zugleich die Intention der Künstler
bei der Schöpfung der Gruppe eingehend erörtert; einige kurze
von H. Meyer herrührende Bemerkungen über technische Einzel=
heiten und über die Restaurationen an der Gruppe schließen den
ersten Band, welcher neben mehreren theils allgemein kunstkritischen
theils speciell auf die neuere Kunst bezüglichen Aufsätzen noch
einen archäologischen Inhaltes, Briefe von Meyer aus Florenz
über etrurische Monumente (Stück 1, S. 66 ff.), enthält. Der
zweite Band, in welchem wir Goethe und Meyer zum ersten Mal
das dann mehrere Jahre hindurch (bis 1805) von ihnen wieder=
holte Mittel zur Hebung der Kunst, die Ausschreibung einer
Preisaufgabe für Künstler¹) anwenden sehen, bringt neben Goethe's
Kunstnovelle in Briefen „Der Sammler und die Seinigen" und
anderen theils allgemeineren theils specielleren Stücken nur einen
speciell dem Gebiete der antiken Kunst angehörigen Aufsatz über
die Florentinische Niobegruppe (Stück 1 S. 48 ff. und Nachtrag
dazu Stück 2 S. 123 ff.), der von Meyer herrührt; ebenso der
dritte und letzte Band nur den gleichfalls aus Meyer's Feder
stammenden kurzen Aufsatz über die capitolinische Venus (Stück 1
S. 157 ff). Dagegen hat Göthe, allerdings unter sachlicher Mit=
wirkung Meyer's, noch einen dem archäologischen Gebiete an=
gehörigen Aufsatz über Polygnot's Gemälde in der Lesche zu
Delphi geliefert, welcher durch die von den Gebrüdern Franz und
Johannes Riepenhausen aus Göttingen zu der Weimarischen
Kunstausstellung von 1803 eingesandten 12 Zeichnungen, die einen
Theil der Polygnotischen Malereien wiederzugeben versuchten,
veranlaßt, in einer außerordentlichen Beilage zum ersten Quartal
des Jahrganges 1804 der Jenaischen Allgemeinen Litteraturzeitung

---

¹) Vgl. „Aufsätze und Nachrichten die Weimarischen Kunstausstellungen
betreffend" in „Goethe's Werke. Nach den vorzüglichsten Quellen revidirte
Ausgabe" (Berlin, Gustav Hempel) Bd. 28 („Schriften und Aufsätze zur Kunst.
Herausgegeben und mit Anmerkungen begleitet von Fr. Strehlke"), Anhang,
S. 767 ff.

(S. IX—XXIII) gedruckt wurde, ein Aufsatz, der freilich nicht wenige auf Mißverständniß oder Nichtbeachtung der Schilderungen des Pausanias beruhende Irrthümer enthält [1]).

Eine Fortsetzung der wegen Mangels an genügender Theilnahme von Seiten des Publicums eingegangenen Propyläen ist das Sammelwerk „Winckelmann und sein Jahrhundert. In Briefen und Aufsätzen herausgegeben von Goethe" (Tübingen 1805), in dessen Vorrede Goethe und Meyer sich als „die in Weimar verbündeten und mehrere Jahre zusammenlebenden Kunstfreunde" dem Publicum vorstellen, eine Bezeichnung, welche sie, gewöhnlich mit der Chiffre W. K. F. (Weimarische Kunstfreunde), seitdem häufig für ihre gemeinsamen Arbeiten benutzt haben [2]). Auf die Vorrede folgt zunächst (S. 1—160) eine Sammlung von Briefen Winckelmann's „an einen Landsmann, Schulfreund und Hausgenossen" (an den am 26. October 1783 in Weimar als Kammerrath und Chatoullier der Herzogin Mutter verstorbenen Hieronymus Dietrich Berendis) aus den Jahren 1752—1767; sodann (S. 161—386) ein von Meyer verfaßter „Entwurf einer Kunstgeschichte des achtzehnten Jahrhunderts", endlich (S. 387 ff.) „Skizzen zu einer Schilderung Winckelmann's", zu welchen auf ausdrücklichen Wunsch Goethe's Fr. A. Wolf einen Beitrag, den Aufsatz über Winckelmann's Studiengang und gelehrte Bildung (S. 453—470), geliefert hat, während Goethe Winckelmann als Menschen und als Schriftsteller überhaupt schildert (S. 391—440).

---

[1] Der Aufsatz ist abgedruckt Werke Bd. 27 S. 91 ff. und mit Einleitung und Anmerkungen an der S. 597 Anm. 1 citirten Stelle S. 233 ff.

[2]) Die Chiffre W. K. F. erscheint zum ersten Male im Intelligenzblatt der Jenaischen Allgemeinen Litteraturzeitung 1804, N. 4 und N. 6 (s. Strehlke a. a. O. S. 793 f.); aber schon am 27. November 1803 schreibt Goethe an Eichstädt: „Es giebt außer den gedachten noch eine Art, die ich sehr eingeführt wünsche: daß mehrere Gleichdeutende sich einerlei Zeichens bedienten, wie wir z. B. in Weimar mit der Chiffre W. K. F. zu thun gedenken" (Goethe's Briefe an Eichstädt mit Erläuterungen herausgegeben von W. Freiherrn von Biedermann S. 17). — Vgl. auch den Aufsatz von Th. W. Danzel „Goethe und die Weimarischen Kunstfreunde in ihrem Verhältniß zu Winckelmann" in dessen Gesammelten Aufsätzen herausgegeben von O. Jahn (Leipzig 1855) S. 118 ff.

Meyer „seinen Einfluß, sein Wirken und seine Verdienste in der
Kunde der Alterthümer" darlegt (S. 441—452). Den Schluß des
Sammelwerkes bildet ein „Verzeichniß sämmtlicher Winckelmanni=
schen Briefe in chronologischer Ordnung" (S. 471—485). Auch
der von Wolf am Schlusse seines Aufsatzes geäußerte Wunsch
einer vollständigen Sammlung der Schriften Winckelmann's
ging alsbald, und zwar hauptsächlich in Folge der durch
Goethe's Buch gegebenen Anregung in Erfüllung. Karl Lud=
wig Fernow (geboren zu Blumenhagen in der Uckermark
19. November 1763), der nach langjährigem Aufenthalte in
Italien seit 1804 bis zu seinem Tode (4. December 1808) in
Weimar die Stelle des Bibliothekars der Herzogin Anna Amalia
bekleidete, unternahm auf den Wunsch der Walther'schen Buchhand=
lung in Dresden, in deren Verlag die meisten Schriften Winckel=
mann's erschienen waren, die Besorgung einer vollständigen, mit
ergänzenden und berichtigenden Anmerkungen begleiteten Gesammt=
ausgabe der Werke Winckelmann's, eine Unternehmung, die, wie
ausdrücklich in der Vorrede des ersten Bandes (S. 3) bemerkt
wird, durch Goethe's Schrift über Winckelmann veranlaßt worden
war. Die beiden ersten, die kleineren Schriften Winckelmann's
enthaltenden Bände erschienen noch im Laufe des Jahres 1808;
da Fernow vor der Vollendung des zweiten Bandes gestorben
war, so lieferte H. Meyer, der schon früher von demselben zur
Theilnahme an der Arbeit aufgefordert worden war, die An=
merkungen zu dem den zweiten Band abschließenden „Versuch
einer Allegorie" und übernahm in Verbindung mit dem im Jahre
1808 an das Gymnasium zu Weimar berufenen Johannes
Schulze[1]) die Fortsetzung des Werkes: die Bände 3—6 (1809 bis

---

[1]) Geboren in Brüel in Mecklenburg 15. Januar 1786. Von Weimar
ging Schulze 1812 an das Gymnasium zu Hanau, dessen Leitung er 1813
übernahm, trat 1816 als Schul= und Consistorialrath in Coblenz in preußische
Dienste, wurde 1818 als vortragender Rath im Cultusministerium nach Berlin
berufen und fungirte von 1849 bis Ende 1858 als Director der Unterrichts=
abtheilung in diesem Ministerium, in welcher Stellung er sich um das höhere

1815), welche die Geschichte der Kunst des Alterthumes enthalten, und Bd. 7 (1817), welcher den Trattato preliminare zu den Monumenti antichi inediti (die selbst nicht in die Ausgabe aufgenommen sind) in deutscher Uebersetzung (von Joh. Schulze) gibt, bringen ebenso umfängliche als inhaltreiche Anmerkungen der beiden Herausgeber, von denen namentlich Meyer seine umfassenden Beobachtungen an den in Italien erhaltenen Denkmälern der alten Kunst zur Ergänzung und Berichtigung der Winckelmann'schen Darstellung verwerthete. Der den Abschluß des ganzen Werkes bildende achte Band (1820) enthält außer kurzen von Meyer herrührenden Berichtigungen zu Band 3—7 (S. IX—XIV) die sehr umfänglichen Register, welche, da Joh. Schulze durch die Veränderung seines amtlichen Wirkungskreises an der Bearbeitung derselben gehindert war, von dem Rector des Gymnasiums zu Bautzen, Karl Gottfried Siebelis[1]), der sich bald darauf durch seine kritisch=exegetische Ausgabe des Pausanias (5 Bde., Leipzig 1822—28) ein bleibendes Denkmal gesetzt hat, gearbeitet sind.

Noch vor Vollendung der Ausgabe der Winckelmann'schen Werke faßte Meyer, der unterdessen auch in Verbindung mit C. A. Boettiger eine Schrift über das von ihm in Rom in der Größe und den Farben des Originales copirte antike Gemälde, das unter dem Namen der aldobrandinischen Hochzeit bekannt ist,

---

Unterrichtwesen Preußen's die größten Verdienste erworben hat. Er starb am 20. Februar 1869.

[1]) Geboren in Naumburg 10. October 1769, verwaltete, nachdem er von 1798 an als Conrector am Gymnasium zu Zeitz thätig gewesen, das Rectorat des Gymnasiums in Bautzen vom 30. Januar 1804 bis 6. April 1841 und starb als Rector emeritus daselbst 7. August 1843. Außer der Ausgabe des Pausanias und zahlreichen denselben Schriftsteller betreffenden Programmen hat er eine Sammlung der die älteste Geschichte und Geographie Griechenlands betreffenden Stellen aus griechischen Schriftstellern u. b. T. Ἑλληνικά veröffentlicht (2 Bde., Leipzig 1800) und die von C. G. Lenz begonnene Sammlung der Fragmente des Phanodemus und anderer Atthidenschreiber zu Ende geführt (Leipzig 1812).

veröffentlicht hatte [1]), den Plan, die Geschichte der antiken Kunst in einem selbständigen Werke zu behandeln. Bei der Ausarbeitung dieses seines letzten und reifsten Werkes, der „Geschichte der bildenden Künste bei den Griechen von ihrem Ursprunge bis zum höchsten Flor" (3 Abth,. Dresden 1824; dazu ein Heft Abbildungen 1825 und eine große Tabelle 1826), legte Meyer Aufsätze zu Grunde, die er für von ihm am Weimarischen Hofe auf Veranlassung der Erbgroßherzogin Großfürstin Maria Paulowna gehaltene kunstgeschichtliche Vorlesungen verfaßt hatte; aus der Ueberarbeitung derselben entstand der die erste Abtheilung des Werkes bildende Text, der nach kurzen und flüchtigen Bemerkungen über die Anfänge der griechischen Kunst bis um 800 v. Chr. die Entwickelung derselben nach drei Hauptperioden darlegt: **alter** Stil der griechischen Kunst oder Geschichte derselben etwa vom Jahre 800 vor Christi Geburt bis um die 60. Olympiade; **gewaltiger** Stil der griechischen Kunst oder Geschichte derselben etwa von der 60. Olympiade bis auf den Phidias; **hoher** und auf denselben folgender **schöner** Stil der griechischen Kunst, d. i. Zeitraum von Phidias bis auf Lysippus und Apelles. Daran schließen sich noch zwei Abschnitte: Betrachtungen über die griechische Kunst im Allgemeinen und Nachweisung noch vorhandener Denkmale aus der Zeit des hohen und schönen Stiles. In Hinsicht des Schematismus schließt sich der Verfasser im Wesentlichen an Winckelmann an, nur daß er zwischen dessen „alten" und „hohen" Stil eine Uebergangsperiode, die des „gewaltigen oder mächtigen, den hohen anbahnenden Stiles" eingeschoben hat; im Einzelnen hat er die seit Winckelmann neu entdeckten oder genauer bekannt gewordenen Denkmäler, wie die äginetischen Statuen, die

---

[1]) Die Aldobrandinische Hochzeit. Eine archäologische Ausdeutung von C. A. Böttiger. Nebst einer Abhandlung über dieses Gemälde von Seiten der Kunst betrachtet von H. Meyer (Dresden 1810). Die Meyer'sche Abhandlung, welche das Gemälde in Hinsicht auf Erfindung, Anordnung, Zeichnung, Ausdruck, Colorit, Beleuchtung, Falten, Behandlung und angewandte Farben betrachtet, steht S. 173—206.

Bildwerke vom Parthenon, den Fries von Phigalia, zwar im Text wie in den die zweite Abtheilung des Werkes bildenden ausführlichen Anmerkungen berücksichtigt, aber ohne sie in ihrer vollen Bedeutung für die Geschichte der griechischen Kunst zu erkennen und zu würdigen.

Neben Meyer hat noch ein anderer Künstler, der, wie jener, zugleich und vorwiegend als Schriftsteller auf kunstkritischem und kunsthistorischem Gebiete sich bethätigt hat, auf Goethe's Anschauungen auf diesen Gebieten Einfluß gehabt: der Architekt Aloys Hirt (geboren 27. Juni 1759 in einem Dorfe in der Nähe von Villingen im Badischen, gestorben 29. Juni 1837 in Berlin), der „Charakteristiker" in der oben erwähnten Kunstnovelle „Der Sammler und die Seinigen", der nach 14jährigem Aufenthalt in Italien im Jahre 1796 zum Mitglied der Akademie der Wissenschaften wie auch der Akademie der Künste in Berlin ernannt, bei einem Besuch in Weimar und Jena Anfang Juli 1797 die schon in Rom gemachte Bekanntschaft mit Goethe erneuerte und auch mit Schiller persönliche Beziehungen anknüpfte: der Briefwechsel beider Freunde[1] beweist, daß seine der Winckelmann'schen diametral entgegengesetzte Anschauung über das Wesen des Schönen und das Princip der alten Kunst, als welches er das Charakteristische betrachtete, beide lebhaft interessirte und besonders Schiller's Beifall fand, während Goethe, obgleich er es vollkommen billigte, daß Hirt auf das Charakteristische und Pathetische auch in den bildenden Künsten dringe, doch der Meinung war, „daß Lessing's, Winckelmann's und Hirt's, ja noch mehrere Enunciationen zusammen, erst die Kunst begrenzen[2]. Der Jahrgang 1797 der „Horen" (Bd. 12) brachte zwei schon in den 80 ger Jahren

---

[1] S. Briefwechsel zwischen Schiller und Goethe in den Jahren 1794 bis 1805. Dritter Theil vom Jahre 1797 (Stuttgart u. Tübingen 1829) S. 149 ff. (N. 330 ff.).

[2] Abfälliger als Schiller gegenüber äußert sich Goethe über Hirt in seinen Briefen an H. Meyer; vgl. „Briefe von und an Goethe. Desgleichen Aphorismen und Brocardica. Herausgegeben von Dr. Fr. W. Riemer" (Leipzig 1846) S. 27, 31, 57.

verfaßte Aufsätze Hirt's, in welchen er diese seine Anschauung entwickelte: einen „Versuch über das Kunstschöne" (Stück 7, S. 1—37), worin er aus allgemeinen ästhetischen Betrachtungen deducirt, daß der Hauptgrundsatz des Kunstschönen Charakteristik, d. h. „jene bestimmte Individualität, wodurch sich Formen, Bewegung und Geberde, Miene und Ausdruck — Localfarbe, Licht und Schatten, Helldunkel und Haltung — unterscheiden, und zwar so, wie der vorgelegte Gegenstand es verlangt", der Endzweck der Kunst „die Erreichung des Eigenthümlichen in allen Theilen zum Ganzen" sei; und „Laokoon" (Stück 10 S. 1—26; dazu Nachtrag Stück 12 S. 19—28), worin er durch eine Analyse dieses nach seiner Ansicht vollkommensten Kunstwerkes, des „Non plus ultra der Kunst", unter Vergleichung zahlreicher anderer antiker Bildwerke zu dem Resultate gelangt, daß in allen Werken der Alten ohne Ausnahme, sowohl in Ruhe, als in Bewegung und Ausdruck, sich Individuellheit der Bedeutung — Charakteristik — zeige, welcher alle übrigen Gesetze untergeordnet seien. Gegen ein absprechendes Urtheil, welches die Gebrüder Schlegel in ihrem „Athenäum" (Bd. 1 Stück 2 S. 85 f.) über den letzteren Aufsatz gefällt hatten, vertheidigte Hirt seine Ansicht in dem Aufsatze „Ueber die Charakteristik als Hauptgrundsatz der bildenden Künste bei den Alten", im Berlinischen Archiv der Zeit und ihres Geschmackes, Jahrgang 1798, Bd. 2 S. 437—451, dessen Tendenz in dem Satze gipfelt: „Es gibt nicht nur keine charakterlose Schönheit, sondern Charakteristik, individuelle Bedeutsamkeit gibt allein Kunstschönheit". Am Schlusse dieses Aufsatzes stellt Hirt in Aussicht, daß er in einer vollständigen Geschichte der bildenden Künste bei den Alten seinem System mehr Licht und Zusammenhang geben werde. Die Ausführung dieses Planes wurde freilich zunächst durch zahlreiche Arbeiten anderer Art in den Hintergrund gedrängt. In seinem „Bilderbuch für Mythologie, Archäologie und Kunst" (2 Hefte, Berlin 1805 und 1816) suchte er durch die Zusammenstellung von Beispielen der Idealbildung der Götter und Dämonen in der antiken Kunst die Bedeutung des Individuell-Charakteristischen in derselben gewissermaßen ad oculos zu demonstriren ¹). Dann behandelte er in zwei größeren Werken, denen sich einige akademische Abhandlungen über einzelne berühmte Bauwerke des Alterthumes anschließen, das System und die Geschichte der antiken Baukunst ²) — dasjenige Feld der Alterthumswissenschaft, um welches sich Hirt die bleibendsten Verdienste erworben hat — und veröffentlichte zahlreiche Abhandlungen und Aufsätze über die Technik und Geschichte der antiken Malerei und der antiken Bildkunst sowie zur Erklärung antiker Monumente in den Schriften der Berliner Akademie, in Fr. A. Wolf's Museum der Alterthumswissenschaft und in dessen Litterarischen Analekten, in Böttiger's Amalthea und in den ersten Bänden der Annali dell' instituto di corrispondenza archeologica, endlich auch als selbständige kleine Schriften ³). Erst 1833 erschien gewissermaßen als Abschluß seiner ganzen wissenschaftlichen Thätigkeit „Die Geschichte der bildenden Künste bei den Alten", ein mäßiger Band (354 S. 8°), welcher in zwei an Umfang sehr ungleichen Abschnitten die Geschichte der bildenden Künste bei den orientalischen Völkern (S. 1—60) und bei den Griechen und den ihnen verwandten

---

¹) In einer Anzeige des ersten Heftes des Bilderbuches in dem Journal „Der Freimüthige oder Ernst und Scherz" 1805 N. 110 und 113 hatte C. A. Böttiger dasselbe als ein Werk bezeichnet, in welchem zum ersten Male die Grundlinien einer Kunstmythologie aufgestellt seien. Gegen diese Auffassung seines Buches verwahrt sich Hirt in einer in den Nummern 127, 131, 132, 137, 138 desselben Jahrganges abgedruckten Zuschrift an die Redaction dieses Journales, worin er erklärt, der Hauptgesichtspunkt seines Buches sei der ästhetisch-artistische; er wolle zeigen, daß bei der großen Verschiedenheit der Götterideale, wovon jedes ein Höchstes und Schönstes darstellt, alles auf individuelles Andeuten oder Charakterisiren ankomme.

²) Die Baukunst nach den Grundsätzen der Alten (Berlin 1809); dazu Abhandlungen über den Tempel Salomon's (ebd. desgl.), über den Tempel der Diana zu Ephesus (ebd. desgl.), über den Tempel des capitolinischen Jupiter (ebd. 1813) und über die egyptischen Pyramiden (ebd. 1815). — Die Geschichte der Baukunst bei den Alten, 3 Theile (Berlin 1821—1827).

³) Die Hierodulen. Mit Beilagen von A. Böckh und Ph. Buttmann (Berlin 1818). Die Brautschau. Zeichnung auf einem griechischen Gefäß ebd. 1825).

Völkern behandelt. Den Beginn des Kunstbetriebes bei den Griechen setzt Hirt sehr spät an: um Ol. 30, im Zeitalter des Kypselos; damals hätten die Griechen aus dem ihnen nunmehr zugänglich gewordenen Egypten die Elemente der Kunst sowohl als der Wissenschaft geschöpft. Die Entwickelung der Kunst von diesem Zeitpunkte an bis auf Constantin betrachtet er nach sechs Epochen: erste egyptisirende Epoche von Ol. 30—60; zweite Epoche von Ol. 60—80 (der äginetische und altattische Stil); dritte Epoche von Ol. 80—120 (der naturgemäße Idealstil, getheilt in drei Stufen: Ol. 80—94; Ol. 94—104; Ol. 104 bis 120); vierte Epoche von Ol. 120—155 (der Nachahmungsstil); fünfte Epoche vom Jahre 600—933 der Stadt Rom (die auf das Neue sich steigernde Kunst, getheilt in zwei Abschnitte: von 600—725 und von 725—933 d. St.); sechste Epoche von 180—330 n. Chr. (der Verfall der Kunst). Als den eigentlichen Höhepunkt der ganzen Entwickelung betrachtet Hirt die dritte Stufe der dritten Epoche (Ol. 104—120), wo „die Kunst ihre letzten Kräfte zusammennimmt und sie auf das Höchste steigert": „was das Zeitalter des Perikles großartig begann und festsetzte, und was die nachfolgenden Schulen im Zeitalter des Lysander Trefsliches förderten, das wird nun unter der macedonischen Dynastie zur Vollendung gebracht" (S. 205). Das Buch, welches jede Bezugnahme auf andere den gleichen Gegenstand behandelnde Werke grundsätzlich vermeidet, hat selbst unter den Fachgenossen wenig Beachtung gefunden: es war, so zu sagen, schon bei seinem Erscheinen antiquirt und vermochte nicht dem einige Jahre früher (1830) zum ersten Male veröffentlichten Handbuch der Archäologie der Kunst von K. O. Müller Concurrenz zu machen.

Im Jahre 1816 begann Goethe, zu dem wir noch einmal zurückkehren müssen, unter den Nachwirkungen der Eindrücke, welche eine im Jahre 1815 von ihm unternommene Reise nach Köln, Frankfurt, Heidelberg und Würzburg hinterlassen hatte, die Veröffentlichung einer in zwanglosen Heften erscheinenden Zeitschrift, welche ähnlich wie früher die Propyläen hauptsächlich das Studium der Kunst und ihrer Denkmäler fördern, zugleich aber auch Goethe Gelegenheit geben sollte, sich über verschiedene Erscheinungen der deutschen und ausländischen Litteratur, die sein Interesse erregten, den Zeitgenossen gegenüber auszusprechen. Die drei den ersten Band bildenden Hefte (Stuttgart 1816—17) führen in Erinnerung an jene Reise, welche den Anstoß dazu gegeben, den Titel „Ueber Kunst und Alterthum in den Rhein- und Maingegenden", während die fünf übrigen, in den Jahren 1818—1832 allmählich an das Licht getretenen Bände (das dritte Heft des sechsten und letzten Bandes ist erst aus Goethe's Nachlaß durch die Weimarischen Kunstfreunde herausgegeben worden)[1] einfach „Ueber Kunst und Alterthum" betitelt sind. Diese Zeitschrift, deren hauptsächlichster Mitarbeiter, neben Goethe selbst, wiederum Meyer wurde, spiegelt in dem lebhafteren Interesse, welches sie, allerdings in entschiedenster Opposition gegen die katholisirende Richtung der sog. Nazarener, den Schöpfungen der christlichen Kunst zuwendet, die besonders unter dem Einflusse der Beziehungen zu Sulpiz Boisserée erfolgte Umkehr Goethe's von der seit der italienischen Reise von ihm verfolgten einseitig antikisirenden Richtung der Kunstbetrachtung wieder. Doch enthält die Zeitschrift, außer den schon oben S. 594 f. hervorgehobenen philologischen Aufsätzen, auch eine Anzahl archäologischer Arbeiten, die wir hier kurz registriren wollen, mit Uebergehung der bloßen Referate über Bücher, Ausgrabungen u. dgl. Das erste Heft des zweiten Bandes wird durch zwei archäologische Aufsätze Goethe's eröffnet, einen kürzeren über Myron's Kuh (S. 9—26)[2], in welchem er die (irrige) Vermuthung aufstellt, daß dieses berühmte Bildwerk eine säugende Kuh dargestellt habe, daß eine Nach-

---

[1] Als eigentlicher Herausgeber ist der Verfasser des „Schlußwortes" (Bd. 6 Heft 3 S. 626 ff.), der weimarische Kanzler Friedrich von Müller zu betrachten.

[2] Werke Bd. 27 S. 208 ff. Ebd. S. 294 ff. sind noch einige andere kleinere Aufsätze archäologischen Inhaltes (Das altrömische Denkmal bei Igel unweit Trier; der Tänzerin Grab; Homer's Apotheose u. a.) aus Goethe's Nachgelassenen Werken wiederholt.

bildung desselben in dem bekannten Typus der Münzen von Dyrrhachium (Epidamnos) erhalten sei, endlich daß nicht die Natürlichkeit der Ausführung, sondern die Naivetät der Conception an diesem Werke das ganze Alterthum entzückt habe, und einen längeren über Philostrat's Gemälde (S. 27—144)[1], worin Goethe den Versuch macht, die den Beschreibungen der Philostrate zu Grunde liegenden Gemälde, welche er in Rücksicht auf die darin behandelten Stoffe in neun Gruppen ordnet, für künstlerische Darstellungen zu reproduciren. Im dritten Hefte desselben Bandes (S. 99 ff.) findet sich ein kürzerer, nicht von Goethe, sondern wahrscheinlich von Meyer herrührender Aufsatz über die von Angelo Mai aus einer Handschrift der Ambrosianischen Bibliothek in Mailand publicirten Miniaturgemälde zur Ilias. Im ersten Hefte des dritten Bandes endlich (S. 107 ff.) finden wir einen wohl wiederum von Meyer herrührenden Aufsatz, in welchem die Reliefs des Cellafrieses vom Phigalischen Tempel, die Cellafries- und Metopenreliefs und die Giebelstatuen vom Parthenon, auch die äginetischen Giebelstatuen in Hinsicht auf Erfindung und Ausführung gewürdigt werden.

Weniger als Goethe scheint dessen großer Dichtergenosse Schiller in einer Geschichte der classischen Alterthumswissenschaft am Platze zu sein[2]. War er ja doch, wenn auch im Lateinischen ziemlich sattelfest, im Griechischen wenigstens in seinen reiferen Jahren, wo er durch die eifrige Lectüre classischer, besonders griechischer Schriftsteller, sowie durch das Studium der Philosophie und Geschichte sich aus dem Sturm und Drang seiner Jugendperiode zur Höhe der Classicität emporarbeitete, so schwach, daß er die griechischen Schriftsteller durchaus nur in Uebersetzungen las und auch bei der Ausarbeitung seiner metrischen Uebersetzungen der Iphigenie in Aulis und einiger Scenen aus den Phönissen des Euripides[3] nicht das griechische Original, sondern die lateinische

---

[1] Werke Bd. 26 S. 325 ff.
[2] Vgl. zu dem Folgenden Dr. L. Hirzel, Ueber Schiller's Beziehungen zum Alterthume (Aarau 1872).
[3] Werke (Ausgabe in vier Bänden, Stuttgart 1874) Bd. 2 S. 583 ff.

Ueberſetzung des Joſua Barnes als Grundlage benutzte; war er
doch, bei aller Empfänglichkeit für die Idealgeſtalten der griechiſchen Götterwelt, auf dem Felde der alten Kunſt nach ſeinem
eigenen wiederholten Eingeſtändniß ein völliger Laie; traute er
doch ſelbſt ſeinen antiquariſchen Kenntniſſen ſo wenig, daß er
ſeine Ballade „Die Kraniche des Ibycus" vor der Veröffentlichung erſt an Böttiger ſandte, um von ihm zu erfahren, ob ſich
nichts darin mit altgriechiſchen Gebräuchen im Widerſpruch be-
finde[1]); iſt doch endlich die einzige unter den Schiller's Namen
tragenden Schriften, welche einen ſpeciell philologiſchen Gegen-
ſtand behandelt, die zuerſt in der Thalia (1790, Heft 11) veröffentlichte, von Schiller ſelbſt unter ſeine geſammelte Schriften
nicht aufgenommene Abhandlung über die Geſetzgebung des Lykurgus und Solon[2]), unzweifelhaft zum größten Theile nicht
von Schiller, ſondern von deſſen Lehrer an der hohen Karls-
ſchule, dem durch ſeine Arbeiten über die griechiſchen und die
römiſchen Kriegsalterthümer[3]) bekannten Johann Jacob Heinrich Naſt (geboren zu Stuttgart 8. November 1751, geſtorben
23. Auguſt 1822) verfaßt. Trotzdem iſt der Einfluß Schiller's
und ſeiner Auffaſſung des claſſiſchen Alterthumes, insbeſondere
der Verſchiedenheit des antiken und modernen Geiſtes, auf die Anſchauungen der gebildeten Kreiſe unſerer Nation wie auch auf die
nicht an Aeußerlichkeiten haftende, ſondern tiefer in den Geiſt des
Alterthumes eindringende Forſchung ein ſehr bedeutender und
nachhaltiger geweſen. Dargelegt hat Schiller dieſe ſeine Auffaſſung in ſeinen äſthetiſchen Aufſätzen, unter denen in dieſer
Hinſicht die zuerſt in den Jahrgängen 1795 und 1796 der Horen

---

[1]) Briefwechſel zwiſchen Schiller und Goethe Bd. 3 S. 254 (N. 359 vom
7. September 1797) und S. 268 (N. 361 vom 15. September d. J.). Schiller's
Brief an Böttiger ſ. in K. A. Böttiger. Eine biographiſche Skizze von Dr.
K. W. Böttiger (Leipzig 1837) S. 136.

[2]) Werke Bd. 4 S. 257 ff.: vgl. H. Goedeke in der Vorrede zum
9. Theil ſeiner hiſtoriſch-kritiſchen Ausgabe der Werke Schiller's

[3]) Einleitung in die griechiſchen Kriegsalterthümer (Stuttgart 1780). Rö-
miſche Kriegsalterthümer (Halle 1782).

veröffentlichte Abhandlung „über naive und sentimentalische Dichtung"¹) den ersten Platz einnimmt. „Der Dichter", sagt Schiller, „ist entweder Natur oder er wird sie suchen. Jenes macht den naiven, dieses den sentimentalischen Dichter". In diesem Gegensatz, oder, wie er es auch ausdrückt, in dem Gegensatz zwischen möglichst vollständiger Nachahmung des Wirklichen und der Erhebung des Wirklichen zum Ideal oder der Darstellung des Ideales findet er den charakteristischen Unterschied zwischen den antiken und modernen Dichtern, wobei er allerdings ausdrücklich beifügt, daß dabei nicht sowohl der Unterschied der Zeit, als der Unterschied der Manier zu verstehen sei: „wir haben auch in neueren, ja sogar in neuesten Zeiten naive Dichtungen in allen Klassen, wenn gleich nicht mehr ganz reiner Art, und unter den alten lateinischen, ja selbst griechischen Dichtern fehlt es nicht an sentimentalischen." Bei der Ausführung dieser Gegensätze im Einzelnen sind manche feine Bemerkungen zur Charakteristik einzelner antiker Dichter eingestreut, auf die wir hier ebensowenig näher eingehen können, als auf die gelegentlichen, die Poesie und Kunst des Alterthumes betreffenden Bemerkungen, welche in den übrigen ästhetischen Aufsätzen — besonders den über die tragische Kunst²) und über das Pathetische³) — sowie in dem Briefwechsel mit Goethe⁴) niedergelegt sind. Eines Aufsatzes aber müssen wir noch gedenken, der im engsten Zusammenhange steht mit der poetischen Schöpfung, durch welche Schiller am meisten die antike Tragödie der deutschen Nation nahe gebracht und im weitesten Kreise ein Verständniß für dieselbe vermittelt hat: wir meinen den der Braut von Messina, jener wesentlich unter dem Einfluß der griechischen Tragödie entstandenen, in mehrfacher Beziehung direct an den König Oedipus

---

¹) Werke Bd. 4 S. 653—719.
² Werke Bd. 4 S. 527—543.
³) Ebd. S. 497—516.
⁴) Ich kann mir nicht versagen, daraus wenigstens die Bemerkungen über die Poetik des Aristoteles (Bd. 3 S. 95 ff.) und die über die Fabelsammlung des Hyginus (Bd. 4 S. 282 f.) hervorzuheben.

des Sophokles sich anschließenden Schicksalstragödie mit Chor, vorausgeschickten Aufsatz „über den Gebrauch des Chores in der Tragödie". „Die Tragödie der Griechen ist, wie man weiß, aus dem Chor entsprungen. Aber sowie sie sich historisch und der Zeitfolge nach daraus loswand, so kann man auch sagen, daß sie poetisch und dem Geiste nach aus demselben entstanden und daß ohne diesen beharrlichen Zeugen und Träger der Handlung eine ganz andere Dichtung aus ihr geworden wäre. — Die alte Tragödie, welche sich ursprünglich nur mit Göttern, Helden und Königen abgab, brauchte den Chor als eine nothwendige Begleitung; sie fand ihn in der Natur und brauchte ihn, weil sie ihn fand. Die Handlungen und Schicksale der Helden und Könige sind schon an sich selbst öffentlich und waren es in der einfachen Urzeit noch mehr. Der Chor war folglich in der alten Tragödie mehr ein natürliches Organ; er folgte schon aus der poetischen Gestalt des wirklichen Lebens. — Der Chor ist selbst kein Individuum, sondern ein allgemeiner Begriff; aber dieser Begriff repräsentirt sich durch eine sinnlich mächtige Masse, welche durch ihre ausfüllende Gegenwart den Sinnen imponirt. Der Chor verläßt den engen Kreis der Handlung, um sich über Vergangenes und Künftiges, über ferne Zeiten und Völker, über das Menschliche überhaupt zu verbreiten, um die großen Resultate des Lebens zu ziehen und die Lehren der Weisheit auszusprechen. Aber er thut dieses mit der vollen Macht der Phantasie, mit einer kühnen lyrischen Freiheit, welche auf den hohen Gipfeln der menschlichen Dinge, wie mit Schritten der Götter einhergeht — und er thut es, von der ganzen sinnlichen Macht des Rhythmus und der Musik in Tönen und Bewegungen begleitet. Der Chor reinigt also das tragische Gedicht, indem er die Reflexion von der Handlung absondert und eben durch diese Absonderung sie selbst mit poetischer Kraft ausrüstet; ebenso, wie der bildende Künstler die gemeine Nothdurft der Bekleidung durch eine reiche Draperie in einen Reiz und in eine Schönheit verwandelt". Diese kleine Blumenlese aus dem Aufsatz wird es erklären, wie derselbe auch auf die wissenschaftliche

Forschung über die Bedeutung des Chores in der antiken Tragödie befruchtend eingewirkt hat.

Die bedeutendsten Vertreter dieser besonders durch Schiller's Einfluß angeregten Forschungen über das Wesen des antiken Drama's sind August Wilhelm von Schlegel und Johann Wilhelm Süvern.

A. W. v. Schlegel (geboren in Hannover 8. September 1767, gestorben als Professor in Bonn 12. Mai 1845), der in Göttingen unter Heyne philologische Studien getrieben und sich schon damals durch eine lateinische Abhandlung über homerische Geographie[1]) das Accessit von der philosophischen Facultät erworben, später durch kunstvolle Uebersetzungen griechischer Originale[2]) sowie durch die selbständige Behandlung eines antiken Stoffes in seiner Tragödie „Jon" sich als einen tüchtigen Kenner des classischen Alterthumes bewährt hatte, hielt im Frühling 1808 in Wien vor einem glänzenden Kreise von beinahe 300 Zuhörern und Zuhörerinnen Vorlesungen über dramatische Kunst und Litteratur, welche bald darauf in Druck erschienen[3]) und weit über die Grenzen Deutschlands hinaus — sie wurden in verschiedene fremde Sprachen übersetzt — einen bedeutenden Einfluß auf die geschichtliche und ästhetische Würdigung der dramatischen Schöpfungen der classischen wie der modernen Völker ausgeübt haben. Gemäß seinem Plane „die Theorie der dramatischen Kunst mit ihrer Geschichte zu verbinden und zugleich die Vor-

---

[1]) A. G. Schlegel Hannoverani, seminarii philologici sodalis, de geographia Homerica commentatio quae in concertatione civium Academiae Georgiae Augustae IV. Junii MDCCLXXXVII ab illustri philosophorum ordine proxime ad praemium accessisse pronuntiata est, in „Opuscula quae Aug. Guil. Schlegelius latine scripta reliquit. Collegit et edidit Ed. Böcking (Lips. 1848)" p. 1—114.

[2]) Aug. Wilh. von Schlegel's sämmtliche Werke herausgegeben von Ed. Böcking (12 Bde., Leipzig 1846—47) Bd. 3 S. 101—174; einige Uebersetzungen kleiner Stücke aus lateinischen Dichtern ebd. S. 177 ff.

[3]) Ueber dramatische Kunst und Litteratur. Vorlesungen von Aug. Wilh. von Schlegel (3 Bde., Heidelberg 1809—11), 2. Ausgabe (ebd. 1817); wieder abgedruckt in den Sämmtlichen Werken Bd. 5 und 6.

schriften und die Muster dieser Kunst darzulegen", handelt der Redner in den beiden ersten Vorlesungen von dem Gegensatz zwischen der antiken und modernen (oder classischen und romantischen) Kunst und Poesie, welchen er in den Schlagworten des Plastischen und des Pittoresken zu veranschaulichen sucht, und von den Grundbegriffen des Dramatischen und Theatralischen, des Tragischen und des Komischen. In der dritten Vorlesung erörtert er nach einigen Bemerkungen über das Theater und die Schauspielkunst der Griechen das Wesen der griechischen Tragödie — als deren „beide Pole" er „innere Freiheit und äußere Nothwendigkeit" bezeichnet [1]) — und die Bedeutung des Chores — den er mit einem oft wiederholten Schlagworte als den idealisirten Zuschauer charakterisirt [2]) — in derselben und fügt Bemerkungen über die mythischen Stoffe der Tragödie bei. Die vierte Vorlesung ist der Entwickelung der tragischen Kunst der Griechen durch Aeschylos und Sophokles, die fünfte dem Verfall derselben durch Euripides gewidmet. Bei der Charakteristik dieses Dichters läßt Schlegel, der selbst kurz vorher in einer kleinen französischen Schrift, einer Vergleichung zwischen der Phèdre des Racine und dem Hippolytos des Euripides [3]), die Vorzüge des letzteren vor seinem französischen Nachahmer dargelegt hatte, die Mängel und Fehler,

---

[1]) Bd. I S. 107: „Innere Freiheit und äußere Nothwendigkeit sind die beiden Pole der tragischen Welt. Jede dieser Ideen wird erst durch den Gegensatz der anderen zur vollen Erscheinung gebracht".

[2]) A. a. O. S. 113 f.: „Wir müssen ihn [den Chor] begreifen als den personificirten Gedanken über die dargestellte Handlung, die verkörperte und mit in die Darstellung aufgenommene Theilnahme des Dichters als des Sprechers der gesammten Menschheit"; und S. 115: „Der Chor ist mit einem Worte der idealisirte Zuschauer. Er lindert den Eindruck einer tief erschütternden oder tief rührenden Darstellung, indem er dem wirklichen Zuschauer seine eignen Regungen schon lyrisch, also musikalisch ausgedrückt entgegenbringt und ihn in die Region der Betrachtung hinaufführt."

[3]) Comparaison entre la Phèdre de Racine et celle d'Euripide (Paris 1807); wieder gedruckt in den „Essais littéraires et historiques par A. W. de Schlegel" (Bonn 1842) p. 85—170, und in den „Oeuvres de M. Auguste-Guillaume de Schlegel écrites en français et publiées par Ed. Böcking" (3 Bde., Leipzig 1846) t. II p. 333—405.

trotz der Anerkennung mancher Vorzüge und Schönheiten in Einzelheiten — er gesteht ihm „eine wunderswürdige Leichtigkeit und einen gewissen einschmeichelnden Reiz" zu — stark in den Vordergrund treten. Er rügt an Euripides, daß an ihm das Wesen der alten Tragödie nicht mehr rein und unvermischt, sondern ihre Züge zum Theil verlöscht seien, und vergleicht seine Tragödien mit Schauspielen der Gegenwart, „welche an Gehalt und Form zwar unermeßlich tief unter denen des Euripides stehen, aber ihnen darin verwandt sind, daß sie durch weichliche, zuweilen sogar zarte Rührungen das Gefühl bestechen, während ihre Richtung im Ganzen auf eine wahre sittliche Freigeisterei hinausläuft", wobei Schlegel offenbar die Dramen A von Kotzebue's im Auge hat [1]). Das Verhältniß des Euripides zu seinen beiden großen Vorgängern sucht er durch eine Vergleichung der drei den gleichen mythischen Stoff behandelnden Dramen der drei Tragiker — der Choephoren des Aeschylos, der Elektra des Sophokles und der Elektra des Euripides — in das Licht zu stellen, wobei er, um gerecht zu sein, allerdings die Bemerkung beifügt, daß die Elektra vielleicht das allerschlechteste Stück des Euripides sei. Nachdem er dann die übrigen erhaltenen Dramen des Euripides kürzer charakterisirt, auch zum Schluß ein Wort über den Tragiker Agathon und über die Alexandra des Lykophron beigefügt hat, spricht er in der sechsten Vorlesung über die alte Komödie, ihren künstlerischen Charakter, ihre politische Bedeutung und die Stellung des Chores in derselben sowie speciell über Aristophanes, aus dessen „Acharnern" eine Scene (V. 393—488) in metrischer Uebersetzung dieser Vorlesung als „Anhang" beigegeben ist; dann in der siebenten Vorlesung über die neuere attische Komödie (die

---

[1]) Man vgl. auch das Schreiben an den Herausgeber der Zeitung für die elegante Welt „über den deutschen Jon" (Sämmtliche Werke Bd. 9 S. 193 ff.), worin an dem Jon des Euripides der weder poetisch und sittlich noch historisch befriedigende Schluß sowie die geringe Bedeutung und Müßigkeit des Chors gerügt und die beiden Göttererscheinungen des Hermes am Anfang und der Athene am Schluß als „lahme Behelfe und entbehrliche Krücken" bezeichnet werden.

sog. mittlere Komödie wird richtig als ein Mittelzustand des Schwankens und Suchens, bis sich eine neue Kunstform entwickelt und festgesetzt hatte, als ein bloßer Uebergang, aber keine besondere Gattung bezeichnet), zu deren Charakteristik in Ermangelung der Originale die Nachbildungen des Plautus und Terentius herangezogen werden; endlich in der achten Vorlesung über das römische Theater, und zwar zunächst von den einheimischen Gattungen (Atellane, Mimus, Comoedia togata), dann von der nach Rom verpflanzten griechischen Tragödie und ihren Vertretern bis auf Seneca. Daran schließt er unmittelbar die Charakteristik des italienischen Drama's, welche ebenso wie die weiteren Vorlesungen über das französische, englische, spanische und deutsche Theater außerhalb des Kreises unserer Betrachtung liegen.

Die zweite Ausgabe der Schlegel'schen Vorlesungen veranlaßte eine Recension von Seiten des Philosophen Karl Wilhelm Ferdinand Solger (geboren zu Schwedt in der Uckermark 28. November 1780, gestorben als Professor an der Universität Berlin 20. October 1819), der sich schon durch eine zugleich treue und auch für den Nichtkenner des Originales genießbare, mit einer Vorrede „über Sophokles und die alte Tragödie", kurzen erklärenden Anmerkungen und einem Anhange von kritischen Bemerkungen zum griechischen Text ausgestattete Uebersetzung des Sophokles [1]) als einen tüchtigen Kenner der antiken Tragödie bewährt hatte. Jene Recension [2]), welche nach der Ansicht Süvern's (Abhandlungen der Berliner Akademie aus dem Jahre 1825, historisch-philologische Classe, S. 75) „das Tiefsinnigste enthält, was noch über die Tragödie geschrieben worden", stellt die Ironie als den wahren Mittelpunkt der ganzen dramatischen Kunst hin,

---

[1]) Des Sophokles Tragödien übersetzt von K. W. F. Solger (2 Bde., Berlin 1808). Die Vorrede ist wieder abgedruckt in „Solger's nachgelassene Schriften und Briefwechsel. Herausgegeben von L. Tieck und Fr. v. Raumer" (Leipzig 1826) Bd. 2 S. 445—492.

[2]) Gedruckt in den Wiener Jahrbüchern für Litteratur Bd. 7 S. 81 ff. wiederholt in Solger's nachgelassenen Schriften Bd. 2 S. 493—628.

aus welcher sowohl das Tragische als das Komische hergeleitet wird. „Die wahre Ironie (heißt es S. 514 f.) geht von dem Gesichtspunkte aus, daß der Mensch, solange er in dieser gegenwärtigen Welt lebt, seine Bestimmung, auch im höchsten Sinne des Wortes, nur in dieser Welt erfüllen kann. — Auch das Höchste ist für unser Handeln nur in begränzter endlicher Gestaltung da. Und eben deswegen ist es an uns so nichtig wie das Geringste, und geht nothwendig mit uns und unserem nichtigen Sinne unter, denn in Wahrheit ist es nur da in Gott, und in diesem Untergange verklärt es sich als ein Göttliches, an welchem wir weder als endliche Wesen, noch als solche, die mit ihren Gedanken über das Endliche scheinbar hinausschweifen können, Theil haben würden, wenn es nicht eine unmittelbare Gegenwart dieses Göttlichen gäbe, die sich eben in dem Verschwinden unserer Wirklichkeit offenbart: die Stimmung aber, welcher dieses unmittelbar in den menschlichen Begebenheiten selbst einleuchtet, ist die tragische Ironie. — Das Komische entspringt ganz aus derselben Quelle. Es zeigt uns das Beste, ja das Göttliche in der menschlichen Natur, wie es ganz aufgegangen ist in dieses Leben der Zerstückelung, der Widersprüche, der Nichtigkeit, und eben deshalb erholen wir uns daran, weil es uns dadurch vertraut geworden und ganz in unsere Sphäre verpflanzt ist. Darum kann und muß auch das Höchste und Heiligste, wie es sich bei Menschen gestaltet, Gegenstand der Komödie sein, und das Komische führt eben in der Ironie seinerseits wieder seinen Ernst, ja sein Herbes mit sich." In ähnlicher Weise entwickelt dann Solger den Begriff des Schicksales und die Bedeutung des Chores in der alten Tragödie. Das Schicksal ist ihm „die göttliche und ewige Macht, vor welcher das Irdische nur deswegen zergeht, weil sie sich darin gegenwärtig offenbart, eben dieselbe, durch welche die Wirklichkeit als Universum und so auch der Mensch als Menschheit oder Begriff einer menschlichen Gattung nach unveränderlichen Gesetzen besteht. Indem in den Hauptpersonen das Einzelne untergeht, steht in dem Chore die Gattung als

Abbild der bleibenden Weltgesetze da, in welchem alle Widersprüche vermittelt sind und einander nicht zerstören, sondern durch ihr Gleichgewicht erhalten. Daher die Mäßigung des Chors, die ruhige Betrachtung, die billige Erwägung, und vorzüglich die beständige Hinweisung auf eine göttliche Ordnung der Dinge, womit er die vorhergehenden Handlungen und Begebenheiten begleitet" (S. 524).

An diese allgemeinen Erörterungen knüpft Solger im Weiteren meist zustimmende Bemerkungen zu Schlegel's Charakteristiken der bedeutendsten antiken Dramatiker. Auch Schlegel's Charakteristik des Euripides erscheint ihm als gerechtfertigt; doch weist er mit Recht auf den großen Fortschritt hin, den dieser Dichter unläugbar machte, „indem er eine neue, eine der griechischen Poesie damals noch fast ganz unbekannte Welt aufschloß, die Welt des Gemüths und der im Innern desselben wirkenden Mächte" (S. 533). — Die weiteren auf die dramatische Poesie der neueren Völker bezüglichen Ausführungen Solger's müssen wir hier übergehen, wollen aber noch mit einem Worte auf die an das französische Theater angeknüpften Erörterungen über die Gesetze von den drei Einheiten und das Verhältniß des Aristoteles zu denselben (S. 545 ff.) hinweisen sowie beiläufig bemerken, daß die Sammlung der nachgelassenen Schriften Solger's auch einige beachtenswerthe Aufsätze zur Religion und Mythologie der Griechen enthält[1]).

---

[1]) „Ueber die älteste Ansicht der Griechen von der Gestalt der Welt (hauptsächlich gegen Voß und dessen Weise, „auch im Alterthum gegen alles zu protestiren, was nicht ganz bestimmte Vorstellungen zuläßt", gerichtet) Bd. 2 S. 629—649. — „Ueber den Ursprung der Lehre von Dämonen und Schutzgeistern in der Religion der alten Griechen" ebd. S. 650—675. — „Solger's mythologische Ansichten, aus seinen Papieren zusammengestellt von K. O. Müller" (Solger betrachtet darin die Mythen nicht in ihrer allmählichen Entstehung und Entwickelung, sondern als ein eng zusammenhängendes Ganze, als ein System religiöser, theilweise mystischer Gedanken und Gefühle) ebd. S. 676—718. „Ideen über die Religion der Griechen und einiger andern Völker des Alterthums" (nur Bruchstück eines größer angelegten Werkes: fünf Kapitel des ersten Buches „von dem Systeme der sogenannten öffentlichen Religion der Griechen") S. 719—761.

Direct knüpft an eine dichterische Schöpfung Schiller's an W. Süvern (geboren zu Lemgo 3. Januar 1775, gestorben in Charlottenburg 2. October 1829), der von seinem Lehrer Chr. Gottfr. Schütz frühzeitig zum Studium der griechischen Tragiker, besonders des Aeschylos, angeleitet, eine metrische deutsche Uebersetzung der Sieben gegen Theben dieses Dichters herausgegeben hatte (Halle 1797), in seiner als Probe eines größeren Werkes über das tragische Theater der Griechen veröffentlichten Schrift „Ueber Schiller's Wallenstein in Hinsicht auf griechische Tragödie" (Berlin 1800). Das Element der antiken Tragödie ist nach ihm (S. 26) „der Mensch im Widerstreite mit der Natur, Freiheit mit der Nothwendigkeit". „Das die Freiheit Beschränkende nannte der Alte Schicksal [1]). Aus der eigenen Brust des Menschen entspringt sein ganzes Schicksal, von der Freiheit hebt, wie alle Thätigkeit auch der Streit mit ihm an. Ruhig wandelt er und in stillem Frieden, so lange er in dem Gleise bleibt, das der Menschheit gezeichnet ist. Sobald er aus ihm herausschwankt, durch eine unvorsichtige That über ihre Gränzen tritt, oder im Gefühle seiner Kraft diese über die Schranken ausdehnen will, innerhalb deren allein bestehen kann, was hienieden gedeihen soll: da werden auch die Naturkräfte aufgeregt, mit denen sie gepaart ist, er wird unterthan den tückischen Mächten, oder der rächenden Nemesis, deren Wirksamkeit nun kalt und finster unaufhaltsam fortgeht, ihn selbst ohne Rettung umstrickt, und indem sie Unthat an Unthat knüpft, sich fortpflanzt von Geschlecht zu Geschlecht, bis sie gesättigt und erschöpft ruhet" (S. 29 f.) — „Diese Antithese der beiden Welten, die im Menschen sich vereinigen und welche die alte Tragödie darstellt, wird in ihr vollendet

---

[1]) „Ueber den Gebrauch des Schicksals bei den alten Tragikern" handelt eine der von Süvern seiner Uebersetzung der S. g. T. des Aeschylos beigegebenen erläuternden Abhandlungen (S. 75—99). Eingehender ist diese Frage speciell für Aeschylos zuerst von dem Leipziger Juristen Heinrich Blümner behandelt worden in seiner Schrift „Ueber die Idee des Schicksals in den Tragödien des Aischylos" (Leipzig 1814).

durch die **Synthese** derselben, und sie ist schon in der Mitte **geschlossen noch während** jene herrscht. Zwischen dem Streite der Elemente hindurch tönet lyrisch die Saite der Vereinigung des Göttlichen mit der Natur und ihres Friedens in der irdischen Beschränktheit. Der **Chor** dient nicht etwa als Nebenperson, um irgend einen Charakter als Folie zu heben, oder zu erklären, um ihm Gelegenheit zu geben sich zu zeigen. — Auch tritt der Chor in der vollendetsten Tragödie, der sophokleischen, nicht als Theilnehmer der Handlung und des Schicksals auf. In ihm hallen immer die klarsten und feinsten Laute des Geistes zurück, welcher durchs Ganze webt. Es spiegeln sich in ihm die Wege des Schicksals, er setzt die um ihn her schwankende mit sich selbst kämpfende Menschheit ins Gleichgewicht, lehrt Mäßigkeit, Bescheidenheit und genügsame Hoffnungen, und zeigt, wie, zwar nicht durch Fügung und Unterwerfung, aber durch besonnenes allmäliges Schaffen, durch Ausfüllen des gegenwärtigen Augenblicks, die Freiheit in Frieden mit der Natur bestehen könne. In ihm schwebt die Harmonie der Menschheit, der Mittelstand, den man erkennen und bedenken soll: auf beiden Seiten keimt Unheil, hier gewaltsame Zerstörung, dort Niedrigkeit und Verwerfung, in ihm bescheidene Größe, Ruhe und Frieden" (S. 36 ff.). Durch eine eingehende Analyse des Wallenstein sucht Süvern nun zu zeigen, in wie weit die Schiller'sche Tragödie der griechischen gleichkommt und welches die Grenze ist an welcher sie stehen bleibt und das attische Drama sich über sie erhebt. Diese Grenze findet er in dem Mangel eines versöhnenden Abschlusses in dem Schiller'schen Drama[2]). „Im Wallenstein sehn wir nur Ver-

---

[2]) Dagegen verwahrt sich Schiller selbst in einem Briefe an Süvern: „Ich theile mit ihnen die unbedingte Verehrung der Sophokleischen Tragödie, aber sie war eine Erscheinung ihrer Zeit, die nicht wieder kommen kann, und das lebendige Produkt einer individuellen bestimmten Gegenwart einer ganz heterogenen Zeit zum Maßstab und Muster aufbringen, hieße die Kunst, die immer dynamisch und lebendig entstehen und wirken muß, eher tödten als beleben. Unsere Tragödie, wenn wir eine solche hätten, hat mit der Ohnmacht, der Schlaffheit, der Charakterlosigkeit des Zeitgeistes und mit einer gemeinen Denk-

heerung, der Geist entschwindet nicht leicht in seine heimischen Regionen, keine von ihm verklärte Gestalt, wie im Egmont, steigt schwebend auf mit der Palme der Unsterblichkeit, welche den Eindruck des grausigen Werkes mildert und uns das Leben wieder lieb macht. Nur unsere Sehnsucht ist gewaltig aufgeregt, nicht die Brust wieder in Liebe und Ruhe verschmolzen. Dagegen die alte Tragödie in ihrer Vollendung — um alle Sehnsucht zu stillen, regt sie wohl alle auf; aber auch keine bewegt sie leise, die nicht vollkommen befriedigt würde. Wohl führt sie den Menschen auf den schwankenden Boden, der ihn trägt, schreckt ihn durch die Mächte, welche ihm überall drohen, füllt ihn mit heiliger Wehmuth über das Loos der Sterblichkeit; aber sie zeigt ihm auch das Unsterbliche, weckt die Kraft auf, die ihnen zu widerstehen vermag, und indem sie diese mäßigt durch Anmuth und Schönheit, versetzt sie ihn in die Stimmung, welche ein gedeihliches fröhliches Menschenleben macht. Das ist auch erst die aristotelische Reinigung der Affecten, welche durch Mitleid und Furcht nur hindurchgeht, nicht aber in ihnen stehn bleibt" (S. 160 f.). Nachdem Süvern dies durch eine eingehende Analyse der Trachinierinnen des Sophokles — einer Tragödie von der er zwei Jahre später eine metrische Uebersetzung mit Anmerkungen veröffentlichte[1]) — bis zum Auftreten des Herakles und durch Beispiele aus anderen Tragödien erläutert und schließlich (S. 220) den Satz ausgesprochen hat, daß „mehr Aussöhnung, als Darstellung der Verwüstungen des Kampfes das letzte Ziel, wie Verherrlichung der Freiheit, nicht des Schicksals, der höchste Gipfel" der antiken Tragödie sei, handelt er von der Verbindung einzelner Dramen zu Trilogien, von welcher er den Lesern durch eine In-

---

art zu ringen, sie muß also Kraft und Charakter zeigen, sie muß das Gemüth zu erschüttern, zu erheben, aber nicht aufzulösen suchen. Die Schönheit ist für ein glückliches Geschlecht, aber ein unglückliches muß man erhaben zu rühren suchen." (Briefwechsel zwischen Schiller und Goethe Bd. 5 S. 286 f.).

[1]) Sophokles Trachinierinnen als Probe einer metrischen Nachbildung der Werke des Tragikers übersetzt von W. Süvern (Berlin 1802).

haltsübersicht und theilweise metrische Uebersetzung der Orestie des Aeschylos ein Beispiel vorführt, woran er eine Erörterung über die beiden Oedipustragödien des Sophokles (von denen er ausdrücklich bemerkt, daß sie nicht zu einer Trilogie vereinigt waren) und die Fortsetzung der Analyse der Trachinierinnen mit einem Hinblicke auf den Philoktet desselben Dichters anschließt.

Erst in seinen späteren Lebensjahren, als ihm der Rücktritt von seiner amtlichen Thätigkeit im preußischen Unterrichtsministerium Muße zu litterarischen Arbeiten gewährte, ist Süvern auf die Untersuchung über das Wesen des Drama's zurückgekommen. In seiner akademischen Abhandlung „über den Kunstcharakter des Tacitus [1])" wirft er, um den künstlerischen Charakter der Geschichtsschreibung des Tacitus vollständig zu entwickeln, einen Blick auf „den tiefsten Punkt, worin die Historie und das tragische Drama einander berühren". „Beide haben einen gemeinschaftlichen Gegenstand und ein gemeinsames Urbild, das Leben und die Geschichte selbst. Sie streben beide in die Quellen und Triebfedern derselben einzudringen und deren Wirksamkeit in einer jeden angemessenen Form darzustellen." Eine weitere Ausführung dieses Gedankens, mit besonderer Rücksicht auf die griechische Tragödie, gibt die Abhandlung „über den historischen Charakter des Drama"[2]), die in manchen Punkten mit der oben erwähnten Solger'schen Recension der Schlegel'schen Vorlesungen übereinstimmt. Der Verfasser vindicirt dem Drama einen historischen Charakter, weil die Verbindung von Freiheit und Nothwendigkeit, sowie der Conflict beider, auf welchem das Drama beruht, uns auch im Leben und der Geschichte entgegentreten. „Das Wesen des Drama im Allgemeinen", sagt er S. 86, „besteht in dem, wovon es seinen Namen hat, in der Handlung, und diese in einem Conflicte miteinander entzweieter Kräfte, worin ein Besonderes mit allgemeinen

---

[1]) Abhandlungen der historisch-philologischen Classe der kgl. Akademie der Wiss. zu Berlin aus den Jahren 1822 und 1823 (Berlin 1825) S. 73 ff.

[2]) Abhandlungen der hist.-philol. Cl. der kgl. Akad. d. Wiss. zu Berlin aus dem Jahre 1825 (Berlin 1828) S. 75 ff.

oder specielleren Gesetzen, Schranken und Verhältnissen des Lebens, und nur in niedrigster Potenz das Persönliche mit dem rein Persönlichen, befangen ist, gibt also Bilder des Lebens und der Geschichte selbst. Dies ist die dramatische Haupteigenschaft, in welcher die Tragödie und die Komödie sich begegnen und vermöge deren sie beide in das Verständniß des menschlichen Lebens einführen und Aufschluß geben können über seine Quellen, Triebfedern, Störungen und deren Ausgleichung in mannigfaltiger Beziehung". Diesen historischen Charakter sucht der Verfasser im weiteren Verlauf seiner Abhandlung[1]) speciell den Tragödien des Aeschylos und Sophokles zu vindiciren, während er ihn denen des Euripides abspricht: „Die Tragödie des Euripides beruht nämlich ganz auf der Auffassung des Lebens und seiner Ereignisse nicht nach seinen allgemeinen Gesetzen und den in ihm wirkenden objectiven und subjectiven Kräften, sondern nach der Beschaffenheit und Lage der Einzelnen und ihren gegenseitigen Verhältnissen. Sie mußte daher auch in psychologischen und conventionellen Motiven ganz aufgehen, und das Einwirken der Höhern, soweit sie deren aus untergeordneten poetischen Rücksichten, oder der herrschenden Volksansicht wegen, gedenkt, konnte nicht anders als zur Nebensache in ihr werden" (S. 141 f.). Neben diesen allgemeinen Erörterungen über das Wesen des antiken Drama's hat Süvern in mehreren anderen akademischen Abhandlungen specieller die historischen Beziehungen einzelner griechischer Tragödien und Komödien zum Gegenstand seiner Untersuchungen gemacht. In der Abhandlung „über einige historische und politische Anspielungen in der alten Tragödie"[2]) sucht er zunächst die Kriterien zur Unterscheidung der echten, d. h. vom Dichter beabsichtigten Anspielungen von

---

[1]) Wir heben daraus nur die Ausführungen über den Chor der antiken Tragödie (S. 136 ff.) hervor, worin der Verfasser seine früheren Aeußerungen über diesen Gegenstand (in der Schrift über Schiller's Wallenstein) theils ergänzt, theils berichtigt.

[2]) Abhandlungen der hist.-philol. Cl. der kgl. Akad. der Wiss. zu Berlin aus dem Jahre 1824 (Berlin 1826) S. 1 ff.

den unechten, d. h. von späteren Lesern in die Worte des Dichters hineingelegten festzustellen. Wenn solche Anspielungen der Art seien, daß sie das ein durchaus öffentliches Staatsleben führende, mit der früheren wie mit der Tagesgeschichte vertraute und aufgeweckte athenische Volk gleich treffen, von ihm ohne vieles Nachsinnen verstanden werden und eine schlagende Wirkung verbreiten konnten, dann dürfen sie als echt anerkannt werden; wenn aber ihre Beziehung so versteckt sei, daß das Verständniß derselben auch dem damaligen Volke nicht ohne vieles und gekünsteltes Suchen klar werden konnte, müsse man bezweifeln, daß der Dichter damit eine Anspielung beabsichtigt habe. Diese allgemeinen Grundsätze erläutert der Verfasser im Verlaufe seiner Abhandlung durch Beispiele theils echter, theils unechter Anspielungen.

In einer Abhandlung aus dem Jahre 1828 „über die Absicht und Zeit des Oidipus auf Kolonos" [1]) bekämpft Süvern zunächst die Ansicht Lachmann's [2]), daß diese Tragödie des Sophokles ein politisches Tendenzstück und nach den darin vorkommenden Anspielungen Ol. 87, 1 zum ersten Male aufgeführt worden sei. Jedoch erkennt auch er neben der rein künstlerisch tragischen eine politische Tendenz und Bedeutung des Stückes im Ganzen an und bezeichnet als solche, das athenische Volk zu beruhigen und zu ermuthigen gegen Besorgnisse von Gefahren, mit welchen Athen von Seiten der Thebaner bedroht werde: dies passe nach den Zeitverhältnissen nur auf die Jahre Ol. 89, 3 und 4; in eins dieser beiden sei also die erste Aufführung des Stückes (eine solche bei Lebzeiten des Dichters nimmt Süvern wie Lachmann und andere Gelehrte gegen das bestimmte Zeugniß der alten Didaskalie, daß das Stück erst Ol. 94, 3 aufgeführt worden sei, an) zu setzen.

---

[1]) Abhandlungen der hist.-philol. Cl. der Berliner Akad. aus dem Jahre 1828 (Berlin 1831) S. 1 ff.

[2] „Ueber Absicht und Zeit des Soph. Oed. Kol.", im Rheinischen Museum Bd. 1 (1827) S. 313 ff., jetzt in Lachmann's Kleinen Schriften Bd. 2 S. 18 ff.

Endlich hat Süvern in drei akademischen Abhandlungen eingehende Untersuchungen über die Tendenz und die historischen Beziehungen einiger Komödien des Aristophanes angestellt: über die Wolken (Berlin 1826), über das verlorene Drama, welches Γῆρας (das Alter) betitelt war (ebd. 1827, nebst Zusätzen und Berichtigungen zu der Abhandlung über die Wolken), und über die Vögel (ebd. 1827) — Arbeiten, die, obgleich der Verfasser hie und da in der Beziehung einzelner aristophanischer Charaktermasken auf bestimmte historische Persönlichkeiten und in der Annahme von Anspielungen besonders in den Namen zu weit geht, doch entschieden nicht wenig zur richtigeren Würdigung des aristophanischen Geistes und des Wesens der alten attischen Komödie überhaupt beigetragen haben.

Dieselbe Aufgabe suchte um dieselbe Zeit der damalige Privatdocent an der Universität Berlin, Heinrich Theodor Rötscher (geboren in Mittenwalde 20. September 1803, gestorben in Berlin 1871) in seinem Werke „Aristophanes und sein Zeitalter. Eine philologisch-philosophische Abhandlung zur Alterthumsforschung" (Berlin 1827) vom Standpunkte der Hegel'schen Philosophie aus zu lösen. In dem allgemeinen Theile dieser Schrift wird nach einer „Grundlegung des philosophischen Standpunkts", „auf welchem die geistige Totalität des Individuums und das Erkennen seiner Durchdringung mit der Zeit letzter Zweck ist" (S. 2), für die Behandlung historischer Gegenstände überhaupt und des Alterthumes insbesondere, und einer Uebersicht der Urtheile der Alten über Aristophanes, der Begriff der alten Tragödie, der Uebergang derselben in die attische Komödie (die „ihrem Wesen nach die tragischen Mächte als überwunden voraussetzt und den Schluß dramatischer Poesie bildet") und das Wesen der letzteren, unter besonderer Betonung ihres politischen Charakters, entwickelt. Im besonderen Theile wird nach der Methode Hegel'scher Dialektik die Stellung des Aristophanes zu den politischen Parteien und deren Führern, zu den drei großen Tragikern als den Vertretern der Kunst und zu den philosophischen Bestrebungen seiner Zeit erörtert, wobei besonders das Verhältniß des Aristophanes zu Sokrates und die Berechtigung der Darstellung desselben in den Wolken berücksichtigt wird. Sokrates ist, nach Rötscher's Ansicht (S. 247), indem er das Princip der Subjectivität überhaupt hervorgehoben und festgehalten hat, damit auch zugleich gegen die einfache Sittlichkeit, welche die aus dem Denken und der Reflexion genommene Entscheidung ausschließt, aufgetreten und hat sich also dem Staate und dem Bewußtsein der gesammten griechischen Welt feindlich gegenübergestellt. Diese von Hegel selbst ausgegangene Auffassung des Sokrates, die von philologischer Seite besonders von Peter Wilh. Forchhammer in seiner paradoxen Schrift „Die Athener und Sokrates, die Gesetzlichen und der Revolutionär" (Berlin 1837) vertreten, von anderen mit Recht entschieden bekämpft worden ist — am Eingehendsten von Ed. Zeller — kann nur etwa als Ferment für eine gründlichere Erforschung der sokratischen Philosophie und ihres Verhältnisses zur Sophistik auf einige Bedeutung Anspruch machen, wie überhaupt Rötscher's Werk über Aristophanes zwar mehrfach zu weiteren Forschungen angeregt, aber kaum irgend welchen positiven Ertrag für die Wissenschaft gebracht hat.

Aehnliches, wie August Wilhelm von Schlegel für das antike Drama, hat sein Bruder Karl Wilhelm Friedrich von Schlegel (geboren in Hannover 10. März 1772, gestorben in Dresden 12. Januar 1829) für das griechische Epos geleistet. Von Natur mit einem tieferen und feurigeren Geiste begabt als sein älterer Bruder, wie dieser durch philologische Studien, die er neben den juristischen zuerst in Göttingen unter Heyne, dann in Leipzig trieb, tüchtig vorgebildet, warf er sich zunächst, besonders durch Schiller und Goethe angeregt, auf die ästhetisch=kritische Erforschung des Alterthumes, in der Absicht, den gesammten geistigen Gehalt desselben, wie er sich in Litteratur und Kunst, in den politischen Einrichtungen und in der Sittengeschichte ausprägt, zu erfassen und in übersichtlicher Betrachtung darzustellen. Nachdem er als Vorarbeiten zur Ausführung dieses Planes in den Jahren 1794—1796 eine Anzahl einzelner Aufsätze in verschiedenen Zeitschriften veröffentlicht hatte[1]), erschien 1797 der erste Band eines umfassend angelegten Werkes „Die Griechen und Römer. Historische und kritische Versuche über das classische Alterthum", in dessen Vorrede der Verfasser die Ausgabe einer Geschichte der griechischen Poesie in ihrem ganzen Umfange dahin bestimmt, daß dieselbe auch die der Beredtsamkeit und der historischen Kunst umfassen müsse; daß auch die Geschichte der römischen Poesie, deren Nachbildungen uns nur zu oft für den Verlust der ursprünglichen Werke schadlos halten müssen, wesentlich dazu gehöre; daß die Geschichte der griechischen Kritik und die Bruchstücke, welche sich etwa zu einer Geschichte der griechischen Musik und Mimik finden möchten, dafür ebenso unentbehrlich seien, als die Kenntniß der ganzen griechischen Göttersage und Sprache in allen ihren Zweigen und nach allen ihren Umbildungen; daß endlich auch die Sitten= und Staatengeschichte auf das Engste damit verflochten und überhaupt die griechische Bildung ein Ganzes sei, in welchem es unmöglich sei, einen einzelnen Theil stückweise vollkommen richtig zu erkennen. Der Band selbst enthält zunächst (S. 1—250) eine umfängliche Abhandlung „über das Studium

---

[1]) Von den Schulen der griechischen Poesie, 1794. (Es werden darin vier Hauptschulen aufgestellt und kurz charakterisirt: die ionische, die dorische, die athenische und die alexandrinische). — Vom künstlerischen Werth der alten griechischen Komödie, 1794. — Ueber die Darstellung der Weiblichkeit (im späteren Abdruck „der weiblichen Charaktere") in den griechischen Dichtern, 1794. — Ueber die Diotima, 1795. — Die epitaphische Rede des Lysias, 1796 (Einleitung, Uebersetzung und Beurtheilung derselben). — Kunsturtheil des Dionysios über den Isokrates, 1796 (Uebersetzung der Abhandlung des Dionysios mit Einleitung dazu). — Alle diese vielfach umgestaltet in den vierten Band der Gesammtausgabe der Werke (Fr. v. Schlegel's sämmtliche Werke. Zweite Originalausgabe, Wien 1846, 15 Bde.) unter dem Titel „Studien des classischen Alterthums, 2. Theil" aufgenommenen Aufsätze sind kürzlich in ihrer ursprünglichen Gestalt und um einen in den „Werken" fehlenden (über die homerische Poesie) vermehrt herausgegeben worden von J. Minor u. d. T.: „Friedrich Schlegel, 1794—1802. Seine prosaischen Jugendschriften. 1. Bd. Zur griechischen Litteraturgeschichte" (Wien 1882).

der griechischen Poesie" ¹), worin, mehrfach in Uebereinstimmung mit Schiller's Abhandlung über naive und sentimentalische Dichtung (vgl. oben S. 609), als die wesentlichen Charakterzüge der modernen und der antiken griechischen Poesie einerseits das Charakteristische und Eigenthümliche oder Interessante oder subjective Schöne, anderseits das objective, allgemein gültige Schöne dargestellt werden. Darauf folgen zwei schon früher gedruckte Aufsätze (vgl. S. 625, Anm. 1): die Abhandlung über die Diotima (S. 251—326), ein Beitrag zur Sittengeschichte des weiblichen Geschlechtes im griechischen Alterthum und als „Anhang" dazu der Aufsatz „über die Darstellung der Weiblichkeit in den griechischen Dichtern", mit besonderer Rücksicht auf Homer und die Tragiker. Anstatt der Fortsetzung dieses Werkes, welche nach dem im Vorworte des ersten Bandes dargelegten Plane zunächst den Grundriß einer Geschichte der griechischen Poesie bringen sollte, veröffentlichte Fr. Schlegel 1798 den Anfang eines neuen, zur Lösung dieser nächsten Aufgabe bestimmten Werkes u. d. T. „Geschichte der Poesie der Griechen und Römer. Ersten Bandes, erste Abtheilung", worin, wesentlich unter dem Einflusse der Prolegomena Wolf's, dessen philologisch-historische Kritik Schlegel durch eine ästhetisch-historische zu ergänzen suchte ²), die Entwickelung der epischen Poesie der Griechen von den Anfängen der „orphischen Vorzeit" bis zum alexandrinischen Zeitalter und die Anfänge der elegischen Dichtung bei den Joniern dargestellt werden ³).

---

[1] In überarbeiteter Gestalt abgedruckt in den sämmtlichen Werken Bd. 5 S. 1 ff.

[2] Ausdruck von R. Haym, Die romantische Schule S. 194.

[3] In wesentlich umgestalteter Form wiederholt in den sämmtlichen Werken Bd. 3 als „Studien des classischen Alterthums. Erster Theil". Neu hinzugefügt sind hier (S. 201 ff.) einige aus dem Jahre 1795 stammende „Vorarbeiten zur Geschichte der verschiedenen Schulen und Epochen der lyrischen Dichtkunst bei den Hellenen". Als ein weiteres Bruchstück zur Fortsetzung des Werkes sind die zuerst im Athenäum vom Jahre 1798, dann in den gesammelten Werken Bd. 4 S. 38 ff. gedruckten kurzen Aufsätze über die alte Elegie und einige erotische Bruchstücke derselben und über das Idyll und die bukolischen Dichter der Alten zu betrachten.

Aber auch bei diesem Werke ermattete Fr. Schlegel gleich nach dem ersten Anlauf. Die Unstätigkeit, der Mangel an Ausdauer, welche einen Hauptzug seines Charakters bilden, lenkten seine reiche, aber nicht gehörig disciplinirte Productionskraft auf andere Bahnen, auf die der Philosophie und Poesie, auf welchen er sich mehr und mehr in den Irrgängen theosophischer Mystik verlor. Von philologischer Bedeutung ist aus dieser seiner späteren Periode vornehmlich die kleine Schrift „über die Sprache und Weisheit der Indier" (Heidelberg 1808), eine Frucht seines Aufenthaltes in Paris, durch welche er das Studium des Sanskrit in Deutschland begründet und dadurch für die allgemeine vergleichende Sprachwissenschaft eine neue Bahn eröffnet hat, auf welcher zunächst sein Bruder August Wilhelm und Franz Bopp eine Fülle bisher unbekannter wissenschaftlicher Schätze an das Tageslicht gefördert haben, aus denen auch die Erforschung der classischen Sprachen reichen Gewinn gezogen hat[1]). — Im Frühjahr 1812 hielt Fr. v. Schlegel, dem Vorgange seines Bruders August Wilhelm folgend, in Wien Vorlesungen vor einem größeren Publicum über die Geschichte der alten und neuen Litteratur, worin er „ein Bild im Ganzen von der Entwickelung und dem Geiste der Litteratur bei den vornehmsten Nationen des Alterthumes und der neueren Zeit zu entwerfen, vor allem aber die Litteratur in ihrem Einflusse auf das wirkliche Leben, auf das Schicksal der Nationen und den Gang der Zeiten darzustellen" beabsichtigte. Von diesen Vorlesungen, die einige Jahre, nachdem sie gehalten worden, durch den Druck auch den weitesten Kreisen zugänglich gemacht wurden[2]), beschäftigen sich die erste bis vierte mit der griechischen und römischen Litteratur, geben aber nur allgemeine, oft geistreiche Aperçus über die bedeu-

---

[1]) Vgl. über Fr. Schlegel's indische Studien Benfey, Geschichte der Sprachwissenschaft und orientalischen Philologie in Deutschland S. 360 ff.

[2]) Geschichte der alten und neuen Litteratur. Vorlesungen gehalten zu Wien im Jahre 1812 (2 Bde., Wien 1815, wiederholt in den sämmtlichen Werken Bd. 1 und 2).

tenderen Erscheinungen, keine in das Einzelne eingehende Dar=
stellung.

Dem Weimar=Jenaischen Kreise, von welchem, wie wir ge=
sehen haben, mannigfache und mächtig wirkende Anregungen nicht
nur für die deutsche Poesie, sondern auch für die tiefere Auf=
fassung des classischen Alterthumes ausgegangen sind, gehörte
auch eine Zeit lang freilich nur in äußerlicher Beziehung, durch
kein engeres geistiges Band mit dem Mittelpunkte jenes Kreises
verbunden, sondern nur geduldet und gelegentlich als eine Art
Handlanger zur Herbeischaffung antiquarischer Notizen benutzt,
Karl August Böttiger an[1]), ein Gelehrter, dessen Geschmack
und Urtheilskraft in keinem richtigen Verhältniß zu der Masse
von Kenntnissen stand, die er sich durch ein mehr in die Breite
als in die Tiefe gehendes Studium der schriftlichen und bildlichen
Denkmäler des classischen Alterthumes sowie der modernen Lit=
teratur angeeignet hatte. Geboren zu Reichenbach im Voigtlande
8. Juni 1760, auf der Schulpforte und auf der Universität Leipzig
wissenschaftlich ausgebildet, wurde er 1791, nachdem er gegen
sechs Jahre dem Lyceum zu Guben, ein und ein halbes Jahr dem
Gymnasium zu Bautzen als Rector vorgestanden, durch Herder
in die gleiche Stellung an das Weimarische Gymnasium berufen;
nach 13 Jahren (Ostern 1804) siedelte er von da nach Dresden
über, wo er in verschiedenen amtlichen Stellungen, zuletzt als
Oberaufseher der Antikensammlung und des Mengs'schen Museums,
bis an seinen Tod (17. November 1835) thätig war, auch durch

---

[1]) Vgl. Karl August Böttiger —. Eine biographische Skizze von dessen
Sohne Dr. K. W. Böttiger (Leipzig 1837. — Als Beispiel für die weg=
werfende Art, mit welcher Goethe Böttiger behandelte, mag die Aeußerung in
einem Briefe an H. Meyer vom 10. November 1812 dienen: „Die Böttiger'=
schen Andeutungen habe ich zum ersten Male durchgelesen. Dieser Ehrenmann hat
seine große Gabe, Alles zu verfratzen, hier auch redlich an den Kunstwerken
Griechenlands bewiesen". (Briefe von und an Goethe herausg. von Riemer
S. 92). — Böttiger selbst schrieb am 28. März 1834 an seinen Sohn: „Ich
bin nie etwas mehr als ein gelehrter, gutmüthiger, oft gemißbrauchter Hand=
langer gewesen" (Biogr. St. S. 115).

öfter wiederholte öffentliche Vorlesungen für die Verbreitung archäologischer Kenntnisse in weiteren Kreisen wirkte. Während Böttiger vor seiner Berufung nach Weimar nur eine Anzahl Programmabhandlungen theils philologischen, theils pädagogischen Inhaltes in lateinischer und deutscher Sprache verfaßt hatte [1]), nimmt seine schriftstellerische Thätigkeit von diesem Zeitpunkte an eine Ausdehnung an, die uns geradezu in Erstaunen setzen muß. Selbst eine Reihe von Jahren hindurch faktischer, wenn auch nicht nomineller Redacteur zweier Journale (des Journales des Luxus und der Mode 1796—1804, welches er unter Bertuch's, und des Neuen teutschen Merkurs 1797—1809, welchen er unter Wieland's Namen herausgab, später des „Artistischen Notizenblattes", welches 1822—1835 der von Theodor Hell [Karl Gottfried Theodor Winkler] redigirten Dresdener Abendzeitung beigegeben wurde) und zugleich der eifrigste Mitarbeiter derselben, lieferte er doch auch für viele andere Journale eine fast zahllose Menge kleinerer und größerer Beiträge [2]) und fand dabei neben seinen Amtsgeschäften noch Muße zur Abfassung einer beträchtlichen Anzahl selbständiger Schriften. Diese schriftstellerische Thätigkeit Böttiger's bewegt sich in drei Hauptrichtungen: auf den Gebieten der scenischen Alterthümer, der Privatalterthümer, der Kunstarchäologie und Kunstmythologie.

Die ganz mit dramatischem Interesse geschwängerte Athmosphäre des damaligen Weimar übte bald auch auf Böttiger ihre Wirkung aus: er wurde Theaterkritiker — wobei er in Folge einer auf Goethe's Verlangen unterdrückten Kritik über die Auf-

---

[1]) Die lateinischen sind abgedruckt in C. A. Boettigeri Opuscula et carmina latina collegit et edidit Jul. Sillig (Dresden 1837) N. I—IX (p. 1—151); die wichtigste darunter ist N. V „Aristophanes impunitus deorum gentilium irrisor" (p. 64—96). — Ein Verzeichniß der sämmtlichen Schriften und Journalartikel Böttiger's gibt J. Sillig in Böttiger's kleinen Schriften archäologischen und antiquarischen Inhaltes (3 Bde., Dresden u. Leipzig 1837—38) Bd. 1 S. XIII—CXVIII.

[2]) Böttiger's Sohn glaubt (in der Biographischen Skizze seines Vaters S 43) daß der Wiederabdruck derselben gewiß 50 Bände füllen würde.

führung des Schlegel'schen Ion auf dem Weimarischen Hoftheater am 2. Januar 1802[1]) mit Goethe zerfiel — und richtete zugleich seine gelehrten Studien auf das antike Bühnenwesen, insbesondere auf die Vertheilung der Rollen unter die einzelnen Schauspieler, auf die Masken und Kleidung derselben und die Theatermaschinen, Studien, deren Resultate er in einer Anzahl lateinischer Programm=abhandlungen des Weimarischen Gymnasiums[2]), in einer selb=ständig erschienenen Schrift „Die Furienmaske im Trauerspiel und auf den Bildwerken der alten Griechen" (Weimar 1801)[3]) und in einigen Journalartikeln[4]) niedergelegt hat.

Böttiger's antiquarische Studien, von denen er in der Pro=grammabhandlung „De originibus tirocinii apud Romanos"[5]) die erste Probe veröffentlicht hat, erhielten bald durch seine Thätig=keit als Redacteur des Journales des Luxus und der Moden, dem er, halb Pedant, halb Weltmann, durch Vergleichung moderner Trachten und Sitten mit antiken einen gewissen gelehrten Anstrich zu geben suchte, eine vorzugsweise Richtung auf Kleider, Schmuck und Hausgeräthe der Alten, insbesondere auf das Toilettenwesen der vornehmen römischen Damen. Seine reichhaltigen Samm=lungen von Notizen aus diesem Gebiete verarbeitete er zu einem, trotz mancher Flüchtigkeiten und Mängel im Einzelnen, im Ganzen wohlgelungenen Gesammtbilde in der Schrift „Sabina oder Morgen=

---

[1]) Gedruckt in Böttiger's kleinen Schriften Bd. 1 S. 338 ff.

[2]) Es sind folgende in den Opuscula als N. XV und XVII—XXIV (p. 220—398: dazwischen steht als N. XVI p. 235—284 ein Lipsiae 1795 erschienenes Specimen novae editionis Terentii) abgedruckte prolusiones: De personis scenicis, vulgo larvis, ad locum Terentii Phorm. I, 4, 32. — Quid sit docere fabulam prol. I et II. — De actoribus primarum, se-cundarum et tertiarum partium in fabulis graecis. — Quatuor aetates rei scenicae apud veteres primis lineis designatae. — Deus ex machina in re scenica veterum illustratus. — De Medea Euripidea cum priscae artis operibus comparata prol. I, II et III (von der letzten, die in Weimar nicht veröffentlicht worden, ist nur der Entwurf vorhanden).

[3]) Wieder abgedruckt in den Kleinen Schriften Bd. 1 S. 189—276.

[4]) Wiederholt ebd. S. 277 ff. Vgl. auch die erste Sammlung der An=tiquarischen Analekten ebd. S. 384 ff.

[5]) Weimar 1794, wiederholt in den Opuscula p. 206 ss.

szenen im Putzzimmer einer reichen Römerin" (2 Bde., Leipzig 1803; 2. Aufl., Leipzig 1806), die sofort in das Französische übersetzt wurde und später den ähnlichen Arbeiten W. A. Becker's (vgl. oben S. 582) als Vorbild gedient hat. Das Bruchstück einer Fortsetzung dazu ist der Aufsatz „Sabina an der Küste von Neapel" (Kleine Schriften Bd. 3 S. 243 ff.); eine große Anzahl Aufsätze verwandten Inhaltes sind im dritten Bande der Kleinen Schriften u. d. T. „Beiträge zur Kenntniß der Sitten und des Lebens der Alten" zusammengestellt.

Auf dem kunstarchäologischen und kunstmythologischen Gebiete endlich ist Böttiger's Thätigkeit am meisten mit der des Franzosen Aubin Louis Millin, in dessen Journal „Magasin encyclopédique" zahlreiche antiquarische Aufsätze Böttiger's in das Französische übersetzt abgedruckt worden sind, zu vergleichen. Wie dieser hat Böttiger mit anerkennenswerther Rührigkeit und Emsigkeit für die Bekanntmachung antiker Denkmäler und für die Verbreitung kunsthistorischer und mythologischer Kenntnisse in den weiteren Kreisen nicht nur der Gelehrten, sondern der Gebildeten überhaupt gewirkt; aber es fehlt ihm jedes tiefere Verständniß sowohl für das künstlerische als für das religiöse Moment in den Kunstwerken und in den Mythen der Griechen; seine Kunsterklärung haftet hauptsächlich an Aeußerlichkeiten, erschöpft sich in Notizensammlungen; seinen historischen Forschungen fehlt Gründlichkeit und eine strenge, haltlose Combinationen zurückweisende Methode; in seiner Auffassung der Mythen schwankt er vielfach zwischen Heyne und Voß, steht aber im Wesentlichen auf dem sog. euhemeristischen Standpunkt, welcher die Mythen auf verdunkelte historische Thatsachen zurückführt, und nimmt zugleich bedeutende orientalische Einwirkungen auf die Mythologie, die Religion und den Cultus der Griechen an[1]).

---

[1]) Vgl. bes. Ideen zur Kunstmythologie Bd. 1 S. 202 ff., wo Böttiger drei Hauptepochen der griechischen Mythologie annimmt: die arkadisch-pelasgische des rohen Fetischdienstes der ursprünglichen Einwohner, die orientalisch-phönikische und die kretensisch-hellenische.

Was die einzelnen Arbeiten Böttiger's auf diesem Gebiete anbelangt, so findet man die zahlreichen in Zeitschriften zerstreuten kleineren Aufsätze gesammelt im zweiten Bande der Kleinen Schriften unter den Rubriken „Zur Geschichte, Theorie und Technik der Kunst bei den Alten. Museographie" (S. 3—158) und „Kritik und Auslegung einzelner Kunstwerke des Alterthums" (S. 161 bis 341) und im ersten Bande unter der Rubrik „Zur Mythologie der Griechen und Römer" (S. 3—186)[1]. Von den selbständig erschienenen Schriften sind hervorzuheben die drei Hefte „Griechische Vasengemälde mit archäologischen und artistischen Erläuterungen der Originalkupfer" (Weimar 1797/98, Magdeburg 1800), worin eine Anzahl der von W. Tischbein gezeichneten griechischen Vasen aus der zweiten Sammlung des englischen Gesandten in Neapel, Sir W. Hamilton, ausführlich erläutert werden unter Vorausschickung einer Uebersetzung der Hamilton'schen „Einleitung über das Studium der antiken Vasen und die daraus entspringenden Vortheile für Künstler und Kunstliebhaber" und einiger „Nachrichten über die griechischen Vasen aus Briefen von Tischbein und Meyer". Böttiger hat das Verdienst, durch diese und einige andere Publicationen das Studium der bemalten griechischen Vasen in Deutschland begründet zu haben; leider hat er es aber von Anfang an auf eine falsche Bahn geleitet, indem er, ausgehend von der ganz unbewiesenen Hypothese eines engen Zusammenhanges dieser Producte des griechischen Kunsthandwerkes mit der Feier der Mysterien, allerhand erträumte bakchisch-mystische Beziehungen in die Darstellungen vieler Vasen hineingelegt hat. Diese ursprünglich von Hamilton selbst[2] ausgegangene, dann von Millin aufgenommene und ausgebildete Hypothese hat Böttiger in ein förmliches System gebracht und wissenschaftlich zu begründen versucht in einem „Excurs über die italisch-griechische Bacchanalien-

---

[1] In diese Abtheilung ist auch eine als selbständige Schrift erschienene Arbeit aufgenommen: Jlithya oder die Hexe, ein archäologisches Fragment nach Lessing (Weimar 1799) S. 61—92.

[2] Vgl. dessen Einleitung in Böttiger's Gr. Vasengemälde Heft 1 S. 40 f.

feier, über die darin vorkommenden Weihungen und die Beziehungen, in welchen die alten Vasengemälde damit stehen", welchen er seinem die Geschichte der Malerei bei den barbarischen Völkern und bei den Griechen (bei diesen freilich nur von den Anfängen bis Polygnotos einschließlich) behandelnden Buche „Ideen zur Archäologie der Malerei. Erster Theil. Nach Maßgabe der Wintervorlesungen im Jahre 1811 entworfen" (Dresden 1811) einverleibt hat (S. 173—233). Schon vor dieser freilich nur wenig über die Incunabeln hinausgeführten Darstellung der Geschichte der antiken Malerei hatte Böttiger eine kürzere übersichtliche Darstellung der Geschichte der antiken Plastik veröffentlicht u. d. T. „Andeutungen zu 24 Vorträgen über die Archäologie im Winter 1806 gehalten von C. A. B. Erste Abtheilung. Allgemeine Uebersichten und Geschichte der Plastik bei den Griechen" (Dresden 1806), worin die ersten 14 Vorlesungen, welche die Einleitung, eine Uebersicht der Geschichte der Archäologie, die asiatische, egyptische und etruskische Archäologie und eine „eingeschaltete Betrachtung über Stil und Manier" umfassen, in der That bloße Andeutungen geben, während von der 15. Vorlesung an die Darstellung der griechisch-römischen Plastik bis auf Hadrian eine mehr und mehr ausgeführte Form annimmt. Ebenfalls aus in Dresden gehaltenen Vorlesungen hervorgegangen ist die Schrift über das unter dem Namen der aldobrandinischen Hochzeit bekannte antike Gemälde (vgl. oben S. 601 Anm. 1) sowie Böttiger's letztes selbständiges Werk, die „Ideen zur Kunstmythologie" (dieser von Böttiger zuerst in die Wissenschaft eingeführte Ausdruck hat bald allgemeine Aufnahme gefunden), deren „erster Cursus (Stammbuch) der Religionen des Alterthums. Einleitung zur vorhomerischen Mythologie der Griechen)" noch von dem Verfasser selbst veröffentlicht worden ist (Dresden und Leipzig 1826): einen den zweiten, dritten und vierten Cursus (Jupiter, Juno und Neptunus, Amor und Psyche) umfassenden zweiten Band hat nach Böttiger's Tode aus dessen hinterlassenen Papieren J. Sillig, der Sammler seiner deutschen und lateinischen kleinen

Schriften, herausgegeben (Dresden und Leipzig 1836). In Verein mit mehreren Freunden des Alterthumes endlich hat Böttiger mehrere Jahre hindurch eine der Veröffentlichung und Erklärung einzelner Denkmäler des orientalischen und griechischen Alterthumes, der Kunstgeschichte und Museographie gewidmete Zeitschrift u. d. T. „Amalthea oder Museum der Kunstmythologie und bildlichen Alterthumskunde" herausgegeben (Bd. 1 Leipzig 1820, Bd. 2 1822, Bd. 3 1825), welche eine Anzahl der angesehensten Alterthumsforscher, wie O. Müller, Thiersch, Jacobs, Hirt, Levezow, L. v. Klenze, Toelken u. a., zu ihren Mitarbeitern zählte. Ein späterer Versuch, dieselbe unter dem Titel „Archäologie und Kunst" fortzusetzen, ist nach dem ersten Stück des ersten Bandes (Breslau 1828) in das Stocken gerathen.

In Böttiger's Fußstapfen trat sein treuer Freund und Schüler Karl Julius Sillig (geboren zu Dresden 12. Mai 1801, gestorben als Conrector an der Kreuzschule daselbst 14. Januar 1855), den wir bereits als pietätsvollen Herausgeber der kleinen Schriften Böttiger's kennen gelernt haben, ein Mann von großem Sammlerfleiße, aber ohne rechte Schärfe des Urtheiles und strenge kritische Methode, wie dies sowohl seine Ausgaben der Gedichte des Catullus (Göttingen 1823) und der Naturalis historia des Plinius (5 Bde., Leipzig 1831—36; sodann größere Ausgabe in 6 Bdn., Hamburg und Gotha 1851—55, dazu Bd. 7 und 8, Indices von O. Schneider, 1857) als auch sein für seine Zeit recht nützlicher, jetzt durch H. Brunn's Geschichte der griechischen Künstler (2 Bde., Halle 1853 und Stuttgart 1859) gänzlich antiquirter „Catalogus artificum" (Dresden 1827), ein alphabetisch geordnetes Verzeichniß der uns überlieferten Namen griechischer und römischer Künstler nebst Angaben über ihr Leben und ihre Werke, beweisen.

Böttiger an Rührigkeit wie auch an Mannigfaltigkeit der litterarischen Interessen vergleichbar, aber tiefer in der Auffassung und schärfer in der Beurtheilung des Alterthumes, an welchem er als echter Humanist mit Vorliebe die allgemein menschlichen

Züge, das ethische und das Gemüthsleben hervorhob, war Christian Friedrich Wilhelm Jacobs (geboren zu Gotha 6. October 1764, gestorben ebd. 30. März 1847), als Mensch wie als Gelehrter ein Muster wahrer Humanität, eine der reinsten und liebenswürdigsten Persönlichkeiten, welche die Geschichte unserer Wissenschaft aufzuweisen hat[1]). Durch theologische und philologische Studien an den Universitäten Jena und Göttingen vorgebildet, erhielt er schon 1785 eine Lehrerstelle am Gymnasium zu Gotha, womit er seit Januar 1802 eine Stellung an der öffentlichen Bibliothek verband. October 1807 folgte er nach längerem Schwanken einem Rufe als Mitglied der k. bayerischen Akademie der Wissenschaften und Professor der classischen Litteratur am Lyceum zu München, wo König Max Joseph und sein Minister Montgelas durch Berufung hervorragender Gelehrter, wie des Philosophen Fr. Heinrich Jacobi, welchem das Präsidium der Akademie übertragen wurde, der Philologen Jacobs und Thiersch, des Numismatikers und Historikers Fr. Schlichtegroll, welcher den Posten eines Generalsecretärs der Akademie erhielt, des Philosophen Friedrich Immanuel Niethammer, der als Centralstudienrath an die Spitze des Unterrichtswesens gestellt wurde, eine neue Epoche frischen geistigen Lebens vor allem durch Hebung des classischen Unterrichtes zu begründen suchten. Aber die offenen und heimlichen Kämpfe, welche gegen die Berufenen von ihren politischen und religiösen Gegnern ohne Unterlaß mit allen denkbaren Waffen geführt wurden, machten dem milden und friedliebenden Jacobs seine Stellung in München auf die Dauer unerträglich; er kehrte daher im December 1810 nach Gotha zurück, wo er als Oberbibliothekar und Director des Münzcabinetes, seit 1831 als Director sämmtlicher Kunstsammlungen bis 1842 wirkte und bis zu seinen letzten Lebensjahren eine eifrige schriftstellerische Thätigkeit nicht nur auf philologischem, sondern auch auf dem belle-

---

[1]) Vgl. Personalien gesammelt von Fr. Jacobs (dessen Vermischte Schriften Bd. 7) Leipzig 1840. E. F. Wuestemann, Friderici Jacobsii laudatio (Gotha 1848).

tristischen Gebiete, besonders durch Schriften zur Belehrung und Bildung des weiblichen Geschlechtes (Die Schule der Frauen, 7 Thle. 1827 ff.), entfaltete.

Von Jacobs'. philologischen Arbeiten beschäftigt sich ein beträchtlicher Theil mit der Kritik und Erklärung der späteren griechischen Dichter und Prosaiker. Die größten Verdienste hat er sich um die griechische Anthologie erworben durch seinen ebenso durch die Fülle wohlgeordneter und gewählter Gelehrsamkeit als durch Geschmack und Feinheit des Urtheiles ausgezeichneten Commentar, womit er den nach Brunck's nachträglichen Bemerkungen verbesserten Wiederabdruck der Brunck'schen Analekten (mit Ausscheidung der nicht zur Anthologie gehörigen Stücke) begleitete [1]), und durch seine neue vollständigere Ausgabe des Textes mit kritischen Anmerkungen, wofür ihm eine von dem Secretär der vaticanischen Bibliothek Joseph Spaletti angefertigte, vom Herzog Ernst II. für die Gothaer Bibliothek erworbene Abschrift des Codex Palatinus sowie nachträglich (zu Bd. 3) eine freilich immer noch nicht erschöpfende Vergleichung dieses Codex von Anton Jacob Paulssen zu Gebote standen [2]). Eine Auswahl von Epigrammen mit kritischen und erklärenden Anmerkungen hat er in seinem „Delectus epigrammatum graecorum" (Gotha und Erfurt 1826) gegeben, dem einzigen Beitrag, welchen er zu der von ihm in Gemeinschaft mit dem durch seine Arbeiten auf dem Gebiete der griechischen Grammatik und Lexikographie rühmlich bekannten Valentin Christian Friedrich Rost [3]) begründeten „Bibliotheca graeca", einer Sammlung

---

[1]) Anthologia graeca sive poetarum graecorum lusus, ex recensione Brunckii (Bd. I—IV, Leipzig 1794; Bd. V, Indices 1795). Bd. VI—XIII „Jacobsii Animadversiones in epigrammata Anthologiae graecae secundum ordinem Analectorum Brunckii, 1798—1814 (Vol. I p. 1 und 2; Vol. II p. 1, 2, 3; Vol. III p. 1, 2, 3).

[2]) Anthologia graeca ad fidem codicis olim Palatini nunc Parisini ex apographo Gothano edita (3 Bde., Leipzig 1813—1817).

[3]) Geboren zu Friedrichsroda in Thüringen 16. October 1790, Director des Gymnasiums zu Gotha 1841—1859, gestorben als geheimer Oberschul-

von Ausgaben griechischer Schriftsteller mit kritischen und exegetischen Commentaren in lateinischer Sprache für die höheren Classen der Gymnasien und zum Privatstudium¹), geliefert hat. Auch weiteren Kreisen endlich suchte er die Kenntniß dieses Zweiges der griechischen Poesie zu vermitteln durch metrische Uebersetzungen 700 ausgewählter Gedichte der Anthologie, welche er im Jahre 1803 u. d. T. „Tempe" herausgab und in neuer Anordnung und wesentlich veränderter Gestalt 1823 im zweiten Bande seiner „Vermischten Schriften" u. d. T. „Griechische Blumenlese" wiederholte. Ferner gehören hierher die Ausgabe der Antehomerica, Homerica und Posthomerica des Joannes Tzetzes (Leipzig 1793), welche den Text dieses Gedichtes zum ersten Male vollständig mit reichhaltigen Nachweisungen der sonstigen litterarischen Quellen zur Kenntniß des troischen Sagenkreises enthält; die Ausgabe der Gemäldebeschreibungen der beiden Philostrate und der Statuenbeschreibungen des Kallistratos, zu der Welcker werthvolle archäologische Anmerkungen beigesteuert hat (Leipzig 1825), die mit Benutzung von Vorarbeiten J. G. Schneider's bearbeitete Ausgabe der Thiergeschichte des Aelian (Jena 1832)²), die Ausgabe des

---

rath 6. August 1862. Seine bedeutendsten Arbeiten sind seine griechische Grammatik (Göttingen 1816; 7. Aufl. 1856), sein deutsch-griechisches Wörterbuch (zuerst Göttingen 1818), sein griechisch-deutsches Schulwörterbuch (zuerst Gotha 1820), seine Bearbeitung des Damm-Duncan'schen Lexicon Homerico-Pindaricum (Leipzig 1833; vgl. oben S. 385 f.), und sein Antheil an der Neubearbeitung des Passow'schen Handwörterbuches der griechischen Sprache (2 Bde. in 4 Abtheil., Leipzig 1841—1857), um welche er sich namentlich durch die Bearbeitung der griechischen Partikeln verdient gemacht hat.

¹) Bibliotheca graeca virorum doctorum opera recognita et commentariis in usum scholarum instructa curantibus Fr. Jacobs et Val. Chr. Fr. Rost (Gotha und Erfurt bei W. Hennings, neuerdings in den Besitz der Teubnerischen Buchhandlung übergegangen; s. Verlags-Katalog von B. G. Teubner in Leipzig 1824—75 S. 23).

²) Jacobs hatte schon 1804 „Observationes in Aeliani historiam animalium et Philostrati vitam Apollonii" in Form einer „Epistola ad I. G. Schneider" drucken lassen, später seine weiteren Arbeiten zu dieser Schrift an Schneider mitgetheilt, endlich nach dessen Tode die Vollendung des von diesem in noch sehr unfertigem Zustande hinterlassenen Werkes übernommen. Vgl. Personalien S. 154 ff.

Liebesromanes des Achilles Tatius (Leipzig 1821), endlich die Bemerkungen zu Athenaeus (Additamenta animadversionum in Athenaei Deipnosophistas, Jena 1809)[1]) und zu dem Florilegium des Joannes von Stobi (Lectiones Stobenses, Jena 1827). Aus den früheren Perioden der griechischen Litteratur haben Euripides[2]), Demosthenes[3]) und die Bukoliker[4]), von römischen Schriftstellern Horatius[5]) Jacobs manche glückliche Emendation, manche neue und richtigere Erklärung zu verdanken. In allen diesen Arbeiten findet man bei entschiedener Begabung des Verfassers zur Conjecturalkritik eine besonnene und methodische Handhabung der Kritik, eine umfassende Kenntniß des Sprachgebrauches wie auch der ganzen Denk- und Anschauungsweise des Alterthumes.

Auch auf dem Gebiete der Litteraturgeschichte, der antiken sowohl als der neueren, hat Jacobs Anerkennenswerthes geleistet. In Verbindung mit zwei Freunden, dem als Historiker und Philologen tüchtigen, als Dichter wenig glücklichen Johann Kaspar Friedrich Manso[6]) und dem Litteraten Georg Gottlieb

---

[1]) Den Titel erläutert Jacobs selbst Vermischte Schriften Bd. 8 S. XII Anm. 1 durch den Hinweis auf die früher von ihm an Schweighäuser gesandten Bemerkungen und seine Recension von dessen Ausgabe des Athenäus in der Allgemeinen Litteraturzeitung 1805, N. 14, 15, 16, 17.

[2]) Animadversiones in Euripidis tragoedias (Gotha 1790). Exercitationes criticae in scriptores veteres t. I (Leipzig 1796).

[3]) Uebersetzung der philippischen Reden des Demosthenes mit historischen Einleitungen und Anmerkungen (Leipzig 1805); zweite verbesserte und vermehrte Auflage, mit Hinzufügung der Rede vom Kranze (1833).

[4]) Schon Jacobs' Erstlingsschrift „Specimen emendationum" (Gotha 1786) enthält eine Anzahl Verbesserungen zu Theokrit; dann folgte eine Ausgabe des Bion und Moschos mit Animadversionen zu Theokrit (Gotha 1795); endlich hat er zahlreiche werthvolle Beiträge zu der von seinem jüngeren Freunde E. F. Wüstemann besorgten Ausgabe des Theokrit (Gotha 1830) geliefert.

[5]) „Lectiones Venusinae" in Niebuhr's Rheinischem Museum Bd. 1 (1827) und Bd. 2 (1828), vermehrt in den Vermischten Schriften Bd. 5 S. 1 bis 404. Die römische Litteratur betrifft auch der Aufsatz über die Dirae des Valerius Cato, in der Bibliothek der alten Litteratur und Kunst (herausgegeben von Mitscherlich, Tychsen und Heeren) 9. Stück (Göttingen 1792), wiederholt in den Vermischten Schriften Bd. 5 S. 637—650.

[6] S. über ihn unten S. 644.

Schatz (geboren 1. November 1763 zu Gotha, gestorben ebd. 3. März 1795)¹) gab er als „Nachträge" zu J. G. Sulzer's damals angesehener und weit verbreiteter „Allgemeiner Theorie der schönen Wissenschaften und Künste" „Charaktere der vornehmsten Dichter aller Nationen" (7 Bde. 1792—1805) heraus, zu denen er selbst außer kurzen Abrissen der Geschichte der römischen und der griechischen Poesie und Artikeln über die griechischen und die lateinischen Fabulisten die Charakterschilderungen verschiedener griechischer, römischer, französischer, englischer, italienischer und deutscher Schriftsteller beigesteuert hat²). Demselben Gebiete gehören aus späterer Zeit der Aufsatz über den alexandrinischen Dichter Rhianus und die Bemerkungen über die Argonautika des Orpheus an³). Noch werthvoller als diese litterarhistorischen Charakteristiken sind die Beiträge zur Sitten= und Culturgeschichte der Griechen, welche Jacobs während seiner Münchener Periode durch in den Sitzungen der k. bayerischen Akademie der Wissenschaften vorgetragene oder vorgelegte, später im dritten und vierten Bande der vermischten Schriften in verbesserter und erweiterter Gestalt wieder abgedruckte Reden und Abhandlungen gegeben hat. Es sind dies die Reden „über die Erziehung der Hellenen zur Sittlichkeit". (Vermischte Schriften Bd. 3 S. 1 ff.), „über einen Vorzug der griechischen Sprache in dem Gebrauch ihrer Mundarten" (ebd. S. 375 ff.), „über den Reichthum der Griechen an plastischen Kunstwerken" (ebd. S. 415 ff.) und die Abhandlung „über die Gräber des Memnon" (Vermischte Schriften Bd. 4 S 1 ff.). Nicht minder werthvoll sind die die Ansicht der Griechen über die Ehe, die Stellung der Frauen und der Hetären im griechischen Alterthum in anmuthiger und sachkundiger Weise behandelnden

---

¹) Vgl. über ihn Jacobs, Personalien S. 385 ff.
²) Verzeichnisse der Beiträge s. Jacobs, Personalien S. 348 ff. und Vermischte Schriften Bd. 8 S. IX ff.
³) Ueber Rhianus Allgemeine Schulzeitung, 1833, N. 14 S. 105 ff. = Vermischte Schriften Bd. 8 S. 72 ff.; über Orpheus in Ukert's Geographie der Griechen und Römer Bd. 1, 2 S. 351 ff. = Vermischte Schriften Bd. 5 S. 517 ff.

„Beiträge zur Geschichte des weiblichen Geschlechtes" (Vermischte Schriften Bd. 4 S. 157—554), wie auch eine Anzahl kürzerer in verschiedenen wissenschaftlichen Zeitschriften gedruckter, im fünften und sechsten Bande der „Vermischten Schriften" wiederholter Aufsätze [1]).

Unvergängliche Verdienste hat sich endlich Jacobs um die Verbesserung des classischen Unterrichtes, insbesondere in der griechischen Sprache, erworben durch sein weit über die Grenzen Deutschlands hinaus verbreitetes und vielfach noch heut zu Tage gebrauchtes griechisches Elementarbuch (4 Bde., Jena 1805 ff.), dem er seit dem Jahre 1809 ein ebenfalls viel gebrauchtes lateinisches Elementarbuch zur Seite stellte.

Aus dem Kreise der Gothaer Philologen, der in Jacobs sein Haupt verehrte, ist außer den schon genannten jüngeren Mitgliedern Val. Chr. Fr. Rost und Ernst Friedrich Wüstemann [2]) noch der ältere Friedrich Wilhelm Döring

---

[1]) Vermischte Schriften Bd. 5 „Abhandlungen über Schriftsteller und Gegenstände des classischen Alterthums". Bd. 6 „Zerstreute Blätter" (von diesen ist nur das erste Buch, S. 1—191, auf das classische Alterthum bezüglich).

[2]) Geboren 31. März 1799 zu Gotha, gestorben als Professor am Gymnasium daselbst 1. Juni 1856. Außer der schon erwähnten Ausgabe des Theokrit, einer Neubearbeitung der Heindorfischen Ausgabe der Satiren des Horaz (Leipzig 1843), einer mit eigenen Anmerkungen bereicherten Wiederholung der Mont'schen Ausgabe der Alkestis des Euripides (Gotha 1823) und einigen mehr pädagogischen als streng wissenschaftlichen Zwecken dienenden Arbeiten (zu denen wir auch das hübsche „Promptuarium sententiarum ex veterum scriptorum Romanorum libris congessit E. F. W.", 1856, 2. Aufl. von Mor. Seyffert 1864 rechnen) hat er mehrere lateinische Reden und Gedichte, ein Schriftchen über die Kunstgärtnerei bei den alten Römern (1846), drei Vorträge u. d. T. „Unterhaltungen aus der alten Welt für Garten- und Blumenfreunde" (1854) und in Verbindung mit seinem Bruder Karl Christian Wüstemann eine mit zahlreichen Berichtigungen und mit Zusätzen versehene Uebersetzung des ziemlich flüchtigen und unkritischen Werkes des französischen Architekten Charles François Mazois „Le Palais de Scaurus", Paris 1819 („Der Palast des Scaurus oder Beschreibung eines römischen Stadthauses. Bruchstück aus dem Tagebuche Merovir's eines suevischen Königsohns", Gotha und Erfurt 1820) herausgegeben.

zu erwähnen (geboren 9. Februar 1756 zu Elsterberg im Voigtlande, gestorben in Gotha 27. November 1837), der 47 Jahre lang dem Gymnasium zu Gotha als Rector vorgestanden hat[1]). Seine schriftstellerische Thätigkeit bewegt sich hauptsächlich auf dem Gebiete der Kritik und Erklärung der römischen Dichter, wobei er sich Heyne's Arbeiten zum Muster nahm, deren Mängel — tastende Unsicherheit in der Kritik und leichtes Hinweggleiten über Schwierigkeiten in der Exegese — in Döring's Ausgaben des Catullus (2 Bde., 1788 und 1792; umgearbeitete Ausgabe mit Hinweglassung der Varianten, Altona 1834) und des Horatius (2 Bde., Leipzig 1803 und 1824, öfter wiederholt; abgekürzte Ausgabe in einem Bande, 1830) und seiner Fortsetzung der von seinem Vorgänger im Rectorat, Friedrich Andreas Stroth, begonnenen Ausgabe des Livius (7 Bde., 1780—1819) sehr entschieden hervortreten. Für den Schulgebrauch hat er „Eclogae veterum poetarum" (1792), ausgewählte Reden des Cicero mit deutschen Anmerkungen (1796), eine Chrestomathie aus Horaz' Oden mit Beifügung der Eklogen Virgil's (1835) und in Verbindung mit Christ. Ferd. Schulze, Professor am Gymnasium zu Gotha, eine Anleitung zum Uebersetzen aus dem Deutschen in das Lateinische (1800 u. ö.) herausgegeben; auch hat er in seinen früheren Jahren einige Programme über archäologische Gegenstände[2]) geschrieben.

Mit Jacobs berührte sich im Studium der griechischen Anthologie dessen Universitätsfreund Immanuel Gottlieb Huschke (geboren zu Greußen 8. Januar 1761, gestorben als Professor an der Universität Rostock 18. Februar 1828), der im Jahre 1800 kritische Bemerkungen zu einer Anzahl der von Brunck edirten Epigramme und zahlreiche bis dahin unedirte, von Jacobs ihm mitgetheilte Stücke der Anthologie veröffentlichte, worin ebenso

---

[1]) Vgl. über ihn Jacobs, Personalien S. 591 ff.; Eckstein in der Allgem. deutschen Biographie Bd. 5 S. 289 ff.

[2]) De imagine Somni (Guben 1783). De imaginibus alatis apud veteres (Gotha 1785). De coloribus veterum (ebd. 1788).

wie in seinen sonstigen, hauptsächlich auf Catull, Tibull und Properz bezüglichen Arbeiten die Manier, alles herbeizuziehen, was sich irgendwie mit dem Gegenstande, den er eben behandelt, in Zusammenhang bringen läßt, welche er sich während eines mehrjährigen Aufenthaltes in Holland angeeignet hatte, unangenehm hervortritt [1]).

Ein anderer Schüler Heyne's, der sich gleichfalls durch einen längeren Aufenthalt in Holland und persönlichen Verkehr mit dortigen Gelehrten, besonders mit Daniel Wyttenbach und Hieronymus de Bosch, der holländischen Richtung der Philologie assimilirt hat, war August (Heinrich) Matthiä (geboren zu Göttingen 25. December 1769, Hauslehrer in Amsterdam 1789 bis Mai 1798, dann Lehrer an einem Privatinstitut im Belvedere bei Weimar, seit Anfang 1802 Director des Friedrichsgymnasiums in Altenburg, gestorben 6. Januar 1835) [2]). Der Grundzug seines Wesens, eine klare, nüchterne Verständigkeit und großer Sammelfleiß, tritt auch in seinen philosophischen, pädagogischen und philologischen Werken deutlich hervor. Unter den letzteren, welche in Matthiä's späteren Jahren mehr und mehr den heilsamen Einfluß Hermann'scher Methode erkennen lassen, sind die bedeutendsten die durch die Reichhaltigkeit ihrer Syntax werthvolle

---

[1]) Analecta critica in Anthologiam graecam cum supplemento epigrammatum maximam partem ineditorum (Jena und Leipzig 1800). — Ferner Ausgabe des Tibullus (2 Bde, Leipzig 1819) und „Analecta litteraria" (Leipzig 1826), welche außer kritisch-exegetischen Beiträgen zu Catull, Tibull und Properz auch die Fragmente der Rede Cicero's pro M. Tullio mit gelehrten Commentaren und Excursen von dem Juristen **Philipp Eduard Huschke** (einem Neffen J. G.'s) enthalten.

[2]) S. „August Matthiä in seinem Leben und Wirken zum Theil nach seiner eigenen Erzählung dargestellt von seinem Sohne Konstantin. Nebst einem lebensgeschichtlichen Abriß seines Bruders Friedrich Christian Matthiä" (Quedlinburg 1845). — Von dem auf dem Titel dieses Buches genannten älteren Bruder (geboren 30. December 1763, gestorben als Director des Gymnasiums in Frankfurt a. M. 21. März 1822) haben wir eine Ausgabe des Aratus nebst Eratosthenes' Katasterismen, Dionysius Periegetes und den Paraphrasen des Rufus Festus Avienus (Frankfurt 1817).

„Ausführliche griechische Grammatik" (Leipzig 1807, 2. Aufl. 1825, 3. Aufl. 1835) und die umfängliche Ausgabe der Tragödien des Euripides nebst den Fragmenten und alten Scholien [1]) — eine Arbeit, in welcher neben den Vorzügen auch die Schwächen Matthiä's, namentlich sein Mangel an Talent für die Emendation, besonders deutlich bemerkbar sind. Bemerkenswerth sind ferner die Sammlung der Fragmente des Alcäus mit einer etwas dürftigen Einleitung über das Leben und die Dichtungen desselben (Leipzig 1827) und zahlreiche kleinere Aufsätze, die theils in den von ihm herausgegebenen „Miscellanea philologica" [2]), theils in seinen „Vermischten Schriften in lateinischer und deutscher Sprache" (Altenburg 1833) abgedruckt sind. Wenig Gutes läßt sich von seinen Arbeiten zu den homerischen Hymnen [3]) und von seiner letzten Schrift, der von ihm nicht mehr ganz vollendeten, von seinem ältesten Sohne so wie sie vorlag zum Druck beförderten „Encyklopädie und Methodologie der Philologie" (Leipzig 1835) sagen, während seine mehr für das Bedürfniß der Schule berechneten Arbeiten, wie namentlich sein „Grundriß der Geschichte der griechischen und römischen Litteratur" (Jena 1815, 3. Aufl. 1834) und sein „Entwurf einer Theorie des lateinischen Stils" (Leipzig 1826) unzweifelhaft in ihrer Zeit sehr nützlich gewirkt haben.

Gegenüber der soliden aber etwas schwerfälligen und manchmal für den Leser beschwerlichen Gelehrsamkeit Huschke's und

---

[1]) 9 Bde., Leipzig 1813—29; der 10. Bd. (1837) enthält die von Dr. C. F. Kampmann angefertigten Indices nebst Nachträgen zu den Scholien. Nach den von Matthiä hinterlassenen Vorarbeiten haben seine Söhne Konstantin und Bernhard ein „Lexicon Euripideum" auszuarbeiten begonnen, von welchem aber nur der erste die Buchstaben A-I enthaltende Band erschienen ist (Leipzig 1841).

[2]) 2 Bde., Altenburg 1803 und 1804: außer von Matthiä selbst sind darin Arbeiten von Huschke, Böttiger, Heyne, Jacobs, Karl Gotthold Lenz, Boehme, Joh. Aug. Goerenz, Ruperti und Siebelis enthalten.

[3]) Animadversiones in hymnos Homericos cum prolegomenis de cuiusque consilio, partibus, aetate (Leipzig 1801). Homeri hymni et Batrachomyomachia gr. et lat. rec. var. lec. instr. et interpretatus est. A. M. (ebd. 1805).

Matthiä's können wir den schon oben erwähnten **Johann Caspar Friedrich Manso** (geboren 26. Mai 1759 [1]) zu Blasienzell im Thüringer Walde, gestorben als Rector des Magdalenen-Gymnasiums in Breslau 9. Juni 1826) als Repräsentanten der eleganten, schöngeistig angehauchten Gelehrsamkeit bezeichnen. Wenn auch seine im engeren Sinne philologischen, litterarhistorischen und mythologischen Arbeiten [2]) ebensowenig eine bleibende Bedeutung beanspruchen können als seine Dichtungen und poetischen Uebersetzungen, so verdient doch sein Werk über Sparta, welches in sechs Büchern die Geschichte und Verfassung dieses Staates von seiner Gründung bis zur Auflösung desselben durch die Römer nebst zahlreichen Beilagen geographischen, antiquarischen und chronologischen Inhaltes behandelt [3]), als erster Versuch einer eingehenden und vollständigen Darstellung des dorischen Staatslebens gegenüber bloßen, wenn auch noch so reichen Compilationen, wie sie bis dahin von Nic. Cragius und J. Meursius vorlagen, volle Anerkennung, und auch sein „Leben Constantin's des Großen nebst einigen Abhandlungen geschichtlichen Inhaltes" (Breslau 1817) — seine übrigen historischen Arbeiten übergehen wir

---

[1]) Nach seiner eigenen Angabe, s. **Passow** Narratio de I. C. F. Mansone (Fr. Passovii Opuscula academica disposuit Nic. Bachius, Lips. 1835, p. 351—389) p. 385; andere geben den 26. Juni 1758 an. Vgl. Neuer Nekrolog der Deutschen, 4. Jahrg. (1826), S. 478 ff. (Verzeichniß seiner Schriften das. S. 498 ff.) und **Fr. Jacobs**, Personalien S. 253 ff.

[2]) Versuche über einige Gegenstände aus der Mythologie der Griechen und Römer (Leipzig 1794), enthält folgende Stücke: 1. über die Venus; 2. über den Amor; 3. über die Horen; 4. über die Grazien; 5. über den Genius der Alten; 6. über die Parcen. — Vermischte Abhandlungen und Aufsätze (Breslau 1821); daraus verdienen Beachtung die drei ersten Aufsätze: 1. über die Bildung der Rhetorik unter den Griechen; 2. über das rhetorische Gepräge der römischen Litteratur; 3. über Horazens Beurtheilung der älteren Dichter der Römer. — Die unter dem Titel „Vermischte Schriften" erschienene Sammlung (2. Bde., Leipzig 1801) ist mir nicht zu Gesicht gekommen.

[3]) Sparta. Ein Versuch zur Aufklärung der Geschichte und Verfassung dieses Staates. Bd. 1 Theil 1 und 2 (Leipzig 1800); Bd. 2 (1802); Bd. 3 Theil 1 und 2 (1805).

als außerhalb des Rahmens unserer Darstellung liegend — ist eine für seine Zeit respectable Arbeit.

Bedeutende Forschungen auf dem Gebiete der Geschichte des Alterthumes mit besonderer Beziehung auf die politische Gestaltung der antiken Staaten und auf die friedlichen Beziehungen der antiken Völker zu einander durch Handel und Verkehr, wie auch auf dem Gebiete der Quellenkunde der alten Historiker und Geographen verdanken wir dem Historiker Arnold Hermann Ludwig Heeren (geboren in Arbergen bei Bremen 25. October 1760, gestorben als Professor der Geschichte zu Göttingen 6. März 1842)[1]. Als Göttinger Student war er durch den Einfluß Heyne's, seines späteren Schwiegervaters, für die philologischen Studien gewonnen worden, obschon auch die Vorlesungen des Historikers Ludwig Timotheus von Spittler eine starke Anziehungskraft auf ihn ausübten. Nachdem er am 29. Mai 1784 mit einer Abhandlung über den tragischen Chor der Griechen (de chori Graecorum tragici natura et indole, ratione argumenti habita) promovirt hatte, habilitirte er sich als Privatdocent für das Fach der Philologie, gab 1785 die Schrift des Rhetor Menander „de encomiis" heraus und faßte noch in demselben Jahre den Plan zu einer kritischen Ausgabe der Eklogen des Stobaeus, zu deren Vorbereitung er eine fast zweijährige Reise nach Italien, Frankreich und Holland unternahm. In Rom wurde er durch Georg Zoega besonders in dem Hause des damaligen Secretärs der Propaganda, späteren Cardinals, Stefano Borgia in das Studium der antiken Bildwerke eingeführt und veröffentlichte dort auch ein Paar kleine archäologische Abhandlungen[2]. Bald nach seiner Rückkehr nach Göttingen wandte er sich neben

---

[1] Vgl. „Schreiben an einen Freund, biographische Nachrichten enthaltend" in A. H. L. Heeren's Historischen Werken Bd. 1 (Göttingen 1821) S. XI ff. „A. H. L. Heeren. Eine Gedächtnißrede von Karl Hoeck" (Göttingen 1843). Neuer Nekrolog der Deutschen, 20. Jahrg. S. 217 ff.

[2] Dieselben sind in deutscher Umarbeitung nebst mehreren später in Zeitschriften veröffentlichten wiederholt u. d. T. „Archäologische und antiquarische Aufsätze" in Heeren's Historischen Werken Bd. 3 S. 119—238.

der nur langsam fortschreitenden Bearbeitung des Stobaeus [1]
theils aus inneren, theils aus äußeren Gründen in seinen Vor=
lesungen sowohl als in seinen litterarischen Arbeiten mehr und
mehr der Historie, zunächst der alten Geschichte zu. Schon 1793
erschien der erste Band des Werkes, das ihm besonders bleibenden
Ruhm eingetragen und dessen Fortsetzung und Umgestaltung er
als die Hauptaufgabe seines Lebens betrachtet hat, der „Ideen
über die Politik, den Verkehr und den Handel der vornehmsten
Völker der alten Welt" (4. Aufl. 6 Bde. = Historische Werke
Bd. 10—15, 1824—26), daneben zuerst 1799 sein „Handbuch
der Geschichte der Staaten des Alterthumes mit besonderer Rück=
sicht auf ihre Verfassungen, ihren Handel und ihre Colonien",
(5. Aufl. 1828), eine durchaus aus den Quellen geschöpfte Dar=
stellung der alten Geschichte mit besonderer Hervorhebung der
politischen und commerciellen Gesichtspunkte; außerdem hat er
auch die Geschichte des Verkehres und Handels einzelner Länder
im Alterthum monographisch behandelt [2]. Auf dem in Deutsch=
land zuerst durch Heyne bearbeiteten Felde der historischen Quellen=
kritik bewegen sich Heeren's in den Abhandlungen der Göttinger
Societät der Wissenschaften (der Heeren seit 1784 als Beisitzer,
seit 1789 als Mitglied angehörte) veröffentlichte, allerdings
nirgends tief eindringende Untersuchungen über die Quellen
und Autorität des Trogus Pompeius=Justin [3], der Vitae pa-

---

[1] Joannis Stobaei eclogarum physicarum et ethicarum libri II. Ad codd. msc. fidem suppleti et castigati annot. et vers. lat. instr. A. H. L. Heeren (4 Bde., Göttingen 1792—1801).

[2] Commentatio de Graecorum de India notitia et cum Indis commercio, p. 1 in den Commentationes soc. reg. sc. Gotting. t. X p. 121 ss.; p. 2 ibid. t. XI p. 63 ss. Comm. de Romanorum de India notitia et cum Indis commercio ibid. p. 91 ss. Comm. de militum Aegyptiorum in Aethiopiam migratione et coloniis ibi conditis, ibid. t. XII p. 48 ss. Commercia urbis Palmyrae vicinarumque urbium ex monumentis et inscriptionibus illustrata aus den Commentationes soc. reg. sc. Gotting. recentiores Vol. VII (Göttingen 1831).

[3] Comm. de Trogi Pompei eiusque epitomatoris Justini fontibus et auctoritate, in den Commen. soc. reg. sc. Gotting. t. XV p. 185 ss.

rallelae des Plutarch¹), der geographischen Werke des Strabon²) und des Ptolemaeus³). Endlich mag noch die schon in unserer Einleitung (S. 4 f.) von uns charakterisirte „Geschichte der classischen Litteratur im Mittelalter" sowie die von ihm in Verbindung mit Mitscherlich und Th. Ch. Tychsen herausgegebene wissenschaftliche Zeitschrift „Bibliothek der alten Litteratur und Kunst" (10 Stücke, Göttingen 1786—91) erwähnt werden.

Noch weit mächtigere Impulse als Heeren hat Barthold Georg Niebuhr (geboren 27. August 1776 in Kopenhagen, gestorben 2. Januar 1831 in Bonn)⁴) der Erforschung der Geschichte des Alterthumes gegeben. Auch er legt das Hauptgewicht auf die politische Entwickelung der alten Völker; auch er behandelt die Geschichte nach philologischer Methode; aber er begnügt sich nicht mit der Kritik der Quellen der Ueberlieferung, sondern er unterzieht den Inhalt der Ueberlieferung, auch da, wo die Quellen übereinstimmen, einer scharfen Kritik, die, frei von subjectiver Willkür, gestützt auf eingehende Kenntniß des ganzen antiken Lebens und des Schauplatzes desselben sowie auf ein durch universalhistorische Studien und eigene staatsmännische Thätigkeit gebildetes historisches Urtheil, nicht bloß negativ, zerstörend, sondern auch positiv, das historisch Wahrscheinliche an die Stelle der als verfälscht er-

---

¹) De fontibus et auctoritate vitarum parallelarum Plutarchi commentationes IV, Gotting. 1820 (aus den Comment. rec. t. I, III und IV). Vgl. auch den Aufsatz „über den historischen Werth der Biographien Plutarch's" in den Historischen Werken Bd. 3 S. 1 ff.

²) De fontibus geographicorum Strabonis commentationes II (aus den Comment. rec. t. V), Göttingen 1823.

³) Comm. de fontibus geographicorum Ptolemaei tabularumque iis annexarum num ii Graecae an vero Tyriae originis fuerint (aus den Comment. rec. t. VI), Göttingen 1827.

⁴) Vgl. Lebensnachrichten über Niebuhr aus Briefen desselben und aus Erinnerungen einiger seiner nächsten Freunde (3 Bde., Hamburg 1838—39). B. G. Niebuhr's Brief an einen jungen Philologen. Mit einer Abhandlung über Niebuhr's philologische Wirksamkeit und einigen Excursen herausgegeben von Dr. K. G. Jacob (Leipzig 1839). J. Classen, B. G. Niebuhr. Eine Gedächtnißschrift zu seinem hundertjährigen Geburtstage (Gotha 1876).

kannten Ueberlieferung setzend, kurz nach der richtigen Methode
philologischer Conjecturalkritik arbeitet — ein Verfahren, wofür
er nur in den historischen Forschungen des Holländers Jacob
Perizonius¹) und in Wolf's Prolegomena ein Vorbild hatte;
denn die Untersuchungen des Franzosen Louis de Beaufort
„sur l'incertitude des cinq premiers siècles de l'histoire Romaine" (Utrecht 1738; neue Auflage Haag 1750) können höchstens
nach der negativen Seite als Vorläufer der Niebuhr'schen Forschungen betrachtet werden. „Die Geschichte der ersten vier Jahrhunderte Roms" — so schreibt Niebuhr in der Vorrede zur ersten
Auflage des ersten Bandes seiner Römischen Geschichte — „ist
anerkannt ungewiß und verfälscht. Es wäre sehr thöricht, deß-
wegen Livius zu tadeln, daß er sie dennoch, wenige Zweifel
ausgenommen, als rein historisch dargestellt hat; die Vortrefflichkeit
seiner Erzählung macht seine Rechtfertigung, und auch in dieser
Hinsicht war es sehr richtig ihn mit Herodot zu vergleichen.
Wir aber haben eine andere Ansicht der Historie, andere Forde-
rungen: und wir müssen es entweder nicht unternehmen die älteste
Geschichte Roms zu schreiben, oder eine ganz andere Arbeit unternehmen als eine, nothwendig mißlingende, Nacherzählung dessen,
was der römische Historiker zum Glauben der Geschichte erhob.
Wir müssen uns bemühen Gedicht und Verfälschung zu scheiden
und den Blick anstrengen, um die Züge der Wahrheit, befreit von
jenen Uebertünchungen, zu erkennen. Jenes, die Trennung der
Fabel, die Zerstörung des Betruges, mag dem Kritiker genügen;
er will nur eine täuschende Geschichte enthüllen und er ist zufrieden, einzelne Vermuthungen aufzustellen, während der größere
Theil des Ganzen in Trümmern bleibt. Der Historiker aber bedarf Positives; er muß wenigstens mit Wahrscheinlichkeit Zusammenhang und eine glaublichere Erzählung an der Stelle derjenigen entdecken, welche er seiner Ueberzeugung aufopfert". In

---

¹) Durch eine von Niebuhr im Jahre 1828 an der Universität Bonn gestellte Preisaufgabe über das Leben und die Verdienste des Perizonius ist
Gustav Kramer's „Elogium Perizonii" (Berlin 1828) hervorgerufen worden.

dieser Weise hat Niebuhr die ältere Geschichte Italiens und speciell Roms zuerst in Vorlesungen behandelt, welche er im Wintersemester 1810/11 an der neu eröffneten Universität Berlin vor einem glänzenden Zuhörerkreise, den Männer wie Ancillon, Nicolovius, Schleiermacher, Spalding, Savigny, Süvern zierten, gehalten hat; aus denselben ist, hauptsächlich auf Savigny's und Spalding's Mahnungen, sein Meisterwerk, die „Römische Geschichte", hervorgegangen, dessen Umgestaltung und Fortsetzung er auch während seiner politischen Thätigkeit nie ganz aus dem Auge verloren, insbesondere aber während der letzten sieben Jahre seines Lebens, als er der vom König Friedrich Wilhelm III. durch Urkunde vom 18. October 1818 neu begründeten Universität Bonn in ähnlicher Weise wie einst J. J. Scaliger der Universität Leyden, in freier Verbindung angehörte, mit Eifer betrieben hat [1]). Seine Lehrthätigkeit während dieser seiner späteren Jahre, welche sich auf die griechische Geschichte (von der Schlacht bei Chaeronea bis zur Zerstörung von Korinth), die römische Geschichte (theils bis zum Ende der Republik, theils bis zum Untergange des westlichen Reiches), alte Länder- und Völkerkunde, römische Alterthümer, alte Universalgeschichte und die Geschichte der letzten vierzig Jahre erstreckte, hat nicht nur unmittelbar auf seine Zuhörer, sondern auch vermittels der Veröffentlichung der Mehrzahl seiner Vorlesungen durch seinen Sohn Marcus Niebuhr und seinen Schüler Dr. Meyer Isler aus Hamburg, auf weitere Kreise und spätere Generationen bedeutend und nachhaltig gewirkt [2]).

---

[1]) Römische Geschichte, Bd. 1 und 2 (Berlin 1811 und 1812); 2. Aufl. des 1. Bandes 1827, 3. Aufl. 1828; 2. Aufl. des 2. Bandes 1830; der von den Licinischen Rogationen bis zum Ende des ersten punischen Krieges reichende 3. Band ist von Joh. Classen nach Niebuhr's Tode 1832 herausgegeben worden. Neue berichtigte Ausgabe des ganzen Werkes in einem Bande (Berlin 1853).

[2]) Vorträge über alte Länder- und Völkerkunde an der Universität zu Bonn gehalten von B. G Niebuhr. Herausgegeben von Dr. M. Isler (Berlin 1851). Vorträge über alte Geschichte — herausgegeben von M. Niebuhr (3 Bde., 1847—51). Vorträge über römische Geschichte — herausgegeben von

Niebuhr's litterarische Thätigkeit erstreckt sich aber weit über das in seinen Vorlesungen von ihm behandelte Gebiet hinaus. Schon die Sammlung seiner kleinen historischen und philologischen Schriften, deren erster Band von ihm selbst (Bonn 1828), der zweite längere Zeit nach seinem Tode von seinem Sohne herausgegeben worden ist (1843), enthält neben historischen und geographischen auch litterarhistorische und in engerem Sinne philologische Aufsätze. Die von Angelo Mai in einer in der ambrosianischen Bibliothek zu Mailand aufbewahrten rescribirten Handschrift aus dem Kloster Bobbio entdeckten und in Mailand 1815 publicirten Ueberreste der Schriften des Rhetors M. Cornelius Fronto hat er in Verbindung mit seinen Freunden Buttmann und Heindorf in verbesserter Anordnung und Textgestalt herausgegeben (Berlin 1816). Als er im Spätsommer 1816 auf der Reise nach Rom, wohin er vom König Friedrich Wilhelm III. von Preußen als Envoyé extraordinaire et ministre plénipotentiaire abgeordnet war, sich einige Zeit in Verona aufhielt, entdeckte er in einem Palimpsest der dortigen Kapitelsbibliothek die „Institutiones" des römischen Juristen Gaius und machte davon sofort Savigny. Mittheilung, auf dessen Veranlassung die Berliner Akademie die Juristen Joh. Friedr. Ludw. Göschen und Moritz August von Bethmann-Hollweg mit der Hebung dieses Schatzes beauftragte. In Rom entdeckte Niebuhr in einer Handschrift der Vaticana bisher unbekannte Bruchstücke von Cicero's Reden für M. Fonteius und für C. Rabirius, welche er zugleich mit einigen anderen Ineditis veröffentlichte[1]); auch steuerte er zu A. Mai's Ausgabe der von demselben in einem aus Bobbio stammenden Palimpsest der Vaticana entdeckten Ueberreste von Cicero's Schrift.

Dr. M. Isler (3 Bde., 1845—48). Vorträge über römische Alterthümer — herausgegeben von demselben (1858).

[1]) M. Tullii Ciceronis orationum pro M. Fonteio et pro C. Rabirio fragmenta. T. Livii lib. XCI fragmentum plenius et emendatius. L. Senecae fragmenta ex membranis bibliothecae Vaticanae edita a B. G. Niebuhrio C. f. Romae 1820.

de republica (Rom 1822) einzelne gelehrte Bemerkungen¹) sowie auch einen Index historicus und einen Index latinitatis bei. Für die Beschreibung der Stadt Rom, welche der seit dem Jahre 1800 in Rom lebende, hauptsächlich mit theoretischen und historischen Kunststudien beschäftigte Maler Ernst Platner (geboren 1. October 1773 in Leipzig, starb als k. sächsischer Geschäftsträger in Rom 14. October 1855) in Verbindung mit Christian Karl Josias Bunsen, der seit 1818 als Gesandtschaftssecretär bei Niebuhr arbeitete, auf Veranlassung des Buchhändlers Freiherrn von Cotta übernommen hatte, versprach Niebuhr die Aufsicht über den antiquarischen Theil der Arbeit zu führen; da aber die Ausführung des Unternehmens sich bis nach dem Weggange Niebuhr's von Rom verzögerte, hat er nur einen „Abriß der Geschichte des Wachsthumes und Verfalles der alten und der Wiederherstellung der neuen Stadt Rom" für den ersten (allgemeinen) Theil (S. 111—126) und verschiedene kleinere topographische Beiträge zur ersten und zweiten Abtheilung des dritten Bandes geliefert²). Auf seiner Rückreise von Rom nach Deutschland im Jahre 1823 entdeckte er, nachdem er vorher in Neapel einen Codex des taciteischen Dialogus de oratoribus und einen Codex des Grammatikers Charisius verglichen hatte (welche Collationen er später J. Bekker und Fr. Lindemann zur Benutzung überließ), in der Stiftsbibliothek zu St. Gallen in

---

¹) Eine derselben (zu II, 22), gegen welche der Leipziger Jurist Ferdinand Steinacker in seiner Ausgabe der Ciceronischen Schrift (Leipzig 1823, p. 95 s.) Widerspruch erhob, rief eine Polemik zwischen Niebuhr und diesem hervor; s. Niebuhr, Ueber die Nachrichten von den Comitien der Centurien im zweiten Buche Cicero's de republica (Bonn 1823); W. Ferd. Steinacker, Replik für Herrn Staatsrath Niebuhr, die Ciceronischen Fragmente der Republik anlangend (Leipzig 1824); Niebuhr, Duplik gegen Herrn Steinacker (Bonn 1824).

²) Beschreibung der Stadt Rom von Ernst Platner, Carl Bunsen, Eduard Gerhard und Wilhelm Röstell. 1. Bd.: Allgemeiner Theil (Stuttgart und Tübingen 1830); 2 Bd. 1. Abth. (1832), 2. Abth. (1834); 3. Bd. 1. Abth. (1837), 2. Abth. (1838) [von hier an ist Ludwig Urlichs als einer der Hauptmitarbeiter auf dem Titel mit genannt], 3. Abth. (1842).

einem Codex rescriptus, auf welchen ihn der dortige Bibliothekar
Ildefons von Arx aufmerksam machte, umfängliche Fragmente
von Gedichten und einem Panegyricus, als deren Verfasser
er durch eine unzweifelhaft richtige Combination den hispa=
nischen Dichter und Rhetor Flavius Merobaudes erkannte, und
gab dieselben sofort (St. Gallen 1823) und nochmals in ver=
besserter Gestalt nach seiner Rückkehr nach Deutschland (Bonn
1824) heraus.

In Bonn entwarf Niebuhr den Plan einer neuen vollständigen
Sammlung der byzantinischen Geschichtsschreiber, welche die Werke
derselben in kritisch berichtigter Textgestalt mit Varianten, la=
teinischer Uebersetzung, Einleitungen und Anmerkungen enthalten
sollte, zu dessen Ausführung er sich mit Imm. Bekker in Berlin,
Ludwig Schopen in Bonn[1]), Karl Benedict Hase in
Paris[2]), den Brüdern Ludwig und Wilhelm Dindorf in
Leipzig und einigen anderen Gelehrten in Verbindung setzte.
Dieses „Corpus scriptorum historiae Byzantinae", für welches
Niebuhr selbst eine Ausgabe des Geschichtswerkes des Agathias
(Bonn 1828) und in Verbindung mit Imm. Bekker und Jo=
hannes Classen eine Sammlung der Ueberreste aus den Ge=
schichtswerken des Dexippus, Eunapius, Petrus Patricius, Priscus,
Malchus und Menander (ebb. 1829) geliefert hat, wurde nach
Niebuhr's Tode unter der Leitung der Berliner Akademie von

---

[1]) Geboren 17. October 1799 in Düsseldorf, gestorben als Director des
Gymnasiums und Professor an der Universität in Bonn 20. November 1867,
beschäftigte sich hauptsächlich mit Terenz und dessen alten Interpreten, hat aber
von diesen seinen Studien nur Proben in einzelnen Abhandlungen ver=
öffentlicht.

[2]) Dieser, der durch seine Geburt (geboren in Sulza in Thüringen 11. Mai
1780) Deutschland, durch eigene Wahl Frankreich (er lebte seit 1801 in Paris,
wo er als Conservator an der kgl. Bibliothek und Professor an der Universität
21. März 1864 starb) angehörte, hat sich außer durch seine litterarischen Lei=
stungen (für das Corpus scr. hist. Byz. hat er die Ausgabe des Leo Dia=
conus, Bonn 1828, geliefert) auch durch die Förderung, welche er den auf
der Pariser Bibliothek arbeitenden deutschen Gelehrten angedeihen ließ, um die
Wissenschaft verdient gemacht.

J. Bekker L. und W. Dindorf, Karl Lachmann, Aug. Meineke, Lud. Schopen, Joh. Classen und Mor. Pinder fortgesetzt; doch entsprechen die bis zum Jahre 1855 erschienenen 48 Bände der Sammlung, mit wenigen ehrenvollen Ausnahmen, in Hinsicht der Zuverlässigkeit der Textgestaltung und der Treue der lateinischen Uebersetzungen nicht den Erwartungen, welche die berühmten Namen der Herausgeber erregen, sondern tragen mehr den Charakter der Flickarbeit oder auch der Fabrikarbeit.

Endlich ist Niebuhr auch der Begründer einer unserer angesehensten wissenschaftlichen Zeitschriften, deren erster von Niebuhr in Verbindung mit dem um die Erforschung der Geschichte der alten Philosophie hochverdienten Christian Aug. Brandis[1], mit Aug. Boeckh und dem Juristen Hasse herausgegebener Jahrgang (1827) als „Rheinisches Museum für Jurisprudenz, Philologie, Geschichte und griechische Philosophie" erschien. Nach Aussonderung der Jurisprudenz folgten noch zwei weitere von Niebuhr, Boeckh und Brandis herausgegebene Jahrgänge (1828 und 1829), zu denen Niebuhr ebenso wie zum ersten mehrere Beiträge geliefert hat. Nach Niebuhr's Tode wurde die Zeitschrift nach einiger Unterbrechung von Fr. G. Welcker und Aug. Ferd. Nacke als „Rheinisches Museum für Philologie" in das

---

[1] Geboren zu Hildesheim 13. Februar 1790, gestorben als ordentlicher Professor der Philosophie an der Universität Bonn 24. Juli 1867. Außer seinen beiden Hauptwerken, dem „Handbuch der Geschichte der griechisch-römischen Philosophie" (3 Bde., Berlin 1835—65) und der „Geschichte der Entwickelungen der griechischen Philosophie und ihrer Nachwirkungen im römischen Reiche" (2 Bde., Berlin 1862—64), hat er die Metaphysik des Aristoteles und des Theophrast mit den Scholien zu ersterer herausgegeben (2 Bde., Berlin 1823 und 1837), für die von J. Bekker im Auftrag der Berliner Akademie besorgte Gesammtausgabe des Aristoteles den vierten die Scholien enthaltenden Band (Berlin 1836) geliefert und verschiedene kleinere Abhandlungen und Aufsätze zu Aristoteles verfaßt. Auch seine „Mittheilungen aus Griechenland" (wo er 1837—38 als Lehrer des Königs Otto verweilte) enthalten in ihrem ersten Theile „Reiseskizzen" (Leipzig 1842) manche dankenswerthe Beiträge zu der Geographie und Topographie dieses Landes. — Vgl. E. Curtius, Alterthum und Gegenwart Bd. 2 (Berlin 1882) S. 261 ff.

Leben zurückgerufen (1833—1839): nach Nacke's Tode begann 1842 unter Leitung Welcker's und Fr. Ritschl's eine „Neue Folge", die nach Welcker's Abscheiden von Ritschl in Verbindung mit jüngeren Kräften fortgeführt, Ende 1882 unter Ribbeck's und Bücheler's Leitung bereits den 37. Jahrgang abgeschlossen hat.

Ehe wir zu der Fortentwickelung der Alterthumswissenschaft und ihrer einzelnen Disciplinen durch G. Hermann und Aug. Boeckh und die von diesen begründeten Schulen übergehen, gedenken wir noch in Kürze einiger Mitglieder des Berliner Kreises, in welchen Wolf bei seiner Uebersiedelung von Halle nach Berlin als anerkanntes Haupt eintrat, den er sich aber durch eigene Schuld mehr und mehr entfremdete: wir meinen die Philologen Spalding, Heindorf, Buttmann und J. Bekker und den Theologen und Philosophen Schleiermacher.

Georg Ludwig Spalding (geboren 8. April 1762 in Barth in Pommern, seit 1787 Professor am grauen Kloster in Berlin, gestorben in Friedrichsfelde bei Berlin 7. Juli 1811) hat außer einer Schrift über die megarische Philosophenschule (Vindiciae philosophorum Megaricorum, Halle 1792), einer später durch Buttmann umgestalteten Ausgabe der Rede des Demosthenes gegen Meidias (Berlin 1794) und einigen kleineren Aufsätzen sich um die Kritik und Erklärung der Institutio oratoria des Quintilian bleibende Verdienste erworben durch seine Ausgabe derselben (Berlin 1798 ff.), welche zunächst mit dem nach Spalding's Tode durch Buttmann herausgegebenen vierten Bande abgeschlossen, von Karl Gottlob Zumpt durch einen neue für die Kritik des Textes wichtige handschriftliche Hülfsmittel erschließenden fünften Band (1829) und von E. Bonnel durch einen ein sorgfältig gearbeitetes Lexicon Quintilianeum enthaltenden sechsten Band (1834) fortgeführt worden ist.

Von Ludwig Friedrich Heindorf's, des begeistertsten aber später von dem Meister verläugneten Schülers Fr. A. Wolf's, Arbeiten zu Platon ist schon früher (S. 544 f.) die Rede gewesen; wir wollen hier nur beifügen, daß derselbe auch Ausgaben der Schrift des Cicero de natura deorum (Leipzig 1815) und der Satiren des Horatius (Breslau 1815)[1]) geliefert hat, welche für die Kritik des Textes ohne Bedeutung, für die Erklärung viel Brauchbares enthalten.

Der berühmte Grammatiker **Philipp (Karl) Buttmann**[2]) stammte aus einer französischen Emigrantenfamilie, deren ursprünglicher Name Boudemont war. Geboren zu Frankfurt a. M. 5. December 1764 studirte er, nachdem er das Gymnasium seiner Vaterstadt besucht hatte, von 1782 an in Göttingen, hielt sich 1786 acht Monate lang in Straßburg auf, wo er besonders mit Joh. Schweighäuser verkehrte, wurde dann Lehrer des Erbprinzen von Dessau, erhielt 1789 eine untergeordnete Stellung an der Bibliothek zu Berlin, wo er zugleich als Redacteur der Spener'schen Zeitung thätig war, und 1800 eine Professur am Joachimsthal'schen Gymnasium, die er aber 1808 wieder niederlegte. Seit 1806 Mitglied der Akademie der Wissenschaften wurde er 1811 zum Bibliothekar an der königlichen Bibliothek ernannt und wirkte auch nach der Errichtung der Universität Berlin, ohne der Corporation derselben anzugehören, bei der Leitung der Uebungen des philologischen Seminares mit. Er starb am 21. Juni 1829. Das Hauptwerk seines Lebens, die zuerst im Jahre 1792 als kleiner Grundriß von kaum 6 Bogen veröffentlichte, dann vielfach erweiterte und umgestaltete und in immer neuen Auflagen bis auf die Gegenwart herab verbreitete Grammatik der griechischen Sprache, (die sog. „mittlere Grammatik"), der seit 1816 eine ebenfalls immer wieder neu aufgelegte griechische Schulgrammatik in kürzerer Fassung, 1819 eine nur die Formenlehre und Wortbildungslehre umfassende „Ausführliche griechische Sprachlehre" in

---

[1]) Neu bearbeitet von E. F. Wustemann. Mit einer Abhandlung von C. G. Zumpt über das Leben des Horaz und die Zeitfolge seiner Gedichte (Leipzig 1843). Dritte Auflage mit Berichtigungen und Zusätzen von L. Doederlein (ebd. 1859).

[2]) Vgl. Schleiermacher's Gedächtnißrede auf Philipp Buttmann (in F. Schleiermacher's Sämmtlichen Werken. Dritte Abtheilung Zur Philosophie Bd. 3 S. 116—129) und A. Buttmann in der Allgem. deutschen Biographie Bd. 3 S. 656 ff.

zwei Bänden (2. Aufl. Bd. 1 1830, Bd. 2 mit Zusätzen von Chr. A. Lobeck 1839) zur Seite trat, verdankt ihren außerordentlichen Erfolg hauptsächlich der überhaupt für Buttmann's Arbeiten charakteristischen klaren Verständigkeit, womit die formalen und syntaktischen Erscheinungen der griechischen Sprache auf Grund sorgfältiger Beobachtungen in zwar nicht streng systematischer aber durchaus rationeller Weise dargelegt sind [1]). Allerdings sind diese Beobachtungen und die von dem Grammatiker auf Grund derselben aufgestellten Regeln mehr äußerlicher Art, ohne eindringendes Verständniß für die den einzelnen Erscheinungen zu Grunde liegenden Gesetze der sprachlichen Entwickelung; aber diese und ähnliche Mängel, wie sie von den jüngeren auf Buttman's Schultern stehenden Grammatikern besonders K. W. K r ü g e r in einseitiger, die wirklichen Verdienste Buttmann's verkennender Weise hervorgehoben hat, finden theils in dem damaligen Standpunkte der grammatischen Forschung, wie sie namentlich durch die Holländer ausgebildet worden war, theils in der Art der natürlichen Begabung Buttmann's, der eben kein genialer Kopf nach der Art Fr. A. Wolf's und G. Hermann's war, ihre Entschuldigung; d e r Ruhm bleibt Buttmann unbestritten, daß von der Einführung seiner Grammatik in den Gymnasien ein entschiedener Aufschwung im griechischen Unterricht datirt. Aehnlich müssen wir über Buttmann's etymologische Arbeiten urtheilen, die er in seinem „Lexilogus oder Beiträge zur griechischen Worterklärung hauptsächlich für Homer und Hesiod" (1. Bd. 1818, 2. Aufl. 1825, 3. Aufl. 1837; 2. Bd. 1825, 2. Aufl. 1860, 4. Aufl. des ganzen Werkes 1865) niedergelegt hat: auch hier bewährt er sich als ein scharf-

---

[1]) Treffend sagt Lobeck in seiner Vorrede zur zweiten Auflage des zweiten Theiles der Buttmannischen Ausführlichen griechischen Grammatik S. IV: „Neue Bahn und höhere Richtung beginnt mit Buttmann, der zuerst die zerstreuten Beobachtungen der Erklärer mit dem Ertrage seiner eignen vieljährigen Untersuchungen zu einem wissenschaftlichen Ganzen vereinte, unterstützt in einzelnen Theilen durch Hermann's Kritik und anderer Mitwirkung, doch überall selbständig, und wo es galt die Lücken der Thatsachen zu ergänzen oder die Widersprüche der Tradition zu vermitteln, sinnreich und umsichtig."

sinniger und besonnener Sprachforscher, der auch für die historische Entwickelung der Sprache Sinn hat; aber es fehlte ihm wie allen classischen Philologen jener Zeit die Basis, auf welcher die etymologischen Forschungen aufgebaut werden müssen, wenn sie nicht den Charakter dilettantischer Spielerei annehmen sollen: die Kenntniß fester Lautgesetze, wie sie die sprachvergleichende Forschung erkennen gelehrt hat [1]). Freilich war Fr. Bopp's auf diesem Gebiete bahnbrechende Arbeit über das Conjugationssystem (1816) bereits erschienen, als Buttmann den ersten Band seines Lexilogus veröffentlichte, und als dieser die zweite Auflage dieses Bandes nebst dem zweiten Bande herausgab, da lag ein anderes, für die Neugestaltung der Sprachwissenschaft überhaupt nicht minder bedeutsames Werk, der erste Band von Jacob Grimm's Deutscher Grammatik (1819), bereits seit sechs Jahren vor; aber wer kann es dem in ganz anderen Anschauungen aufgewachsenen Manne zum Vorwurf machen, daß er die Bedeutung dieser Arbeiten nicht erkannt hat, da ja nicht einmal Grammatiker wie G. Hermann und Chr. A. Lobeck der neuen wissenschaftlichen Richtung gerecht geworden sind? An kritisch-exegetischen Arbeiten haben wir von Buttmann die meist durch äußere Veranlassungen zum Ersatz vergriffener oder veralteter Bearbeitungen derselben Stücke hervorgerufenen Ausgaben von vier Dialogen des Platon (Menon, Kriton und beide Alkibiades; 5. Aufl. 1830) [2]), der Midiana des Demosthenes (1823, nach Spalding: 4. Aufl. 1862), des Philoktetes des Sophokles (1822) [3]), des astronomischen Gedichtes des Aratos (1826) und der Scholien zur homerischen Odyssee (1821, auf Grundlage der von A. Mai aus einem Codex der Bibliotheca Ambrosiana zu Mailand veröffentlichten Scholien);

---

[1]) Vgl. G. Curtius, Grundzüge der griech. Ethymologie Bd. 1³ S. 16 ff.

[2]) Die Grundlage bildet die Ausgabe dieser Dialoge von dem mehr durch seine „Berlinische Monatsschrift" als durch seine philologischen Leistungen bekannten Joh. Erich Biester (Berlin 1780).

[3]) Zum Ersatz der Ausgabe dieses Stückes von Friedrich Gedike (Berlin 1781), dessen Anmerkungen Buttmann, soweit sie ihm noch brauchbar schienen, in seinen Commentar aufgenommen hat.

aus dem Gebiete der römischen Litteratur gehören hieher einige Arbeiten zu Horaz, besonders der kurze Aufsatz „Horaz und Nicht-Horaz" (Anhang zu „Mythologus oder gesammelte Abhandlungen über die Sagen des Alterthumes", 2 Bde., 1828—29, Bd. 2 S. 364 ff.), der maßvolle Vorläufer der so oft maßlosen neueren Untersuchungen über Interpolationen in den horazischen Gedichten[1]). In den auf die Mythologie, die Sagengeschichte und den Cultus der Griechen bezüglichen Abhandlungen, welche größtentheils zuerst in den Sitzungen der Berliner Akademie vorgelegt und in den Schriften derselben veröffentlicht, nun den Hauptbestandtheil der eben erwähnten Sammlung bilden, hat Buttmann mit seiner klaren Verständigkeit, die sich doch von der Voßischen nüchternen Einseitigkeit fern hält, manches zum richtigen Verständniß einzelner Sagen und zur strengeren Scheidung zwischen mythischer und historischer Ueberlieferung beigetragen.

Einer der eifrigsten und geschicktesten Arbeiter auf dem Felde der Textkritik, insbesondere der griechischen Schriftsteller, war (August) Immanuel Bekker (geboren 21. Mai 1785 zu Berlin, gestorben 7. Juni 1871 ebd.)[2]). Auf dem Gymnasium zum grauen Kloster besonders unter Spalding's Einfluß vorgebildet, studirte er von 1803 an in Halle unter der Leitung Fr. A. Wolf's, der ihn 1806 zum Inspector des philologischen Seminares wählte. Schon damals trieb er von Wolf angeleitet, aber in durchaus selbständiger Weise grammatische Studien mit besonderer Rücksicht auf die Sprache der homerischen Gedichte, wovon die schon früher (S. 532) erwähnte eingehende Recension der kleineren Heyne'schen Ausgabe der Ilias wie auch eine in ländlicher Abgeschiedenheit in Lanke bei Bernau, wo Bekker damals als Hauslehrer lebte, verfaßte Recension des Wolfischen Homer

---

[1]) Die übrigen Horatiana Buttmann's sind die Abhandlungen „über Horazens zwölfte Ode des ersten Buches" (Mythologus Bd. 1 S. 26 ff.) und „über das Geschichtliche und die Anspielungen im Horaz" (ebd. S. 297 ff.).

[2]) Vgl. E. J. Bekker, „Zur Erinnerung an meinen Vater" in den Preußischen Jahrbüchern, Mai 1872 (Bd. 29 S. 553 ff.); H. Sauppe, Zur Erinnerung an Meineke und Bekker (Göttingen 1872); M. Haupt, Gedächtnißrede auf Meineke und Bekker, in M. Hauptii Opuscula Vol. III (Lips. 1876) S. 228 ff.; C. Halm in der Allgem. deutschen Biographie Bd. 2 S. 300 ff.

(Jenaer Allgemeine Litteraturzeitung 1809, Nr. 243—249)¹) Zeugniß geben. April 1810 wurde er zum außerordentlichen, September 1811 zum ordentlichen Professor an der Universität Berlin ernannt, eine Stellung, die er sechzig Jahre lang bekleidet hat, ohne eine irgendwie nennenswerthe Thätigkeit als akademischer Lehrer zu entfalten: die wenigen Collegien, die er pflichtgemäß ankündigte (über einzelne Reden des Aeschines und des Isokrates und über die Reden bei Thukydides), las er entweder gar nicht, oder doch mit einer gewissen Selbstüberwindung, indem er fast widerwillig den wenigen Zuhörern, die sich einfanden, einzelne Goldkörner aus dem reichen Schatze seines Wissens hinstreute. Um so fleißiger war er im Aufsuchen und Vergleichen neuer handschriftlicher Hülfsmittel (er hat über 400 Handschriften ganz oder theilweise verglichen) und in der Verwerthung derselben für die Herstellung der Texte, worin er, unterstützt durch die gründlichste Kenntniß insbesondere der griechischen Sprache und durch seine Vertrautheit mit den Eigenthümlichkeiten der Denk- und Ausdrucksweise der einzelnen Schriftsteller, Vorbild und Lehrer für die ganze jüngere Generation der Philologen geworden ist. Von Mai 1810 bis November 1812 arbeitete er mit Unterstützung der Berliner Akademie (die ihn im Mai 1815 zu ihrem ordentlichen Mitgliede erwählte) auf der Pariser Bibliothek, die damals in Folge des Napoleonischen Systemes der Plünderung der wissenschaftlichen und Kunstsammlungen der eroberten Länder einen geradezu unvergleichlichen Schatz von classischen Handschriften enthielt: als erste Frucht seiner dortigen Forschungen veröffentlichte er 1811 im zweiten Heft des ersten Bandes des von Wolf und Buttmann herausgegebenen „Museum antiquitatis studiorum" die bis dahin ungedruckte Schrift des Grammatikers Apollonios Dyskolos über das Pronomen (περὶ ἀντωνυμίας). Den Sommer 1815 brachte er wieder in Paris zu, wo er im Auftrag der Berliner Akademie die von Michael Fourmont während seiner Reise in Griechenland (1728—30) angefertigten, leider sehr ungenauen und mit Fälschungen untermischten Abschriften griechischer Inschriften copirte: eine Vorarbeit für das später im Auftrag

---

¹) Wieder abgedruckt in den „Homerischen Blättern" (Bonn 1863) S. 29 ff.

der Akademie von Boeckh bearbeitete Corpus Inscriptionum graecarum. In den Jahren 1817—1819 durchforschte er die wichtigeren Bibliotheken Italiens (Mailand, Venedig, Florenz, Rom, Neapel, Ravenna, Turin) hauptsächlich nach Handschriften der Werke des Aristoteles, von welchem er später (1831 ff.) im Auftrage der Akademie eine Gesammtausgabe besorgte [1]); auf der Rückreise verweilte er wieder einige Zeit in Paris, 1820 in England, besonders in Oxford. Später hat er, abgesehen von einigen kürzeren Besuchen in England, im Jahre 1839 eine nochmalige Reise nach Italien behufs Benutzung der dortigen Bibliotheken unternommen.

Ueberblicken wir Bekker's schriftstellerische Thätigkeit, so finden wir mit Ausnahme der Tragiker und der Lyriker im engeren Sinne keine Klasse griechischer Schriftsteller, die ihm nicht in höherem oder geringerem Maße einen Fortschritt in der Textgestaltung, sei es durch eine durchgreifende auf neue handschriftliche Hülfsmittel basirte Recension, sei es durch eine nur hie und da die bessernde Hand anlegende Recognition verdankte. Von den griechischen Epikern hat Homer ihn von seinen Studienjahren an bis zu seinen letzten Lebenstagen beschäftigt. Gleich dem großen alexandrinischen Kritiker Aristarchos hat er zwei Ausgaben der homerischen Gedichte als Denksteine der verschiedenen Entwickelungsstufen seiner homerischen Studien hinterlassen: in der ersten (Berlin 1843) gibt er, im Wesentlichen an den Grundsätzen Fr. A. Wolf's festhaltend, soweit es möglich ist die aristarchische Recension wieder; in der zweiten (Bonn 1858) sucht er besonders in orthographischen und metrischen Dingen mit Hülfe der Analogie, d. h. der Gleichmäßigkeit des Sprachgebrauches, über Aristarch und die Alexandriner hinaus zu der früheren Gestalt der Aufzeichnung der homerischen Gedichte vorzudringen. Die Rechtfertigung dieser seiner Textgestaltung geben eine große Anzahl meist in den Monatsberichten der Berliner Akademie veröffentlichter Einzeluntersuchungen, die er 1863 u. d. T. „Homerische Blätter" zusammengefaßt aber durch weitere Aufsätze bis in seine letzten

---

[1]) Bd. 1 und 2 enthalten den Text mit kritischem Apparat, Bd. 3 die lateinische Uebersetzung, Bd. 4 die von Chr. Brandis bearbeiteten Scholien, Bd. 5 (1870) die von Hermann Bonitz bearbeiteten Indices.

Lebenstage fortgeführt hat¹). Auch von den alten Scholien zur Ilias verdanken wir Bekker eine freilich weder in Hinsicht des Umfanges ganz erschöpfende noch in Bezug auf die Einzelheiten, besonders was die Anordnung der einzelnen Scholien in der wichtigsten Quelle, dem Codex Venetus anbelangt, völlig zuverlässige Ausgabe (Scholia in Homeri Iliadem, Berlin 1825, mit Nachtrag: Scholiorum in Homeri Iliadem appendix, ebd. 1827)²). Von späten Epikern hat er den Aratus (c. schol. Berlin 1828), den Coluthus (Berlin 1816) und Johannes Tzetzes (Antehomerica, Homerica et Posthomerica, ebd. 1816) sowie das von Demetrios Moschos aus Lakonien gegen Ende des 15. Jahrhunderts verfaßte Gedicht über Helena und Alexandros (in Friedemann's und Seebode's Miscellanea maximam partem critica Vol. II p. 477 ss.) herausgegeben; von den Elegikern den Theognis (Leipzig 1815; 2. Bearbeitung Berlin 1827), für welchen er zuerst die wichtigste Handschrift (codex Mutinensis) benutzt, aber freilich, wie dies bei den meisten seiner Collationen der Fall ist, nicht völlig erschöpft hat. Für die Komödien des Aristophanes hat er den werthvollsten, gegen Ende des 18. Jahrhunderts durch den römischen Advocaten Invernizzi nach 250jähriger Vergessenheit auf das Neue an das Licht gezogenen Codex Ravennas (aus der Bibliothek des Klosters La Classe bei Ravenna) sowie den diesem an Werth zunächststehenden Codex Venetus auf das Neue, doch wiederum nicht mit erschöpfender Genauigkeit verglichen und darnach eine freilich nicht durchgreifende und in Bezug auf die metrischen Formen ungenügende Recension des Textes nebst den alten Scholien geliefert (London 1828, 2 Bde.; die auf den Wunsch des Verlegers von irgend einem litterarischen Handlanger beigegebene nachlässige Compilation der Noten der früheren Herausgeber in den Bänden 3—5 darf man nicht auf Bekker's Rechnung setzen). Um so größer sind Bekker's Verdienste um die griechischen Historiker, Philosophen, Redner und Grammatiker. Von Historikern verdanken ihm Thukydides (c. scholiis, 3 Bde.

---

¹) Dieselben sind nach Bekker's Tode gesammelt u. d. T. „Homerische Blätter von F. B. Zweiter Band. Mit einem Anhang" (Bonn 1872).
²) Vgl. J. La Roche, Text, Zeichen und Scholien des berühmten Codex Venetus zur Ilias (Wiesbaden 1862) S. 17 f.

Berlin 1821. Textausgabe 1832), Pansanias (1826) und Herodian (1826 und 1855) vollständige auf neue Vergleichungen der wichtigeren Handschriften basirte Textrecensionen; bloße Recognitionen ohne neuen handschriftlichen Apparat enthalten seine Ausgaben des Herodot (1833 und 1845), Polybius (1844), Cassius Dio (1849), Diodor (1853 f.), Appian (1852 f.), Josephus (1855 f.) und der Biographien des Plutarch (1855 f.) sowie die des Mythographen Apollodor (1854), des Romanschriftstellers Heliodor (1855) und des Satirikers Lucian (1853). Wohl am wenigsten Neues und Eigenes bieten die Ausgaben byzantinischer Historiker, welche er für das oben S. 652 f. erwähnte „Corpus scriptorum historiae Byzantinae" bearbeitet hat (im Ganzen 25 Bde.). Neue Textrecensionen, die einen beträchtlichen Fortschritt gegen die früheren bezeichnen, wenn sie auch sowohl in Hinsicht der Recensio als der Emendatio den Nachfolgern noch viel zu thun übrig gelassen haben, geben sodann Bekker's Gesammtausgabe der Werke der beiden größten griechischen Philosophen: die des Platon mit den alten Scholien und mit einem im Verhältniß zu der Knappheit und der Wortkargheit der späteren Arbeiten Bekker's umfänglichen und ausführlichen kritischen Commentar (10 Bde., Berlin 1816—1823) und die schon erwähnte des Aristoteles, neben welcher Textausgaben der wichtigsten Einzelschriften dieses Philosophen mit guten Indices, zum Theil in mehreren Auflagen erschienen, hergehen. Eine neue Textrecension auf Grund von theils auf das Neue, theils zum ersten Male von Bekker verglichenen Handschriften gibt auch die Ausgabe der Werke des Sextus Empiricus (Berlin 1842). Sehr förderlich für das Studium der griechischen Redner war seine Ausgabe der Oratores attici (Oxford 1822 f. 4 Bde., und Berlin 1823 f., 5 Bde.). Eine Fülle neuer wichtiger Materialien für die Geschichte der grammatischen und rhetorischen Studien der Griechen aus der späteren römischen Kaiserzeit und der byzantinischen Zeit enthalten die drei Bände der Anecdota graeca (Berlin 1814, 1816 und 1821), neue Textgestaltungen anderer grammatischer Werke die Ausgaben des Apollonius de constructione orationis (περὶ συντάξεως, Berlin 1817), der Bibliothek des Photius (1824), der Lexika des Harpokration und

Moeris (1833), des homerischen Lexikon des Apollonius (1833) und des Onomastikon des Julius Pollux (1846), eine bloße Revision des Textes mit neuer, rein alphabetischer Anordnung der einzelnen Artikel die Ausgabe des Lexikon des Suidas (1854). Als eine eigene Arbeit Bekker's auf dem Gebiete der griechischen Lexikographie ist seine Bearbeitung des kleinen griechischen Wörterbuches in etymologischer Ordnung von Niz (1821) zu erwähnen. Von lateinischen Schriftstellern hat Bekker, abgesehen von der zum Corpus scriptorum historiae Byzantinae gehörigen Ausgabe der spätlateinischen Dichtungen und Reden des Merobaudes und Corippus, nur den Livius (Textausgabe mit kurzen erklärenden Anmerkungen von Fr. Ed. Raschig, Berlin 1829 f., 3 Bde.) und den Tacitus (mit den Commentaren von J. Lipsius, J. Fr. Gronov, N. Heinsius, J. A. Ernesti und Fr. A. Wolf, Leipzig 1831, 2 Bde.) bearbeitet. Endlich hat er sich auch als gründlicher Kenner der romanischen Sprachen — ein Studium, zu welchem er durch Ludwig Uhland während seines Aufenthaltes in Paris angeregt worden war — bewährt durch Publicationen mehrerer altfranzösischer und provençalischer Dichtungen in den Schriften der Berliner Akademie.

Um das Verständniß der Platonischen Schriften sowie um die Erkenntniß der geistigen Entwickelung dieses Philosophen hat sich bleibende Verdienste Friedrich Daniel Ernst Schleiermacher[1]) erworben durch seine Uebersetzung der Werke Platon's (3 Theile in 6 Bdn., Berlin 1804 ff.; 2. Aufl. 1817—1828: es fehlen dabei die Gesetze, die Epinomis, der Timäos und der Kritias), bei welcher er vielfache Anregung und Förderung erhielt durch Fr. A. Wolf, dem er als Professor und Universitätsprediger in Halle (1804) persönlich nahe getreten war und dem er auch in Berlin, wohin er, wie Wolf, aus Abneigung gegen die westphälische Herrschaft von Halle übergesiedelt war, mehrere Jahre hindurch verbunden blieb. Der Uebersetzung, welche als erster Versuch einer kunstvollen Nachbildung griechischer Prosa auch einen hohen litterarischen Werth hat, ist als Einleitung eine Darstellung

---

[1]) Geboren 21. November 1768 in Breslau, gestorben 12. Februar 1834 in Berlin. Vgl die Biographie von Dilthey Bd. 1 (Berlin 1867).

der gesammten philosophischen Schriftstellerei des Platon nach ihrem inneren Zusammenhange vorausgeschickt, deren Kern die Eintheilung der sämmtlichen platonischen Dialoge in drei Gruppen — vorbereitende oder elementarische, indirect untersuchende und objectiv darstellende oder constructive Dialoge — bildet, eine Eintheilung, welche freilich auf die chronologische Reihenfolge der Dialoge keine Rücksicht nimmt. Außerdem sind den einzelnen Dialogen besondere Einleitungen sowie kritische und exegetische Anmerkungen beigegeben. Mit diesen platonischen Studien Schleiermacher's hängen eingehende, für die Neugestaltung der Geschichte der älteren griechischen Philosophie Bahn brechende Untersuchungen über verschiedene Vorgänger des Platon zusammen, wie die ebenso scharfsinnige als gelehrte Arbeit „Herakleitos der Dunkle von Ephesos, dargestellt an den Trümmern seines Werkes und den Zeugnissen der Alten" (im Museum für die Alterthumswissenschaft von Wolf und Buttmann Bd. 1 S. 313—533)[1]) und die in den Abhandlungen der Berliner Akademie veröffentlichten Arbeiten über Diogenes von Apollonia, über Anaximandros und über den Werth des Sokrates als Philosophen[2]), zu denen noch eine Anzahl kleinerer, auf Demokritos, Hippon, Platon und Aristoteles bezüglicher Aufsätze hinzuzufügen sind[3]).

---

[1]) Wiederholt in Fr. Schleiermacher's Sämmtlichen Werken. Dritte Abtheilung. Zur Philosophie (auch u. d. T. „Dr. Fr. Schleiermacher's philosophische und vermischte Schriften") Bd. 2 S. 1 ff.

[2]) Wiederholt a. a. O. Bd. 2 S. 147 ff.

[3]) Es sind folgende: Ueber die griechischen Scholien zur nikomachischen Ethik des Aristoteles (ebd. Bd. 2 S. 309 ff.). — Ueber Platon's Ansicht von der Ausübung der Heilkunde (ebd. Bd. 3 S. 273 ff.). — Ueber das Verzeichniß der Schriften des Demokritus bei Diogenes Laertius (ebd S. 293 ff.). — Ueber die ethischen Werke des Aristoteles (ebd. S. 306 ff.) — Ueber eine Glosse des Timäus (ebd. S. 334 ff.) — Ueber den Philosophen Hippon (ebd. S. 403 ff.). — Beachtenswerth sind auch die beiden methodologischen Aufsätze: Ueber den Begriff der Hermeneutik mit Bezug auf Fr. A. Wolf's Andeutungen und Ast's Lehrbuch (ebd. S. 344 ff.) und Ueber Begriff und Eintheilung der philologischen Kritik (ebd. S. 387 ff.).

www.ingramcontent.com/pod-product-compliance
Lightning Source LLC
Chambersburg PA
CBHW021219300426
44111CB00007B/365